Hilarion Petzold, Michael Märtens (Hrsg.)
Wege zu effektiven Psychotherapien

Hilarion Petzold, Michael Märtens (Hrsg.)

Wege zu effektiven Psychotherapien

Psychotherapieforschung und Praxis

Band 1: Modelle, Konzepte, Settings

Springer Fachmedien Wiesbaden GmbH

Die Deutsche Bibliothek – CIP-Einheitsaufnahme

Gedruckt auf säurefreiem und altersbeständigem Papier.

ISBN 978-3-8100-2335-3 ISBN 978-3-663-01468-3 (eBook)
DOI 10.1007/978-3-663-01468-3

Inhaltsverzeichnis

Teil 2: Ansätze der Psychotherapieforschung

Teil 3: Settings, Formate, spezifische Anwendungsbereiche

Einführung

Ein umfangreiches Buch zum Thema Psychotherapieforschung und Praxis vorzulegen bedarf einer Begründung. Was Grawe bereits 1992 beklagte, daß die Ergebnisse der Psychotherapieforschung zu wenig wahrgenommen werden, stimmt immer noch. Genauso richtig ist aber auch, daß Psychotherapieforscher zu wenig Antworten auf die Fragen der Praxis geben. Das Desinteresse ist mehr oder weniger beidseitig. In diesem Werk antworten international führende Psychotherapeuten und Psychotherapieforscher auf die wichtigsten Fragen zum Thema Forschung und Praxis der Psychotherapie. Sie sind sich einig über die Unverzichtbarkeit von anwendungsorientierter Forschung, Qualitätssicherung und Evaluation für die systematische Methodenentwicklung und für psychotherapeutisches Handeln. Ausgehend von einer methodenpluralen Perspektive werden in diesem Band zentrale Ansätze, Theorien, Methoden und Praxisprobleme in einer allgemein verständlichen Sprache dargestellt.

Ebenso erfordert der Titel „Wege zu effektiven Psychotherapien“ eine Interpretation: Wenn wir von „Wegen“ sprechen und hierbei den Plural verwenden, soll damit unterstrichen werden, daß es nicht *einen* als gesichert geltenden Königsweg gibt, sondern es unterschiedliche Annäherungen zur Erforschung des Phänomens Psychotherapie und zu seiner Weiterentwicklung geben wird und geben muß (Grawe, Donati & Bernauer, 1994). Ein weiteres Problem verbirgt sich hinter dem Adjektiv „effektiv“, daß in der heutigen Zeit zu häufig verwendet wird und ebenfalls nicht naiv gebraucht werden sollte. Natürlich sollte sich die Psychotherapieforschung darum bemühen, ebenso wie es der Praktiker tut, sich weiter zu entwickeln und sich daran zu orientieren, daß ihr Tun dazu beiträgt, Psychotherapie – was auch immer unter diesem Begriff zu verstehen ist – in ihrer Wirksamkeit zu erforschen. Darüber wird sicherlich kaum Uneinigkeit bestehen. Dennoch sollte in diesem Zusammenhang darauf hingewiesen werden, daß es im Bereich der Psychotherapie gefährlich und voreilig ist, anzunehmen, daß wir uns hier zwar auf einem steinigen Weg befinden, aber einem, der ständig bergauf führt. Immer wieder muß man feststellen, daß im Bereich der Psychotherapie Irrwege, Abwege und Umwege zu finden sind, die gleichermaßen für Klienten und Therapeuten alles andere als effektiv sind (Petzold & Orth, 1999). Psychotherapeuten und Psychotherapieforscher zeigen auf, wie wichtig es ist, nicht einem blinden Effektivitätsdenken zu verfallen, sondern in der Auseinandersetzung mit leidenden Menschen auch zu bemerken, daß die Suche nach ständiger Effektivitätssteigerung Ausfluß eines krankmachenden Zeitgeistes sein kann.

Wenn hier von Psychotherapie gesprochen wird, findet sich im Titel wiederum ein Plural. Er drückt unsere Überzeugung aus, daß eine sich entwickelnde Disziplin wie die Psychotherapie ja letztlich davon lebt, daß sie von vielen individuell praktizierenden Psychotherapeuten ausgeübt und zum Leben erweckt wird, und daß es auf der anderen Seite darum geht, wiederum genauso unterschiedlichen Patienten, Klienten und/oder Kunden als „Partnern“ in Therapieprozessen gerecht zu werden, Menschen, die oft ganz unterschiedliche Bedürfnisse haben und sehr differenzierte Anforderungen stellen. Wir glauben, daß der Entwicklung einer lebendigen Psychotherapiepraxis vor allem eine lebendige Vielfalt von Methoden dienlich ist, die es erlaubt, auf spezifische Problemlagen individuelle Antworten zu finden, die von Therapeuten mit den Patienten entwickelt und umgesetzt werden, Therapeuten sollten mit Methoden arbeiten können, die ihren Persönlichkeiten und ihren Lebenswelten genauso Rechnung tragen wie dies für die Patientenseite fast als Selbstverständlichkeit gesehen wird.

Trotz dieser Betonung individueller Anforderungen ist es jedoch möglich, verallgemeinerbare Zusammenhänge zu finden, die für den Einzelfall im psychotherapeutischen Alltag von Bedeutung sind, auch wenn sie möglicherweise aus Untersuchungen stammen, die an einer größeren Stichprobe von Patienten bzw. Klienten gewonnen wurde. Entscheidend für eine Verbindung zwischen diesen allgemeinen Schlußfolgerungen und der Praxis ist, daß auf der einen Seite die Forschungsergebnisse so spezifisch in einem Kontext beschrieben werden, daß erkennbar ist, in welcher Praxissituation eine Übertragung bei einer kritischen Prüfung sinnvoll ist. Auf der anderen Seite gehören hierzu Psychotherapiepraktiker, die Fragen so formulieren, daß die Beantwortung an klinischen Stichproben – wie schwierig es auch immer sein mag, diese zusammenzustellen – prinzipiell beantwortet werden können.

Klienten und Therapeuten leben, leiden und arbeiten nicht in einem luftleeren Raum, sondern in sozialen, institutionellen, politischen Systemen, die oft von entscheidender Bedeutung dafür sind, was an Phänomenen zwischenmenschlicher Begegnungen möglich wird, die wir dann Psychotherapie nennen. Hier hat das mit dem 1. Januar 1999 in Kraft getretene „Psychotherapeutengesetz“ in Deutschland klare formale Rahmenbedingungen geschaffen. Diese sind zumindest, wenn man sie aus der Perspektive des Patientenschutzes betrachtet, als ein wesentlicher Fortschritt zu betrachten. Wie bei den meisten „Fortschritten“ erkauft man sie sich oft mit mehr oder weniger deutlichen Verlusten. Durch die derzeitige Festschreibung auf zwei psychotherapeutische „Grundorientierungen“, die im Rahmen der kassenärztlichen Versorgung zulässig sind, findet ein Kahlschlag in einer blühenden Landschaft statt. Wissenschaft und klinische Praxis braucht Vielfalt, eine Freiheit der Forschung und Erprobung für eine fruchtbare Weiterentwicklung. Natürlich verschwindet diese vielfältige und ausdifferenzierte Praxis nicht einfach, aber sie wird behindert oder marginalisiert, weil von ihrer Arbeit sich kein Niederschlag in den formalen Kategorien einer immer umfangreicher werdenden Dokumentations- und Abrechnungspraxis findet. Dies ist ein – vor allem von den Richtlinienverfahren – betriebener, in der neueren Wissenschaftsgeschichte einzigartiger, beschneidender Eingriff in die Entwicklung einer Disziplin.

Für eine notwendige und systematische Erforschung psychotherapeutischer Methoden ergibt sich hieraus eine geradezu paradoxe Situation. Die Methoden, die augenblicklich aufgrund der oft kritisierten und manchmal sicherlich in Frage zu stellenden Kriterien anerkannt sind, brauchen eigentlich keine weitere Beforschung mehr, da sie ja schon anerkannt sind. Im Unterschied dazu stellt sich für die noch nicht anerkannten Methoden eine Problematik, die darin besteht, daß eine doppelte Erschwernis für die

Entwicklung, Erprobung und Finanzierbarkeit entstanden ist. Erstens stellt sich die Frage, welche Patienten die Behandlung mit diesen Methoden bezahlen können und zweitens, wer dann auch noch die notwendigen Evaluationen bezahlt. Diese Problematik stellt sich im Bereich klinischer Institutionen weniger, da hier weiterhin in bestimmten Grenzen Möglichkeiten bestehen, innovative Methoden umzusetzen und zu evaluieren. In der Praxis der ambulanten Psychotherapie bestehen diese Freiräume kaum noch, da man nicht evaluieren kann, was man nicht durchführen darf. Bei dem derzeitigen Stand der Konzeptentwicklung und Forschung – auch in den Richtlinienverfahren – ist die damit entstandene Situation höchst bedenklich. Sie muß baldmöglichst durch die Zulassung neuer Verfahren verändert werden.

Der erste Band des zweibändigen Werkes beschäftigt sich mit drei Themenschwerpunkten. Im ersten Teil wird das schwierige Verhältnis zwischen Psychotherapieforschung und Praxis aus unterschiedlichen Perspektiven erörtert und Möglichkeiten einer fruchtbaren Kooperation dargestellt. Strupp setzt sich damit auseinander, von welcher Forschung PraktikerInnen profitieren können und führt besonders aus, wie Forschungsergebnisse dazu beitragen, effektive Vorgehensweisen zu identifizieren und sich für schädigende Vorgehensweisen zu sensibilisieren. Orlinsky argumentiert in seinem Beitrag für ein generelles Psychotherapiemodell, in dem unterschiedliche Ansätze integriert werden und verweist auf die Notwendigkeit als Therapeut, möglichst von vielen Lehrmeistern zu lernen, um ein individuellen und effektiven Stil zu entwickeln. Baumann diskutiert die Möglichkeit und Notwendigkeit eine „allgemeine Psychotherapie" jenseits der Psychotherapieschulen zu entwickeln, die auf den Ergebnissen einer wissenschaftlichen Psychologie als notwendige Basis begründet sein muß – ein Postulat, daß in neuer Zeit Übereinstimmung findet mit Autoren wie Norcross & Goldfried (1992), Grawe (1998), Petzold (1993/1999), Chambon & Marie-Cardine (1999) u.a. Wilken und Kemmler klären Mißverständnisse im Verhältnis zwischen Psychotherapie und Klinischer Psychologie und entwerfen Perspektiven für zukünftige Entwicklungen. Von Beelmann und Hamm wird empirisch das Verhältnis der Praktiker zur Psychotherapieforschung untersucht und die defizitäre Situation auf dem Hintergrund der Einstellungen und Haltungen praktizierender Psychotherapeuten beschrieben. Daran anschließend stellen Lopez-Frank, Veith und Willutzki die komplexe Anforderungssituation der freien Psychotherapiepraxis dar und diskutieren aus dieser Perspektive Forderungen an die Psychotherapieforschung. Eine ausdifferenzierte Methode der Psychotherapie-Praxis-Evaluation wird mit Anwendungsmöglichkeiten von Sponsel vorgestellt.

Im zweiten Teil werden Ansätze der Psychotherapieforschung mit ihren Voraussetzungen, Implikationen und Anwendungsbereichen vorgestellt. Czogalik, der kurz nach der Fertigstellung seines Manuskriptes unerwartet verstarb, gibt eine kritische Einführung in grundlegende Forschungsstrategien und ihre Anwendungsmöglichkeiten und Grenzen. Die Bedeutung qualitativer Forschungsmethoden verdeutlicht von Wyl am Beispiel der Erzählanalyse. Hass und Petzold stellen das innovative Potential der sozialen Netzwerkforschung für die Psychotherapie dar, während von Kriz noch einmal die ungelösten Fragen und Probleme der Wirksamkeitsforschung kritisch aufgeworfen werden.

Der dritte Teil bietet Beiträge der Psychotherapieforschung für spezifische Settings und Formate. Hierzu gehört der Beitrag von Schneider zur stationären Psychotherapie, der Beitrag von Tschuschke zur Gruppenpsychotherapie, der von Heekerens zur Familientherapie, der von Frank zur Supervisionsforschung sowie der von Petzold, Hass, Jakob, Märtens und Merten zum Bereich der Psychotherapieausbildungsforschung.

Der zweite Band wird sich detailliert mit speziellen Zielgruppen (Kinder, Jugendliche, Erwachsene), mit störungsspezifischen Behandlungen (z.B. Depressionen, Angststörungen, schweren Persönlichkeitsstörungen) und mit methodischen und behandlungstechnischen Fragestellungen befassen. Wir hoffen, daß wir mit diesem Werk einen nützlichen Beitrag zur Verbidnung von Forschung und Praxis sowie für eine methodenplurale und schulenübergreifende Psychotherapie leisten können.

Michael Märtens, Hilarion G. Petzold

Chambon, O. & Marie-Candine, M. (1999). Les bases de la psychothérapie. Paris: Dunot.

Grawe, K. (1998). Psychologische Psychotherapie. Göttingen: Hogrefe.

Grawe, K., Donati, R. & Bernauer, P. (1994). Psychotherapie im Wandel. Von der Konfession zur Profession. Göttingen: Hogrefe.

Norcross, J.C. & Goldfried, M.R. (Eds.) (1992). Handbook of psychotherapy Integration. New York: Basic Books.

Petzold, H.G. (1999). Integrative Therapie: Klinische Praxeologie (Ausgewählte Werke, Bd. II, 3, 2. erw. Auflage). Paderborn: Junfermann.

Petzold, H.G. & Orth, I. (Hrsg.) (1999). Die Mythen der Psychotherapie – Ideologien, Machtstrukturen und Wege kritischer Praxis. Paderborn: Junfermann.

Teil 1:
Psychotherapieforschung und Praxis

Können PraktikerInnen von der Forschung lernen?

*Hans H. Strupp**

Praktizierende PsychotherapeutInnen, insbesondere solche, die mit einem psychodynamischen Modell arbeiten, haben wiederholt beklagt, daß sie nur wenig oder gar nicht von den Ergebnissen der Psychotherapieforschung lernen können (Elliott, 1983; Luborsky, 1972; Morrow-Bradley & Elliott, 1986; Orlinsky & Howard, 1978; Parloff, 1980; Raush, 1974; Sechrest, 1975; Ward, 1964). Obwohl die Forschung in den letzten Jahrzehnten expandiert ist, scheint es wenig Nachweise dafür zu geben, daß KlinikerInnen eine positivere Einstellung bezüglich des praktischen Wertes der Psychotherapieforschung entwickelt haben. Als Forscher und Therapeut ist mir diese Kluft stets bewußt gewesen (Strupp, 1968), und in gewisser Hinsicht muß ich der zuvor genannten Einschätzung zustimmen. Nichtsdestotrotz glaube ich, daß es an der Zeit ist, sich diesem Thema nochmals zu widmen. Ich beziehe mich hier stets auf individuelle psychodynamische Psychotherapie, obgleich ich überzeugt bin, daß die vorgestellten Erkenntnisse eine breitere Anwendung verdienen.

TherapeutInnen, die mit der täglichen Aufgabe befaßt sind, PatientInnen zuzuhören, in dem Bestreben, ihre innere Welt zu verstehen und ihnen zu helfen, mit der Vielfalt an Problemen umzugehen, die sie in die Behandlung geführt haben, können ganz offensichtlich wenig mit einem Forschungsergebnis anfangen, das besagt, eine Form der Psychotherapie sei einer anderen leicht überlegen oder die Frequenz von Äußerungen (z.B. Klärungen) sei positiv korreliert mit günstigen Therapieergebnissen. Im Gegensatz dazu hat die aktuelle Forschung, insbesondere mit solchen Studien, die sich dem therapeutischen Prozeß widmen, Ergebnisse hervorgebracht, die überaus relevant für die professionelle Praxis sind. Ich will dies anhand einiger Befunde deutlich machen, wobei ich mich vorrangig auf Studien meiner eigenen Forschungsgruppe stützen werde. Obwohl ich sehr von den Untersuchungen anderer profitiert habe, ist doch nichts so überzeugend wie die eigene Erfahrung.

Grundlegende Orientierung

Zu Beginn möchte ich vorausschicken, daß es vielerlei Weisen gibt, in denen TherapeutInnen ihren PatientInnen oder KlientInnen helfen können – ein Befund, der in einer Fülle von Outcomeforschungsergebnissen konsistent nachgewiesen wurde (Smith, Glass &

Miller, 1980). Auf der anderen Seite hat die Forschung relativ wenig Fortschritte darin gemacht aufzuzeigen, welchen spezifischen Effekt einzelne Techniken bei der Behandlung bestimmter Störungen haben (Lambert, Shapiro, Bergin, 1986). Statt uns auf isolierte Techniken zu konzentrieren, müssen wir die menschliche Beziehung zwischen einem individuellen Patienten und einem individuellen Therapeuten sowie den Austausch, der sich zwischen ihnen vollzieht, erforschen und besser zu verstehen versuchen. Vorausgesetzt, es gibt gewisse Haltungen und Handlungen auf der Seite der TherapeutInnen, die sich als zuträglich (oder nachteilig) für die therapeutische Einflußnahme erwiesen haben. Viele dieser Dimensionen sind durch die Forschung herausgearbeitet worden und sachdienliche Befunde (auf die ich mich im weiteren beziehen werde) können, in Grenzen, den PraktikerInnen hilfreiche Richtlinien an die Hand geben. Psychotherapie mag immer eine eher praktische Kunst bleiben, doch ihre Handhabung könnte für Korrekturen und Verfeinerungen zugänglich sein, die sich aus systematischer empirischer Forschung ableiten. Eine zwischenmenschliche Beziehung – die den Kern jeder Psychotherapie darstellt – wird immer unaussprechliche, unfaßbare Elemente beinhalten, und es ist auch zweifellos so, daß viele unserer heutigen klinischen Erkenntnisse durch die gesammelte Beobachtung von scharfsichtigen KlinikerInnen gewonnen wurden. Dennoch kann empirische Forschung dabei eine Rolle spielen, das ‚Warenlager' unseres klinischen Wissens anzureichern und vielleicht auch, lange Zeit gepriesene Glaubenssätze zu verwerfen, für die keine empirische Bestätigung gefunden werden kann.

Um die praktische Relevanz gewisser Forschungsergebnisse erklären zu können, muß ich mein Verständnis von Psychotherapie skizzieren und die Funktionen von PatientInnen und TherapeutInnen innerhalb dieses Rahmens erläutern. Ich erhebe keinen Anspruch darauf, daß mein Entwurf das wirksamste und leistungsfähigste Modell darstellt. Seine Vorteile sehe ich in seiner Rationalität, Menschlichkeit und Einfachheit. Meine theoretische Grundlage ist vor allem psychoanalytisch und interpersonell ausgerichtet und mein Entwurf hat sich aus Erkenntnissen entwickelt, die ich in Forschung und Praxis gewonnen habe (Strupp & Binder, 1984).

Eine grundlegende Annahme besteht darin, daß eine zwischenmenschliche Beziehung, oder noch genauer: die kummulativen Effekte zwischenmenschlicher Beziehungen (Sullivan, 1953), die typischerweise in der Kindheit anzusiedeln sind, die PatientInnen „krank" gemacht haben und daß eine andere zwischenmenschliche Beziehung mit einer professionell ausgebildeten Person unter besonders günstigen Umständen die Selbstachtung der PatientInnen und die Qualität ihrer Beziehungen mit nahestehenden Personen zu korrigieren vermag. Diese neue Beziehung macht die PatientInnen nicht unbedingt „gesund", aber unter günstigen Umständen wird sie Veränderungen in der Art, wie die PatientInnen denken, fühlen und handeln, hervorbringen, die normalerweise als „therapeutische" Veränderungen beschrieben werden.

Menschen suchen typischerweise dann die Hilfe von PsychotherapeutInnen, wenn sie chronisch unzufrieden mit ihrem Gefühlszustand und/oder mit bestimmten Aspekten ihres Verhaltens sind (Frank, 1974). Psychotherapie versucht, das Selbstsystem der Person und deren zwischenmenschliche Verhaltensmuster mit Hilfe einer professionellen Beziehung zu verbessern. Diese nutzt das grundlegende menschliche Bedürfnis nach *Zuneigung* zu einer wohlwollenden Bezugsperson, das in der Regel bei den PatientInnen nicht befriedigt wurde. Sie nutzt außerdem die Fähigkeit, in einer und durch eine zwischenmenschliche Beziehung zu *lernen*. Da die erwachsenen PatientInnen, anders als ein Kind, die Fähigkeit besitzen, ihre Erfahrung zu reflektieren, wird dieses Vermögen normalerweise in den therapeutischen Lernprozeß einbezogen.

Betrachten wir nun die Voraussetzungen für einen erfolgreichen Therapieverlauf:

1. TherapeutInnen müssen als Persönlichkeiten und durch ihre Ausbildung in der Lage sein, die Art der korrektiven Erfahrung, die ich oben erwähnt habe, zu vermitteln.
2. PatientInnen müssen willens und fähig sein, im Rahmen einer Beziehung, die therapeutische Veränderung möglich macht, produktiv zu arbeiten.
3. PatientInnen und TherapeutInnen müssen jeweils eine tragfähige Beziehung bzw. ein therapeutisches Arbeitsbündnis schließen.
4. Schließlich müssen die Umstände günstig sein, und beide Beteiligten müssen ausreichend Ressourcen wie Zeit, Geld und eine innere Verpflichtung für diese Aufgabe aufwenden.

In den folgenden Abschnitten werde ich Aspekte, wie die notwendige Qualifikation der TherapeutInnen und der PatientInnen, ansprechen, die einen signifikanten Einfluß auf die Qualität ihrer Interaktionen und auf deren Ergebnis haben.

Der therapeutische Prozeß

Wenn es zutrifft, daß PatientInnen durch eine korrektive zwischenmenschliche Erfahrung geholfen werden kann, auf welche Weise können dann die TherapeutInnen die Auftretenswahrscheinlichkeit dieser Wirkung maximieren? Zwei Bedingungen scheinen von zentraler Bedeutung.

1. Die erste und vorrangige Aufgabe auf der Seite der TherapeutInnen besteht darin, eine akzeptierende und einfühlsame Situation zu schaffen, was an sich schon einen großen therapeutischen Wert besitzt, weil viele Menschen es als neue und zutiefst befriedigende Erfahrung erleben, akzeptiert und respektvoll angehört zu werden (Strupp, 1973). Worauf ich bereits früher hinwies, ist, daß der typische Erwachsene, der zu einer Psychotherapie kommt, nicht mit Bezugspersonen (insbesondere Eltern) gesegnet ist, die ihm Geschenke dieser Art in reichem Maße gegeben hätten. Im Gegenteil: Emotionaler Mangel und gescheitertes Sich-Einfühlen bilden den Entwicklungshintergrund, den wir immer wieder vorfinden. Daher erbringen TherapeutInnen, die konsistent und gewissenhaft ihre Energien gerade der Aufgabe widmen, persönliche Erfahrungen der PatientInnen zu verstehen und dieses Verstehen in einer Sprache mitzuteilen, die für die PatientInnen sinnstiftend ist, – dies sollte unterstrichen werden – eine enorme Leistung. Und die daraus resultierende Erfahrung der PatientInnen kann, über einen längeren Zeitraum, eine tiefgreifende Veränderung bewirken. Auf diese Art und Weise erfüllen TherapeutInnen zum Teil unbefriedigte Bedürfnisse, die typischerweise aus der frühen Kindheit der PatientInnen stammen. Obwohl ähnliche Bedürfnisse während des ganzen Lebens bestehen, verweisen die Dringlichkeit, mit der sie erlebt werden und der Schmerz, der mit ihrer Frustration verbunden ist, auf eine frühe Epoche im Leben des Menschen. Wenn solche Traumata in der Therapie wiederbelebt und durchlebt werden, können ihre schrecklichen Auswirkungen in einem gewissen Maß gelindert werden.

2. Der zweite Aspekt des Beitrags der TherapeutInnen zum therapeutischen Prozeß bezieht sich auf die Art und Weise, wie sie das *Agieren* der PatientInnen in der Therapie verstehen und damit umgehen. Dieses Agieren ist zutiefst in der universellen menschlichen Tendenz verwurzelt, Gefühle und Verhaltensmuster von einer bedeutungsvollen Person oder Situation auf andere zu übertragen. Hieraus erhält sie erst ihren Sinn. PatientInnen sind nicht nur (durch ihren Wunsch nach Zuneigung) gezwungen, sympathische und einfühlsame ZuhörerInnen zu finden, die sie wie gute Eltern trösten, anleiten und unterstützen, sondern sie identifizieren die TherapeutInnen unbewußt mit den Bezugspersonen, mit denen sie noch „unerledigte Geschäfte" (zum Beispiel Enttäuschungen, denen Ärger folgt) haben. Von Bedeutung sind hier solche Traumata wie der frühe Tod eines Elternteils, emotionale Vernachlässigung oder andere Formen der Entbehrung. Daher verhalten sich die PatientInnen in subtiler, verstellter und verworrener Art und Weise zu den TherapeutInnen wie zu einer Person der Vergangenheit. Das hat zur Folge, daß bestimmte affektive Reaktionen hervorgerufen werden, die die TherapeutInnen zu gewissen Verhaltensweisen „zwingen". Kurz gesagt, die TherapeutInnen werden rekrutiert, um eine komplementäre Rolle in dem Drama der PatientInnen zu spielen, das in fundamentaler Weise die „Krankheit" der PatientInnen ausmacht. In der einen oder anderen Form tritt so das Agieren auf, sobald die PatientInnen auf einfühlsame ZuhörerInnen treffen, die signalisiert haben, daß sie ihnen helfen wollen. Solche ZuhörerInnen wirken wie ein Magnet, der die konfliktträchtigen und ungelösten zwischenmenschlichen Muster auf sich zieht, die das Leben der PatientInnen so sehr komplizieren. Die Zuneigung zum Therapeuten, wie Freud (1917/1963a) als erster beobachtet hat, stellt die ‚Trägerwelle' für das Übertragungsgeschehen dar. Werden nun die Übertragungsreaktionen, wenn sie spontan auftreten, identifiziert und zumindest teilweise verstanden, dann werden die PatientInnen von deren Herrschaft befreit und können allmählich flexibler und angepaßter handeln.

Für dieses Bestreben haben sich die folgenden Aktivitäten von TherapeutInnen als heilsam herausgestellt.

a) Er oder sie muß sich der eigenen sowohl kognitiven als auch affektiven Reaktionen auf das kommunikative Verhalten der PatientInnen bewußt werden;
b) er oder sie muß versuchen, das Agieren der PatientInnen im Kontext der therapeutischen Beziehung sowie im Zusammenhang mit Beziehungen der PatientInnen zu ihren engen Bezugspersonen in der Vergangenheit und in der Gegenwart zu verstehen;
c) er oder sie muß versuchen, soweit es möglich ist, die Übernahme einer komplementären Rolle in den Szenen der PatientInnen zu vermeiden; und
d) er oder sie muß den PatientInnen das eigene Verständnis vom Agieren, das sich unmittelbar ereignet hat, mitteilen.

Die Bewältigung dieser geschilderten Sequenz, was wie und wann zu äußern ist, erfordert komplexe Fertigkeiten, die die professionellen TherapeutInnen von nicht ausgebildeten HelferInnen unterscheiden. Aus klinischer Perspektive haben wir ein klares Verständnis und eine eindeutige Einschätzung dieser Fertigkeiten, dennoch entziehen sie sich weiterhin der genauen Unterscheidung und Spezifikation durch die Forschung (Strupp, Butler & Rosser, 1988). Die Fähigkeit, sich auf den Affekt, den die PatientInnen augenblicklich erleben, einzustimmen und darauf zu reagieren, ist vielleicht die eindeutigste Qualifikation, die TherapeutInnen für diese schwierige Aufgabe mitbringen. Dieses Bestreben ist immer vorläufig, unsicher und unvollständig. In dem Ausmaß jedoch, in dem es den TherapeutInnen wiederkehrend gelingt, einen bedeutsamen Aspekt der Erfahrung der PatientInnen, der in der therapeutischen Beziehung wiederbelebt und durchlebt wird, zu erfassen und mitzuteilen, tragen sie zum emotionalen Wachstum der PatientInnen bei. Dieser „interpretative" Aspekt der therapeutischen Tätigkeit (ich zögere, diesen banalen und abgenutzten Begriff zu gebrauchen) vertieft wiederum die Beziehung und befreit die PatientInnen gewissermaßen in paradoxer Weise von ihrer Abhängigkeit von Bezugspersonen. Um es zu wiederholen: Die Krux des therapeutischen Handelns reicht über das „Herstellen einer guten Beziehung" hinaus, sie liegt in der notwendigen Fähigkeit der TherapeutInnen, die ungeordnete Erfahrung der PatientInnen wahrzunehmen, zu strukturieren und zu klären, während sie sich im aktuellen Kontext der dyadischen Interaktion ereignet.

Die obige Formulierung enthält sehr wichtige Implikationen für die Praxis. Einige wenige werde ich im folgenden aufzählen:

1. Nichts ist von größerer Bedeutung als der Austausch zwischen PatientIn und TherapeutIn, der sich im Hier und Jetzt jeder aktuellen Therapiestunde vollzieht. Die gegenwärtigen Erfahrungen der PatientInnen müssen immer im Vordergrund stehen, insbesondere die Affekte, die diese Erfahrungen begleiten.

2. Die vorrangige Aktivität der TherapeutInnen sollte einfühlsames Zuhören sein, das von einem Minimum an Störungen unterbrochen wird (z.B. Plaudern oder nur für sie selbst relevante Kommentare), von seltenen Fällen abgesehen, sollten die TherapeutInnen vermeiden, Ratschläge, Anleitungen usw. zu geben.[1] Diesem Prinzip folgend, vermittelt empathisches und respektvolles Zuhören (mit der Ausnahme von klärenden Kommentaren, wie ich noch zeigen werde) die optimale Unterstützung und Hilfe, die TherapeutInnen geben können und sollten. Es gewährt den PatientInnen auch die besten Möglichkeiten (was nicht immer erwünscht ist), sich über ihre Erfahrung bewußt zu werden und Autonomie zu entwickeln, was wiederum zwischenmenschliche Intimität ermöglicht (im Gegensatz zu einer Grenzverwischung im Kontakt). Diese empfohlene Haltung läßt darüber hinaus das Feld so unbeeinträchtigt wie möglich und eröffnet einen leeren Raum, in den das Agieren der PatientInnen einströmen kann.[2]

3. Äußerungen, die versuchen, die Erfahrungen der PatientInnen zu klären und dabei die Metakommunikation über die PatientInnen-TherapeutInnen-Beziehung betonen,

---

1 Es ist interessant, wenn auch vielleicht nicht überraschend, daß in zwei unserer Studien die Absicht, Ratschläge zu geben, von den PatientInnen mit einem positiven TherapeutInnenimage verknüpft wurde.

2 Gewisse konfrontative Techniken (Davanloo, 1978, 1980) die von TherapeutInnen empfohlen werden, die in Kurzzeittherapie spezialisiert sind, mögen durchaus effektiv sein und relativ schnell Verhaltensänderungen bewirken. Sie mögen auch so eingeschätzt werden, daß sie effektiver seien als der erfahrungsbezogene Ansatz, der hier vertreten wird. Eindeutige empirische Belege hierfür fehlen jedoch. Aufgrund dieses Mangels und auf der Basis meiner eigenen Erfahrung aus Klinik und Forschung messe ich der *Erfahrung* der PatientInnen, sich verstanden zu fühlen und die Freiheit gewährt zu bekommen, sich erproben zu können und zu wachsen, mehr Wert bei als der beobachtbaren Verhaltensänderung per se.

sollten klar, präzise und frei von Fachbegriffen formuliert sein und sich eng auf das gegenwärtige Geschehen beziehen, das beide beobachten können. Die Hinweise können sich auf die Kindheitserfahrungen der PatientInnen mit ihren Bezugspersonen oder auch auf solche aus der Gegenwart beziehen, müssen dies aber nicht. Sie sollten auf einem Minimum an Schlußfolgerungen beruhen, sollten bodenständig und einfach sinnvoll sein. (Der Wert von „Übertragungsinterpretationen" oder „Elternübertragungshinweisen" per se scheint stark überschätzt worden zu sein).

4. Aller Wahrscheinlichkeit nach besteht die größte Herausforderung für TherapeutInnen darin, einen versierten Umgang mit dem Agieren zu finden, da es sie häufig in die Defensive zwingt und Langeweile, Irritation, Ärger und Feindseligkeit hervorrufen kann oder „Druck" auf sie ausübt, sich so zu verhalten, daß es unvereinbar mit ihrer einfühlsam zuhörenden und klärenden Haltung ist. Sich manipuliert, kontrolliert oder zu etwas gezwungen zu fühlen, sind typische Beispiele dafür. Es handelt sich dabei um solche Manöver, mit denen die PatientInnen bei der Interaktion mit Bezugspersonen in der Gegenwart in Schwierigkeiten geraten und die gerade die „Krankheit" ausmachen, die die TherapeutInnen aufgerufen sind zu heilen.

Das große Paradoxon von Therapie besteht darin, daß man mit dem Angebot einer gutartigen und einfühlsamen Beziehung an eine andere Person gleichzeitig die Tür dafür öffnet, zum Ziel all ihrer angesammelten Frustrationen, Wünsche, Konflikte und Ängste zu werden. Daher kann man als TherapeutIn nicht verhindern, eine unbewußte MitakteurIn im zwischenmenschlichen Drama der PatientInnen zu werden. Der Verlauf und das Resultat von Therapie ist weitgehend dadurch determiniert, wie die TherapeutInnen diese wiederkehrenden Herausforderungen angehen und handhaben. Entsprechend seiner dualistischen Orientierung, sprach Freud (1917/1963b) von „positiver" und „negativer" Übertragung und führte den ungeschickten Begriff der „Gegenübertragung" ein, die er ausschließlich als ein Hindernis ansah. Heutzutage betrachten wir PatientInnen und TherapeutInnen jeweils als komplexe Zwei-Personen-Systeme, in denen die Aktionen und Reaktionen beider aufeinander von gleicher Wichtigkeit und Bedeutung sind.

Einige Schlußfolgerungen aus der Forschung

In einer frühen Studie, die darauf angelegt war, das Verhalten von TherapeutInnen empirisch zu untersuchen (Strupp, 1960), habe ich verschiedenen Gruppen von TherapeutInnen ein gefilmtes Interview gezeigt. In bestimmten Abständen wurden sie gebeten, Antworten an einen Patienten, der eine phobische Symptomatik zeigte, zu formulieren, als seien sie die InterviewerInnen. Nach der Präsentation des Films notierten sie diagnostische und prognostische Eindrücke, Therapieempfehlungen usw. Der Patient erschien in diesen Charakterisierungen, über seine phobische Symptomatik hinausgehend oder auch als Teil dieser, als eine feindselige, ärgerliche und provozierende Person, mit den Worten eines Teilnehmers: ein „Ungerechtigkeitssammler".

Im wesentlichen ließen sich zwei Gruppen von TherapeutInnen unterscheiden: Die erste Gruppe sah die weniger anziehenden Eigenschaften des Patienten als Teil seines Problems an, für das er Hilfe suchte; die zweite Gruppe bestand aus TherapeutInnen, die schon nach wenigen Minuten der Präsentation eine mehr oder weniger ärgerliche, feindselige und abweisende Haltung entwickelten, die von ihnen als „neutral“ oder „negativ“ charakterisiert wurde. Die erste Gruppe war durchaus gewillt, den Patienten in Therapie zu nehmen, die zweite Gruppe neigte eher dazu, ihn abzulehnen.

Am bemerkenswertesten war vielleicht der Effekt, daß sich die Unterschiede in der Haltung der TherapeutInnen wiederum in den hypothetischen Äußerungen, die sie an den Patienten richteten, zeigten: Die erste Gruppe vermittelte allgemein Einfühlsamkeit, Mitgefühl und Fürsorge; die Äußerungen der zweiten Gruppe waren technisch, distanzfördernd, uneinfühlsam und kalt. Darüber hinaus formulierte die zweite Gruppe der TeilnehmerInnen die Psychodynamik des Patienten in einer Sprache, die eine schwerwiegendere Störung vermittelte und manchmal an folgende Krankheitsbilder grenzte: psychopathisch, paranoid, Charakterstörung usw. Die erste Gruppe war eher geneigt, Bezeichnungen wie Angststörung, phobisch, hysterisch, usw. zu wählen. Prognostische Urteile und Therapieempfehlungen folgten einem vergleichbaren Muster.

Das Spektrum der Antworten der TherapeutInnen wurde deutlich durch eine Sequenz, die sich am Ende des ‚Therapiegesprächs‘ ereignete, illustriert. Der Patient brachte etwas unerwartet einen leidenschaftlichen Appell vor, in dem er große Sorgen über seine Angstsymptome äußerte, die er zuvor geschildert hatte, und um Beruhigung bat. Die Passage endete mit der Frage:

„Das ist alles, was ich Sie fragen wollte. Werden sie [die Angstattacken] mich töten? Werden sie verursachen, daß ich ... Werden sie dazu führen, daß eines Tages mein Herz aufhört zu schlagen oder werden sie mein Nervengewebe zerstören, oder .. oder sogar mein Denken ?“ (S.21)

Hier folgen in grob abgestufter Reihenfolge einige ausgewählte einfühlsame und uneinfühlsame Antworten (S.75-76).

– *„Ich empfinde es so, daß Ihr Gefühlsproblem wirklich wichtiger ist, als jede Herzerkrankung, die Sie haben könnten. Wir können Sie untersuchen lassen, um Ihre körperliche Gesundheit abzuklären.“*

– *„Nein. Aber Ihre Attacken verursachen Ihnen eine Menge Unwohlsein.“*

– *„Ich weiß, diese Empfindungen sind sehr unangenehm. Ich kann Ihre Frage nicht vollständig beantworten, ich habe den Eindruck, es handelt sich um etwas, das genauer betrachtet werden sollte.“*

– *„Ich habe das Gefühl, daß Sie wissen, daß es eine Verbindung gibt zwischen Ihrer Empfindung und der Vorstellung, die Sie von der Art und Weise haben, wie das Leben Sie behandelt hat.“*

– *„Und Sie sagten, Sie haben diese Attacken zuhause?“*

– *„Was glauben Sie?“*

– *„Ich würde gerne für eine Weile mit Ihnen besprechen, welche Art von Arbeit Sie gemacht haben.“*

– *„Mit Ihrem Glück werden Sie sicherlich weiterleben und leiden.“*

– *„Möchten Sie ein chronischer Invalide sein und versorgt werden?“*

– *„Welchen Unterschied würde es machen, wenn ich Ihnen ja oder nein antworte?" (Vielleicht würde ich hier fortfahren, ohne dabei angreifend zu sein, ihm zu erklären, daß das nicht das Problem ist.)*

Die hier aufgeführten Antworten belegen in ziemlich drastischer Weise die provozierende Wirkung von negativen, feindseligen Übertragungsreaktionen und die komplementären Antworten, zu denen sie die TherapeutInnen „zwingen". Diese Herausforderungen und die Art, wie sie bewältigt werden, stellen einen Test für die Belastbarkeit der TherapeutInnen dar (wie ich noch zeigen werde), und sie zählen zu den wichtigsten Aufgaben, denen sich TherapeutInnen stellen müssen.

Da die erwähnte Studie auf einer Situation mit einem festgelegten Zeitablauf basierte, war es nicht möglich zu bestimmen, wie einzelne TherapeutInnen mit einem Patienten in „realer" Zeit gearbeitet hätten. Dennoch gab es Hinweise auf sich selbst erfüllende Aspekte dieser Interaktionen. Sogar subtil vermittelte Feindseligkeit gegen einen solchen Patienten kann vorhersagbar Desillusionierung, ein gesteigertes Gefühl von Ablehnung und Entmutigung hervorrufen. Sie kann auch zu plötzlicher Beendigung der Therapie oder, was vielleicht noch schädlicher ist, zu einem langdauernden Kampf führen.

Ich hatte – wie sich herausstellte, irrtümlicherweise – angenommen, daß ausgebildete TherapeutInnen in der Lage wären, hinter der unangenehmen Fassade des Patienten eine leidende Person zu erkennen, die dringend professionelle Hilfe brauchte, aber als eine Folge ihres „Persönlichkeits – make ups" nur in einer solchen Weise darum bitten konnte, die ihr Gegenüber sofort in eine Verteidigungshaltung drängte. Er erreichte das, indem er negative Reaktionen hervorrief, die unmittelbar und subtil in Äußerungen übersetzt wurden, welche den Effekt einer sich selbst erfüllenden Prophezeiung annahmen: eine weitere Episode von Zurückweisung und Ablehnung, die in seinem Leben zweifellos schon immer ein zentrales Muster dargestellt hatte.

Obwohl die erhobenen Daten nur begrenzt weitere Auswertung zuließen, riefen sie doch besondere Beachtung der sich aufeinander beziehenden und sich komplementär ergänzenden Strukturen hervor. Insbesondere die frühe therapeutische Interaktion sowie deren potentielle Wirkung auf den Verlauf und das Ergebnis der Therapie gelangte so in den Blick. Nachfolgende Studien (Wallach & Strupp, 1960) bestätigten den früheren Eindruck, daß die persönlichen „menschlichen" Reaktionen der TherapeutInnen auf einen Patienten a) sehr schnell eintreten und b) häufig deren „objektive" diagnostische Einschätzungen, prognostische Urteile und Therapieempfehlungen beeinflussen.

Nach wie vor unbeantwortet blieb, welche therapeutischen Interventionen *wünschenswert* wären. Wie sollte man mit diesen frühen negativen Reaktionen auf einen Patienten umgehen? Sollte man ihn an andere TherapeutInnen verweisen, sich seiner persönlichen Reaktionen bewußt werden und versuchen, sie zu verstehen, während man sich bemüht, eine akzeptierende und einfühlsame Haltung darzustellen und zu vermitteln oder Beratung und Therapie suchen, falls solche Reaktionen häufig auftreten? Ich habe weitere Belege erbracht (Strupp, 1960), daß TherapeutInnen, deren Ausbildung persönliche Therapieerfahrung einschloß, besser in der Lage waren, Distanz zwischen ihre unmittelbaren emotionalen Reaktionen und die Äußerungen zu legen, die sie an den Patienten richteten. Dieser Befund war zweifellos übereinstimmend mit dem, was man erwarten würde, wenn jemand über ein größeres Selbstbewußtein und Einsicht in die eigenen Reaktionsweisen verfügt.

Viel umfassendere und weitaus eindeutigere Beweise für die Auswirkung von Störungen in der therapeutischen Beziehung auf den Verlauf und das Ergebnis von Therapie erhielten wir aus einer Serie von Studien, die als ‚Vanderbilt I' bekannt wurden, (Strupp, 1980a, 1980b, 1980c, 1980d; Strupp & Hadley, 1977). Um dies zu illustrieren, möchte ich einige Details aus der Behandlung eines Patienten durch einen erfahrenen männlichen Psychiater zitieren, der Schwierigkeiten hatte, mit dessen durchdringendem Negativismus und seiner Feindseligkeit umzugehen (Strupp, 1980b).

Tom, ein neunzehnjähriger Student, begann die Therapie in einer zutiefst depressiven, untröstlichen, angespannten und mutlosen Verfassung. Er klagte über Appetitverlust, Gewichtsverlust und Schlafstörungen. Er beschrieb ein extrem negatives Selbstbild und sah sich selbst als „Verlierer". Eine Einstellung von Verdrießlichkeit, Selbsthaß und Negativismus durchzog seine Äußerungen. Er hing auf seinem Stuhl, vermied den Blickkontakt mit dem Therapeuten, sprach undeutlich und beantwortete Fragen einsilbig.

Von Beginn an schien der Patient es darauf anzulegen, den Therapeuten zu provozieren. Mit der Zeit wurde es offensichtlich, daß Dr. Y mit Irritation auf die störrische Art des Patienten reagierte, der darauf bestand, sein zutiefst negatives Selbstbild aufrechtzuerhalten. Er konfrontierte den Patienten mit seinem selbstabwertenden Verhalten, indem er die Erklärung vorschlug, daß andere Menschen nur negativ auf ihn reagierten, weil Tom sie in irgendeiner Weise dazu gebracht haben mußte.

Sein negatives Selbstbild weiter zuspitzend, erzählte der Patient eine Begebenheit, in der er eine junge Frau um eine Verabredung gebeten hatte, woraufhin diese gelacht hatte. Der Therapeut ging auf dieses Thema mit einer aktiven Konfrontation ein:

Therapeut: *„Was tun Sie, um die Aufmerksamkeit von anderen Leuten zu erringen? Sie müssen doch etwas tun....Normalerweise reagieren die Leute sonst nicht. Sie sitzen da und sehen elend aus."*

Patient (antwortet mit einer Herausforderung): *„Es gibt auch keinen Grund, um fröhlich zu sein."*

Therapeut (erwidert den Angriff): *„Die Menschen mögen Sie nicht. Ich habe bisher noch nichts gehört, das sie veranlassen könnte, anders zu reagieren."*

Patient (abwehrend): *„Ich kann nichts anderes tun."*

Therapeut (offensichtlich in einen Streit hineingezogen): *„Natürlich können Sie. Sie machen sich selbst zu einem unangenehmen Begleiter. Lassen Sie uns herausfinden, warum es passiert und was Sie tun können, um es zu ändern... Machen Sie einen Anfang damit, daß Sie sich anschauen, was Sie dazu tun, andere Menschen dazu zu bringen, Sie zu übersehen."*

Patient: *„Ich habe eine bittere Einstellung zum Leben."*

Therapeut: *„Das kann geändert werden."*

Patient: *„Wie kann ich eine andere Einstellung bekommen?"*

Therapeut: *„Verändern Sie Ihr Verhalten, das könnte Ihre Einstellung ändern."*

Patient: *„Was erwarten Sie denn von mir, was ich tun soll, Ihnen ein Theaterstück vorspielen?"*

Therapeut: *„Im Augenblick schauen Sie erst einmal einfach sich selbst an."*

Patient (beharrend): *„Dies ist mein normales Selbst."*

Therapeut: *„Ich weiß nicht, was Ihr wahres Selbst ist."*

In dem darauffolgenden Gespräch fragte der Therapeut nach Beispielen dafür, wie sich der Patient präsentiert und konzentrierte sich dabei wiederum auf „Botschaften", die er an andere aussendet. Eine diese Botschaften, die an Gleichaltrige gerichtet war, schien zu lauten: „Nur zu, macht mich 'runter, Kumpels."

Der Fokus des Therapeuten lag während der ganzen Zeit eher auf der Haltung und Selbstdarstellung des Patienten, als auf seinen Ängsten und Konflikten. Das vorrangige Ziel der Therapie bestehe darin, so bemerkte er, Selbstbewußtsein und Einsicht zu erlangen. Der Wunsch des Patienten hingegen schien eher darauf ausgerichtet, Fürsorge und Trost zu bekommen. In einer der letzten Sitzungen beschuldigte er den Therapeuten: *„Sie klingen wie meine Mutter, Sie verstehen's nicht."*

Die geschilderte Fallgeschichte illustriert das Problem provokativen Verhaltens, das den Therapeuten zwingt, eine komplementäre Rolle zu spielen. In dieser Weise kreiert der Patient seine sich selbst erfüllende Prophezeiung, ungeliebt und zurückgewiesen zu sein. Wenn dies geschieht, zeigt der Patient sich selbst und anderen, daß solche Zurückweisungen vorherbestimmt sind und jede Veränderung unmöglich ist. Wenn andererseits der Therapeut mit diesen Provokationen des Patienten in einer nicht-komplementären Weise umgeht und es vermeidet, die ihm zugewiesene Rolle zu übernehmen, dann wird der Patient zumindest in einem gewissen Maß gezwungen, sein Selbstbild und den Einfluß seines Verhaltens auf andere zu überprüfen. Daher öffnet sich die Tür zu neuen zwischenmenschlichen Erfahrungen, wenn TherapeutInnen eine „asoziale" Antwort geben (Beier & Young, 1984). Manchmal wird eine nicht-komplementäre Antwort der TherapeutInnen von PatientInnen als Befreiung erlebt, während sie zu anderen Zeiten als Enttäuschung und paradoxerweise als Zurückweisung aufgefaßt wird.

Es gibt sicherlich viele verschiedene Arten, in denen TherapeutInnen in einer nicht-komplementären Weise reagieren können. Diese reichen von strafender Stille über eine spezifische Frage bis zu einer einfühlsamen Metakommunikation über die therapeutische Beziehung und den aktuellen Austausch in dieser Beziehung. In solchen Situationen sollte eine Verbindung zwischen den folgenden Aspekten hergestellt werden: a) Ein aufsteigender Affekt, gewöhnlich schmerzhaft oder unangenehm, der mit einem nicht lange zurückliegenden zwischenmenschlichen Erlebnis zusammenhängt, b) die Erinnerung an eine problematische Beziehungserfahrung, c) die Erfahrung einer vertrauensvollen therapeutischen Beziehung in der Gegenwart, d) die einfühlsame und nicht-komplementäre Antwort der Therapeutin/des Therapeuten und e) eine einfache „Erklärung" der traumatischen Erfahrung in Form von Metakommunikation über den gegenwärtigen Zustand der therapeutischen Beziehung, die in Verbindung zur Vergangenheit stehen kann oder nicht. Wie bereits erwähnt, sind Vorstellungen von „Konfrontation" oder „den Widerstand überwinden" Fremdworte in diesem Vokabular.

Die oben genannten Momente gehören zu den „veränderungsrelevanten Episoden" (Greenberg, 1986), nach denen ForscherInnen gesucht haben; sie sind die „goldenen Momente", die von PatientInnen und TherapeutInnen so geschätzt werden. In solchen

Augenblicken befinden sich beide auf der gleichen „Wellenlänge“, und etwas Wichtiges aus der Erfahrung der PatientInnen wird in einer Weise verstanden, wie es nie zuvor verstanden worden ist. Dies sind darüber hinaus Momente von Intimität und Erleichterung, in denen eine „korrektive emotionale Erfahrung“ (Alexander & French, 1946) Realität wird. Damit solche Momente eintreten können, bedarf es jedoch normalerweise einer Menge vorbereitender Arbeit, die sich unter Umständen über eine Dauer von Wochen und Monaten erstreckt. Der „goldene Moment“ stellt dann die Kulmination dieses Prozesses dar.

Folglich müssen Veränderungsereignisse notwendigerweise in einem größeren Kontext gesehen werden. Dies wirft für ForscherInnen die immer wiederkehrende Frage auf, wie man solche Episoden bestimmen kann. Wichtiger als ein spezieller verbaler Austausch ist die Gesamtqualität des Arbeitsbündnisses, das sich über einen längeren Zeitraum entwickelt hat, weil dieses Bündnis die Grundlage für veränderungsrelevante Episoden bildet. In einem gewissen Maß jedoch muß man sich auf die Verflechtungen der Interaktionen konzentrieren, wie ich zu skizzieren versucht habe. Beide Faktoren sind ganz offensichtlich essentiell. Im umgekehrten Fall, wenn TherapeutInnen nicht in der Lage sind, effektiv mit den Herausforderungen umzugehen, die ihnen durch das provokative Agieren der PatientInnen gestellt werden, scheitert Therapie oder hat einen unklaren Ausgang, wie ich es mit meinem Beispiel illustriert habe.

Meine MitarbeiterInnen und ich haben wiederholt beobachtet, daß viele TherapeutInnen, auch hochgradig erfahrene, offensichtlich unfähig sind, provokatives Agieren effektiv zu konfrontieren. Teilweise ist das auf die Intensität, Chronizität und Eindringlichkeit des Agierens zurückzuführen, aber es ist teilweise auch ein Problem „innerhalb“ der TherapeutInnen, zum Beispiel sind es ihr eigener Ärger und ihre Feindseligkeit, die sie zu bereitwilligen MitakteurInnen im Szenario der PatientInnen machen. Hinzukommen Unflexibilität oder vielleicht einfach Mangel an therapeutischen Fähigkeiten. Letzteren wird, so glaube ich zunehmend, nicht annähernd genügend Aufmerksamkeit in typischen Ausbildungsprogrammen geschenkt. Meine MitarbeiterInnen und ich haben unter den beobachteten Verläufen nur wenige Beispiele gefunden, in denen TherapeutInnen hochgradig widerständiges Verhalten von PatientInnen erfolgreich beantwortet haben. Die meisten Therapien zeigten kein günstiges Ergebnis. Unter Umständen sind solche PatientInnen intrinsisch ungeeignet für zeitbegrenzte dynamische Therapie, wie wir sie untersucht haben. Anzumerken bleibt, daß verglichen mit der Notwendigkeit, ein empathisches Therapieklima zu schaffen, der erfolgreiche Umgang mit Negativismus, versteckter Feindseligkeit und provokativer Haltung auf jeden Fall von sekundärer Bedeutung ist.

Es wurden weitere empirische Beweise durch die Studie von Henry (1986) erbracht, der intensiv die Interaktion von vierzehn therapeutischen Dyaden untersucht hat, bei denen sich Fälle mit gutem und schlechtem Therapieerfolg deutlich unterschieden. In den zwei Ergebnisgruppen differierte der Interaktionsprozeß zwischen TherapeutInnen und PatientInnen in der dritten Sitzung besonders deutlich. Vom klinischen Standpunkt her unerwünschte komplementäre Abfolgen (wie feindselige Beschuldigungen und anschließende Beschwichtigung oder vermeidendes Verhalten der PatientInnen verbunden mit Vernachlässigung durch die TherapeutInnen) traten signifikant häufiger in den Fällen mit schlechtem Ergebnis auf. Es zeigte sich, daß die Formulierungen der TherapeutInnen der schlechteren Ergebnisgruppe feindseliger und kontrollierender waren. Diese TherapeutInnen neigten dazu, die PatientInnen zu beschuldigen und deren vorherrschende Bedürfnisse zu ignorieren. In ähnlicher Weise waren die Äußerungen der PatientInnen in dieser Gruppe gekennzeichnet: Sie zeigten größere Distanz zu den TherapeutInnen, enthielten mehr Beschwichtigungen, mehr Vermeidung und weniger vertrauensvolle Mitteilungen. Solche PatientInnen äußerten häufiger Selbstbeschuldigungen, und deren Anzahl korrelierte hoch mit der Zahl von Schuldzuweisungen, die von den TherapeutInnen geäußert wurden. Dyaden mit schlechtem Therapieergebnis wiesen eine erstaunlich hohe Frequenz von feindseligem Austausch und komplexen Mitteilungen (Aussagen, die zugleich vielfältige, häufig widersprüchliche zwischenmenschliche Prozesse vermitteln)[3] von beiden Seiten auf. Besonders interessant war dabei der Befund, daß die Introjekt-Selbsteinschätzungen der TherapeutInnen als ‚am schlechtesten' signifikant mit der Anzahl ihrer feindseligen Äußerungen, die sie den PatientInnen gegenüber geäußert hatten, korrelierten. In ähnlicher Richtung zeigten Christenson, Lane und Strupp (1987), daß der Grad der Feindseligkeit in den früheren Beziehungen der TherapeutInnen mit ihren Eltern ein Prädiktor für ähnlich ungünstige zwischenmenschliche Prozesse in der Therapie darstellt.

Weitere Anmerkungen zu Interpretationen im therapeutischen Prozeß

Es lassen sich mehrere Lehren aus diesen und anderen Studien über den therapeutischen Prozeß ziehen:

a) Ein „schlechter" therapeutischer Verlauf wird durch Äußerungen der TherapeutInnen charakterisiert, die komplex (gleichzeitig vermittelte gegensätzliche Inhalte) und distanziert sind (beschuldigend, herabsetzend oder abwertend). Derartige Aussagen verursachen schwerwiegende Störungen, die zu einem vorzeitigen Therapieabbruch oder schlechten Therapieergebnissen führen können.
b) Schon ein geringer Anteil dieses „schlechten" Prozesses, insbesondere in einer frühen Phase der Therapie kann schädigende Effekte haben.
c) Erfahrene TherapeutInnen sind nicht dagegen gefeit, in einen solchen „schlechten" Interaktionsverlauf verwickelt zu werden, was darauf hinweist, daß typische Ausbildungsprogramme nicht ausreichend auf dieses Problem und seine möglichen Folgen eingehen.
d) Spezialisierte Fortbildungsprogramme für erfahrene TherapeutInnen mögen das bewußte Verständnis dieser Phänomene vertiefen, aber dies führt nicht notwendigerweise zu einer Umsetzung in geeignete Verhaltensweisen.
e) TherapeutInnen werden immer wieder in eine komplementäre Haltung hineingezogen, insbesondere mit „schwierigen" PatientInnen (zum Beispiel Persönlichkeitsstörungen).
f) Wegen der Neigung der PatientInnen, ungelöste zwischenmenschliche Schwierigkeiten in der Therapie zu agieren, mag es für TherapeutInnen unmöglich sein, negative Komplementarität vollständig zu vermeiden. Das angestrebte Ziel sollte daher sein, sie so weit wie möglich zu minimieren, indem sich TherapeutInnen ihrer emotionalen Reaktionen bewußt werden.

---

3 ‚double-bind'-Äußerungen, Anm.d.Ü.

Werden Interpretationen in traditioneller Weise verwendet, so haben sie häufig eine beschuldigende und abwertende Qualität (Wile, 1984) und werden auch als solche von PatientInnen erlebt. Dies scheint insbesondere auf solche Interpretationen zuzutreffen, die auf den „Widerstand" der PatientInnen abzielen, was wiederum die Frage aufwirft, ob dieser überhaupt jemals durch interpretative Interventionen überwunden werden kann. Jedoch müssen sich vielleicht auch Interpretationen von Gefühlen oder Verhaltensmustern (zum Beispiel bezüglich des Narzißmus, der „oralen Gier" oder der Feindseligkeit der PatientInnen) dieser Kritik stellen. Es ist eindeutig belegt worden, daß therapeutische Kommentare, insbesondere Interpretationen von den PatientInnen niemals als Kritik, Ablehnung oder ähnliches erlebt werden oder in anderer Weise ihr ohnehin schwaches Selbstwertgefühl verringern sollten. Entgegen den Absichten der TherapeutInnen kann das nicht immer verhindert werden. Die psychoanalytische Literatur ist unglücklicherweise voll von Fällen, in denen das Bemühen, diese Fehler auszuschließen, nicht berücksichtigt wurde.

Was, wie, wann und warum sollten TherapeutInnen interpretieren? Rogers' (1957) radikale Empfehlung, daß TherapeutInnen sich darauf beschränken sollten, Gefühle zu spiegeln, kann helfen, die zuvor genannten Sackgassen zu vermeiden, insbesondere wenn die Äußerungen in einem Klima von Einfühlsamkeit und Akzeptanz erfolgen. Obwohl das Spiegeln von Gefühlen nicht notwendigerweise einen „schlechten" Verlauf ausschließt, gewährt es doch ein Maß an Schutz und kann potentiell weniger Schaden anrichten als traditionelle analytische Interpretationen.

Meiner Ansicht nach sollten TherapeutInnen sehr selten konfrontieren oder die PatientInnen herausfordern und sich statt dessen auf Äußerungen konzentrieren, die ein Verständnis der subjektiven Welt der PatientInnen vermitteln, vor allen Dingen bezüglich ihrer Gefühle in der Gegenwart. Es ist für TherapeutInnen häufig hilfreich, zum passenden Zeitpunkt ihr vorläufiges Verständnis eines Musters, das in der therapeutischen Interaktion hervortritt, in Worte zu fassen (womit auch die Neugier der PatientInnen und ihr Wille zur Zusammenarbeit geweckt werden) und es auf die Themen zu beziehen, mit denen die Person gerade in ihrem alltäglichen Leben ringt. Wenn solche Mitteilungen versiert gemacht werden, können sie von den PatientInnen als Beweis für die Verbundenheit der TherapeutInnen und ihr Verständnis erlebt werden. Sie können als Handlungen, die frühere traumatische Erfahrungen potentiell korrigieren, oder einfach als hilfreiche Geschenke erfahren werden. (Die implizite Mitteilung lautet folgendermaßen: "Was Sie augenblicklich erleben, bezieht sich auf Situationen, die in einer anderen Zeit wahr waren, aber nicht mehr länger wahr sind. Daher können Sie Ihre Vorstellungen, Ihre Gefühle und Handlungen überprüfen und revidieren.")

Kurz gesagt empfehle ich, „Interpretationen" nur sparsam zu äußern und denke, daß so weitgehend die Wahrscheinlichkeit von Machtkämpfen minimiert wird. Formulierungen sollten ‚geizig' ausfallen und nahe am augenblicklichen Verstehen und dem affektiven Erleben der PatientInnen bleiben. Sie sollten sich so wenig wie möglich aus Schlußfolgerungen und Spekulationen herleiten, und der Schwerpunkt sollte im empathischen Verstehen liegen, was zweifellos auch die Zusammenarbeit des Patienten mit dem Therapeuten verbessert.

Im Lichte der vorangegangenen Empfehlungen sehe ich wenig Raum für einen großen Bereich von traditionellen analytischen Interpretationen. Denn eine häufige Folge dieser abstrakten, hochgradig schlußfolgernden Aussagen kann darin bestehen, die PatientInnen zu lähmen, ihre Selbstachtung zu reduzieren und mag lediglich ein Fachvokabular vermitteln, das unter Umständen zu einer Waffe werden kann, die gegen die TherapeutInnen gerichtet wird. Um Frieda Fromm-Reichmanns (1950) berühmten Ausspruch zu paraphrasieren: Was in Therapie wirksam ist, ist für die PatientInnen die *Erfahrung* von Therapie als hilfreiche und konstruktive menschliche Beziehung, die sie wappnet, mit einer problematischen Vergangenheit zurechtzukommen, und nicht eine *Erklärung*, wie und warum sie die Menschen geworden sind, die sie sind.

Der Therapeut/die Therapeutin in der Perspektive der PatientInnen

Es gibt in der Zwischenzeit reichliche empirische Belege über TherapeutInnen, auf die PatientInnen positiv reagieren (z.B. Strupp, Fox & Lessler, 1969). Andererseits ist auch die negative Wirkung von Schwächen in der therapeutischen Haltung und Einstellung auf die therapeutische Beziehung bekannt, und je nachdem, wie einflußreich sie sind, führen sie vorhersagbar zu negativen Therapieergebnissen. Egal ob es sich um Kurzzeit- oder Langzeittherapie, Psychoanalyse oder andere Formen von Psychotherapie handelt, ist ebenfalls eindeutig klar, daß die unnahbaren, schweigsamen AnalytikerInnen, die in der „klassischen“ Literatur beschrieben werden, keinen Platz mehr haben – falls sie ihn jemals gehabt haben.

PatientInnen erwarten vernünftigerweise, daß TherapeutInnen menschlich sind – aufmerksam, lebhaft interessiert, fürsorglich, respektvoll und einfühlsam. Ihr Verhalten sollte natürlich sein, sie sollten die Bereitschaft haben, auf die Fragen der PatientInnen und deren Sorgen einzugehen. TherapeutInnen sollten niemals kritisieren, niemals die Selbstachtung der PatientInnen schwächen und deren Selbstwertgefühl unterminieren, und sie sollten keinen Zweifel daran lassen, daß sie sich ihrer Aufgabe innerlich verpflichtet fühlen und zu helfen wünschen. Es kann Situationen geben, in denen Rat und Beruhigung angemessen sind. PatientInnen sollten sich niemals so fühlen müssen, als wären sie nur „ein/e weitere/r PatientIn“. Die therapeutische Beziehung sollte als eine „reale“ Beziehung und nicht als eine künstliche oder erdachte erlebt werden. Dies sollte möglich sein, auch wenn zugleich die professionellen Aspekte der Beziehung berücksichtigt werden. Gute TherapeutInnen sollten ganz offensichtlich vermeiden, Machtkämpfe weiter anzuheizen oder ärgerliche Provokationen zu erwidern. Die Sprache von TherapeutInnen sollte einfach, geradeheraus und verstehbar sein. PatientInnen sollten sich so empfinden können, daß TherapeutInnen ihre Gefühle verstehen oder daß dies zumindest im überwiegenden Teil der Zeit der Fall ist.

Da sie auch nur Menschen sind, haben auch TherapeutInnen ihre Unzulänglichkeiten, und es gibt niemanden, der immer ein perfekter Zuhörer sein kann. Vielleicht ist es überraschend, daß PatientInnen typischerweise keine Perfektion erwarten, und es ist beobachtet worden, daß sie trotz all ihrer Schwierigkeiten TherapeutInnen recht freundlich behandeln. Andererseits ist es überdeutlich, daß fundamentale Mängel auf einer oder mehreren der erwähnten Dimensionen den günstigen Ausgang einer Therapie beeinträchtigen oder sie zum Scheitern verurteilen. Falls der Eindruck entstanden ist, daß diese Diskussion nur das Offensichtliche behandelt hat, so muß ich folgendes entgegenhalten: Ich habe gute Gründe zu glauben, daß solche TherapeutInnen, die die

Kriterien guter TherapeutInnen erfüllen, keinesfalls die Norm darstellen, sondern ganz im Gegenteil, daß mehr oder weniger ernste Schwächen selbst unter den erfahrenen und respektierten Professionellen verbreitet sind.

Einige abschließende Anmerkungen

In diesem Artikel habe ich versucht, ausgewählte Befunde der Forschung zu präsentieren, die eine spezifische Implikation für die therapeutische Praxis haben. Bei einer Reihe von Beispielen mögen praktizierende TherapeutInnen den Eindruck gehabt haben, daß ihnen diese Erkenntnisse „schon längst" bekannt waren. Es gibt jedoch einen entscheidenden Unterschied zwischen unsystematischen klinischen Beobachtungen und den Befunden, die aus kontrollierter Forschung hervorgehen.

Die Forschung hat klar die überragende Bedeutung der zwischenmenschlichen Beziehung zwischen PatientInnen und TherapeutInnen als das Mittel für therapeutische Veränderung herausgestellt. Psychotherapie hat gute Erfolgschancen, wenn der „richtige" Patient auf den „richtigen" Therapeuten trifft. Der „richtige" Patient ist ein Mensch, der durch Schmerz und Unbehagen gezwungen ist, Hilfe zu suchen, der ernsthaft beabsichtigt, im therapeutischen Kontext an seinem Problem zu arbeiten, der Lebenserfahrung und die notwendigen Persönlichkeitscharakteristika mitbringt, die das Herstellen einer produktiven Arbeitsbeziehung erlauben, und der auch in anderer Hinsicht ein vielversprechender „Lerner" ist. Wir haben ein ebenso klares Bild von den erforderlichen persönlichen Qualitäten und den notwendigen Fähigkeiten der TherapeutInnen. Vieles bleibt jedoch noch zu erforschen bezüglich dieser Fähigkeiten und ihres Erwerbs. Weil „ideale" Paare in der Realität nur selten anzutreffen sind, müssen entsprechende Einschränkungen von einem optimalen Therapieergebnis gemacht werden.

Heilung ist ein Begriff, der möglicherweise aus dem therapeutischen Vokabular entfernt werden sollte. Sie kann nur selten erwartet werden, und was immer ihre Bedeutung eigentlich ist, tritt sie selten wirklich ein. Was hingegen erwartet werden kann, sind a) Verbesserungen des zwischenmenschlichen Verhaltens; b) Anwachsen von Selbstachtung, Selbstvertrauen, Sicherheitsgefühl, Selbstrespekt und persönlicher Wertschätzung; c) größeres Interesse für das Leben, Lebenskraft und Befriedigung; d) ein gesteigertes Gefühl der Bewältigung und Kompetenz und e) signifikante Verringerung der Probleme (Symptome), die die PatientInnen in die Therapie geführt haben.

Viele Veränderungen, die durch die Therapie erreicht werden, sind eher subtil als dramatisch, und sie entziehen sich häufig der Erfassung mit Hilfe der groben Meßinstrumente, die ForscherInnen einsetzen. Solche Veränderungen können sich in einem nachlassenden Bedürfnis nach Perfektion bei sich selbst und anderen niederschlagen, sich können sich in einer größeren Toleranz für die Bedürfnisse von engen Bezugspersonen und in der Fähigkeit, effektivere Lösungen für die alltäglichen Lebensprobleme zu finden, zeigen. Sie können sich auch darin widerspiegeln, daß man unrealistische Ziele aufgibt und eine größere Akzeptanz für sich und den eigenen Platz in der Welt erreicht.

Abschließend stellt sich die Frage: Können substantielle Veränderungen durch eine kürzere Form der Psychotherapie erreicht werden, die zunehmend die Aufmerksamkeit der Professionellen und der Öffentlichkeit erregt? Obwohl eine ausführlichere Diskussion den Rahmen dieses Artikels sprengen würde, muß die Antwort hier eindeutig „Ja" lauten. Die Forschung hat begonnen (zum Beispiel Strupp, 1980a, 1980b) mit einer größeren Genauigkeit die Bedingungen, unter denen spezifische Veränderungen eintreten, zu dokumentieren. Dabei werden durch die Art, die Chronizität und die Intensität der Schwierigkeiten der PatientInnen eindeutig Grenzen gesetzt, genauso wie durch die persönlichen PatientInnencharakteristika, die skizziert worden sind. Es bleibt dabei unklar, ob bessere therapeutische Fähigkeiten den therapeutischen Prozeß beschleunigen können. Was deren hohes Niveau bewirken kann ist, die Wahrscheinlichkeit zu erhöhen, daß PatientInnen in der Therapie die Erfahrung machen, in ihrem Leben bereichert zu werden. Dazu zählen auch größeres Interesse sowie innere Verpflichtung zu weiterer therapeutischer Arbeit.

Die angeführten Beispiele, die ich Forschungsarbeiten entnommen habe, die von meiner eigenen Gruppe durchgeführt wurden, umfassen das, was ich für wichtige Befunde für praktizierende TherapeutInnen halte. Sie betreffen spezifische Empfehlungen und Warnungen vor therapeutischen Verhaltensweisen, die nachweisbare und manchmal weitreichende Folgen für den Verlauf und das Ergebnis dynamischer Psychotherapie haben. Ich glaube, daß das Feld der Psychotherapieforschung, insbesondere mithilfe solcher Studien, die auf eine differenzierte Analyse des psychotherapeutischen Prozesses abzielen (zum Beispiel Greenberg, 1986), von denen es heute eine weitaus größere Anzahl gibt, einen zunehmenden Einfluß auf die psychotherapeutische Praxis haben wird. Solche Befunde sollten unbedingt Teil von therapeutischen Aus- und Fortbildungsprogrammen werden (Strupp, Butler & Rosser, 1988). Unter den signifikanten Ergebnissen der Psychotherapieforschung halte ich die folgenden für besonders erwähnenswert: a) größere Beachtung empirischer Befunde, b) In-Frage-stellen und Überprüfen von etablierten Praktiken, c) Skepsis gegenüber komplexen klinischen Konstrukten, deren praktischer Nutzen nicht nachgewiesen ist und d) eine Betonung von Sparsamkeit und Pragmatismus.

Literaturverzeichnis

Alexander, F. & French, T.M. (1946). Psychoanalytic therapy: Principles and applications. New York: Ronald Press.

Beier, E. G. & Young, D. (1984). The silent language of psychotherapy: Social reinforcement of unconscious process. Hawthorne, NY: Aldine.

Christenso, J.C., Lane, T.W. & Strupp, H.H. (1987, June). Pretherapy interpersonal relations and introject as reflected in the therapeutic process. Paper presented at the meeting of the Society for Psychotherapy Research (SPR), Ulm: West Germany.

Davanloo, H. (Ed.). (1987). Basic principles and techniques in short-term dynamic psychotherapy. New York: Spectrum.

Davanloo, H. (Ed.). (1980). Short-term dynamic psychotherapy. New York: Spectrum.

Elliot, R. (1983). Fitting process reserarch to the practicing psychotherapist. Psychology: Theory, Reserarch and Practice, 20, 47-55.

Frank, J.D. (1974). Psychotherapy: The restoration of morale. American Journal of Psychiatry, 131, 271-274.

Freud, S (1963a). Analytiv therapy. In D. Strachey (Ed. & Trans.), The standard edition of the complete psychological works of Sigmund Freud (Vol. 16 pp. 448-463). London: Hogarth Press. (Orginal word published 1917).

Freud, S. (1963b). Transference. In D. Strachey (Ed. & Trans.), The standard edition of the complete psychological works of Sigmund Freud (Vol. 16, pp. 431-447). London: Hogarth Press. (Orginal word published 1917).
Fromm-Reichmann, F. (1950). Principles of intensive psychotherapy. Chicago: University of Chicago Press.
Greenberg, L.S. (1986). Change process reserarch. Journal of Consulting and Clinical Psychology, 54, 4-9.
Henry, W.P. (1986). Interpersonal process in psychotherapy. Unpublished doctoral dissertation, Vanderbilt University.
Lambert, M.J., Shapiro, D.A. & Bergin, A.E. (1986). The effectiveness of psychotherapy. In J. Garfield & A.E. Bergin (Eds.), Handbook of psychotherapy and behavioral change (Vol. 3 pp. 157-211). New York: Wiley.
Luborsky, L. (1972). Reserach can not yet influence clinical practice. In A. Bergin & H.H. Strupp (Eds.), Changing frontiers in the science of psychotherapy (pp. 120-127). Chicago: Aldine.
Morrow-Bradley, C. & Elliott, R. (1986). Utilization of psychotherapy research by practicing psychotherapists. American Psychologist, 41, 188-197.
Orlinsky, D. & Howard, K. (1978). The relation of process to outcome in psychotherapy. In S. Garfield & A. Bergin (Eds.), Handbook of psychotherapy and behavior change: An empirical analysis (2nd ed., pp. 283-330). New York: Wiley.
Parloff, M.B. (1980). Psychotherapy and reserach: An anaclitic depression. Psychiatry, 43, 279-293.
Raush, H.L. (1974). Research, pracitice, and accountability. American Psychologist, 29, 678-681.
Rogers, C.R. (1957). The necessary and suffivient conditions of therapeutic personality change. Journal of Consulting Psychology, 21, 95-103.
Sechrest, L. (1975). Research contributions of practiving clinical psychologists. Professional Psychology, 6, 413-419.
Smith, M.L., Glass, G.V. & Miller, T.I. (1980). The benefits of psychotherapy. Baltimore, MD: Johns Hopkins University Press.
Strupp, H.H. (1960). Psychotherapists in action: Explorations of the therapist's contrtibution to the treatment process. New York: Grune & Stratton.
Strupp, H.H. (1968). Psychotherapists and (or versus?) researchers. Voices, 4, 28-32.
Strupp, H.H. (1973). On the basic ingredients of psyhotherapy. Journal of Consulting and Clinical Psychology, 41, 1-8.
Strupp, H.H. (1980a). Success and failure in time-limited psychotherapy: A systematic comparison of two cases (Comparison 1). Archives of Gerneral Psychiatry, 37, 595-603.
Strupp, H.H. (1980b). Success and failure in time-limited psychotherapy: With special reference to the percormance of a lay counselor. (Comparison 3). Archives of Gerneral Psychiatry, 37, 831-841.
Strupp, H.H. (1980d). Success and failure in time-limited psychotherapy: Further ecidence. (Comparison 4). Archives of General Psychiatry, 37, 947-954.
Trupp, H.H. (1981a). Clinical research, practice, and the crisis of confidence. Journal of Consulting and Clinical Psychology, 49, 216-129.
Strupp, H.H. (1981b). Toward the refinement of time-limited dynamic psychotherapy. In S.H. Budman (Ed.), Forms of brief therapy (pp. 219-242). New York: Guilford Press.
Strupp, H.H. & Binder, J.L. (1984). Psychotherapy in a new key: A guide to time-limited dynamic therapy. Journal of Consulting and Clinical Psychology, 56, 689-695.
Strupp, H.H., Fox, R. E. & Lessler, K. (1969). Patients view their psychotherapy. Baltimore, MD: Johns Hopkins University Press.
Strupp, H.H. & Hadley, S.W. (1979). Specific versus nonspecific factors in psychotherapy: A controlled study of outcome. Archives of General Psychiatry, 36, 1125-1136.
Sullivian, H.S. (1953). The journal of psychiatry. New York: Norton.
Wallach, M.S. & Strupp, H.H. (1960). Psychotherapists' clinical judgments and attitudes towards patients. Journal of Cunsulting Psychology, 24, 316-323.
Ward, C.H. (1964). Psychotherapy research: Dilemmas and directions. Archives of Gerneral Psychiatry, 10, 596-622.
Wile, D.B. (1984). Kohut, Kernberg, and accusatory interpretations. Psychotherapy, 21 (3).

* Dieser Beitrag wurde zuerst abgedruckt in: American Psychologist, April 1989

„Learning from Many Masters“ *

Ansätze zu einer wissenschaftlichen Integration psychotherapeutischer Behandlungsmodelle

David E. Orlinsky

Infolge der zunehmenden Akzeptanz von Psychotherapie als Mittel zur persönlichen Konfliktbewältigung in den gebildeten Schichten der Bevölkerung, haben sich für die Berufspraxis des Psychotherapeuten günstige Bedingungen ergeben. Die gegenwärtige psychotherapeutische Szene ist geprägt durch eine Vielzahl unterschiedlicher Gruppierungen, die aus Vertretern verschiedenster therapeutischer Berufsgruppen bestehen und sich wiederum auf jeweils eigene therapeutische Behandlungskonzeptionen beziehen. Da jede Gruppe eine Nische findet, in der sie bestehen kann, haben sich Konflikte und Rivalitäten zwischen den Schulen entschärft. Die Tendenz von Praktikern zu einem „eklektizistischen“ oder „integrativen“ Standpunkt gegenüber den Behandlungsmodellen hat zugenommen (vgl. Ambühl & Orlinsky 1992; Jensen et al. 1990; Norcross 1986; Norcross et al. 1992). Die empirische Psychotherapieforschung hat außerdem zu einem – wenn auch noch bescheidenen – Selbstvertrauen unter Praktikern beigetragen, indem sie wiederholt dokumentieren konnte, daß Psychotherapien im Vergleich mit entsprechenden Kontrollgruppen wirksam sind, jedoch keine Richtung einer anderen deutlich überlegen ist (vgl. Elkin 1994; Lambert & Bergin 1994; Shapiro & Shapiro 1982; Smith et al. 1980). Mehr und mehr zeigt die Erfahrung, daß Praktiker zum Nutzen ihrer Patienten an Professionalität gewinnen, wenn sie Behandlungskonzepte vieler Lehrmeister kennenlernen.

Das Problem besteht nun darin, wie der angehende Psychotherapeut am besten von vielen Lehrmeistern lernen kann, d.h. vertraut wird mit dem Gebrauch mannigfaltiger Behandlungsstrategien, ohne gleichzeitig den Sinn für gedankliche Kohärenz und behandlungstechnische Zusammenhänge zu verlieren. Die Perspektive, die ich zur Lösung dieses Dilemmas vorschlage, geht eher auf die empirische Psychotherapieforschung denn auf die klinische Praxis zurück. Ich praktiziere zwar seit vielen Jahren als Psychotherapeut, war aber gleichzeitig auch mit mehreren Forschungsprojekten befaßt (vgl. Buchheim et al. 1992; Cierpka et al. 1993: Howard et al., im Druck: Orlinsky & Howard 1975, 1986a; Orlinsky et al. 1993) und hatte daher Gelegenheit, den wachsenden Bestand an Forschungsergebnissen zu den Zusammenhängen zwischen Psychotherapieprozeßmerkmalen und Erfolgsparametern zu überblicken und zusammenzutragen. Parallel dazu hat sich in den letzten zwei Jahrzehnten allmählich ein konzeptionelles Rahmenmodell entwickelt, das eine sehr große Anzahl empirischer Befunde in eine kohärente Gesamtschau des therapeutischen Prozesses einbinden kann. Diese wissenschaftlich begründete Sicht von Psychotherapie – von uns als „Generic Model of Psychotherapy" bezeichnet (Orlinsky 1989; Orlinsky & Howard 1987a,b) – erlaubt, das Problem der Integration verschiedener theoretischer Hintergrundvorstellungen in der Psychotherapie aus einer neuen Perspektive zu betrachten.

Wissenschaftliche versus klinische Theorien in der Psychotherapie

Der erste Schritt beim Lernen von vielen Lehrmeistern besteht darin, Unterschiede zwischen einzelnen *wissenschaftlichen Theorien* und *klinischen* bzw. *psychotherapeutischen* Behandlungstheorien klar herauszustellen. Das primäre Ziel jeder klinischen Theorie ist es, Erkenntnisse von Therapeuten für die Behandlung ihrer Patienten zur Verfügung zu stellen. Sie enthält eine Reihe von Konzepten, mit deren Hilfe der Therapeut die subjektiven Beschwerden und Verhaltensweisen der Patienten bestimmten „zugrundeliegenden Problemen" zuordnen kann. Damit einhergehend stellt jede *klinische* Theorie auch ein Repertoire an speziellen Techniken und deren Anwendungsregeln bereit, die es dem Therapeuten ermöglicht, mit adäquaten Interventionen auf die Situation des Patienten zu reagieren.

Selbstverständlich konzeptualisieren die einzelnen klinischen Theorien Patientenprobleme in unterschiedlicher Terminologie und umfassen recht unterschiedliche Formen therapeutischer Interventionen. Dennoch, für einen guten Psychotherapeuten ist es unerläßlich, *mindestens eine* klinische Theorie zu beherrschen und anwenden zu können. Die Beherrschung einer klinischen Theorie setzt die Kenntnis von entsprechender Terminologie und Fachwissen voraus, wodurch sich der professionelle Therapeut von einem Laien unterscheidet, der versucht, jemandem zu helfen. Die genannten Voraussetzungen ermöglichen dem Therapeuten die Mitgliedschaft in einer anerkannten Fachgesellschaft professioneller Psychotherapeuten. Diese Zugehörigkeit zu einer professionellen Gemeinschaft ist für den Psychotherapeuten von grundlegender Bedeutung sowohl in ihrer Funktion als Zuweisungsquelle für potentielle Patienten als auch als Ort emotionaler Unterstützung, um die Belastungen der therapeutischen Arbeit auszugleichen.

Eine *wissenschaftliche* Theorie der Psychotherapie hat völlig andere Funktionen. Ihre Hauptaufgabe besteht darin, Wissenschaftler bei der Durchführung kontrollierter klinischer Studien anzuleiten. Wissenschaftliche Theorien umfassen eine systematische Zusammenstellung von Variablen und Operationalisierungsanweisungen, wodurch der Forscher komplexe Phänomene vereinfachen und charakteristische Merkmale systematisch beobachten kann. Eine weitere Hauptfunktion liegt in der Generierung von Zusammenhangshypothesen zwischen einigen Basisvariablen, um auf dieser Grundlage dann spezifischere Untersuchungen planen zu können. Schließlich helfen wissenschaftliche Theorien den Untersuchern bei der theoretischen Interpretation ihrer Ergebnisse und ermöglichen, diese in Bezug zu den Befunden anderer Studien zu setzen.

Während zwischen verschiedenen klinischen Theorien der Psychotherapie Gegensätze und Konflikte existieren, gibt es solche inhärenten Unvereinbarkeiten nicht zwischen wissenschaftlichen und klinischen Theorien. Aus einer linguistischen Perspektive betrachtet, handelt es sich bei beiden lediglich um unterschiedliche Arten des Zugangs. Programmatisch ausgedrückt stellen beide nichts anderes dar als gedankliche

Konstrukte, die entwickelt wurden, um unterschiedliche Ziele zu verfolgen. Das bedeutet jedoch nicht, daß wissenschaftliche und klinische Theorien der Psychotherapie beziehungslos nebeneinander stehen. Sofern klinische Theorien Verständnis und Verhalten der Therapeuten ihren Patienten gegenüber beeinflussen, kann das therapeutische Behandlungskonzept (d.h. die klinische Theorie) als eine Variable angesehen werden, die in einer wissenschaftlichen Theorie der Psychotherapie unbedingt berücksichtigt werden sollte.[1]

Wissenschaftliche Theorien umfassen grundsätzlich die ganze Variationsbreite an klinischen Theorien – sie tun dies allerdings auf einem höheren Abstraktionsniveau in Gestalt unterschiedlicher Ausprägungsgrade einer bestimmten Variable. Die entsprechende zu untersuchende Variable könnte z.B. „therapeutisches Behandlungsmodell“ genannt werden. Wissenschaftliche Theorien ermöglichen es Forschern zu fragen, *wie, in welchem Ausmaß* und *unter welchen Bedingungen* das therapeutische Behandlungsmodell den Prozeß und das Ergebnis von Psychotherapie mitbeeinflußt. So gesehen, stellen wissenschaftliche Theorien einen konzeptionellen Rahmen zur Verfügung, von dem aus eine systematische Betrachtung klinischer Behandlungskonzepte möglich wird.

Unterschiede der psychotherapeutischen Schulen

Betrachtet man nun Psychotherapie aus dieser wissenschaftlichen Perspektive, dann fällt zunächst die große Variationsbreite an klinischen Theorien und Ansätzen auf. Die verschiedenen Formen von Psychotherapie können verglichen werden mit einer Reihe biologischer Arten, die gattungsmäßig miteinander verwandt sind, sich aber durch die Adaptation an verschiedenartige „Nischen“ oder „Mikroumwelten“ innerhalb eines komplexen sozio-kulturellen Systems unterschiedlich entwickelt haben.

Die verschiedenen Arten von Psychotherapie haben sich in erster Linie den Unterschieden in den Problemformen oder Störungsbildern von Patienten angepaßt. So ist die Psychoanalyse ursprünglich als Behandlungsform für hysterische oder Zwangsneurosen entwickelt worden. Die interpersonale Therapie, wie sie von Sullivan, Fromm-Reichmann und Searles ausformuliert wurde, ist entstanden als Konzept für die Behandlung schizophrener Patienten. Verhaltenstherapie wurde für die Behandlung von Phobien, kognitive Therapie für die Behandlung depressiver Störungen konzipiert. Die Beispiele ließen sich noch weiter fortsetzen.

Eine zweite Variationsquelle ist in den unterschiedlichen *sozialen Bedingungen,* den verschiedenen *Subkulturen,* den *Persönlichkeitstypen* und den *Lebensumständen* von Patienten zu sehen. So handelte es sich bei Freuds Patienten in der Regel um relativ junge Erwachsene der oberen Mittelschicht. Jung arbeitete vor allem mit Patienten in mittlerem Lebensalter, die zudem auch einen anderen kulturellen Hintergrund hatten. Adler hat größtenteils Unterschichtpatienten behandelt, Melanie Klein arbeitete mit Kleinkindern. Im Gegensatz dazu war Rogers im universitären Bereich tätig. Er hatte dort in der Regel mit hochgebildeten, introspektionsfähigen und selbstbestimmten Klienten zu tun. Wiederum in Kontrast hierzu stehend, entwickelte Goldstein, der vergleichsweise ungebildete, wenig introspektionsfähige Klienten hatte, ein Verhaltensstrukturmodell, während Azrin bei der psychotherapeutischen Arbeit mit hospitalisierten psychiatrischen Patienten das operante „Token Economy“-Modell entwarf.

Eine dritte Quelle von Unterschieden zwischen den psychotherapeutischen Schulen kann zurückgeführt werden auf Unterschiede in den *Überzeugungen, Wertvorstellungen* und *Persönlichkeitsstrukturen* von *Psychotherapeuten.* Einige Therapeuten sind von Natur aus eher kontemplativ, während andere stärker handlungsorientiert sind; einige gehen eher rational und planmäßig, andere intuitiv vor; einige erscheinen eher extrovertiert, andere hingegen eher zurückgezogen usw.

Die Notwendigkeit, sich auf diese mannigfaltigen Bedingungen einzustellen, hat zu einer Differenzierung der spezifischen Behandlungsmodelle einzelner Schulen geführt. Im Gegensatz dazu hat die empirische Psychotherapieforschung zu umfassenderen und vereinheitlichten Konzeptionen in der Psychotherapie beigetragen. Diese basieren zum Teil auf den Befunden vergleichender Effektivitätsforschung, mittels derer keine deutlichen und konsistenten Unterschiede in der klinischen Wirksamkeit verschiedener psychotherapeutischer Verfahren nachgewiesen werden konnten. Stärker noch geht diese Vereinheitlichung der Konstrukte auf Prozeßergebnisuntersuchungen zurück, die wiederholt die Bedeutung allgemeiner, – d.h. „unspezifischer" oder „generischer" – Prozeßfaktoren als ausschlaggebend für das Therapieergebnis aufgezeigt haben.

Das „Generic Model of Psychotherapy"

Als nächster Schritt zur Lösung der Probleme beim Lernen von vielen Lehrmeistern soll zunächst ein wissenschaftlich begründetes Psychotherapiemodell, das von uns „Generic Model of Psychotherapy" (Orlinsky 1989; Orlinsky & Howard 1987a,b) genannt wurde, kurz erläutert werden. Dieses Modell geht zurück auf die Notwendigkeit, die vielen unterschiedlichen Variablen, die hinsichtlich ihres Einflusses bisher empirisch untersucht worden sind, in Form einer begrenzten, aber umfassenden Anzahl von Kategorien zu systematisieren (Orlinsky & Howard 1986b). Drei große Gruppen von Variablen wurden zunächst unterschieden: „Input"-Variablen, die mehrere Ausgangsmerkmale der Therapie beinhalten, „Prozeß"-Variablen, die unterschiedliche Aspekte der Therapie an sich beschreiben, und „Output"-Variablen, welche die Konsequenzen der Therapie spezifizieren (einschließlich der besonders bedeutsamen Auswirkungen auf den Patienten, welche gemeinhin als „Therapieergebnis" bezeichnet werden).

Input-Variablen oder Determinanten der Behandlung können weiter eingeteilt werden in Patientenmerkmale, Therapeutenmerkmale, das gesellschaftliche Zuweisungssystem sowie die spezifischen Merkmale der Behandlungssettings, in denen Psychotherapien stattfinden.

Output-Variablen oder Auswirkungen der Behandlung werden auf die gleiche Weise klassifiziert. Sie fokussieren in der Regel auf Effekte beim Patienten. Sowohl Input- als auch Output-Variablen werden noch weiter in spezifischere Kategorien unterteilt, für unsere Zwecke jedoch ist es wichtiger, sich auf den Therapieprozeß zu konzentrieren.

Die bisherige Forschung hat zu einer Unterscheidung von sechs Aspekten oder Facetten des therapeutischen *Prozesses* geführt, wobei jeder dieser Aspekte einer Kategorie von Prozeßvariablen entspricht. Diese sechs Prozeßaspekte definieren gemeinsam die Parameter einer jeden Behandlung.

Das „Generic Model of Psychotherapy" Aspekte des therapeutischen Prozesses

1. Der formale Aspekt: Der therapeutische Vertrag

Definition der therapeutischen Situation und der wechselseitigen Rolle von Patient und Therapeut (einschließlich anderer beteiligter Parteien) und Vereinbarung der Modalitäten der Behandlung, die die Art der Therapie (Einzel- oder Gruppentherapie, usw.), den Therapieplan, das Honorar, den Zeitpunkt usw. betreffen (*vertragliche Vereinbarungen*). Aushandeln des „working consensus" bzgl. der Ziele und Erwartungen, Umsetzung der wechselseitigen Rollen in verschiedenen Phasen der Behandlung (*Vertragserfüllung*).

2. Der technische Aspekt: Therapeutische Maßnahmen

Anwendung des entsprechenden Fachwissens des Therapeuten,

(1) um die subjektiven Beschwerden der Patienten sowie psychopathologische Muster in Denken, Fühlen und Handeln zu erkennen (*Problempräsentation des Patienten*);
(2) um das jeweilige klinische Erscheinungsbild des Patienten anhand eines relevanten Behandlungsmodells zu verstehen, z.B. durch eine diagnostische Bewertung oder eine vorläufige Fallbeurteilung (*therapeutische Schlußfolgerungen*);
(3) um auf der Grundlage des entsprechenden Behandlungsmodells geeignete Interventionsformen und -techniken auszuwählen (*therapeutische Interventionen*);
(4) um den Patienten zu aktiver Mitarbeit zu motivieren (*Kooperation des Patienten*).

3. Der interpersonale Aspekt: Die therapeutische Beziehung

Das zwischenmenschliche Beteiligtsein oder die Allianz zwischen Patient(en) und Therapeut(en) beschreibt den Einfluß ihres wechselseitigen Beziehungsverhaltens auf die globale Qualität und die „Atmosphäre" des zwischen ihnen entstehenden dyadischen bzw. des Gruppenprozesses. Dieser wird insbesondere durch die unterschiedliche Intensität der „therapeutischen Zusammenarbeit" (*individuelle Umsetzung* der entsprechenden Rollen, *Abstimmung der Interaktion*) sowie des „individuellen Rapports" (gegenseitiger Kontakt, wechselseitige Gefühlsbeteiligung) charakterisiert.

4. Der intrapersonale Aspekt: Innere Selbstbezogenheit

Das Selbsterleben in Beziehungen der Beteiligten in ihrer jeweiligen Rolle (Selbstbezogenheit des Patienten, Selbstbezogenheit des Therapeuten), umfaßt u.a. das Selbstbewußtsein, die Selbstkontrolle, die Selbstachtung der Betreffenden, die sich in einem unterschiedlichen Ausmaß an „Öffnung" vs. „Abwehr" manifestieren.

5. Der klinische Aspekt: Unmittelbare Auswirkungen der Therapiesitzung

Positive und negative Interaktion auf die Beteiligten während einer Sitzung, insbesondere die Effekte beim Patienten wie Einsicht und Selbstverständnis, Katharsis, Ermutigung, Kompetenzzuwachs, etc. („*therapeutische Realisierungen*" *beim Patienten*) sowie die gleichzeitigen Auswirkungen beim Therapeuten wie das Erleben von Selbstwirksamkeit oder emotionaler Nähe („*Erleben während der Behandlung*" *beim Therapeuten*).

6. Der zeitliche Aspekt: Der sequentiell verlaufende Prozeß

Interaktionsabfolgen, die über die Zeit innerhalb von Sitzungen entstehen (*Ablauf einer Sitzung*) sowie Ereignisse, die für den gesamten Behandlungszeitraum charakteristisch sind (*Therapieverlauf*).

ad 1. Zunächst betrachten wir den rein formalen Aspekt, der allgemein als *Therapievertrag* bezeichnet wird. In diesem werden die jeweiligen Ziele und Rollen von Patient und Therapeut festgelegt und formale Aspekte der Behandlung wie Frequenz und Dauer der Sitzungen, die Länge der Behandlung, ob es sich um eine Einzel- oder Gruppentherapie handelt usw. spezifiziert. Das Behandlungsmodell des Therapeuten ist dabei das Schlüsselelement des therapeutischen Vertrags, insbesondere deshalb, weil es die Rollen von Therapeut und Patient vorgibt; allerdings kann das Behandlungsmodell nur dann wirksam werden, wenn die Beteiligten es verstehen, übereinkommen, sich danach zu richten, und es kompetent umsetzen.

ad 2. Als zweites befassen wir uns mit dem instrumentellen oder technischen Aspekt des Prozesses, der aus *therapeutischen Maßnahmen* besteht, die von Patient und Therapeut gleichermaßen gemäß dem Behandlungsmodell des Therapeuten ausgeführt werden. Zu den therapeutischen Maßnahmen gehören die Problemschilderungen des Patienten sowie die Deutung bzw. Interpretation dieser Information mit Hilfe des entsprechenden Behandlungsmodells. Therapeutische Maßnahmen beinhalten auch technische Interventionen des Therapeuten, die aus dem jeweiligen Therapiekonzept hervorgehen sowie relevante Formen der Zusammenarbeit, wie sie vom Patienten verlangt werden.

ad 3. Der dritte Aspekt bezieht sich auf den interpersonalen Gesichtspunkt des Therapieprozesses und wird *therapeutische Beziehung* genannt, da er auf die persönliche Beziehung zwischen Patient und Therapeut abhebt. In Gruppentherapien, wo die Beziehung sich eher multilateral als bilateral darstellt, wird dieser Aspekt durch die Bezeichnungen „Kohäsion" und „Gruppenatmosphäre" beschrieben. Im Gegensatz zu dem technischen Aspekt wird die Qualität der therapeutischen Beziehung größtenteils bestimmt durch die Art, wie die Persönlichkeiten von Patient und Therapeut miteinander interagieren und zusammenpassen; aber selbst hier ist das Behandlungsmodell des Therapeuten von Bedeutung, da es in der Regel eine besondere interpersonale Haltung gegenüber dem Patienten als für die therapeutische Arbeit besonders geeignet oder förderlich indiziert. Zur Illustration sei auf den Gegensatz zwischen Freuds Empfehlung, Analytiker sollten ihren Patienten gegenüber wie eine „Spiegelplatte" erscheinen, und Rogers Vorschlag, klientenzentrierte Gesprächspsychotherapeuten hätten uneingeschränkt akzeptierend, echt und offen empathisch zu sein, verwiesen.

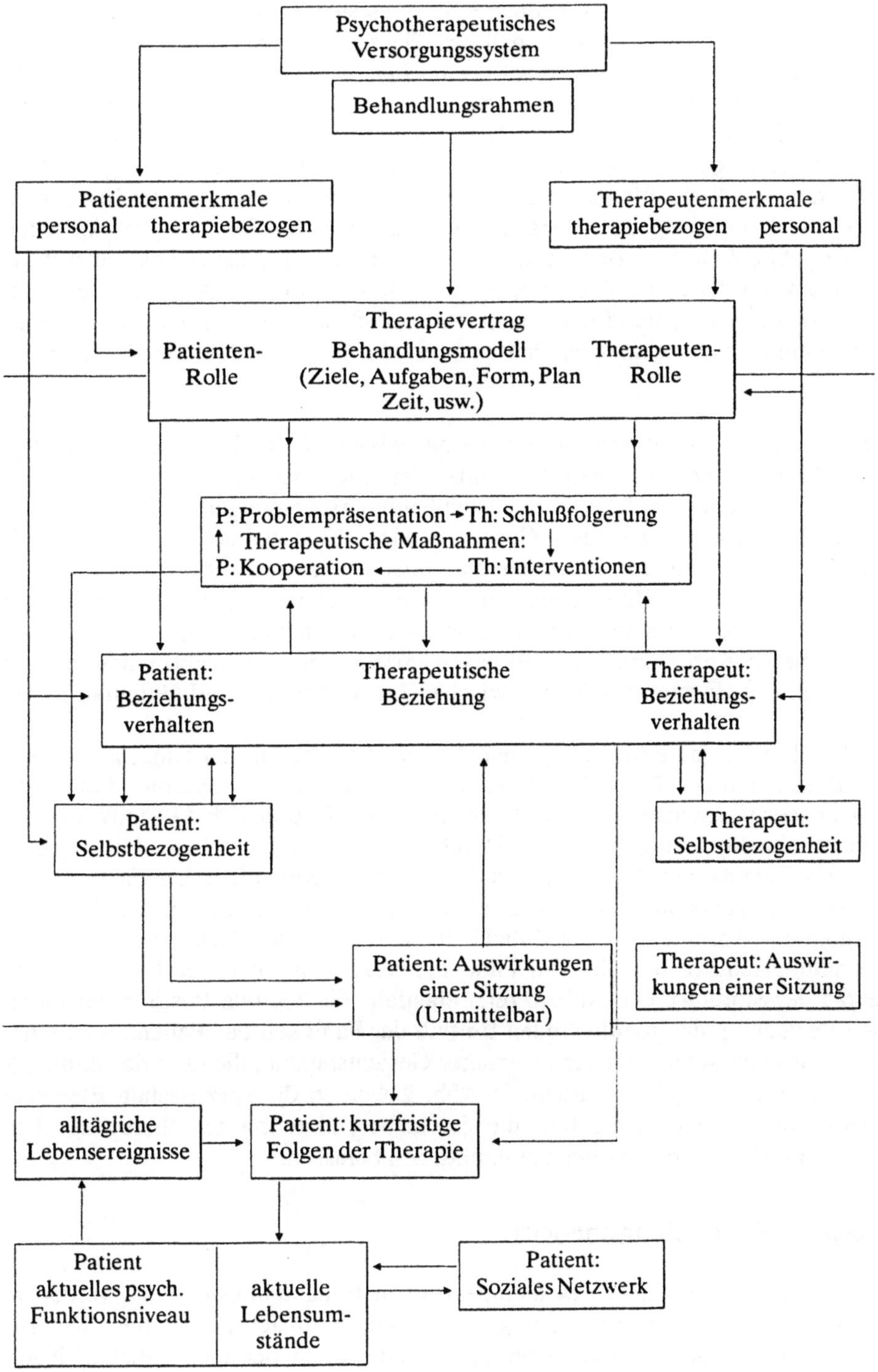

Abb. 1: Das „Generic Model of Psychotherapy“

ad 4-6. Die weiteren Aspekte des Therapieprozesses stehen in weniger direktem Zusammenhang mit dem Behandlungsmodell des Therapeuten. Bei dem vierten handelt es sich um einen intra-personalen Aspekt – *die innere Selbstbezogenheit* bzw. „Abwehr" vs. „Offenheit" der Beteiligten –, der hauptsächlich das aktuelle Funktionsniveau der Persönlichkeit von Patient und Therapeut abbildet. Der fünfte Aspekt betrifft klinische Merkmale des Prozesses, d.h. die *Wirkfaktoren während der Sitzung* wie Einsicht, Entlastung usw., die für Patienten in der Regel Teil der therapeutischen Arbeit sind, sowie die Beurteilung der Therapeuten hinsichtlich ihrer eigenen Wirksamkeit bzw. der Vergeblichkeit ihrer Bemühungen. Der sechste und letzte Aspekt betrifft die zeitliche Dimension der Psychotherapie, genauer die *sequentiellen Abfolgen im therapeutischen Prozeß,* die während der Sitzungen deutlich werden und über die Stunden zusammengenommen die einzelnen Phasen und den Gesamtverlauf der Behandlung ausmachen.

Wie bereits erwähnt, besteht eine Funktion einer wissenschaftlichen Theorie der Psychotherapie darin, ein konzeptionelles Schema oder eine Übersicht von Basisvariablen zur Verfügung zu stellen, welche die beobachtbaren Erscheinungen definieren – dies leisten die einzelnen Kategorien des „Generic Model". Eine weitere Hauptaufgabe einer wissenschaftlichen Theorie ist in der einordnenden Bewertung abgesicherter Ergebnisse aus vorhandenen Untersuchungen sowie in der Generierung überprüfbarer Hypothesen für weiterführende Studien zu sehen (vgl. Ambühl 1991, 1993; Kolden 1991). Auch diesen Anforderungen wird das „Generic Model" gerecht, indem es sich vorwiegend mit den Zusammenhängen zwischen Input-, Prozeß- und Outputvariablen befaßt.

Die Abb. 1 stellt das Behandlungsmodell des Therapeuten (1.) zunächst als wesentlichen Bestandteil des Therapievertrags dar. Zu erkennen ist weiterhin, daß es (2.) die therapeutischen Maßnahmen weitestgehend beeinflußt und sich (3.) teilweise auf die therapeutische Beziehung auswirkt. Darüber hinaus wird deutlich, daß die Entscheidung des Therapeuten für ein Behandlungsmodell von folgenden Faktoren abhängt: 1.) von Therapeutenmerkmalen (in erster Linie der theoretischen Ausrichtung), 2.) in geringerem Ausmaß von Persönlichkeitsmerkmalen des Therapeuten, 3.) von dem Behandlungsrahmen und 4.) von Patientenmerkmalen (in erster Linie Art und Schweregrad der Störung). Die Abb. 1 zeigt ebenfalls die zentrale Position der therapeutischen Beziehung, den regulierenden Einfluß der Fähigkeit des Patienten zu innerer Selbstbezogenheit sowie eine Reihe anderer Gesichtspunkte, die über das unmittelbare Thema weit hinausgehen würden. In Abb. 2 werden die spezifischen Elemente des „Generic Model" zusammengefaßt, die sich insbesondere mit dem therapeutischen Behandlungsmodell und seinen diversen Funktionen befassen.

Funktionen des Behandlungsmodells

Die verschiedenen Bestandteile des therapeutischen Behandlungsmodells werden in Abb. 2 aufgeführt. Zu jedem Behandlungsmodell gehört zunächst mehr oder weniger implizit ein philosophisches Menschenbild, d.h. eine Sicht der menschlichen Natur oder Persönlichkeit, wodurch die weitgefaßten therapeutischen Ziele der einzelnen Behandlungsmodelle vorgegeben werden. Zweitens beinhaltet es ein bestimmtes konzeptionelles System, das Grundtypen menschlicher Probleme beschreibt und erklärt, mit deren Hilfe die einzelnen Patienten diagnostiziert und in ihrer Dynamik verstanden werden können. Drittens schließt jedes Behandlungsmodell ein Repertoire an Interventionsformen und technischen Vorgehensweisen ein, welche die therapeutischen Aufgaben spezifizieren, die Patient und Therapeut erfüllen müssen, wenn Patienten ihre Probleme (definiert durch das jeweilige diagnostische Klassifikationssystem) bewältigen und ihre Entwicklungspotentiale (vorgegeben durch das zugrundeliegende Menschenbild) realisieren sollen. Viertens legt jedes Behandlungsmodell für die Durchführung der Psychotherapie dem Therapeuten eine bestimmte zwischenmenschliche Haltung gegenüber dem Patienten als empfehlenswert nahe.

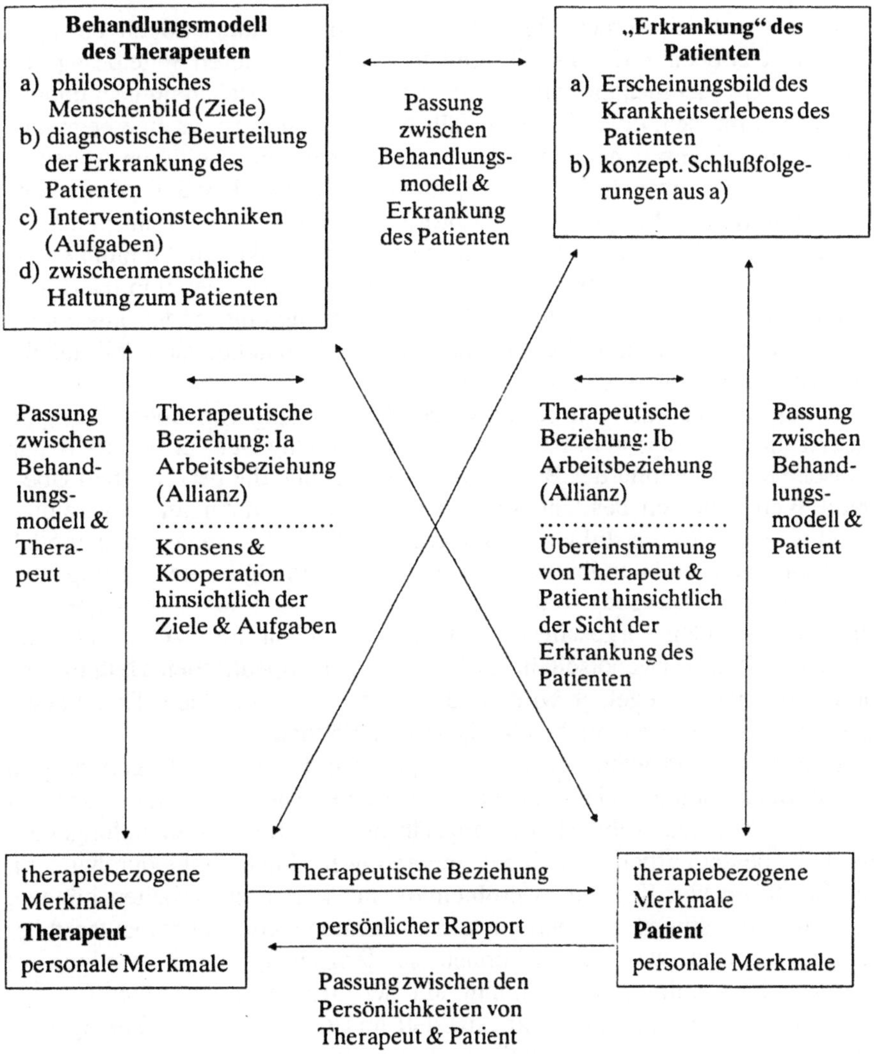

Abb. 2: Funktionen des Behandlungsmodells des Therapeuten

Die Abb. 2 zeigt weiterhin, daß Patient und Therapeut beide wechselseitig an der Therapie beteiligt sind. In dem „Krankheitserleben" des Patienten [wie es von Kleinman (1988) definiert wurde] ist der entscheidende Ausgangspunkt für den therapeutischen Prozeß zu sehen. Weiterhin wird das Augenmerk auf eine Reihe interessanter Fragen gerichtet, die Qualität der Abstimmung zwischen therapeutischem Behandlungsmodell auf der einen Seite und dem Krankheitserleben des Patienten betreffend sowie Persönlichkeitsmerkmale von Patient und Therapeut auf der anderen Seite. Dies legt die interessante Hypothese nahe, daß die besten therapeutischen Resultate erzielt werden, wenn diese vier Faktoren optimal aufeinander abgestimmt sind. Besonders bedeutsam im Hinblick auf das Thema dieses Beitrags weist Abb. 2 sowohl auf Möglichkeiten als auch auf Probleme hin, die auf Therapeuten zukommen, wenn sie von vielen Lehrmeistern lernen wollen.

Kaum jemand würde annehmen, daß ein einziges Behandlungsmodell bei allen Arten von Krankheitserleben wirkungsvoll sein kann. Auf der anderen Seite besagt das Schema in Abb. 2, daß Therapeuten entweder eine Vielzahl von Behandlungsmodellen zur Verfügung haben müssen, oder sie andernfalls hochspezialisiert nur eine begrenzte Auswahl von Störungsbildern behandeln können. Gleichermaßen scheint die Annahme nicht plausibel, daß jedes einzelne Behandlungsmodell bei allen Persönlichkeitstypen gleich wirksam sein könnte. Einige Patienten profitieren am meisten, wenn ihnen zur Selbstbestimmung verholfen wird, andere bedürfen einer mehr aktiven Anleitung usw. (vgl. Beutler & Clarkin 1990; Beutler et al. 1991; Grawe 1989). Dies impliziert, daß gut ausgebildete Therapeuten sich in mehr als einem Behandlungsmodell auskennen oder zumindest in der Lage sein sollten, ihr bevorzugtes Behandlungsmodell auf die speziellen Bedürfnisse des Patienten abzustimmen.

Die Abb. 2 bezieht sich auch auf die Frage der Abstimmung von Behandlungmodell und dem einzelnen Therapeuten. Für eine gute Abstimmung ist es erforderlich, daß das philosophische Menschenbild des Behandlungsmodells und die persönlichen Überzeugungen und Werthaltungen des Therapeuten grundsätzlich miteinander vereinbar sind. Die verschiedenen Störungsbilder der Patienten, auf die das Behandlungsmodell abzielt, müssen innerhalb der Bandbreite des Einfühlungsvermögens des Therapeuten liegen. Ebenso sollte der Therapeut vom Verstand und Verhalten her in der Lage sein, das vom Behandlungsmodell vorgesehene technische Vorgehen umsetzen zu können. Schließlich ist eine „Wahlverwandtschaft" zwischen der therapeutischen Haltung, die vom Behandlungsmodell nahegelegt wird, und dem für den einzelnen Therapeuten charakteristischen zwischenmenschlichen Verhalten unerläßlich.

Daraus entstehen zwei Probleme: zunächst ergibt sich daraus eine Begrenzung in der Auswahl von Behandlungsmodellen, die ein bestimmter Therapeut lernen bzw. gut lernen kann. Jeder Therapeut fühlt sich zwangsläufig mit einigen Behandlungskonzepten wohler bzw. besser aufgehoben als mit anderen, wenn auch einige durchaus mit einem breiten Spektrum von Konzepten problemlos und kompetent arbeiten können, während andere nur mit einigen wenigen gut zurechtkommen. Gute Therapeuten müssen nicht nur herausfinden, was sie gut können, sondern auch, was sie weniger gut können. Sie müssen lernen, ihre jeweiligen individuellen Grenzen zu akzeptieren.

Die Frage der Passung von Behandlungsmodell und der Person des Therapeuten bietet jedoch eine Basis für eine individuelle und lebendige Integration verschiedener Behandlungsmodelle. Gute Therapeuten suchen sich wahrscheinlich Behandlungsmodelle aus, die ihren Grad an Selbstwirksamkeit bei der Durchführung von Psychotherapien maximieren.

Es ist wohl vor allem eine Frage des Zufalls, in welchem Behandlungsmodell Therapeuten zuerst unterrichtet werden, abhängig von Faktoren wie der Teilnahmemöglichkeit an Ausbildungsgängen. Daher kann das erste Behandlungskonzept, das Therapeuten lernen, gut oder weniger gut mit ihren individuellen Veranlagungen und Begabungen übereinstimmen. Gute Therapeuten fahren wahrscheinlich fort, unter alternativen Behandlungsmodellen nach jenen Konzepten zu suchen, mit denen sie am erfolgreichsten sind. Wenn Behandlungsmodelle wirkungsvoll sein sollen, müssen sie zu den persönlichen und berufsbezogenen Merkmalen des Therapeuten passen, wobei jene Modelle, mit denen der Therapeut am effektivsten arbeitet, vermutlich auch gut miteinander vereinbar sind.

Es ist für Therapeuten wahrscheinlich am leichtesten, die verschiedenen Behandlungsmodelle über therapeutische Techniken miteinander zu verbinden, indem sie lernen, wie und wann sie Gefühle widerspiegeln, Deutungen geben, Gestaltübungen oder Rollenspiele durchführen bzw. ein verhaltenstherapeutisches Programm entwerfen sollen. In einem geringeren Ausmaß sind Therapeuten wahrscheinlich in der Lage, ihre zwischenmenschliche Haltung gegenüber Patienten zu variieren, etwa indem sie lernen, wie und wann sie ein stummer Zeuge, ein aktives Gegenüber, ein sokratischer Lehrer oder ein unterstützender Begleiter zu sein haben. Würden sie nur dieses tun, könnte daraus ein „geistloser" und atheoretischer Eklektizismus entstehen, der nur wenigen Therapeuten reizvoll erscheinen dürfte.

Die Notwendigkeit von echter Integration der verschiedenen Behandlungsmodelle erstreckt sich auch auf die theoretische Ebene, wo die Inkongruenzen häufig am größten erscheinen. Allerdings resultieren die Unterschiede im philosophischen Menschenbild und in der Persönlichkeitstheorie vielfach eher aus der unterschiedlichen Terminologie oder Schwerpunktsetzung als aus logischen Unvereinbarkeiten. Ebenso ergeben sich die Unterschiede im diagnostischen Vorgehen und den Interventionstechniken häufig aufgrund der spezifischen Störungsbilder, für die diese Modelle entwickelt wurden. Was die Unterschiede zwischen den Modellen betrifft, die *nicht* wirklich offensichtlich sind, sollte ein instrumenteller oder heuristischer Standpunkt vertreten werden.

Die menschliche Natur ist derart komplex und facettenreich, Individuen sind so unterschiedlich, daß ein einziges philosophisches Menschenbild oder eine Persönlichkeitstheorie allein nicht allen gerecht werden könnte. Jede Persönlichkeitstheorie stellt bestenfalls eine Partialtheorie dar. Therapeuten, die von vielen Lehrmeistern lernen, können ihnen passend erscheinende Behandlungsmodelle integrieren, indem sie eine tiefgreifende menschliche Einfühlsamkeit entwickeln, die, wie ich denke, allen guten Therapeuten gemein ist. Das eben Gesagte gilt für bestimmte Personen in bestimmten Situationen und nicht für Ideologien, es versteht Behandlungstheorien als vorläufige Arbeitshypothesen bzw. gedankliche Konstrukte. Der *therapeutische Wert* dieser Konstrukte ist weder auf ihren theoretischen Inhalt noch auf den empirischen Wahrheitsgehalt zurückzuführen, sondern begründet sich vielmehr darin, inwieweit sie Therapeuten in die Lage versetzen, einzelne Patienten richtig zu beurteilen, sie zu verstehen und ihnen zu helfen.

Gute Therapeuten suchen vermutlich ständig unter alternativen Behandlungsmodellen nach jenen, mit denen sie am wirkungsvollsten arbeiten können. Ausbilder von

Therapeuten müssen diese zu technisch versierten Handwerkern machen, die ihr Behandlungsmodell auf den jeweiligen Patienten abstimmen. Als guter Handwerker muß man wissen, wie und wann verschiedene Werkzeuge zu benutzen sind. Entsprechend sollte ein guter Psychotherapeut wissen, wie und wann er die unterschiedlichen Behandlungsmodelle anwenden kann. Gleichzeitig müssen sich Ausbilder fragen, wie sie ihre Lehrinhalte bestmöglich auf die natürlichen Begabungen und Grenzen des angehenden Therapeuten abstimmen können, so daß diese in ihrer fachlichen Kompetenz sicherer und disziplinierter werden. Genau hierin liegt die Bedeutung einer wissenschaftlichen Theorie, die aufzeigt, wie der einzelne Therapeut eine wirklich flexible und persönliche Integration unterschiedlicher klinischer Behandlungsmodelle erreichen kann.

Die Arbeit wurde teilweise unterstützt durch die Forschungsbeihilfe R O1 MH42901 des National Institute of Mental Health (USA). Der Autor bedankt sich bei den Leitern der Lindauer Psychotherapiewochen, Herrn Dr. P. Buchheim, Herrn Prof. Dr. M. Cierpka und Herrn Dr. Th. Seifert sowie Herrn Dr. H. Ambühl für ihre Unterstützung.

Anmerkung

1 Umgekehrt können forschungsgestützte Theorien Therapeuten auch Wissen zur Verfügung stellen, das sie in der Behandlung nutzen können.

Literatur

Ambühl, H. (1991). Die Aufnahmebereitschaft des Klienten als zentrales Bindeglied zwischen therapeutischer Tätigkeit und Therapieerfolg. In: Schulte D. (Hrsg.), Therapeutische Entscheidungen. Hogrefe, Göttingen, S. 71-87

Ambühl, H. (1993). Was ist therapeutisch an Psychotherapie? Eine empirische Überprüfung der Annahmen im „Generic Model of Psychotherapy." Z. Klin. Psychol. Psychopathol. Pschother. 41: 285-303

Ambühl, H., Orlinsky, D.E. (1992). Changes in therapists' theoretical orientation in successive experience-level cohorts. Paper presented at the 1992 annual meeting of the Society for Psychotherapy Research, Berkeley CA

Beutler, L.E., Clarkin, J.F. (1990). Systematic treatment selection: Toward targeted therapeutic interventions. Brunner & Mazel, New York

Beutler, L.E., Mohr, D.C., Grawe, K., Engle, D., MacDonald, R. (1991). Looking for differential treatment effects: Cross-cultural predictors of differential psychotherapy efficacy. J Psychother. Integration 1: 121-141

Buchheim, P., Cierpka, M., Gitzinger, I., Kächele, H., Orlinsky, D., in Zusammenarbeit mit Ambühl, H., Seifert, Th., Willutzki, U. und dem „Collaborative Research Network" (CRN) (1992). Entwicklung, Weiterbildung und praktische Tätigkeit von Psychotherapeuten: Erfahrungen einer ersten Befragung von Psychotherapeuten mit der deutschen Version des „Common Core Questionnaire"-Fragebogens im Rahmen der 41. Lindauer Psychotherapiewochen. In: Buchheim, P., Cierpka, M., Seifert, Th. (Hrsg.), Lindauer Texte 1991: Texte zur psychotherapeutischen Fort- und Weiterbildung. Springer, Berlin/Heidelberg/New York

Cierpka, M., Buchheim, P., Gitzinger, I., Seifert, Th., Orlinsky, D., in Zusammenarbeit mit dem „Collaborative Research Network" (CRN) (1993). Persönliche und berufliche Entwicklungen von Psychotherapeuten: Die Einflüsse auf die Programmauswahl der Teilnehmerinnen und Teilnehmer bei den Lindauer Psychotherapiewochen – eine empirische Studie. In: Buchheim, P., Cierpka, M., Seifert, Th. (Hrsg.), Lindauer Texte 1992: Texte zur psychotherapeutischen Fort- und Weiterbildung. Springer, Berlin/Heidelberg/New York

Elkin, I. (1994). The NIMH treatment of depression collaborative research program. In: Bergin A.E., Garfield, S.L. (eds.), Handbook of psychotherapy and behavior change, 4th edn. John Wiley & Sons, New York

Grawe, K. (1989). Von der psychotherapeutischen Outcomeforschung zur differentiellen Prozeßanalyse. Z. Klin. Psychol. 18: 23-34

Howard, K.I., Orlinsky, D.E., Lueger, R. (in press). The design of clinically relevant outcome research: Some considerations an an example. In: Aveline M., Shapiro, D. (eds.), Research foundations for psychotherapy. John Wiley & Sons, New York

Jensen, J.P., Bergin, A.E., Greaves, D.W. (1990). The meaning of eclecticism: New survey and analysis of components. Professional Psychology: Research and Practice 21: 124-130

Kolden, G.G. (1991). The generic model of psychotherapy: An empirical investigation of process and outcome relationships. Psychoth. Res. 1: 62-73

Lambert, M.J., Bergin, A.E. (1994). The effectiveness of psychotherapy. In: Bergin, A.E., Garfield, S.L. (eds.), Handbook of psychotherapy and behavior change, 4th edn. John Wiley & Sons, New York

Norcross, J.C. (1986. Eclectic psychotherapy: An introduction and overview. In: Norcross, J.C. (ed.). Handbook of eclectic psychotherapy. Brunner & Mazel, New York

Norcross, J.C., Dryden, W., Brust, A.M. (1992). British clinical psychologists: 1. A national survey of the BPS clinical division. Clinical Psychology Forum. (Cited in: Norcross, J.C., Goldfried, M.R. (eds.) (1992), Handbook of psychotherapy integration. Basic Books, New York, p 15

Kleinman, A. (1988). Rethinking psychiatry: From cultural category to personal experience. Free Press, New York

Orlinsky, D.E. (1989). Researchers' images of psychotherapy: Their origins and influence on research. Clinical Psychology Review 9: 413-441

Orlinsky, D.E. (1992). La recherche quantitative en psychothérapie: Ètat actuel et perspektives. Nervure. J Psychiatrie 5: 29-33

Orlinsky, D.E., Geller, J.D., Tarragona, M., Farber, B. (1993). Patients' representations of psychotherapy: A new focus for psychodynamic research. J Consulting Clin. Psychol. (in press)

Orlinsky, D.E., Grawe, K., Parks, B.K. (1994). Process and outcome in psychotherapy – noch einmal. In: Bergin, A.E., Garfield, S.L. (eds.). Handbook of psychotherapy and behavior change, 4th edn. John Wiley & Sons, New York

Orlinsky, D.E., Howard, K.I. (1975). Varieties of psychotherapeutic experience: Multivariate analyses of patients' and therapists' reports. Teachers College Press. New York

Orlinsky, D.E., Howard, K.I. (1986a). The psychological interior of psychotherapy: Explorations with the therapy session reports. In: Greenberg, L.S., Pinsof, W.M. (eds.). Psychotherapeutic process: A research handbook. Guilford Press, New York

Orlinsky, D.E., Howard, K.I. (1986b). Process and outcome in psychotherapy. In: Bergin, A.E., Garfield, S.L. (eds.). Handbook of psychotherapy and behavior change, 3rd edn. John Wiley & Sons, New York

Orlinsky, D.E., Howard, K.I. (1987a). A generic model of psychotherapy. J Integrative Eclectic Psychother. 6: 6-27

Orlinsky, D.E., Howard, K.I. (1987b). A generic model of process in psychotherapy. In: Huber, W. (ed.). Progress in psychotherapy research: Selected papers from the 2nd European conference on psychotherapy research. Presses Univ. de Louvain, Louvain-la-Neuve

Shapiro, D.A., Shapiro, D. (1982). Meta-analysis of comparative therapy outcome research: A critical appraisal. Behavior Psychother. 10: 4-25

Smith, M.L., Glass, G.V., Miller, T.I. (1980). The benefits of psychotherapy. The Johns Hopkins Univ. Press., Baltimore

* Überarbeitete Fassung eines Vortrags, gehalten anläßlich der 43. Lindauer Psychotherapiewochen im April 1993. Aus dem Amerikanischen übersetzt von Elke Daudert, Kiel

Wissenschaftliche Psychotherapie auf der Basis der wissenschaftlichen Psychologie*

Urs Baumann

1. Vorbemerkungen

In der vorliegenden Arbeit erfolgt eine Positionsbestimmung zur Psychotherapie. In einem ersten Schritt wird geklärt, ob Psychotherapie ein wissenschaftliches Gebiet und damit die Psychotherapie als Intervention eine wissenschaftlich begründete Behandlungsform darstellt. Als nächstes wird geprüft, welche Merkmale eine wissenschaftlich begründete Psychotherapie aufweisen sollte. Die schulenspezifische Konzeptualisierung von Psychotherapie wird im Hinblick auf die Wissenschaftlichkeit problematisiert; übergreifende Konzepte werden als Zielvorstellung postuliert. Die wissenschaftliche Psychologie kann dazu eine Basis bilden. Daraus ergeben sich spezifische Folgerungen für den Berufssektor. Abschließend soll geprüft werden, inwieweit die Wissenschaftlichkeit von Psychotherapie zu einem Substanzverlust führt („Seelenlosigkeit" der Wissenschaft). Die jeweiligen Abschnitte werde ich mit Thesen abschließen, die die Ausführungen pointiert zusammenfassen.

Die vorgelegten Überlegungen sind grundsätzlicher Art und nicht an die spezifische Situation eines konkreten Landes gebunden; insbesondere kann ich nicht auf aktuelle Detailprobleme der schweizerischen Psychotherapiesituation eingehen. Der Beitrag beruht auf einer langjähriger Tätigkeit als Hochschullehrer in Klinischer Psychologie (incl. Psychotherapie) und als Psychotherapeut. Dazu kommt eine kontinuierliche Beschäftigung mit fachpolitischen und gesundheitspolitischen Fragen in verschiedenen Ämtern.

2. Psychotherapie als Wissenschaft

Psychotherapie wird teilweise von Außenstehenden als unwissenschaftlich angesehen, teilweise wird der Status der Wissenschaftlichkeit auch von Psychotherapeuten/innen in Frage gestellt (vgl. Beitrag von Passett anläßlich der Tagung). Daher soll als erstes die Frage gestellt werden, ob Psychotherapie wissenschaftlich sei bzw. ob dieses Attribut wünschenswert sei.

Pragmatisch gesehen ist die Frage der Wissenschaftlichkeit längstens beantwortet. Strukturell haben wir bezüglich Psychotherapie vergleichbare Merkmale zu anderen Wissenschaften wie z.B. Entwicklungspsychologie, Innere Medizin, Soziologie (Kongresse, Fachzeitschriften, Professuren für Psychotherapie etc.). Das Postulat der Wissenschaftlichkeit ist von Experten/innen so deutlich gegenüber der Sozietät vertreten worden, daß in Gesetzestexten bzw. Gesetzesentwürfen die Wissenschaftlichkeit ein wesentliches Merkmal der Psychotherapie darstellt. So steht z.B. in § 1 des österreichischen Psychotherapiegesetzes (PthG, 1990), daß Psychotherapie eine Behandlung mit wissenschaftlich-psychotherapeutischen Methoden darstelle. In den Entwürfen zu einem Psychotherapiegesetz in Deutschland wird auf wissenschaftlich anerkannte Verfahren Bezug genommen.

Die Verknüpfung von Psychotherapie mit Wissenschaft ist aber nicht nur pragmatisch gegeben, sondern folgt auch aus dem Erkenntnisstand dieses Gebietes. Unter einer Wissenschaft wird vielfach ein System methodisch gewonnener Aussagen über einen bestimmten Gegenstand verstanden (Brugger, 1963). Daß zur Psychotherapie heute ein breit entwickeltes Wissen vorliegt, wird von verschiedenen Psychotherapieexperten bestätigt (z.B. Bergin & Garfield, 1994; Freedheim, 1992; Grawe, Donati & Bernauer, 1994).

Die Wissenschaftlichkeit der Psychotherapie ist aber auch aufgrund von ethischen und gesundheitspolitischen Gesichtspunkten anzustreben. Psychotherapie hat mit Störung, Krankheiten zu tun. Damit grenze ich den Psychotherapiebegriff konzeptuell von der Intention ab, Bereiche wie Horizonterweiterung, Lebensbegleitung, Sinnfindung etc. in den Vordergrund zu stellen. Wenn auch derartige Fragen in Psychotherapien von Personen mit Störungen von Bedeutung sind, so stehen sie dennoch nicht im Zentrum der Behandlung. Dominiert das Leiden, das Nichtkönnen, so ist eine professionelle Hilfe mit dem Angebot auf Besserung oder Heilung ethisch nur dann vertretbar, wenn diese Hilfe optimal fundiert ist. Optimale Fundierung haben wir dann, wenn die damit zusammenhängenden Fragen systematisiert werden, was vor allem in einer wissenschaftlich begründeten Psychotherapie gewährleistet ist.

Wissenschaftliche Fundierung ist aber auch notwendig, wenn Psychotherapie ein Angebot in der Gesundheitsversorgung darstellt, für das die Sozietät ausschließlich oder zum Teil finanziell aufkommt. Es stellt sich die Forderung nach Qualitätssicherung (Richter, 1994; Haug & Stieglitz, 1995), die bei einer wissenschaftlichen Begründung am ehesten gewährleistet wird.

Bilanzierend ergeben sich also folgende Thesen.

- *These 1*: Wissenschaftlichkeit der Psychotherapie. Psychotherapie stellt zu Recht ein wissenschaftliches Gebiet wie Entwicklungspsychologie, Innere Medizin, Psychiatrie, Bürgerliches Recht etc. dar.
- *These 2:* Notwendigkeit der Wissenschaftlichkeit von Psychotherapie. Psychotherapie muß aus ethischen und gesundheitspolitischen Gründen wissenschaftlich fundiert werden.

3. Wann ist Psychotherapie wissenschaftlich?

Über die Wissenschaftlichkeit von Psychotherapie ist zumindest innerhalb der Psychotherapie relativ leicht ein Konsens zu erreichen. Strittig ist – wie die Auseinandersetzungen um das Buch von Grawe et al. (1994) zeigen – die Zuordnung dieses Attributes zu einzelnen Therapieansätzen. Die meisten Experten sind sich darüber einig, daß ein zentrales Moment der Wissenschaftlichkeit von Psychotherapie die nach den Regeln der Wissenschaft überprüfte Wirksamkeit darstellt (vgl. z.B. Nr. 333 in Meyer,

Richter, Grawe, Schulenburg & Schulte, 1991; Baumann & Reinecker-Hecht, 1991; Task Force APA, 1993). Wie Meyer et al. (1991) zu Recht betonen, kann aber die Wissenschaftlichkeit von Psychotherapie nicht nur von der Wirksamkeitsüberprüfung her diskutiert werden. Vielmehr sind auch konzeptuelle Systeme vorzulegen, in denen psychotherapeutische Prozesse thematisiert werden.

Strittig ist teilweise innerhalb der Psychotherapierichtungen die Frage, wie die Wirksamkeit überprüft werden muß. Genügt die Evidenz von Psychotherapeut/in und Patient/in oder muß die Wirksamkeit auch von anderen nachvollziehbar sein? Ich bin der Meinung, daß Psychotherapie als wissenschaftlich begründete Methode zur Beeinflussung von Störungen in ihrer Wirksamkeit immer auch von außen überprüfbar sein muß, da Wissenschaftlichkeit die Überprüfbarkeit beinhaltet. Ein „Wirksamkeitskonsens" innerhalb der Psychotherapiedyade ist daher nicht ausreichend, da zum Schutze der Betroffenen (Patienten/innen) und im Interesse der Sozietät (Versicherungsträger etc.) die Möglichkeit zur Überprüfung der Wirksamkeit durch Dritte vorhanden sein sein muß. Für die Sozietät (Patient/in und Versicherungsträger) ist eine eindeutige Form der Wirksamkeitsüberprüfung erforderlich, da widersprüchliche Prozeduren nicht zumutbar sind.

Umfassender sucht Perrez (1991) die wissenschaftliche Fundierung von psychotherapeutischen Methoden zu umschreiben, indem er folgende Punkte fordert:

- Wirksamkeit. Bei der Wirksamkeit ist nachzuweisen, daß die Wirkung tatsächlich auf die angewandte Methode zurückzuführen ist. Mit der Wirksamkeit sind Fragen von Kosten/Nutzen bzw. Kosten-Wirkung und der unerwünschten Wirkungen anzusprechen (Mays & Franks, 1985). Wirksamkeit ist kein Kriterium, das eine Therapierichtung als Ganzes auszeichnet; vielmehr geht es um die Wirksamkeit bei umschriebenen Störungen.
- Kompatibilität mit wissenschaftlichen Erkenntnissen. Diese Erkenntnisse werden vor allem von der Wissenschaft, die das Erleben und Verhalten erforscht, nämlich der Psychologie, bereitgestellt (s. Punkt 5). Es sind aber auch andere wissenschaftliche Erkenntnisse (Medizin, Biologie etc.) von Bedeutung.
- Herleitung der technologischen Regeln von wissenschaftlich bewährten Gesetzen, die vielfach aus der Psychologie stammen (siehe weiter unten). Die wissenschaftstheoretische Diskussion hat gezeigt, daß das psychotherapeutische Handeln nicht als direkte Anwendung von Grundlagenwissen zu verstehen ist. Dennoch kann das Handeln nicht ohne Bezug zu Grundlagenwissenschaften sein. Hier sind Naheverhältnisse zwischen Grundlagen und Anwendung notwendig, um die Wissenschaftlichkeit zu begründen (vgl. Perrez, 1991).
- Ethische Legitimation von Zielen und Methoden. Ziele und Methoden bedürfen einer ethischen Legitimation, da die Wirksamkeit allein (s. oben) die Anwendung noch nicht begründet; der Zweck heiligt die Mittel nicht!

Das Attribut Wissenschaftlichkeit ist nicht kategorial zu verstehen, da die angeführten Punkte einen Diskussionsrahmen darstellen, in dem einzelne Ansätze diskutiert und bewertet werden können. Dennoch muß die Fachwelt zu kategorialen Entscheidungen gegenüber der Sozietät kommen, vergleichbar der Zulassung einzelner Medikamente.

Die Frage der Wissenschaftlichkeit läßt sich wie folgt zusammenfassen:

- *These 3:* Beurteilbarkeit der Wissenschaftlichkeit. Die Wissenschaftlichkeit einzelner psychotherapeutischer Ansätze kann und muß beurteilt werden.
- *These 4:* Wirksamkeitsüberprüfung als Element der Wissenschaftlichkeit. Ein zentrales Element der Wissenschaftlichkeit stellt die Wirksamkeitsüberprüfung aufgrund von kontrollierten Gruppen- oder kontrollierten Einzelfallstudien dar, die spezifischen methodischen Standards genügen müssen.
- *These 5:* Weitere Kriterien der Wissenschaftlichkeit. Wissenschaftlichkeit erfordert zusätzliche Kriterien wie Kompatibilität mit wissenschaftlichen Erkenntnissen, Herleitung von bewährten wissenschaftlichen Regeln, ethische Legitimation.

Es ist hier nicht der Ort, einzelne Therapierichtungen nach diesen Kriterien zu diskutieren, dies ist in der Literatur verschiedentlich erfolgt (z.B. Bergin & Garfield, 1994; Grawe et al., 1994; Giles, 1993). Grawe et al. (1994) haben im deutschsprachigen Raum einen sehr wesentlichen Beitrag zu dieser Thematik geliefert; erstaunlicherweise hat dies neben einer fachlichen Diskussion zu persönlichen Beschuldigungen gegenüber Grawe geführt, die ich als bedenklich betrachte (Grawe, 1995a; Fachgruppe Klinische Psychologie, 1995). Es entsteht der Eindruck, daß eine Wirksamkeitsdiskussion aufgrund der hohen Brisanz (Konsequenzen für die Bezahlung durch die Sozietät) teilweise mittels Polemik verhindert werden soll.

4. Psychotherapieschulen oder schulenlose Psychotherapie

4.1 Psychotherapieschulen als ekklesiale Organisationsformen

Wenn im folgenden einige kritische Worte zu den Psychotherapieschulen formuliert werden, so soll damit nicht das historische Verdienst dieser Schulen um die Implementierung von Psychotherapie geschmälert werden.

Der Psychotherapiebereich ist gegliedert nach unterschiedlichen Richtungen, die sich z.T. als Schulen, z.T. sogar als Paradigmen bezeichnen. Die Strukturierung eines Berufssektors in Schulen scheint mir einzigartig zu sein; ähnliche Phänomene finden sich nicht in anderen Anwendungsbereichen der Psychologie und auch nicht in anderen universitär ausgebildeten Berufsgruppen (z.B. Innere Medizin). Wir haben bei unterschiedlichen Anwendungsfächern eine Problemorientierung und keine Schulenorientierung. Wenn in einem Berufsfeld einzelne Arbeitsrichtungen favorisiert werden, so geschieht dies in der Regel innerhalb der jeweiligen Disziplin, so daß im Vordergrund die Gemeinsamkeit und nicht das Trennende steht.

Das Schulendenken in der Psychotherapie hat Ähnlichkeiten mit Glaubensgemeinschaften, so daß Petzold (1995) treffend von ekklesialer Organisation der Psychotherapie spricht. Persönliche Evidenz als Entscheidungsbasis, Abschottung gegenüber Andersdenkenden mit Maximierung der Binnenkommunikation bei gleichzeitiger Vernachlässigung der Aussenkommunikation, ist verschiedentlich in Psychotherapieschulen, aber auch in Religionsgemeinschaften zu finden.

Die hier aufgezeigten Negativa sind u.a. eine Folge der Schulenorientierung in der Psychotherapie. Eine Schulenorientierung bringt zwar nicht zwingend die angeführten Nachteile mit sich, doch besteht – wie die Realität zeigt – ein erhöhtes Risiko für derartige unwissenschaftliche Phänomene. Schulenorientierung, wenn sie nicht als Schwerpunktsetzung in einem umfassenden Psychotherapiekonzept verstanden wird, schadet letztlich der Psychotherapie als Wissenschaft und auch als Praxis. Eine ekklesiale Organisationsform ist insbesondere im Gesundheitswesen Gesundheitspolitikern/innen, Versicherungsträgern und Konsumenten/innen, d.h. Patienten/innen nicht zu vermitteln und zuzumuten. Ein Überschreiten des Schulendenkens ist daher für die wissenschaftliche und berufliche Weiterentwicklung der Psychotherapie dringend notwendig. Wesentlich ist dabei die Konzentrierung auf Problemfelder, die Störungsgruppen (z.B. Angst, Sucht), aber auch Handlungselemente der Psychotherapie (z.B. therapeutische Beziehung, Problemkonfrontation; s. unten) beinhalten können. Sollen Psychotherapierichtungen als theoretische Akzentuierungen und nicht als Schulenbekenntnisse verstanden werden, müssen sie sich stärker als bisher an allgemeinen Charakteristika der Psychotherapie orientieren. Dazu bieten sich übergeordnete Konzepte wie die gemeinsamen Faktoren oder die allgemeine Psychotherapie an.

Zusammenfassend führen diese Überlegungen zu folgenden Thesen:

- *These 6:* Problematik der Strukturierung aufgrund von Psychotherapieschulen. Eine Psychotherapiestruktur in Form von Schulen ist für die Weiterentwicklung der Psychotherapie als Wissenschaft und als Beruf hinderlich.
- *These 7*: Problemfelder als Struktur der Psychotherapie. Psychotherapie ist bezüglich Problemfelder und nicht im Hinblick auf Schulen zu strukturieren.

4.2 Jenseits der Psychotherapieschulen: Integration, Eklektizismus, gemeinsame/unspezifische Faktoren, allgemeine Psychotherapie

In der Psychotherapieforschung sind immer wieder Konzepte diskutiert worden, die sich nicht an Psychotherapieschulen orientieren. Aber auch Untersuchungen bei Praktikern/innen haben gezeigt, daß sich viele Psychotherapeuten/innen nicht nur an einer Richtung orientieren, sondern unterschiedliche Konzepte verwenden (Garfield & Bergin, 1994). Stichworte wie Integration, Eklektizismus, gemeinsame/unspezifische Faktoren, allgemeine Psychotherapie weisen auf schulenübergreifende Bemühungen hin:

- Integration: im Vordergrund steht das Anliegen, unterschiedliche Ansätze theoretisch zu verschmelzen (Arkowitz, 1992; Märtens & Petzold, 1995). Wesentlich ist bei der Integration der Theoriebezug und die Herausarbeitung der Gemeinsamkeiten (Norcross, 1995).
- Eklektizismus: Beim Eklektizismus haben wir eine technologische Position, bei der wirksame Elemente – unbesehen von ihrer theoretischen Kompatibilität – herausgegriffen und kombiniert werden (Norcross, 1995).

Häufig werden die beiden Ansätze als identisch angesehen. Die Gemeinsamkeit besteht in der Abkehr von einer einzigen Therapieschule und die Berücksichtigung von mehr als einer Richtung, doch unterscheiden sie sich dabei in ihrer Vorgehensweise (vgl. Norcross, 1995).

Neben Integration und Eklektizismus sind als weiterer schulenübergreifender Ansatz das Konzept der gemeinsamen, unspezifischen Faktoren zu nennen, die in der Psychotherapieforschung häufig als übergeordnetes Konzept diskutiert worden sind.

Zum einen verbindet sich mit diesem Konzept der abwertende Unterton, daß unspezifische Faktoren letztlich nur die Placebowirkung repräsentieren (Baumann, 1986). Zum andern wurden die gemeinsamen Faktoren für mangelnde differentielle Befunde verantwortlich gemacht. In neuerer Zeit werden unter den gemeinsamen Faktoren wesentliche Dimensionen verstanden, mittels deren Psychotherapie diskutiert und weiterentwickelt werden kann. Vorhandene Methoden können in einem derartigen Ansatz dargestellt und beurteilt werden, ohne daß Unterschiede in Vorgehen und Wirkung verwischt werden. Zwei Beispiele sollen diesen Ansatz verdeutlichen.

Weinberger (1995; dort auch diverse Diskussionsbeiträge zum Artikel von Weinberger) hat kürzlich in einem Schwerpunktheft der Clinical Psychology folgende gemeinsamen Faktoren zur Diskussion gestellt:

- Therapeutische Beziehung (Arbeitsbündnis, Übertragung);
- Erfolgserwartung. Dieser Aspekt wird in der Forschung meist als Störfaktor betrachtet und minimiert, obwohl er für die Praxis bedeutsam ist;
- Konfrontation mit dem Problem;
- Kognitive Kontrolle über das Problem;
- Erfolgs-, Mißerfolgsattribution durch den Patienten/in als wesentliches Element für Compliance, Abbruch, Rückfall, Erfolg; bisher ist dieser Aspekt wenig beachtet worden.

Einen vergleichbaren Ansatz vertritt Grawe (1995b) mit dem Konzept der allgemeinen Psychotherapie. Er postuliert folgende Aspekte als zentrale Momente der Psychotherapie: Ressourcenaktivierung, Problemaktualisierung, aktive Hilfe zur Problembewältigung, motivationale Klärung. Die vier Aspekte werden von Grawe in jeweils zwei Grunddimensionen zusammengefaßt und mit einer weiteren Dimension "intra- versus interindividuell" kombiniert.

Konzeptuell sind Weinberger und Grawe ähnlich: beide suchen einen übergeordneten Diskussionsrahmen, einen Raum, in dem bestehende Psychotherapierichtungen lokalisiert und beschrieben werden können. Dadurch wird deutlich, welche Psychotherapierichtungen welche Aspekte favorisieren bzw. vernachlässigen. Der Begriff der allgemeinen Psychotherapie erscheint für eine übergeordnete Darstellung sinnvoller als der Begriff der gemeinsamen Faktoren, der – aufgrund der bisherigen Disskussionen – eher den Aspekt der Unspezifität und mangelnden Differenzierung beinhaltet. Zum Begriff der allgemeinen Psychotherapie ist anzumerken, daß diese nicht durch eine spezifische oder spezielle Psychotherapie zu ergänzen ist. Vielmehr signalisiert der Begriff, daß es sich um ein übergeordnetes Verständnis von Psychotherapie handelt, wie wir es auch bei anderen Fachdisziplinen (Innere Medizin etc.) in Form von gemeinsamer Forschungs- und Berufsidentität beobachten. Da ich im folgenden den Begriff der allgemeinen Psychotherapie von Grawe nur global verwende, sind mögliche konzeptuelle Detailunterschiede nicht von Bedeutung.

Die Überlegungen zu diesem Abschnitt ergeben folgende These:

- *These 8:* Allgemeiner Rahmen für Psychotherapie. Psychotherapeutisches Handeln kann in einem allgemeinen Diskussionsrahmen – gemeinsame Faktoren, allgemeine Psychotherapie – dargestellt werden, ohne bestehende Unterschiede in Vorgehensweise und Wirkung zwischen unterschiedlichen Methoden zu verwischen.

4.3 Allgemeine Psychotherapie als Theorie oder Handlungsrahmen

Das Konzept einer allgemeinen Psychotherapie birgt folgende Mißverständnisse in sich:

- allgemeine Psychotherapie sei eine umfassende Psychotherapietheorie;
- allgemeine Psychotherapie sei der Versuch, aus unterschiedlichen Ansätzen einen Einheitsansatz zu konstituieren.

In der Psychologie wurde die Frage, inwieweit das psychotherapeutische Handeln direkt aus Grundlagentheorien ableitbar sei, im Zusammenhang mit der Verhaltenstherapie intensiv diskutiert (Westmeyer & Hoffmann, 1977). Die wissenschaftstheoretische Diskussion hat die Annahme, Verhaltenstherapie sei eine angewandte Lerntheorie, nicht bestätigt. Häufig wird daher psychotherapeutisches Handeln als Technologie verstanden, in der wissenschaftlich fundierte Handlungsregeln angewandt werden (s. oben; Westmeyer, 1978; Perrez, 1991). Zusätzlich ist zu berücksichtigen, daß nach Kaminski (1970) dieser Handlungsrahmen nur zum Teil von der Wissenschaft her bestimmt wird; Berufs- und Alltagserfahrung stellen zusätzliche Varianzquellen professionellen Handelns dar.

Für die Psychotherapie können wir – trotz der Vielzahl an wissenschaftlichen Befunden – bis jetzt nicht mit einer einheitlichen und umfassenden Theorie im Sinne einer Grundlagentheorie rechnen, die das psychotherapeutische Handeln in unterschiedlichen Konstellationen beinhaltet und empirisch absichert. Dies gilt nicht nur für die Psychotherapie, sondern auch für unterschiedlichste Anwendungsgebiete der Psychologie, ebenso aber auch für andere Bereiche wie z.B. Medizin, Biologie. Psychotherapierichtungen, die eine umfassende Theorie des psychotherapeutischen Handelns postulieren, können diesen Anspruch nur durch massives Ausblenden einer Vielzahl von Einzelbefunden erheben.

Das Konzept einer allgemeinen Psychotherapie ist daher zur Zeit nicht als Psychotherapietheorie zu verstehen; vielmehr stellt es einen wesentlichen ersten Schritt in die Richtung einer Synopsis dar, indem die Vielzahl an wissenschaftlich belegten Einzelbefunden systematisiert wird. Derartige Ansätze sind für die Integration der Einzelbefunde und für die Strukturierung eines Forschungsfeldes äußerst wichtig. Sie bieten einen Diskussionsrahmen an für die zentralen Konzepte unterschiedlicher Ansätze. Diese haben – wie Grawe (1995b) zeigt – im Rahmenkonzept der allgemeinen Psychotherapie ihre Berechtigung (z.B. Entspannung, Reizkonfrontation), können aber mit Konzepten anderer Richtungen erweitert und angereichert werden. Eine allgemeine Psychotherapie bringt in meinem Verständnis keine Vermischung unterschiedlicher, erprobter Ansätze. Vielmehr stellt sie eine Zielperspektive dar, die anstelle des konkurrierenden Nebeneinander unterschiedlicher Schulen das sich ergänzende Erweitern bestehender Ansätze und die Neuentwicklung integrativer Konzepte ermöglicht. Der Realisierungsgrad dieser Zielperspektive wird letztlich darüber entscheiden, ob Psychotherapie als Forschung und Praxis den Status der Wissenschaftlichkeit behält oder aufgrund der Dominanz des Schulendenkens Gefahr läuft, wieder auf die Position der Unwissenschaftlichkeit zurückzufallen.

Für die Weiterentwicklung einer Disziplin ist aber nicht nur der Stand der Wissenschaft wesentlich; auch die Berufsidentität derjenigen Personen, die in diesem Felde tätig sind, trägt wesentlich zur Weiterentwicklung eines Faches bei. Wenn Psychotherapeuten/innen sich primär als Vertreter/innen von Psychotherapieschulen verstehen und nicht eine gemeinsame Identität entwickeln, stehen die Chancen für eine Weiterentwicklung der Psychotherapie schlecht. Eine allgemeine Psychotherapie könnte einen Rahmen für eine gemeinsame berufliche Identität konstituieren.

Aus den Ausführungen ergibt sich folgende These:

- *These 9:* Allgemeine Psychotherapie als wesentliche Zielvorstellung. Eine allgemeine Psychotherapie stellt für die Weiterentwicklung der Psychotherapie als Wissenschaft und als Praxis/Beruf eine wesentliche Zielvorstellung dar.

5. Psychotherapie und Psychologie

Wenn eine allgemeine Psychotherapie als Zielvorstellung akzeptiert ist, so stellt sich die Frage, in welcher Wissenschaftsstruktur Psychotherapie zu konzipieren sei. Dazu stehen konkurrierende Modelle zur Diskussion: Psychotherapie als eigene Wissenschaft, Psychotherapie in Verbindung zu bestehenden Wissenschaften wie Psychologie, Medizin etc.

5.1 Psychotherapie als eigene Wissenschaft

Die Frage, wann ein Gebiet eine eigene Wissenschaft darstellt, ist vermutlich mit Hilfe von Historikern/innen und Wissenschaftstheoretikern/innen zu beantworten; die Antwort wird von Fach zu Fach und je nach Aspekt unterschiedlich ausfallen. Bei der Psychologie waren z.B. seit den siebziger Jahre des letzten Jahrhunderts zunehmend universitäre Forschungsaktivitäten zu beobachten (Evans, Sexton & Cadwallader, 1992; Walker, 1991); doch wurde im deutschsprachigen Raum erst 1941 ein eigenes Universitätsstudium Psychologie eingeführt (Diplomprüfungsordnung für Psychologie; Ash & Geuter, 1985). Eine von der Forschung getragene Fachidentität muß also nicht zwingend mit einem eigenen Universitätsstudium einhergehen.

Für die Psychotherapie ist die Frage, ob sie eine eigene Wissenschaft darstellt, schwierig zu beantworten. Von Befürwortern/innen eines autonomen Faches (Deurzen-Smith, 1995), das aufgrund eines eigenen Hochschulabschlußes auf der gleichen Stufe steht wie die Psychologie, Mathematik, Architektur etc., werden u.a. folgende Indikatoren genannt:

- wissenschaftliche Fachpublikationen (Fachzeitschriften, Lehrbücher etc.), die nicht einzelnen Psychotherapieschulen verpflichtet sind;
- schulenübergreifende wissenschaftliche Psychotherapietagungen;
- universitäre Forschungsinstitutionen, Forschungsprojekte für Psychotherapie;
- nationale und internationale schulenübergreifende Vereinigungen von Psychotherapeuten/innen.

Aus diesen Fakten wird gefolgert, daß Psychotherapie reif genug sei, als wissenschaftliche Disziplin eigene Strukturen, insbesondere bezüglich der Ausbildung, zu erhalten.

Die angeführten Gesichtspunkte sind notwendige, aber nicht hinreichende Argumente für eine eigene Disziplin Psychotherapie, da diese Indikatoren auch bei Teildisziplinen bestehender Wissenschaften nachweisbar sind. So finden wir z.B. bei der Entwicklungspsychologie, Schulpsychologie, aber auch bei Teildisziplinen der Medizin (z.B. Psychiatrie, Innere Medizin) vergleichbare Strukturmerkmale, ohne daß diese Gebiete eigenständige Disziplinen mit eigener Ausbildung/Studium repräsentieren.

Es ist nicht auszuschließen, daß zu einem späteren Zeitpunkt Psychotherapie so elaboriert ist, daß eine eigene wissenschaftliche Disziplin mit eigenem Universitätsstudium – neben Psychologie, Medizin etc. – wünschenswert wäre. Zum heutigen Zeitpunkt betrachte ich das Postulat einer eigenen universitären Ausbildung als verfrüht, da die Psychotherapie in vielen Aspekten von der Psychologie her fundiert ist und daher vorwiegend eine Anwendung der Psychologie darstellt (s. unten). Die von Vertretern/-innen der Psychotherapie geforderte fachliche Autonomie der Psychotherapie stellt u.a. den Versuch dar, diesen Sektor in der Macht der Psychotherapieschulen zu lassen, was im Hinblick auf die Qualitätssicherung problematisch ist.

Es soll daher folgende These formuliert werden:

- *These 10:* Psychotherapie und eigenes Hochschulstudium. Psychotherapie ist zur Zeit nicht als universitäre Disziplin mit einem eigenen Hochschulstudium zu konzipieren, da die Verknüpfung mit der Psychologie sehr eng ist.

5.2 Die enge Verknüpfung von Psychotherapie und Psychologie

5.2.1 Verknüpfung begründet durch Psychotherapiedefinition

Für die folgenden Überlegungen soll die vielfach zitierte und anerkannte Psychotherapiedefinition von Strotzka (1975, S. 4) angeführt werden: „Psychotherapie ist ein bewußter und geplanter interaktioneller Prozeß zur Beeinflussung von Verhaltensstörungen und Leidenszuständen, die in einem Konsensus (möglich zwischen Patient, Therapeut und Bezugsgruppe) für behandlungsbedürftig gehalten werden, mit psychologischen Mitteln (durch Kommunikation) meist verbal aber auch averbal, in Richtung auf ein definiertes, nach Möglichkeit gemeinsam erarbeitetes Ziel (Symptomminimalisierung und/oder Strukturänderung der Persönlichkeit) mittels lehrbarer Techniken auf der Basis einer Theorie des normalen und pathologischen Verhaltens. In der Regel ist dazu eine tragfähige emotionale Bindung notwendig."

Ein wesentliches Element der Psychotherapiedefinition Strotzkas ist der Verweis auf die psychologischen Mittel (vgl. auch Perrez & Baumann, 1991), womit eine sehr enge Verbindung zwischen Psychotherapie und Psychologie konstituiert wird. Die Verknüpfung von Psychotherapie mit der Psychologie ist insofern gerechtfertigt, als die Wissenschaft Psychologie als einzige Wissenschaft das Erleben und Verhalten des Menschen, d.h. das Psychische, in der gesamten Breite zum Forschungsgegenstand hat. Die Psychologie trägt daher wesentliches zur Psychotherapie bei (Baumann, 1995; Heilkunde-Kommission, 1987). Als Beispiele seien Forschungen zur Ätiologie, Bedingungsanalyse (Veiel & Baumann, 1992) und zur Psychodiagnostik psychischer Störungen (Stieglitz & Baumann, 1994) genannt. Der größere Teil (zwei Drittel) der empirischen Psychotherapieforschung in Form von kontrollierten Studien wird von Psychologen/innen getragen, ein knappes Drittel wird von Medizinern/innen und ein verschwindend kleiner Prozentsatz von anderen Berufsgruppen bestritten (Grawe et al., 1994).

Die Psychologie steuert aber nicht nur direkt, sondern auch indirekt maßgebende Beiträge zur Psychotherapie bei, indem sie den Menschen aus unterschiedlichen Perspektiven erforscht, was letztlich für die Psychotherapie wesentliche Erkenntnisse bringt (z.B. Interaktionsforschung der Sozialpsychologie, Emotionsforschung der Allgemeinen Psychologie). Dieser Fundus ist bisher nur zum Teil für die Psychotherapieforschung nutzbar gemacht worden.

Die enge Verzahnung von Psychotherapie mit Psychologie wird auch durch das Ausbildungskonzept zum Psychotherapeuten/in in Österreich belegt. Von den 765 Theoriestunden des Propädeutikums (PthG) sind 65% der Stunden im engeren Sinne der Psychologie zuzurechnen, 27% der Medizin, 8% anderen Fächern (Heilpädagogik und Ethik). Die Aussage, daß Psychotherapie gleichermaßen von der Medizin, Psychologie, Philosophie, Soziologie, Pädagogik, Theologie etc. getragen werde, ist daher eine leere Behauptung.

Aufgrund der Befunde können daher folgende Thesen formuliert werden:

- *These 11:* Psychotherapiedefinition impliziert Psychologie. Die wissenschaftliche Psychotherapie ist eng mit der Wissenschaft Psychologie verzahnt, da Psychotherapie mit psychologischen Mitteln arbeitet; dies sind Methoden, die im Erleben und Verhalten ihren Ansatzpunkt haben.
- *These 12:* Psychologie als besonders wichtige Determinante der Psychotherapie. Die Psychologie als Wissenschaft vom Erleben und Verhalten erbringt maßgebend und umfassend wissenschaftliche Beiträge zur Psychotherapie, die als Methode im Erleben und Verhalten ansetzt: Sie ist daher in ihrer Bedeutung für die Psychotherapie nicht gleichrangig zu anderen Fächern (u.a. Medizin, Pädagogik, Philosophie, Soziologie, Theologie) zu sehen.

5.2.2 Verknüpfung begründet durch die allgemeine Psychotherapie

Wie bereits ausgeführt, ist durch das Konzept einer allgemeinen Psychotherapie ein Überwinden des Schulendenkens anzustreben. Woher soll und kann diese allgemeine Psychotherapie fundiert werden? Hier bietet sich die Psychologie in ihrer ganzen Breite an, da sie eine Vielzahl an Theorien und Befunden zum menschlichen Erleben und Verhalten und dessen Änderung beisteuern kann (z.B. Mahoney, 1991).

Konzipiert man die Psychotherapie in Verknüpfung mit der Psychologie, so drängt sich die Frage auf, ob die allgemeine Psychotherapie nicht mit der Verhaltenstherapie gleichzusetzen sei. Daher sollen im folgenden einige Bemerkungen zur Verhaltenstherapie gemacht werden.

Eine allgemeine Definition von Verhaltenstherapie gibt es nicht, so daß z.T. auch heute noch auf die aus dem Jahre 1975 stammenden Charakteristika von Franks und Wilson (Franks, 1994) zurückgegriffen wird: Anwendung von Forschungserkenntnissen, Anwendung von Prinzipien der Experimental- und Sozialpsychologie, systematische Evaluation der Effektivität, Übereinkunft über gegenseitig akzeptierte Ziele und Vorgehensweisen, allgemein akzeptierte ethische Prinzipien als Handlungshintergrund. Margraf und Lieb (1995) sehen u.a. in der Orientierung an der empirischen Psychologie ein zentrales Bestimmungselement für die Verhaltenstherapie. Dabei wird nicht nur auf die Lernpsychologie, sondern auf sämtliche psychologische Teildisziplinen Bezug genommen, was zu einem breiten methodischen Selbstverständnis führt.

Das von Margraf und Lieb (1995) umschriebene Konzept der Verhaltenstherapie stellt von der Intention her eine allgemeine Psychotherapie dar. Trotz der großen Verdienste um die Psychotherapie, die sich die Verhaltenstherapie – in diesem Begriff sind kognitive Ansätze miteingeschlossen – aufgrund ihrer Vielzahl an Beiträgen erworben hat, kann sie aber nicht als allgemeine Psychotherapie bezeichnet werden. In der Realität – Theorie und Empirie – hat die Verhaltenstherapie, wie Weinberger (1995) oder Grawe (1995b) bei den Ausführungen zu ihren Rahmenkonzepten zeigen, verschiedene Bereiche der empirischen Psychologie, insbesondere der empirischen Psychotherapieforschung, nicht oder nur am Rande berücksichtigt. So hat die Forschung zur Verhaltenstherapie die therapeutische Beziehung konzeptuell erst in neuerer Zeit miteinbezogen (vgl. Margraf & Brengelmann, 1992); ähnliches gilt für die Selbsterfahrung (vgl. Laireiter & Elke, 1994). Daher hat die Verhaltenstherapie zumindest partiell ihre Stärke – der Bezug auf die gesamte empirische Psychologie – nicht zum Tragen gebracht und sich in die Reihe unterschiedlicher Psychotherapieschulen eingereiht.

Die Verhaltenstherapie ist daher einerseits ein Beispiel für die Fruchtbarkeit eines Psychotherapieansatzes, der sich auf die Psychologie beruft, andererseits aber auch ein Beispiel dafür, daß das Ausblenden von wesentlichen Befunden der Psychologie für die Weiterentwicklung einer Psychotherapierichtung problematisch ist. Ein Ansatz wie die allgemeine Psychotherapie, der sich explizit auf die gesamte Breite der Psychologie im allgemeinen und der Psychotherapie im speziellen beruft, ist weniger gefährdet, sich zur Psychotherapieschule mit problematischen Charakteristika zu entwickeln. Damit ergibt sich die folgende These:

- *These 13:* Fundierung der allgemeinen Psychotherapie durch die Psychologie. Die Psychologie mit der Breite an Erkenntnissen gewährleistet eine allgemeine Psychotherapie und vermindert das Risiko des Schulendenkens.

5.2.3 Verknüpfung begründet durch das Konzept der klinisch-psychologischen Intervention

Bei psychischen Störungen stehen neben den Medikamenten die klinisch-psychologischen Interventionen als Mittel zur Veränderung im Vordergrund. Diese sind nach Perrez und Baumann (1991) definiert durch ihre Methoden, die im Erleben und Verhalten ihren Ansatzpunkt haben und sich in der sozialen Interaktion zwischen Helfer/in und Hilfesuchenden vollziehen. Diese Methoden haben unterschiedliche Funktionen; sie dienen der Entfaltung der Persönlichkeit und Prävention (Anliegen der Gesundheitspsychologie), der Behandlung/Therapie und der Rehabilitation. Klinisch-psychologische Interventionen können sich auf unterschiedliche Ebenen beziehen: Funktionen (z.B. Gedächtnistraining), Funktionsmuster (z.B. kognitive Verhaltenstherapie bei depressiven Störungen) und interpersonelle Systeme (z.B. Familientherapie). Klinisch-psychologische Interventionen werden im Kontext der psychischen und der organisch/somatischen Störungen angewandt. Damit ergibt sich eine Systematik der klinisch-psychologischen Intervention, die die drei Dimensionen Funktionen, Interventionsebene und Kontext umfaßt (graphisch: Interventionswürfel).

Psychotherapie, als klinisch-psychologische Intervention hat ihren Schwerpunkt in der Behandlung/Therapie von Funktionsmustern und interpersonellen Systemen im psychischen Kontext; sie umfaßt daher nur einen Teilausschnitt der klinisch-psychologischen

Interventionen. Gesundheitspolitisch ist ein Eingrenzen der klinisch-psychologischen Intervention auf einzelne Segmente wenig sinnvoll. Zum Teil durchläuft die Intervention bei einem/r Patienten/in im Verlaufe der Störung unterschiedliche Segmente des Interventionswürfels. Eine Intervention ohne Wechsel der behandelnden Person ist nur bei breiter Interventionskompetenz möglich; diese ist aber bei verschiedenen Psychotherapieschulen nicht vorhanden. Aber nicht nur bezüglich des Behandlungsverlaufes bei einer Person, sondern auch versorgungstechnisch ist eine schmale Interventionskompetenz problematisch. Weisen die einzelnen Psychotherapeuten/innen nur eine begrenzte Interventionskompetenz auf, so macht dies für ein Versorgungsgebiet jeweils mehrere Spezialisten erforderlich, um den gesamten Interventionsbereich abzudecken. In schwächer besiedelten Regionen können in der Regel mehrere Spezialisten nicht ausreichend beschäftigt werden, so daß die Versorgung von Einzelpersonen zu gewährleisten ist. Bei schmaler Interventionskompetenz führt dies zu einer schlechteren Versorgung als bei breiter Kompetenz. Eine enge Verknüpfung der Psychotherapie mit der Psychologie im Konzept der klinisch-psychologischen Intervention gewährleistet am ehesten die erforderliche Breite an Kompetenz (Psychologische Rundschau, 1992). Dies ergibt folgende Thesen:

- *These 14:* Psychotherapie als Spezialfall klinisch-psychologischer Intervention. Psychotherapie stellt einen Spezialfall klinisch-psychologischer Intervention dar und ist daher eng mit der Psychologie verknüpft.
- *These 15:* Notwendigkeit einer breiten Interventionskompetenz. Für die Gesundheitsversorgung ist eine breite Interventionskompetenz bei den einzelnen Psychotherapeuten/innne notwendig. Diese wird am ehesten durch das Konzept der klinisch-psychologischen Intervention gewährleistet.

5.3 Berufspolitische Konsequenzen

Welche berufspolitischen Konsequenzen ergeben sich aus den bisherigen Ausführungen? Wenn Psychotherapie eng mit der Psychologie verzahnt ist, so muß ein/e Psychotherapeut/in breite Kenntnisse in Psychologie aufweisen. Diese Kenntnisse können auf unterschiedlichem Niveau vermittelt werden; zur Diskussion stehen vor allem Ausbildungen auf universitärer Ebene und auf einem niedrigeren Niveau, das vielfach von Fachhochschulen repräsentiert wird.

In Deutschland zeichnet sich ein Wandel im Verständnis der Fachhochschulen ab, die ausgebaut und aufgewertet werden sollen (vgl. Diskussionen der Hochschulrektorenkonferenz). Dennoch ist auch in neueren Konzepten die Ausbidlung an den Fachhochschulen (in der Regel sechs Semester Studium und zusätzlich ca. 1 Jahr Praxis) weniger vertieft als an den Universitäten. Die universitäre Ausbildung beinhaltet meist acht bis zehn Semester Regelstudienzeit mit z.T. anschließender Praxisaneignung in Form von Weiterbildungsgängen. Für die Bewertung einer Ausbildung bzw. Studiums sind nicht das tatsächliche Studienverhalten bzw. die zeitliche Dauer des Angebotes, das evtl. auf Teilzeitausbildung Rücksicht nimmt, heranzuziehen. Vielmehr sind die Gesetze, Studienpläne etc., in denen die Ausbildungs-, Studienzeiten (Regelstudienzeiten) festgelegt werden, maßgebend.

Ein Beispiel für eine Psychotherapieausbildung auf Fachhochschulniveau, das unter dem universitärem Niveau liegt, stellt die Regelung in Österreich dar (altes Fachhochschulkonzept, das unter dem Volumen der neuen Zielvorstellungen in Deutschland liegt). Die Psychotherapieausbildung (PthG, 1990) enthält – faßt man Propädeutikum und Fachspezifikum zusammen – 1065 Stunden Theorie und einen praktischen Teil von 2150 Stunden. Bei einem Semestervolumen von 300 Stunden (15 Wochen à 20 Stunden) ergeben sich 3.5 Semester (= 1.75 Jahre) Theorie. Beim praktischen Teil können die 2150 Stunden in 1.3 Jahre umgerechnet werden (Berechnungsbasis: 40 Wochen pro Jahr; Vierzigstundenwoche). Vom Konzept her dauert also die Ausbildung unter Einschluß der Praxis ca. drei Jahre; wobei der Anteil an Theorie weniger als vier Semester beträgt. Bei einer Teilzeitausbildung verlängert sich zwar die tatsächliche Ausbildungsdauer, doch erhöht sich damit nicht das Volumen der Lehrinhalte.

Wird die Ausbildung zum/r Psychotherapeuten/in auf Fachhochschulniveau vermittelt, kann nur ein begrenztes theoretisches und methodisches Verständnis zur Psychotherapie gelehrt werden, was die Gefahr der Schulengläubigkeit erhöht. Zusätzlich wird die Ausbildung von der Forschung abgekoppelt, da diese im Fachhochschulbereich nur begrenzt realisierbar ist (Fachhochschulen haben z.B. kein Promotions- und Habilitationsrecht). Für ein Fach, das einen wissenschaftlichen Anspruch erhebt, sind die Trennung von Forschung und Ausbildung und ein begrenztes Theorien- und Methodenverständnis problematisch. Daher ist für die Psychotherapie eine Ausbildung auf universitärem Niveau notwendig. Dies ergibt sich auch aus der anzustrebenden gleichrangigen Zusammenarbeit zwischen nichtmedizinschen Psychotherapeuten/innen und Medizinern/innen.

Für die Psychotherapie ist, wie auch bei anderen psychologischen Arbeitsgebieten, eine breite psychologische Ausbildung erforderlich (s. oben). Daher bietet ein Universitätshochschulstudium Psychologie die günstigste Voraussetzung für eine Psychotherapieausbildung, da das Studium vielfach nicht nur die Psychologie, sondern auch angrenzende Gebiete miteinbezieht (z.B. Psychiatrie, biologische Grundlagen). Die Präferenz für das Psychologiestudium gilt trotz der Einschränkung, daß bestehende Universitätsstudien der Psychologie verbesserungsbedürftig sind (vgl. Baumann, 1995: zum Empiriegehalt des Studiums). Absolventen/innen anderer universitärer Studiengänge müßten in etwa äquivalente Psychologiekenntnisse vorweisen.

Gegen die hier vorgebrachten Forderungen könnte man einwenden, daß manche Psychotherapeuten/innen ohne die hier angeführten Qalifikationsmerkmale sehr gute Arbeit leisten, was ich gar nicht bestreiten möchte. Dieser Einwand ist aber nicht stichhaltig, da er auch gegenüber anderen Berufsregelungen vorgebracht werden kann. So sind oder wären manche Personen ohne entsprechende Ausbildung gute Lehrer/innen, Juristen/innen, Ärzte/innen; dennoch werden von der Sozietät entsprechende Universitätsstudien verlangt, da dadurch am ehesten die notwendige Qualität für die Gesamtzahl der betreffenden Berufsvertreter/innen erreicht wird.

Das Psychologiestudium allein gewährleistet noch keine Qualifikation zum/r Psychotherapeuten/in; das Studium ist durch entsprechende Weiterbildung (=Erwerb von Spezialqualifikationen; nicht zu verwechseln mit Fortbildung als Aktualisierung der Kompetenz) zu ergänzen (vgl. postgraduale Ausbildung bei Medizinern/innen, Lehrer/innen usw.). Die Integration der Psychotherapiekompetenz in eine breite Psychologiekompetenz im Rahmen eines Universitätsstudiums wäre, wie das amerikanische

Promotionssystem zeigt (Ph.D.; Eifert & Lauterbach, 1995), grundsätzlich möglich. In den deutschsprachigen Hochschulkonzepten ist diese Zielvorstellung bisher nicht realisiert worden.

Inwieweit für die Psychotherapie eine Ausbildungshierarchie Universität/Fachhochschule/Fachschule – wie in anderen Berufen (vgl. Hochschulchemiker/in, Chemietechniker/in, Laborant/in) – anzustreben ist, ist schwierig zu beantworten. Sofern sich für die verschiedenen Ausbildungsstufen eindeutige und unterschiedliche Kompetenz- und Verantwortungsbereiche formulieren ließen, wären derartige Modelle überlegenswert (vgl. Baumann, 1995).

Bezüglich der Ausbildung werden folgende Thesen aufgestellt:

- *These 16:* Psychologie als Voraussetzung für Psychotherapie. Psychotherapeuten/innen benötigen ein breites Psychologiewissen auf universitärem Niveau, wie es im Psychologiestudium der Hochschulen angeboten wird. Andere Berufsgruppen müßen daher eine vergleichbare Psychologiekompetenz erwerben.
- *These 17:* Psychotherapie erfordert Weiterbildung. Die eigenverantwortliche Ausübung von Psychotherapie ist nur nach einer erfolgreich abgeschlossenen Weiterbildung möglich.

6. Wo bleibt die Seele, wenn die wissenschaftliche Psychologie die Basis der Psychotherapie ist?

Gegen eine enge Bindung der Psychotherapie an die wissenschaftliche Psychologie wird verschiedentlich eingewandt, daß damit die Psychotherapie zur seelenlosen Naturwissenschaft degeneriere, so daß diese Koppelung verhängnisvoll sei (z.B. Deurzen-Smith, 1995). Die Verhaltenstherapie sei ein Beispiel dafür, was mit einer von der Psychologie beeinflußten Psychotherapie geschehe. Es ist daher notwendig, kurz auf die Kritik an der Verhaltenstherapie und damit auch an der wissenschaftlichen Psychologie einzugehen. Franks (1994) hat darauf hingewiesen, daß die Verhaltenstherapie teilweise als inhuman, mechanistisch, vereinfachend bezeichnet wird (vgl. Reinecker, 1983). Auf die Kritik an der Verhaltenstherapie, die sich letztlich auch an die wissenschaftliche Psychologie richtet, kann ich an dieser Stelle nicht eingehen (vgl. Reinecker, 1983; Franks, 1994). Eine detaillierte Analyse zeigt, daß die meisten Vorwürfe Vorurteile sind bzw. sich auf Positionen beziehen, die heute nicht mehr aktuell sind.

Ein Vorurteil ist z.B. die Aussage, daß die Psychoanalyse Veränderungen der Persönlichkeit bewirke, während die Verhaltenstherapie eher unterstützend und daher von geringerer Reichweite sei. Historisch war der Vorwurf der Manipulation vereinzelt berechtigt, trifft aber heute nicht mehr zu. Gemeinsame Zielfindung und Transparenz sind heute wesentliche Bestimmungsstücke der Verhaltenstherapie (vgl. Margraf & Lieb, 1994); Zielvorstellungen wie Autonomie, persönliche Freiheit, etc. finden sich z.B. in der Selbstmanagment-Therapie (Kanfer, Reinecker & Schmelzer, 1991). Ähnliche Konzepte (z.B. Selbst, Autonomie, Identität, Wille) werden in der empirischen Psychologie bearbeitet. Zusätzlich ist festzuhalten, daß die wissenschaftliche Psychologie nicht ausschließlich auf Experimenten beruht. Vielmehr ist die Psychologie empirisch ausgerichtet, wobei das Experiment zwar eine wichtige Rolle spielt, aber auch andere Erkenntniswege benutzt werden.

Durch die Verknüpfung der Psychotherapie mit der wissenschaftlichen Psychologie erfährt die Psychotherapie eine Erweiterung in ihrem Menschenbild. Dieses beinhaltet die Komplexität der gesamten Psychologie und wird damit am ehesten dem Menschen gerecht wird. Die in der wissenschaftlichen Psychologie geforderten Kriterien wie Genauigkeit, Überprüfbarkeit, Effektivität, etc., die auch für eine wissenschaftlich begründete Psychotherapie unerläßlich sind, stellen keinen Widerspruch zum einfühlenden Handeln unter Beachtung der Autonomie des Andern dar. Die Wissenschaft stellt zwar das Hintergrundwissen für die konkrete Handlung bereit, die Umsetzung dieses Wissen erfordert aber Kreativität und Einfühlung.

Die Verwendung des Seelenbegriffes im Zusammenhang mit Psychotherapie (vgl. Tagungsthema) ist wenig zielführend, da die Gefahr besteht, daß Wissenschaftlichkeit als Gegensatz zu einem beseelten, d.h. humanen Ansatz gesehen wird. Eine Aufteilung der Psychotherapien in Richtungen mit oder ohne Berücksichtigung der Seele ist naheliegend, würde aber nur Vorurteile repräsentieren (Verhaltenstherapie als seelenlos, tiefenpsychologische Ansätze die Seele berücksichtigend). Anstelle einer Zuordnung des Seelenbegriffes zu Psychotherapieformen ist es wünschenswerter, von Psychotherapeuten/innen zu sprechen, deren Arbeit als mehr oder weniger beseelt (kompetent, engagiert, verantwortungsbewußt, differenziert, reif, emotional, etc.) zu bezeichnen ist. Dieses Attribut ist vermutlich bei Psychotherapeuten/innen unterschiedlich ausgeprägt und kein Spezifikum bestimmter Psychotherapieorientierungen. So ist z.B. der sexuelle Mißbrauch von Patienten/innen nicht das Kennzeichen einer bestimmten Psychotherapierichtung, sondern ein Fehlverhalten von Einzelpersonen.

Respekt, Einfühlung, Verantwortungsbewußtsein etc. gegenüber Patienten/innen, d.h. Psychotherapie mit Seele, setzen eine optimale Fundierung von Psychotherapie voraus. Psychotherapie muß daher wissenschaftlich sein und die Erkenntnisse der wissenschaftlichen Psychologie als zentrale Elemente berücksichtigen. Dies führt zur letzten These:

- *These 18:* Beseelte Psychotherapie und Wissenschaft. Psychotherapie ohne wissenschaftliche Fundierung ist eine Psychotherapie ohne Seele. Psychotherapie mit Seele setzt eine wissenschaftliche Fundierung, insbesondere mittels der Psychologie, voraus.

Literatur

Im Beitrag wurden vor allem Expertenaussagen in Form von Überblicksliteratur und nicht Einzelarbeiten verwendet.

Arkowitz, H. (1992). Integrative theories of therapy. In D.K. Freedheim (Ed.), History of psychotherapy (pp. 261-303). Washington: American Psychological Association.

Ash, M.G. & Geuter, U. (Hrsg.). (1985). Geschichte der deutschen Psychologie im 20. Jahrhundert. Opladen: Westdeutscher Verlag.

Baumann, U. (1986). Zum Placebo-Konzept in der Psychotherapie. In H. Hippius, K. Überla, G. Laakmann & J. Hasford (Hrsg.), Das Placebo-Problem (S.97-105). Stuttgart: Fischer.

Baumann, U. (1995). Bericht zur Lage der deutschsprachigen Psychologie 1994 – Fakten und Perspektiven. Psychologische Rundschau, 46, 3-17.

Baumann, U. & Reinecker-Hecht, Ch. (1991). Methodik der klinisch-psychologischen Interventionsforschung. In M. Perrez & U. Baumann (Hrsg.), Lehrbuch Klinische Psychologie (Band 2, S. 64-78). Bern: Huber.

Bergin, A.E. & Garfield, S.L. (Eds.). (1994). Handbook of psychotherapy and behavior change (fourth edition). New York: Wiley.

Brugger, W. (1963). Philosophisches Wörterbuch. Freiburg i.Br.: Herder.
Deurzen-Smith, E.van (1995). Die Qualifikation des Psychotherapeuten: Bildung eines unabhängigen Berufes. Psychotherapie Forum, 3, 145-150.
Eifert, G.H. & Lauterbach, W. (1995). Das Wissenschaftler-Praktiker Modell zur Ausbildung von Klinischen Psychologen/Psychotherapeuten: Erfahrungen und Vorschläge aus amerikanischer Sicht (Editorial). Zeitschrift für Klinische Psychologie, 3, 209-216.
Evans, R.B., Sexton, V.S. & Cadwallader, Th.C. (Eds.). (1992). 100 years. The american psychological association. A historical perspective. Washington: American Psycholocical Association.
Fachgruppe Klinische Psychologie (1995). Stellungnahme der Fachgruppe Klinische Psychologie der Deutschen Gesellschaft für Psychologie zur Auseinandersetzung um Forschungsergebnisse zur Psychotherapie. Zeitschrift für Klinische Psychologie, 3, 229-230.
Franks, C.M. (1994). Behavioral model. In V.B. Van Hasselt & M. Hersen (Eds.), Advanced abnormal psychology (pp. 93-110). New York: Plenum Press.
Freedheim, D.K. (Ed.). (1992). History of psychotherapy. Washington: American Psychological Association.
Garfield, S.L. & Bergin, A.E. (1994). Introduction and historical overwie. In A.E. Bergin, A.E. & S.L. Garfield (Eds.), Handbook of psychotherapy and behavior change (fourth edition; pp. 3-18). New York: Wiley.
Giles, Th.G. (Ed.).(1993). Handbook of effective psychotherapy. New York: Plenum.
Grawe, K., Donati, R. & Bernauer, F. (1994). Psychotherapie im Wandel – Von der Konfession zur Profession. Göttingen: Hogrefe.
Grawe, K. (1995a). Psychotherapie und Statistik im Spannungsfeld zwischen Wissenschaft und Konfession. Zeitschrift für Klinische Psychologie, 3, 216-229.
Grawe, K. (1995b). Grundriß einer Allgemeinen Psychotherapie. Psychotherapeut, 40, 130-145.
Haug, H.J. & Stieglitz, R.D. (Hrsg.). (1995). Qualitätssicherung in der Psychiatrie. Stuttgart: Enke.
Heilkunde-Kommission (1987). Grundlage der heilkundlichen Tätigkeit von Psychologen- rechtliche und fachwissenschaftliche Aspekte. Bonn: Deutscher Psychologen-Verlag.
Kaminski, G. (1970). Verhaltenstheorie und Verhaltensmodifikation. Stuttgart: Klett.
Kanfer, F.H., Reinecker, H. & Schmelzer, D. (1991). Selbstmanagment-Therapie. Berlin: Springer.
Laireiter, A.R. & Elke, G. (Hrsg.). (1994). Selbsterfahrung in der Verhaltenstherapie. Tübingen: DGVT-Verlag.
Mahoneyy, M.J. (Ed.).(1991). Human change process. The scientific foundations of psychotherapy. New York: Basic Books.
Margraf, J. & Brengelmann, J.C. (Hrsg.). (1992). Die Therapeut-Patient-Beziehung in der Verhaltenstherapie. München: Röttger-Verlag.
Margraf, J. & Lieb, R. (1995). Was ist Verhaltenstherapie? Versuch einer zukunftsoffenen Neucharakterisierung (Editorial). Zeitschrift für Klinische Psychologie, 1, 1-8.
Märtens, M. & Petzold, H. (1995). Perspektiven der Psychotherapieforschung und Ansätze für integrative Orientierungen (Psychotherapy research and integrative orientations). Integrative Therapie, 1, 3-7.
Mays, D.T. & Franks, C.M. (1985). Negative outcome in psychotherapy and what to do about it. New York: Springer.
Meyer, A.E., Richter, R., Grawe, K., Schulenburg, J.M. Graf von & Schulte, B. (1991). Forschungsgutachten zu Fragen eines Psychotherapeutengesetzes. Hamburg: Universitäts- Krankenhaus Hamburg Eppendorf.
Norcross, J.C. (1995). Psychotherapie-Integration in den USA. Überblick über eine Metamorphose (Psychotherapy integration in the USA: An overview of a metamorphosis). Integrative Therapie, 1, 45-62.
Perrez, M. (1991). Wissenschaftstheoretische Grundbegriffe der klinisch-psychologischen Interventionsforschung. In M. Perrez & U. Baumann (Hrsg.), Lehrbuch Klinische Psychologie (Band 2, S. 51-62). Bern: Huber.
Perrez, M. & Baumann, U. (1991). Systematik der klinisch-psychologischen Intervention: Einleitung. In M. Perrez & U. Baumann (Hrsg.), Lehrbuch Klinische Psychologie (Band 2, S. 19-29). Bern: Huber.
Petzold, H. (1995). Schulenübergreifende Perspektiven zu einer integrierten Psychotherapie und einer allgemeinen Psychotherapiewissenschaft – der Beitrag von Gestalttherapie und Integrativer Psychotherapie. In Berufsverband Deutscher Psychologen – Verband Psychologischer Psychotherapeuten und Psychotherapeutinnen im BDP (Hrsg.), Gegenwart und Zukunft der Psychotherapie im Gesundheitswesen (S. 71-94). Bonn: Deutscher Psychologen Verlag.
PthG (1990). Bundesgesetz vom 7. Juni 1990 über die Ausübung der Psychotherapie (Psychotherapiegesetz) . BGBl. Nr. 361/1990. Wien.

Psychologische Rundschau (1992). Klinische Psychologie/Psychotherapie (Themenheft). Psychologische Rundschau, 1992, 43 (Heft 3).

Reinecker, H. (1983). Grundlagen und Kriterien verhaltenstherapeutischer Forschung. Salzburg: AVM-Verlag.

Richter, R. (1994). Qualitätssicherung in der Psychotherapie. Zeitschrift für Klinische Psychologie,23, 233-235.

Stieglitz, R.-D. & Baumann, U. (Hrsg.). (1994). Psychodiagnostik psychischer Störungen. Stuttgart: Enke.

Strotzka, H. (1975). Was ist Psychotherapie. In H. Strotzka (Hrsg.), Psychotherapie: Grundlagen, Verfahren, Indikation (S. 3-6). München: Urban & Schwarzenberg.

Task Force APA (1993) Task Force on promotion and dissemination of psychological procedures. Washington: American Psychological Association (übersetzt in Auszügen: Hahlweg, K. (1995). Zur Förderung und Verbreitung psychologischer Verfahren. Ein APA-Bericht (Editorial). Zeitschrift für Klinische Psychologie, 24, 275-284).

Veiel, H.O.F. & Baumann, U. (Eds.). (1992). The Meaning and Measurement of Social Support. Washington: Hemisphere.

Walker, C.E. (Ed.). (1991). Clinical psychology. Historical and research foundations. New York: Plenum Press.

Weinberger, J. (1995). Common factos aren't so common: the common factors dilemma. Clinical Psychology, 2, 45-69.

Westmeyer, H. (1978). Wissenschaftstheoretische Grundlagen Klinischer Psychologie. In U. Baumann, H. Berbalk & G. Seidenstücker (Hrsg.), Klinische Psychologie – Trends in Forschung und Praxis (Band 1, S. 108-132). Bern: Huber.

Westmeyer, H. & Hoffmann, N. (Hrsg.). (1977). Verhaltenstherapie. Grundlegende Texte. Hamburg: Hoffmann & Campe.

* Erweiterte Fassung eines Vortrages anläßlich der Tagung SPV Gesellschaft ohne Seele – Psychotherapie ohne Seele? (Zürich, 28.10.1995)
Der Beitrag erscheint mit der freundlichen Genehmigung des Autors und des Deutschen Psychologen Verlages DPV.

Zur Verwendung der Psychotherapieforschung in der Praxis: Rezeption, Bedeutung, Kritik und Erwartungen

Andreas Beelmann und Gerlind Hamm

1. Einleitung und Fragestellung

Fragen der Transformation von Forschungsergebnissen oder speziellen Ergebnissen der Psychotherapieforschung in praktisch-psychologisches oder psychotherapeutisches Handeln werden seit langem kontrovers diskutiert. In jüngster Zeit scheinen sich diese Diskussionen wohl im Zuge der Auseinandersetzungen um das Psychotherapeutengesetz und die Gesundheitsreform in Deutschland neu zu beleben (vgl. z.B. Grawe, 1995a; Hutterer 1996). Ähnliche Entwicklungen finden sich aber auch in den USA (vgl. Talley, Strupp & Butler, 1994). Die geäußerten Positionen sind indes bekannt: Wer kennt nicht die Klagen der „Praktiker", ein wissenschaftliches Psychologiestudium qualifiziere nicht für die therapeutische Praxis, insbesondere empirische Effektivitätsuntersuchungen seien reine Erbsenzählerei und würden sich überdies mit Inhalten befassen, die mit der praktischen Tätigkeit wenig zu tun haben, und dergleichen mehr (vgl. Hermer, 1997; Schulte & Künzel, 1986). Scharfe Töne werden auch von „Wissenschaftlern" angeschlagen. Vor allem Grawe (1992a,b; Grawe, Donati & Bernauer, 1994) wirft PsychotherapeutInnen vor, zur Rettung der eigenen Therapieschule wissenschaftliche Erkenntnisse und insbesondere die Ergebnisse der Psychotherapieforschung bewußt zu ignorieren oder abzuwerten.

In der deutschsprachigen Literatur finden sich zum Transferproblem vor allem wissenschaftstheoretische Diskurse (vgl. z.B. Herrmann, 1979), die auf Grund ihres Reflektionsgrades zwangsläufig in einem breiteren Kontext stehen. Im Kern verweisen diese Arbeiten auf Relevanzprobleme, die bereits im Zuge gesellschafts- und wissenschaftskritischer Auseinandersetzungen Ende der 60er Jahre thematisiert wurden (Iseler & Perrez, 1976; Groeben & Westmeyer, 1981). Ein Ergebnis der Auseinandersetzungen war die heute (unter Wissenschaftlern) weitgehend akzeptierte Unterscheidung zwischen psychologischer Grundlagenforschung und psychologisch-technologischer Forschung (vgl. Herrmann, 1979) bzw. eine entsprechende Unterscheidung zwischen nomothetischem und nomopragmatischem Wissen (Perrez, 1991). In dieser Unterscheidung läßt sich der Versuch erkennen, die Umsetzung von wissenschaftlichen Erkenntnissen in praktisches Handeln durch die Einführung verschiedener Zwischenstufen zu verbessern. Wesentlich ist dabei die Annahme, daß technologische Forschung anderen Beurteilungskriterien unterliegt als Grundlagenforschung (Grawe, 1982). Während letztere dem Kriterium der Wahrheit verpflichtet ist, soll technologische Forschung vor allem dem Kriterium der Nützlichkeit im Hinblick auf die Lösung praktischer Probleme, etwa der erfolgreichen Behandlung psychischer Leidenszustände, entsprechen. Zur Lösung von Transferproblemen wurde auf Grundlage dieser Differenzierung eine verstärkte und verbesserte Anwendungsforschung im Allgemeinen (Kornath, 1988) und in der Psychotherapie im besonderen gefordert (Grawe, 1982, 1985), da sie die Grundlage und Legitimation einer wissenschaftlich fundierten Psychotherapie darstellen soll (vgl. Baumann, 1996, in diesem Band).

Nun ist mit der Annahme unterschiedlicher Forschungstypen und deren Beurteilungskriterien die Umsetzung von Forschungsergebnissen in die psychologische/psychotherapeutische Praxistätigkeit nicht zwingend gelöst. Zum einen ist das Wissen über eine (wirksame) therapeutische Technik nicht mit ihrer Anwendung gleichzusetzen (vgl. Bromme, 1978). Vielmehr ist von der Bereitstellung allgemeiner therapeutischer Regeln (Perrez, 1982a, b) oder psychotherapeutischer Heuristiken (Grawe, 1982) auszugehen, die einer konkreten, einzelfallorientierten Transformation in die therapeutische Praxis bedürfen. Zum anderen läßt sich durchaus fragen, ob die Forschung tatsächlich Handlungsregeln im Sinne eines präskriptiven Ableitungsverhältnisses vorgeben kann, oder ob es sich idealiter nicht um ein wechselseitiges Verhältnis von Praxis und Forschung handeln sollte (vgl. Schmidtchen, 1985). Weitere Probleme stellen sich bei der Bestimmung des Nutzens oder der Effektivität von Technologien. So herrscht keineswegs Einigkeit darüber, welche Kriterien bei der Wirksamkeitsbestimmung psychotherapeutischer Verfahren zugrunde gelegt werden sollen; zudem liegen zu einzelnen Verfahren zum Teil widersprüchliche Ergebnisse vor. Schließlich läßt sich feststellen, daß sich wissenschaftstheoretische Überlegungen weitgehend empiriefrei darstellen und insofern eher die Frage behandelt wird, welche Bedeutung die Psychotherapieforschung für die Praxis haben kann oder sollte und nicht, welche sie tatsächlich hat.

Andere Autoren haben versucht, Transferprobleme handlungstheoretisch zu rekonstruieren und die Frage der Anwendung theoretischen und technologischen Wissens als psychologisches Problem zu begreifen. In diesem Sinne konzeptualisiert beispielsweise Bromme (1978) unter Rückgriff auf ältere Arbeiten (Kaminski, 1970) den Handlungskontext praktischer psychotherapeutischer Arbeit als Problemlöseprozeß. Therapeutisches Wissen ergibt sich nach Bromme (1978) sowohl aus Forschungsergebnissen (z.B. der Psychotherapieforschung), wird aber auch im psychotherapeutischen Alltag selbst generiert. Die Bedeutung technologischen Wissens ist somit nicht allein wissenschaftstheoretisch, sondern auch über detaillierte Analysen des Anwendungsprozesses selbst zu verstehen. Tatsächlich sind derartige Untersuchungen zur therapeutischen Handlungspraxis bislang selten. Ausnahmen bilden beispielsweise die Arbeiten von Breuer (1979, 1991) zum Prozeß der beruflichen Sozialisation praktisch tätiger PsychotherapeutInnen und BeraterInnen oder Studien zur Entwicklung der theoretischen Orientierung von PsychotherapeutInnen (vgl. z.B. Ambühl et al., 1995). Allerdings wird im Rahmen dieser Handlungsperspektive ebenfalls selten die Frage nach den differentiellen Bedingungen einer konkreten Nutzung von Forschungsergebnissen und ihrer Bedeutung im Praxiskontext gestellt.

Mit dieser Aufgabenstellung befaßt sich ein dritter Ansatz. Empirische Untersuchungen über die praktische Nutzung und Bedeutung von Forschungsergebnissen haben ihren Ursprung in der soziologischen Verwendungsforschung (vgl. Beck & Bonß, 1991; Dewe, 1988; Wingens, 1988). Ziel war es, die vermeintliche oder tatsächliche Ignoranz sozialwissenschaftlicher Ergebnisse bei politischen Entscheidungsprozessen zu überwinden und ihre Nutzung durch die Analyse kritischer Verwendungsdeterminanten zu verbessern (vgl. Hellstern & Wollmann, 1984; Lösel & Skowrownek, 1988; Weiss, 1977). Im Gegensatz zur erwähnten handlungstheoretischen Perspektive kennzeichnet die Verwendungsforschung daher vor allem eine pragmatische Orientierung: Wann und unter welchen Bedingungen werden Forschungsergebnisse rezipiert und bei Handlungsentscheidungen genutzt?

Empirische Untersuchungen zur Verwendungsforschung konnten zeigen, daß eine ganze Reihe von Variablen im Verwendungsprozeß bedeutsam sind (vgl. Cousins & Leigthwood, 1986; Leviton & Hughes, 1981). Die Einflußgrößen betreffen zum Beispiel (a) die wahrgenommene Relevanz einer Arbeit, (b) die Art der Kommunikation zwischen Wissenschaft und Praxis und die Verbreitung von Ergebnissen, (c) Informationsverarbeitungsprozesse auf Seiten der potentiellen Nutzer, (d) die eingeschätzte Glaubwürdigkeit von Forschungsergebnissen und (e) die Beteiligung der potentiellen Nutzer am Forschungsprozeß (vgl. Leviton & Hughes, 1981). Zu den förderlichen Bedingungen gehören beispielsweise die Bereitstellung konkret praxisbezogener Informationen der Programmdurchführung (Programm hier gemeint als Oberbegriff psychosozialer Interventionen), eine direkte Veröffentlichung der Ergebnisse (d. h. vor allem mündliche Präsentationen) sowie ein hohes Interesse und eine hohe Bindung zum Forschungsprojekt auf Seiten der potentiellen Nutzer. Negativ wirken sich beispielsweise fehlende zusammenfassenden Darstellungen der Ergebnisse, mangelnde Erläuterungen methodischer Analysen und eine geringe forschungsmethodische Qualität aus (vgl. Cousins & Leigthwood, 1986; Leviton & Hughes, 1981).

Aus dieser Aufzählung wird – ohne ins Detail gehen zu müssen – deutlich, daß die Verwendung wissenschaftlicher Ergebnisse offensichtlich ein komplexer Prozeß ist, der nicht ausschließlich mit persönlichen Interessen und Einstellungen der Nutzer oder der mangelnden Praxisorientierung der Forschung zu erklären ist (Shulha & Cousins, 1997). Bedeutsam ist in diesem Zusammenhang auch, daß es sich bei der Verwendung von Forschungsergebnissen nicht um einen diskreten und rein quantitativ zu differenzierenden Prozeß handelt, sondern auch qualitative Unterscheidungen beachtet werden sollten. In Anlehnung an Rich (1977) unterscheiden zum Beispiel Leviton und Hughes (1981) zwischen einer instrumentellen, konzeptionellen und argumentativen (symbolischen) Verwendung. Unter einer instrumentellen Nutzung wird das unmittelbare Umsetzen von Interventionsprogrammen oder -techniken verstanden, die sich in Evaluationsstudien als effektiv erwiesen haben. Unter einer konzeptionellen Verwendung wird die allgemeine Veränderung von Einstellungen oder Handlungsorientierun gen im Praxiskontext auf Basis einer Reihe unterschiedlicher Forschungsergebnisse verstanden. Eine argumentative (symbolische) Verwendung bezeichnet schließlich einen Prozeß, bei dem Forschungsergebnisse selektiv zur Bestätigung und zum Propagieren der eigenen Einstellung/Meinung genutzt werden. Diese Unterscheidungen bedürfen allerdings einer Erweiterung, insbesondere im Hinblick auf die notwendigen Voraussetzungen derartiger Verwendungszusammenhänge. So haben Cohen, Sargent und Sechrest (1986) verdeutlicht, daß eine – wie auch immer geartete – Verwendung das Wissen, daß eine bestimmte Forschung überhaupt existiert (research awareness) und deren Rezeption (research consideration) zwingend voraussetzt.

Obwohl sich die genannten Arbeiten zur Verwendungsforschung im wesentlichen auf die Nutzung sozialwissenschaftlicher Forschungen im Rahmen politischer Entscheidungs- und Planungsprozesse beziehen, lassen sich diese Überlegungen auch auf die Verwendung von Ergebnissen der Psychotherapieforschung in der psychotherapeutischen Praxistätigkeit übertragen. Empirische Untersuchungen sind dazu vor allem im anglo-amerikanischen Sprachraum durchgeführt worden. Cohen et al. (1986) konnten mit Hilfe umfangreicher Interviews beispielsweise zeigen, daß PsychotherapeutInnen Informationen aus der empirischen Forschung insgesamt als wenig nützlich eingeschätzen. Es werden vor allem solche Ergebnisse rezipiert, die sich auf die eigene therapeutische Orientierung und den eigenen Praxiskontext beziehen. Ein wesentlicher Kritikpunkt an der Psychotherapieforschung bestand darin, daß sie im Vergleich zur klinisch-therapeutischen Alltagstätigkeit als zu wenig komplex eingeschätzt wurde. Ähnliche Ergebnisse zeigten sich auch in einer standardisierten Befragung klinisch tätiger PsychotherapeutInnen (Morrow-Bradley & Elliott, 1986). Im Vergleich zu anderen handlungsleitenden Informationsquellen (z.B. praktische Erfahrung, Diskussionen mit Kollegen, Supervision) war auch hier die Verwendung von Forschungsergebnissen eher gering. Unter den wesentlichen Kritikpunkten wurden ebenfalls die geringe Praxisnähe und die mangelnde Komplexität der Forschung genannt. Für die Zukunft wünschten sich die befragten PsychotherapeutInnen Forschungen, die sich stärker auf die Beschreibung des konkreten therapeutischen Vorgehens, die Passung von Klienten- und Therapeutenmerkmalen und die Entwicklung der therapeutischen Beziehung sowie verstärkt auf den Therapieprozeß im allgemeinen beziehen.

Ähnliche Untersuchungen wurden im deutschen Sprachraum bislang selten durchgeführt. In einer Arbeit von van der Meer & Roth (1992) wird ebenfalls die Kritik an der Praxisferne von Forschungsergebnissen deutlich; stärker als jedoch in den amerikanischen Untersuchungen zeigte sich, daß der Nutzen der Psychotherapieforschung aus methodischen und wissenschaftstheoretischen Gründen grundsätzlich bezweifelt wird. Dabei wird vor allem das nomothetisch naturwissenschaftliche Ableitungsideal und die Vorstellung einer Psychotherapie als Technologie verworfen. Eine Generalisierung dieser Befunde erscheint jedoch schwierig, da insgesamt nur 22 PsychotherapeutInnen befragt wurden. In der folgenden Untersuchung soll als Replikation der Arbeit von Morrow-Bradley und Elliott (1986) die Verwendung und Bedeutung von Ergebnissen der Psychotherapieforschung und anderer praxisleitender Informationsquellen erfaßt sowie wesentliche Kritikpunkte an der derzeitigen und Wünsche an die zukünftige Psychotherapieforschung aus der Sicht praktisch tätiger PsychotherapeutInnen herausgearbeitet werden.

2. Beschreibung der Studie

2.1 Durchführung der Untersuchung

Die Datenerhebung erfolgte mit dem „Fragebogen zur Bedeutung und Nützlichkeit wissenschaftlicher Psychotherapieforschung für praktisch tätige Psychotherapeutinnen und Psychotherapeuten" (Beelmann & Hamm, 1994). Neben einem Deckblatt, das über die Absicht der Untersuchung informiert und in dem die Psychotherapieforschung als „systematische empirische Forschung zur Effektivität, Wirkungsweise und Angemessenheit von Psychotherapien oder einzelnen psychotherapeutischen Techniken" definiert wird, enthält der Fragebogen folgende sechs Teile: (1) Fragen zur Bedeutung und zum Einfluß verschiedener handlungsleitender Informationsquellen für die psychotherapeutische Praxis (z.B. Psychotherapieforschung, Fallbeschreibungen, Erfahrungen mit Klienten, Supervision und Teambesprechungen u.a.); (2) Einstellungen zur Psychotherapieforschung; (3) Fragen zu möglichen Kritikpunkten an der Psychotherapieforschung; (4) Zukünftige Forschungsfragen und Forschungsinhalte; (5) Fragen zur Produk tion und Rezeption von Psychotherapieforschung und schließlich (6) Fragen zu beruflichen und sozio-demographischen Merkmalen der PsychotherapeutInnen.

Dieser Fragebogen wurde praktisch tätigen PsychotherapeutInnen im Zeitraum von Ende 1992 bis Anfang 1995 über folgende Strategien vorgelegt: Postalische Erhebung nach Analyse örtlicher Branchenverzeichnisse, persönliche Kontaktierung bei einschlägigen Psychotherapiekongressen (z.B. DGVT-Kongreß in Berlin 1992) und bei lokalen Treffen psychotherapeutischer Verbände (Arbeitskreise, Supervisionsgruppen) sowie schließlich Weitergabe an den Autoren bekannten PsychotherapeutInnen. Die Fragebögen konnten über frankierte Rückumschläge anonym zurückgesandt werden. Die Rücklaufquote lag bei ca. 50% und kann mit Blick auf die Bearbeitungsdauer von ca. 30-45 Minuten als durchaus zufrieden stellend bewertet werden.

2.2 Die Untersuchungsstichprobe

Insgesamt wurden 158 praktisch tätige PsychotherapeutInnen befragt. Als einziges formales Teilnahmekriterium wurde die regelmäßige psychotherapeutische Praxistätigkeit (mindestens 1 Stunde pro Woche) zugrunde gelegt. Das Alter der 70 weiblichen (44.3%) und 88 männlichen Probanden variiert von 26 bis 84 Jahren (M = 44.3 Jahre). Im Durchschnitt weisen die PsychotherapeutInnen 12.6 Jahre Berufstätigkeit auf (Range von 1 bis 42 Jahren) und leisten im Mittel 18.5 Stunden Psychotherapie pro Woche (Range von 1 bis 55 Stunden). Der überwiegende Teil der befragten PsychotherapeutInnen arbeitet in Privatpraxen (50.6%), weitere 21.5% in Beratungsstellen, 10.8% in psychiatrischen Kliniken und 17.1% in anderen Einrichtungen (z.B. psychosomatischen Kliniken). 77.2% der Befragten weisen einen akademischen Abschluß in Psychologie, 12.7% in Medizin, weitere 4.4% in Pädagogik und 5.6% in sonstigen Fachrichtungen (z.B. Soziologie) auf. Als formaler Studienabschluß wird vornehmlich das Diplom genannt (72.8%), weitere 19.6% der PsychotherapeutInnen sind promoviert.

Der Großteil der Befragten (76.6%) hat zwei oder mehr, nur 2.5% keine therapeutische Weiterbildung absolviert (M = 2.3, Range von 0 bis 8). Über die Hälfte der Probanden (50.6%) hat eine gesprächspsychotherapeutische Weiterbildung, 38.6% eine verhaltenstherapeutische und 37.3% eine psychoanalytische/tiefenpsychologische Therapieausbildung. Hinzu kommen 26.6% mit einer gestalttherapeutischen, 24.1% mit einer systemischen/familientherapeutischen und 20.3% mit einer körpertherapeutischen Weiterbildung. Die Gesamtdauer dieser Ausbildungen beträgt (soweit angegeben) im Mittel 7.7 Jahre (Range von 0.5 bis 19.0 Jahren bei 14 fehlenden Angaben).

3. Ergebnisse

3.1 Rezeption von Psychotherapieforschung

Zunächst wurde erfaßt, in welchem Ausmaß Ergebnisse der Psychotherapieforschung überhaupt zur Kenntnis genommen werden. Zu diesem Zweck sollten die Probanden angeben, (a) wieviele wissenschaftliche Arbeiten zur Psychotherapieforschung im letzten Monat gelesen und (b) wieviele Tagungen (incl. Symposien/Kongesse u.ä.), auf denen Ergebnisse der Psychotherapieforschung vorgestellt wurden, im letzten Jahr besucht wurden. Ferner wurde gefragt, wieviele und welche Fachzeitschriften regelmäßig gelesen werden. Die Ergebnisse (vgl. Abbildung 1) zeigen einerseits einen relativ großen Anteil von Befragten, die die Ergebnisse der Psychotherapieforschung zumindest im angegebenen Zeitraum nicht (oder allenfalls auf andere Weise) zur Kenntnis nimmt. Über 20% der Befragten haben keinen Artikel gelesen, gut ein Drittel hat keine entsprechende Tagung besucht (13.9% haben weder Artikel gelesen noch entsprechende Tagungen besucht) und immerhin 14.6% geben an, keine Fachzeitschrift regelmäßig zu lesen. Auf der anderen Seite fällt die mittlere Anzahl gelesener Artikel (M = 3.7, Range von 0 bis 50), besuchter Tagungen (M = 1.5, Range von 0 bis 9) und regelmäßig rezipierter Fachzeitschriften (M = 2.4; Range von 0 bis 6) relativ hoch aus. Der weitaus größte Teil der Befragten rezipiert vor allem schulenspezifische Organe, Verbands- und populärwissenschaftliche Zeitschriften (mit jeweils 10 bis 20% werden genannt: Psyche, Report Psychologie, Forum der Psychoanalyse, GwG Info, Psychologie heute, Integrative Therapie, Verhaltenstherapie und psychosoziale Praxis, Verhaltensmodifikation und Verhaltensmedizin), während allgemeine klinisch-psychologische, stärker fachwissenschaftliche und vor allem englischsprachige Zeitschriften kaum angegeben werden (7.0% die Zeitschrift für Klinische Psychologie und 2.5% das Clinical Psychology Review als das am häufigsten genannte englischsprachige Organ).

Als Hinderungsgründe, vermehrt Ergebnisse der Psychotherapieforschung zu rezipieren, werden vor allem Zeitmangel (63.9%) und fehlende Übersichtsarbeiten (49.4%) angegeben. Für weitere 17.1% der Befragten sind die Arbeiten zu schwierig zu lesen oder zu beschaffen (13.1%). Immerhin geben 21.5% der Befragten an, daß sie die wissenschaftliche Psychotherapieforschung generell für nicht der Mühe wert halten. Interessant ist, daß die befragten PsychotherapeutInnen kaum selbst an der Produktion und Präsentation von Forschungsergebnissen beteiligt sind. Im Durchschnitt haben die Probanden 0.8 wissenschaftliche, 1.9 nicht-wissenschaftliche Artikel zur Psychotherapieforschung veröffentlicht bzw. 2.3 wissenschaftliche und 3.8 nichtwissenschaftliche Vorträge gehalten, wobei 60.1% bislang keinen Artikel verfaßt und 36.7% keinen Vortrag gehalten hat.

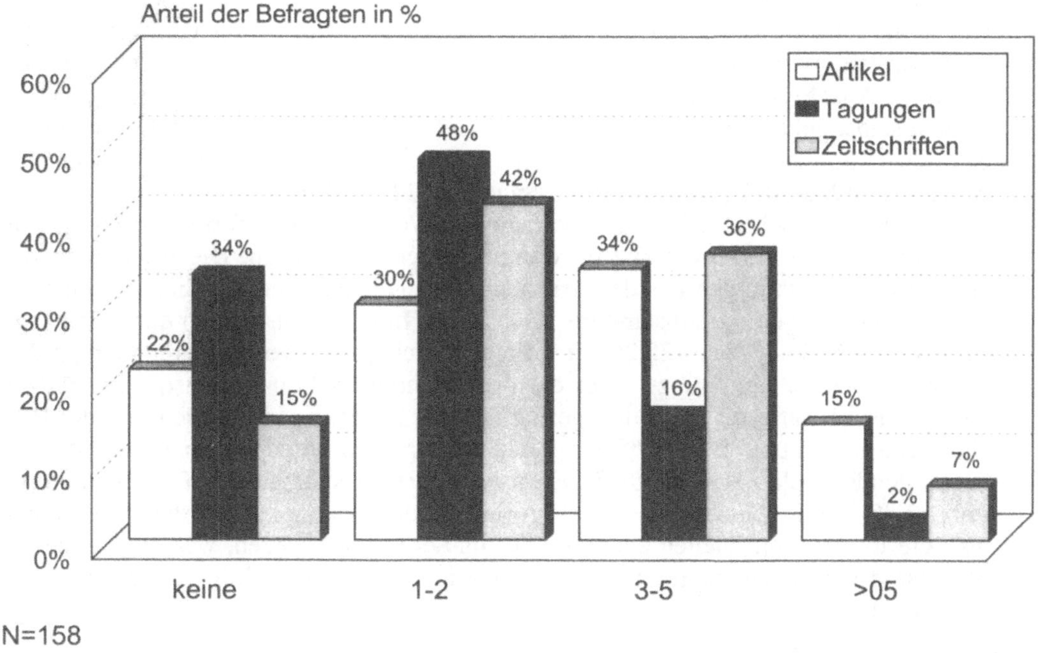

Abb.1: Rezeption der Psychotherapieforschung durch praktisch tätige PsychotherapeutInnen (Anzahl der im letzten Monat gelesenen Artikel; Anzahl der im letzten Jahr besuchten Tagungen; Anzahl regelmäßig rezipierter Fachzeitschriften)

3.2 Bedeutung der Psychotherapieforschung

Neben der Frage, ob und in welchem Ausmaß Ergebnisse der Psychotherapieforschung zur Kenntnis genommen werden, wurde erfaßt, welche Bedeutung diesen Informationen im Praxiskontext zukommt. Zu diesem Zweck wurde zunächst gefragt, wie stark die Ergebnisse der wissenschaftlichen Psychotherapieforschung die psychotherapeutische Praxis im allgemeinen beeinflußen. Auf einer sechsstufigen Antwortskala von 1 (überhaupt nicht) bis 6 (mehr als durch andere Faktoren) ergibt sich ein Mittelwert von 3.08 ($SD = 1.17$, $n = 149$). Untersucht man diese Einschätzung im Hinblick auf Merkmale der Befragten, lassen sich nur wenige Differenzierungen feststellen. Weder zur Dauer der Berufstätigkeit ($r = .07$, $n = 135$, $p>.10$) noch zur Gesamtdauer der therapeutischen Weiterbildungen ($r = -.10$, $n = 135$, $p>.10$) zeigen sich bedeutsame Zusammenhänge. Ebenso lassen sich in Bezug auf das Geschlecht ($t_{147} = 0.71$, $p>.10$), zwischen promovierten und nichtpromovierten PsychotherapeutInnen ($t_{141} = 0.12$, $p>.10$) und zwischen PsychotherapeutInnen mit einem Abschluß in Psychologie und einem Abschluß in anderen Fachrichtungen ($t_{147} = 1.30$, $p>.10$) keine Unterschiede finden. Unterschiede zeigen sich allerdings im Hinblick auf die therapeutische Orientierung ($F_{2,143} = 3.76$, $p<.03$). Hier weisen verhaltenstherapeutisch orientierte PsychotherapeuInnen ein signifikant höheres Rating (M = 3.55) als psychodynamisch (M = 3.02) und humanistisch (M = 2.86) orientierte PsychotherapeutInnen auf (Einzelvergleiche nach Duncan, p<.05). Desweiteren zeigen sich schwach positive Zusammenhänge zwischen der Anzahl selbst abgefaßter wissenschaftlicher Arbeiten (r = .25, p<.01) und der Anzahl selbst gehaltener wissenschaftlicher Vorträge (r = .24, p<.01) und diesem Globalrating. Ver gleichbare Zusammenhänge ergeben sich auch zur Anzahl gelesener Arbeiten (r = .29, p<.01) und gehörter Vorträge (r = .22, p<.01).

Im nächsten Schritt sollten die Befragten elf vorgegebene Informationsquellen im Hinblick auf ihre Praxisrelevanz im Rangverfahren einschätzen. Die Ergebnisse zeigen, daß die Erfahrungen aus der Arbeit mit den Klienten und die Supervision bzw. Teambesprechungen mit Abstand die wichtigsten Informationsquellen darstellen (vgl. Tabelle 1). Für 36.1% bzw. 25.3% sind dies die wichtigsten, bei etwa drei Vierteln dieser Stichprobe gehören sie zu einer der drei wichtigsten Informationsquellen für die therapeutische Tätigkeit. Auffällig gering ist dem gegenüber die Bedeutung der Psychotherapieforschung. Nur 6.9% der Psychotherapeuten vergeben für diese Informationen den Rangplatz eins (4.6% für Ergebnisse, die im Rahmen von Tagungen vorgestellt, 2.3% für Ergebnisse, die aus Veröffentlichungen rezipiert wurden). Vergleicht man die Informationsquellen auf Basis der mittleren Rangplätzen, werden für die Ergebnisse der Psychotherapieforschung gar die höchsten Werte (d. h. die geringste Bedeutung) erzielt.

Tab. 1: Einschätzungen praktisch tätiger Psychotherapeuten zur Bedeutsamkeit verschiedener Informationsquellen für die psychotherapeutische Praxis

Informationsquelle	Prozentualer Anteil der Therapeuten mit Rangplatz 1	(1-3)	Durchnittlicher Rangplatzl M	(SD)	n
Erfahrung in der Arbeit mit Klienten	36.1	(76.0)	2.7	(2.0)	158
Supervision/Teambesprechungen	25.3	(72.1)	3.1	(2.2)	157
Eigentherapie	8.2	(33.5)	4.6	(2.5)	132
Workshops/Seminare	6.3	(21.0)	5.4	(2.3)	148
Falldarstellungen	5.7	(19.0)	5.7	(2.4)	148
Vorträge zur Psychotherapieforschung	*4.4*	*(16.4)*	*6.1*	*(2.4)*	*143*
Diskussion mit Kollegen	2.5	(34.2)	4.7	(2.1)	153
Artikel zur Psychotherapieforschung	*2.5*	*(15.8)*	*6.1*	*(2.3)*	*152*
Theoretische Veröffentlichungen	1.9	(20.9)	5.7	(2.3)	153
Eigene Forschungstätigkeit	1.9	(8.8)	5.7	(2.7)	66
Sonstige Informationsquellen	3.2	(7.0)	4.0	(3.6)	16

Anmerkungen: Alle Einschätzungen erfolgten im Rangverfahren

Zwischen verschiedenen Therapeutengruppen ergeben sich bei diesen Einschätzungen nur geringe Unterschiede. Signifikante Differenzierungen lassen sich für die Bedeutsamkeit theoretischer Veröffentlichungen (2(df = 2) = 11.09, p<.01 nach Kruskal-Wallis Rangvarianzanalyse), für Artikel zur empirischen Psychotherapieforschung (2(df = 2) = 6.17, p<.05) und für den Stellenwert der Eigentherapie (2(df = 2) = 10.18, p<.01) zwischen PsychotherapeutInnen verschiedener Therapieschulen finden. Dabei messen psychodynamisch orientierte PsychotherapeutInnen den theoretischen Veröffentlichungen und verhaltenstherapeutisch orientierte PsychotherapeutInnen den Artikeln zur Psychotherapieforschung mehr Bedeutung zu (Einzelvergleiche nach Bortz, Lienert & Boehnke, 1990). Auf der anderen Seite ist für VerhaltenstherapeutInnen die eigene Erfahrung als Klient offensichtlich weniger wichtig als psychodynamisch und humanistisch orientierten PsychotherapeutInnen. Bemerkenswert ist über diese Unterschiede hinaus, daß männliche Psychotherapeuten der Erfahrung mit den Klienten eine größere Bedeutung zumessen als Psychotherapeutinnen ($z = 2.44$, $p<.02$ nach Mann-Whitney U-Test) und für unerfahrene PsychotherapeutInnen die Supervision/Teambesprechungen wichtiger sind als für erfahrene Psychotherapeuten ($z = 2.68$, $p< .01$; Mediansplit nach Anzahl der Berufsjahre). Schließlich weisen PsychotherapeutInnen, die die Ergebnisse der Psychotherapieforschung generell abwerten (vgl. oben), das geringste Rating für die Psychotherapieforschung auf (mittlerer Rangplatz jeweils 7.3; $z = -3.51$, $p<.001$ für Forschungsartikel und $z = -2.73$, $p<.01$ für Vorträge). Auf der anderen Seite messen diese PsychotherapeutInnen der eigenen Erfahrung als Klient ($M = 3.72$, $z = -2.32$, $p<.03$), den Fallbeschreibungen ($M = 2.97$, $z = -2.26$, $p<.03$) und den Workshops/Seminaren ($M = 4.63$, $z = -2.32$, $p<.03$) eine signifikant größere Bedeutung zu.

Als weitere Einschätzungen zur Bedeutsamkeit der Psychotherapieforschung wurden Beurteilungen der rezipierten Artikel und Vorträge sowie die Rolle von Forschungsergebnissen bei der Bewältigung schwieriger Therapiefälle erfaßt. 26.6% der Befragten geben an, daß sich ihre therapeutische Praxis durch die Rezeption von Arbeiten zur Psychotherapieforschung verändert hat. 20.9% machen eine entsprechende Aussage bei den besuchten Vorträgen. Der mittlere Anteil der als relevant eingeschätzten Artikel und Vorträge liegt bei 36.6% bzw. 35.7% (d. h. etwa jeder dritte gelesene Artikel/gehörte Vortrag). Von den durchschnittlich 3.7 schwierigen Therapiefällen im letzten Jahr, zu deren Bewältigung externe Hilfe in Anspruch genommen werden mußte, konnten bei durchschnittlich 0.5 Fällen Ergebnisse der Psychotherapieforschung zu einer Bewältigung beitragen (bei 78.5% der Befragten wurde kein schwieriger Therapiefall mit Hilfe von Forschungsergebnissen bewältigt). In Bezug auf diese Kriterien (Beurteilung von Artikeln und Vorträgen, Hilfe bei schwierigen Therapiefällen) liegen zwischen verschiedenen Therapeutengruppen (theoretische Orientierung, Geschlecht, Berufserfahrung, Ausbildung) keine Unterschiede vor.

3.3 Kritik an der Psychotherapieforschung

Zu möglichen Kritikpunkten an der Psychotherapieforschung wurden den befragten PsychotherapeutInnen 17 Aussagen mit je vier Antwortalternativen (stimmt nicht; stimmt, ist aber ohne Bedeutung; stimmt und muß verbessert werden; keine Meinung oder kann ich nicht beurteilen) vorgelegt. Tabelle 2 zeigt den Anteil der PsychotherapeutInnen, die der Antwortalternative „stimmt und muß verbessert werden" zugestimmt haben. Danach wird die mangelnde Differenzierung zwischen verschiedenen Therapeuten (Therapeutenmerkmalen) und die fehlende Berücksichtigung der Komplexität des therapeutischen Prozesses und der therapeutischen Beziehung am häufigsten kritisiert (ca. 75% der TherapeutInnen stimmen diesen Einschätzungen zu). Bedeutsam ist auch, daß den meisten Kritikpunkten (immerhin 14 von 17) von mindestens der Hälfte der Befragten zugestimmt wird. Weniger kritisch wird dagegen die Praxiserfahrung der Forscher und der eingesetzten Therapeuten beurteilt. Schließlich glaubt nur ein Viertel der Befragten, daß die Durchführung einer Psychotherapiestudie den therapeutischen Prozeß und die therapeutische Beziehung behindern würde.

Tab. 2: Kritik der Psychotherapieforschung durch praktisch tätige Psychotherapeuten

Kritikpunkte	Zustimmung (in %)
Keine Differenzierung zwischen verschiedenen Therapeuten	79.1
Komplexität des therapeutischen Prozesses wird zu selten berücksichtigt	75.3
Therapeutische Beziehung wird vernachlässigt	71.5
Gruppenstatistische Werte ignorieren wichtige Resultate	67.7
Klinische Bedeutsamkeit wird zu selten mitgeteilt	63.3
Zu wenig relevante Erfolgskriterien	63.3
Therapeuten und Klienten unterscheiden sich von der klinischen Praxis	62.0
Zu globale oder zu spezifische Differenzierungen (Therapeuten, Klienten)	61.4
Wichtige Variablen des therapeutischen Prozesses wird ignoriert	59.5
Traditionelle (naturwissenschaftliche) Forschungsmethoden eignen sich nicht	58.9
Klinisch bedeutsame Fragen werden nicht untersucht	55.7
Zu wenig systematische Fallstudien	51.3
Form der Berichterstattung ist zu wenig praxisorientiert	50.0
Zusammenfassende Ergebnisdarstellungen fehlen	50.0
Psychotherapieforscher haben keine Praxiserfahrung	34.8
Therapeuten in Psychotherapiestudien haben zu geringe Praxiserfahrung	30.4
Eine Psychotherapiestudie behindert die therapeutische Beziehung	27.2
Zusätzliche Anmerkungen	19.6

Zwischen den Gruppen unterschiedlicher therapeutischer Orientierung kann nur bei einer Einschätzung („Traditionelle Forschungsmethoden, die aus den Naturwissenschaften abgeleitet sind, eignen sich zumeist nicht zur Untersuchung von Psychotherapie“) ein Unterschied gefunden werden. Hier ist der Anteil psychodynamisch und humanistisch orientierter PsychotherapeutInnen, die dieser Aussage zustimmen, höher (57.4% bzw. 65.0%) als der von VerhaltenstherapeutInnen (47.1%; $2(df = 6) = 13.62$, $p<.03$). Ansonsten zeigen sich keine weiteren Differenzierungen.

3.4 Erwartungen an die Psychotherapieforschung

Der vierte Teil der vorliegenden Untersuchung befaßt sich mit den Erwartungen und Wünschen praktisch tätiger PsychotherapeutInnen im Hinblick auf die zukünftige Psychotherapieforschung. Dazu sollten zunächst sieben vorgegebene Forschungstypen im Hinblick auf ihre Bedeutsamkeit für die zukünftige Psychotherapieforschung auf einer Skala von 1 (extrem hilfreich) bis 5 (überhaupt nicht hilfreich) einschätzt werden (vgl. Tabelle 3). Das geringste Rating erreicht dabei die klassische ergebnisorientierte Vergleichsforschung ($M = 2.80$), die höchsten Ratings werden für Untersuchungen vergeben, die die therapeutische Beziehung näher betrachten ($M = 1.73$), spezifische Klienten- und/oder Therapeutenmerkmale im Hinblick auf ihre Bedeutung für Veränderungen während der Therapie analysieren ($M = 1.73$) und den Zusammenhang von Prozeß und Ergebnis einer Therapie zum Ziel haben ($M = 1.75$). Auffällig ist, daß alle Ratings über dem Skalenmittel liegen, keiner der vorgegebenen Forschungstypen also als kaum oder überhaupt nicht hilfreich bewertet wird. Zwischen den PsychotherapeutInnen unterschiedlicher theoretischer Orientierung zeigen sich auch hier nur geringe Unterschiede. Als einziger Forschungstyp wird die Beschreibung von Therapien signifikant unterschiedlich bewertet ($F_{2,152} = 6.20$, $p<.01$), wobei VerhaltenstherapeutInnen diese Forschungsfrage als hilfreicher einschätzen als psychodynamisch und humanistisch orientierte PsychotherapeutInnen (Einzelver gleiche nach Duncan, p<.05). Interessant ist, daß die reine Ergebnisforschung von männlichen (t156 = 2.64, p<.01) und von erfahreneren PsychotherapeutInnen (t156 = 2.09, p<.01) als hilfreicher eingeschätzt wird als von weiblichen bzw. unerfahreneren PsychotherapeutInnen.

Tab. 3: Bedeutsamkeit verschiedener Forschungstypen für die zukünftige Psychotherapieforschung

	Bedeutsamkeit		
Forschungstyp/Forschungsfrage	M	(SD)	n
Entwicklung und Auswirkung der therapeutischen Beziehung	1.73	(0.76)	158
Spezifische Aspekte des Klienten- und/oder Therapeutenverhaltens	1.73	(0.67)	157
Zusammenhang zwischen Therapieprozeß und -ergebnis	1.75	(0.79)	158
Beschreibung der Psychotherapien	2.11	(0.84)	158
Vergleich von Therapieprozessen	2.46	(0.93)	157
Prüfung von theoretischen Annahmen	2.75	(1.04)	157
Vergleich von Therapieergebnissen	2.80	(1.00)	158

*Anmerkungen:*Einschätzungen von 1 (extrem hilfreich) bis 5 (überhaupt nicht hilfreich)

Fragt man die PsychotherapeutInnen nach den Inhalten der zukünftigen Psychotherapieforschung, geben 40.6% an, daß vor allem ein therapieschulenübergreifendes Vorgehen Forschungsgegenstand sein sollte. 80.4% wünschen sich vermehrt Forschungsanstrengungen im ambulanten Setting, bei der Therapie mit Erwachsenen (66.5%) und für die Einzeltherapie (53.2%). Im Hinblick auf die Klientel sollten vorwiegend neurotische Störungen (41.8%), familiäre Probleme (31.7%), Einstellungs- und Lebenskrisen (30.4%) und Persönlichkeitsstörungen (31.0%) untersucht werden. Diese Präferenzen spiegeln offensichtlich den aktuellen Praxiskontext der Befragten (vgl. oben) wider.

4. Diskussion

Die vorliegenden Studie gibt einige interessante Hinweise auf die Verwendung und den Verwendungsprozeß von Ergebnissen der Psychotherapieforschung durch PsychotherapeutInnen. Zunächst überrascht die unserer Ansicht nach relativ hohe Rezeption von Forschungsergebnissen. Durchschnittlich werden fast vier Artikel im Monat gelesen und eineinhalb Tagungen im Jahr besucht, die sich inhaltlich auf die Psychotherapieforschung beziehen, sowie gut zwei Fachzeitschriften regelmäßig gelesen. Diese insbesondere im Hinblick auf die rezipierte Fachliteratur erstaunliche Anzahl muß jedoch in mehrfacher Hinsicht relativiert werden. Zum einen nimmt ein nicht geringer Anteil von etwa 20 Prozent der Befragten Ergebnisse der Psychotherapieforschung nicht zur Kenntnis oder wertet sie vollständig ab. Zum anderen verdeutlichen die angegebenen Fachzeitschriften, daß kaum englischsprachige Literatur rezipiert wird. Schwierigkeiten, diese Arbeiten zu lesen bzw. sie zu beschaffen, können dieses Mißverhältnis nur zum Teil erklären. Darüber hinaus scheint ferner nicht sichergestellt zu sein, daß der Gegenstandsbereich dieser Befragung einheitlich definiert wurde. Was unter wissenschaftlicher Psychotherapieforschung zu verstehen ist, darüber besteht auch innerhalb des Wissenschaftsbetriebs kein Konsens (vgl. etwa die ständigen Kontroversen um die Vor- und Nachteile eines qualitativen vs. quantitativen Paradigmas). Es ist daher trotz der vorgegebenen Definition nicht unwahrscheinlich, daß sich einige Angaben dieser Studie auf ein deutlich ausgeweitetes Verständnis von Psychotherapieforschung beziehen.

Betrachtet man die Bedeutung, die den Informationen aus der Psychotherapieforschung in der therapeutischen Praxis zukommt, läßt sich mit Zunahme praxisbezogener Kritierien eine Abnahme ihrer Relevanz feststellen. Kennzeichnet das allgemeine Rating über den Einfluß von Forschungsergebnissen noch eine relativ hohe Bedeutungszumessung, zeigen sich beim Vergleich zu anderen handlungsleitenden Informationsquellen deutlich geringere Bewertungen. Die wichtigsten Informationsquellen für Praktiker sind eindeutig die Arbeit mit den Klienten sowie Supervisionen und Teambesprechungen. Eine derartige Handlungsorientierung ist zunächst verständlich: Wissen allein schafft kein therapeutisches Handeln (Bromme, 1978) und der notwendige Umsetzungsprozeß von Wissen in Handeln erfordert praktische Erfahrung und Supervision im Einzelfall, was heute selbst für manualisierte Therapien als notwendig angesehen wird (vgl. Caspar, 1996). Auf der anderen Seite kann dieser Umstand nicht erklären, warum Forschungsergebnissen im Durchschnitt die geringste Bedeutung aller vorgegebenen Informationsquellen zukommt. Eine Ursache dafür kann in den überhöhten Erwartungen an wissenschaftlichen Erkenntnissen auf Seiten der Praxis gesehen werden (Bromme, 1978). Zudem basiert die vielfach beklagte Praxisferne von Wissenschaft möglicherweise auf der Fehleinschätzung, daß Wissenschaft und Praxis strukturgleich sind bzw. sein sollten (vgl. Manteufel & Schiepeck, 1995) oder kann mit einer Unterschätzung oder Abwertung bereits bestehender Kommunikationstrukturen zusammenhängen (vgl. Tschuschke & Dies, 1994).

Eine zweite mögliche Erklärung für die im Vergleich zu anderen Informationsquellen geringe Bedeutungszumessung der Psychotherapieforschung bezieht sich auf die Art ihrer Verwendung. Daß nur gut ein Drittel aller rezipierten Arbeiten und Vorträge zur Psychotherapieforschung die therapeutische Praxis in irgendeiner Weise beeinflußt bzw. nur ein Viertel die therapeutische Praxis in irgendeiner Weise verändert hat, spricht beispielsweise eher für eine konzeptionelle als für eine instrumentelle Nutzung. Eine konzeptionelle Nutzung kennzeichnet jedoch per Definition einen latenten Einfluß, der möglicherweise unterschätzt wird, in jedem Fall jedoch deutlich schwieriger zu beurteilen ist als der Einfluß vorwiegend intrumentell wirkender Informationsquellen (wie beispeilsweise die konkrete Praxiserfahrung mit den Klienten, die fallbezogene Supervision oder auch theoretische Fallbeschreibungen).

Derartige Überlegungen zeigen, daß Transferprobleme nicht allein mit dem Fehlverhalten der „Praktiker" (z.B. Ignorieren von unangenehmen Forschungsergebnissen oder eine Verwendung im Sinne einer argumentativen Nutzung) oder mit der mangelnden Qualität der Psychotherapieforschung erklärt werden können. Dennoch kommen auch solchen Erklärungen eine gewisse Rolle zu. Zum einen scheint es tatsächlich eine Gruppe von PsychotherapeutInnen zu geben (ca. 20% in dieser Befragung), die alle Forschungsergebnisse grundsätzlich als irrelevant abwerten oder sie erst gar nicht zur Kenntnis nehmen. Es ist zu vermuten, daß bei dieser Gruppe „Glaubensüberzeugungen" zum psychotherapeutischen Prozeß besonders ausgeprägt sind (vgl. Ludwig & Plaum, 1998). Andererseits wurde die mangelnde Qualität und Praxisnähe der Forschung auch innerhalb wissenschaftlicher Auseinandersetzungen bis Ende der 80er Jahre immer wieder beklagt und ein entsprechender Paradigmenwechsel gefordert (vgl. Grawe, 1989; Hager & Leichsenring, 1985). Es verwundert daher wenig, daß auch die von den PsychotherapeutInnen vorgebrachte Kritik an der Psychotherapieforschung gravierend ist. Fast alle vorgegebenen Kritikpunkte werden von mindestens der Hälfte der Befragten geteilt. Besonders negativ wird dabei die mangelnde Berücksichtigung der Individualität und Komplexität des therapeutischen Prozesses genannt. In den letzten Jahren läßt sich allerdings eine verstärkte Forschungstätigkeit im Bereich der prozeßorientierten Verlaufsforschung feststellen (vgl. z.B. die Übersichtsarbeit von Orlinsky, Grawe & Parks, 1994), deren Ergebnisse offensichtlich (noch) nicht zu den PsychotherapeutInnen vorgedrungen sind, obwohl sie genau jene Aspekte des Therapieprozesses betreffen, die von PsychotherapeutInnen immer wieder gefordert werden (vgl. Elliott & Morrow-Bradley, 1994). Unabhängig also von negativen Bewertungen der Praxisrelevanz deuten sich hier Probleme der Kenntnis und Kenntnisnahme aktueller Forschungsergebnisse an.

Die Antworten in Bezug auf notwendige zukünftige Forschungsfragen decken sich mit den Angaben zur Kritik. Gewünscht wird vor allem eine Forschung, die sich mit einzelnen Komponenten therapeutischen Wirkens, mit therapeutischen Prozessen und spezifischem Therapeutenverhalten beschäftigen. Bemerkenswert ist, daß auch Forschungsansätze der traditionellen Psychotherapieforschung (ergebnisorientierte Arbeiten) in dieser Bewertung vergleichsweise positiv abschneiden. Dieses Ergebnis deckt sich mit Ergebnissen einer Therapeutenbefragung von Butollo, Piesbergen und Höfling (1996), die sogar fanden, daß ergebnisbezogene Arbeiten am häufigsten gewünscht werden.

Auffällig ist, daß sich die befragten PsychotherapeutInnen als relativ homogene Gruppe erweist. Dies zeigt sich insbesondere im Hinblick auf die Kritik gegenüber und den Wünschen an die zukünftige Psychotherapieforschung. Bei den Angaben zur Bedeutung der Psychotherapieforschung können dagegen einzelne, aber durchaus markante Unterschiede festgestellt werden. Generell läßt sich sagen, daß verhaltenstherapeutisch orientierte Praktiker der Psychotherapieforschung insgesamt mehr Bedeutung zumessen. Dies entspricht der Erwartung und dem Anspruch dieser Therapierichtung, empirisch orientiert zu sein (vgl. Margraf & Lieb, 1995). Allerdings sind die aufgezeigten Unterschiede nicht besonders gravierend und auch für die verhaltenstherapeutisch orientierten PsychotherapeutInnen bleibt festzustellen, daß eine Reihe anderer Informationsquellen deutlich bedeutsamer eingeschätzt werden. Weitgehend erwartungskonform verhalten sich auch die Unterschiede in der Bedeutung anderer Informationsquellen. Dies trifft sowohl auf die besondere Bedeutung theoretischer Veröffentlichungen für PsychoanalytikerInnen als auch auf die besondere Bedeutung der Eigentherapie für PsychoanalytikerInnen und humanistische PsychotherapeutIn nen zu.

Ein positiver Zusammenhang läßt sich zwischen der Rezeption und der Bedeutungszumessung der Psychotherapieforschung einerseits und dem Ausmaß der eigenen Forschungsproduktion (gemessen an selbst verfaßten Forschungsarbeiten und gehaltenen Vorträgen) andererseits feststellen. Dieser Befund ist zum Teil tautologisch, da Publikationen und Vorträge zur Psychotherapieforschung deren Kenntnisnahme und Rezeption fast zwingend voraussetzen. Darüber hinaus bleibt unklar, ob eine verstärkte Forschungstätigkeit von Praktikern eine Ursache oder eine Folge höherer Bedeutungszumessungen darstellt. In jedem Fall macht dieses Ergebnis die Notwendigkeit deutlich, entweder Praktiker stärker als bislang in die Forschung einzubinden oder Forschung verstärkt in der Praxis zu implementieren. Neuere Arbeiten zur Verwendungsforschung sehen hier die zentrale Schnittstelle einer verbesserten Kommunikationsstruktur zwischen Forschung und Praxis (vgl. Shulha & Cousins, 1997). Entsprechende Vorschläge sind zum Beispiel von Rief (1994) vorgelegt worden und kommen auch in Arbeiten zur praxisorientierten Qualitätskontrolle (z.B. Grawe & Braun, 1994) zum Ausdruck.

Im Vergleich zur amerikanischen Originalstudie von Morrow-Bradley & Elliott (1986) zeigt sich eine weitgehende Überstimmung der Befunde. Abgesehen von der möglichen Interpretation, daß die Übersetzung eines hochreaktiven Verfahrens gelungen ist, liegt die Vermutung nahe, daß das untersuchte Spannungsfeld zwischen Forschung und Praxis ähnlich wahrgenommen wurde, obwohl die amerikanische Studie bereits vor über 10 Jahren publiziert wurde. Die Antworten dieser Befragung hätten sich somit zumindest theoretisch auch auf die jüngste (und verbesserte, aber vor allem englischsprachige) Psychotherapieforschung beziehen müssen. Eine Erklärung für diese Homogenität kann in der insgesamt geringen Rezeption internationaler Forschungsarbeiten und ein vornehmlicher Rückgriff auf deutschsprachige Literatur gesehen werden.

Abschließend sollen die dargestellen Ergebnisse und Interpretationen im Hinblick auf mögliche Strategien zur Verbesserung der Nutzung von Forschungsergebnissen in der Praxis diskutiert werden. Wir sehen sowohl Verbesserungsmöglichkeiten auf Seiten der Praxis als auch auf Seiten der Forschung. Für die Praxis ist zunächst einmal an eine Veränderung des Ausbildungs- und Weiterbildungssystems zu denken, die zum Beispiel in einer verstärkten Anbindung der therapeutischen Ausbildung/Tätigkeit an die akademische Ausbildung/Weiterbildung nach amerikanischem Modell liegen könnte (vgl. Eifert & Lauterbach, 1995). Im Rahmen der Beratungen um das Psychotherapeutengesetz scheinen sich hierzu einige neue Impulse zu ergeben (z.B. Kooperation der Therapieverbände mit den Hochschulen). Untersuchungen bei Teilnehmern universitärer psychotherapeutischer Weiterbildungen zeigen, daß eine derartige Anbindung mit einer deutlich stärkeren Forschungsorientierung einhergeht (Buchbinder, 1997). Unabhängig davon bleibt der Appell an die individuelle Verantwortlichkeit von PsychotherapeutInnen. Eine ständige und selbstkritische Auseinandersetzung mit Ergebnissen der Psychotherapieforschung ist für eine wissenschaftlich fundierte psychotherapeutische Versorgung notwendig, selbst wenn bis heute nur ein Teil der relevanten Fragen beantworten werden kann (Elliott & Morrow-Bradley, 1994). Eine Voraussetzung dafür ist allerdings die Kenntnis der angewandten Forschungsmethoden. Ein Blick auf die Veränderungen des methodischen Repertoires in klinisch-psychologischen Studien verdeutlicht, daß die Psychotherapieforschung heute weit über das klassische zweifaktorielle Modell einer experimentellen Wirkungsüberprüfung hinausgeht (z.B. in umfassenden Prozeßanalysen oder Metaanalysen), was sich unserer Einschätzung nach gut mit den Wünschen der „Praktiker" deckt. So ist neben einer therapeutischen auch eine forschungsmethodische Weiterbildung zu fordern, die nötig sein wird, um (1) Forschungsarbeiten angemessen zu beurteilen (man verfolge nur die Auseinandersetzungen um die Arbeit von Grawe et al. (1994), denen Praktiker sicher nicht mehr angemessen folgen können (vgl. Grawe, 1995b, Rüger, 1994) und (2) Praktikerinteressen in der Forschung verstärkt zu berücksichtigen.

Dies leitet über zu möglichen Handlungsstrategien auf wissenschaftlicher Seite (vgl. auch Talley et al., 1994). Vor dem Hintergrund der genannten Forschungsentwicklungen ergeben sich Transferprobleme aus unserer Sicht weniger durch die angemessene Komplexität (aktueller) Forschungsarbeiten als vielmehr durch die mangelnde Praxisevaluation psychotherapeutischer Tätigkeit im Hinblick auf institutionelle und gesellschaftliche Rahmenbedingungen psychotherapeutischer Versorgung (Rief, 1994). Es reicht nicht aus, Psychotherapien im Kontext universitärer (und häufig idealisierter) Strukturen zu überprüfen, essentieller Bestandteil einer wissenschaftlichen Fundierung ist auch die Analyse von Bedingungen und Problemen der Praxisimplementation (z.B. durch breit angelegte Qualitätskontrollen). Darüber hinaus sollten verstärkt neuere forschungsmethodische Zugänge wie etwa einzelfallbezogene Prozeßforschungen (Rhodes & Greenberg, 1994) oder Konsumentenbefragungen (Seligman, 1996) weiterentwickelt und in Kombination mit traditionellen Forschungsmethoden genutzt werden.

Schließlich können Defizite auch auf der „Verkaufsseite" der Psychotherapieforschung konstatiert werden (Reber, 1996). Nach wie vor sind verständliche, praxisorientierte Zusammenfassungen über aktuelle Forschungsarbeiten selten, was angesichts explodierender Publikationszahlen besonders schwer ins Gewicht fällt. An dieser Entwicklung wird zum Teil auch ein strukturelles Problem innerhalb des Wissenschaftbetriebes deutlich: Ein fast ausschließlich auf Publikationen fixiertes Karrieresystem fördert nicht gerade eine an den Interessen und Bedürfnissen der Praxis orientierte Forschung (Tschuschke & Dies, 1994). Vor diesem Hintergrund ist die Situation praktisch tätiger PsychotherapeutInnen durchaus zu verstehen. Wie soll man sich – guten Willen vorausgesetzt – bei insgesamt eher geringen zeitlichen Ressourcen im Dschungel der Publikationen zurechtfinden, wo eine Orientierung bereits dem wissenschaftlichen Profi Schwierigkeiten bereitet. Die Förderung und die Würdigung integrativer Forschungen ist daher eine notwendige Voraussetzung für die Implementation wissenschaftlicher Erkenntnisse in praktisches Handeln. Damit sind keineswegs nur Ergebnisintegrationen z.B. im Rahmen von Metaanalysen (Beelmann & Bliesener, 1994), sondern auch theoretische und konzeptionelle Zusammenfassungen wie etwa der Entwurf einer allgemeinen Psychotherapie von Grawe und Mitarbeitern (vgl. Grawe, 1995c) gemeint. Darüber hinaus ist eine stärker auf die Adressaten ausgrichtete Berichtlegung notwendig (z.B. durch zusätzliche fallorientierte Darstellungen in Verbandsorganen, Praktikerzeitschriften oder stärker allgemein zugänglichen Quellen), die sich eindeutig als förderlich für die Nutzung wissenschaftlicher Ergebnisse erwiesen hat (Cousins & Leightwood, 1986; Leviton & Hughes, 1981). Angesichts eines fast vollständigen Ignorierens englischsprachiger Literatur wäre auch daran zu denken, internationale Arbeiten verstärkt zu übersetzen bzw. auf mehrsprachige Doppelpublikationen zu drängen. Die Daten dieser Studie zeigen, daß Probleme in der Nutzung von Forschungsergebnissen nicht ausschließlich mit ihrer grundsätzlichen Abwertung (vgl. z.B. van der Meer & Roth, 1992) und mit dem mangelnden Informations bedarf seitens der Praktiker (vgl. dazu auch Becker, 1981) zu erklären sind, sondern auch mit der Vernachlässigung der Verwertungszusammenhänge seitens der Forschung einhergehen (Kleiber, 1985). Eine stärkere Verkaufsorientierung darf jedoch nicht mit extremen Konzepten einer „konsumentenbedürfnisgesteuerten Evaluation" verwechselt werden (vgl. Beywl, 1988), bei der Inhalte und Methoden der Forschung danach ausgewählt werden, ob sie von Praktikern zur Kenntnis genommen, positiv beurteilt und verwendet werden. Wissenschaftliche Forschung muß unabhängig von individuellen Einstellungen und/oder Gruppeninteressen auch eine Prüfinstanz für die Praxis der Psychotherapie bleiben.

Literatur

Ambühl, H., Orlinsky, D., Cierpka, M., Buchheim, P., Meyerberg, J., Willutzki, U. & SPR Collaborative Ressearch Network (1995). Zur Entwicklung der theoreti schen Orientierung von PsychotherapeutInnen. Praxis der Psychosomatik und medizinischen Psychologie, 45, 109-120.

Baumann, U. (1996). Wissenschaftliche Psychotherapie auf der Basis der wissen schaftlichen Psychologie. Report Psychologie, 21, 686-699.

Beck, U. & Bonß, W. (1991). Verwendungsforschung – Umsetzung wissenschaftlichen Wissens. In U. Flick, E. von Kardorff, H. Keupp, L. von Rosenstiel & S. Wolff (Hrsg.), Handbuch Qualitative Sozialforschung. Grundlagen, Konzepte, Methoden und Anwendungen (S. 416-419). München: Psychologie Verlags Union.

Becker, J. H. (1981). Wie versorgen sich Psychologen in Beratungsstellen mit fachli chen Informationen. Eine Erkundungsstudie über Informationsgewohnheiten und -bedürfnisse. Zeitschrift für Klinische Psychologie, 10, 81-97.

Beelmann, A. & Bliesener, T. (1994). Aktuelle Probleme und Strategien der Metaanalyse. Psychologische Rundschau, 40, 211-233.

Beelmann, A. & Hamm, G. (1994). Fragebogen zur Bedeutung und Nützlichkeit wissenschaftlicher Psychotherapieforschung für praktisch tätige Psychotherapeu tinnen und Psychotherapeuten. Unveröffentl. Fragebogen, Universität ErlangenNürnberg.

Beywl, W. (1988). Zur Weiterentwicklung der Evaluationsmethodologie. Grundlegung, Konzeption und Anwendung eines Modells der responsiven Evaluation.Frankfurt a.M.: Lang.

Bortz, J., Lienert, G. A. & Boehnke, K. (1990). Verteilungsfreie Methoden in der Biostatistik. Berlin: Springer.

Breuer, F. (1979). Psychologische Beratung und Therapie in der Praxis. Hei delberg: Quelle & Meyer.

Breuer, F. (1991). Analyse beraterisch-therapeutischer Tätigkeit Methoden zur Unter suchung individueller Handlungssysteme klinisch-psychologischer Praktiker. Münster: Aschendorff.

Bromme, R. (1978). Wissen als Grundlage und Gegenstand therapeutischen Handels.In H. Keupp & M. Zaumseil (Hrsg.), Die gesellschaftliche Organisierung psychischen Leidens (S. 469-496). Frankfurt a.M.: Suhrkamp.

Buchbinder, C. (1997). Forschungsorientierung in der psychotherapeutischen Weiter bildung und Praxis. Unveröffentlichte Diplom-Arbeit, Universität Bochum: Fakultät für Psychologie.

Butollo, W., Piesbergen, C. & Höfling, S. (1996). Ausbildung und methodische Ausrichtung psychologischer Psychotherapeuten – Ergebnisse einer Umfrage. Report Psychologie, 21, 126-137.

Caspar, F. (1996). Die Anwendung standardisierter Methoden und das individuelleNeukonstruieren therapeutischen Handelns. In H. S. Reinecker & D. Schmelzer (Hrsg.), Verhaltenstherapie, Selbstregulation, Selbstmanagement (S. 23-47). Göttingen: Hogrefe.

Cohen, L. H., Sargent, M. M. & Sechrest, L. B. (1986). Use of psychotherapy research by professional psychologists. American Psychologist, 41, 198-206.

Cousins, J. B. & Leigthwood, K. A. (1986). Current empirical research on evaluation utilization. Review of Educational Research, 56, 331-364.

Dewe, B. (1988). Wissensverwendung in der Fort- und Weiterbildung. Zur Trans formation wissenschaftlicher Informationen in Praxisdeutungen. Baden-Baden: Nomos Verlagsgesellschaft.

Eifert, G. H. & Lauterbach, W. (1995). Das Wissenschaftler-Praktiker Modell zur Ausbildung von Klinischen Psychologen/Psychotherapeuten: Erfahrungen und Vorschläge aus amerikanischer Sicht. Zeitschrift für Klinische Psychologie, 24, 209-215.

Elliott, R. & Morrow-Bradley, C. (1994). Developing a working marriage between psychotherapists and psychotherapy researchers: Identifying shared purposes. In P. F. Talley, H. H. Strupp & S. F. Butler (Eds.), Psychotherapy reserach and practice. Bridging the gap (pp. 124-142). New York: Basic Books.

Grawe, K. (1982). Soll psychotherapeutische Praxis für die Wissenschaft tabu bleiben? Eine kritische Auseinandersetzung mit Perrez' Artikel „Was nützt die Psycho therapie?". Psychologische Rundschau, 33, 127-135.

Grawe, K. (1985). Kulturelle und gesellschaftliche Funktionen einer Anwendungs wissenschaft Psychotherapie. Zeitschrift für personenzentrierte Psychologie und Psychotherapie, 4, 91-102.

Grawe, K. (1989). Von der psychotherapeutischen Outcome-Forschung zur differen tiellen Prozeßanalyse. Zeitschrift für Klinische Psychologie, 18, 23-34.

Grawe, K. (1992a). Psychotherapieforschung zu Beginn der neunziger Jahre. Psycho logische Rundschau, 43, 132-162.

Grawe, K. (1992b). Therapeuten: Unprofessionelle Psychospieler? Psychologie heute, Heft 6/92, 22-28.

Grawe, K. (1995a). Welchen Sinn hat Psychotherapieforschung? Eine Erwiderung auf V. Tschuschke et al. Psychotherapeut, 40, 96-106.

Grawe, K. (1995b). Psychotherapie und Statistik im Spannungsfeld zwischen Wissen schaft und Konfession. Ein Kommentar zur Auseinandersetzung um unser Buch „Psychotherapie im Wandel von der Konfession zur Profession". Zeitschrift für Klinische Psychologie, 24, 216-228.

Grawe, K. (1995c). Grundriß einer allgemeinen Psychotherpapie. Psychotherapeut, 40, 130-145.

Grawe, K. & Braun, U. (1994). Qualitätskontrolle in der Psychotherapiepraxis. Zeit schrift für Klinische Psychologie, 23, 242-267.

Grawe, K., Donati, R. & Bernauer, F. (1994). Psychotherapie im Wandel. Von der Konfession zur Profession. Göttingen: Hogrefe.

Groeben, N. & Westmeyer, H. (1981). Kriterien psychologischer Forschung. München: Juventa.

Hager, W. & Leichsenring, F. (1985). Nützt Psychotherapieforschung dem Forscher mehr als dem Klienten? Zur Validität empirischer Prüfungen von psychothera peutischen Hypothesen. Zeitschrift für Klinische Psychologie, 14, 200-213.

Hellstern, G.-M. & Wollmann, H. (Hrsg.). (1984). Handbuch der Evaluierungsfor schung (Band 1). Opladen: Werstdeutscher Verlag.

Hermer, M. (1997). Therapeuten zwischen Wissenschaft und Charisma. Plädoyer für eine andere allgemeine Psychotherapie. Report Psychologie, 22, 182-196.

Herrmann, T. (1979). Psychologie als Problem. Stuttgart: Klett-Cotta.

Hutterer, R. (1996). Kritische Perspektiven zu Psychotherapieforschung und -praxis. Zum kompensatorischen Charakter von Forschung, Praxis und Ausbildung. In A. Pritz (Hrsg.), Psychotherapie – eine neue Wissenschaft vom Menschen (S. 137-158). Wien: Springer.

Iseler, A. & Perrez, M. (Hrsg.). (1976). Relevanz in der Psychologie. Zur Problema tik von Relevanzbegriffen, -forderungen und -behauptungen. München: Rein hardt.

Kaminski, G. (1970). Verhaltenstheorie und Verhaltensmodifikation. Entwurf einer integrativen Theorie psychologischer Praxis am Individuum. Stuttgart: Klett.

Kleiber, D. (1985). Durch praktische Forschung zu einer forschen(den) Praxis? Zeit schrift für personzentrierte Psychologie und Psychotherapie, 4, 297-310.

Kornath, H.-J. (1988). Möglichkeiten und Probleme der Anwendung und politischen Umsetzung psychologischer Forschungsergebnisse. In F. Lösel & H. Skowronek (Hrsg.), Beiträge der Psychologie zu politischen Planungs- und Entscheidungsprozessen (S. 8-26). Weinheim: Deutscher Studien Verlag.

Leviton, L. C. & Hughes, E. F.X. (1981). Reseach on the utilization of evaluations. A review and synthesis. Evaluation Review, 5, 525-548.

Lösel, F. & Skowronek, H. (Hrsg.). (1988). Beiträge der Psychologie zu politischen Planungs- und Entscheidungsprozessen. Weinheim: Deutscher Studien Verlag.

Ludwig, M. & Plaum, E. (1998). „Glaubensüberzeugungen" bei Psychotherapeutin nen/Psychotherapeuten. Zeitschrift für Psychologie, Psychiatrie und psychothe rapie, 46, 58-83

Manteufel, A. & Schiepeck, G. (1995). Das Problem der Nutzung moderner System theorien in der klinischen Praxis. Zeitschrift für Klinische Psychologie, Psych iatrie und Psychotherapie, 43, 325-347.

Margraf, J. & Lieb, R (1995). Was ist Verhaltenstherapie? Versuch einer zukunfts offenen Neucharakterisierung. Zeitschrift für Klinische Psychologie, 24, 1-7.

Morrow-Bradley, C. & Elliott, R. (1986). Utilization of psychotherapy research by practicing psychotherapists. American Psychologist, 41, 188-197.

Orlinsky, D. E., Grawe, K. & Parks, B. K. (1994). Process and outcome in psycho therapy – noch einmal. In A. E. Bergin & S. L. Garfield (Eds.), Handbook of psychotherapy and behavior change (4th ed., pp. 270-376). New York: Wiley.

Perrez, M. (1982a). Was nützt Psychotherapie? Psychologische Rundschau, 33, 121126.

Perrez, M. (1982b). Die Wissenschaft soll für die psychotherapeutische Praxis nicht länger tabu bleiben! Eine Antwort auf K. Grawes „Soll psychotherapeutische Praxis für die Wissenschaft tabu bleiben?". Psychologische Rundschau, 33, 136-141.

Perrez, M. (1991). Wissenschaftstheoretische Grundbegriffe der klinisch-psychologischen Interventionsforschung. In M. Perrez & U. Baumann (Hrsg.), Lehrbuch Klinische Psychologie. Band 2: Intervention (S. 51-63). Bern: Huber.

Reber, R. (1996). Die Verkaufsprobleme der deutschsprachigen Psychologie. Psycho logische Rundschau, 47, 93-94.

Rhodes, R. H. & Greenberg, L. (1994). Investigating the process of change: Clinical applications of process research. In P. F. Talley, H. H. Strupp & S. F. Butler (Eds.), Psychotherapy reserach and practice. Bridging the gap (pp. 227-245). New York: Basic Books.

Rich, R. (1977). Use of social science information by federal bureaucrats. Knowledge for action versus knowledge for understanding. In C. H. Weiss (Ed.), Using social research in public policy making (pp. 199-233). Lexington: Lexington Books.

Rief, W. (1994). Ein Plädoyer für eine praxisorientierte Psychotherapieforschung. Report Psychologie, 19, 16-19.

Rüger, B. (1994). Kritische Anmerkungen zu den statistischen Methoden in Grawe, Donati und Bernauer: „Psychotherapie im Wandel. Von der Konfession zur Profession". Zeitschrift für psychosomatische Medizin und Psychoanalyse, 40, 368-383.

Schmidtchen, S. (1985). Welche Art Forschung nützt dem Therapeuten in der Praxis? Zeitschrift für personenzentrierte Psychologie und Psychotherapie, 4, 281-294.

Schulte, D. & Künzel, R. (1986). Studium und Beruf: Berufsvorbereitung im Urteil von Berufsanfängern und Dozenten der Klinischen Psychologie. Psychologische Rundschau, 37, 61-74.

Seligman, M. (1996). Die Effektivität von Psychotherapie. Die Consumer ReportsStudie. Integrative Therapie, 2-3, 264-287.

Shulha, L. M. & Cousins, J. B. (1997). Evaluation use: Theory, research, and practi ce since 1986. Evaluation Practice, 18, 195-208.

Talley, P. F., Strupp, H. H. & Butler, S. F. (Eds.). (1994). Psychotherapy reserach and practice. Bridging the gap. New York: Basic Books.

Tschuschke, V. & Dies, R. R. (1994). Der Mythos von den zwei Welten: Praxis und Forschung brauchen einander. Gruppenpsychotherapie und Gruppendynamik, 30, 227-250.

van der Meer, L. & Roth, W. L. (1992). Selbstbild und Fremdbild psychotherapeutischer Praxis. Neue Wege zur Reflexion eines alten Problems. Verhaltens therapie und psychosoziale Praxis, 24, 515-531.

Weiss, C. H. (Ed.). (1977). Using social research in public policy making. Lexington: Lexington Books.

Wingens, M. (1988). Soziologisches Wissen und politische Praxis. Neuere theoretiche Entwicklungen der Verwendungsforschung. Frankfurt: Campus.

Zum Verhältnis von Psychotherapie und Klinischer Psychologie

*Beate Wilken und Lilly Kemmler**

1. Einleitung

Das brisante und oft auch spannungsreiche Verhältnis zwischen Psychotherapie und Klinischer Psychologie auf wenigen Seiten so zu beschreiben, daß möglichst *alle* relevanten Aspekte Berücksichtigung finden, scheint schlichtweg unmöglich. Auf den folgenden Seiten möchten wir uns daher auf die Formulierung einiger knapper, ausgewählter, von uns als Autorinnen subjektiv als wichtig erachteter Aspekte aus diesem Spannungsfeld beschränken. Nach dem Versuch, zunächst die Begriffe zu klären und das aktuelle Verhältnis der beiden Disziplinen zueinander unter diesen ausgewählten Aspekten zu betrachten, sollen zum Schluß einige Perspektiven und Schlußfolgerungen für die Zukunft formuliert werden. Wir hoffen, daß unsere Ausführungen Mißverständnisse klären helfen und im Sinne der übergeordneten Zielsetzung dieses Buches zu fruchtbaren Diskussionen zwischen „Wissenschaftlern" und „Praktikern" beitragen können.

2. Begriffsdefinition und -geschichte

„Psychotherapie"

Der Ausdruck „Psychotherapie stammt aus dem Griechischen. „Psyche" hat im Altgriechischen die Bedeutung von „Seele", „Gemüt", „belebtes Wesen"; „Therapie" heißt „Behandlung", „Pflege", „Heilung" oder „Heilverfahren". Der Ausdruck „Psychotherapie" bedeutet also wörtlich „Behandlung der Seele" oder „Seelenheilkunde".

Was darunter konkret zu verstehen ist, darüber gab und gibt es viele, zum Teil sich widersprechende Auffassungen sowohl in der Forschung wie auch in der klinischen Praxis. So versteht zum Beispiel L. J. Pongratz noch 1983 in einem zu diesem Buchbeitrag ähnlich lautenden Artikel in der Zeitschrift für Klinische Psychologie, Psychopathologie und Psychotherapie unter „Psychotherapie" die Psychoanalyse (und ihre Tochterschulen), während unter „Klinischer Psychologie" die Verhaltenstherapie verstanden wird (vgl. Pongratz, 1983, 229) – eine Definition, der heute wohl kaum noch jemand zustimmen dürfte. Der heute inflationäre Gebrauch des Begriffs „Psychotherapie" in der Öffentlichkeit und in den Medien, verbunden mit dieser Begriffsverwirrung unter Fachleuten, führt zu entsprechender Konfusion bei Patienten, Behandlern und auch in der sonstigen (nicht unmittelbar betroffenen) Öffentlichkeit. Zu hoffen ist, daß sich dieser Zustand nach dem am 6.3.1998 in Deutschland verabschiedeten „Psychotherapeutengesetz" klärt, auch wenn der Begriff „Psychotherapie" nach wie vor nicht gesetzlich geschützt und eindeutig definiert ist.

Nach Pongratz (1982, 123) taucht der moderne Begriff „Psychotherapie" erstmals gegen Ende des 19. Jahrhunderts auf. J. M. Charcot, J. Breuer und anfangs auch S. Freud verwandten ihn für die von ihnen entwickelten suggestiven und hypnotischen Heilmethoden. Später wurde der Begriff auf die Psychoanalyse und alle von ihr abgeleiteten Schulen ausgedehnt. In der weitesten, heute verwandten Bedeutung umfaßt der Begriff „Psychotherapie" alle Ansätze, die durch systematische Anwendung *psychologischer Mittel* eine *Veränderung des Erlebens und Verhaltens* von *Patienten/Klienten* anstreben (vgl. Bastine, *1*982, 311; Pongratz, 1983, 229).

Dabei ist es die „Anwendung psychologischer Mittel", nicht so sehr der Anwendungsbereich, durch den die Psychotherapie definiert wird (vgl. Grawe, Donati & Bernauer, 1994, 10). Der hauptsächliche *Anwendungsbereich* der Psychotherapie sind ohne Zweifel die psychischen und psychosomatischen Störungen. Immer häufiger werden psychologische Behandlungsverfahren aber – begleitend zu medizinischen Maßnahmen – auch bei „rein" organischen Störungen (zum Beispiel vor und nach Herzoperationen, bei der Behandlung von schweren Schmerzzuständen) angewandt und tragen hier unter anderem wesentlich zum Behandlungserfolg bei.

Die Grenzen zur psychologischen *Beratung* sind fließend. Während Gesetzgeber und Krankenkassen „Psychotherapie" auf „Störungen von Krankheitswert" beschränken und Anwendungen zu präventiven Zwecken (zum Beispiel als Hilfe bei der Bewältigung schwieriger Lebenskrisen) eher als psychologische Beratung „im Normalbereich" definieren, beziehen neuere und neueste Definitionen von „Psychotherapie" explizit auch die Anwendung zu präventiven Zwecken (im Sinne der umfassenden Gesundheitsdefinition der WHO) mit ein (vgl. Grawe et al, 1994, 10ff; Petzold, *1*995, 80).

Aber auch im Hinblick auf das Verständnis der „Anwendung psychologischer Mittel" dürfte kaum ein Konsens unter Psychotherapeuten zu erreichen sein. Insgesamt kann die Psychotherapie heute (noch) nicht als ein einheitliches Fachgebiet bezeichnet werden. Das Fach ist vielmehr gekennzeichnet durch ein Nebeneinander (und nur teilweises Zusammenwirken) von *verschiedenen* Ansätzen (den sogenannten „Therapieschulen") mit jeweils unterschiedlichen, zum Teil auch nur bruchstückhaft ausgearbeiteten psychologischen, anthropologischen und wissenschaftstheoretischen Vorstellungen und daraus abgeleiteten Behandlungsmethoden (vgl. Bastine, 1982, 311). Erst seit Ende der 80er, Anfang der 90er Jahre verstärken sich die Bemühungen, die auf eine *Integration* der verschiedenen Ansätze abzielen (vgl. u.a. beispielhaft Schelp & Kemmler, 1988; Horowitz, 1991; Grawe et al, 1994; Grawe, 1995; Grawe, 1998; Petzold, 1995; Märtens & Petzold, 1995; Weinberger, 1995; sowie aktuelle Beiträge in Zeitschriften wie „Integrative Therapie", „Journal of Psychotherapy Integration" und „Psychotherapy Research") bzw. die das psychotherapeutische Handeln stärker auf die Ergebnisse der ätiologischen und interventionsbezogenen empirischen Forschung zu *bestimmten* Störungsbildern zu stellen versuchen und entsprechende empirisch fundierte störungsspezifische Behandlungsprogramme vorschlagen (vgl. z.B. Margraf, 1996; Reinecker & Fiedler, 1997).

Bei den „Therapieschulen" lassen sich nach Bastine (1982, 312) fünf umfassendere theoretische Perspektiven unterscheiden, die jeweils neben einer Theorie psychologischer Veränderungen (Therapie-Theorie) auch eigene Persönlichkeits- und Störungstheorien entwickelt haben, nämlich

- die psychoanalytischen/tiefenpsychologischen Theorien (als die historisch frühesten Ansätze)
- die „humanistischen" Theorien (die Klientenzentrierte Psychotherapie nach Rogers eingeschlossen)
- die verhaltenstherapeutischen Theorien
- die kognitiven Theorien
- die familientherapeutischen/systemtheoretischen Ansätze.

Daneben existieren eine Vielzahl von Verfahren, die jeweils nur Teilaspekte von psychischen Veränderungsprozessen theoretisch ausgearbeitet haben, und die sich häufig an eine der umfassenderen theoretischen Perspektiven anlehnen (zum Beispiel Katathymes Bilderleben an die Psychoanalyse).

Sehr kritisch ist nach der Studie von Grawe et al. (1994) der wissenschaftliche Status einiger dieser „Therapieschulen" zu bewerten. Mangelnde empirische Überprüfung ihrer Therapien und ihre Ignoranz den Ergebnissen der wissenschaftlichen Klinischen Psychologie der letzten zwanzig bis dreißig Jahre gegenüber, die Konkurrenz unter den Therapieschulen, die Konkurrenz der verschiedenen, wiederum unterschiedlich stark mit einzelnen dieser „Schulen" identifizierten Berufsgruppen im Bereich der Psychotherapie (Mediziner, Psychologen, nach dem Heilpraktikergesetz weitergebildete Angehörige weiterer Berufsgruppen) sowie das Fehlen eindeutiger gesetzlicher Bestimmungen hemmten in den letzten Jahren die Entwicklung einer integrativen, an wissenschaftlichen Erkenntnissen und letztlich am Wohl der Patienten orientierten Psychotherapie (vgl. dazu ausführlich 3.). Petzold (1995) spricht in diesem Zusammenhang von einem vorwissenschaftlichen, „ekklesialen" Paradigma in der Psychotherapie, das dringend überwunden werden müsse (vgl. Petzold, 1995, 75).

Entsprechend wurde von Seiten der wissenschaftlichen Klinischen Psychologie und Psychotherapieforschung zunehmend ein übergeordnetes Verständnis von Psychotherapie (vgl. z.B. Grawes „Allgemeine Psychotherapie", Grawe, 1995; Grawe, 1998; Weinbergers „Gemeinsame Faktoren", Weinberger, 1995) gefordert, d. h. eine schulen*über*greifende, an den Ergebnissen der empirischen Klinischen Psychologie und Psychotherapieforschung orientierte Betrachtungsweise von Psychotherapie, die einen allgemeinen Bezugsrahmen für das innerhalb der einzelnen Schulen entwickelte Wissen darstellen soll und in der bestehende Psychotherapierichtungen lokalisiert und beschrieben werden können. Anstelle des „konkurrierenden Nebeneinander unterschiedlicher Schulen" könnte eine solche Betrachtungsweise „das sich ergänzende Erweitern bestehender Ansätze und die Neuentwicklung integrativer Konzepte" ermöglichen (Baumann, 1996, 691). Ob sich jemals eine einheitliche, umfassende Psychotherapietheorie formulieren läßt, bleibt fraglich. Bis zur Entwicklung einer solchen Theorie (im Sinne einer umfassenden Persönlichkeits-, Störungs- und Behandlungstheorie) dürfte es noch ein weiter Weg sein. Als sehr fruchtbar auch für die Praxis haben sich jedoch inzwischen störungsspezifische Therapietheorieansätze erwiesen, die auf dem aktuellen Forschungsstand beruhende ätiologische und Behandlungskonzepte formulieren und zwar bisher bei den Interventionen primär auf verhaltenstherapeutische Interventionen zurückgreifen, prinzipiell aber auch offen sein könnten für Interventionen anderer therapeutischer Schulen (vgl. Krause, *1997*, Sachse, 1997). Neben einer stärkeren wissenschaftlichen Fundierung der Psychotherapie wurde in den letzten Jahren vehement für einheitliche Aus- und Weiterbildungsstandards für Psychotherapeuten, die Anerkennung der Gleichrangigkeit ärztlicher und psychologischer Psychotherapie, sowie eine gesetzliche Regelung zur Zulassung und ein Schutz der Berufsbezeichnung gekämpft, die in dem kürzlich verabschiedeten „Psychotherapeutengesetz" in Deutschland ihren Niederschlag gefunden haben.

„Klinische Psychologie"

Der Ausdruck „Psychologie" hat im Altgriechischen die Bedeutung „Seelenlehre/Lehre von der Seele". „Klinä" bedeutet „Bett, Krankenlager". Eine „Klinik" ist also eine Einrichtung mit Betten. Klinische Psychologie bedeutet demnach – wörtlich übersetzt – soviel wie „Seelenlehre in der Klinik". Diese Ableitung erscheint allerdings nicht ganz schlüssig, zumal sich die Universitätspsychologie vor allem dadurch auszeichnete, daß sie gerade *nicht* über Einrichtungen mit Krankenbetten verfügte. Der Ausdruck „Klinische Psychologie" könnte auch vom Begriff „Poliklinik" abgeleitet sein, wobei „poli" nicht von „poly" (viel), sondern von „polis" (Stadt, Ansiedlung) stammt und eine Poliklinik eine (meist einem Universitätskrankenhaus angegliederte) Abteilung zur *ambulanten* Krankenbehandlung bezeichnet, in der es gerade keine Betten gibt.

Als Anfang der Geschichte der Klinischen Psychologie wird im allgemeinen das Jahr 1896 genannt, denn in diesem Jahr gründete der amerikanische Psychologe L. Witmer, ein Schüler Wilhelm Wundts, der sich inhaltlich für Fragen der Differentialdiagnostik bei Lernbehinderungen und Entwicklungsstörungen interessierte, an der Universität von Pennsylvania eine erste „psychologische Klinik", der in den nächsten Jahren zahlreiche weitere folgten (vgl. Pongratz, 1977, 17). Unter „Klinischer Psychologie" verstand er die Anwendung von Psychologie in solch einer Klinik vor allem bei Lernbehinderten (nach Reinecker, 1993, 385, würde man heute von einer teilstationären Einrichtung der Erziehungsberatung sprechen). Als zweiter Begründer der Klinischen Psychologie gilt neben L. Witmer der deutsche Psychiater E. Kraepelin, ebenfalls ein Schüler Wundts. Ihm ging es bei seinen Forschungen unter anderem um die Nutzbarmachung der Ergebnisse der experimentellen Psychologie für die Beschreibung und Klassifikation psychiatrischer Probleme (vgl. Pongratz, 1977, 22f).

Insbesondere die Entwicklung psychologischer Testverfahren war in den Anfängen lange Zeit Domäne der Klinischen Psychologie (vgl. Reinecker, 1993, 385); ihr Beitrag zur therapeutischen Behandlung psychischer Störungen war gering, bis es ihr Mitte des Jahrhunderts gelang, mit der Gesprächstherapie und der Verhaltenstherapie eigene therapeutische Verfahren (als Alternative zu der eher im Nahverhältnis zur Medizin entwickelten Psychoanalyse) zu entwickeln und zu evaluieren (vgl. Reinecker, 1993, 385; Pongratz, 1977, 33ff). Der Behandlungsbeginn kann mit Carl Rogers Buch „Counselling and Psychotherapy" (1942) angesetzt werden; der Ausdruck „behavior therapy" wird von Eysenck und Wolpe zeitgleich, 1959 erstmals gebraucht.

In den darauf folgenden Jahrzehnten nahm die Klinische Psychologie einen rapiden Aufschwung und ist heute eines der wichtigsten Teilgebiete der Angewandten Psychologie. Die Klinische Psychologie versteht sich heute als Fach, das sich mit der Erforschung von psychischen Störungen im weitesten Sinne (das heißt von Störungen des

Erlebens und Verhaltens) sowie (in jüngster Zeit zunehmend auch) von psychischen Aspekten körperlicher Störungen befaßt, ohne sich dabei auf ein bestimmtes institutionelles „Setting“ zu beschränken. Dabei sind ihre Hauptaufgabengebiete (in Anlehnung an gängige Lehrbücher der Klinischen Psychologie: vgl. Bastine, *1984*; Schmidt, 1984; Baumann & Perrez, 1990; Reinecker, 1998; Davison & Neale, 1996):

1. die Beschreibung und Klassifikation dieser Störungen (einschließlich der Entwicklung diagnostischer Instrumente und Vorgehensweisen)
2. die Erforschung ihrer Ätiologie, das heißt ihrer prädisponierenden, auslösenden und aufrechterhaltenden Bedingungen (zum Beispiel durch experimentelle psychophysiologische Grundlagenforschung, epidemiologische Forschung, life-event-Forschung) sowie
3. die Entwicklung und Evaluation klinisch-psychologischer Interventionsmethoden zur a. (primären) Prävention und Beratung, b. Psychotherapie und c. Rehabilitation.

Diese Interventionen können sich auf Störungen des Erlebens und Verhaltens von sowohl Kindern und Jugendlichen als auch Erwachsenen und alten Menschen beziehen; sie können einzeln oder in Gruppen, ambulant oder stationär stattfinden.

Diesen Definitionen zufolge wird die Psychotherapie also eindeutig als Teilgebiet bzw. Anwendungsfeld der Klinischen Psychologie angesehen. Während in den 60er Jahren der Kenntnisstand der Klinischen Psychologie als sehr junger Forschungsdisziplin noch gering und vielleicht damit die Aussage gerechtfertigt war, daß die Forschung die psychotherapeutischen Praktiker in einer sehr unsichereren Situation beließ (vgl. dazu ältere Auflagen klinisch-psychologischer Lehrbücher), so kann die Klinische Psychologie heute (insbesondere angestoßen zunächst durch die Entwicklung der Klientenzentrierten Therapie und dann vor allem der modernen (kognitiven) Verhaltenstherapie, aber auch durch ihre bewußte Hinwendung zu Fragen der Grundlagenforschung und zur differentiellen Indikation bestimmter Behandlungsformen bei bestimmten Störungsbildern; vgl. Beck & Freeman, 1995; Fiedler, 1995) doch auf einen ganzen Fundus gut gesicherten empirischen Wissens blicken. Für eine Vielzahl von psychischen Störungen kann heute angegeben werden, mit welcher psychotherapeutischen Vorgehensweise sie am wirkungsvollsten behandelt werden kann. Störungsspezifische Behandlungsmanuale im Bereich der Psychotherapie, insbesondere der Kognitiven Verhaltenstherapie, knüpfen an diese Erkenntnisse an (vgl. zum Beispiel die Übersicht bei Margraf, 1995; Margraf, 1996).

3. Das Verhältnis der beiden Disziplinen zueinander – einige ausgewählte Aspekte

Bei der Frage nach dem aktuellen Verhältnis zwischen Klinischer Psychologie und Psychotherapie muß zunächst unterschieden werden zwischen dem Verhältnis der Klinischen Psychologie zur Psychotherapie*forschung* einerseits und zur *praktizierten* Psychotherapie andererseits.

Einerseits ist die Psychotherapie eindeutig ein Teilgebiet der Klinischen Psychologie und im Hinblick auf die Psychotherapieforschung besteht ein Unterordnungsverhältnis. Die Psychotherapieforschung wurde weitgehend von Klinischen Psychologen (mit ihrem allgemein-psychologischen Methodeninventar) entwickelt (vgl. Wittchen, 1995). Grawe et al (1994) führen z.B. folgende Zahlen an: „Von allen im Zeitraum zwischen 1936 und 1983 durchgeführten kontrollierten Psychotherapiestudien an Klinischen Populationen wurden 67 % unter alleiniger oder maßgeblicher Beteiligung von Psychologen, 30% von Medizinern und 3% von Angehörigen anderer Berufsgruppen durchgeführt." Die Psychotherapieforschung sei „seit jeher zum größten Teil eine Domäne der Psychologen" (Grawe et al, 1994, 19). Es kann angenommen werden, daß auch heute noch der größere Teil der Psychotherapieforschung von (Klinischen) Psychologen betrieben wird, auch wenn sich die Zahlenverhältnisse in den letzten Jahren verändert haben mögen. Die genauen Zahlen sind allerdings kaum mehr eruierbar, da in aktuellen Zeitschriften wie z.B. „Psychotherapy Research" die Ausbildungen und Berufe der jeweiligen Forscher nicht angegeben sind. Auch aus dem aktuellen Mitgliederverzeichnis der internationalen „Society for Psychotherapy Research" sind die Berufe der jeweiligen Mitglieder nicht mehr zu entnehmen.

Andererseits hat die Entwicklung der Psychotherapie vor bzw. unabhängig von der Klinischen Psychologie mit der Psychoanalyse begonnen und ist von ihr stark beeinflußt worden. Psychotherapie in ihren verschiedenen Schulen hat es während der letzten 100 Jahre auch immer neben und unabhängig von der Klinischen Psychologie gegeben. Dabei ist es unserer Ansicht nach bedauerlich, daß einige dieser Therapieschulen die mittlerweile vorliegenden, umfangreichen Forschungsergebnisse der Klinischen Psychologie (und Psychotherapieforschung) kaum oder gar nicht einbeziehen. Unseres Erachtens besteht derzeit immer noch eine zu *geringe* Anbindung der von verschiedenen Berufsgruppen (Medizinern, Psychologen, anderen) in der Praxis betriebenen Psychotherapie an die empirischen Ergebnisse der Klinischen Psychologie. Gründe dafür liegen (wie unter 2. bereits zum Teil angedeutet)

1. in der Konkurrenz der verschiedenen Berufsgruppen im Bereich der Psychotherapie und deren unterschiedlichen Definitionen von „Psychotherapie"
2. in der Konkurrenz der verschiedenen Therapieschulen untereinander und der – weitgehend noch – therapieschulengebundenen Organisation der psychotherapeutischen Weiterbildungen
3. auf Seiten der Personen der psychotherapeutischen Praktiker
4. auf Seiten der Personen der Wissenschaftler/Forscher im Bereich der Klinischen Psychologie bzw. Psychotherapieforschung und den von ihnen derzeit präferierten Forschungsinhalten.

zu 1: In der Bundesrepublik wird Psychotherapie von verschiedenen *Berufsgruppen* ausgeübt. Neben dem unseriösen „grauen Psychomarkt", auf dem sich letztlich jeder tummeln kann, üben im eigentlichen Bereich der Gesundheitsversorgung Diplompsychologen, Mediziner und psychotherapeutisch weitergebildete Angehörige anderer Berufsgruppen (Pädagogen, Sozialarbeiter, Theologen, Philosophen im Rahmen des Heilpraktikergesetzes) Psychotherapie aus. Während wohl die meisten Diplompsychologen schon aus berufspolitischen Gründen der obigen Definition, nach der die Psychotherapie als Teilgebiet der Klinischen Psychologie, die die Anwendung psychologisch fundierter Behandlungsmethoden bei psychischen Störungen umfaßt und auch die Kenntnisse des „normalen psychischen Funktionierens" (und insofern auch ein Psychologiestudium) voraussetzt, zustimmen dürften (vgl. dazu auch Grawe et al, 1994, 17; Baumann, 1996, 692), betonen andere die Unabhängigkeit der Psychotherapie als *eigenständiger* Wissenschaftsdisziplin (vgl. z.B. Deurzen-Smith, 1995), bis hin zur Definition von konservativen Medizinern, die die Psychotherapie (oft reduziert auf die Psychoanalyse und ihre „Tochterschulen") als Teilgebiet der Medizin verstanden wissen wollen, indem sie die Psychotherapie als „Seelenheilkunde" der allgemeinen „Heilkunde" unterordnen (vgl. z.B. Tölle, 1996, 4; ganz anders übrigens als Freud selbst, der die Psychoanalyse eher unabhängig von der Medizin etablieren wollte, vgl. Freud, 1975). In manchen medizinischen Lehrbüchern und Veröffentlichungen wird entsprechend das umfangreiche Wissen der wissenschaftlichen Klinischen Psychologie eher geringgeschätzt oder allenfalls als interessanter Beitrag einer medizinischen „Hilfswissenschaft" akzeptiert – eine Situation, die die Umsetzung dieses Wissens vor allem in die von Medizinern dominierte *stationäre* psychotherapeutische Praxis (zum Beispiel in psychosomatischen und psychiatrischen Kliniken) behindert und die jungen psychologisch interessierten Ärzten den Zugang zu diesem Wissen erschwert. Umgekehrt muß sich zwar auch die derzeitige Klinische Psychologie den Vorwurf gefallen lassen, Forschungsergebnisse zu einigen, traditionell eher in der Medizin beheimateten psychotherapierelevanten Themen (wie der Psychopathologie, der Psychodynamik) zu wenig zu rezipieren bzw. diese Themen nicht zu ihrem eigenen Forschungsgegenstand zu machen (vgl. Hoffmann, 1997, 24; vgl auch Punkt 4). Insgesamt dürfte aber die (Klinische) Psychologie derzeit *die* Wissenschaftsdisziplin sein, die das *meiste* psychotherapierelevante Wissen bereitstellt und Diplom-Psychologen dürften *die* Berufsgruppe sein, die darin noch die beste Grundausbildung besitzt.

zu 2: Aber auch unabhängig von diesen berufsständischen Konflikten behindert das derzeitige Konkurrenzverhältnis unter den *Therapieschulen* die Entwicklung einer therapieschulenübergreifenden und an die Klinische Psychologie als Wissenschaft angebundenen Psychotherapie. Fast jede Therapieschule verfügt derzeit noch über eigene Verbände, Institutionen und vor allem von der Universität unabhängigen Aus- und Weiterbildungseinrichtungen, die in der Regel privatwirtschaftlich organisiert sind und die natürlich wiederum einen (nicht zuletzt auch aufgrund der hohen Kosten der jeweiligen Ausbildungen) sehr stark mit dieser Schule identifizierten Nachwuchs heranbilden. Eine solche hohe Identifikation mit *einer* Schule führt häufig bei den betroffenen „Anhängern" (auch Diplompsychologen!) zu einem „Nicht-wahrnehmen-wollen" von empirischen Ergebnissen der Klinischen Psychologie, die möglicherweise besagen, daß „ihre" Therapieform bei bestimmten Störungsbildern weniger wirksam ist als eine andere. Andererseits spüren die meisten Praktiker dann aber mit zunehmender Praxiserfahrung die Mängel ihrer auf eine Therapieschule festgelegten therapeutischen Weiterbildung. Die in der Praxis geforderte Methodenflexibilität führt dazu, daß Psychotherapeuten mit zunehmender Praxiserfahrung immer eklektischer arbeiten (vgl. z.B. Norcross & Wogan, 1983). Zudem absolvieren die meisten Psychotherapeuten heute nicht mehr nur eine, sondern im Anschluß daran noch eine oder mehrere weitere Therapieausbildungen (vgl. z.B. die Ergebnisse der Befragung von Butollo et al, 1996; aber auch z.B. Borgart & Kemmler, 1991; 15f; Schelp, Wernet & Kemmler, 1991, 76f; Vogel, 1996) und versuchen dadurch, die Mängel des bestehenden Ausbildungssystems sozusagen „auf eigene Kosten" auszugleichen.

Bei aller Kritik an den Therapieschulen ist dennoch positiv anzuerkennen, daß das Wissen in psychotherapeutischen Behandlungsverfahren zum großen Teil zunächst *in-*

nerhalb der einzelnen Therapieschulen erarbeitet wurde. Auch wenn man dem Wahrheitsanspruch, mit dem manche Therapieschule ihre Theorien und Behandlungsmethoden verteidigt, skeptisch gegenübertreten muß, so „ist auf dem selben Boden doch gleichzeitig eine Fülle von Erkenntnissen mit unzweifelhaftem empirischen Wert entstanden." (Caspar, 1995, 20). Zukünftige umfassende, integrative Psychotherapietheorien „sollten das vorliegende empirische Wissen schulübergreifend und in Einklang mit der Grundlagenpsychologie nutzen" (Caspar, 1995, 21; vgl. auch Schelp & Kemmler, 1988, 1991). Psychotherapeutische Weiterbildungen sollten breiter angelegt sein als die bisherigen Modelle. Solange solche „integrativen" Psychotherapietheorien (und darauf aufbauende Weiterbildungscurricula) allerdings noch in weiter Ferne liegen, scheint es nur sinnvoll, in den entsprechenden Weiterbildungen die verschiedenen Orientierungen als *Schwerpunktsetzungen* beizubehalten. Gerade für den therapeutischen Anfänger dürfte es wichtig sein, zunächst einmal größtmögliche Sicherheit in *einem* „Koordinatensystem von Grundannahmen und Interventionsvariablen" zu gewinnen (vgl. Hoffmann, 1997, 23), bevor er dann in der Lage ist, auch Aspekte und Techniken aus anderen Psychotherapieschulen in sein Handeln zu integrieren.

Zu fordern ist generell jedoch eine stärkere *universitäre Verankerung* der psychotherapeutischen Weiterbildung (vgl. z.B. Baumann, 1996). Nur dadurch könnte langfristig ein direkterer Transfer zwischen aktuellem klinisch-psychologischen Erkenntnisstand und Vermittlung entsprechender praktischer Fertigkeiten im Rahmen der Psychotherapieweiterbildung gewährleistet werden.

zu 3: Daß psychotherapeutische Praktiker sich nicht sehr um Forschungsergebnisse kümmern, ist eine in vielen Studien belegte Tatsache (vgl. z.B. Cohen, Sagen & Sechrest, 1986; Morrow-Bradley & Elliott, 1986; Beelmann, 1995; siehe hierzu auch ausführlich den Beitrag von *Beelmann* in diesem Band). Häufig wird ihnen von Seiten der Forscher mangelndes wissenschaftliches Interesse und mangelnde Bereitschaft unterstellt, sich mit wissenschaftlichen Ergebnissen auseinanderzusetzen. Dieser Vorwurf mag sicherlich in einigen Fällen begründet sein; es gibt immer noch Therapeuten, die ihrer Intuition und ihrer Erfahrung eindeutigen Vorrang geben vor empirisch-wissenschaftlichen Erkenntnissen und die dadurch ihre Haltung rechtfertigen, sich nach einer (auf eine Schule beschränkten) Therapieausbildung gar nicht mehr mit wissenschaftlichen Ergebnissen zu befassen. Zwar ist ein Mißtrauen gegenüber wissenschaftlichen Studien und eine kritische Überprüfung des Zustandekommens der Ergebnisse natürlich immer angebracht; ebenso sollte aber auch ein gesundes Mißtrauen gegenüber den vielen Verzerrungsfaktoren beim Bilden eigener Erfahrungen am Platz sein (vgl. Caspar, 1995, 26). Zudem sind die Ergebnisse klinisch-psychologischer Forschung in manchen Bereichen (zum Beispiel zur Wirksamkeit von Reizkonfrontationsverfahren bei phobischen Störungen) mittlerweile in so zahlreichen empirischen Studien abgesichert, daß man angesichts dieses umfangreichen Wissensstandes als verantwortlicher Psychotherapeut nicht mehr sagen kann, die „eigene" Intuition sei hier aber sicherlich besser!

Bei den meisten derzeit im Gesundheitssystem verantwortlich tätigen Psychotherapeuten scheint uns dieser Vorwurf jedoch nicht gerechtfertigt. Im Gegenteil weisen zahlreiche Studien darauf hin, daß psychotherapeutisch Tätige „ausgeprägte Fortbildungswünsche haben und ihre Bereitschaft, dafür Zeit und Geld zu investieren ... außergewöhnlich hoch zu sein scheint" (Butollo et al, 1996, 127). Dies muß angesichts der hohen Arbeitsbelastung vieler im ambulanten und stationären Bereich psychotherapeutisch Tätigen um so mehr gewürdigt werden. Vielmehr müssen sich unseres Erachtens auf der anderen Seite auch die Forscherinnen und Forscher fragen, warum sie mit ihren Ergebnissen häufig die Praktiker nicht erreichen und diese dann ihre „Fortbildungszeit" eher zum Beispiel in Workshops von interessanten Therapeutenpersönlichkeiten stecken als in das Aufarbeiten von neueren empirischen Ergebnissen (siehe 4). Zudem sollten sich die Lehrenden an den Universitäten fragen, wie es ihnen gelingen könnte, das Interesse derjenigen, die später psychotherapeutisch tätig sein wollen, an wissenschaftlichen Fragestellungen und Ergebnissen *schon im Studium* stärker zu wekken und zu fördern. Die Bereitschaft, sich *nach* Abschluß des Studiums auch weiterhin mit wissenschaftlichen Ergebnissen auseinanderzusetzen, ist nur dann gegeben, wenn bereits frühzeitig im Studium auch immer wieder Anwendungsbezüge hergestellt werden und praxisorientiertes Lernen ermöglicht wird (vgl. dazu auch Caspar, 1994, 1996). Unsere persönliche Meinung ist, daß die therapeutische Tätigkeit in Analogie zur wissenschaftlichen Tätigkeit konzipiert werden kann: Therapeutisches Handeln läßt sich als ständiger Prozeß der Hypothesenbildung und -überprüfung beschreiben. Die Förderung einer wissenschaftlichen Einstellung sollte daher unseres Erachtens unverzichtbares Element der Ausbildung zum Psychotherapeuten sein.

zu 4: Der universitären Klinischen Psychologie wird von Seiten der Praktiker häufig vorgeworfen, ihre Ergebnisse seien für die Anwendung in komplexen therapeutischen Zusammenhängen letztlich nicht aussagekräftig genug. Man kann diesem Vorwurf zum Teil zustimmen. So liegt es nahe, daß Forscher auch gerne „leicht Erforschbares" untersuchen, um möglichst schnell zu veröffentlichende Ergebnisse zu produzieren („publish or perish"); komplexe, sich unmittelbar aus der Praxis ergebende, aber auch neuartige Methodologien erfordernde Fragestellungen wie zum Beispiel der Umgang mit Störungen in der Therapeut-Klient-Beziehung (Stichworte Widerstand/Therapiemotivation), der Prozeß der Erfahrungsbildung bei Therapeuten oder ähnliches werden eher selten angegangen. Insgesamt überwiegen bisher in der klinisch-psychologischen (stark verhaltenstherapeutisch und kognitiv orientierten) Forschung Studien zu den Bedingtheiten psychischer Störungen und deren therapeutischer Beeinflussung mittels bestimmter methodischer Vorgehensweisen, die meist in kontrollierten Studien evaluiert werden. Nur wenige Studien beschäftigen sich mit Variablen und Faktoren bei den Patienten, ihren Angehörigen oder bei den Therapeuten, die sicherlich das Therapieergebnis in der Praxis zum großen Teil mitbestimmen. Auch sind die untersuchten Stichproben und die angewandten Techniken häufig nicht ohne weiteres auf die in der Praxis gegebenen Bedingungen übertragbar. Das Problem der Komorbidität wird z.B. in den meisten Studien nicht hinreichend berücksichtigt: Es werden in der Regel Patienten mit möglichst nur *einer* Diagnose einbezogen, die mit bestimmten, umgrenzten Interventionen recht erfolgreich therapiert werden. Daß in der Praxis aber Patienten mit zwei, drei oder mehr Diagnosen die Regel sind, bleibt hier weitgehend außer acht bzw. wird erst in jüngster Zeit zunehmend auch in der wissenschaftlichen Forschung thematisiert (vgl. z.B. Zarbock, 1996, 245f.; Wittchen, 1996). Von vielen Autoren wird daher eine stärkere Konzentration der Therapieforschung auf praxisrelevante, realistische Forschungsinhalte und -settings gefordert (vgl. dazu auch Kazdin et al, 1990, Rief, 1994, Butollo, 1996, 127). Andererseits kann sich das, was mittlerweile in der Klinischen Psychologie an Forschungsergebnissen zusammengetragen wurde, durchaus sehen lassen (vgl. als Beispiel für neuere Lehrbücher der Klinischen Psychologie Baumann & Perrez, 1990, Reinecker, 1998, Margraf, *1996*). Der Praktiker, der sich mit diesen Ergebnissen befaßt, erhält hier eine Fülle von konkreten Hilfestellungen für seine Praxis. Voraussetzung für eine stärker an der psychotherapeutischen Praxis orientierten und Fragestellungen der psychotherapeutischen Praxis beforschenden Klinischen Psychologie wäre zudem die Bereitschaft einer großen Zahl von Praktikern, ihre eigene Praxis auch „beforschen zu lassen".

Ein weiterer Kritikpunkt an der derzeitigen universitären Klinischen Psychologie besteht darin, daß sich die Klinische Psychologie – als Anwendungsgebiet der gesamten empirischen Psychologie – bislang nur selektiv bestimmte Bereiche der empirischen Psychologie (wie z.B. die Lerntheorie, kognitive Theorie) herausgegriffen hat und anderen psychotherapierelevanten Konzeptionen (z.B. aus der Entwicklungspsychologie, der sozialpsychologischen Konfliktforschung, der Tiefenpsychologie, der Psychodynamik) zu wenig Aufmerksamkeit und Forschungsinteresse geschenkt hat (vgl. Hoffmann, 1997, 24; vgl. auch Punkt 1). Zudem sehen sich viele in der Praxis tätige Psychotherapeuten mit z.B. gesprächstherapeutischer, psychoanalytischer oder familientherapeutischer/systemtheoretischer Orientierung derzeit nicht genügend in der deutschsprachigen klinisch-psychologischen Forschung repräsentiert. So gibt es z.B. in der deutschen Klinischen Psychologie kaum Vertreter der Psychoanalyse, die meisten klinisch-psychologischen Forscher sind im weitesten Sinne verhaltenstherapeutisch-kognitiv orientiert; ein Großteil der Forschung konzentriert sich auf kognitiv-verhaltenstherapeutische Modellvorstellungen und Interventionen (vgl. Krause, 1995, 31). Entsprechend „eng" ist auch das Verhältnis zwischen Klinischer Psychologie und Verhaltenstherapie: Die verhaltenstherapeutisch ausgerichteten Weiterbildungen orientieren sich derzeit noch am ehesten am aktuellen Erkenntnisstand der empirischen Psychologie und arbeiten mit Universitätsinstituten zusammen (obwohl auch hier Abstriche zu machen sind, vgl. die Kritikpunkte bei Wittchen, 1996). Erst in jüngster Zeit entwickelt sich auch bei den anderen Therapierichtungen eine empirische, heutigen Standards entsprechende Psychotherapieforschung, was darauf hoffen läßt, daß auch diese „Schulen" im Bereich der universitären Klinischen Psychologie in Zukunft stärker vertreten sein werden.

Ein anderer Vorwurf von Seiten der Praktiker bezieht sich auf die schlechte „Lesbarkeit" und „Verdaubarkeit" wissenschaftlicher Literatur für nicht ständig in der Forschung Tätige. Hier müssen in der Tat neue Kommunikationsmöglichkeiten zwischen Wissenschaftlern und Praktikern überdacht werden. Als positive Entwicklungen sind als Beispiele aus dem Bereich der (Kognitiven) Verhaltenstherapie zu nennen: die immer häufigere Veröffentlichung von störungsspezifischen, an den jeweils aktuellen Forschungsergebnissen orientierten, sehr auf die Bedürfnisse von Praktikern zugeschnittenen Behandlungsmanualen (vgl. die Reihe „Materialien für die psychotherapeutische Praxis", hrsg. von Hautzinger & Petermann, Beltz-Verlag, oder z.B. auch die neue Reihe „Fortschritte der Psychotherapie", hrsg. von Schulte, Grawe, Hahlweg & Vaitl, 1998, Hogrefe-Verlag), aber auch Bemühungen um Veranstaltungsformen für wissenschaftliche Tagungen bzw. Kongresse, die auch für den Praktiker attraktiv sind (zum Beispiel Kongresse der Deutschen Gesellschaft für Verhaltenstherapie und der Deutschen Gesellschaft für Verhaltensmedizin; die Fortbildungswochen des Instituts für Therapieforschung). Wünschenswert wäre eine insgesamt häufigere Organisation von Tagungen bzw. Kongressen gemeinsam durch Psychotherapieverbände, Berufsverbände und wissenschaftliche Verbände (vgl. Schulte, 1994). Auf solchen Tagungen könnte neu gewonnenes Wissen von Seiten der Klinischen Psychologie in Form praxisorientierter Workshops vermittelt werden; gleichzeitig könnten die Ergebnisse der Forschung aus Sicht der Praktiker diskutiert und bewertet werden bzw. die Praktiker könnten aus ihrer Praxis heraus Anregungen für weitere Forschung liefern.

Zu bedenken bleibt, daß aussagekräftige Psychotherapieforschung sehr arbeits- und kostenaufwendig ist, vor allem, wenn keine Analogiestudien sondern Untersuchungen „im Feld" gemacht werden sollen. Einzelne Universitätsinstitute für Klinische Psychologie sind finanziell und personell zumeist überfordert. Mehr Forschungsinstitute für Psychotherapie wären wichtig.

4. Ausblick

Bei der Betrachtung des Verhältnisses von Psychotherapie und Klinischer Psychologie scheint es uns zum Abschluß notwendig zu sein, einerseits über den Tellerrand der bundesdeutschen Verhältnisse hinauszublicken und andererseits die Momentaufnahme dieses Vergleiches zu betonen, die auch stark von politischen Konstellationen abhängt.

Wie bereits deutlich wurde, sollte unseres Erachtens generell die in freier Praxis, ambulant oder stationär, von Psychologen oder Medizinern praktizierte Psychotherapie *enger* an die Entwicklung der Ergebnisse der empirischen Klinischen Psychologie angekoppelt werden. Angesichts der Kostenexplosion im Gesundheitswesen und der notwendigen Sparmaßnahmen, aber vor allem auch aus ethischen Gründen scheint es unvertretbar, wenn in der Praxis angewandte psychotherapeutische Behandlungen *nicht* dem aktuellen wissenschaftlichen Erkenntnisstand entsprechen.

Das Leitbild einer enger an die Entwicklung der Klinischen Psychologie orientierten psychotherapeutischen Praxis fordert eine engere Anbindung der psychotherapeutischen Aus- und Weiterbildung (psychologischer und ärztlicher Psychotherapeuten) an die Universitätsinstitute für Klinische Psychologie. Ein diesbezüglicher Vorschlag (zum Beispiel Schulte, 1994) wäre die Umbenennung entsprechender Lehrstühle für Klinische Psychologie in Lehrstühle für Klinische Psychologie und Psychotherapie, die postgraduale Weiterbildungen bzw. Graduiertenstudiengänge organisieren sollten (vgl. als Beispiel für eher verhaltenstherapeutisch orientierte postgraduale Weiterbildungsgänge die Universitäten Bochum, Gießen und Bonn; als Beispiel für eine methodenübergreifende postgraduale Weiterbildung das Modellprojekt des Instituts für Psychologie der Humboldt-Universität Berlin in Kooperation mit der Psychologenakademie des BDP, das bei Frohburg, 1995, 67f., kurz beschrieben wird). Voraussetzung für eine solche Weiterbildungsfunktion der Universitäten wäre allerdings eine enge Kooperation mit Institutsambulanzen und Universitätskliniken, in denen die Ausbildungskandidaten unter Supervision erfahrener Psychotherapeuten erste therapeutische Erfahrungen sammeln können. Von den für diese Zwecke von den Universitäten bereitgestellten Lehrenden wäre zu fordern, daß sie selbst über umfangreiche Praxiserfahrungen im Bereich der Psychotherapie verfügen. Psychotherapeutische Praxiserfahrung müßte dann in Zukunft auch ein Kriterium für die Besetzung von Professorenstellen im Bereich der Klinischen Psychologie/Psychotherapie sein.

Wie unterschiedlich die Aus- und Weiterbildungssituation in der Bundesrepublik Deutschland im Vergleich zu anderen Ländern ist, zeigt zum Beispiel ein Blick in die Vereinigten Staaten von Amerika. Hier dauert die von den Universitäten in Kooperation mit Praxiseinrichtungen durchgeführte Ausbildung zum „clinical psychologist“ acht Jahre (wenn man das erste Collegejahr als Äquivalent zu unserer „Oberprima“ nicht mitrechnet). In dieser Zeit liegen sowohl Lehrveranstaltungen, eigene wissenschaftliche Arbeiten und Projekte, wie auch zahlreiche Praktika und ein Jahr „internship“ in einer Einrichtung, in der mit Patienten gearbeitet wird. Der Abschluß ist der „doctor of clinical psychology“. Viele Studenten absolvieren danach noch ein sogenanntes „postdoctoral training“ in einem bestimmten Bereich (z.B. „neuropsychology“, „child-therapy“ o.ä.). Die American Psychological Association APA (zugleich standeswissenschaftliche und Berufsorganisation der Psychologen) erkennt an, ob der Standard einer Universität den Anforderungen für das Studium in Klinischer Psychologie entspricht. (Bei diesem Prüfvorgang sind keinerlei Ministerien beteiligt – auch etwas für hiesige Verhältnisse derzeit Undenkbares.) Um dann eigenverantwortlich psychotherapeutisch tätig werden zu können, benötigt der Bewerber eine sogenannte „licensure“ (Approbation), für die es in den einzelnen Staaten unterschiedliche Anerkennungsweisen gibt; in der Regel wird jedoch ein Jahr nach der Promotion noch einmal eine Fachprüfung durch eine rein von Psychologen besetzte Kommission abgehalten. Die verschiedenen Krankenkassen greifen bei der Finanzierung von Psychotherapien dann auch auf diese „lizensierten Psychologen“ zurück. Eine ausführliche Darstellung des sogenannten Wissenschaftler-Praktiker Modells zur Ausbildung von Klinischen Psychologen/Psychotherapeuten in den USA findet sich bei Eifert & Lauterbach, 1995. Ein weiterer Hinweis auf die gravierenden Unterschiede zwischen der US-amerikanischen und der derzeitigen bundesdeutschen Situation: Im Augenblick kämpft die APA für ihre Klinischen Psychologen (gleich psychologischen Psychotherapeuten) für das sogenannte „prescription privilege“, das heißt für das Recht, auch ohne ein Medizinstudium Psychopharmaka für die eigenen Patienten verschreiben zu können. Augenscheinlich sind die Aussichten nach einer Zusatzausbildung nicht schlecht. Außerdem kämpfen die US-amerikanischen Klinischen Psychologen/Psychotherapeuten derzeit gegen eine sehr restriktive Politik der Krankenkassen, nur extreme Kurzzeittherapien zu bewilligen.

Auch ein Blick in die ehemalige DDR zeigt, wie stark das oben beschriebene Verhältnis zwischen Psychotherapie und Klinischer Psychologie durch die jeweiligen politischen Konstellationen bedingt und beeinflußbar ist: In der ehemaligen DDR gab es nach dem Diplom in Psychologie eine Weiterbildung zum Fachpsychologen der Medizin (Dauer 4-5 Jahre). Diese Fachpsychologen waren in den Kliniken und Ambulatorien (es gab keine privaten Niederlassungen) ihren ärztlichen Kolleginnen und Kollegen zumindest annähernd gleichrangig und gleichgeordnet. Bedauerlicherweise fielen Ausbildung, Titel und Stand nach der Wiedervereinigung fort (vgl. Frohburg, 1990; zur Situation in Österreich vgl. im übrigen die Anmerkungen bei Baumann, 1996, 696; zur Situation in England vgl. Lauterbach, 1996).

Speziell in der Bundesrepublik Deutschland wird das weitere Verhältnis von Psychotherapie und Klinischer Psychologie stark von den Konsequenzen/der praktischen Umsetzung des Psychotherapeutengesetzes abhängen, insbesondere von den Konsequenzen, die es langfristig für die Aus- und Weiterbildung von Psychotherapeuten hat. Darüber kann bisher nur spekuliert werden. Offen bleibt zudem, welche Veränderungen die weitere Integration der Europäischen Gemeinschaft mit der Niederlassungsfreiheit in allen Ländern für die Psychotherapie (und die Psychotherapieaus- und weiterbildung) bringen wird.

* Beitrag eingereicht August 1998

Literatur

Bastine, R., (1982). Psychotherapie, in: R. Bastine, P.A. Fiedler, K. Grawe, St. Schmidtchen, & G.Sommer (Hrsg.), Grundbegriffe der Psychotherapie, Weinheim, Basel: Edition Psychologie, , 311-317.

Bastine, R., (1984²). Klinische Psychologie, Stuttgart: Kohlhammer.

Baumann, U., (1996). Wissenschaftliche Psychotherapie auf der Basis der wissenschaftlichen Psychologie, in: Report Psychologie, 21 (9), 686-699.

Baumann, U. & Perrez, M. (Hrsg.) (1990). Klinische Psychologie (Band 1). Grundlagen, Diagnostik, Ätiologie, Bern: Huber.

Beck, A. & Freeman, A., (1995). Kognitive Therapie der Persönlichkeitsstörungen, Weinheim: Beltz-Verlag, 3. Aufl.

Beelmann, A., (1995). Zur Bedeutung der Psychotherapieforschung für praktisch tätige Psychotherapeuten. Posterpräsentation auf dem 13. Symposium für klinisch-psychologische Forschung der Fachgruppe für Klinische Psychologie in der Deutschen Gesellschaft für Psychologie vom 25.-27. Mai 1995 in Meissen.

Berufsverband Deutscher Psychologen e.V. und Verband Psychologischer Psychotherapeuten und Psychotherapeutinnen im BDP (1995). (Hrsg.), Gegenwart und Zukunft der Psychotherapie im Gesundheitswesen, Bonn: Deutscher Psychologen Verlag,

Borgart, E.-J. & Kemmler, L., (1991). Der Einsatz von Hausaufgaben in der Psychotherapie: Ein Gruppenvergleich zwischen Verhaltenstherapeuten und Therapeuten anderer Schulrichtungen, in: Verhaltensmodifikation und Verhaltensmedizin, 12 (1), 3-18.

Butollo, W., Piesbergen, Ch. & Höfling, S., (1996). Ausbildung und methodische Ausrichtung psychologischer Psychotherapeuten. – Ergebnisse einer Umfrage, in: Report Psychologie, 21 (2), 126-137.

Caspar, F., (1994). Die Bedeutung von Theorie für die psychotherapeutische Praxis, in: Verhaltensmodifikation und Verhaltensmedizin, 15 (1), 54-67,

Caspar, F., (1995). Die notwendige und wünschenswerte Entwicklung der Psychotherapie aus der Sicht der Wissenschaft, in: Berufsverband Deutscher Psychologen e.V. und Verband Psychologischer Psychotherapeuten und Psychotherapeutinnen im BDP (Hrsg.), Gegenwart und Zukunft der Psychotherapie im Gesundheitswesen, Bonn: Deutscher Psychologen Verlag, 16-29.

Caspar, F., Notwendigkeit und Sinn von Forschung für patientInnengerechte Psychotherapie. Vortrag auf dem Kongreß für Klinische Psychologie und Psychotherapie, Berlin, 25.2.- 1.3.1996.

Cohen, L.H., Sargent, M.M. & Sechrest, L.B., (1986). Use of psychotherapy research by professional psychologists, in: American Psychologist, 2, 198-206.

Davison, G.C. & Neale, J.M., (1996). Klinische Psychologie. Ein Lehrbuch. (4. überarb. Auflage), München, Weinheim: Psychologie Verlags Union.

Deurzen-Smith, E. van, (1995). Die Qualifikation des Psychotherapeuten: Bildung eines unabhängigen Berufes, in: Psychotherapie Forum, 3, 145-150.

Eifert, G.H. & Lauterbach, W., (1995). Das Wissenschaftler-Praktiker Modell zur Ausbildung von Klinischen Psychologen/Psychotherapeuten: Erfahrungen und Vorschläge aus amerikanischer Sicht, in: Zeitschrift für Klinische Psychologie, 24 (3), 209-215.

Fiedler, P., (1995). Persönlichkeitsstörungen. Weinheim: Beltz-Verlag, 2. überarb. Aufl.

Freud, S., (1975). Die Frage der Laienanalyse: Unterredungen mit einem Unparteiischen, in: Mitscherlich, A., Richards, A. & Strachey, J., Sigmund Freud Studienausgabe. Schriften zur Behandlungstechnik. Ergänzungsband. S. Fischer Verlag,

Frohburg, I., (1990). Auskünfte über die Psychotherapie in der DDR, in: GWG Zeitschrift, 79, 105-111.

Frohburg, I., (1995). Gegenwärtige Entwicklungen in der Gesprächspsychotherapie, in: Berufsverband Deutscher Psychologen e.V. und Verband Psychologischer Psychotherapeuten und Psychotherapeutinnen im BDP (Hrsg.), Bonn: Deutscher Psychologen Verlag, 62-70,

Grawe, K., Donati, R. & Bernauer, F., (1994). Psychotherapie im Wandel. Von der Konfession zur Profession, Göttingen: Hogrefe.

Grawe, K., (1995).Grundriß einer Allgemeinen Psychotherapie, in: Psychotherapeut, 40, 130-145.

Grawe, K., (1998).Psychologische Therapie, Göttingen: Hogrefe.

Hoffmann, S.O., (1997). Dem Arzt den Körper, die Seele dem Psychologen. Kritische Anmerkungen zum Beitrag von Urs Baumann: Wissenschaftliche Psychotherapie auf der Basis der wissenschaftlichen Psychologie, in: Report Psychologie, 22 (1), 22-25.

Horowitz, M.J., (1991). States, schemes, and control: General theories for psychotherapy integration. Journal of Psychotherapy Intergration, 1(2), 85-102.

Kazdin, A.E., Bass, D., Ayers, W.A. & Rodgers, A., (1990). Empirical and clinical focus of child and adolescent psychotherapy research, in: Journal of Consulting and Clincal Psychology, 58 (6), 729-740.

Krause, R., (1995). Zur Entwicklung der Psychotherapie aus der Sicht der Psychoanalyse, in: Berufsverband Deutscher Psychologen e.V. und Verband Psychologischer Psychotherapeuten und Psychotherapeutinnen im BDP (Hrsg.), Gegenwart und Zukunft der Psychotherapie im Gesundheitswesen, Bonn: Deutscher Psychologen Verlag, 30-39.

Krause, R., (1997). Allgemeine psychoanalytische Krankheitslehre. Bd 1: Grundlagen, Stuttgart: Kohlhammer,.

Lauterbach, W., (1996). Ausbildung und Promotion in Klinischer Psychologie/Psychotherapie in Großbritannien, in: Report Psychologie, 21 (7), 514-518.

Margraf, J., (1995). Verhaltenstherapie als Modell moderner psychologischer Psychotherapie, in: Berufsverband Deutscher Psychologen e.V. und Verband Psychologischer Psychotherpeuten und Psychotherapeutinnen im BDP (Hrsg.), Gegenwart und Zukunft der Psychotherapie im Gesundheitswesen, Bonn: Deutscher Psychologen Verlag, 40-61.

Margraf, J., (1996). Lehrbuch der Verhaltenstherapie, Bd. 1 und 2, Berlin, Heidelberg: Springer.

Märtens, M. & Petzold, H., Perspektiven der Psychotherapieforschung und Ansätze für integrative Orientierungen, in: Integrative Therapie, 1(1995), 7-44.

Meyer, A. E., Richter, R., Grawe, K., Graf v.d. Schulenburg, J. M. & Schulte, B., (1991). Forschungsgutachten zu Fragen eines Psychotherapeutengesetzes, im Auftrag des Bundesministeriums für Jugend, Familie, Frauen und Gesundheit. Hamburg: Universitätskrankenhaus Hamburg-Eppendorf.

Morrow-Bradley, C. & Elliott, R., (1986). Utilization of psychotherapy research by practicing psychotherapists in: American Psychologist, 41, 188-197.

Norcross, J.C. & Wogan, M., (1983). American psychotherapists of diverse persuasions: Characteristics, theories, practices, and clients in: Professional Psychology: Research and Practice, 14, 529-539.

Petzold, H., (1995). Schulübergreifende Perspektiven zu einer integrierten Psychotherapie und einer allgemeinen Psychotherapiewissenschaft – der Beitrag von Gestalttherapie und Integrativer Therapie, in: Berufsverband Deutscher Psychologen e.V. und Verband Psychologischer Psychotherpeuten und Psychotherapeutinnen im BDP (Hrsg.), Gegenwart und Zukunft der Psychotherapie im Gesundheitswesen, Bonn: Deutscher Psychologen Verlag, 71-94.

Pongratz, L.J., (1977). Gegenwärtiger Stand der klinisch-psychologischen Geschichtsforschung, in: L.J. Pongratz (Hrsg.), Handbuch der Psychologie. Klinische Psychologie, Göttingen: Hogrefe, 14-37.

Pongratz, L.J., Geschichte der Psychologie, in: R. Bastine, P.A. Fiedler, K.Grawe, St. Schmidtchen & G. Sommer, (1982). Grundbegriffe der Psychotherapie, Weinheim, Basel: Edition Psychologie, 123-129.

Pongratz, L.J., (1983). Das Verhältnis von Klinischer Psychologie und Psychotherapie, in: Zeitschrift für Klinsche Psychologie, Psychopathologie und Psychotherapie, 31, 3, 229-239.

Reinecker, H., (1993). Klinische Psychologie, in: A. Schorr (Hrsg.), Handwörterbuch der Angewandten Psychologie, Bonn: Deutscher Psychologen Verlag, 385-393.

Reinecker, H. & Fiedler, P. (Hrsg.), (1997). Therapieplanung in der modernen Verhaltenstherapie. Eine Kontroverse, Lengerich: Pabst Science Publishers.

Reinecker, H. (Hrsg.), (1998). Lehrbuch der Klinischen Psychologie. Modelle psychischer Störungen, Göttingen: Hogrefe, 3. überarb. und erw. Aufl.,

Rief, W., (1994). Ein Plädoyer für eine praxisorientierte Psychotherapieforschung, in: Report Psychologie, 19 (1), 16-19.

Rogers, C., (1942). Counselling and psychotherapy, Cambridge/Massachusetts: Houghton Mifflin Company.

Sachse, R., (1997). Persönlichkeitsstörungen, Psychotherapie dysfunktionaler Interaktionsstile. Göttingen: Hogrefe.

Schelp, Th. & Kemmler, L., (1988). Emotion und Psychotherapie. Ein kognitiver Beitrag zur Integration psychotherapeutischer Schulen, Bern, Stuttgart: Huber.

Schelp, Th. & Kemmler, L., (1991). Ein Vorschlag zu einem präziseren Gebrauch kognitiver Begriffe in der Psychotherapie, in: L. Kemmler, Th. Schelp & P. Mecheril (Hrsg.), Sprachgebrauch in der Psychotherapie. Emotionales Geschehen in vier Therapieschulen, Bern, Göttingen: Huber, 140-152.

Schelp, Th., Wernet, M. & Kemmler, L., (1991). Das Ansprechen von Emotion und Kognition in der Psychotherapie. Therapeutenurteile und Kategorisierungen von Therapiegesprächen im Vergleich, in: L. Kemmler, Th. Schelp & P. Mecheril (Hrsg.), Sprachgebrauch in der Psychotherapie. Emotionales Geschehen in vier Therapieschulen, Bern, Göttingen: Huber, 72-94.

Schmidt, L. (Hrsg.), (1984). Lehrbuch der Klinischen Psychologie (2.überarbeitete und erweiterte Auflage), Stuttgart: Enke.

Schulte, D., (1994). Zum Selbstverständnis des Fachs Klinische Psychologie. Vortrag gehalten auf dem 12. Symposium für Klinisch- psychologische Forschung der Fachgruppe für Klinische Psychologie in der Deutschen Gesellschaft für Psychologie vom 12. – 14. Mai in Fribourg/Schweiz.

Schulte, D., Grawe, K., Hahlweg, K. & Vaitl, D. (Hrsg.), (1998). Fortschritte der Psychotherapie. Manuale für die Praxis, Göttingen: Hogrefe.

Tölle, R., (1996). Psychiatrie, Berlin, Heidelberg: Springer, 11. Aufl.

Vogel, H., (1996). Psychotherapie in der ambulanten Gesundheitsversorgung – eine kritische Übersicht, in: Verhaltenstherapie und psychosoziale Praxis, 28 (1), 105-126.

Weinberger, J., (1995). Common factors aren't so common: the common factors dilemma, in: Clinical Psychology, 2, 45-69.

Wittchen, H.-U., Häufigkeit psychologischer Störungen. Strukturen und inhaltliche Mängel der Versorgungssituation. Vortag gehalten auf dem Symposium „Klinische Psychologie im Gesundheitswesen" an der TU Braunschweig am 18.10.1995.

Wittchen, H.-U., (1996). Klinische Psychologie und Verhaltenstherapie – zwischen Aufstieg und Erosion, in: Verhaltenstherapie, 6, 170-177.

Zarbock, G., (1996). Individualisierung statt Standardisierung: Verhaltenstherapie als biographisch orientierte Neuerfahrung, in: Verhaltenstherapie, 6, 244-251.

Die Bedeutung der Psychotherapieforschung für die Behandlung in der privaten Praxis

Ulla López-Frank, Andreas Veith, Ulrike Willutzki

Einleitung

Ausgangspunkt unserer Überlegungen als PsychotherapeutInnen in freier Praxis und/oder WissenschaftlerInnen ist, daß die Psychotherapieforschung für die konkrete therapeutische Arbeit in den verschiedensten Feldern von Nutzen ist. Hochschulen und Forschungseinrichtungen bieten in unserer arbeitsteiligen Gesellschaft idealerweise einen Reflexionsraum, in dem jenseits des alltäglichen Handlungsdrucks die Praxis kritisch betrachtet und hoffentlich neue Perspektiven entwickelt werden können (vgl. Kriz, 1996).

Psychotherapieforschung (sei es Ergebnis- und/oder Prozeßforschung) bezieht sich jedoch nur selten auf bestimmte Arbeitsfelder – wie etwa die hier thematisierte psychotherapeutische Tätigkeit in freier Praxis. Möglichkeiten (und auch Schwierigkeiten) der Nutzung von Ergebnissen der Psychotherapieforschung sollen im folgenden daher exploriert werden, indem zunächst eine Charakterisierung freiberuflicher therapeutischer Arbeit versucht wird.

Das Arbeitsfeld freiberuflich tätiger PsychotherapeutInnen

Vermutlich arbeitet eine ganze Reihe von PsychologInnen freiberuflich, weil sich ihnen keine oder nur sehr schlechte andere Arbeitsmöglichkeiten bieten. Für viele PsychotherapeutInnen ist die freie Praxis jedoch nicht Notlösung, sondern gerade attraktiv, weil sie hier die Möglichkeit haben, selbständig und ohne direkten Chef oder institutionelle Zwänge ihre beruflichen Vorstellungen zu verwirklichen. Diese Autonomie betrifft einerseits die institutionellen Rahmenbedingungen: Die TherapeutInnen können – im Rahmen der ökonomischen Grenzen (s.u.) – entscheiden, mit wie vielen KlientInnen sie zu welcher Tageszeit arbeiten bzw. wann und wie lange sie Urlaub machen wollen. Auch die Gestaltung ihres Arbeitsplatzes liegt in ihren Händen: Sie können die Atmosphäre schaffen, die ihnen wichtig ist und ihre Praxis und Arbeitsumgebung so einrichten, daß sie sich dort wohl fühlen.

Andererseits können PsychotherapeutInnen in freier Praxis Schwerpunkte und zum großen Teil auch Inhalte ihrer Arbeit freier wählen, als dies in Institutionen „mit Chef" und einer bestimmten Institutionsphilosophie möglich wäre. Sie können weitgehend entscheiden, mit welchen KlientInnen sie arbeiten wollen, durch wieviel Herausforderung oder auch gut bewältigbare Routine ihre Arbeit bestimmt sein soll. Zusätzlich können sie die Frequenz der Sitzungen und die Gesamtdauer der Therapie stärker gestalten als dies in vielen Institutionen mit z.T. sehr engen Vorgaben möglich ist. Die Tätigkeit als freiberufliche PsychotherapeutIn ermöglicht der Person damit, einen klaren Schwerpunkt auf die psychotherapeutische Tätigkeit im engeren Sinne und den direkten Kontakt zu KlientInnen zu legen; sie kann ihren Arbeitsplatz so gestalten, daß deutlich weniger Verwaltungsarbeit, therapiefremde Aufgaben und Besprechungen anfallen als in vielen Institutionen. Für viele PsychotherapeutInnen in freier Praxis ist die direkte therapeutische Arbeit vermutlich auch deshalb so wichtig, weil schon die Wahl des Studienfachs bestimmt war durch den Wunsch, anderen in schwierigen persönlichen Situationen helfen zu wollen.

Aufgrund dieser direkten Patientenkontakte und dem Eindruck, diesen helfen zu können, wird die Tätigkeit von PsychotherapeutInnen als unmittelbar sinnhaft und nützlich erlebt (vergl. Guy, 1987; Kottler, 1993). Verläuft die Arbeit halbwegs produktiv, vergrößert sich das Kompetenzgefühl der PsychotherapeutInnen als autonom tätige PraktikerInnen, was wiederum als Bestätigung der beruflichen Entscheidungen ihrer Arbeit erlebt wird.

Zur Gestaltung des eigenen Weges gehört für einen Großteil der freiberuflich tätigen PsychotherapeutInnen auch, daß sie eine Ausbildung in einem Verfahren wählen, das nicht als Richtlinienverfahren anerkannt ist, sondern für das sie sich jenseits ökonomischer Überlegungen persönlich und aus inhaltlicher Überzeugung entschieden haben. Die Wurzeln dieser Entscheidung dürften z.T. schon in den Erfahrungen während des Psychologiestudiums liegen: Die vielfach beklagte Praxisferne des Studiums und die Notwendigkeit, sich mit als unangenehm und sinnlos erlebten Inhalten beschäftigen zu müssen, führt zu einer Abgrenzung gegen Ansätze, die der akademischen Psychologie nahestehen zu scheinen (vermutlich insbesondere gegenüber der Verhaltenstherapie; vgl. Butollo, Piesbergen & Höfling, 1996; Margraf, 1996).

Natürlich ist die psychotherapeutische Arbeit in freier Praxis trotzdem kein reines Vergnügen. Jenseits der positiven Aspekte erleben die PsychotherapeutInnen auch die Grenzen ihres Arbeitsfeldes: Bezahlt wird nur die psychotherapeutische Tätigkeit im engeren Sinne. Jegliche Fortbildung oder Supervision muß durch die TherapeutInnen selbst finanziert bzw. in einer Art „Mischkalkulation“ in ein ökonomisch vertretbares Verhältnis zur bezahlten Tätigkeit gesetzt werden. Neben den Kosten für entsprechende Unterstützung der professionellen Arbeit stellt sich immer auch die Frage, ob es sich die Person leisten kann, in dieser Zeit nichts zu verdienen. Gerade bei Angeboten, die nicht unmittelbar nützlich oder gar unsinnig oder unangenehm erlebt werden, drängt sich die ökonomische Perspektive auf, und es stellen sich Fragen wie „warum vertue ich jetzt hier meine Zeit?“ und „was könnte ich in dieser Zeit verdienen?“ Ähnliche Überlegungen begleiten u.U. auch die Zeit, die sich die PsychotherapeutInnen zur Reflexion ihrer Tätigkeit und beruflichen Ziele nehmen: Reflexion, die nach Skovholt und Ronnestad (1992) wesentlich für die berufliche Entwicklung von TherapeutInnen ist, führt nicht unbedingt zu direkten Ergebnissen, z.T. sogar eher zur Verwirrung und Infragestellung scheinbar tragfähiger Routinen. Betrachtet man die eigene Tätigkeit unter instrumentellen Gesichtspunkten, scheint es daher kurzfristig oft sinnvoll, die Reflexionszeit anderen Tätigkeiten zu opfern.

Kontakte und Gespräche mit KollegInnen ergeben sich für die meisten freiberuflich tätigen PsychotherapeutInnen nicht einfach, sondern müssen aktiv geplant und trotz vielfältiger anderer Verpflichtungen und Interessen hergestellt werden. Wegen der an sich befriedigenden Tätigkeit ist das Bedürfnis nach kollegialem Austausch u.U. gering, zumal dieser gelegentlich auch anstrengend sein kann. Die Routine der freiberuflichen Tätigkeit und die eigenen Bedürfnisse der PsychotherapeutIn können also die Pflege beruflicher Kontakte zu KollegInnen beeinträchtigen; gerade sehr erfahrene TherapeutInnen beklagen später in ihrer Karriere, daß sie kaum noch GesprächspartnerInnen haben, die sich in ihre Arbeit hineindenken und ihre Fragestellungen nachvollziehen können (vgl. Skovholt & Ronnestad, 1992).

Für viele freiberuflich tätige PsychotherapeutInnen stellt weitgehende Autonomie also einen hohen Wert dar; sie haben sich zum Teil aufgrund leidvoller Erfahrungen in Institutionen, zum Teil unter gewissen Risiken entschieden, ihre berufliche Situation dementsprechend zu gestalten. In ihrer Arbeit bestätigt sich die Tragfähigkeit eigenverantwortlicher Arbeit immer wieder. Der direkt spürbare ökonomische Druck dürfte dazu führen, daß Kosten-Nutzen-Überlegungen eine wichtige Rolle spielen: PsychotherapeutInnen in freier Praxis werden so zu autonomen und kritischen KonsumentInnen von Aus- und Weiterbildungsangeboten und erwarten, daß diese einen möglichst schnell und direkt umsetzbaren Beitrag zu ihrer Arbeit leisten. PsychotherapieforscherInnen stehen damit kritischen KundInnen gegenüber, die von der Sinnhaftigkeit und Nützlichkeit ihres Angebots erst einmal überzeugt werden müssen.

Bedeutung und Nützlichkeit wissenschaftlicher Psychotherapieforschung für PsychotherapeutInnen in freier Praxis

Um einen näheren Blick auf den Stellenwert zu werfen, den in freier Praxis tätige PsychologInnen der Psychotherapieforschung zumessen, reanalysierten wir Daten, die wir in einem anderen Untersuchungszusammenhang mit dem „Fragebogen zur Bedeutung und Nützlichkeit wissenschaftlicher Psychotherapieforschung für praktisch tätige Psychotherapeutinnen und Psychotherapeuten“ (Beelmann & Hamm, 1994) gesammelt hatten. Der Fragebogen war von psychologischen PsychotherapeutInnen, die die universitären Weiterbildungen in Bochum, Gießen oder Braunschweig besuchten oder schon abgeschlossen hatten, beantwortet worden. Zusätzlich konnten wir diesen Datensatz mit den von Beelmann und Hamm (1996) erhobenen Daten ergänzen, die freundlicherweise von den Autoren zur Verfügung gestellt worden waren (s. auch den Beitrag in diesem Buch). Für die Analyse des Stellenwertes der Psychotherapieforschung wurden die Befragten ausgeschlossen, die in einer universitären Einrichtung psychotherapeutisch tätig waren. Die verbleibende Stichprobe wurde daraufhin in zwei Gruppen unterteilt, nämlich die PsychotherapeutInnen, die in einer Privatpraxis tätig waren und die, die in einer anderen Einrichtung tätig waren. Die Gruppe der in Privatpraxen tätigen TherapeutInnen umfaßte 75 Probandinnen mit einem Altersdurchschnitt von 43 Jahren, die durchschnittlich ungefähr 12 Jahre berufstätig waren. Die Gruppe der in anderen, nicht-universitären Einrichtungen Tätigen umfaßte 115 PsychotherapeutInnen, die im Durchschnitt ungefähr 38 Jahre alt waren und seit ungefähr 8 Jahren berufstätig waren.

Der verwendete Fragebogen ist eine von Beelmann und Hamm (1994) übersetzte Fassung des von Morrow-Bradley und Elliott (1983) entworfenen Erhebungsinstruments. Der Fragebogen umfaßt neben Fragen zur psychotherapeutischen Orientierung, zur Ausbildung sowie zu demographischen Daten die folgenden Teile:

- Fragen zur Einstellung zur Psychotherapieforschung;
- Fragen zu möglichen Kritikpunkten an Psychotherapieforschung;
- Fragen zu zukünftigen Inhalten wissenschaftlicher Psychotherapieforschung und
- Fragen zur Rezeption und Bedeutsamkeit von Psychotherapieforschung.
- Einstellung zu wissenschaftlicher Psychotherapieforschung

Während PsychotherapeutInnen in privater Praxis sich von denen in anderen Einrichtungen nicht darin unterschieden, daß sie Psychotherapieforschung einen eher geringen Einfluß auf ihre praktische Arbeit zusprechen und andere Informationsquellen, insbesondere die Supervision und die Erfahrung aus der Arbeit mit KlientInnen als hilfreicher einschätzen als Ergebnisse der Psychotherapieforschung, zeigte sich in einem aus sieben fünfstufigen Items (z.B. Im allgemeinen finde ich es hilfreich, Psychotherapiestudien zu lesen) zusammengefaßten Maß zur Einstellung gegenüber Psychotherapieforschung ein signifikanter Unterschied. Danach haben in der privaten Praxis tätige PsychotherapeutInnen eine weniger positive Einstellung gegenüber Psychotherapieforschung als PsychotherapeutInnen, die in anderen Institutionen beschäftigt sind ($t = 2.02$, $df = 188$, $p = .05$).

Kritik an wissenschaftlicher Psychotherapieforschung

Die negativere Einstellung spiegelt sich auch in der kritischeren Haltung, die in freier Praxis Tätige gegenüber Psychotherapieforschung einnehmen: Dazu waren den Probandinnen 17 mögliche Kritikpunkte an Psychotherapieforschung vorgelegt worden (z.B. Klinisch bedeutsame Fragen werden in der wissenschaftlichen Psychotherapieforschung oft nicht untersucht), zu denen sie Stellung nehmen sollten. Die in der freien Praxis tätigen PsychotherapeutInnen ordneten mehr kritischen Aussagen die Antwortkategorie „Das stimmt und muß verbessert werden“ zu, als die PsychotherapeutInnen aus anderen Einrichtungen ($t = 1.98$, $df = 188$, $p = .05$). Signifikant häufiger als ihre KollegInnen aus anderen Einrichtungen bemängeln die in privater Praxis Tätigen dabei, daß in Psychotherapiestudien oft TherapeutInnen mit ungenügenden Fähigkeiten oder zu geringer Erfahrung eingesetzt würden ($chi2 = 3.86$, $df = 1$, $p = .05$) und traditionelle Forschungsmethoden, die aus den Naturwissenschaften abgeleitet sind, sich zumeist zur Untersuchung von Psychotherapie nicht eignen ($chi2 = 6.62$, $df = 1$, $p = .01$).

Gewünschte Inhalte wissenschaftlicher Psychotherapieforschung

Einig sind sich in privater Praxis und in anderen Einrichtungen tätige PsychotherapeutInnen allerdings wiederum darin, welche Forschungsrichtungen die wissenschaftliche Psychotherapieforschung einschlagen sollte, damit sie für ihre praktische Tätigkeit an Bedeutung gewinnen würde. Danach betrachten die PsychotherapeutInnen beider Gruppen Forschung, die Therapieergebnisse und Therapieprozesse in Zusammenhang bringt, die die Entwicklung und die Auswirkung der therapeutischen Beziehung im Blick hat und Forschung, die die spezifischen Aspekte des TherapeutInnen- und/oder KlientInnenverhaltens in Ihrer Bedeutung für Veränderungen untersucht, als besonders hilfreich. Ergebnisorientierte und vergleichende Psychotherapieforschung wird hingegen als wenig hilfreich eingestuft.

Rezeption und Nutzung wissenschaftlicher Psychotherapieforschung

Weiterhin ergab sich kein Hinweis auf Unterschiede in Bezug auf die Rezeption wissenschaftlicher Psychotherapieforschung, sei es in Form von Artikeln oder Büchern, die über Ergebnisse der Psychotherapieforschung berichten oder durch den Besuch von wisssenschaftlichen Kongressen oder anderen Veranstaltungen. Allerdings müssen diese Ergebnisse relativiert werden. Wie schon Beelmann & Hamm in ihrem Artikel in diesem Buch feststellen, ist die Rezeption von Literatur in englischer Sprache, in der immer noch der weitaus größte Teil empirischer Arbeiten abgefaßt wird, verschwindend gering; zum anderen zeigte sich in den angegebenen Fachzeitschriften, daß offensichtlich innerhalb der Gruppe der Befragten ein ‚deutlich ausgeweitetes Verständnis von wissenschaftlicher Psychotherapieforschung‘ besteht (siehe dort). Interessant ist allerdings, daß die nicht in privater Praxis Tätigen offensichtlich gern mehr Ergebnisse wissenschaftlicher Psychotherapieforschung rezipieren würden, denn sie geben häufiger an, daß Zeitmangel als Hinderungsfaktor einer vermehrten Rezeption im Wege steht als die in privater Praxis tätigen PsychotherapeutInnen (chi2 = 5.46, df = 1, p = .02). Letztere hingegen geben häufiger an, daß es keine Hinderungsgründe für eine vermehrte Rezeption von Psychotherapieforschung gibt (chi2 = 3.90, df = 1, p = .05), was so interpretiert werden kann, daß sich in privater Praxis tätige PsychotherapeutInnen also bewußt gegen die Rezeption von Ergebnissen wissenschaftlicher Psychotherapieforschung entscheiden.

Auch in Bezug auf die Nutzung von Psychotherapieforschung konnten Unterschiede zwischen den PsychotherapeutInnen in privater Praxis und denen aus anderen Einrichtungen festgestellt werden. So gaben die PsychotherapeutInnen aus anderen Einrichtungen häufiger an, daß Ergebnisse der Psychotherapieforschung ihnen helfen zu entscheiden, mit welcher Therapie einer Klientin oder einem Klienten am besten geholfen werden kann (t = 2.64, df = 188 p = .01) und daß ihnen Ergebnisse von Psychotherapieforschung helfen, Schwierigkeiten bei der Behandlung von KlientInnen zu verstehen oder zu lösen (t = 2.04, df = 184.89, p = .043).

Insgesamt muß also festgehalten werden, daß die in freier Praxis tätigen PsychotherapeutInnen eine noch kritischere Haltung gegenüber Psychotherapieforschung und ihrem Nutzen einnehmen als dies schon von Beelmann und Hamm (in diesem Band) für praktisch tätige PsychotherapeutInnen insgesamt beschrieben worden war.

Im folgenden soll versucht werden, einigen Bedingungen für dieses unbefriedigende Verhältnis nachzugehen. Dabei soll zunächst betrachtet werden, welche Bedingungen und Entwicklungen sich auf Seiten der Psychotherapieforschung für ihre defizitäre Nutzung in der Praxis identifizieren lassen. Im zweiten Schritt soll die Perspektive der in der Praxis Tätigen beleuchtet werden.

Bedingungen für die defizitäre Nutzung der wissenschaftlichen Psychotherapieforschung auf der Wissenschaftsseite

Die Entwicklung der wissenschaftlichen Psychotherapieforschung und ihr heutiges ‚Angebot'

Eine Ursache liegt in der Entwicklung der Psychotherapieforschung selbst. Die frühe Phase der Psychotherapieforschung, die mit Meyer, Richter, Grawe, von der Schulenburg und Schulte (1991) als „entdeckungsorientiert" bezeichnet werden kann, hatte zunächst zum Ziel, neue Therapiemethoden und ihre Reichweite zu erproben. Später änderte sich die Zielrichtung dieser Forschung insofern, als daß mit ihrer Hilfe eine Legitimation und Finanzierung der psychotherapeutischen Versorgung sowie eine Abgrenzung gegenüber nicht psychologisch fundierten Therapien angestrebt wurde (vgl. Kächele & Kordy, 1992). Durch Eysencks (1952) Urteil, daß nicht die Psychotherapie, sondern Spontanremissionen für die Besserung der behandelten Patienten verantwortlich seien, begann in den fünfziger Jahren eine Forschungsphase, in der die Wirksamkeit von Psychotherapie unter objektiven und kontrollierten Bedingungen überprüft wurde. Nach der Frage „Ist Psychotherapie effizient?" stand insbesondere in den siebziger Jahren die Frage „Welche Therapie ist effizienter?" im Zentrum des Interesses der differentiellen Psychotherapieeffizienzforschung (Wutke, 1980). Das leitende Motiv dieser Forschung war es, eine allen anderen überlegene Therapietheorie bzw. Behandlungsmethode zu finden (Kächele & Kordy, 1992) oder zumindest nachzuweisen, daß eine bestimmte Methode bei der Behandlung eines bestimmten Störungsbildes überlegen sei. Obwohl diese Entwicklung der Psychotherapieforschung an sich logisch und berechtigt ist, ergibt sich, daß bis zu diesem Zeitpunkt ihre Ergebnisse der praktisch tätigen PsychotherapeutIn – und zwar nicht nur der in der privaten Praxis Tätigen – nur wenig Hinweise auf die Gestaltung ihrer alltäglichen konkreten Arbeit geben konnte. Entsprechend stellt Grawe (1988) fest, daß Psychotherapie eine Wissenschaft ist, die sich noch kaum mit ihrem eigentlichen Forschungsgegenstand, nämlich dem psychotherapeutischen Geschehen selbst, beschäftigt hat. In den vergangenen zehn Jahren hat sich jedoch eine deutliche Veränderung der Psychotherapieforschung hin zur Psychotherapieprozeßforschung ergeben. Ein wichtiger Ausgangspunkt für diese Entwicklung war Kieslers (1966, 1971) Kritik am „Uniformitätsmythos" der Outcome-Forschung und seine programmatische Forschungsfrage: „Welcher Therapeut bewirkt mit welchen Methoden bei welchem Patienten mit welchen Problemen unter welchen Umständen welche Veränderung"?, mit der er für eine Psychotherapieforschung plädierte, die hinsichtlich der Aspekte Patient, Therapeut, Technik, Problem, Erfolg und Zeit differentiell sein sollte. Die Kritik am Uniformitätsmythos, die deutlich die Grenzen der vergleichenden Psychotherapieforschung aufzeigte, führte dazu, daß dieses Forschungsparadigma in den folgenden Jahren zunehmend zugunsten der Psychotherapieprozeßforschung in den Hintergrund trat.

Psychotherapieprozeßforschung geht es darum, welches die wesentlichen Determinanten für Veränderungsprozesse sind und welche verschiedenen Arten solcher Prozesse sich unterscheiden lassen (Schindler, 1996; siehe auch Grawe, 1992 und Greenberg, 1991). Dieses Forschungsparadigma führt zu Ergebnissen, die – wie zum Beispiel Schindler (1996) es ausdrückt – klären, „...unter welchen Bedingungen den Klienten die Erklärungen und Instruktionen des Therapeuten berühren oder wie bestimmte Beiträge des Therapeuten geartet sein müssen, damit der Klient sie verinnerlicht" und somit von direkter Praxisrelevanz sein sollen.

Schon vor dieser Hinwendung zur Prozeßperspektive begann eine zweite Entwicklung, das heutige Gesicht der Psychotherapieforschung zu bestimmen. Während früher Forschung innerhalb von Therapieschulen im Sinne einer fortschreitenden Paradigmen-Anwendung (Herrmann, 1976) stattfand – daß heißt, es wurde versucht, immer mehr klinische Probleme mit den gleichen Theorien zu beschreiben und mit ähnlichen Methoden zu verändern –, hat sich heute ein anderer Typ von Forschung zunehmend etabliert, nämlich die „Domain-Forschung". Hier werden einzelne psychische Störungen „aus unterschiedlicher theoretischer Sicht und mit unterschiedlichen empirisch-experimentellen Methoden auf ihre Bedingungen (ätiologische Forschung) und auf ihre Veränderbarkeit (Therapieforschung) untersucht" (siehe dazu ausführlich Schulte, 1996b). Durch diese Forschung liegen bereits heute für zahlreiche klinische Störungen spezifische psychologische Störungsmodelle und effektive Therapiemethoden in standardisierten Therapiemanualen vor (einen Überblick gibt Fiedler, 1997; für den Bereich der Angststörungen vgl. Schulte 1996b).

Unabhängig davon, daß Prozeß- und störungsspezifische Forschung nicht immer Hand in Hand gehen (vergleiche z.B. die Debatte um Individualisierung versus Standardisierung, z.B. Caspar & Grawe, 1996 und Schulte 1996a, c), kann Psychotherapieforschung also der praktisch tätigen PsychotherapeutIn heute ein attraktiveres Angebot machen als noch vor zehn oder zwanzig Jahren. Im Rahmen störungsspezifischer Therapiemanuale werden konkrete Hinweise für die Behandlung spezifischer klinischer Problemstellungen gegeben, die – trotz der aktuellen kritischen Diskussion um die Grenzen und Möglichkeiten standardisierter Therapieplanung – der praktisch tätigen PsychotherapeutIn mindestens „Suchräume" für die optimale Gestaltung der Behandlungen Ihrer PatientInnen eröffnen. Ergebnisse der Psychotherapieprozessforschung können ihr darüber hinaus spezifische Hinweise in Bezug auf das Verständnis und eine günstige Gestaltung des therapeutischen Prozesses geben, z.B. in bezug auf schwierige Therapiesituationen, motivationale Aspekte u.s.w. (Kanfer, Reinecker & Schmelzer, 1991; Sachse, 1997; Willutzki & Koban, 1996; Schulte, 1996b).

Die Vernachlässigung des Arbeitsfeldes ‚Private Praxis'

Bis hierhin gilt die Argumentation natürlich nicht nur für das Arbeitsfeld ‚private Praxis', sondern für alle anderen praktisch tätigen PsychotherapeutInnen auch. Zu fragen ist, welche Versäumnisse auf Seiten der Psychotherapieforschung dazu führen, daß dieses Angebot gerade von in der privaten Praxis tätigen PsychotherapeutInnen nicht in dem Maße genutzt wird, wie es zu wünschen wäre. Hierzu ist zunächst zu bemerken, daß Kiesler in der oben angeführten Forschungsfrage das Augenmerk auch auf die „Umstände" des therapeutischen Settings lenkte, worunter sicherlich auch das institutionelle Setting zu verstehen ist. Dazu argumentierten Baumann, Hecht und Mackinger schon 1984, daß Psychotherapieforschung, wenn sie einen Beitrag für die praktische Tätigkeit leisten will, ‚Mehrebenenforschung' sein muß, die gleichzeitig behandelnde Person und Klienten (in der Handlungsanalyse), den therapeutischen Prozeß (in der

Prozeßanalyse) und den institutionellen Charakter von Psychotherapie (in der Systemanalyse) berücksichtigen muß. Der institutionelle Aspekt wird aber auch in der heutigen Psychotherapieforschung weitgehend vernachlässigt. Ergebnisse der Psychotherapieforschung werden meist in sehr spezifischen Settings, wie der Psychotherapeutische Universitätsambulanz oder der Universitätsklinik gewonnen. Sie sind somit mit zahlreichen Spezifika in bezug auf Klientel (z.B. bildungsorientiertes Klientel mit monosymptomatischen Störungen), Behandlungsmöglichkeiten (z.B. Reizkonfrontationen ohne Zeitbegrenzung), Behandlungsfrequenz, Diagnostik u.s.w. behaftet, die die Übertragbarkeit in die Arbeit in der privaten Praxis einschränken (siehe auch Rief, 1994, 1996). Die fehlende Berücksichtigung der Übertragbarkeit der Ergebnisse wissenschaftlicher Psychotherapieforschung in die Arbeit in der privaten Praxis und die geringe Validierung im spezifischen Setting ist insbesondere bei der zunehmenden Bedeutung gerade der privaten Praxis für die psychosoziale Versorgung kritisch zu bewerten (siehe z.B. Faber, 1991 für die Verhaltenstherapie).

Von den in der Praxis tätigen PsychotherapeutInnen wird hier insbesondere die Vernachlässigung des Problems der Ko- und Multimorbidität angeführt. Die PatientIn mit einer monosymptomatischen Störung ist in der privaten Praxis eher die Ausnahme als die Regel. In den oben erwähnten störungsspezifischen Therapiemanualen werden Ko- und Multimorbiditäten von unterschiedlichen Störungsbildern jedoch nur selten berücksichtigt, auf notwendige Adaptationen des manualisierten Vorgehens wird oft überhaupt nicht eingegangen.

Unterschiedliche Ziele von Wissenschaft und Praxis

Weiterhin muß auch festgehalten werden, daß nicht jede Psychotherapieforschung für die Praxis relevant ist. Arbeiten, die mehr im Interesse größerer Forschungszusammenhänge entstehen und sich gegebenenfalls mit Detailfragen beschäftigen, mögen für die Gemeinschaft der PsychotherapieforscherInnen von gewichtigem Interesse sein, während sie sich für die praktisch tätigen PsychotherapeutInnen als recht belanglos darstellen. Gerade von in der privaten Praxis tätigen PsychotherapeutInnen, die nach der Devise „Zeit ist Geld" arbeiten müssen, kann aber nicht verlangt werden, daß sie den Prozeß des „Wissenschaffens" an den Universitäten und anderen Forschungseinrichtungen verfolgen. Dies gilt insbesondere angesichts der immensen Zahl veröffentlichter Forschungsarbeiten allein im Bereich der klinischen Psychologie, die sich zudem im Rahmen der Entwicklung hin zur Psychotherapieprozeßforschung immer komplizierterer Methoden bedienen.

Geringe Praxisrelevanz ergibt sich manchmal auch dadurch, daß wissenschaftliches Arbeiten nicht immer nur der Versorgung der Praxis mit Wissen dienen kann, sondern auch der Qualifizierung wissenschaftlichen Nachwuchses, der wissenschaftlichen Karriere und Reputation. Die ist wiederum aber nicht von der Zustimmung der PraktikerInnen abhängig, sondern von Zustimmung aus dem Hochschulbereich, die von anderen Kriterien – wie zum Beispiel Kreativität bei der Theoriebildung und Gestaltung von Forschungsdesigns, sicherem Umgang mit statistischen Methoden u.s.w. – bestimmt wird.

Gerade die letztgenannten Punkte führen oftmals zu einem typischen Konflikt zwischen ForscherInnen und PraktikerInnen. So findet z.B. Rief (1994) für Patientenselektionsraten von Psychotherapiestudien, die in der Erhebungsphase über 1000 Personen einbeziehen, von denen später weniger als 100 in die Studie eingeschlossen werden, das Bild eines „Flaschenhalses enormer Ausprägung". Stellen wir uns eine ForscherIn vor, die eine solche Studie mit dem erforderlichen hohen Aufwand erfolgreich durchgeführt hat und nun mit berechtigtem Stolz von den gegebenenfalls deutlichen Ergebnissen ihrer Arbeit berichtet. Die PraktikerIn mag angesichts des geringen Nutzens für ihre alltägliche Arbeit mit Unverständnis über die Begeisterung der ersten reagieren. Wird dieses Unverständnis von der ersten als Ignoranz bewertet, ihr eigener Stolz von der anderen aber als Arroganz, so ergibt sich im Resultat der klassische Konflikt zwischen Forschung und Praxis.

Mangelndes Bemühen um den Transfer der Ergebnisse wissenschaftlicher Psychotherapieforschung in die Praxis

Vielleicht ist es auch die über lange Zeit vorherrschende Orientierung der ForscherInnen an den anderen ForscherInnen, die mitverantwortlich war für einen weiteren Faktor, der die Nutzung von Forschungsergebnissen durch die Praxis beeinflußt: Vielfach wird von Seiten der PraktikerInnen – und so auch in der oben vorgestellten Studie – bemängelt, daß die Rezeption von Ergebnissen der Psychotherapieforschung mühsam und aufwendig ist. Bemängelt wird, daß Forschungsarbeiten schlecht zugänglich sind und zu wenig konkret und handlungsanleitend. Weiterhin wird kritisiert, daß die für die PraktikerInnen weniger interessante Darstellung der verwendeten Forschungsmethoden zu viel Raum einnimmt. Die Rezeption von Ergebnissen der Psychotherapieforschung wird auch dadurch erschwert, daß Übersichten über Themenbereiche oder Übersichtsbände zu verschiedenen Themen fehlen.

Studium und Therapieausbildung

Die Wurzeln für die mangelnde Orientierung praktisch tätiger PsychotherapeutInnen an der Psychotherapieforschung liegen vermutlich bereits im Studium: Schon hier präsentiert sich das Angebot oft mit nur geringem Bezug zum späteren Beruf, was nicht nur für den Bereich der Klinischen Psychologie und Psychotherapie gilt. Dies führt dazu, daß viele StudentInnen den Abschluß ihres Studiums herbeisehnen, um sich danach endlich ihrem eigentlichen Interesse zu widmen, nämlich der psychotherapeutischen Tätigkeit. Daß die dann gewählte Ausbildung oftmals weit entfernt von den während des Studiums vermittelten Inhalten und damit von der wissenschaftlichen Orientierung liegt, ist nachvollziehbar. Dies galt zumindest früher, als der durch das geplante Psychotherapiegesetz entstandene Druck, sich in einem anerkannten Verfahren zu qualifizieren, noch nicht so groß war wie heute. Zudem bemühten sich die Universitäten lange Zeit nicht darum, den StudentInnen nach Abschluß ihres Studiums selbst eine Weiterbildungsmöglichkeit anzubieten, so daß der gesamte Bereich der Postgraduierten-Ausbildung von freien Ausbildungsinstituten übernommen werden konnte. Die eigentliche therapeutische Arbeit prägende Therapieausbildung fand und findet so unabhängig von den Universitäten und oft genug unabhängig von Erkenntnissen wissenschaftlich-orientierter Psychotherapie statt, so daß es eher überraschen müßte, wenn die so ausgebildeten TherapeutInnen in ihrer alltäglichen Arbeit auf das durch die Forschung zusammengetragene Wissen zurückgreifen würden (vgl. auch Schulte, 1985, 1993). Die oben beschriebene besondere Ausgangslage in Bezug auf berufliches Interesse, Motivation und Arbeitssituation der in freier Praxis tätigen PsychotherapeutInnen mag dazu beitragen, daß sich diese Tendenzen auf Ihrer Seite in besonders deutlicher Ausprägung zeigen.

In vielerlei Hinsicht hat die Psychotherapieforschung auf diese verschiedenen Kritikpunkte reagiert; trotzdem bleibt noch ein gewichtiger Rest an notwendigen Veränderungen, um den Dialog zwischen Forschung und Praxis zu verbessern. Darauf soll später eingegangen werden. Zunächst soll näher betrachtet werden, welche Faktoren auf Seiten der in der Praxis tätigen PsychotherapeutInnen einer vermehrten Nutzung der Ergebnisse wissenschaftlicher Psychotherapieforschung im Wege stehen.

Bedingungen für die defizitäre Nutzung auf Seiten von PsychotherapeutInnen in freier Praxis

Fehlende Integration von Psychotherapieforschung und Therapieausbildung

Die insgesamt negative und kritische Einstellung der in privater Praxis Tätigen ist sicherlich nicht durch eine geringe Motivation, die Qualität der Arbeit zu sichern und zu verbessern, begründet. PsychotherapeutInnen – und das gilt sicherlich auch für die in privater Praxis Tätigen – bilden sich im Gegensatz zu vielen anderen Berufsgruppen permanent und intensiv fort. Es gibt wohl kaum einen Berufszweig, für den ein derart reichhaltiges Weiterbildungsangebot existiert, welches aus intrinsischem Interesse genutzt wird und nicht etwa weil es durch interessante Reisen, lukullische Genüsse u.ä.m. honoriert wird. Auf mannigfaltigen Workshoptagungen, Seminarreihen etc. werden therapeutische Theorien und Methoden vorgestellt, diskutiert und ihre Anwendung eingeübt – nur leider oft genug ohne Bezug zu den Ergebnissen wissenschaftlicher Therapieforschung. In Intervisionsgruppen und Supervisionen setzen sich Therapeuten mit der Qualität ihrer täglichen Arbeit auseinander, sind also durchaus bereit, Neues kennenzulernen, sich selbst und ihr Tun kritisch zu hinterfragen und Anregungen umzusetzen.

Sicherlich gibt es auch in der privaten Praxis – wie in den meisten anderen Tätigkeitsfeldern – PsychotherapeutInnen, die sich für eine wissenschaftliche Fundierung ihres Tuns grundsätzlich nicht interessieren, die Forschung in dem ihr zugeschriebenen Elfenbeinturm belassen und statt dessen der Intuition oder Augenscheinvalidität vertrauen. Wir gehen jedoch davon aus, daß dieser Anteil eher der geringere ist.

Für viele andere in der privaten Praxis Tätigen schlägt sich eher das Versäumnis ihrer zum Teil schon lange zurückliegenden Aus- und Weiterbildungen, ausreichend über den Beitrag wissenschaftlicher Psychotherapieforschung zu informieren, in Gleichgültigkeit oder Vorurteilen bis hin zur Anti-Haltung nieder. Ein zweiter Konflikt ergibt sich aus der meist mit der Ausbildung einhergehenden therapeutischen Orientierung der TherapeutInnen und der ‚Orientierung‘ heutiger Psychotherapieforschung.

Psychotherapieforschung heute ist – wie oben dargestellt – vielfach prozeß- oder störungsspezifische Forschung, die sich zunehmend weniger an Therapieschulen als an allgemeinpsychologischen Grundlagen orientiert und damit vor allem der Verhaltenstherapie nahesteht. Viele in der privaten Praxis tätige PsychotherapeutInnen haben aber Ausbildungen in spezifischen anderen Therapieschulen durchlaufen, z.B. Gestalttherapie, Psychodrama usw. Diese therapeutischen Schulen befinden sich nicht in einer entsprechend langen Forschungstradition wie z.B. die Verhaltenstherapie, so daß ein geringerer Bezug zur Forschung für diese TherapeutInnen in ihrer therapeutischen Entwicklung mitbegründet ist.

Diese PsychotherapeutInnen stehen vor dem Dilemma, entweder Ergebnisse empirischer Psychotherapieforschung aufgrund der anderen Orientierung nicht in ihre Arbeit integrieren zu können oder aber ihre bisherige Arbeit/Orientierung insgesamt in Frage stellen oder gegebenenfalls sogar aufgeben zu müssen, obwohl sie sie doch selbst als unmittelbar sinnvoll und nützlich für ihre PatientInnen erleben. Es darf nicht verwundern, daß von dieser Seite Ergebnisse empirischer Psychotherapieforschung als irrelevant für die eigene Arbeit erlebt werden oder wissenschaftliche Forschung mit dem Argument der Einseitigkeit abgetan wird.

Bedrohung der Autonomie

Eine andere Quelle von Skepsis mag darin liegen, daß – wie oben schon erwähnt – PsychotherapeutInnen, für die ein Motiv, sich niederzulassen das Entrinnen aus Hierarchien und Abhängigkeiten war, wenig Interesse haben, sich durch die Wissenschaft, von der sie nicht glauben, daß sie die spezifischen Bedingungen ihres Tätigkeitsfeldes in ausreichendem Maß berücksichtigt, „Vorschriften machen zu lassen". Wenn der Eingriff in die eigene Autonomie als bedrohlich empfunden wird, mag diese Skepsis in Ängste umschlagen, wie es am Beispiel der Diskussion um Qualitätssicherung deutlich wird.

Mangelnde Rezeptions- und Transferkompetenzen

Für die PraktikerInnen stellt sich weiterhin das Problem, relevante von irrelevanter Information zu unterscheiden, da wie oben beschrieben nicht jede Arbeit aus dem Bereich der Psychotherapieforschung für die Praxis relevant sein kann. Verständlich ist es, daß ein mehrmaliges Mißlingen dieses Auswahlprozesses zu Frustration und Resignation führen kann. Wurde gegenüber der Forschungsseite die Kritik erhoben, praxisrelevante Forschungsergebnisse nicht ausreichend zu kennzeichnen und von weniger relevanten Informationen abzugrenzen, so muß auf Seiten der PraktikerInnen eine mangelnde Fähigkeit, relevante von irrelevanter Information zu unterscheiden, konstatiert werden. Diese Fähigkeit kann als Bestandteil einer auf Seiten der PraktikerInnen notwendigen Rezeptionskompetenz verstanden werden, die zum Beispiel auch das Verständnis der im Rahmen der Prozeßforschung zunehmend komplizierter werdenden Forschungsmethoden umfaßt. Diese ist u. E. nicht immer in ausreichendem Umfang gegeben. Es ist zu befürchten, daß ein Großteil der heute in der klinisch-psychologischen Forschung eingesetzten Methoden von den PraktikerInnen nicht mehr verstanden wird.

Eine weitere Ursache der defizitären Nutzung von Psychotherapieforschung scheint „in der Natur der Sache" zu liegen. Während es in der Psychotherapieforschung meist um eine „Mittelwertperspektive“ geht, sind die PraktikerInnnen am konkreten Einzelfall interessiert, der eben regelmäßig vom Durchschnitt abweicht. Die Schwierigkeit ist hier, vom allgemeinen auf den Einzelfall zu konkretisieren. Daß dies nicht immer gelingt, mag auch an mangelnder „Transferkompetenz“ der PraktikerInnen liegen. So konnten wir in der anfangs erwähnten Untersuchung, in der PsychotherapeutInnen, die eine wissenschaftlich orientierte Therapieausbildung im Rahmen von universitären Weiterbildungsgängen besuchten oder besucht hatten, verglichen wurden mit PsychotherapeutInnen, die eine Therapieausbildung in einem anderen Weiterbildungsinstitut absolvieren oder absolviert hatten, feststellen, daß die Teilnehmer universitärer Weiterbildungsgänge Ergebnisse wissenschaftlicher Therapieforschung häufiger für ihre therapeutische Arbeit nutzbar machen konnten (Buchbinder, 1997).

Kosten-Nutzen-Aspekte und Rahmenbedingungen

Die ökonomischen Zwänge in privater Praxis sind enorm. Jegliche Form der Fortbildung findet außerhalb der Arbeitszeit statt und muß von den PsychotherapeutInnen selbst finanziert werden. Im Gegensatz zu Beratungsstellen, Universitätsambulanzen oder Kliniken müssen in privater Praxis auch Supervisionen, Intervisionen und Fachgespräche mit KollegInnen finanziell eingeplant werden. Kosten für Workshops, Kongresse, etc. müssen selbst getragen werden, Bildungsurlaub gibt es nicht, die in Fortbildung investierte Zeit muß anderweitig aufgearbeitet werden. Auch Abonnements von Fachzeitschriften schlagen zu Buche.

Unter solchen Bedingungen wird natürlich genauestens geprüft, wofür Arbeitszeit gekürzt bzw. Freizeit geopfert und Geld ausgegeben wird. Das Angebot muß interessant sein und einer Kosten-Nutzen-Analyse standhalten.

Unter dem Kosten-Nutzen-Aspekt ergibt sich ein weiteres Bestimmungsstück der Nutzung von Psychotherapieforschung, daß sich auf die Häufigkeit einzelner PatientInnengruppen in der privaten Praxis bezieht. Bestimmte Störungsbilder tauchen häufiger auf, einzelne Praxen haben sich zudem auf die Behandlung bestimmter Störungen konzentriert. Entsprechend ist auch die Bereitschaft, sich in bezug auf seltenere Störungsbilder auf den neusten Stand zu bringen, geringer und ggf. abhängig vom Schwerpunkt der jeweiligen Praxis.

Perspektiven

In diesem letzten Abschnitt sollen einige Vorschläge dazu gemacht werden, wie die defizitäre Nutzung der Ergebnisse wissenschaftlicher Psychotherapieforschung durch in der privaten Praxis tätige PsychotherapeutInnen verbessert werden kann. Orientierung dafür bieten die Ergebnisse sozialwissenschaftlicher Verwendungsforschung. Leviton und Hughes (1981) und Cousins und Leithwood (1986) konnten in Metaanalysen verschiedene Cluster identifizieren, nach denen sich die Variablen, die die Nutzung von Forschungsergebnissen beeinflussen, ordnen lassen. Leviton und Hughes (1981) identifizierten folgende fünf Cluster:

- die Relevanz der Untersuchung;
- die Kommunikation zwischen Wissenschaftler- und AnwenderInnen;
- Informationsprozesse;
- die Glaubwürdigkeit der Untersuchung;
- die Beteiligung potentieller NutzerInnen am Forschungsprozeß.

Die Relevanz einer Untersuchung bestimmt sich vor allem dadurch, ob die Bedürfnisse potentieller NutzerInnen angesprochen werden und ob sie Hilfe bei der Lösung aktueller Problemstellungen geben kann (Lynn, 1978).

Ersteres bedeutet für die Psychotherapieforschung, daß sie eine gesteigerte Nutzung ihrer Ergebnisse nur dann erwarten kann, wenn sie auf die Bedürfnisse der PsychotherapeutInnen in privater Praxis reagiert. Dazu ist im ersten Schritt notwendig, diese Bedürfnisse zu erfragen und Fragestellungen zu entwickeln, die für beide Seiten fruchtbar und interessant sind. Die Fortentwicklung klinisch-psychologischer Konzepte mit dem Ziel der Wissenserweiterung und das Reagieren auf Bedürfnisse der potentiellen NutzerInnen müssen einander nicht ausschließen. Die Erstellung von störungsspezifischen Therapiemanualen auf der Basis grundlagenpsychologisch orientierter Störungsmodelle zeigt deutlich, daß dies möglich ist. Auf Seiten der Psychotherapieforschung wird hier aber auch Mut nötig sein, sich den Bedürfnissen der Praxis – wie eben z.B. dem Problem der Ko- und Multikomorbidität – zu stellen. PsychotherapeutInnen in privater Praxis könnten die Steigerung der Relevanz klinisch-psychologischer Forschung dadurch unterstützen, daß auch sie eine ‚mutigere' Haltung einnehmen, ihre Bedürfnisse den PsychotherapieforscherInnen vortragen und Antworten einfordern, anstatt sich ängstlich hinter therapeutische Routinen zurückzuziehen und sich nicht in die Karten schauen zu lassen'.

Um zu verdeutlichen, daß Psychotherapieforschung Hilfe bei aktuellen Problemstellungen leisten kann, schließen wir uns der Forderung Riefs (1994) nach der Notwendigkeit einer ‚Phase 4' der Psychotherapieforschung an. Rief greift hier auf die psychopharmakologische Forschung zurück, in der nach Erprobungen im Tierversuch, Testung in Einzelfallexperimenten im Humanbereich und Überprüfung der Effektivität eines neuen Pharmakons im Rahmen einer Doppelblindstudie eine vierte Phase folgt, in der die Wirksamkeit überprüft wird, wenn das Pharmakon von niedergelassenen Ärzten in der ambulanten Routineversorgung verschrieben wird. Gleichermaßen sollten therapeutische Strategien in ihrer Wirksamkeit überprüft werden, wenn sie nicht im Forschungssetting, sondern z.B. in den freien Praxen, die heute einen wesentlichen Bestandteil der psychotherapeutischen Versorgung der Bevölkerung übernehmen, eingesetzt werden. Die Überzeugungskraft einer so in ihrer Effektivität überprüften therapeutischen Strategie wäre für PsychotherapeutInnen in freier Praxis sicherlich um ein Vielfaches größer als bisher.

Die Kommunikation zwischen Wissenschaftler und Anwender

Positiv auf die Nutzung von Forschungsergebnissen wirkt sich vor allem die direkte Kommunikation (Glaser & Taylor, 1973) und die kontinuierliche Kommunikation (Rossman, Hober & Ciarlo, 1979) zwischen ForscherInnen und AnwenderInnen aus. Dies spricht zunächst für die Bindung der für die spätere Berufstätigkeit prägenden Therapieausbildung an die Universitäten als wichtige Instanz für klinisch-psychologische Forschung. Einige Universitäten haben mit der Einrichtung von Weiterbildungsgängen in klinischer Psychologie und Psychotherapie die direkte Kommunikation zwischen Forschern und Anwendern – zum Teil gerade mit dem Schwerpunkt auf die wichtige Zeit des Berufsanfangs – deutlich gefördert. Buchbinder (1997) konnte zeigen, daß TeilnehmerInnen und AbsolventInnen der universitären Weiterbildungsgänge in Bochum, Braunschweig und Gießen u.a. positiver gegenüber Psychotherapieforschung und PsychotherapieforscherInnen eingestellt sind und in ihrer therapeutischen Arbeit häufiger auf Ergebnisse der Pychotherapieforschung zurückgreifen als TeilnehmerInnen und AbsolventInnen nicht-universitärer Therapieausbildungen. Auch die gegenläufige Kommunikationsrichtung wird durch die universitären Ausbildungen gefördert: PsychotherapieforscherInnen, die als ReferentInnen den praktisch tätigen PsychotherapeutInnen gegenübertreten, sind in hohem Maße mit deren beruflichen Alltagsproblemen konfrontiert, wodurch sie verstärkt Einblick in die Bedürfnisse der Praxis gewinnen.

Rossman, Hober & Ciarlo (1979) folgend sollte die direkte Kommunikation jedoch auch nach der Phase der Therapieausbildung kontinuierlich fortgesetzt werden. Neben den Möglichkeiten, die auch hier die „Phase 4"-Forschung bieten würde, spricht dies dafür, daß die Universitäten ihren Fort- und Weiterbildungsauftrag z.B. durch die Etablierung von Fortbildungsveranstaltungen für PsychotherapeutInnen in freier Praxis ernst nehmen müssen, wenn sie die Nutzung ihrer Ergebnisse fördern wollen. Die finanziellen und institutionellen Rahmenbedingungen hierfür zu schaffen, ist eine wichtige Aufgabe nicht nur für PsychotherapeutInnen in privater Praxis und Universitäten, sondern für alle Beteiligten, also auch Krankenkassen, Gesundheitspolitik und die Berufs- und Fachverbände.

Ebenso wichtig ist es, Plattformen zu fördern und zu schaffen, die insbesondere den Austausch zwischen PraktikerInnen und ForscherInnen fördern. So hat sich beispielsweise der Kongreß für Klinischen Psychologie und Psychotherapie der Deutschen Gesellschaft für Verhaltenstherapie zunehmend zu einem solchen Ort des Austausches zwischen Praxis und Forschung entwickelt.

Informationsprozesse

Hier lassen sich als relevante Aspekte die Schwierigkeit und die Zugänglichkeit von Forschungsberichten sowie das Ausmaß, in dem sie konkrete Informationen zur praktischen Umsetzung und zur zu erwartenden Effektivität erhalten, unterscheiden.

Die Lesbarkeit von Forschungsberichten zu steigern, ist zum einen eine Aufgabe für die TherapieforscherInnen. Die Alltagsbelastung und der ökonomische Druck von PsychotherapeutInnen in privater Praxis lassen nur zu einem bestimmten Ausmaß zu, daß sie der klinisch-psychologischen Konzeptentwicklung und dem damit verbundenen Fachjargon der Forschung folgen können. Auf der anderen Seite spricht auch das Argument der Erleichterung von Informationsprozessen für eine enge Bindung von Therapieausbildungen an Universitäten oder forschungsorientierte Fachverbände, da in diesen Therapieausbildungen das Lesen wissenschaftlicher Texte und die direkte Übertragung der Inhalte in die Praxis unter Anleitung ein wichtiger Bestandteil ist. Daß TherapeutInnen universitärer Ausbildungsgänge für Therapieindikationsentscheidungen oder die Lösung schwieriger Therapiefälle eher auf Ergebnisse der Psychotherapieforschung zurückgreifen, konnte Buchbinder (1997) in der oben genannten Studie zeigen.

Das Bemühen um die Verbesserung der Zugänglichkeit von Ergebnissen wissenschaftlicher Psychotherapieforschung hat auf Seiten der Forschung schon erkennbar zugenommen. Äußeres Zeichen dafür ist neben der Einrichtung der universitären Weiterbildungsgänge auch die verstärkte Beteiligung von Hochschulangehörigen an den Kongressen der wissenschaftlich orientierten Fachverbände. Die in 1997 erstmalig von Schulte, Grawe, Hahlweg und Vaitl herausgegebene und vierteljährlich im Hogrefe-Verlag erscheinende Buchreihe ‚Fortschritte der Psychotherapie – Handbücher für die Praxis' ist ein weiterer Schritt in diese Richtung. Die Herausgeber haben sich die Aufgabe gestellt, PraktikerInnen kompakt und praxisbezogen über Forschungsfortschritte in bezug auf die Behandlung spezifischer Störungen zu informieren.

Eine weitere wichtige Rolle für die Erleichterungen von Informationsprozessen kann die Supervision bieten. Sie kann eine effektive Instanz sein, um Ergebnisse wissenschaftlicher Psychotherapieforschung in die praktische Tätigkeit einfließen zu lassen und fallbezogen zu vermitteln. Dies trifft offensichtlich auch das Interesse der Praktiker. Die Studie von Buchbinder (1997) zeigte, das praktisch tätige PsychologInnen eher bereit sind, den Ratschlägen von SupervisorInnen zu folgen, wenn sie ihre Anregungen und Hypothesen mit Ergebnissen der Psychotherapieforschung belegen können.

Äußerst sinnvoll für die Förderung von Informationsprozessen erscheint uns auch die Strategie des British Health Service: Hier müssen PsychotherapieforscherInnen schon bei der Antragstellung für Forschungsprojekte darstellen, wie sie ihre Ergebnisse verbreiten und zur Implementierung in der Praxis beitragen wollen.

Die Glaubwürdigkeit der Untersuchung

Hierunter fallen Aspekte wie zum Beispiel ein guter methodischer Anspruch einer Untersuchung (Sargent & Cohen, 1983) oder eine hohe Augenscheinvalidität (Brown, Newman & Rivers, 1980), die die Nutzung von Forschungsergebnissen erhöhen. Auch dies ist ein Argument für die ‚Phase 4'-Forschung.

Caplan, Morrison und Stambaugh (1975) konnten zeigen, daß Personen, die häufig Forschungsergebnisse nutzen, die Objektivität wissenschaftlicher Forschung hoch einschätzen und gleichzeitig Intuition als Entscheidungsgrundlage ablehnen. So läßt sich ableiten, daß eine Realisierung der bis hierhin gemachten Vorschläge zur Förderung der Nutzung der Ergebnisse wissenschaftlicher Psychotherapieforschung auch dazu führen sollten, daß ihre Glaubwürdigkeit zunimmt. Indizien hierfür finden sich wieder in der Untersuchung von Buchbinder (1997): TeilnehmerInnen und AbsolventInnen universitärer Weiterbildungen halten beispielsweise naturwissenschaftliche Forschungsmethoden für geeigneter zur Untersuchung von Psychotherapie und glauben weniger, daß PsychotherapieforscherInnen im allgemeinen keine Praxisserfahrung haben als TeilnehmerInnen und AbsolventInnen nicht-universitärer Weiterbildungsgänge.

Die Beteiligung potentieller NutzerInnen am Forschungsprozeß

Werden potentielle NutzerInnen in das Forschungsprojekt einbezogen, verbessert sich die Kommunikation zwischen ForscherInnen und AnwenderInnen, die Glaubwürdigkeit steigt, und die Bewertung der Relevanz der Untersuchung nimmt zu (Dawson & D'Amico, 1985). Sicherlich ist es nicht möglich, sämtliche NutzerInnen am Forschungsprozeß zu beteiligen. Allerdings bietet auch hier eine ‚Phase 4'-Forschung in der privaten Praxen zumindest Möglichkeiten, PsychotherapeutInnen in privater Praxis an der Forschung zu beteiligen und ihre Nutzung zu erhöhen.

Wie die obigen Ausführungen zeigen, hat sich die wissenschaftliche Psychotherapieforschung sowohl inhaltlich als auch im zunehmenden Bemühen um die Verbesserung der Rezeption und Nutzung ihrer Ergebnisse auf die Praxis zu bewegt. Für die weitere Entwicklung in bezug auf die private Praxis scheint insbesondere die Berücksichtigung des Arbeitsfeldes im Rahmen von Forschung im Versorgungsfeld sowie das Eingehen auf die Fragen und Bedürfnisse der PsychotherapeutInnen in der privaten Praxis notwendig.

Für eine verbesserte Nutzung der Ergebnisse wissenschaftlicher Psychotherapieforschung müssen aber auch die entsprechenden Rahmenbedingungen geschaffen werden, um PsychotherapeutInnen in privater Praxis die finanziellen und zeitlichen Möglichkeiten zu entsprechender Fort- und Weiterbildung einzuräumen. Eine Möglichkeit könnten hier fallbezogene Fortbildungspauschalen bieten. Es ist Aufgabe von Krankenkassen und GesundheitspolitikerInnen, hier Lösungen zu finden.

Die psychotherapeutischen Fachverbände können eine bedeutsame Rolle beim Transfer wissenschaftlicher Forschungsergebnisse in die Praxis spielen, indem sie zum Beispiel ihre in Arbeitskreisen und Fachteams zusammengeschlossenen Mitglieder mit Informationen und Trainingsmanualen versorgen.

Für die PsychotherapeutInnen in freier Praxis scheint die wichtigste Aufgabe, ihre Einstellung zur wissenschaftlichen Therapieforschung zu überprüfen und sich den hier vorangegangenen Entwicklungen zu öffnen. PsychotherapieforscherInnen sollten dabei jedoch berücksichtigen, daß es sich bei den PsychotherapeutInnen in freier Praxis – wie anfangs beschrieben – um selbstbewußte und kritische KonsumentInnen handelt, die von den Produkten wissenschaftlicher Psychotherapieforschung zunächst überzeugt werden müssen.

Wie wichtig dies ist, zeigen beispielsweise ungünstige Entwicklungen im Bereich der Qualitätssicherung. Für die Qualitätssicherung wurden im universitären Bereich Modelle entwickelt, die in der privaten Praxis nach Absprachen zwischen Krankenkassen, Kassenärztlichen Vereinigungen und Universitäten ihre Anwendung finden sollen. Angestrebt ist eine Übertragung dieser Modelle auf die private Praxis, deren Kontextbedingungen allerdings – wie oben schon erläutert – andere sind als die von Universitätsambulanzen. Ob das Ziel der Sicherung effektiver und effizienter Psychotherapie tatsächlich erreicht werden kann, ist daher zweifelhaft, da nicht mit Sicherheit davon auszugehen ist, daß die entwickelten Maßnahmen adäquat sind (fehlende ‚Phase 4'-Forschung).

In der Praxis bereits existierende Formen der Qualitätssicherung wie Intervisionsgruppen (zum Beispiel Arbeitskreise der DGVT, Fachteams des BDP) werden ignoriert. Für PsychotherapeutInnen in privater Praxis wäre aber eine Berücksichtigung und Anerkennung dieser seit vielen Jahren bewährten und in Eigeninitiative entwickelten Qualitätssicherungs-Arbeit wünschenswert und motivierend.

Resümierend ist also festzustellen, das neben den oben beschriebenen konkreten Maßnahmen vor allem der partnerschaftliche Dialog und gegenseitige Respekt Voraussetzungen für eine Verbesserung der Nutzung der Ergebnisse wissenschaftlicher Psychotherapieforschung in der privaten Praxis sind.

Literatur

Baumann, U., Hecht, Ch. & Mackinger, H. (1984). Psychotherapieforschung: Unterschiedliche Perspektiven. In U. Baumann (Hrsg.), Psychotherapie: Makro/Mikroperspektive (S. 3-28). Göttingen: Hogrefe.

Beelmann, A. & Hamm, G. (1994). Fragebogen zur Bedeutung und Nützlichkeit wissenschaftlicher Psychotherapieforschung für praktisch tätige PsychotherapeutInnen und Psychotherapeuten. Universität Erlangen-Nürnberg: Institut für Psychologie.

Beelmann, A. & Hamm, G. (1996). Psychotherapieforschung aus der Sicht der Praxis: Rezeption, Bedeutung, Kritik, Erwartungen. Unveröffentlichtes Manuskript. Universität Erlangen-Nürnberg: Institut für Psychologie.

Brown, R. D., Newman, D. L. & Rivers, L. S. (1980). Perceived need for evaluation and data usage as influences on evaluation's impact. Educational Evaluation and Policy Analysis, 2(5), 67-72.

Buchbinder, C. (1997): Forschungsorientierung in der psychotherapeu-tischen Weiterbildung und Praxis. Ruhr-Universität Bochum: Unveröffentlichte Diplom-Arbeit.

Butollo, W., Piesbergen, C. & Höfling, S. (1996). Ausbildung und methodische Ausrichtung psychologischer Psychotherapeuten – Ergebnisse einer Umfrage. Report Psychologie, 21 (2), 126-137.

Caplan, N., Morrison, A. & Stambaugh, R. (1975). The Use of Social Science Knowledge in Policy Decisions at the National Level. Ann Arbor, MI: Institute for Social Research.

Caspar, F. & Grawe, K. (1996). Was spricht für, was gegen individuelle Fallkonzeptionen? Überlegungen zu einem alten Problem aus eine neuen Perspektive. In F. Caspar (Hrsg.), Psychotherapeutische Problemanalyse (S. 65-86) Tübingen: dgvt-Verlag.

Cousins, J. B. & Leithwood, K. A. (1986). Current empirical research on evaluation utilization. Review of Educational Research, 56, 331-364.

Dawson, F. A. & D Amico, J. J. (1985). Involving program staff in evaluation studies: A strategy for increasing information use and enriching the data base. Evaluation Review, 55, 173-188.

Eysenck, H. J. (1952). The effects of psychotherapy: an evaluation. Journal of Consulting Psychology, 16, 319-324.

Faber, F. R. (1991). Verhaltenstherapie in der gesetzlichen Krankenver-sicherung der BRD – eine kritische Bilanz der ersten 10 Jahre (1980-1990). Verhaltenstherapie, 1, 15-25.

Fiedler, P. (1997). Therapieplanung in der modernen Verhaltenstherapie – Von der allgemeinen zur phänomen- und störungsspezifischen Behandlung. Verhaltenstherapie und Verhaltensmedizin, 18, 7-39.

Glaser, E. M. & Taylor, S. H. (1973). Factors influencing the success of applied research. American Psychologist, 28, 140-146.

Grawe, K. (1988). Zurück zur psychotherapeutischen Einzelfallforschung. Zeitschrift für Klinische Psychologie, 28, 23-34.

Grawe, K. (1992). Psychotherapieforschung zu Beginn der neunziger Jahre. Psychologische Rundschau, 43, 132-162.

Greenberg, L.S. (1991). Research on the process of change. Psychotherapy research, 1, 3-16.

Guy, J.D. (1987). The personal life of the psychotherapist. New York: Wiley.

Herrmann, T. (1976). Die Psychologie und ihre Forschungsprogramme. Göttingen: Hogrefe.

Kächele, H. & Kordy, H. (1992). Psychotherapieforschung und therapeutische Versorgung. Der Nervenarzt, 63, 517-526.

Kanfer, F.H., Reinecker, H. & Schmelzer, D. (1991). Selbstmanagement-Therapie. Berlin, Heidelberg, NewYork: Springer.

Kiesler, D.J. (1966). Some myths of psychotherapy research and the search for a new paradigm. Psychological Bulletin, 65, 110-136.
Kiesler, D.J. (1971). Experimental designs in psychotherapy research. In A.E. Bergin & S.L. Garfield (Hrsg.), Handbook of psychotherapy and behavior change. New York: Wiley.
Kottler, J.A. (1993). On being a psychotherapist. San Francisco: Jossey Bass.
Kriz, J. (1996). Grundfragen der Forschungs- und Wissenschafts-methodik. In R. Hutterer-Krisch, J. Kriz, E. Parfy, U. Margreiter, W. Schmetterer & G. Schwentner (Hrsg.), Psychotherapie als Wissenschaft – Fragen der Ethik (S. 15-160). Wien: Facultas.
Leviton, L. C. & Hughes E. F. X. (1981). Research on the utilization of evaluations. A review and synthesis. Evaluation Review, 5, 525-548.
Lynn, L. E. Jr. (1978). The question of relevance. In L. E. Lynn (Ed.), Knowledge and Policy: The Uncertain Connection (pp. 82-104). Washington DC: National Research Council.
Margraf, J. (Hrsg.). (1996). Lehrbuch der Verhaltenstherapie (Bd. 1 und 2). Berlin: Springer.
Meyer, A. E., Richter, R., Grawe, K., von der Schulenburg, J.-M. & Schulte, D. (1991). Forschungsgutachten zu Fragen eines Psycho-therapeutengesetzes. Bonn: Gesundheitsministerium.
Morrow-Bradley, C. & Elliot, R. (1983). A nationalwide survey of the usefulness of psychotherapy research to psychotherapists. American Psychologist, 41, 188-197.
Rief, W. (1994). Ein Plädoyer für eine praxisorientierte Psychotherapie-forschung. Report Psychologie, 19, 16-19.
Rief, W. (1996). Therapeutische Settings. In: Margraf, J. (Hrsg.). Lehrbuch der Verhaltenstherapie (Bd. 2, S. 449-467). Berlin: Springer.
Rossman, B. B., Hober, D. J. & Ciarlo, J. A. (1979). Awareness, use and consequences of evaluation data in a community mental health center. Community Mental Health Journal, 15, 7-16.
Sachse, R. (1997). Persönlichkeitsstörungen: Psychotherapie dysfunktionaler Interaktionsstile. Göttingen: Hogrefe.
Sargent, M. & Cohen, L. H. (1983). Influence of psychotherapy research on clinical practice: An experimental survey. Journal of Consulting and Clinical Psychology, 51, 718-720.
Schindler, L. (1996). Prozeßforschung. In A. Ehlers & K. Hahlweg (Hrsg.), Grundlagen der Klinischen Psychologie (S. 269-298). Göttingen: Hogrefe.
Schulte, D. (1985). Berufliche und wissenschaftliche Weiterbildung zum Klinischen Psychologen – Interessen, Motive, Widerstände. In A. Schorr (Hrsg.), Psychologie Mitte der 80er Jahre (Bericht über den 13. Kongreß für Angewandte Psychologie) (Bd. 3, S. 144-153). Bonn: Deutscher Psychologen Verlag.
Schulte, D. (unter Mitarbeit von A. Veith & H. Rochel) (1993). Weiterbildung in Klinischer Psychologie. Abschlußbericht über den Modellversuch Weiterbildung in Klinischer Psychologie der Ruhr-Universität Bochum. Unveröffentlichter Bericht. Bochum: Ruhr-Universität, Fakultät für Psychologie.
Schulte, D. (1996a). Lohnt sich eine Verhaltensanalyse? In F. Caspar (Hrsg.), Psychotherapeutische Problemanalyse (S. 45-64). Tübingen: dgvt-Verlag.
Schulte, D. (1996b). Therapieplanung. Göttingen: Hogrefe.
Schulte, D. (1996c). Standardisierung des Individuellen, Individualisierung des Standardisierten: Versuch einer Klärung aus Anlaß eines Artikels von Caspar und Grawe. Verhaltenstherapie, 5, 42-46.
Schulte, D., Grawe, K., Hahlweg, K., & Vaitl, D. (in Vorb.) Fortschritte der Psychotherapie: Handbücher für die Praxis. Göttingen: Hogrefe.
Skovholt, T. & Ronnestad, M.H. (1992). The evolving professional self. Chichester: Wiley.
Willutzki, U. & Koban, C. (1996). Manual zur Elaboration wohlgestalteter Ziele in der Psychotherapie (Berichte aus der Arbeitseinheit Klinische Psychologie). Bochum: Ruhr-Universität Bochum.
Wutke, J. (1980). Ziele und Probleme der Psychotherapieforschung. In W. Wittling (Hrsg.), Handbuch der Klinischen Psychologie (Bd. 6: Klinische Psychologie in Forschung und Praxis, S. 16-41). Hamburg: Hoffmann & Campe.

Psychotherapieforschung, Evaluation und Qualitätssicherung in der GIPT[1]-Praxis

Rudolf Sponsel

I Neuere klinisch-psychologische Psychotherapieforschung und Qualitätssicherungs-Konzepte: Die APA-Entwicklungsstudie 1994

Die Sektion Klinische Psychologie der American Psychological Association (APA) hat Mitte März 1994 einen Bericht (Hahlweg 1995) der „Arbeitsgruppe zur Förderung und Verbreitung psychologischer Verfahren" vorgelegt, der das Problem der Qualitätssicherung wie folgt zu lösen versucht hat. Zunächst werden drei Qualitätsklassen unterschieden:

(1) Therapien mit gut belegter Wirksamkeit
(2) Wahrscheinlich wirksame Therapien
(3) Experimentelle Therapien

Hierbei ist sehr wichtig, daß die Evaluation nach Meinung dieser Arbeitsgruppe immer nur relativ zu einem umschriebenen Problem geprüft werden kann oder soll, was dem integrativen idiographischen Ansatz zwar noch nicht weit genug geht, aber tendenziell schon recht nahe kommt (a.a.O. Tabelle 1: 277, Tabelle 2: 278).

Tab. 1: Kriterien für empirisch validierte Therapien: Therapieformen mit gut belegter Wirksamkeit

I. Mindestens zwei fundierte Gruppenuntersuchungen, die von verschiedenen Forschern bzw. Forschergruppen durchgeführt wurden und die Wirksamkeit der Therapie durch mindestens einen der folgenden Nachweise belegen:
A. Die Therapie ist einer anderen Behandlung oder einer Placebo-Behandlung (in Form von Tabletten oder zwischenmenschlicher Zuwendung) überlegen.
B. In Studien mit adäquater statistischer Power (N > 30 pro Gruppe, siehe Kazdin & Bass, 1989) wird die Vergleichbarkeit mit einer bereits als gesichert geltenden Therapieform nachgewiesen.

oder

II. Eine große Anzahl von Einzelfallstudien, welche die Wirksamkeit der Therapie belegen. Die Studien müssen:
   A. Einen experimentellen Versuchsplan haben und

---

1 GIPT = General and Integrative Psychotherapy, das internationale Kürzel für Allgemeine und Integrative Psychotherapie.

B. Die Wirksamkeit der fraglichen Interventionen mit einer anderen Behandlungsform (siehe I. A.) vergleichen.

Weitere Kriterien für I und II:

III. Die untersuchten Therapien müssen auf Behandlungsmanualen basieren.
IV. Die Charakteristika der jeweiligen Stichproben müssen klar spezifiziert sein.

Tab. 2: Kriterien für empirisch validierte Therapien: wahrscheinlich wirksame Therapieformen

I. Zwei Studien, die belegen, daß die Therapie effektiver ist als eine Wartelisten-Kontrollgruppe.

oder

II. Zwei Studien, die auf andere Weise die Kriterien I, III und IV für ausreichend gesicherte Therapieformen erfüllen, aber von den gleichen Forschern bzw. Forschergruppen durchgeführt wurden, oder eine fundierte Studie, welche die Effektivität der Therapie aufgrund dieser Kriterien belegt.

oder

III. Mindestens zwei fundierte Studien, welche die Effektivität der Therapie belegen, durch die Heterogenität der untersuchten Stichproben in ihrer Aussagekraft jedoch eingeschränkt sind.

oder

IV. Eine geringere Anzahl von Einzelfallstudien, welche die Kriterien II, III und IV für gut belegte Therapieformen erfüllen."

Kritik. Verhaltenstherapie[2]-Dominanz im Belegteil. Einen „experimentellen Versuchsplan" im Einzelfall zu fordern ist extrem praxisfremd und real abwegig, umso mehr, als noch nicht einmal expliziert wird, was genau darunter zu verstehen ist. Viel wichtiger wäre es, eine nachvollziehbare Dokumentation zu fordern, damit man überprüfen kann, was wirklich gemacht wurde. Die Arbeit ist konzeptionell rein pragmatisch orientiert und scheint kritische Probleme nicht zu kennen. Erfreulich ist, daß Einzelfallforschung nicht nur als Anfang einer vermeintlich „richtigen" Forschung mißverstanden, sondern im Grunde als gleichwertig anerkannt wird.

2 Der Etikettenschwindel, der z.B. mit den Richtlinienverfahren in Deutschland betrieben wird, erfährt keinerlei Problematisierung. Für die Verhaltenstherapie zitieren wir Wittchen (1996, 165): „Trotz Tausender sich verhaltenstherapeutisch nennender niedergelassener Psychologen ist es fast unmöglich, Kollegen zu finden, die eine lege artis durchgeführte Angsttherapie mit kognitiven oder Exposuretechniken durchführen." Ähnliche Ergebnisse soll auch Margraf in einer repräsentativen Umfrage erzielt haben.

II Die kombinatorische Explosion der Variablenvielfalt in der wirklichen Welt

In den Behandlungsprozeß (Beratung, Therapie) spielen viele Faktoren hinein. Selbst wenn man nur wenig differenziert, fällt man schon bei einfachen Konfigurationen sehr schnell in die kombinatorische Explosion. Dieser Sachverhalt ist die Grundlage für Kieslers (dt. 1977) nach wie vor berechtigte und wichtige Kritik am *Uniformitätsmythos* in der Psychotherapieforschung. Die traditionelle Psychotherapieforschung zeigt sich bislang ziemlich unfähig, aus diesem Sachverhalt den einzig richtigen Schluß zu ziehen, daß nur ein idiographisches Evaluationskonzept des Einzelfalles aus dem Dilemma herausführen kann (Sponsel 1995, 342). Die wenigstens zu berücksichtigenden relevanten Variablenklassen eines Therapieergebnisses TE sind:

$$TE = f(U_i, P_i, S_i, M_i, T_i, A_i, K_i, B_i, E_i, X_i)$$

(1) *Umgebungen*, Situationen, Kontexte der Träger U_1, U_2, ... U_i ... U_n und Einflüsse dieser Umgebungen mit den beiden Hauptumgebungen Beziehungsumgebung (Partnerschaft, Familie, FreundIn, Bekannte, NachbarIn) und Arbeitsumgebung (Arbeit und Beruf, Stellung, KollegIn, GeschäftspartnerIn). Eine andere Perspektive betrachtet den individuellen Realitätsrahmen und die spezifischen Bedingungen. Betrachtet man nur eine 4-Personen-Gruppe, etwa eine Familie, unter dem Aspekt der vier grundsätzlich möglichen affektiven Beziehungen, ergeben sich bereits über vier Billionen (!) mögliche Konstellationen (Sponsel 1995, 247).

(2) TrägerIn (*ProbandIn*) von Problemen, Störungen, Krankheiten P_1, P_2, ... P_i ... P_n, z.B. Individuen (Kinder, Jugendliche, Erwachsene, Alte), Paare, Familien, Gruppen, Teams, Organisationen (Systeme) mit ihren spezifischen Persönlichkeitsausstattungen, genetischen Dispositionen und aktuellen Lebenssituationen mit ihrem spezifisch-individuellen Hintergrund.

(3) Probleme, *Störungen*, Krankheiten S_1, S_2, ... S_i ... S_n, also Symptome, Syndrome, Krankheiten und Störungsbilder, Beschwerden und Behinderungen.

(4) Angewandte *Methoden* M_1, M_2, ... M_i ... M_n zur Lösung der Probleme, Störungen und Krankheiten z.B. Autogenes Training, Verordnung von Sport und Spiel, Einüben der Progressiven Muskelrelaxation für Störungen des Typs fehlende oder mangelnde Entspannung. Zum Methodenbegriff in der GIPT Sponsel (1995, 103): „Mit § Methode bezeichnen wir den grundsätzlichen Weg, mit dem ein Ziel angestrebt wird."

(5) *Technische* Realisation der Methoden T_1, T_2 .... T_i ...T_n. Technik bedeutet in der GIPT die spezifische Art und Weise einer methodischen Realisation (Organisation, Präsentation, der Weg und Anwendungsmodus der Methode). Die technische Realisation wird oft in ihrer Bedeutung – besonders in technikkritischen Therapiekreisen – nicht genügend erkannt. Die *Verpackung* und das „*Wie*" sind aber oft sehr wichtig.

(6) *AnwenderIn* (BehandlerIn: PsychotherapeutIn, BeraterIn) der Methoden A_1, A_2, ... A_i ... A_n, z.B. Laien, Studierende, KandidatInnen, Fachkundige mit unterschiedlichen Therapieausbildungen.

(7) *Kriterien* K_1, K_2, ... K_i ... K_n der Veränderungen, des Therapieerfolgs oder Mißerfolgs, z.B. *Symptommaße* (Skalierung der Schwere der Symptome z.B. nach Qualität des Symptoms, Intensität, Häufigkeit, Beeinträchtigungsgrad), *globale Gesundheitsmaße* (z.B. Freud'sche Trias erfüllt, Wohlbefinden im Normbereich – nicht valide bei mani-

formen Prozessen und bei zwanghaften Symptomisolierungen –, Lebenszufriedenheitsmittelwert im Normbereich), *Kriterienmaße*, z.B. Reduktion der Krankheitstage, Ziel <PartnerIn gefunden> oder <Trennung überwunden> oder <Ent-Lieben gelungen> erreicht, Medikamentenverbrauch halbiert, keine stationäre Einweisung seit x-Zeiteinheiten, Symptome gebessert, <Einstellung E gewandelt>. *Wichtiger Zusatz: Hierher gehört auch das intra- und interpsychische Symptomverschiebungsproblem.* Es genügt natürlich keineswegs, nur Symptomreduktion festzustellen, obschon dies vielfach eine *notwendige* und kriterienvalide Heilmittelbetrachtung ist. Zur Problematik des Messens im Flüchtigen und Unscharfen im Idiographischen vgl. Sponsel (In Vorbereitung).

(8) *BeurteilerInnen-Quellen* B_1, B_2, ... B_i ... B_n, z.B. Selbstauskünfte der ProbandInnen, Auskünfte von Angehörigen oder MitarbeiterInnen, Eindrücke der BehandlerInnen, Eindrücke unabhängiger GutachterInnen auf der Datenbasis DB[...].

(9) *Evaluationsmethoden* E_{T1}, E_{T2}, ...E_{Ti} ... E_{Tn} der Beurteilungsergebnisse, z.B. wie gut und zuverlässig sind die angewandten Methoden (Objektivität, Validität, Reliabilität, Stabilität, Fairneß, Nützlichkeit). T = Typ. Bei der Evaluation müssen wenigstens drei Ebenen unterschieden werden: (T = 1) Einzelfall, (T = 2) Zusammenfassung von Einzelfällen zu einer Gruppe (Gruppenstudie), (T = 3) Zusammenfassung von Gruppenstudien als Meta-Analyse (qualitativ oder quantitativ). Zur Problematik der Evaluation, insbesondere quantitativer vgl. Sponsel (In Vorbereitung).

Qualitätssicherung und Psychotherapieergebnisfeststellung kann nach diesem Ansatz grob als zehnstellige Relation dargestellt werden: TE = f (**U**_mgebung, **P**_robandIn, **S**_törung, **M**_ethoden, **T**_echnik, **A**_nwenderIn, **K**_riterien, **B**_eurteilerIn, **E**_vauations-methoden, **X**_Rest_und_Auffangkategorie). Für jede Störung S gibt es eine tragende ProbandIn P, eingebettet in eine spezifische Umgebung U. Eine Therapiemethode M wird von einer AnwenderIn A in einer bestimmten *technischen Realisation* T praktiziert mit diesem oder jenem Ergebnis nach den *Kriterien* K, gesehen von den *BeurteilerInnen* B, erhoben mit den *Evaluationsmethoden* E.

Man erkennt ohne Mühe, daß die Variablenkombinationen problemlos *weit* über den Trillionenbereich hinausgehen. Um dennoch traditionell forschen zu können, muß man extrem vereinfachen und abstrahieren und landet dann aber sofort wieder in *Kieslers Uniformitätsmythos* und damit bei sehr fragwürdigen Forschungsergebnissen. Der Versuch Kieslers andererseits, mit den astronomischen Variablenkombinationen mit seinem grid-Modell (1969) fertig zu werden, muß ebenfalls scheitern, wie Grawe (1988, 2) feststellte.

Die traditionelle Psychotherapieforschung ist im Grunde überfordert und kann das Einzelfallproblem aus Sicht der PraktikerInnen bislang nicht angemessen lösen. Die Hauptgründe sind: (1) die meisten ForscherInnen haben keine oder nur sehr geringe Therapieerfahrung und wissen gar nicht, was da wirklich vor sich geht; (2) in aller Regel sind sie statistisch-methodologisch sehr fragwürdig aus- und idiographisch wenig gebildet, weil die meisten Ausbildungs- und Studiengänge hierfür auch gar kein Konzept haben; (3) es fehlt ihnen oft auch an kreativen Ideen. Das hindert viele „WissenschaftlerInnen“ allerdings nicht, sich über idiographisch erfahrene PraktikerInnen zu erheben. Tatsächlich *ist jede* PsychotherapeutIn, die ihre Therapie differenziert-reflektierend (metatherapeutisch) konzipiert und ausübt, eine *genuine PsychotherapieforscherIn*, und dies umso kontrollierbarer, je besser sie ihre therapeutische Arbeit dokumentiert. Das Grundproblem jeder Forschung, die nicht idiographisch am Einzelfall ansetzt, ist die ***grundlegende Aporie der Übertragbarkeit der Ergebnisse***, d.h. wann und unter welchen Bedingungen darf von einem Evaluationsergebnis auf die Anwendung in einem neuen Fall bzw. umgekehrt, wann darf von einem Einzelfallergebnis auf eine verallgemeinernde Anwendbarkeit geschlossen werden. Streng traditionell wissenschaftstheoretisch gesehen, handelt es sich in beiden Fällen – deduktiv wie induktiv – letztlich immer um logisch nicht begründbare Analogieschlüsse. Schon diese Überlegung zeigt, daß die traditionelle Wissenschaftstheorie im allgemeinen nicht hilfreich ist. Zur Kritik der traditionellen Wissenschaftstheorie Sponsel (1995, 328-352), speziell zum liberalen Wissenschaftstheoriekonzept der GIPT (a.a.O. 335).

Die extremen astronomischen Möglichkeiten, die auch nur in einer einzigen Psychotherapie liegen, sind auch der tiefere wissenschaftliche Grund dafür, daß die traditionellen Psychotherapieschulen mit ihren engen dogmatischen Konzepten in der Tat mehr Konfession als Profession repräsentieren und der Vielfalt und Komplexität der Wirklichkeit überhaupt nicht gewachsen sind. Zur allgemeinen und integrativen Psychotherapie gibt es daher keine wissenschaftliche Alternative. Schulischer Dogmatismus ist ein Kunstfehler, und hierfür gilt nach Mallach et al. (1993, 2): *„Übersieht der Arzt veröffentlichte neue Behandlungsmethoden und hält er an Überholtem fest, so handelt er pflichtwidrig* (BGH NJW 1978, 587; OLG Bamberg VerR 1977, 436*)*." Das gilt natürlich auch für die PsychotheapeutIn.

III Therapie-Evaluation in der GIPT

1. Exkurs: Kurzer Abriß der Geschichte der ADEIS[3]-Bewegung.[4]

Vor Freud war fast die gesamte Psychiatrie und die damals in ihr enthaltende Psychotherapie – von Freud und seinen Nachfolgern ignoriert[5] und verdrängt – **A**llgemein, **D**ifferentiell, **E**klektisch, **I**ntegrativ und **S**chulen- und methodenübergreifend („ADEIS"), was auch die vielen psychologisch-psychopathologischen Magazine[6] ab 1780 belegen. Damals begann die empirische Psychologie sich zu entwickeln. Die ersten Messungen

---

3 ADEIS =: **A**llgemeine, **D**ifferentielle, **E**klektische, **I**ntegrative, **S**chulen- und Methodenübergreifende Psychotherapie. Die Auswahl ist notwendigerweise sehr verkürzt und subjektiv. Ich bitte alle um Entschuldigung, die hier nicht genannt wurden.

4 Siehe bitte auch weiter unten den Exkurs *Zur Geschichte des Heilmittelbegriffs.*

5 Ausnahmen: Ellenberger und die Gebrüder Hart, die besonders die Leistungen Janets erkennen.

6 Die erste interdisziplinäre, allgemeine und integrative Fachzeitschrift wird von Karl Philipp Moritz 1783 -1793 herausgegeben mit dem Titel *„Erkenne dich selbst – Magazin zur Erfahrungs-Seelenkunde"*, das bereits im ersten Band eine klare allgemeine und integrative Psychotherapiekonzeption enthält, die auf den Arzt *Marcus Herz* zurückgehen soll. Die Zeitschrift war in fünf Haupt-Kategorien gegliedert: (1) Seelenkrankheitskunde, heute Psychopathologie, (2) Seelennaturkunde, heute Psychologie, (3) Seelenzeichenkunde, heute Diagnostik, (4) Seelendiätetik, heute Prophylaxe und (5) Seelenheilkunde, heute Psychiatrie und Psychotherapie. Sowohl die Psychiatrie als auch die Psychologie und Psychotherapie beziehen sich zu Recht auf diese erste empirisch interdisziplinäre Fachzeitschrift. Nicht *„moralisches Geschwätz"*, sondern *„Fakta"* soll dieses Magazin bringen, heißt es im Vorwort (I, S. 8).

zu den Nachempfindungen wurden von Nikolaus Tetens[7] (vermutlich um 1770) berichtet und C. C. E. Schmid[8] erkannte bereits 1791 – bald 200 Jahre vor der systemischen Bewegung –, daß der menschliche Leib z.B. ein organisiertes und ein *sich selbst organisierendes* Wesen ist. Und bereits 1751 hatte Johann Christian Bolten, Arzt in Halle, festgestellt, daß die Grundlage jeder Psychotherapie auf der gründlichen Kenntnis der Psychologie beruht. Das erste große und systematische Werk zur Allgemeinen und Integrativen Psychotherapie wurde 1803 von Johann Christian Reil verfaßt. J. A. C. Heinroth (1773-1843), der 1811 in Leipzig den ersten Lehrstuhl für psychische Therapie bekam, hat bereits 1818 in seinem Lehrbuch der psychischen Störungen die große Bedeutung der *Heuristik*[9] im heilkundlichen Handeln erkannt. Behandeln ist nach Heinroth ein heuristisches „Geschäft". Selbst der als Begründer der naturwissenschaftlichen Psychiatrie geltende Wilhelm Griesinger (1817-1868) schrieb in seiner *Pathologie und Therapie der psychischen Krankheiten* von 1861 im §205 (S. 471): *„Zunächst auch von der Thatsache des empirisch constatirten Erfolges ist auszugehen, indem für die psychische und somatische Heilmethode eine absolut gleiche Berechtigung in Anspruch genommen wird."* Griesinger scheute sich auch nicht, das Wort *Eklektizismus* in den Mund zu nehmen und für eine *„ecclectische Concession beider Partheien"* (S. 471) einzutreten, wie vor ihm schon in Erlangen Leupoldt in seinem Lehrbuch von 1837 (S. 27). 1897 legt Leopold Löwenfeld, der in den 1870er Jahren ein paar Jahre in den USA *weilte, sein Lehrbuch der gesammten* Psychotherapie vor. Es folgt kein Geringerer als Hugo Münsterberg 1909 mit seiner *Psychotherapy* und 1914 mit einem entsprechenden Abschnitt in *Grundzüge der Psychotechnik.* Auch Dornblüth, der Begründer des *Klinischen Wörterbuchs,* heute bekannt unter Pschyrembel, beschrieb 1911 eine Allgemeine Psychotherapie. 1936 erscheint Saul Rosenzweigs Arbeit *Some Implicit Common Factors* mit dem berühmten statement: „At last the Dodo said,

---

7 Wir folgen hier dem Psychologiehistoriker Max Dessoir (1902, S. 367) der der Meinung widerspricht, vor Herbart habe es keine „mathematische" – gemeint ist wohl messende – Psychologie gegeben. Und er meint die empirischen Messungen zur Zeitdauer der Nachempfindungen, die Tetens (1777, S. 32-33) in seinem Werk erwähnt. Wählt man für das Geburtstdatum der Empirischen Psychologie systematisches Messen oder Experimentieren, beginnt sie nicht mit dem Arzt, Philosophen und Psychologen Wilhelm Wundt, sondern mit der Vermögenspsychologie Nikolaus Tetens', der zur Messung der Nachempfindungen (1777, S. 32-33) ausführt: „Man kann sogar die Länge dieser Dauer in den Nachempfindungen bestimmen. Wenn man solche nimmt, die am geschwindesten wieder vergehen, aber auch stark genug gewesen sind, um gewahrgenommen zu werden; so ist die *kleinste Dauer* in den Gesichtsempfindungen 6 bis 7 Terzen, bey den Nachempfindungen des Gehörs nur 5 Terzen und noch kürzer bey den Nachempfindungen des Gefühls." Und in der Fußnote No. 1 (S. 33) vermerkt er: „Die Gefühlseindrücke dauern kaum halb so lange, als die Eindrücke auf das Gehör, wie ich aus einigen Versuchen weiß, die ich hierüber angestellet habe, deren weitere Anzeige hier aber nicht her gehöret."

8 Daß der menschliche Leib z.B. ein organisiertes und ein *sich selbst organisierendes* Wesen ist, kann man bereits in der Empirischen Psychologie C. C. E. Schmids (Jena **1791**, S. 425) nachlesen.

9 Heinroth spricht von Hevristik. Ich danke dem Germanisten Prof. Dr. Naumann, Universität Erlangen, für die Erläuterung und Belege, daß die Heinrothsche Formulierung dem Wort und Begriff Heuristik äquivalent ist.

,*Everybody* has won, and *all* must have prices.'" Schon 1940[10] gab es erste Bemühungen der verschiedenen Psychotherapierichtungen, sich an einen Tisch zu setzen (hierzu ein Reader in Sponsel 1995, S. 587f), u.a. unter Mitwirkung von Carl R. Rogers – damals völlig unbekannt, heute weltberühmt – und dem der Psychoanalyse nahestehenden Psychotherapieforscher Saul Rosenzweig, der von Freud so peinlich und unangemessen brüskiert wurde. Noch weiter zurück bis ins Jahr 1910 reicht der Zweig der Psychosynthese[11], die Roberto Assagioli erstmals in seiner kritischen Dissertation zu Freud skizzierte. Der SEPI-Historiker Arkowitz rechnet noch Kubie (1934), Sears (1944), Shoben (1948, 49) zu den frühen Ansätzen (im 20. Jahrhundert!). 1950 erscheint dann die berühmte Arbeit von Dollard & Miller *Personality and Psychotherapy: An Analysis in Terms of Learning, Thinking and Culture*. Auch um etwa diese Zeit beginnt Thorne mit seinen Veröffentlichungen. J. D. Frank bringt 1961 (dt.1981) seine bahnbrechende Arbeit zu den allgemeinen Heilwirkfaktoren vom Schamanismus bis zur modernen Psychotherapie heraus. Lazarus beginnt seine Entwicklung des technischen Eklektizismus und der mulitmodalen Therapie nach eigenen Angaben ca. 1967. Von der phänomenologischen Psychologie her entwickelt Hilarion Petzold ab 1965 in Paris, in Deutschland ab 1970 sein großes und anhaltendes Werk: ab 1975 – in gleichen Jahr veröffentlicht Bastine einen wichtigen Artikel in Psychologie Heute – er-

---

10 Zum Vergleich: Das Geburtsjahr der Allgemeinen und Integrativen Psychotherapie beginnt im Jahr 1803 als Reil sein grundlegendes 500seitiges Werk veröffentlicht. Vor Freud arbeiteten alle allgemein und integrativ.

11 *Psychosynthese*. Positiv ressourcen-orientierter und integrativer Psychotherapieansatz von dem italienischen Psychiater und Psychotherapeuten Roberto Assagioli (1888 – 1974) erstmals 1910 in seiner kritischen Dissertation zur Freudschen Psychoanalyse skizziert. Auf dem internationalen Philosophie-Kongreß in Bologna 1911 stellte Assagioli seine Ansichten zum Unbewußten dar. 1926 wurde das *Instituto di Psicosintesi* in Rom gegründet, das 1938 von den Faschisten geschlossen wurde (Wiederöffnung 1944 in Florenz). 1927 erschien der Artikel „A New Method of Healing – Psychosynthesis". 1965 erschien das 1. Hauptwerk *„Psychosynthesis: A Manual of principles and techniques"* und 1973 das 2. Hauptwerk *„The act of will"*. 1957 Gründung der *Psychosynthesis Research Foundation* in New York. Grundlegend für den Ansatz ist die Bedeutung, die dem Gesunden und Positiven beigemessen wird und eine offene und undogmatische Haltung gegenüber der Vielfalt der international und (alltagskultur-) geschichtlich entwikkelten Verfahren, Methoden und Techniken (Übersicht der ca. 40 „Techniken" [in unserer Terminologie „Methoden"] dt. ^{3}1993, S. 63-65). Krankheit ist nur ***ein*** – meist vorübergehender – Aspekt, ein Merkmal, ein Teil des *ganzen* Menschen, der auch viele gesunde Anteile und Kräfte hat. Symptome werden in einer Forschungshypothese als Blockierungen angesehen, deren Sinn und Funktion exploriert werden muß. Mit der Freisetzung konstruktiver Kräfte verschwinden nach der Psychosynthese häufig die Symptome. Die Psychosynthese korrespondiert sehr stark mit der Hauptheilwirkfaktorklasse *Ressourcenaktivierung* der Forschungsgruppe Grawe et al. (1994). Assagioli gebührt auch der Verdienst, die alte psychische Grundkategorie des Willens wieder für die Psychotherapie erschlossen und nutzbar gemacht zu haben. Er ist überhaupt der einzige bedeutendere Vertreter eines Psychotherapiemodells, der eine explizite und praktische Willenspsychologie entwickelt hat. Auch die grundlegende Bedeutung der Werte und Ziele wird zu Recht betont. Im Gegensatz zu Freud – im Einklang mit den humanistischen Ich-PsychoanalytikerInnen und der Humanistischen Psychotherapie – betont Assagioli 1) die Bedeutung des Bewußten, 2) die Bedeutung der positiven Ressourcen und 3) die Bedeutung der Gegenwart und Zukunft. Die wissenschaftliche Bedeutung, die der Parapsychologie zugesprochen wird, bewerten wir aus GIPT-Sicht kritisch. Lit: Assagioli, R. (dt. 1993, orig. 1965; dt. 1982, orig. 1973); Crampten, M. in Corsini, R. J. (dt. 1983, 1052-1073).

scheint erstmals die Zeitschrift *Integrative Therapie*; Petzolds dreibändiges theoretisches Hauptwerk erscheint 1993. 1967 erscheint Neissers Buch zur berühmten kognitiven Wende, die aber im Psychotherapiebereich von Ellis schon 1956 (veröffentlicht 1962) vorweggenommen war. 1977 erscheint P. Wachtels Buch *Psychoanalyse und Verhaltenstherapie: Ein Plädoyer für ihre Integration.* Ein besonderes Jahr wurde 1979 als Renaud van Quekelberghe das erste moderne und grundlegende Werk zur Allgemeinen und Integrativen Psychotherapie vorlegte (1977 geschrieben): *Systematik der Psychotherapie*, womit die theoretischen Grundlagen für den schulen- und methodenübergreifenden Klinischen Psychologen/Psychoterheputin BDP[12] geschaffen wurden. Die Konzeption der schulen- und methodenübergreifenden Psychotherapie spielte in der Zertifizierung durch den Berufsverband Deutscher Psychologinnen und Psychologinnen für den Klinischen Psychologen/Psychotherapeutin auch eine wichtige und zentrale Rolle[13]. 1980 (dt. 1982) erschien Garfields *Psychotherapie: Ein eklektischer Ansatz.* Nun ging es rasant weiter und es entstanden in den 70er und 80er Jahren die ersten internationalen „ADEIS"-Organisationen. Die *International Academy of Eclectic Psychotherapists* (IAEP[14]), in der z.B. auch *Ellis* Mitglied ist, hat sich 1982 gegründet und veranstaltet seither Weiterbildungen, (auch internationale Welt-) Kongresse und gibt eine Zeitschrift (JIEP) heraus.

Die *Society for Exploration of Psychotherapy Integration* (SEPI) wurde 1983 gegründet und seither werden regelmäßig Weiterbildungen in vielen Ländern der Welt durchgeführt und in der Zeitschrift *„Journal of Psychotherapy Integration"* dokumentiert. Ihr gehören derzeit ca. 900 Mitglieder, u.a. auch viele prominente PsychotherapeutInnen und PsychotherapieforscherInnen an (z.B. Lazarus, Beck, Mahoney, Wachtel, Garfield). Die SEPI versteht sich als eine Einrichtung, die das Gespräch zwischen den Schulen und schulenübergreifende Entwicklungen fördert.

Aus dem Academy und SEPI Umfeld erscheinen viele Aufsätze und Bücher (z.B. Norcross 1986, 1987; Norcross & Goldfried 1992; Stricker & Gold 1993) zur allgemeinen, differentiellen, eklektischen, integrativen und schulen- und methodenübergreifenden Psychotherapie, die aber den grundlegenden und allgemeinen Ansatz von van Quekelberghes Werk nicht wieder erreichen.

Am 18.11.1993 benannte sich die DGGK (Deutsche Gesellschaft für Gestalttherapie und Kreativitätsförderung) nach 20 Jahren in DGIK (Deutsche Gesellschaft für Integrative Therapie, Gestalttherapie und Kreativitätsförderung e. V.) um (ca. 700 Mitglieder). Zahlreiche Veröffentlichungen zur Theorie und Praxis der Integrativen Therapie sind erschienen, nicht nur im zugehörigen Junfermann-Verlag.

Der Lehrstuhl Grawe in Bern betreibt seit 1992, inzwischen mit jährlichem Beginn, eine Allgemeine Psychotherapieausbildung. Im inzwischen wohl berühmt-be-

12 Berufsverband Deutscher Psychologinnen und Psychologen.

13 Von 1971-jetzt. Hierbei wurde von FunktionärInnen oft ebenso wenig wie von den therapieschulorientierten LehrstuhlinhaberInnen erkannt, wie dieses Konzept bereits in der frühen Psychiatrie und Psychotherapie des 19. Jahrhundert entwickelt und verbreitet war (Reil 1803), um die Jahrhundertwernde einen zweiten Kulminationspunkt erreichte (Löwenfeld, Münsterberg, Dornblüth) und war und in den 70iger Jahren des 20. Jahrhunderts eine extrem stürmische Entwicklung nahm. Mit van Quekelberghes, Garfields und Petzolds Arbeiten war praktisch bereits seit 1980 ein umfassendes Fundament gelegt.

14 Die Kommunikation mit der IAEP gestaltet sich nach meiner Erfahrung nicht einfach.

richtigten Buch „Psychotherapie im Wandel“[15] heißt es auf S. 787: „*Wir sind der Überzeugung, dass es schon heute möglich ist, in Psychotherapieausbildungen und in der Psychotherapiepraxis eine Annäherung an eine solche Allgemeine Psychotherapie zu verwirklichen. Wir müssen damit nicht warten, bis ein noch besser ausgearbeitetes und besser empirisch überprüftes Konzept vorliegt.*“

Inzwischen haben sich zwei vormals verhaltenstherapeutische Ausbildungsinstitute (München und Bamberg) in CIP, Centrum für Integrative Psychotherapie umbenannt und bilden auch „integrativ“ aus, allerdings wohl mit verhaltenstherapeutischem Schwerpunkt und entsprechender Einengung.

Die Schweizer Gruppe um Blaser, Heim, Ringer und Thommen legte nach 8-jähriger Arbeit 1992 ihr eklektisch-integratives Werk einer effektiven Kurzzeitpsychotherapie vor, das in der Berner Psychiatrischen Universitätspoliklinik entwickelt wurde. Dort wird auch ausgebildet. In Freiburg (Deutschland) bildet Kollegin Schramm unter Prof. Berger in IPT (Klerman & Weissman) aus und Berger selbst bildet ebenfalls integrativ, inclusive Psychoanalyse und Verhaltenstherapie, aus. Die MedizinerInnen sind überhaupt dabei, sehr stark integrativ auszubilden und damit in Richtlinienverfahren Doppelqualifikationen zu erwerben.

Ich habe in meinem Buch (Sponsel 1995) rund 800 Arbeiten (von geschätzten 1000) zur Allgemeinen und Integrativen Therapie recherchiert und dokumentiert. Und bereits 1984 habe ich mit einer Stichprobe von N = 1091 ProbandInnen eine umfassende integrative Psychotherapieerfolgskontrollstudie mit vielen Kontrollgruppen durchgeführt.

1. Die Vorgehensweise in der GIPT. Sie wird kurz und bündig auf der Rückseite unserer Psychotherapieanträge – nachvollziehbar für Kostenträger und PatientInnen – dargelegt:

Wissenschaftliche Basis der GIPT[16] (Abkürzungen und Literaturbelege bei Sponsel 1995)

Historisch (Sponsel 1997) beruht die allgemeine und integrative Psychotherapie (IPT) auf den psychologischen, psychiatrischen und psychotherapeutischen Arbeiten Johann Christian Reils (1803, 1805, 1808, 1812), und später z.B. auf den Arbeiten von Otto Binswanger (1896), Leopold Löwenfeld (1897), Otto Dornblüth (1911) und Hugo Münsterberg (1909, 1914).

Die *neuere Entwicklung* der allgemeinen und integrativen *psychologischen* Psychotherapie *(GIPT)* beruht wissenschaftlich auf der Grundlagenwissenschaft Psychologie, der Verarbeitung der internationalen schulen- und methodenübergreifenden Psychotherapieentwicklung[17] und Evaluation (Van Quekelberghe[18] 1979, Garfield dt. 1982,

---

15 Das Werk sollte man differenziert bewerten. Es besteht im Prinzip aus drei Teilen: 1) Metaanalyse ohne Effektstärken kontrollierter Studien; 2) Wirksamkeitsnachweis mit Effektstärken zugunsten der Verhaltenstherapie (dieser Teil hat viel Ärger und Kritik hervorgerufen) und 3) der Entwicklung der Allgemeinen Psychotherapie – auch aufgrund der Forschungsergebnisse. Die Metaanalysen sind natürlich methodisch problematisch ebenso wie das szientistische Konzept der kontrollierten Studie. Ich berufe mich daher in erster Linie auf den 3) Teil.

16 Darstellung nach: Sponsel, R. (1995, 289-290).

17 AutorInnenbezogen geben wir hier in erster Linie deutsche Arbeiten an.

Petzold 1993, der *DGIK* [seit 1993], *EAG* [seit 1980], *IAEP* [seit 1982], *SEPI* [seit 1983], *SEPI* Deutschland [seit 1995], Glatzel 1995 und Grawe et al. (1994), Hummitzsch 1995, Sponsel 1995ff und der seit Jahrzehnten erprobten Arbeitsweise der schulen- und methodenübergreifenden Klinischen Psychologischen PsychotherapeutInnen des Berufsverbandes Deutscher Psychologinnen und Psychologen (KLIPSinnen) in der praktischen Ausgestaltung z.B. nach *Blaser* et al. 1992, Rahm et al. 1992 oder Sponsel 1995.

Wie sieht die Arbeitsweise der GIPT aus?

1) *Arbeitsbeziehungs- & Kompetenzprüfung*. Zunächst wird über probatorische Begegnungen geklärt, ob eine erfolgreiche Arbeitsbeziehung erwartet werden darf, ob die PatientIn Vertrauen in die Kompetenz der GIPTin hat und die GIPTin sich der Krankheit gewachsen fühlt und einen Erfolg für wahrscheinlich hält. Von Anfang an wird das ökosoziale Umfeld der PatientIn berücksichtigt und eine mögliche Einbeziehung abgeklärt.

2) *Anamnese, spezifische Syndromanalyse, kausale (ätiologische) Diagnose*. (a) Eine umfangreiche und ausführliche *Allgemeine Anamnese* (AAA) sichert ab, daß keine krankheitsrelevanten Faktoren übersehen, der *Hebel optimal angesetzt* (z.B. Herzneurose, Sponsel 1995, 461-463) und die *positiven Ressourcen* erfaßt werden. (b) Sodann wird gründlich und spezifisch untersucht, wie die *Störungen entstanden*, ausgelöst, verursacht und aufrechterhalten werden könnten. (c) Der Kausalgenese ist in all den Fällen stärker und vertiefter nachzugehen, in denen eine Therapie ohne kausales Verständnis nicht erfolgversprechend erscheint.

3) *Behandlungsplan*. Auf der Basis ätiologischer Fachkenntnisse werden durch *heilkundige Erfahrung*, Überlegung und Intuition ein heuristischer (Heuristik = Problemlösungs-Wissenschaft) *Behandlungsplan* entworfen, wie diese Störung(en) oder Krankheit unter diesen Rahmen- und Randbedingungen für diese PatientIn und ihr ökosoziales Umfeld behandelt werden soll und kann, damit eine wesentliche Besserung, Heilung oder bessere Bewältigung wahrscheinlich ist. Die entsprechenden Heilmittel, Methoden und Techniken werden benannt, sofern sie als bekannt vorausgesetzt werden dürfen, oder beschrieben. Werden therapieschulspezifische Methoden importiert, wird gegebenenfalls dargelegt, wie die *Passung* erfolgt.

4) *Kontrolle und Evaluation*. Der Behandlungsplan wird zum Zwecke der Kontrolle und Evaluation schriftlich ausgearbeitet und durch die Arbeitsprotokolle ergänzt, modifiziert und auf die aktuelle Situation *zugepaßt*.

5) *Qualitätskontrolle*. Die GIPTin ist zertifiziert als Klinische PsychologIn/PsychotherapeutIn – hier der schulen- und methodenübergreifenden Variante – des Berufsverbandes Deutscher Psychologinnen und Psychologen BDP und unterliegt den berufsethischen Verpflichtungen, Supervisions- und Fortbildungsauflagen des Berufsverbandes.

In der GIPT pflegen wir eine ähnliche Auffassung der Therapieevaluation wie sie etwa von Kanfer, Reinecker & Schmelzer (1990) in der *Selbstmanagementtherapie* entwickelt wurde (Phase 6 und 7). Diagnostik und Therapie bedingen sich in unserer

---

18 Die *Systematik der Psychotherapie* ist das erste große moderne grundlegende Werk zur Allgemeinen und Integrativen Psychotherapie. Es wurde 1977 bereits geschrieben und 1979 veröffentlicht.

Auffassung wechselseitig und permanent. Diagnostik ist demnach Bestandteil jeder Therapie, die ständig zu erbringen ist.

Allgemeines und Integratives Bio-Psycho-Soziales Krankheitsmodell

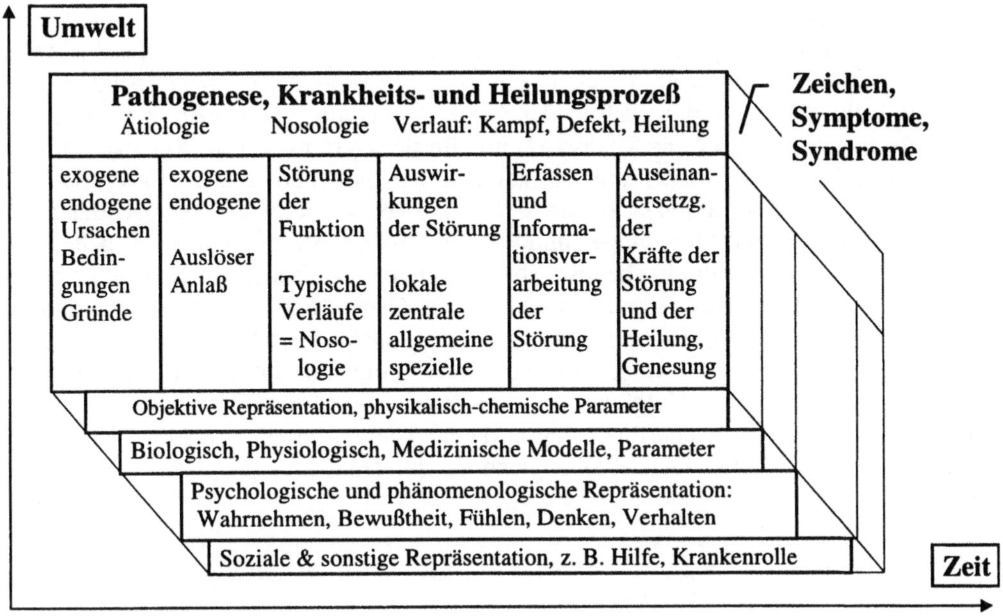

Im allgemeinen Modell wird von einem Systemstörungsmodell ausgegangen, bei dem wir folgende Entwicklungsstadien unterscheiden: 1) Ursachen, Bedingungen und Auslöser der Störung. 2) die *Bewertung* einer Störung als *Krankheit. Zum Wesen der Krankheit definiert man zweckmäßig eine – wichtige – (Funktions-) Störung* (nach Gustav von Bergmann [1878-1955] 1932). 3) unterschiedliche Auswirkungen (lokale, zentrale, allgemeine, spezielle) der Störung. 4) Erfassen und Informationsverarbeitung der Störung und 5) aus Wiederherstellungsprozeduren: der Auseinandersetzung zwischen den Kräften der Störung und der Heilung. Störungen können exogener (ausserhalb des Systems) oder endogener (innerhalb des Systems) Natur sein. Störungen haben im allgemeinen Ursachen, womit sich in der allgemeinen Krankheitslehre die Ätiologie beschäftigt. Entwickelt sich eine Störung in der Zeit, wie meistens, heißt dieser Vorgang Pathogenese. Unklar ist meist der Symptombegriff, der eine dreifache modelltheoretische Bedeutung haben kann: 1) es ist ein *Zeichen der Störung* (z.B. bestimmte Antigene im Körper; Angst); 2) es ist ein *Zeichen der Spontanreaktion auf* die Störung (z.B. bestimmte Antikörper gegen die Antigene; Vermeiden); 3) es ist ein *Zeichen der Wiederherstellungsprozedur*, also Ausdruck des „Kampfes“ zwischen Krankheit und Heilungsvorgängen (z.B. Fieber; Ambivalenzkonflikt zwischen Vermeiden und Stellen).

Das Ursachenproblem ist wissenschaftstheoretisch problematisch aus zwei prinzipiellen und aus einem vermeidbaren Grund: (1) Im Kausalitätskonzept gibt es streng betrachtet nur einen vielfach verzweigten Baum von Ursachen. Jede ausgemachte Ursache kann prinzipiell wiederum auf andere Ursachen zurückgeführt oder zumindest auf andere zurückgeführt gedacht werden. Welche dieser vielen Ursachen soll als die besondere ausgezeichnet werden? In der Wirklichkeit handelt es sich wohl meist um einen Ursachenkomplex, ein Netzwerk von Bedingungen. (2) Man muß zwischen Bedingungen (Rahmen- oder Randbedingungen), Anlässen oder Auslösern, Neben- und Begleiterscheinungen unterscheiden, was häufig sehr schwierig ist. (3) Die psychischen Ereignisse können mehrperspektivisch betrachtet werden: z.B. physikalisch, biologisch, chemisch, physiologisch, neurologisch, internistisch, psychopharmakologisch, immunologisch, kybernetisch, psychologisch, sozial-ökonomisch, sozialpsychologisch, sozial-rechtlich und kommunikativ. Hinzu kommt, daß in der *Computermetapher Hardware als körperlich* und *Software als psychisch* die Realisation im „Betriebssystem Mensch“ vielfach miteinander verflochten und vernetzt ist. Man kann es den biokybernetischen Ereignissen im Körper nicht unbedingt ansehen, ob sie „Hardware“ oder „Software“ repräsentieren. So finden wir häufig in den Mitteilungen und Büchern drei Ebenen durcheinander gehend: a) Perspektive (z.B. physikalisch, chemisch, biologisch, medizinisch, psychologisch, sozial), b) Hard- oder Software-Repräsentation, c) Ursache, Neben- und Begleiterscheinung oder Wirkung. Unbeschadet der Probleme, ist die konzeptionelle Vorsehung einer oder mehrerer Ursachen (Bäume oder Zweige) natürlich sinnvoll und vernünftig. Die Neigung mancher SystemikerInnen und VulgärkonstruktivistInnen, das Ursachenproblem herunterzuspielen oder gänzlich für überflüssig zu erklären, können wir in der Allgemeinen und Integrativen Psychotherapie weder teilen noch akzeptieren.

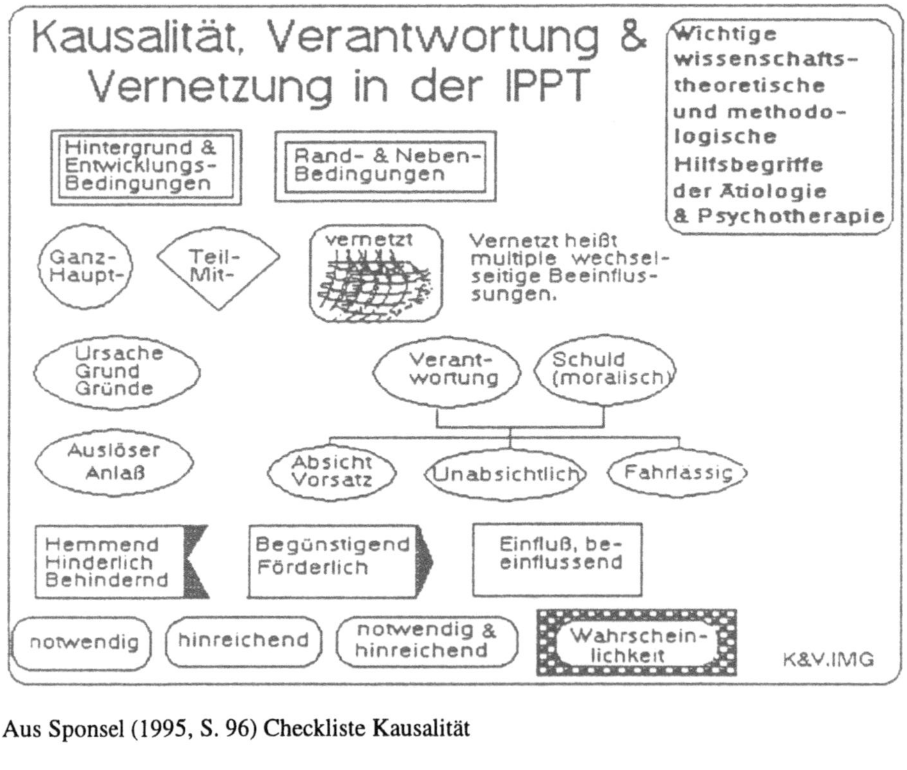

Aus Sponsel (1995, S. 96) Checkliste Kausalität

2. Entwicklung des Begriffs des Heilmittels (Heilwirkfaktor) und besonders der kriterien-validen Heilmittel in der GIPT

Mikroüberlegungen zum Therapieprozeß führen zu dem grundlegenden Begriff des Heilmittels. Unter einem Heilmittel verstehen wir einen Sachverhalt, dessen Ereignen potentiell, d.h. relativ zu bestimmten Bedingungen eine positive, negative, neutrale oder ambivalente Wirkung gänzlich oder partiell mit einer bestimmten Wahrscheinlichkeit zur Folge haben kann.

Den Sachverhalt, der potentiell heilt, nennen wir Heilmittel (Heilwirkfaktor); den Weg, ihn herzustellen oder herbeizuführen, Methode und die spezifische Art und Weise, wie die Herstellung erfolgt, heißt Technik. Verschiedene Methoden werden zum Begriff Verfahren zusammengefaßt.[19]

Autogenes Training ist also z.B. eine *Methode*, das Heilmittel (Heilwirkfaktor) Entspannung herbeizuführen. Die spezifische Anwendung und Verpackung: allein oder in der Gruppe, fraktioniert oder in einem Block, im Liegen oder in der Droschkenkutscherhaltung, ist eine Frage der *Technik*. Die verschiedenen Entspannungsmethoden bilden zusammen die Klasse der Entspannungsverfahren, z.B. Autogenes Training; Progressive Muskelrelaxation; Funktionelle Entspannung; Hypnose; Meditation; Naturmethoden wie Sport, Spiel, Kunst und Kultur; Schlaf, Faulenzen und Erholung. Bekannte und bewährte Heilmittel (Heilwirkfaktoren) können natürlich keiner Therapieschule gehören, mögen sie auch von ihr erfunden oder entdeckt worden sein, sondern *sie gehören der allgemeinen Heilkunde und sind für alle Menschen da.*

Positive Heilmittel verbessern, negative Heilmittel verschlimmern einen Störungs- oder Krankheitszustand, neutrale haben keine und ambivalente haben sowohl positive als auch negative Wirkungen. Bedeutende allgemeine Heilmittel sind etwa Aktivität, Aufgeben (Loslassen), Bewußtheit, Denken, Durcharbeiten, Einstellung, Empfinden_Fühlen_Spüren, Energie zuweisen oder bereitstellen für ..., Erfahrung, Können (Fähigkeiten, Kompetenz), kognitive Schemata (Begriffe), Lenken, Lernen, Stellen, Tun, Überwinden, Vermeiden, Wappnen, Werten_primär, Werten.

Man kann die Heilmittel auch unter der Perspektive wichtiger Lebensthemen ordnen, womit zugleich eine therapiebezogene Anamnese-Checkliste erzeugt wird, etwa: Wettbewerb, Rivalität, Umgang mit MitbewerberInnen, Leistung, Anstrengung, Können, Fähigkeiten, Kompetenzen, Lernen, Begabung, Anlagen; Bewältigung, Aushalten, Ertragen, Fertig werden mit, Hinnehmen, in Kauf nehmen; Gelten, Stellung, Rang, Status; Haben: z.B. Arbeit, Wohnung, Geld, Soziale Sicherheit, PartnerIn, FreundIn; Lebensziele, Lebensfreude, Achtung, Anerkennung; Kommunikation, Klarheit, Echtheit, Ausdruck; Interessen, Neigungen, Vorlieben, Abneigungen; Beziehung, Distanz, Nähe, Intimität, Vertrauen, Bindung, Liebe, Haß, PartnerIn, FreundIn, Verwandte, Nahestehende, Kontakt; Kampf, Sieg, Niederlage, Gewinnen, Verlieren, Stellen, Flüchten; Behaupten, Durchsetzen, Streiten, Beharren; Entspannung, Ruhe, Erholung, Schlaf; Ausgleich: Muse, Muße, Spiel, Freizeit, Vergnügen; Gesundheit, Unversehrtheit.

Theoretisch gibt es potentiell unendlich viele Heilmittel; die praktisch relevanten können jedoch auf ein paar Dutzend reduziert werden (Übersicht, Sponsel 1995, 193-200). Es scheint, als ob es ganz elementare und nicht weiter zerlegbare Psychologische

19 Ausführlich in Sponsel (1995, S. 102-107), Sponsel 1997.

Heilmittel gäbe, wir nennen sie atomare Heilmittel, weil sie auf der psychischen Erlebnis- oder Bewußtseinsebene nicht weiter zerlegbar sind. *Empfinden_Fühlen_Spüren* scheint auf der Erlebnisebene nicht weiter zerlegbar, während der Vorgang des *Erinnerns* durch unterschiedliche Aktivitäten zumindest unterstützt werden kann und von daher eher ein molekulares oder komplexes Heilmittel repräsentiert. Im Moment können wir nicht abschätzen, wie bedeutsam die Unterschiede sind. Wir möchten aber eher vor einer Überbetonung dieser Differenzierungen warnen. *Lernen* oder *Lenken* sind sicher keine atomaren, sondern sehr allgemeine Heilmittel, Programme oder gar wegen ihrer sehr allgemeinen Bedeutung so etwas wie Meta-Heilmittel (z.B. APLS in Sponsel 1995, 293). Die folgenden Ausführungen hingegen erscheinen uns aber sehr wichtig. Es könnte sein, daß in diesen Überlegungen die Auflösung einiger grundsätzlicher Therapieforschungsproblematik enthalten ist.

Die wichtigsten Psychotherapieschulen und Hauptheilmittelklassen können in einem Psychotherapiebaum veranschaulicht werden:

Die Heilmittel- (Heilwirkfaktor-) Klasse **Empfinden_Fühlen_Spüren** spielt z.B. eine wichtige Rolle in der Gesprächspsychotherapie, beim Focusing, in der Körpertherapie, in Gestalt und in allen Entspannungstherapien. Das Heilmittel (Heilwirkfaktor) *Entspannen* ist daher eine ganz wichtige Spezies dieser Heilmittel- (Heilwirkfaktor-) Klasse. Alexithymien, Orientierungslosigkeit, psychosomatische Symptommasken, Streß und Überforderungssyndrome haben oft mit gestörtem **Empfinden_Fühlen_Spüren** zu tun. Die Heilmittel-(Heilwirkfaktor-) Klasse **Empfinden_Fühlen_Spüren** ist schwer zu überschätzen; sie liefert im übrigen auch die psychologische Grundlage für die wichtige Heilmittel- (Heilwirkfaktor-) Klasse des **Wertens**.

Einsicht, Bewußtheit und *Katharsis* sind die Kernheilmittel (Kernheilwirkfaktoren) der Psychoanalyse, aber auch von Gestalt und Gesprächspsychotherapie.

Lernen und *Verhalten* sind die Grundklassen der verhaltenstherapeutischen Heilmittel (Heilwirkfaktoren).

Denken, Einstellungen und *Kognitive Schemata* sind wichtige Heilmittel (Heilwirkfaktoren) in der kognitiven Therapie.

Durcharbeiten und *Klären* sind wichtige Spezies der Heilmittel- (Heilwirkfaktor-) Klasse *Kommunikation*, die in allen Psychotherapien eine zentrale Rolle spielt.

Regeln – die Beziehungen *lenken, gestalten* und *verändern* – sind wichtige Heilmittel (Heilwirkfaktoren) der interpersonellen Therapien, der Transaktionsanalyse, der Systemischen, Strategischen und Kommunikationstherapie, speziell auch in der Anwendung Gruppen- und Familientherapie.

Konfrontieren als *Stellen* sind Spezies mehrerer Heilmittel- (Heilwirkfaktor-) Klassen, besonders aber des *Tuns*, das eine zentrale Rolle in der Verhaltens- und Systemischen Therapie spielt.

Lenken ist wahrscheinlich das wichtigste allgemeine Heilmittel (Heilwirkfaktor) überhaupt. Eine offensichtliche Rolle spielt es bei Zwängen, Impulsneurosen, bei den Süchten und Abhängigkeiten, beim Vermeidungsverhalten und allen Störungen vom Typ *Beherrschung* einerseits und *Überwindung* von Passivität, Desinteresse und Trägheit andererseits.

Kriterienvalide Heilmittel. Je nachdem welche Therapieziele bzw. Therapiezielklassen betrachtet werden, kann nun ein Heilmittel zu einem notwendigen, hinreichenden oder notwendigen und hinreichenden (äquivalenten) Heilmittel werden. Heilmittel, die relativ zu Therapiezielklassen solche Eigenschaften haben, nennen wir *Kriterienvalide_Heilmittel*. Sie sind damit *Evaluationskriterium*. Das ist insofern von größter Bedeutung, weil damit die Evaluation einer Methode determiniert oder zumindest doch sehr stark eingegrenzt wird.

Stellen ist sicher ein notwendiges Heilmittel für alle Störungen und Probleme vom Typ Vermeiden, aus dem Wege oder Felde gehen, sich drücken, Unangenehmes umgehen, also z.B. zur Evaluation aller Phobien notwendig.

Lernen und *Üben* sind *Kriterienvalide_Heilmittel* für alle Störungen und Probleme vom Typ mangelnde Fähigkeit oder Kompetenz bei entsprechender Begabungsgrundlage.

Die Fähigkeiten **Empfinden_Fühlen_Spüren** und **Beachten** sind wahrscheinlich notwendige und hinreichende Heilmittel zur Vermeidung oder zum Abbau aller psychisch bedingten Störungen und Probleme vom Typ Überforderung und Streß, aber auch um Werte, Wünsche, Ziele zu erkennen.

Abreagieren (Katharsis) ist wahrscheinlich ein notwendiges Heilmittel für alle Störungen und Probleme vom Typ „Affektstau“. Soll nicht immer wieder ein solcher Affektstau aufgebaut werden, wird man zusätzliche Überlegungen anstellen, wie ein solcher Affektstau-Aufbau künftig verhindert werden kann.

Ich denke, daß die Erforschung der kriterienvaliden Heilmittel relativ zu bestimmten Störungs-, Problem- und damit Therapiezielklassen die Psychotherapieforschung entscheidend vorwärts bringen wird.

Heilmittel-Axiom XV. In der GIPT ist die Bedeutung der Heilmittel in Axiom XV niedergelegt (Sponsel 1995, 140): Vorbemerkung: Dieses Axiom ist sehr radikal und repräsentiert aber in seiner Radikalität die extreme Komplexität, Kompliziertheit und Relativität der Wirklichkeit. Und es repräsentiert damit die Realitätserfahrungen vieler Heilkundiger und PatientInnen. Es hat aber auch sein Gutes: es bewahrt vor unzulässigen, vereinfachenden und falschen Verallgemeinerungen und entsprechend fragwürdigen Diagnose- wie Therapieschemata: es hält wach, offen, kritisch und stellt uns auf Flexibilität ein. Die Idee der Relativität aller Heilmittel ist alt, sie findet sich im Grunde schon bei Hippokrates, bei Moritz (1783-1793) und in der frühen Psychotherapiegeschichte in Deutschland bei Reil (1803; Sponsel 1997). Auch in jüngerer Zeit ist diese Idee mehrfach aufgegriffen worden: Wyss (1982, 87 f) hat in seiner anthropologisch-integrativen Psychotherapie ganz explizit ein „allgemeines Relativitätsprinzip“ eingeführt, wenn auch nicht so spezifisch differenziert wie wir. Die Idee der Relativität der Heilmittel findet sich bei vielen PsychotherapeutInnen und ForscherInnen, der Doppelcharakter aller Heilmittel jüngst erst wieder recht klar bei Kriz (1994, 236).

(1) Grundsatz des Doppelcharakters: Eine Heilmittelwirkung kann durch Anwesenheit oder Abwesenheit (Negation) eines Heilmittels oder eines Quantums davon entstehen.

(2) Grundsätzliche Relativität der Wirkungen: Heilmittel bzw. Quanta davon sind nur potentielle Heilmittel und können im Prinzip vierfach wirken: Positiv, negativ, neutral, ambivalent, d.h. sowohl positiv als auch negativ.

(3) Grundsatz Individuelle Relativität: Ob ein Heilmittel oder ein Quantum davon als solches wirkt, kann von Mensch zu Mensch verschieden sein.

(4) Grundsatz Situative Relativität: Ob ein Heilmittel oder ein Quantum davon auch bei ein und demselben Mensch wirkt, kann sehr von der Situation abhängen, d.h. ein und dasselbe Heilmittel oder ein Quantum davon, kann in der einen Situation positiv, in einer anderen negativ, in einer dritten gar nicht oder ambivalent wirken.

Aus A-XV, (1) – (4) folgt eine strenge Einzelfallprüfung sowohl des Individuums als auch der in Frage kommenden Situation. In diesem Axiom stecken Legionen von potentiellen Kunstfehlern (Sponsel 1997).

3. Exkurs: Zur Geschichte des Heilmittelbegriffs (Heilwirkfaktorbegriffs)

In der frühen Psychiatrie und Psychotherapiegeschichte des 19. Jahrhunderts waren Wort und Begriff des psychischen Heilmittels (Heilwirkfaktors) völlig geläufig (Sponsel 1997). Ja, es erschienen sogar regelrechte Monographien zu dem Thema: So veröffentlichte Dr. F. G. Bräunlich (? -1875), Direktor der Privat-Heilanstalt Wackerbarthsruhe bei Dresden 1839 ein Buch mit 352 Paragraphen auf 240 Seiten mit dem vielsagenden Titel: *Psychische Heilmittellehre für Ärzte und Psychologen*. Er beginnt sein

Buch in der ersten Abteilung mit dem Untertitel: „*Geschichte der psychischen Heilmittel*“, die er wie folgt untergliedert: Erste Periode bis *600 vor* Christus[20], Zweite Periode bis Christus, Dritte Periode bis zur Reformation und die Vierte Periode bis zur neuesten Zeit. Noch früher ist das Werk Schneiders, P. J. (1824)[21]. Eine umfassende Geschichte hat auch Friedreich (1830) vorgelegt. Eine der ersten großen und grundlegenden Arbeiten zur psychischen Heilmittel- (Heilwirkfaktor-) Lehre reicht aber noch weiter zurück als Bräunlich und stammt von Johann Christian Reil (1759-1813), dem Vater der allgemeinen und integrativen Psychiatrie[22] und psychologischen Psychotherapie. Er hat in seinem Hauptwerk (Rhapsodieen ... §3) eine höchst modern anmutende allgemeine Heilmittel- (Heilwirkfaktor-) Lehre (chemisch, physikalisch, psychisch) entwickelt, die drei fundamentale Grundprinzipien damals bereits vorwegnahm: (1) Die nur *potentielle* Natur aller Heilmittel (Heilwirkfaktoren), (2) die *potentiell unendliche Vielfalt* der Heilmittel (Heilwirkfaktoren) und (3) das idiographische *Relativitätsprinzip* (Reil 1803; Löwenfeld 1897; Wyss 1982; Sponsel 1995). Reil[23] wußte 1803 bereits klar, daß alle Stoffe für verschiedene Zwecke mehr-perspektivisch betrachtet werden können, ja müssen und daß die heilkundliche Perspektive eben nur eine ist. Da diese Erkenntnisse von größter Bedeutung für die praktische Psychotherapie, aber auch für die Psychotherapieforschung sind, möchte ich sie noch einmal aufführen in den zwei Hauptsätzen:

(1) Nahezu alle Sachverhalte *können* unter heilkundlicher Perspektive gesehen werden, aber natürlich auch unter anderen Perspektiven (1. Hauptsatz).

---

20 Für diese Periode benennt er als wichtigste psychische Heilmittel (Heilwirkfaktoren): Kunst, Kultur, Musik und die Placebo-Tetraede: Gespannte Erwartung, Hoffnung, Glauben, Vertrauen.

21 Enthält auf S. XIV die Wortschöpfung „psychologisch-therapeutisch“. Organisiert in drei Abteilungen: „Materia medica“, „Materia diaetetica“, „Materia psychica“.

22 Von Reil (1808) stammt auch der Begriff Psychiaterie, in: Ueber den Begriff der Medicin und ihre Verzweigungen, ... (S.161), vgl. hierzu auch Mechler, A. (1966).

23 in § 3 (S. 23f): „Heilmittel sind Dinge, durch deren Anwendung auf thierische Körper wir die Krankheiten derselben zu entfernen suchen. Es ist gleich viel, ob diese Dinge körperlicher oder unkörperlicher Natur, Substanzen der Erde, oder ätherische Stoffe sind, die dem ganzen Weltall angehören, ob sie durch mechanische, chemische oder andere Kräfte wirken. Ihre Realität gründet sich also auf ein Verhältnis, das zwischen ihnen und dem Zweck Statt findet, den sie erreichen sollen. Es giebt daher in der Welt, die als ein Mannichfaltiges nach den Gesetzen der Causalität existirt, keine Dinge, die ausschließlich zu dem Zweck vorhanden wären, Krankheiten zu heilen. Ihre Zweckmäßigkeit ist bedingt, und so mannichfaltig als die Gegenstände, auf welche sie angewandt werden. Das nemliche Ding, welches der Arzt zur Heilung der Krankheiten gebraucht, kann auch zu andern Zwecken, z.B. zur Zerstörung der Organisation angewendet werden, und ist alsdenn, in dieser andern Beziehung, ein Gift. Die Heilmittellehre hat also in der Reihe der Naturdinge kein bestimmtes Gebiet (dominium), das sie als Eigenthum beherrscht, sondern wählt aus dem Inbegriff aller solche aus, die Behufs des Zwecks der Heilung auf den menschlichen Körper tauglich sind. Ihr ist in dem Gebiete derselben bloß ein Aufenthaltsort (domicilium) zugestanden, dessen Umfang nicht absolut begrenzt ist, sondern nach den Fortschritten der Kunst sich verändert, verengert, erweitert. Das nemliche Ding ist ein Nahrungsmittel, wenn es den Verlust an Substanz in einem gesunden Körper ersetzt; eine Arzney, wenn es die verlohrne Gesundheit wieder herstellt; und ein Gift, wenn es dieselbe zerstört. Dabey bleibt es an sich, immer das nemliche Ding. Daher muß jeder Versuch verunglücken, durch die Diätetik, Arzneimittellehre, Toxikologie u.s.w. bestimmte Scheidungslinien in dem Naturreich zu ziehen, und es gleichsam in besondere Provinzen abzutheilen.“

(2.1) Alle Heilmittel (Heilwirkfaktoren) sind nur *potentielle* Heilmittel (Heilwirkfaktoren),

(2.2) Es gibt eine *potentiell unendliche Vielfalt* der Heilmittel (Heilwirkfaktoren)

(2.3) Das idiographische *Relativitätsprinzip,* d.h. ob ein Sachverhalt oder Stoff als Heilmittel (Heilwirkfaktor) wirkt, hängt ganz vom Realitäts- und Situationsrahmen, von den Zielen und Zwecken, Fähigkeiten und Möglichkeiten der am therapeutischen Prozeß Beteiligten ab.

Wir haben diese außerordentlich bedeutungsvolle Tatsache im allgemeinen psychologischen Heilmittel- (Heilwirkfaktor-) Emblem zum Ausdruck gebracht:

Die Schwarz-Weiß-Symbolik drückt aus, daß sowohl die Funktion als auch ihr Gegenteil[24] Heilmittel- (Heilwirkfaktor-) Wirkung haben können. Das pfeilartige Kippbild drückt aus, daß die Heilmittel (Heilwirkfaktoren) von Fall zu Fall, Situation zu Situation ganz unterschiedlich wirken können.

Erst mit der Entwicklung der sog. „modernen" Psychotherapie und der Psychoanalyse verschwand der wertvolle Begriff des Heilmittels aus der Literatur, um rund 75 Jahre später wieder als *Heilwirkfaktor* bzw. als *Wirkfaktor* in der jüngeren Psychotherapieforschung[25] aufzutauchen. Die Rezeption der Psychotherapiegeschichte ist teilweise aus-

---

24 im Einklang mit der klassischen Logik unterscheiden wir hier kontradiktorisch (weiß – nicht weiß; fühlen – nicht fühlen, etwa bei Schmerz erwünscht) und konträr (schwarz-weiß), manchmal fallen kontradiktorisch und konträr auch zusammen, z.B. beim Heilmittel (Heilwirkfaktor) Lenken ist die Kontradiktion ***Nicht lenken*** und das Konträre ***Lassen*** (Sponsel 1995, S. 188).

25 Mertens (1993, Bd. 3, S. 192) muß 100 Jahre (!) nach den „Vorläufigen Mitteilungen" (Freud 11.1.1893) allerdings bekennen, daß „keine elaborierte Theorie über diese wichtige Thematik" (Heilwirkfaktoren in der Psychoanalyse) existiert. Aber „Richtlinienverfahren" wollen sie schon sein.

gesprochen tendenziös, oberflächlich und meist falsch, leider auch innerhalb der akademischen klinisch-psychotherapeutischen Literatur. Obwohl ich die SEPI-Autoren im allgemeinen sehr schätze, muß der Titel des Buches von Freedheim (1992, *Ed.) – History of Psychotherapy* – das gerade mit Freud anfängt doch ein bißchen erstaunen; trefflicher wäre wohl der Titel *History of Psychotherapy in the 20th Century* gewesen.

4. Praktische Beispiele zum Verständnis der Heilmittelidee

Beginnen wir mit einem „Kassiker" in mehrfacher Hinsicht:

„Besonders aber ängstigte mich ein Schwindel, der mich jedes Mal befiel, wenn ich von einer Höhe hinunterblickte. Allen diesen Mängeln versuchte ich abzuhelfen, und zwar, weil ich keine Zeit verlieren wollte, auf eine etwas heftige Weise ... Ich erstieg ganz allein den höchsten Gipfel des Münsterturms und saß in dem sogenannten Hals unter der Krone wohl eine Viertelstunde lang, bis ich es wagte, wieder heraus in die freie Luft zu treten, wo man auf einer Platte, die kaum eine Elle ins Gevierte haben wird, ohne sich sonderlich anhalten zu können, stehend das unendliche Land vor sich sieht, indessen die nächsten Umgebungen und Zieraten die Kirche und alles, worauf und worüber man steht, verbergen. Es ist völlig, als wenn man sich auf einer Montgolfiere in die Luft erhoben sähe. Dergleichen Angst und Qual wiederholte ich so oft, bis der Eindruck mir ganz gleichgültig ward, ... " (So Johann Wolfgang von Goethe 1770 in Straßburg aus Gerlach et al. 1966, S. 49 f).

Wie wir sehen, hat Goethe hier, wie viele andere auch, die *Heilmittel (Heilwirkfaktoren) Stellen, Aushalten* und *Üben* für sich entdeckt, was heute Konfrontationstherapie, Flooding oder Expositionsbehandlung heißt. Und rund 150 Jahre später lesen wir bei Ferenczi (1984, Bd. II, 1927, orig. 1919, S. 59-60):

„In mehreren Fällen von Angsthysterie und hysterischer Impotenz machte ich die Erfahrung, daß die Analyse bis zu einem gewissen Punkte glatt von statten ging; die Patienten waren voll einsichtig, aber der therapeutische Erfolg ließ immer noch auf sich warten, ... In dieser Not kam mir ein mündlich erteilter Rat Professor F r e u d s zu Hilfe. Er klärte mich auf, daß man die Angsthysterischen nach einer gewissen Zeit dazu auffordern muß, ihre phobisch gesicherte Einstellung zu verlassen und gerade das zu versuchen, wovor sie am meisten Angst haben. Solche Ratschläge kann der Arzt vor sich wie vor dem Patienten damit rechtfertigen, daß jeder solche Versuch frisches, noch unberührtes psychoanalytisches Material zum Vorschein bringt, das ohne diese Aufrüttelung nur viel später oder überhaupt nicht zu erlangen gewesen wäre. Ich folgte dieser Weisung meines Lehrers und kann von dem Erfolg das Beste sagen. Die Heilung vieler Patienten ging wirklich in Schüben von durch die Aufmischungen hervorgebrachter Besserung vor sich. " (a.a.O.)

Man erkennt heute unschwer, wodurch die Angsthysterischen Ferenczis wirklich geheilt wurden. Und Sie mögen sich mit mir wundern, weshalb eine solche Erkenntnis nicht zur Veränderung der psychoanalytischen Grundregel geführt hat. Nun, die meisten psychischen Heilmittel (Heilwirkfaktoren) sind ohnehin allgemein bekannt und gehören zur Alltagskulturgeschichte. Betrachten wir hierzu noch einen „Fall":

„Wir, drei Kameraden von der Mittelschule, zogen auf die Universität, um Naturwissenschaft zu studieren. Wir machten uns ans Werk, um die unzähligen Tatsachen der Chemie, Botanik usw. unserem Wissensschatz einzugliedern und so die Grundlage für selbständige Arbeit zu gewinnen. Während wir zwei uns damit abfanden, verfiel der dritte im Bunde immer mehr und mehr in eine traurige Stimmung, die schließlich zu einer tiefen Melancholie führte und wiederholte Selbstmordversuche nach sich zog. Unser Freund hatte schon im Gymnasium eine besondere Vorliebe für Geschichte bekundet und machte am liebsten schriftliche Arbeiten über die Ursachen und die Auswirkungen verschiedener geschichtlicher Ereignisse. Seine Melancholie konnte nur dadurch geheilt werden, daß wir, seine Kameraden, ihn anfangs mit sanfter Festigkeit zu Vorlesungen an der rechtswissenschaftlichen Fakultät schleppten. Nach einigen solchen Besuchen fing seine Stimmung an, sich zusehends zu bessern, bis er mit der Zeit wieder vollkommen gesund wurde. Daraufhin ließ er sich an der juristischen Fakultät immatrikulieren, beendete seine Studien mit glänzendem Erfolg und blieb zeitlebens ein normaler Mensch...". Bei dem Berichterstatter handelt es sich um eine bedeutende Persönlichkeit der Heilkunde, nämlich um Pawlow (1849-1936)[26]*, Nobelpreis 1904. An diesem Fall ist bemerkenswert, daß das ätiologische Konzept einer reaktiven Melancholie vertreten wird und daß die vollständige Heilung ohne jede fachliche therapeutische Hilfe erfolgt. Man fragt sich an dieser Stelle, was hätte wohl Freud oder Rogers bewirkt?*

Was sind hier die Heilmittel (Heilwirkfaktoren)? Offensichtlich eine *drastische direktive Maßnahme* der Freunde gegen die elterliche Weisung und für *berufliche Selbstverwirklichung*. Deren Bedeutung kannte Reil schon. In dem zusammen mit dem Philosophen Kayßler 1805 herausgegebenen *Magazin für die psychische Heilkunde* entwickelt er in dem einzigen von ihm darin enthaltenen Aufsatz *Medicin und Pädagogik* die Jung'sche Selbstentfaltungs- und die humanistische Selbstverwirklichungsidee:

Es „*... kann die Erziehung nicht Mittheilung, sondern bloße Veranlassung zur Selbstentwickelung dessen seyn, was als Anlage schon in ihm ist" (S. 418). Und S. 422: „Die wahre Methode der Erziehung und des Unterrichts ist diejenige, durch welche das ganze Innere des Menschen erregt und lebendig gemacht wird.*"

Glaube, Illusion[27] und *Vertrauen* sind z.B. sehr wichtige allgemeine psychische Heilmittel (Heilwirkfaktoren) und die Grundlage des heilkundlich so bedeutsamen Placeboeffektes. Das folgende Beispiel aus dem wirklichen Leben demonstriert auf sehr eindrucksvolle Weise wie wirkungsvoll die geniale Idee Reils einer theatralischen Therapie angewendet werden könnte. Ellenberger berichtet (dt. 1973, Bd. 2, S. 889): „*Ein Schulkamerad hatte ihn hinterrücks zu Boden geworfen, Carl Gustav war eine Zeitlang ohnmächtig, stellte sich aber noch eine Weile länger bewußtlos, um den Schuldigen zu*

---

26 zitiert nach *Schipkowensky* (1965, S. 236).

27 Reils phantastisch anmutende Vorschläge wie z.B. einer perfekten theatralischen Illusionstherapie beruhten immer auf empirischen Berichten und Falldarstellungen, der Ausgang all dieser kühnen und kreativen Ideen war immer die Beobachtung, z.B.: Wahn kann manchmal geheilt werden, wenn man dem Wahnsinnigen die Illusion der Erfüllung seiner Wahnidee in perfekter Hollywoodmanier vermittelt, wenn man z.B. eine eingebildete Schwangere – scheinbar, aber für sie überzeugend und glaubhaft – entbindet.

erschrecken. Von da an wurde er immer bewußtlos, wenn er nicht zur Schule gehen mochte oder wenn er keine Schularbeiten machen wollte. Sechs Monate lang mied er die Schule; streifte durch die Gegend und gab sich seinen Tagträumen hin. Die Ärzte standen vor einem Rätsel; einer sprach von Epilepsie. Dann hörte Carl Gustav eines Tages mit an, wie sein Vater einem befreundeten Besucher gegenüber seine Sorgen über die Zukunft seines Sohnes aussprach. Dem Jungen wurde plötzlich klar, daß das Leben eine ernste Sache ist, und daß er sich darauf vorbereiten müsse, seinen Lebensunterhalt zu verdienen. Von diesem Tag an bemühte er sich, seine Ohnmachtsanfälle zu unterdrücken und nahm seine Schularbeit wieder auf. Diese Episode zeigt nicht nur, wie eine Kindheitsneurose beginnen kann, sondern auch, wie sie spontan geheilt werden kann, im Gegensatz zum Fall André Gides, dessen ganze Kindheit durch eine ähnliche Neurose überschattet war."

Carl Gustav hatte ein traumatisches Erlebnis, welches der Anlaß ist, neurotisches Verhalten, hier Ohnmachtsanfälle, das ihm einen sekundären Krankheitsgewinn bringt, zu entwickeln. Ermahnungen fruchten nichts. Da hört er *nebenbei* die ernsthafte Sorge seines Vaters. Was sind hier die psychischen Heilmittel (Heilwirkfaktoren)? Das Nebenbei, die *Bewußtheit*, der Vater weiß nicht, daß er mithört, veranlaßt ihn, seinem Vater die ernsthafte Sorge wahrscheinlich erstmals wirklich zu *glauben*. Ganz plötzlich[28] gewinnt er *Einsicht* in den Ernst seiner Situation und es kommt zu einem urplötzlichen *Einstellungswandel*, der zu verändertem, positiven und konstruktiven schulischen *Verhalten* führt.

Das große Heilmittel (Heilwirkfaktor) der Ära Janet (1859-1947), Breuer und Freud um die vorige Jahrhundertwende hieß *Katharsis*. Gelingt es, verdrängte Traumata wieder bewußt zu machen, also die Spaltung von Affekt und kognitivem Sachverhalt durch die provozierte Übertragungsneurose aufzuheben, hat Heilung stattgefunden, so die psychoanalytische Hypothese. Wir glauben das so allgemein nicht und halten dies für nur manchmal zutreffend.

Kombinatorik der Heilmittel und Methoden

Beispiel: Durcharbeiten der Kindheit. Gehen wir von relativ unabhängigen Methoden aus, d.h. von solchen, bei denen die Reihenfolge keine besondere Rolle spielt. Z.B. sei das Therapiesegment „Aufarbeiten der Kindheit", dann gehören hierzu verschiedene Standardbearbeitungen, etwa folgende: (1) Erfahrungen mit und Beziehung zur Mutter, (2) Erfahrungen mit und Beziehung zum Vater, (3) Erfahrungen mit und Beziehungen zu den Geschwistern, (4) bedeutungsvolle Erlebnisse und Erfahrungen, (5) Verarbeitung dieser Erfahrungen, (6) Beziehungen heute, (7) mögliche Therapieziele in Bezug auf die kognitiv-affektiven Kindheitsschemata. Spontan werden uns die meisten zustimmen, daß die Segmentteile (1) bis (4) relativ unabhängig angeordnet sein können, während es für (7) wohl günstig ist, wenn man (1) bis (6) schon kennt.

Spielt die Reihefolge des Durcharbeitens der Segmente *eine* Rolle, was in der Psychotherapie sicher öfter der Fall ist, errechnen sich die Möglichkeiten nach der einfa-

---

28 zu den schlagartigen Heilungen > Corsini's „Konfrontative Therapie" Corsini, (1983) Bd. 1, S. 555 ff.

chen Permutationsformel N = Fakultät (n), wenn n die Anzahl der zu kombinierenden Segmente oder der Methoden ist. Für n = 10 ergibt sich N = 4.037.932, also rund vier Millionen. Spielt die Reihenfolge keine Rolle, gilt die vereinfachte Formel für Möglichkeiten der Kombinationen 2^{n-1}. Bei 10 Heilmitteln oder zu kombinierenden Methoden ergibt das immer noch $2^{10} - 1 = 1024 - 1 = 1023$ Integrierungsaufgaben. 100 verschiedene Methoden erfordern ca. 1 267 650 000 000 000 000 000 000 000 000 Integrationen (!), dieser Weg kann es also nicht sein.

5. Aus der GIPT-Therapieforschung

5.1 Konstruktion und Beschreibung verschiedener spezifischer und globaler Kriterienmaße

CST-System. Zwischen 1980 und 1985 habe ich eine Reihe von Verfahren entwickelt und empirisch-praktisch evaluiert (Sponsel 1982, 83, 84), die unter dem Namen CST-System-Diagnostik zusammengefaßt worden sind.

Ziele & Hintergrund. Die Verfahren sollten sich zum Verständnis eines Menschen, für die Therapieplanung und speziell für die Therapieerfolgskontrolle (Befindlichkeits-Analyse) in der niedergelassenen Praxis eignen (schnell, einfach, robust). Testtheorie: Kriterienorientiert, d.h. die Verfahren sind auch ohne statistischen Normbezug inhaltlich und sinnvoll interpretierbar. Für alle Verfahren – Ausnahme bislang: Familien-Bild-Skalen FBS – sind aber Prozentrangnormen im Regelfall für drei Vergleichsgruppen (Fälle, Normgruppe, Idealgruppe relativ Gesunde und Zufriedene) erstellt worden. Für die zahlreichen Einzelfallanalysen wurde ein eigenes Reliabilitätsmaß entwickelt, das die Mängel und Schwächen des Korrelationskoeffizienten (*Sponsel* 1994, 1, 24-33) nicht hat. Für alle Verfahren gibt es einen EDV-Auswertungs- und Wissenschaftsdienst. Derzeit sind rund 6000 Tests erfaßt. Die Verfahren 01-08 sind im CST-System-Handbuch (2 Bde. ca. 1400 Seiten) beschrieben und dokumentiert. Für die FBS-Skala gibt es ein Bearbeitungs-Manual. Verfahren 10 und 11 sind derzeit nur über den Auswertungsdienst verfügbar.

01 *Statistische Kopfkarte.* Sie dient der Forschung, wenn man z.B. die Charakterstrukturen aller ältesten Schwestern mit Mittlerer Reife, die Lebenszufriedenheit von Arbeitslosen, die Persönlichkeitsstruktur und Eingangswerte von Therapie-AbbrecherInnen oder von AsthmatikerInnen studieren möchte, so erlaubt die Verschlüsselung der statistischen Kopfkarte gezieltes Suchen in der EDV.

02 *CST-Charakter-Struktur-Test* (nach Fritz Riemann). Der Test ist konstruiert nach dem Werk von Fritz Riemann („Grundformen der Angst"). Es werden die vier Grundstrukturen Z (zwanghaft), H (hysteroid), S (schizoid), D (depressiv) in Riemanns persönlichkeitstypischer, nicht klinischer, Bedeutung zu je 20 Items erhoben. Die vier Strukturen wurden in 17 Motivgruppen übersetzt und paarweise auf ihre Verträglichkeit und Beeinflussung (Verstärkung, Behinderung, Erleichterung oder Begünstigung, Färbung) in 136 Vergleichsanalysen untersucht. Aus den wechselseitigen Behinderungen wurde ein Spannungsmaß für die Persönlichkeitstruktur entwickelt, das sich auch klinisch valide zeigte. Das Spannungsmaß hat zwei Hauptbedeutungen: (1) reichhaltige, vielseitige, spannungsreiche Motivation, wobei die Integration geglückt ist (Typ Goethe) oder (2) reichhaltige, vielseitige, spannungsreiche Motivation, wobei die Inte-

gration nicht geglückt ist und Symptome produziert werden. Die Differentialdiagnose: geglückt – nicht geglückt wird über die Werte der Befindlichkeitsanalyse (BA), der Therapieerfolgskontrollwerte, operationalisiert nach der einfachen Regel vollzogen: BA-Werte ok, Spannung ok, BA-Werte nicht ok, Spannungswerte symptomproduktiv.

Die Charakterstrukturen, die nicht klinisch, sondern allgemein motivationspsychologisch interpretiert wurden, sind in folgende Motivgruppen „übersetzt" worden: Z (zwanghaft): Z-Perfektion, Z-Leistung, Z-Kontrolle, Z-Sicherheit. H (hysteroid): H-Anspruchshaltung, H-Freiheit, H-Erlebnishunger, H-Lebendigkeit, H-Beeindruckung. S (schizoid): S-Distanz, S-Beherrschung (die etwas anderes als die zwanghafte Kontrolle erfaßt), S-Aggression (indirekte), S-Identität (Ganzheit, Homogenität). D (depressiv): D-Geborgenheit, D-Anpassung, D-Harmonie, D-Hingabe.

03 *VS-Vitalitäts-Skala („Ich-Stärke")*. Hier gibt es zwei Varianten: eine in den CST eingebaute mit 20 Items und eine in die Befindlichkeitsanalyse eingebaute mit 22-Items. Psychodynamisch kann man die VS als Ich-Stärken-Schätzung interpretieren, da 20 Lebenskennwerte abgefragt werden, die im allgemeinen dann positiv geglückt sind, wenn ein Mensch über genügend Ich-Stärke verfügt. Zugleich ist damit natürlich eine operationale Definition der Ich-Stärke gegeben: Lebenszufriedenheit; Selbstvertrauen; Widerstandskraft; Selbständigkeit (2 Items); Zuversicht; Selbstwertgefühl; Vertrauen in die eigenen Fähigkeiten; Liebe, Anerkennung & Verständnis bekommen; echte Kontakte haben; Leistungsfähigkeit; Entspannungsfähigkeit; Lebenskraft (3 Items); Durchsetzungskraft; Zielgewißheit; Arbeitszufriedenheit; Lebensfreude; Wissen um die eigenen Grenzen. Die BA-Version erfaßt zusätzlich: Genußfähigkeit, Probleme anpacken. Statistisch hat sich ein Grenzwert von 14/20 Items für relativ Zufriedene und Gesunde ergeben. Die VS eignet sich sowohl zur Therapieplanung als auch zur validen Erfolgskontrollschätzung. Zur Summen-Score-Funktion (Kardinal-Skala) der VS Sponsel (1In Vorbereitung a) .

04 *PSBS-Psychosomatische-Belastungs-Skala*. Hier werden 29 Items nach vier Häufigkeiten (Nie, Selten, Manchmal, Oft) erhoben, denen die Roh-Scores 0, 2, 5, 10 zugeordnet wurden (Sponsel In Vorbereitung b). Nicht selten äußern sich seelisch- geistige Konflikte in relativ psychosomatischer Symptombildung. Es werden erfaßt: Zittern, Erröten, Durchfall, Verstopfung, Schweißausbruch, Magenbeschwerden, Schwitzen, Herzklopfen, Herzschmerzen, Bauchschmerzen, Migräne, Kopfschmerzen, Erbrechen, Rückenschmerzen, Kreislaufstörungen, Atembeschwerden, Asthma, Erschöpfung, Verkrampfung, Schlaflosigkeit, Müdigkeit, Erkältungen, Krampfanfälle, Unruhe, Fieberhafte Infekte, Alpträume, Hautkrankheiten, Allergien, Sexuelle Beschwerden. Die Skala eignet sich sowohl zur Therapieplanung als auch zur Therapieerfolgskontrolle, speziell natürlich der psychosomatischen Belastung.

05 *GVS-Gefühlsverhältnis-Skala*. Hier wurden 13 positive und 13 negative Gefühle und Stimmungen repräsentativ für den gesamten Gefühls- und Stimmungshaushalt ausgewählt und nach vier Häufigkeitskategorien (Nie, Selten, Manchmal, Oft) mit den Roh-Scores 0, 2, 5, 10 verrechnet (Sponsel 1998b). Es wird dann der relative Anteil der positiven Gefühle (G+%) am Gefühlsgesamt bestimmt, wobei die kriterienorientierte Normwertbereichserwartung zwischen 60 – 80% liegt. Höhere Werte deuten eine ungewöhnlich geglückte Lebensphase, maniforme Prozesse oder eine ungewöhnlich starke Verleugnung negativer Affekte an. Die positiven Gefühle und Stimmungen: Freude, Wohlbehagen, Gute Laune, Liebe, Kraft, Vertrauen, Lust, Fröhlich, Zuver-

sicht, Beschwingt, Zuneigung, Achtung, Stärke. Die negativen: Angst, Ärger, Hemmung, Wut, Mißtrauen, Traurig, Depression, Neid, Enttäuschung, Spannung, Haß, Ablehnung, Krankheitsgefühl. Die Skala eignet sich sowohl zur Therapieplanung als auch zur Therapieerfolgskontrolle, speziell natürlich der Gefühls- und Stimmungsverfassung. Die Idee wurde durch das Studium der Arbeiten von Flugel (1925) und der polnischen Emotionsschule um Reykowski (dt. 1973) gefördert.

06 *SKS-Selbstkritik-Skala.* Mit der SKS werden traditionell allgemein menschliche Mängel und Schwächen erfragt. Als selbstkritisch gilt, wer die allgemein menschlichen Schwächen bei sich wahrnehmen und zugeben kann. Eine Piloterhebung wurde an 100 Fällen validiert. Die erhobenen Item-Sachverhalte sind: Ärger eingestehen; Geheimnisse haben; Fehler eingestehen; Aufschieben; Antipathien haben; Notlügen; Neid auf andere; Schlechte Laune; Gelegentlich faul; Zuweilen Unvernunft; Schadenfreude; Unwohl bei Kritik; Zuweilen Diplomatie. Befunde: Mit 11 Items wird in der Normgruppe ein PR von 81, in der Fallgruppe (ohne Maniforme) ein PR von 63 erreicht. PsychotherapiepatientInnen sind offenbar häufig skrupulöser, selbstkritischer, gewissens-belasteter (Überich-dominant).

07 *LZS-Lebenszufriedenheits-Skala.* Der Ansatz beruht auf dem Tomanschen (1968, 1978) homöostatischen Motivationsmodell. Die simple Heilidee ist: Relativ gesunde und zufriedene Menschen werden keine oder weniger Symptome ausbilden. Also: der Zufriedenheitswert ist ein indirekter Indikator für wahrscheinliche oder tatsächliche Symptomproduktion. Damit muß sich ein Normwert bestimmen lassen, der als Globalmaß für Gesundheit taugt und auch zur Schätzung von Symptomverschiebungs-Risiken. Erhebt man über mehrere Bereiche, lassen sich auch Kompensations- und Ausgleichsmechanismen studieren. Das Verfahren ist mit 08 (SZS-Selbstzufriedenheits-Skala) im Rahmen meiner Dissertation sehr sorgfältig und ausführlich untersucht, dokumentiert und evaluiert worden. Zusätzlich zur realen Zufriedenheit wird außerdem das Anspruchsniveau miterhoben, so daß sich auch hieraus interessante Informationen gewinnen lassen. Erhoben wird auf einer natürlichen Prozent-Skala mit sieben verbalen Ausprägungsschätzungen nach 17 Lebensbereichen: Arbeit & Beruf; Freundschaften; Anerkennung; Geld & Besitz; Entspannung; Interessenverwirklichung; Einfluß & Geltung; Gesundheit; Liebe geben; Liebe bekommen; Sexuelle Erfüllung; Familienklima; Wohnen; Nachbarschaft; Selbstverwirklichung; Lebensqualität; Mitmenschen. Die Skala eignet sich sowohl zur Therapieplanung als auch zur Therapieerfolgskontrolle, und ganz speziell zur Kontrolle der interpsychischen Symptomverschiebung: In ökosozialen Systemen, in Familien und bei Paaren kann sie von mehreren Personen bearbeitet werden, hierbei darf der Zuwachs an Zufriedenheit einer Person nicht auf Kosten der Abnahme einer anderen gehen.

08 *SZS-Selbstzufriedenheits-Skala.* Während die LZS viel mehr Komponenten einschließt, die einem das Leben „gibt" (oder nicht), ist die SZS hauptsächlich auf das Selbst bezogen. Gewöhnlich sind die SZS-Werte höher als die LZS-Werte. Das macht Sinn: wir sind mit uns gewöhnlich zufriedener als mit der Welt und dem Leben. Manchmal ist dieses Verhältnis invertiert und deutet ein spezifisch selbst- und überkritisches Problem der PatientIn an. Es werden 20 wichtige Dimensionen der realen Selbstzufriedenheit und das Anspruchsniveau erhoben: Äußere Erscheinung; Sinnliche Genußfähigkeit; Positive Gefühle zeigen; Negative Gefühle zeigen; Wünsche äußern; Meinung ehrlich vertreten; Intelligenz; Wissen & Bildung; Berufliches Können; Um-

gang mit Geld; Begabungen; Offenheit; Selbstvertrauen; Vertrauen; Aktivität; Toleranz; Taktgefühl; Menschenliebe; Verantwortungsbereitschaft; Sexuelle Lust.

09 *FBS-Familienbild-Skala.* Die FBS-Familien-Bild-Skala ist 1980 über eine sog. kompetente BeurteilerInnen-Skalierung (Klinische PsychologInnen) entwickelt worden. Sie erlaubt einerseits die Beurteilung der Qualität eines Bildes, zum anderen ist bei Vergleichen zwischen zwei Bildern die Bestimmung der Ähnlichkeiten oder Identifikationen, der Gegensätze und der Unterschiede möglich. Damit können also Fragen untersucht werden wie z.B.: Identifikation wer mit wem, PartnerInwahl nach der oder gegen die Mutter, Vaterbild problematisch oder nicht, wird BeraterIn/TherapeutIn mit einem Elternteil identifiziert (Übertragungsanalyse), ist das PartnerIn-Bild positiv, wie gut kennt A B usw. ?

Die Qualität eines Bildes: Der qualitativ wichtigste Wert ist das P%= Positivprozent. Es errechnet sich wie folgt: 100* [Rohwert positiv : (Rohwert positiv + Rohwert negativ)]; P% gibt also den positiven Prozentanteil am Gesamtbild an. Bilder mit einem P% kleiner als 60 sind als bedeutungsvoll und potentiell problematisch einzuordnen. Als schwierig haben sich erfahrungsgemäß „ambivalente Qualitäten" (40-59) erwiesen. Manchmal ist es leichter, mit einem klar negativen Bild fertig zu werden, als mit einem „halb-und-halb-Bild". Extremwerte, Randextreme und Mittenwahlen werden zusätzlich bestimmt. Mit einem Therapieerfolg sollte auf jeden Fall ein positives Selbstbild (mindestens > = 60% Positivanteil) einhergehen. Die Standarderhebung beruht auf Selbstbild, PartnerInbild, Vaterbild, Mutterbild. In der Partnerschaftstherapie liegen dann jeweils 8 Bilder vor, die insgesamt 28 Vergleiche ermöglichen. Aus dem Vergleich der jeweiligen Selbst- und Partnerbilder lassen sich die 16 Kombinationen von *Harris* (dt. 1975) (A: ich bin [nicht] ok, du bist [nicht] ok gekreuzt mit B: ich bin [nicht] ok, du bist [nicht] ok) operational erfassen.

10 LGWS-Lebensgrundsätze und Wertsystem. LG: Lebensgrundsätze. Die Lebensgrundsatzskala soll die Selbstheilungskräfte als Problemlösefähigkeit und Lebensklugheit interpretiert schätzen. Im Modell wird hierbei angenommen, daß es zu einer guten Lebensbewältigung und Ich-Stärke kommt, wenn eine ganze Reihe, zum Teil und im einzelnen sich widersprechender Lebensprinzipien simultan im Handlungsrepertoire eines Menschen verfügbar ist, um sich aus diesem Repertoire situationsgerecht nach den jeweiligen Zielen und Zwecken zu bedienen. Also: Manchmal ist es gut, echt zu sein, manchmal ist genau das falsch und man wäre besser zurückhaltend gewesen. Oft ist es gut, sich zu stellen, manchmal wäre aber vermeiden besser gewesen usw. Relativ gesunde und zufriedene Menschen beherzigen solche Relativitätsprinzipien der Heilmittel intuitiv, ohne, daß sie dessen richtig bewußt sind. Sie sind echt und taktvoll, sie setzen sich durch und passen sich an, sie sind realistisch und sie träumen. Die Vielzahl der Prinzipien, ihre Angemessenheit und ihre Ausgewogenheit machen sozusagen einen relativ lebenstüchtigen Menschen aus. Im einzelnen erhebt die LG 5 vitale (Echtheit, Entscheidung, Problemlösung, Verzicht auf Rationalisierung, Selbstverantwortung) und 5 soziale (Anpassung, Differenzierung, Lebensklugheit, Realismus, Soziale Einsicht) Ich- Funktionen. Der LG-Score wird um so besser, je *ausgewogen* höher die Rohwerte in den 10 Subskalen sind. Jede Subskala wird komprimiert von +++ bis --- signiert, so daß man auf einen Blick sofort sieht, wo problematische Bereiche sind.

WS: Wertsystem. Mit den Wertsystem-Items werden die persönlichen Wertungen (Rangfolge) und das Menschenbild (Rangfolge Projektionen) erhoben und in der Auswertung zueinander in Beziehung gesetzt. Es werden 6 Wert-Klassen bestimmt: SKGM: Sinne, Körper, Genuß, Muße. GLKO: Gefühl, Liebe, Kontakt. KÖBI: Können und Bildung. LEAK: Leistung, Erfolg, Aktivität. SICH: Sicherheit (materiell und immateriell). WEIS: Weisheit.

11 *GTT-Grübeltyp-Test.* Grübeln nennen wir das Denken, das immer zum gleichen Problem zurückkehrt, ohne zu einer Lösung zu gelangen. Es ist schwer von der letztlich schöpferischen und kreativen Problemlösung abzugrenzen, die auch lange brauchen kann, bis eine Lösung gefunden wird. Die Abgrenzung ist dann nicht schwer, wenn psychologisch klar ist, wie der Problemlösungsalgorithmus aussehen muß. Es gibt eine ganze Reihe von Störungen, die stärkere Grübelphänomene bei den betroffenen Menschen hervorrufen können (denken Sie an Depressive, Zwanghafte, NarzißtInnen, OptimiererInnen, Sorgenvolle und ProblemlöserInnen). Zur etwas genaueren Unterscheidung und damit auch zur gezielten therapeutischen Planung wurden 7 Grübel „Typen"-Skalen (mit je 5 Items) konstruiert: Prognose-GrüblerInnen (gehäufte Vorstellung negativ besetzter zukünftiger Ereignisse), Ziel-GrüblerInnen (Wie erreiche [vermeide] ich X?), Entscheidungs-GrüblerInnen (es soll/muß entschieden werden mit Risiko), Sicherheits-GrüblerInnen (Wie kann ich ganz sicher sein, daß ...?), Behauptungs-GrüblerInnen (Ich kann mich [nicht] behaupten oder beweisen, wenn ich gefordert werde.), Wirkungs-GrüblerInnen (besonderes Interesse an der eigenen Wirkung auf andere), Gewissens-GrüblerInnen (Was ist geboten, verboten oder erlaubt?). Die 35 Items werden nach realer Einschätzung und wie ProbandIn es für wünschenswert und gesund erachtet, erhoben.

Die Verfahren 03 – 08 sind hier speziell für den Zweck Therapieplanung und Therapieerfolgskontrolle zur *Befindlichkeitsanalyse (BA)* zusammengefaßt worden.

5.2 Empirische Ergebnisse und Evaluation

(1) Die Zufriedenheits-Globalmaße. Im Rahmen meiner Dissertation (Sponsel 1984) habe ich die begriffliche Basis und wichtige Teile des technischen Instrumentariums für die Psychotherapieerfolgskontrolle speziell in der niedergelassenen Praxis geschaffen und in das CST-System integriert. Im technischen Teil der Dissertation wurden zwei Globalmaße – die Schätzung der Lebens- (LZS, 17 Items, mit Anspruchsniveau 34) und der Selbstzufriedenheit (SZS, 20 Items, mit Anspruchsniveau 40) entwickelt und evaluiert (streng symptom- und kriterienbezogen nach Integrativer Psychologischer Psychotherapie). Speziell wurde das Skalenniveau von Zufriedenheitsschätzungen untersucht. Außerdem wurde gezeigt, daß der Mittelwert unabhängig vom Gewicht der Merkmalsbereiche ist. Die Evaluation bezog insgesamt N = 1091 Erhebungen ein und es wurden folgende Behandlungs- und Kontrollgruppen gebildet:

Norm- und Kontrollgruppen (Sponsel 1984, 301 ff)	**Mittelwert**[29]
Norm- und Kontrollgruppen Alle N = 403	LZS = 59,9
(563 mit Wiederholung zur Reliabilität & Kontrolle)	
Alle Auffälligen (Symptomträger) N = 72 (a.a.O. 313)	LSZ = 53,0
Auffällige (Symptomträger) ohne nähere	LZS = 53,4
Spezifikation N = 44 ((a.a.O. 317)	

29 Zufriedenheit auf einer Prozentskala mit natürlichem Minimum und Maximum (Sponsel 1998b).

Auffällige (Symptomträger) unbehandelt N = 28 . (a.a.O. 321)	LZS = 52,4
Unauffällige (Idealnormgruppe relativ Gesunde und Zufriedene) N = 46 (a.a.O. 325)	LZS = 66,9
Behandlungsgruppen Alle N = 337 (528 mit Wiederholungen zu Verlauf, Reliabilität und Kontrolle)	**Mittelwert**
Anfangsphase N = 52 (a.a.O. 329)	LZS = 46,6
Zwischenphase bis 1 Jahr N = 33 (a.a.O. 333)	LZS = 50,0
Zwischenphase länger als 1 Jahr N = 24 (a.a.O. 337)	LZS = 54,9
Behandlungsgruppen Alle bis 1 Jahr N = 69 (a.a.O. 341)	LZS = 48,7
Nachuntersuchungsgruppe länger als ein Jahr nach Abschluß der Behandlung N = 27 . (a.a.O. 345)	LZS = 64,1
Evaluationsgruppe nach Kriterienorientierung, d.h. auf breiter Front Störungen verschwunden bzw. stark zurückgegangen	
Abbrecherstudien (a.a.O. 266 – 268)	**Mittelwert**
Abbrecherstudie bis 1 Jahr nach Abbruch N = 14...................	LZS = 48,1
Abbrecherstudie bis 1 – 2 Jahre nach Abbruch N = 16	LZS = 57,0
Abbrecherstudie ohne nähere Spezifikation N = 28	LZS = 57,0
Abbrecher weiterhin unbehandelt N = 19...............................	LZS = 54,5

Spezialstudien:

Gewichte der Lebensbereiche: Hauptsatz: der Lebenszufriedenheitsmittelwert ist vom persönlichen Gewicht rechnerisch unabhängig, d.h. seine Bedeutung wird bereits beim Ankreuzen von den ProbandInnen berücksichtigt (a.a.O. 132; die Korrelation zwischen gewichtetem und ungewichtetem Lebenszufriedenheitsmittelwert für N = 30 betrug r = .96 (Ähnlichkeitsmaß = 95%). Im einzelnen ergaben sich für die verschiedenen Lebensbereiche folgende Rangordnungen (Polung: höhere Zahl = höherer Rang, R = Rang, Ergebnisse Ränge a.a.O. 126):

Liebe bekommen	R 10	Liebe geben	R 9	Selbstverwirklichung	R 9
Freundschaften	R 8	Gesundheit	R 8	Sexuelle Erfüllung	R 8
Familienklima	R 8	Arbeit & Beruf	R 7	Anerkennung	R 7
Interessenverw.	R 7	Entspannen	R 5	Wohnen	R 5
Lebensqualität	R 5	Mitmenschen	R 5	Geld & Besitz	R 4
Einfluß & Geltung	R 4	Nachbarschaft	R 3		

Zusätzlich wurden noch eine Reihe von Sonderstudien durchgeführt, deren Themen nur informativ aufgeführt werden:

- Die Bedeutung der Arbeitszufriedenheit (a.a.O. 157)
- Die Bedeutung der Zufriedenheit mit der Liebe (a.a.O. 203)
- Zusammenhänge Vertrauen und Liebe (a.a.O. 194)
- Die Bedeutung der Selbstverwirklichung (a.a.O. 172; 262)
- Die Bedeutung des Selbstvertrauens (a.a.O. 192)
- Die Bedeutung der Lebensqualität (a.a.O. 174)
- Durchbruchanalyse und Echtheit (a.a.O. 264)

Bemerkung: Über alle Gruppen wurde auch das Anspruchsniveau der Zufriedenheiten analysiert.

Normen: Prozentränge, nach drei Bildungsständen, fünf Alterszyklen und nach dem Geschlecht. *Reliabilität*: Es wurde ein Reliabilitätsmaß für den Einzelfall, das die Schwächen (Sponsel 1994, 24-33) des Korrelationskoeffizienten nicht hat, Verlaufs- und Langzeitanalysen entwickelt und evaluiert (Ä[LZS] = 94.4% Ähnlichkeit und r = .934; Ä[SZS] = 95.5% Ähnlichkeit und r = .89). Trennschärfe, Regressions- und Korrelationsanalysen wurden durchgeführt.

Psychotherapierelevante Hauptergebnisse:

1) Nonparametrisch: 81% der Behandlungsgruppe sind unzufrieden gegenüber der Vergleichskontrollgruppe der „Unauffälligen" mit nur 24%.

2) Parametrisch: Der Lebenszufriedenheitsmittelwert liegt in den Behandlungsgruppen (Anfangsphase) bei 46,6% und bei den „Unauffälligen" bei 66,9%.

Es konnte gezeigt werden, daß der Lebenszufriedenheitsmittelwert als globales Maß valide ist und zur Therapieerfolgskontrollschätzung und damit auch zur Kontrolle von Symptomverschiebungen herangezogen werden kann.

3) Das homöostatische Motivationsmodell Tomans, das eine vernünftige pycholologische Interpretation des Freudschem Libidobegriffs zuläßt – und damit die Psychoanalyse in die Gemeinschaft der wissenschaftlichen Methoden zu integrieren versucht – wird durch diese Ergebnisse empirisch bestätigt: der Mensch braucht auf längere Sicht ein Mindestmaß an Motivbefriedigung, sonst bekommt er Störungen oder er wird krank.

4) *Symptomverschiebungen.* Eine der wichtigsten praktischen Anwendungen könnte darin bestehen, daß sich das globale Gesundheitsmaß Lebenszufriedenheitsmittelwert zur Kontrolle der *Symptomverschiebung* eignet. Hierzu sind folgende Überlegungen und daran anknüpfende Schlußfiguren hilfreich:

Gegeben sei das Globalmaß G, das besage, daß Werte, die G annehmen kann mit G > K (K = Kriterium) globale psychische Gesundheit anzeige. Zu Beginn der Therapie habe PatientIn ein $G_{Anfang} = 45$ gehabt. K sei 59.

G-Fall 1)	$G_{Ende} < G_{Anfang}$
G-Fall 2)	$G_{Ende} = G_{Anfang}$
G-Fall 3)	$G_{Ende} > G_{Anfang}$

Für die Syndromausprägung wählen wir S und haben dann:

S-Fall 1)	$S_{Ende} < S_{Anfang}$
S-Fall 2)	$S_{Ende} = S_{Anfang}$
S-Fall 3)	$S_{Ende} > S_{Anfang}$

Die Kombination Globalmaß-Fälle mit den Syndromausprägungs-Fällen ergibt dann neun Möglichkeiten: Syndromausprägungen

Globalmaße	$S_E < S_A$	$S_E = S_A$	$S_E > S_A$
$G_E < G_A$	11	12	13
$G_E = G_A$	21	22	23
$G_E > G_A$	31	32	33

Interpretationen:

11 Symptomausprägung nach Therapie kleiner als vorher, aber auch Globalmaß kleiner als vorher. Ergo: Starker Verdacht auf Symptomverschiebung. PatientIn leidet nicht mehr an der „Pest", sondern „nur" noch an der „Cholera".

12 Die Situation hat sich verschlechtert.

13 Die Situation hat sich dramatisch verschlechtert: sowohl auf der Syndrom- als auch auf der Globalmaßebene.

21 Situation auf der Syndromebene zwar verbessert, was sich aber im Globalmaß noch nicht niederschlägt. Verdacht auf Symptomverschiebung.

22 Unveränderter Zustand.

23 Verschlechterung: Symptomproduktion hat zugenommen, während das Globalmaß gleich geblieben ist.

31 Idealer Therapieerfolg: es hat sich sowohl das Syndrom zurückgebildet als auch eine Verbesserung im Globalmaß ergeben.

32 Obwohl sich das Syndrom unverändert zeigt, hat es im Globalmaß eine Verbesserung geben. PatientIn kann besser mit Syndrom umgehen oder hat sich eingerichtet. Typische Ergebnisse früherer Psychoanalysen.

33 Paradoxes Ergebnis: obwohl die Symptomatik zunimmt, wächst auch das Globalmaß. Der Fall sollte genau untersucht werden.

Für alle Erhebungen empfehlen wir die *generelle GIPT-Validitäts-Meta-Regel*: die Werte *müssen* zur Situation und zu Vergleichskriterien *passen*. Tun sie das nicht, sind besondere Sicherungsmaßnahmen, Interpretationsbemühungen und Überlegungen angezeigt. So konnten wir z.B. feststellen, daß die von uns entwickelten Gesundheitsglobalmaße bei maniformen Prozessen, bei zwanghaften Symptomisolierungen und in spezifisch interessegeleiteten Situationen (Rentenbegehren, Entschädigungsfragen, Auslese, Gutachten) ganz besonders sorgfältig kontrolliert werden müssen.

(2) Empirische Untersuchung zur Freudschen Triashypothese

Die Freudsche Trias-Hypothese, wonach gesund ist, wer arbeiten, lieben und entspannen kann, ist von mir empirisch 1983 über Items der Vitalitäts-Skala (Ich-Stärke-Skala) untersucht und bestätigt worden (Sponsel 1982-1984, 1. Erg., 08AV:02, 3,4,5-UV: V8,V11,V15-01 bis 10). Unter der Bedingung, daß die drei Items bejaht werden, ist die bedingte Wahrscheinlichkeit das Kriterium *14 oder mehr Vitalitätsitems zu bejahen* $p = 0.88$, die pathologische Grenze bei der Psychosomatikproduktion zu überschreiten fällt von $p = .16$ bei den Auffälligen auf 0.018, also um den Faktor 9. Auch die bedingte Wahrscheinlichkeit ein positives Gefühlsverhältnis $> = 60\%$ zu erzielen ist unter der *Freud*'schen Triasbedingung ca. 2,5 mal größer als bei den Auffälligen. Der Konflikt- oder Spannungswert für PR = 50 (Median) bei Triaserfüllung ist in der Persönlichkeitsstruktur nur 400 (N = 228), in der Normgruppe 690 (N = 635) und bei den Auffälligen gar 1030 (N = 187), also außerordentlich valide. Nebenbei ergibt die Validierung und Evaluation des im CST konstruierten Spannungsmaßes ein klares Argument für die Nützlichkeit inhaltlich begründeter methodischer Verfahren gegenüber artifiziellen formalen Verfahren, wie z.B. Faktorenanalysen.

6. Zusammenfassung Praktisches Vorgehen zur Evaluation undErfolgskontrolle: Ein 12-Punkte-Leitfaden

(1) Exploration Kriterienvalide Heilmittel Exploration & Veränderungen in Lebensraum und Lebensqualität:
(2) Beziehungsraum (PartnerIn, FreundIn, Familie, NachbarIn, Bekannte)
(3) Leistungswelt (Arbeit, Beruf, Bildung, Lernen, Leistung, Karriere)
(4) Erholung, Freizeit, Genuß & Vergnügen
(5) Persönliches CST-System-Skalen
(6) Persönlichkeitsstruktur im CST, besonders die Spannungswerte
(7) Vitalität oder Ich-Stärke
(8) Verhältnis positiver Gefühle und Stimmungen
(9) Psychosomatische Belastung
(10) Lebens- und Selbstzufriedenheit
(11) Familienbilder, insbesondere Selbstbild
(12) Sonstige individuelle Besonderheiten

Ausblick. Große Aufmerksamkeit werden wir in der GIPT künftig der Entwicklung kriterien-valider Heilmittel und ihrer permanenten diagnostischen Anwendung im Therapieprozeß widmen und einer Methodologie, die sich wirklich wissenschaftlich versteht – jenseits der szientistischen Zahlenmystik, wie sie an den Universitäten so falsch tradiert wird (Sponsel 1994, In Vorbereitung a und b).

Literatur

Arkowitz, H. (1992b). Integrative theories of therapy. In: Freedheim, D. K. (1992, Ed.), 261-303.
Asratjan, E. A. (dt. 1982). Iwan Petrowitsch Pawlow. Leipzig: Hirzel.
Assagioli, R. (1982). Die Schulung des Willens. Methoden der Psychotherapie und der Selbsttherapie. Paderborn: Junfermann.
Assagioli, R. (dt. 1993, orig. 1965). Psychosynthese. Reinbek: Hamburg.
Bastine, R. (1990). Klinische Psychologie, 2 Bde.Stuttgart: Kohlhammer.
Bergmann, Gustav, von (1932). Funktionelle Pathologie. Berlin: Springer.
Binswanger, O. (1896). Allgemeine Psychotherapie. In: Therapie der Neurasthenie. In: Die Pathologie und Therapie der Neurasthenie, 368ff. Jena: Fischer.
Blaser, A., Heim, E., Ringer, C., Thommen, M. (1992). Problemorientierte Psychotherapie. Ein integratives Konzept. Bern: Huber.
Bolten, J. C. (1751). Gedancken von psychologischen Curen. Halle im Magdeburgischen: Hemmerde.
Bräunlich (1839). Psychische Heilmittellehre für Ärzte und Psychologen. Meissen: Goedsche.
Corsini, R. J. (dt. 1983, orig. 1981). Handbuch der Psychotherapie. 2 Bde. Weinheim: Beltz.
Damm, S. R. (1995). Mehrphasentherapie. Eine Methodenkombination für die psychotherapeutische Praxis. München: Pfeiffer.
Dessoir, Max (1902). Geschichte der neueren Deutschen Psychologie. 2. A. 1. Bd. Berlin: Duncker. Darin auch: Psychopathologie und Psychotherapie, S. 524-528.
Dollard, J., Miller, N. E. (1950). Personality and Psychotherapy. An Analysis in Terms of Learning, Thinking, and Culture. New York: McGraw-Hill.
Dornblüth, O. (1911). Allgemeine Psychotherapie. In: Die Psychoneurosen, 561-571. Leipzig: Veit & Comp.

Eckert, J. (1996). Schulenübergeifende Aspekte der Psychotherapie. In Reimer, C. et al. (1996), 324-339. Bemerkung: Das allgemeine Konzept Grawes und die integrative Konzeption werden abgelehnt.
Ellenberger, H. F. (dt. 1973). Die Entdeckung des Unbewußten. 2 Bde. Bern: Huber.
Ellis, A. (1955a). New approaches to psychotherapy techniques. Brandon, Vermont: Journal of Clinical Psychology.
Ellis, A. (dt. 1977, orig. 1962). Die rationalemotive Therapie. Das innere Selbstgespräch bei seelischen Problemen und seiner Veränderung. München: Pfeiffer.
Ellis, A. (1973). Are cognitive behavior therapy and rational therapy synonymous? Rational living 8, 8-11.
Ferenczi, S. (1909-1933, 1985 Neudruck). Bausteine zur Psychoanalyse. 4 Bde. Frankfurt: Ullstein.
Flugel, J. C. (1925). A Quantitative Study Of Feeling And Emotion In Every Day Life. The British Journal of Psychology XV, 318-355.
Frank, J. D. (dt. 1981, orig. 1961). Die Heiler. Wirkungsweisen psychotherapeutischer Beeinflussung. Vom Schamanismus bis zu den modernen Therapien. Stuttgart: Klett-Cotta.
Freedheim, D. K. (1992, Ed.). History of Psychotherapy: A century of change. Washington, DC: American Psychological Association.
Friedreich, J. B. (1830). Literärgeschichte der Pathologie und Therapie der psychischen Krankheiten. Von den ältesten Zeiten bis zum neunzehnten Jahrhundert. Nachdruck der Ausgabe Würzburg 1830: Amsterdam 1965: Bonset.
Garfield, S. L. (dt. 1982, orig. 1980). Psychotherapie: Ein eklektischer Ansatz. Weinheim: Beltz.
Gerlach, H. E.; Herrmann, O. (1966). Goethe erzählt sein Leben. Frankfurt: Fischer.
Glatzel, P. M. (1995). Allgemeine Systemtherapie – Überlegungen zu einer universellen Therapietheorie und ihrer Anwendung auf die psychotherapeutische Praxis. Fortschritte Neurologie und Psychiatrie 63, 49-58.
Goethe, J. W. v. (1770). In: Gerlach et al. (1966).
Grawe, K. (1988). Zurück zur psychotherapeutischen Einzelfallforschung. Editorial, Zeitschrift für Klinische Psychologie, XVII I,1, 1-7.
Grawe, K., Caspar, F. (1992). Psychotherapie: Anwendung von Methoden oder ein heuristischer, integrierender Produktionsprozess? Report Psychologie 1992(7), 10-22.
Grawe, K., Donati, R., Bernauer, F. (1994). Psychotherapie im Wandel. Von der Konfession zur Profession. Göttingen: Hogrefe.
Grawe, K., Grawe-Gerber, M., Heiniger, B., Ambühl, H., Caspar, F. (1996). Schematheoretische Fallkonzeption und Therapieplanung. Eine Anleitung für Therapeuten. In: Caspar, F. (1996, Hg.).
Griesinger, W. (1861). Die Pathologie und Therapie der psychischen Krankheiten. Stuttgart: Krabbe.
Hahlweg, K. (1995). Zur Förderung und Verbreitung psychologischer Verfahren. Ein APA-Bericht. Zeitschrift für Klinische Psychologie 24 (4), 275-284.
Harris, T. A. (dt. 1975, orig. 1969). Ich bin o.k. – Du bist o.k. Reinbek: Rowohlt.
Hart, J. (1983). Modern eclectic therapy – a functional orientation to counseling and psychotherapy. Including a 12-month manual for therapists. New York: Plenum Press.
Heim, E. (1996). Begründung der integrativen Psychotherapie. In: Senf, W.; Broda, M. (1996, Hg.), 231-235.
Heim, E. (1996). Modelle der Ausbildung in integrativer Psychotherapie. In: Senf, W.; Broda, M. (1996, Hg.), 235-240.
Heinroth, J. A. C. (1818). Lehrbuch der Störungen des Seelenlebens oder der Seelenstörungen. 2 Bde. Leipzig: Vogel.
Hippokrates (dt. 1994). Ausgewählte Schriften. Stuttgart: Philip Reclam jun.
Holm-Hadulla, R. (1996). Allgemeine und hermeneutische Psychotherapie. Psychotherapeut 41, 355-360.
Huber, W. (1996). Entwicklung der integrativen Therapie. In: Senf, W.; Broda, M. (1996, Hg.), 228-230.

Hummitzsch, H. (1995). Psychotherapie. Ein schulenübergreifender Ansatz. Heidelberg: Asanger.

Hunt, J. McV. (1944, Ed.). Personality and behavior disorders. New York: Ronald Press.

Hutterer-Krisch, R.; Kriz, J.; Parfy, E.; Margreiter, U.; Schmetterer, W.; Schwentner, G. (1996). Psychotherapie als Wissenschaft – Fragen der Ethik. Wien: Facultas.

Kazdin, A. E., Bass, D. (1989). Power to detect differences between relative treatments in comparative psychotherapy outcome research. Journal of Consulting and Clinical Psychology 57, 138-147.

Kanfer, F. H., Reinecker, H., Schmelzer, D. (1990). Selbstmanagement-Therapie. Ein Lehrbuch für die Klinische Praxis. Berlin: Springer.

Kiesler, D. (1969). A grid-model for theory and research in the psychotherapies. In: Eron, L. (1969, Ed.) The relationship of theory and technique in psychotherapy. Chicago: Aldine.

Kiesler, D. J. (dt. 1977a, orig. 1966). Die Mythen der Psychotherapieforschung und ein Ansatz für ein neues Forschungsparadigma. In: Petermann (1977, Hg.), 7-50.

Kriz, J. (1994). Grundkonzepte der Psychotherapie. Weinheim: Beltz.

Kubie, L. S. (1934). Relation of the conditioned reflex to psychoanalytic technic. Archives of Neurology and Psychiatry 32, 1137-1142.

Lazarus, A. A. (1973, neu 1995). Multimodal behavior therapy: Treating the BASIC ID. Journal Nerv. Ment. Dis. 156, 404-411. Ein Sammelband erschien 1978 in deutsch.

Lazarus, A. A. (dt. 1995). Praxis der multimodalen Therapie. Tuebingen: dgvt.

Leupoldt, J. M. (1837). Lehrbuch der Psychiatrie. Leipzig: Voss.

Löwenfeld, L. (1897). Lehrbuch der gesammten Psychotherapie. Wiesbaden: Bergmann.

Mallach, H. J.; Schlenker, G.; Weiser, A. (1993). Ärztliche Kunstfehler. Eine Falldarstellung aus Praxis und Klinik sowie ihre rechtliche Wertung. Stuttgart: G. Fischer.

Märtens, M., Petzold, H. (1994). Perspektiven der Psychotherapieforschung und Ansätze für integrative Orientierungen. Manuskriptvorlage. Düsseldorf: EAG

Maslow, A. H. (dt. 1977, orig. 1966) Die Psychologie der Wissenschaft. München: Goldmann.

Manoni, O. (1971). Freud. Reinbek: Rowohlt Bild Monographien.

Mechler, A. (1966). Das Wort „Psychiatrie". Historische Anmerkungen. Nervenarzt 34,9, 405-406.

Mertens, W. (1993). Einführung in die psychoanalytische Therapie. 3 Bde. Stuttgart: Kohlhammer

Moritz, K. P. (1783-1793, Hg.). Magazin zur Erfahrungs-Seelenkunde. 10 Bde. Neu aufgelegt Nördlingen 1986: Greno

Münsterberg, H. (^{1}1909, ^{5}1912). Psychotherapy. New York: Moffat, Yard and Company

Münsterberg, H. (^{2}1920). Grundzüge der Psychotechnik, Leipzig: Barth.

Münsterberg, H. (^{2}1920). Psychotherapie. In: Münsterberg, H. (19202) 329-341.

Neisser, U. (1967, dt. 1972). Cognitive psychology. New York: Appleton.

Norcross, J. C. (1986, Ed.). Handbook of eclectic Psychotherapy. New York: Brunner/Mazel.

Norcross, J. C. (1987, Ed.). Casebook of eclectic psychotherapy. Brunner/Mazel integrative psychotherapy series, 2. New York: Brunner/Mazel, Inc.

Norcross, J. C., Prochasca, J. O. (1988). Wege zur Integration: Zehn Möglichkeiten, wie sie nicht erreicht werden kann. Report Psychologie (13), 4, 9-11.

Norcross, J. C. (1988, Ed., orig. 1986) Wie sollte eine Ausbildung zum integrativen/eklektizistischen Psychotherapeuten aussehen? Ausschnitte aus einer Diskussion (Beutler, Clarkin, Diclemente, Frances, Halgin, Prochaska, Robertson, Suedfeld) zum Thema „Training Integrative/Eclectic Psychotherapists". Report Psychologie, April 1988, 12-20 (Original in: International Journal of Eclectic Psychotherapy 5(1), 71-139).

Norcross, J. C., Goldfried, M. R., (1992, Eds.) Handbook of psychotherapy integration, New York: BasicBooks, Inc.

Parfy, E.(1996). Zur Integration von psychotherapeutischen Theorien unterschiedlicher Herkunft. In: Hutterer-Krisch, R. et al. (1996, Hg.), 161-190.

Petermann, F. (1977, Hg.). Psychotherapieforschung. Weinheim: Beltz.

Petzold, H. (1993a). Integrative Therapie. Modelle, Theorien und Methoden für eine schulenübergreifende Psychotherapie. Bd. I Klinische Philosophie, Bd. II Klinische Theorie, Bd. III Klinische Praxeologie. Paderborn: Junfermann.

Quekelberghe, R. v. (1979). Systematik der Psychotherapie. Vergleich und kognitiv-psychologische Grund-legung psychologischer Therapien. München: Urban & Schwarzenberg.

Quekelberghe, R. v. (1979, Hg.). Modelle kognitriver Therapien. München: Urban & Schwarzenberg.

Quekelberghe, R. v. (1988). Anna. Eine Lebenslaufanalyse: Köln: Edition Humanistische Psychologie. {Allgemeine und Integrative Fallstudie F001}

Quekelberghe, R. v. (1991). Klinische Ethnopsychologie. Einführung in die transkulturelle Psychologie, Psychopathologie und Psychotherapie. Heidelberg: Asanger.

Rahm, D., Otte, H., Bosse, S., Ruhe-Hollenbach, H. (19932). Einführung in die Integrative Therapie. Paderborn: Junfermann.

Reil, J. C. (1803). Rhapsodieen über die Anwendung der psychischen Curmethode auf Geisteszerrüttungen. Halle: Curtsche Buchhandlung.

Reil, J. C.; Kayßler, A. B. (1805, Hg.). Magazin für die psychische Heilkunde. Berlin. Nachdruck 1966: Amsterdam: Bonset.

Reil, J. C.; Hoffbauer, J. C. (1808, 1812, Hg.). Beyträge zur Beförderung einer Kurmethode auf psychischem Wege. 2 Bde. Halle: Curt''sche Buchhandlung.

Reimer, C.; Eckert, J.; Hautzinger, M.; Wilke, E. (1996). Psychotherapie. Ein Lehrbuch für Ärzte und Psychologen. Berlin: Springer. Bemerkung: Der Verlag wirbt zwar mit „Das Lehrbuch für die schulenübergreifende Weiterbildung." Tatsächlich werden aber die Richtlinien- und sie ergänzende Verfahren wie üblich dargestellt. Es bleibt unverständlich, weshalb Kapitel 5 „Schulenübergreifende Aspekte der Psychotherapie" nur 16 Seiten von 596 erhält und im Schluß eine Ablehnung erfährt.

Reykowski, J. (dt. 1973, orig. 1968). Psychologie der Emotionen. Donauwörth: Auer.

Reisman, J. M. (1971). Toward The Integration Of Psychotherapy. New York: Wiley-Interscience.

Riemann, F. ([9]1978). Grundformen der Angst. Einene tiefenpsychologische Studie. München: Reinhardt.

Rosenzweig, S. (1936). Some implicit common factors in diverse methods in psychotherapy. American Journal of Orthopsychiatry 6, 412-415. Reader bei Sponsel (1995).

Schipkowensky, N. (1965). Iatrogenie oder befreiende Psychotherapie. Leipzig: Hirzel.

Schmid, C. C. E. (1791). Empirische Psychologie. Jene: Crökersche Handlung.

Schneider, P. J. (1824). Entwurf zu einer Heilmittellehre gegen psychische Krankheiten oder Heilmittel in Beziehung auf psychische Krankheitsformen. Innentitel: Medicinisch-practische Adversarien. Zweite Lieferung. Tübingen: Laupp.

Schramm, E. (1996). Interpersonelle Psychotherapie mit dem Original-Therapiemanual von Klerman, Weissman, Rouansville und Chevron. Stuttgart: Schattauer.

Sears, R. R. (1944). Experimental analysis of psychoanalytic phenomena. In: Hunt, J. Mcv. (1944, Ed.), Vol. 1, 306-332.

Senf, W.; Broda, M. (1996, Hg.). Praxis der Psychotherapie. Ein integratives Lehrbuch für Psychoanalyse und Verhaltenstherapie. Stuttgart: Thieme. Bemerkung: Das ist kein integratives Lehrbuch, sondern nur eine gemeinsame Veröffentlichung der „Richtlinienverfahren" (PA, VT) mit einem kleinen Exkurs wirklich integrativer Psychotherapie (12 Seiten von rund 580).

Shoben, E. J. (1948). A learning-theory interpretation of psychotherapy. Harvard Educational Review 18, 129-145.

Shoben, E. J. (1949). Psychotherapy as a problem in learning theory. Psychological Bulletin 46, 366-392.

Sponsel, R. (1982, 1983, 1984). CST-SYSTEM: CST: Charakter-Struktur-Test (nach Riemann), Motivgruppenanalyse, VS: Vitalitäts-Skala, PSBS: Psychosomatische-Belastungs-Skala, GVS: Gefühls-Verhältnis-Skala, SKS: Selbstkritik-Skala, LZS: Lebens-Zufriedenheits-Skala, SZS: Selbst-ZufriedenheitsSkala, darin zusammengefaßt zur Therapieerfolgskontrolle: BA: Befindlichkeitsanalyse (VS, SKS, PSBS, GVS, LZS, SZS). Erlangen: IEC-Verlag.

Sponsel, R. (1984). Lebens- und Selbstzufriedenheit als Psychotherapieerfolgskontrolle. Praktische Systematik psychologischer Behandlungsforschung. Dissertation, Erlangen: IEC-Verlag.

Sponsel, R. (1994). Numerisch instabile Matrizen und Kollinearität in der Psychologie. Ill-Conditioned Matrices and Collinearity in Psychology. Zweisprachig. Ins Englische übersetzt von Agnes

Mehl. Mit einem Beitrag (Kap. 6) von Dr. B. Hain: Bemerkungen über Korrelationsmatrizen. Erlangen: IEC-Verlag.

Sponsel, R. (1995). Handbuch Integrativer Psychologischer Psychotherapie. Zur Theorie und Praxis der schulen- und methodenübergreifenden Psychologischen Psychotherapie. Ein Beitrag zur Entmythologisierung der Psychotherapieschulen. Erlangen: IEC-Verlag.

Sponsel, R. (1997). Potentielle Kunst/Fehler aus der Sicht der Allgemeinen und Integrativen Psychologischen Psychotherapie. Materialien zur Qualitätssicherung mit einer Literaturübersicht. Report Psychologie 51, 8, 602-621. Auch Internet Publikation: http://www.fen.baynet.de/-sgipt/gipt/kfehl.htm

Sponsel, R. (1997). Integrative Psychologische Psychotherapie (GIPT) und Psychiatrie. Vortrag zur Geschichte der Allgemeinen und Integrativen Psychotherapie beim Fortbildungskongreß anläßlich 150 Jahre Bezirkskrankenhaus Erlangen. Internet Publikation SGIPT: http://www.fen.baynet.de/sgipt/gesch/psychia.htm

Sponsel, R. (1997). Einführung in die Allgemeine und Integrative psychologische Heilmittel- (Heilwirkfaktoren-) Lehre. Integrative Therapie, 23, 2, 273-288. Ausarbeitung des Vortrages der 1. Deutschen SEPI-Arbeitstagung 21.-22.6.1997 in Hückeswagen.

Sponsel, R. (1997). Theorie und Praxis einer allgemeinen und speziellen psychologischen Heilmittellehre, Psychotherapiesprache und Methodologie. Überarbeiteter Sonderdruck des Vortrags auf dem 4. Dt. Psychologentag des BDP, 19. Kongreß für Angewandte Psychologie 2.-5. Oktober 1997 in Würzburg. 34 S., mit über 20 Illustrationen und Graphiken. Ringheftung DIN A4. Erlangen: IEC

Sponsel, R. (in Vorbereitung a). Kardinal-Skalen-Beweis der Summen-Score-Funktion und seine praktische Bedeutung.

Sponsel, R. (in Vorbereitung b). Zahlen und neue Zahlen zum Messen im Unscharfen, Flüchtigen, Subjektiven und Idiographischen. Zahlen-, Meß-, Test- und Wissenschaftstheorie am Beispiel Alltag, Psychologie und Psychotherapie. Begründung quantitativer Evaluation von Psychotherapieeffekten. Erlangen: IEC-Verlag.

Stricker, G., Gold, J. R. (1993). Comprehensive handbook of psychotherapy integration. New York: Plenum Press.

Thorne, F. C. (1950). Principles of personality counseling. An Eclectic Viewpoint. Journal of Clinical Psychology.

Tetens, J. N. (1777). Philosophische Versuche über die menschliche Natur und ihre Entwicklung. Leipzig: Weismanns Erben und Reich. 1. Bd. Nachdruck der Kantgesellschaft 1913, Berlin: Reuther und Reichard.

Toellner, R. (dt. 1990, orig. 1978). Illustrierte Geschichte der Medizin. 6 Bde. Salzburg: Andreas.

Thorne, F. C. (1957). An evaluation of eclectically oriented psychotherapy. Journal of Consulting Psychology, 459-464.

Toman, W. (1968). Motivation, Persönlichkeit, Umwelt. Göttingen: Hogrefe.

Toman, W. (1978). Tiefenpsychologie. Stuttgart: Kohlhammer.

Wachtel, P.L. (1977). Psychoanalyse und Verhaltenstherapie. Ein Plädoyer für ihre Integration. Stuttgart: Klett-Cotta.

Watson, G. (1940). Areas of agreement in psychotherapy. American Journal of Orthopsychiatry 10, 698-709.

Wehr, G. (1969). C. G. Jung. Reinbek: Rowohlt Bild Monographien.

Wittchen, H.-U. (1996). Die Zukunft der Klinischen Psychologie – Zwischen Glanz und Erosion. In: Psychologie Verlags Union (1996), Perspektiven der Psychotherapie, 145-167.

Wyss, D. (1982, Hg.). Der Kranke als Partner. Lehrbuch der anthropologisch-integrativen Psychotherapie. Band 1. Dokumentation und diagnostisch-thera-peutischer Fragenkatalog. Göttingen: Vandenhoeck & Ruprecht.

Zarbock, G. (1996). Heilen durch Erfahren. Einführung in die integrative Verhaltenstherapie. Freiburg: Herder.

Teil 2:
Ansätze der Psychotherapieforschung

Methoden der Psychotherapieforschung – Möglichkeiten und Grenzen

Dietmar Czogalik

Fallbericht

Am Anfang war der Fallbericht. Keine andere Methode steht in so engem Zusammenhang mit der Grundlegung der zeitgenössischen westlichen Psychotherapie wie die klinische Fallschilderung. „Anna O.“, „der Wolfsmann“, „Herbert Bryan“, „Gloria“ usw. sind Namen, die – gleichsam als bildungsbürgerliches Allgemeingut – weit über die psychotherapeutische Fachwelt hinaus bekannt geworden sind. Oft waren Einzelfallberichte „gleich jenem berühmten Stein, der eine Lawine ins Rollen bringt, Anstöße für wichtige Entwicklungen in Forschung und Theorie“ (Dukes, 1977, S. 58). Aber noch viel fundamentaler: Im Zusammenleben der Menschen ist Erzählen das wichtigste Mittel zur Bewältigung von Erleben wie auch zum Transfer von privater in gesellschaftliche Erfahrung. Deshalb ist auch heutzutage die Fallgeschichte das Hauptvehikel der Verständigung der Kliniker untereinander, wie auch Vehikel der öffentlichen Selbstdarstellung der Hundertschaften verschiedener psychotherapeutischer Verfahren.

Auch als wissenschaftliche Methode war der Fallbericht – besonders in den ersten Dezenien unseres Jahrhunderts bis hin in die 40er Jahre – der dominante forscherische Zugang zur Psychotherapie. Neben der Vermittlung individueller Erfahrungen im Umgang mit Patienten stand er hauptsächlich in der Funktion, die Wirksamkeit einer bestimmten Methode beziehungsweise die Richtigkeit ihrer theoretischer Annahmen zu demonstrieren. Folgerichtig belegt Hartig (1975) diese Periode mit dem Begriff „Demonstrationsphase“. Sofern wir freilich von Forschungsmethoden verlangen, daß sie einen Kanon von Vorgehensweisen vorschreiben, die – zumindest im Idealtypus – zu Erkenntnissen führen, die unabhängig sind von der Person des Forschers, dann hat der Fallbericht eine geringe wissenschaftliche Potenz. Vor einem wissenschaftlichen Hintergrund ist der Fallbericht eine Schimäre: Noch jeder selbsternannte Wunderheiler vermag – vorzugsweise in Talk-Shows oder anderen öffentlichen Selbstdarstellungs-Anstalten – „Fälle“ beizubringen oder beizubiegen, die sein Verhalten qua demonstriertem Erfolg legitimieren. Und selbst ein „Klassiker“ wie der Fall der Anna O. erfährt in der Zwischenzeit eine Bewertung, die seiner Kronzeugenschaft für die Psychoanalyse Hohn spricht (Ellenberger, 1985).

So werden Fallberichte nicht nur vorzugsweise von der theoretischen Position des Erzählers eingefärbt, sondern sie erzählen sich besonders blumig, wenn sie eigene theoretische Positionen unterstützen. Und somit mangelt es ihnen an einem fundamentalen Anliegen wissenschaftlichen Handelns, nämlich ein Forum zu bilden, auf welchem private Meinungen, Theorien und Überzeugungen kritisch gewogen werden. Trotzdem sind Fallberichte für die Psychotherapieforschung von Bedeutung. Sie sind dies nicht zuletzt deshalb, weil sie in der Lage sind, jenen klinischen Kontext bereitzustellen, der von den Konsumenten von Forschungsbefunden so regelmäßig vermißt wird.

Das unterschiedliche Gewicht, welches die Fallgeschichte für Klinik auf der einen und Forschung auf der anderen Seite hat, zeigt aber auch, daß diese beiden Handlungsbereiche verschiedene Zugänge zum Gegenstand „Psychotherapie" bereitstellen. So ist unbestritten, daß zwischen dem klinischen und dem forscherischen Denken ganz vitale Unterschiede und disparate Selbstverständlichkeiten bestehen. Die herkömmliche – empirisch-wissenschaftlich orientierte – Psychotherapieforschung hält diese Distanz aufrecht, was im wesentlichen darauf zurückzuführen ist, daß sie vor allem an Verallgemeinerung und Kontrolle der Bedingungen orientiert ist. Wo sich die Forschung mit der Regel beschäftigt, hat es die Klinik mit der individuellen Ausnahme zu tun; wo Forschung die Zufallsauswahl bemüht, herrscht in der Klinik die Notwendigkeit; wo die Forschung langfristig angelegt ist, bewegt sich die Klinik auf dem Feld der raschen oder zumindest mittelfristig angelegten Entscheidungen. Und umgekehrt: Wo sich die Klinik in Subjektivität ergehen darf, ja wo Subjektivität geradezu ein Erkenntnisprinzip ist, ist die Forschung bemüht, diese aus dem Urteilsprozeß herauszupartialisieren. Und wo es dem Kliniker schließlich um Sicherheit in komplexen Entscheidungsprozessen geht, freut sich der Forscher an neuen Paradigmen und am Relativieren des Tradierten (Czogalik et al., 1996).

In dieser Ungleichung zwischen Forschung und Praxis wird die Psychotherapieforschung in Maßeinheiten empirisch-naturwissenschaftlicher Methoden gefaßt. Das liegt im wesentlichen daran, daß für die forscherische Auseinandersetzung mit Psychotherapie zunehmend die zeitgenössische Psychologie als Referenzdisziplin aufgetreten ist. Diese Entwicklung wurde unterstützt durch den Behaviorismus als einem Leitparadigma der Psychotherapie zu Beginn der zweiten Hälfte des Jahrhunderts. In der Zwischenzeit ist die Dominanz der Psychologie mit ihren Tausendschaften von Studien und Publikationen aus den Teildisziplinen „Klinische Psychologie", „Entwicklungspsychologie", „Sozialpsychologie", „Kognitive Psychologie" „Lernpsychologie" usw. so groß, daß man sich eine Psychotherapiekonzeption außerhalb dieser Paradigmen nur schwer vorstellen kann. Dies gilt, wenngleich es einige Beispiele gibt, in denen andere als psychologische Ansätze – z.B. linguistische, soziologische, anthropologische, kulturwissenschaftliche – mit Gewinn für das Verständnis psychotherapeutischer Vorgänge angelegt worden sind.

Monika Hartig fordert dann auch in diesem Sinne (1975, S. 5), daß Psychotherapie als Wissenschaft den gleichen Bedingungen wie jede andere Wissenschaft unterliege: „Auch Psychotherapie muß, erhebt sie den Anspruch auf Wissenschaftlichkeit, die Kriterien der Vermittelbarkeit und Vergleichbarkeit ihrer Forschungsmethoden und Forschungsergebnisse erfüllen. Psychotherapie als empirische Wissenschaft kann somit als Probehandeln unter geplanter Bedingungskontrolle zum Zwecke der Erforschung menschlichen Verhaltens unter besonderer Bedingung des Modifikationsaspektes verstanden werden". Und obgleich dieser Anspruch immer mal wieder und gegenwärtig durchaus mit lauter werdenden Stimmen – durch ein anderes Wissenschaftsverständnis herausgefordert wurde (z.B. Jaeggi, 1996), hat das der Dominanz der empirischnaturwissenschaftlichen Psychologie für die Psychotherapieforschung bis dato wenig anhaben können. Und so kamen im Anschluß an die „Demonstrationsphase" mit ihren Fallberichten mehr und mehr Methoden der wissenschaftlichen Psychologie zur Anwendung. Diese Methoden sollten – quasi in einem experimentalpsychologischen Sinne – durch Kontrolle und geplanter Variation von psychologischen Variablen gesicherte Aussagen über psychotherapeutische Zusammenhänge, Wirkungen usw. ermöglichen.

So würde die Frage, ob weibliche Psychotherapeuten bei ihren Patienten einen tieferen Zugang zu emotionalen Vorgängen erreichen als männliche Psychotherapeuten beispielhaft über folgende Prozedur beantwortet: Einer Gruppe von weiblichen Therapeuten würde eine Gruppe von männlichen gegenübergestellt (Variation der Bedingung ‚Geschlecht'). Sowohl für die Therapeuten wie auch für deren Patienten würden über Methoden der Randomisierung oder Parallelisierung sichergestellt, daß keine anderen Einflußgrößen (z.B. Alter oder Erfahrung der Therapeuten, Pathologie der Patienten) das erzielte Resultat (z.B. Unterschiede in der Anzahl der Emotionswörter im Wortschatz der Patienten) verantworten. Das Hauptproblem, das sich dabei ergibt, liegt in der Tatsache begründet, daß sich niemals alle relevanten Einflußgrößen kontrollieren lassen, selbst wenn wir sie alle kennen würden. Ein anderes prinzipielles Problem dieses Zuganges liegt in der Tatsache, daß wir uns in dem Maße, in dem Bedingungen kontrolliert werden, von der klinischen Realität und dem klinischen Alltag entfernen.

Rechtfertigungsforschung

In der Demonstrationsphase der Psychotherapieforschung ging es hauptsächlich darum, für einzelne Patienten mittels intraindividueller Vor-Nach-Vergleiche die erzielte therapeutische Wirkung zu belegen (Meyer, 1990). Beendet wurde diese von Meyer als ‚klassisch' bezeichnete Phase im Jahr 1952 mit Eysencks Studie zur Wirkung von Psychotherapie. Aus den bis dahin veröffentlichten Daten zieht er den Schluß, daß – verglichen mit der spontanen Besserungsrate bei psychischen Problemen – Psychotherapie keine darüber hinausgehende Wirkung zeitige (Eysenck, 1952). Dieses in besonderem auf die Psychoanalyse gemünzte Urteil führte nicht nur zu einer produktiven Unruhe des Feldes, die bis in die Gegenwart heranreichte (McNeilly & Howard, 1990). Und sie läutete auch eine Epoche der – wieder in den Begriffen Meyers – Rechtfertigungsforschung in der Psychotherapie ein, in der es den Vertretern der verschiedenen therapeutischen Konzeptionen darum ging, die Wirksamkeit ihres therapeutischen Verfahrens oder auch die Überlegenheit gegenüber anderen Verfahren empirisch zu belegen.

Methodisch standen dabei Vergleichsstudien im Vordergrund, bei denen zwei oder drei therapeutische Konzeptionen – vorrangig Verhaltenstherapie, Psychoanalyse und Gesprächspsychotherapie – in ihrer Wirkungspotenz gegeneinander abgewogen worden sind. Damit gefundene Wirkungsunterschiede den verschiedenen therapeutischen Verfahren zugeschrieben werden konnten, wurde im bereits beschriebenen experimentalpsychologischen Paradigma versucht, durch Kontrolle der zum Vergleich anstehenden Untersuchungs-Stichproben die vielfältigen anderen Einflußgrößen (wie z.B. die jeweilige Erfahrung der beteiligten Therapeuten, soziodemographische Merkmale der Patienten, die Diagnose der Patienten usw.) hinsichtlich ihres Einflusses auf das Untersuchungsergebnis zu neutralisieren. Bei der Vielzahl der möglichen Einflußgrößen auf das Untersuchungsergebnis und bei dem Mangel des gesicherten Wissens um diese Einflußgrößen, bei der geringen Zuverlässigkeit der psychologischen Messungen und der Künstlichkeit und Heterogenität der verwendeten psychologischen Konzepte und Kategorisierungen (z.B. Depression, Extraversion, interne Kontrolle usw.) bleibt zurecht umstritten, inwieweit dem Anspruch der Kontrolle in den jeweiligen Sudien Rechnung getragen worden ist, bzw. ob diesem Anspruch überhaupt Rechnung getragen werden kann.

Dies gilt um so mehr für Studien, die auf vergleichsweise kleinen Fallzahlen beruhen und somit einer Befundverallgemeinerung von vorneherein entgegenstanden. Denn es ist klar: Je mehr Variablen einen Einfluß auf das Untersuchungsergebnis ausüben, um so größer muß die Azahl der Versuchspersonen sein, um diese Variablen kontrollieren zu können. Die üblichen 20, 30 oder 40 Versuchspersonen sind um 10er-Potenzen zu gering, um dies auch nur im Ansatz zu leisten. Der beträchtliche Befundpluralismus in der Psychotherapieforschung ist eine direkte Konsequenz dieser Situation. Es gibt nur wenig Fragen zur Psychotherapie, die von der Psychotherapieforschung eindeutig beantwortet werden können. Diese im Studiendesign angelegte Selbstbeschneidung wurde vom Feld freilich lange Zeit nicht wahrgenommen.

Dazu kommt, daß die konkurrierend gestellte Ausgangsfrage zur Wirkung der verschiedenen therapeutischen Verfahren von beträchtlicher berufspolitischer Brisanz ist. Sie ist deshalb weit mehr als eine nur wissenschaftlich zu beantwortende Frage. Und so werden entsprechende Studienbefunde von den entsprechenden Interessengruppen in einen Deutungskontext hineingepreßt und so nach Interessenslage „dekliniert". Und die Befunde sind im allgemeinen vieldeutig genug, um diese Beugungen mitzumachen. Die Auseinandersetzung um das Buch von Klaus Grawe und Mitarbeitern (Grawe et al., 1994; Tschuschke et al., 1994; Hillecke et al., 1996) belegt dies deutlich. Es ist dies im Übrigen nicht die einzige Stelle, wo deutlich wird, daß wissenschaftliche Methoden eine Unbestechlichkeit suggerieren, der sie nicht gerecht werden.

Metaanalysen

Die Rechtfertigungsforschung erreichte einen Kulminationspunkt und in gewisser Weise auch ihren Abschluß mit den sogenannten Metaanalysen (Smith et al. 1980; Wittmann & Matt 1986). Mit Metaanalysen werden Methoden bezeichnet, die eine quantifizierende Zusammenfassung ganz unterschiedlicher Studien erlauben, und zwar unabhängig davon, welche einzelnen Meßinstrumente in den verschiedenen Studien Anwendung gefunden haben. Dies wird dadurch erreicht, daß die durch die Therapie initiierte Verschiebung der statistischen Verteilung der einzelnen Meßwerte (z.B. Befindlichkeit, Symptome, Werte in einem Persönlichkeitstest usw.) gemessen wird. Dabei wird vorzugsweise die Verteilung der Meßwerte nach der Therapie in Relation gesetzt zur Verteilung vor der Therapie oder zur Verteilung einer Kontrollgruppe. Der gewonnene Kennwert – die Effektstärke – bezieht sich nun nicht mehr auf Stichprobengrößen von 20 oder 30 Patienten, sondern auf ein Vielfaches dieser Zahl, womit einem großes Problem des Forschungsalltages – nämlich den üblicherweisen kleinen Stichproben mit ihrer gegen Null tendierender Verallgemeinerungsfähigkeit – begegnet wird. Auf der anderen Seite werden damit aber auch ganz unterschiedliche Verfahren und Vorgehensweisen über einen Kamm geschert. So käme beispielsweise in der Pharmakologie wohl niemand auf die Idee, der Frage „Wie wirken Tabletten?" nachzugehen (und dafür öffentlich Gelder zu verlangen), und zwar ohne weder die Tabletten noch die Wirkung näher zu spezifizieren.

Trotz dieser Einschränkungen übt die Metaanalyse als Methode eine beträchtliche Faszination auf das Feld aus, vor allem weil sie eine Gewichtung der Wirkung verschiedener therapeutischer Ansätze in Maß und Zahl bereitstellt. So kann mit diesem Verfahren – bei aller Vorsicht gegenüber dem methodischen Vorgehen und den daraus abgeleiteten Schlußfolgerungen – die Wirksamkeit einer Reihe therapeutischer Konzeptionen belegt werden. Das Wirkpotential von Psychotherapie kann danach als vergleichsweise hoch bezeichnet werden, beispielsweise wenn man sie in Relation stellt mit den Wirkgrößen anderer – pädagogischer, psychosozialer oder auch medizinischer – Einflußnahmen. Die der Rechtfertigungsforschung zugrunde liegende Hoffnung freilich, mit den Ergebnissen metaanalytischer Studien Aussagen zur differentiellen Wirksamkeit der verschiedenen therapeutischen Verfahren machen zu können, wurde eher enttäuscht. Zwar erscheinen die verhaltenstheoretisch orientierten Verfahren gegenüber den tiefenpsychologisch oder humanistisch orientierten durchgängig etwas effizienter zu sein. Dabei ist freilich in Rechnung zu stellen, daß sie als Erfolgskriterien Variablen in den Vordergrund stellen (z.B. Symptomatik, Befindlichkeit), die einer quantifizierbaren Veränderung leichter zugänglich sind als die Erfolgskriterien beispielsweise der einsichtsorientierten Therapien.

Variablenforschung

Neben den Therapievergleichs- und Wirkungsstudien dieser Phase der Psychotherapieforschung verdient ein Paradigma noch besonders erwähnt zu werden, dem es um den Erfolgsbeitrag einzelner Verhaltensweisen oder Persönlichkeitsmerkmale der Interagierenden ging und geht. Man kann dieses Paradigma in Anlehnung an sein methodisches Vorgehen als „Variablenforschung" bezeichnen. Typische Fragen dieses Ansatzes sind Fragen der Art: „Verantwortet ein höheres Maß an Empathie, Selbstöffnung, Echtheit, Interpretation usw. ein höheres Maß an Therapieerfolg?", „sind gleichgeschlechtliche Therapiedyaden erfolgreicher als gegengeschlechtliche?", „welchen Einfluß auf den Therapieerfolg hat das Alter des Therapeuten/Patienten?" usw. Diese Forschungsansätze basieren auf der impliziten Annahme, daß es isolierbare und abgrenzbare Verhaltensweisen, Eigenschaften und Merkmale von Therapeut und Patient gibt, die einen wie auch immer zu definierenden Therapieerfolg verantworten.

Diese Tradition wurde neben anderen von Carl Rogers (1957) initiiert, der damit seine Behauptung von den notwendigen und hinreichenden Therapiebedingungen untermauern wollte. Danach wird der Therapieerfolg im wesentlichen von Qualitäten des Therapeuten und der Therapeut-Patient-Beziehung wie Wärme und Echtheit des Therapeuten und der bedingungslosen Wertschätzung des Therapieklienten verantwortet. Diese Behauptung war seinerzeit ähnlich provokativ wie Eysencks Behauptung von der relativen Erfolglosigkeit von Psychotherapie. Nicht nur weil sie dem herrschenden Therapieverständnis ein Modell entgegensetzte, welches in höchster Sparsamkeit und scheinbarer Anspruchslosigkeit zwischenmenschliche Alltagsqualitäten des Therapeuten als erfolgsverantwortend postuliert hat, sondern auch, weil Rogers daran ging, diese Qualitäten zu beobachten, zu messen und zu analysieren. Was vor Rogers eine höchst private, für fremde Augen und Ohren nicht zu erschließende, ja geradezu hymnische Veranstaltung war, wurde nun Gegenstand empirischer Forschung. Heute, wo es mehr und mehr selbstverständlich wird, Therapien sogar qua Videoprotokolle zu dokumentieren, mag sich die Größe dieses Schrittes nicht mehr angemessen nachvollziehen.

Methodisch standen in dieser Forschungstradition Korrelationsstudien im Vordergrund. Als relevant erachtete Verhaltens- oder Einstellungsvariablen wurden zumeist von unabhängigen Beobachtern mit eigens konstruierten Beurteilungsskalen oder Kategoriensystemen eingeschätzt und mit einer Kriteriumsvariablen (z.B. Therapieerfolg, Zufriedenheit, Ausmaß der Selbstexploration des Patienten usw.) korreliert. Das Verfahren war in zweierlei Hinsicht pauschal: Zunächst wurde der postulierte Zusammenhang (z.B. therapeutische Wärme mit Therapieerfolg) ohne zeitliche und kontextuelle Differenzierung gemessen. Das heißt, es wurde vorausgesetzt, daß der postulierte Zusammenhang an allen Stellen im Verlauf der Therapie und auch unabhängig vom Kontext gilt. Und dann beschreibt der gefundene Zusammenhang die Gegebenheiten in einer Stichprobe (z.B. je wärmer der Therapeut desto mehr Selbstöffnung des Patienten). Es ist zumindest denkbar, daß für jeden Einzelfall der Stichprobe genau das umgekehrte von dem gilt (je wärmer desto weniger Selbstöffnung), was das Studienergebnis behauptet. Czogalik (1990) hat am Beispiel der therapeutischen Selbstöffnung gezeigt, wie sehr die Ergebnisse individueller fallbezogener Analysen den gruppenstatistischen Generalisierungen widersprechen können.

Die vielfältigen, wenn auch selten konvergierenden Resultate, die diese und andere Forschungsstrategien auf den Weg gebracht haben, finden sich in klassischen Werken der Psychotherapieforschung wieder (z.B. Bergin & Garfield, 1994; Gottschalk & Auerbach 1966; Gurman & Razin 1977; Meltzoff & Kornreich 1970). Orlinsky & Howard (1986) und Orlinsky et al. (1994) liefern eine imponierende Gesamtschau dieser Befunde. Gerade in der Gesamtschau wird aber auch der hohe Pauschalitätsgrad des empirisch auf den Weg gebrachten Wissens deutlich („Eine gute Beziehung ist hilfreich", „the more therapy the better", „das Bearbeiten von Emotionen ist wichtig" usw.). Es wäre unmöglich, aus solchen Versatzstücken eine Therapiekonzeption zu entwerfen, die dann als wissenschaftlich begründet bezeichnet werden könnte: Alles, was für den klinischen „Gebrauch" eigentlich spezifiziert werden müßte, wird im Forschungsvorgang verallgemeinert.

Der hohe Allgemeinheitsgrad der Befunde ist also eine direkte Konsequenz der zugrundeliegenden Forschungsstrategie. Diese forciert qua Gruppenstatistik Verallgemeinerungen von komplexen und sehr individuellen Zusammenhängen und Gegebenheiten. Die vielfältigen Einflußgrößen auf den therapeutischen Prozeß entziehen sich einer experimentalpsychologischen Bedingungskontrolle weitgehend. Dies gilt in geringerem Umfang dort, wo wir Therapie und therapieindikative Probleme in lerntheoretischen Konzeptionen fassen, und so spielt das experimentalpsychologische Forschungsparadigma für die Entwicklung lerntheoretischer Krankheits- und Therapiekonzeptionen eine hervorragende Rolle. Es gilt aber um so mehr, wenn wir Psychotherapie als interaktionelles Geschehen ansetzen. Zu entdecken bleiben dann lediglich Zusammenhänge von fundamentaler – um nicht zu sagen: trivialer – Gültigkeit, die unsere klinische Wissbegier zumeist ungestillt lassen. Und so verwundert es nicht, daß

Rogers' Behauptung von den notwendigen und hinreichenden Bedingungen, die mit am Ausgangspunkt der Variablenforschung stand, durch 30 Jahre Beforschung immer noch nicht hinreichend stringent beantwortet werden kann. Rogers sieht seine Anahme durch die Forschung bestätigt. Viele andere Psychotherapieforscher sind da skeptischer oder ganz ablehnend. Die jeweils konfirmierenden Studien lassen sich finden.

Trotzdem hat die Variablenforschung unser Wissen um psychotherapeutische Vorgänge vertieft. Sie tat das weniger dadurch, daß die den Studien zugrunde liegenden Hypothesen bestätigt werden konnten (z.B. je mehr der Patient sich selbst exploriert, desto erfolgreicher die Therapie, je mehr der Therapeut sich selbst öffnet, desto stabiler wird die Therapeut-Patient-Beziehung). Sondern sie tat es dadurch, daß die vielfältigen Ergebnisse solcher Studien zu dem Schluß führten, daß die Zusammenhänge komplexer, fallspezifischer und weniger linear (je mehr-desto) anzusetzen sind, als es in den meisten Studien getan wird. Bei allen Einschränkungen lehrte uns die Variablenforschung aber auch die Dominanz von zwischenmenschlichen Variablen und Gegebenheiten über Variablen der Therapiemethode und Therapietechnik in bezug auf deren Einfluß auf das Therapieergebnis. Und dies freilich ist ein Befund, der in der Lage ist, auf lange Sicht unsere Konzeption von Psychotherapie zu verändern.

Differentielle Effizienzforschung

Die Rechtfertigungs-Phase wurde mit methodischen Argumenten von der differentiellen Effizienzforschung abgelöst. Schon während die Rechtfertigungsforschung noch intensiv betrieben wurde, argumentierten führende Forscher (Kiesler, 1966; Paul, 1967; Strupp & Bergin, 1969) schlüssig, daß diese das eigentliche Anliegen der Psychotherapieforschung nicht bearbeitet, nämlich: Welche Behandlungsmaßnahme, appliziert durch welchen Therapeuten führt bei welchem Patienten mit welchem spezifischen Problem unter welchen Bedingungen zu welchem Ergebnis und in welcher Zeit (Meyer, 1990, S. 289). Natürlich ist diese Frage zu komplex, um sie in hinreichender Allgemeinheit wissenschaftlich beantworten zu können. Eysenck ist sogar der Meinung, daß sie nicht als wissenschaftliche Fragestellung taugt, da die daraus gewonnenen Antworten so fallspezifisch seien, daß eine wie auch immer geartete Verallgemeinerung – für Eysenck oberstes Ziel wissenschaftichen Handelns – von vorneherein ausgeschlossen sei.

Vor einem gesellschaftspolitischen Hintergrund ist die differentielle Effizienzforschung von besonderer Aktualität. Denn es kann nicht sein, daß die vielen therapeutischen Verfahren, die sich auf dem Markt tummeln, davon befreit sind, eine spezifische Indikation nachzuweisen. Noch sieht die Realität anders aus: Zwar geht man bei Zahnweh zum Zahnarzt, aber bei Angst oder Depression geht man zu irgendeinem Therapeuten; zumeist ist es der, der gerade Zeit hat und beim Erstkontakt nicht über alle Maßen unsympathisch ist. Es hat nicht an Versuchen gefehlt, wissenschaftlichsystematisch differentielle Wirksamkeit unterschiedlicher Psychotherapieverfahren nachzuweisen, und einigen dieser Versuche ist der Nachweis zumindest für eng umschriebene Krankheitsbilder – auch gelungen (siehe Bozok & Bühler, 1988). Es macht allerdings ein Unterschied, differentielle Wirkungen eines bestimmten Verfahrens a) in einer empirischen Studie zu finden und b) diese Wirkung für das spezifische Verfahren global zu beanspruchen. Dazu bedarf es noch sehr vieler Studien, weil die Anzahl der effektrelevanten Parameter unkontrollierbar hoch ist, und es gehört deshalb kein besonderer Weitblick dazu zu prognostizieren, daß mit der Anzahl der Studien auch die Zahl der divergierenden Befunde zunimmt.

Methodisch liegt den meisten Studien zur Differentiellen Effizienzforschung ein Vergleichsgruppen-Design zugrunde: Parallelisierte oder randomisierte Stichproben von Patienten mit vergleichbaren Problemen werden unterschiedlichen therapeutischen Verfahren zugeteilt. Die Verfahren werden sodann bezüglich ihrer Wirkung (siehe Sloane et al., 1975; Grawe, 1976; Plog, 1976) und eventuell bezüglich ihres zeitlichen und ökonomischen Aufwandes verglichen. Dieses Vorgehen ist dann zielführend, wenn die therapeutische Methode wirkungsrelevanter ist als beispielsweise die spezifische Beziehung und das interaktionelle Wechselspiel von Therapeut und Patient. Wenn aber das Umgekehrte gilt, dann müssen wir unsere Fragestellungen umformulieren. Es heißt dann nicht mehr: „Welches therapeutische Verfahren hilft bei Depression?", sondern zum Beispiel „Welcher Therapeut mit welchen interaktionellen Fertigkeiten kann mit dem spezifischen interpersonellen Angeboten eines Depressiven effizient umgehen?". Für diesen Fall freilich können wir von der Differentiellen Effizienzforschung noch keinerlei Unterstützung erwarten. Nicht nur, daß die entsprechenden Studien weitgehend fehlen, es mangelt auch an weiterführenden Konzepten und theoretischen Modellen.

Prozeßforschung

Von Anfang an gab es in der Psychotherapieforschung die „outcome-people" und die „process-people". Den ersteren war daran gelegen, den Erfolg von Psychotherapie nachzuweisen, die zweiten waren daran interessiert, ihn zu erklären und aufzuschlüsseln. Während die outcome-people die Forschung zwischen 1950 und 1985 dominierten, wurde den process-people im zeitlichen Anschluß daran zunehmend mehr Aufmerksamkeit geschenkt. Vor zwanzig Jahren mußte Donald Kiesler, der Autor des ersten explizit der Prozeßforschung gewidmeten Buches noch lamentieren, daß „psychotherapy process research has to rank near the forefront of research disciplines characterized as chaotic, prolific, unconnected, and disjointed" (Kiesler, 1973, S. VII). Diese Aussage ist heute so nicht mehr gültig. Zwar befindet sich die Prozeß-Forschung immer noch im Stadium des Aufbruchs, die Bataillone aber beginnen sich zu ordnen. Sichtbarer und prominent gewordener Ausdruck solcher Ordnungsbemühungen ist das Buch „The Psychotherapeutic Process: A Research Handbook" von Greenberg & Pinsof (1986).

In diesem Buch werden nicht nur neue, am Prozeß orientierte Meßinstrumente vorgestellt, sondern es wird ein neues Forschungsparadigma eingeläutet. Während bei den Arbeiten in Kieslers Buch das prozeßtypische Merkmal war, daß es sich um Messungen handelte, die innerhalb der Therapie (und nicht vorher oder nachher) erhoben worden sind, geht es bei Greenberg & Pinsof darum, gerade die Systematik der Veränderung zu beforschen. Während in der herkömmlichen Prozeßforschung der Begriff ‚Prozeß' übersetzt wurde in „unsystematische Variation über die Zeit" bekommt er nun die Bedeutung von „systematische Entwicklung über die Zeit" und es gilt, diese Systematik in ihrer Charakteristik und Wechselwirkung zu analysieren. Die unausgesprochene Annahme der herkömmlichen Prozeßforschung war, „that all psychotherapy process within the session and across sessions is the same" (Greenberg, 1982, S.171). Dafür, daß diese Annahme falsch ist, gibt es genügend Belege. So konnte der Autor zeigen (Czogalik, 1989), daß zwischen Therapievariablen wie Widerstand, therapeutische Arbeit, Beziehung, Produktivität der Stunde usw. zwar systematische, aber dyadenspezifische Beziehungen vorherrschen. Wo z.B. die ersten Stunden der einen Therapie vom Patienten mit Reserve, Zurückhaltung und Mißtrauen gestaltet werden, sind diese Stunden in einer anderen Therapie durch Überschwang, Euphorie und hohe Erfolgserwartung gekennzeichnet. Das adäquate Therapeutenverhalten wird sich in den beiden Fällen sehr voneinander unterscheiden.

Wenn dies aber gilt, so verbieten sich Forschungsstrategien, die a) qua Gruppenbildung und -vergleiche und b) qua Nichtbeachtung von kontextuellen und zeitlichen Gegebenheiten solche Zusammenhänge von vorneherein ausmitteln. Freilich gibt es über die Vielfalt solcher Zusammenhänge noch wenig gesichertes Wissen. Es sieht vielmehr so aus, daß wir uns – zumindest in der Prozeßforschung – noch in einer Botanisierungsphase befinden, in der es zunächst darum geht, diese Vielfalt zu beschreiben. Dies kann erreicht werden durch drei methodische Prinzipien: Im ersten geht es um die „zeit- und kontexttreue" Beschreibung von Ereignissen. Die Aussage, daß ein Therapeut im Durchschnitt so-und-so-viel Interpretationen gibt, ist danach weniger wichtig. Wichtiger ist die Aussage, wann und in welchem Zusammenhang er Interpretationen welcher Art einbringt. Das zweite Prinzip fordert die detailtreue Beschreibung des jeweiligen Einzelfalles als Ausgangspunkt wissenschaftlicher Verallgemeinerungen. Dem dritten Prinzip schließlich geht es um die multiperspektivische Beschreibung von psychotherapeutischen Ereignissen. Dieser mit „Mehrebenenanalyse" zu beschreibender Zugang meint, daß erst durch die Beleuchtung aus verschiedenen „Richtungen" oder Perspektiven (z.B. der Perspektive des Therapeuten, des Patienten, unabhängiger Beobachter, objektiver Meßwerte usw.) ein Ereignis (z.B. die produktive Sitzung) die notwendige Tiefenschärfe gewinnt.

Mehrebenen-Analyse

Ein wesentlicher Kritikpunkt an den meisten Studien zur Prozeß-Forschung nämlich ist der, daß sie sich auf einzelne, aus dem Zusammenhang genommene Variablen stützen. Ein anderes Problem ergibt sich aus der Tatsache, daß einzelne Variablen (z.B. die Interpretationstätigkeit des Therapeuten) für sich genommen vieldeutig sind. So macht es sicher einen Unterschied, ob die therapeutische Interpretationen im Umfeld von Respekt und Wärme für den Patienten getroffen werden, oder im Umfeld von Direktivität und Dominanz. Prozeßforschung muß vor diesem Hintergrund multiperspektivisch oder mehrebenenorientiert vorgehen. Der Begriff Mehrebenenanalyse bezeichnet ein Vorgehen, bei dem Variablen oder Meßwerte aus mehreren Beurteilungs-, Verhaltens- und/oder Erlebens-Ebenen in ihrer wechselseitigen Verschränkung analysiert werden. Ein wesentliches Prinzip der Mehrebenenanalyse liegt in der komplementärkonvergenten Beschreibung der Phänomene. Dabei liegt es nahe, die Perspektiven der Psychotherapiebeteiligten mit der Perspektive der Beobachter zu verknüpfen.

Traditionell spielen in der empirischen Psychotherapieforschung Variablen der Ebene der Fremdbeurteilung eine große Rolle, wie eine Sichtung der Handbücher von Kiesler (1973) und Greenberg & Pinsof (1986) rasch deutlich macht. Im Hintergrund solcher Variablen oder Kategorisierungen steht die Annahme, daß veränderungsrelevante Vorgänge in der Psychotherapie Ergebnis bestimmter sozialer Interaktionen von Therapeut und Patient sind, die sich auf der Verhaltensebene operationalisieren lassen. Dies geschieht zumeist mittels dafür entwickelten Beurteilungsskalen und Verhaltensinventaren. Die meisten dieser Instrumente begnügen sich mit Verbatimprotokollen psychotherapeutischer Gespräche. Neben der sprachlichen Ebene kommt im therapeutischen Prozeß aber auch den nichtsprachlichen Aspekten des Kommunikationsgeschehens eine hervorgehobene Bedeutung zu. So vermerkt etwa Mahl, „.. daß einige der bedeutsamsten Wechselwirkungen zwischen Patient und Arzt über den nonverbalen Kanal durchsickern und daß erfahrene, geschickte Kliniker sich unbewußt oder gar bewußt vom körperlichen Verhalten ihrer Patienten leiten lassen“ (Mahl, 1968, S.295). Diese Bedeutung der nonverbalen Kommunikation liegt wesentlich darin begründet, daß sie einer willentlichen Kontrolle schwerer zugänglich ist als beispielsweise das Sprechverhalten. Damit kann sie als authentischer betrachtet werden als das mehr gefilterte und kontrollierte Textmaterial.

Lange Zeit galt die Beobachtung und das Urteil externer und unabhängiger Beobachter – weil einem naturwissenschaftlichen Forschungsideal näherstehend – als wissenschaftlich valider als z.B. Selbstbeurteilungsdaten. Dieses Urteil mußte angesichts der empirischen Evidenz revidiert werden. Variablen der Ebene der Selbstbeurteilung weisen im allgemeinen eine beträchtliche prädiktive Validität auf. Diese Ebene umfaßt Variablen, die aus dem Selbsturteil von Therapeut und/oder Patient gewonnen werden und Aspekte der Selbsterfahrung und Selbstwahrnehmung abbilden. Beispiele für die Prozeß- und Outcome-Validität solcher Variablen finden sich in Orlinsky & Howard (1986), Barrett-Lennard (1986), Tausch (1973; siehe auch Eckert, Schwartz & Tausch, 1977). So konnten anhand von Selbstbeurteilungsskalen (Klienten-Erfahrungsbogen) aus der Tradition um Tausch für Gesprächspsychotherapien recht zuverlässige Prognosen bereits in einem frühen Stadium der Therapie getroffen werden. Dies ist somit kein neuer Befund der Psychotherapie-Forschung, auch wenn er zuweilen noch mit Verwunderung repliziert wird. So schreiben Luborsky et al. (1985, S.609), „it is still of interest that a brief questionnaire, covering the patient's view of the therapist's and the treatment's helpfulness, assessed so early in its course, could have such predictive power.“ Bottari und Rappaport (1983) behaupten eine solche Vorhersagefähigkeit – gemessen mit dem ‚Therapy Session Report' – für den Therapieerfolg bereits für die erste Sitzung.

Eine weitere wichtige Perspektive bildet das klinische Urteil zum psychotherapeutischen Geschehen, obwohl solche Aussagen für die empirischwissenschaftliche Psychotherapieforschung in der Vergangenheit einen überraschend geringen Stellenwert hatten. Dies liegt weitgehend darin begründet, daß dem klinischen Urteil eine geringe Reliabilität und damit Validität zuerkannt wird. Dies mag stimmen für gruppenstatistische Ansätze, wo von den Meßwerten eine relativ konstante interpersonelle Bedeutung erwartet werden muß. Für Einzelfall-Prozeß-Studien kehrt sich diese Argumentation freilich um: Hier wird nun nicht mehr gefragt, ob auch andere Therapeuten das gleiche klinische Urteil fällen würden wie der Therapeut einer zu untersuchenden Therapie, sondern wie und in welchem Umfang das therapeutspezifische Urteil handlungsleitend und handlungsvalide für diese eine Therapie ist. Mit dieser Herleitung ist es nun nicht mehr zu begründen, das klinische Urteil aus der Forschungsempirie auszugrenzen. Die vielfältigen Probleme bei der Reduktion eines komplexen Urteils in dimensionierte Meßwerte gilt es dann natürlich noch zu lösen.

Einzelfallforschung

Die traditionelle Psychotherapieforschung mit ihrem Interesse an nomothetischen Aussagen, mit ihrer Bevorzugung des Status bei gleichzeitiger Vernachlässigung des Prozesses hat sich immer schwer getan mit dem Auffinden von Therapiespezifischem. Es war demgegenüber empirisch offenbar leichter, unspezifische Therapieeffekte aufzuzeigen (Bozok & Bühler, 1988; Strupp & Hadley, 1978; Czogalik 1993). Dies gilt um so mehr, als wir anerkennen müssen, daß sich viel Spezifität hinter den beteiligten Personen und vergleichsweise wenig hinter den formalen Therapiekonzepten verbirgt. Wirkfaktoren wie „konstruktive Beziehung" (Tschuschke, 1990), „Klärungsarbeit" (Grawe 1994), „painful/selfformulating work" (Czogalik& Russell 1994) oder „clientpartizipation" (Orlinsky & Howard 1986) gehören nun einmal nicht ausschließlich einem therapeutischen Verfahren. Um solche zu finden – so es sie gibt – muß man genauer hinschauen als es die Wirkungsforschung in der Vergangenheit getan hat.

Dieses „genauer hinschauen" ist eine Forderung, die zunehmend an die Psychotherapieforschung gestellt wird (Grawe, 1988). Ein methodisches Vehikel dazu ist die Einzelfallforschung. Darin geht es um eine detailtreue empirische Rekonstruktion des klinischen Einzelfalles. Wo es der Rechtfertigungsforschung um die Analyse interindividueller Varianz geht, beschäftigt sich die Einzelfallforschung mit der Analyse der intraindividuellen Varianz. Während es bei der einen um größtmögliche Verallgemeinerung geht, geht es bei der anderen um größtmögliche Spezifität.

Einzelfallforschung hat ihren besonderen – wenngleich nicht ausschließlichen – Standort am Ausgangspunkt eines neuen Forschungs- oder Theorienparadigmas. Für die gegenwärtige Forschungssituation fordert z.B. Grawe (1988, S. 6) „sorgfältig aufbereitete Einzelfallanalysen, die das therapeutische Geschehen zunächst einmal auf der Ebene des Einzelfalls in seinen komplexen Zusammenhängen darstellen und verständlich machen." Im Sprachgebrauch von Groeben & Westmeyer (1975) sind an diesem Entwicklungspunkt unbestimmte und bestimmte Existenzhypothesen Zirkelpunkt der Forschung: Unbestimmte Existenzhypothesen liegen z.B. dann vor, wenn die Existenz bestimmter Sachverhalte, der Eintritt umschriebener Ereignisse usw. behauptet wird, wobei ein Großteil wichtiger Einflußgrößen unbestimmbar bleibt. Aber obgleich dies eine exakte Beschreibung des gegenwärtigen Forschungsstandes in der Psychotherapie ist, hat es die Einzelfallforschung im Umfeld der psychologischen Methodenorthodoxie schwer.

Einzelfall-Analysen haben in der Tat eine „schlechte Presse". Es ist vergleichsweise schwer, sie in den angesehenen psychologisch orientierten Zeitschriften unterzubringen. Und es ist vergleichsweise schwer, Diplom- und Doktorarbeiten unterzubringen, in denen Einzelfallstudien bearbeitet werden. Daß hat viel mit der Massenträgheit des Traditionellen zu tun. Es ist aber auch so, daß eine bloße Beschreibung von Einzelfällen noch keine Wissenschaft ergibt. Es ist eine vorrangige Aufgabe der Psychotherapieforschung a) Psychotherapie in ihrer fallspezifischen Komplexität zu respektieren und zu beschreiben, und b) im Fortgang diese Komplexität mit Methoden beispielsweise der komparativen Kasuistik oder durch Formulierung von verallgemeinernden Modellen zu handhabbaren Erkenntnissen zu reduzieren.

Interaktionsforschung

Der Anspruch, genau hinzuschauen, ist vor allem in der „Interaktionsprozeßforschung" und in der „Episodenforschung" formuliert worden. Unter dem erstgenannten Forschungsparadigma ordnen sich Arbeiten ein, denen es um die detaillierte Erfassung interaktioneller Verhaltensweisen in ihrer wechselseitigen Verschränkung geht (z.B. Schindler 1991; Tschuschke & Czogalik, 1990; Krause, 1984). Das interaktionelle Paradigma sieht seinen Forschungsgegenstand im System Therapeut-Patient. Ein zentraler Gedanke dieses Paradigmas ist es, daß sich zwei miteinander interagierende Personen in ihren Handlungsweisen gegenseitig beeinflussen und die Systematik dieser Beeinflussung das therapierelevante Ereignis ist. In den vergangenen Jahren wurde eine Reihe von Beobachtungsverfahren entwickelt, die das interaktionelle Verhalten abbilden sollen (z.B. Ekman & Friessen, 1968; Smith-Benjamin, 1974; Schindler, 1991; Czogalik, 1993; Czogalik et al., 1994). Diese Verfahren beanspruchen allerdings durchgängig einen hohen zeitlichen Aufwand und beziehen sich ausschließlich auf das Verhalten in der Therapiesituation.

Ein sehr fundametaleres Problem der Interaktions-Prozeß-Forschung liegt in der Tatsache begründet, daß der psychologische Methodenkanon keine Verfahren zur Analyse von Systemen bereitstellt. Auch unsere Begriffsbildung steht dem entgegen. Zwar haben wir eine Vielzahl von Begriffen zur Beschreibung einer einzelnen Person zur Verfügung, es mangelt aber an Deskriptoren zur Beschreibung von Systemen. Oder noch fundamentaler: Es mangelt uns offenbar an der Fähigkeit in Systemen zu denken. In unserem alltäglichen Denken und Schließen sind wir an Haupteffekten orientiert („die Lohnkosten sind schuld an unserem wirtschaftlichen Niedergang") und entsprechend sehen unsere Studien auch aus.

Trotz dieser Probleme erscheint die Interaktions-Prozeß-Forschung für die weitere Entwicklung des psychotherapeutischen Handelns von besonderer Bedeutung. Mehr als andere Ansätze erbringt sie Befunde, die unser Wissen über therapeutische Vorgänge erweitern. Aktuell sind diese Ansätze deshalb, weil die Forschungspragmatik in der herkömmlichen Psychotherapieforschung den theoretischen Entwürfen der Psychotherapie als „Mehr-Personen-Stück" oder als „rückbezügliches System" oder als „interaktionelle Konstruktion" nicht gerecht wird. Es ist der Versuch – weg vom medizinischen Paradigma – zu einem sozialwissenschaftlichen oder sozialpsychologischen Paradigma des psychotherapeutischen Handelns zu gelangen. Maßgebliche Autoren sehen darin die Voraussetzung, wichtige Fragen der Psychotherapie wie z.B. die differentielle Therapieindikation überhaupt erst beantworten zu können.

Für die Psychotherapie sind solche Ansätze deswegen von Bedeutung, weil sie zu den Konstituenten des therapeutischen Prozesses wie dem Beziehungsaufbau, der gegenseitigen Kontrolle und Regulierung, der Verhandlung von „Wirklichkeit" führen.

Die Ansicht, daß in einer Psychotherapie die direkte Interaktion zwischen Patient und Therapeut eine wesentliche Rolle auch für die intrapsychische Veränderung des Patienten spielt, wird von einer Vielzahl von Psychotherapeuten wie Therapieforschern geteilt (z.B. Sullivan, 1956). Es ist deshalb wichtig, Methoden zu entwickeln, die eine genaue Identifizierung und Beschreibung der psychotherapeutischen Interaktion und der daran beteiligten kognitiv-affektiven Prozesse erlauben. Erst über die genaue Kenntnis derjenigen Interventionen, die beim Patienten einen Veränderungsprozeß initiieren, ermöglichen, unterstützen oder aufrechterhalten, ist ein differentieller Wirkungsnachweis möglich. Krause (1984) sieht sogar Grund zur Annahme, daß die Befunde der Interaktionsforschung dereinst die Psychotherapien verkürzen und verbessern werden.

Episodenforschung

Der Anspruch „genauer hinzusehen" gilt besonders für die Episodenforschung. Ihr geht es um die Eingrenzung und Beschreibung von für den Therapieprozeß bedeutsamen Ereignissen (z.B. Rice & Saperia, 1984; Greenberg, 1984; Elliott, 1983; Rogge, 1987). Die Episodenforschung führt besonders nahe an Phänomene heran (z.B. die Struktur der therapeutischen Veränderung), die zu verstehen und zu beherrschen immer schon unser zentrales therapeutisches Anliegen war. Aus der systematischen Kenntnis der therapeutisch initiierten Veränderungsvorgänge dürfen wir uns einen besonderen Gewinn für die therapeutische Praxis erhoffen.

Die theoretisch und methodologisch bislang am weitesten entwickelten Entwürfe einer Forschung über psychotherapeutisch evozierte Veränderungsprozesse („change process research") legte die Gruppe um Leslie Greenberg vor (Rice & Greenberg 1984; Greenberg & Pinsof 1986). Ihr Globalziel ist die Ermittlung und Darstellung von Erklärungszusammenhängen für die Art und Weise, wie in der Psychotherapie Änderungsprozesse hervorgerufen werden. Dabei kommt der Auswahl und der Analyse solcher Episoden besondere Bedeutung zu, die den Veränderungsvorgang repräsentieren. Die Annahme, die Therapiestunde stelle einen homogenen Prozeß dar oder alle Therapiestunden hätten unabhängig vom jeweiligen Umfeld eine gleichartige Bedeutung muß fallen gelassen werden. Diese Annahme steckt implizit in den Forschungsansätzen der klassischen Psychotherapieforschung. Sie wurde von Kiesler (1966) als Uniformitätsmythos demaskiert und ist durch kontextsensitive Hypothesen zu ersetzen.

Ein Beispiel für diesen Ansatz liefert Greenberg (1984). Das Vorgehen behandelt die Struktur der Lösung intrapersonaler Konflikte. Er basiert auf Einzelfallanalysen von Therapieausschnitten, in denen die gestalttherapeutische „Two Chair-Technique" angewandt worden ist. Intrapersonale Konflikte werden durch Äußerungen eingeleitet, die widerstreitende Verhaltens-, Einstellungs- oder Erlebenstendenzen und damit einhergehende gegenwärtige (eventuell auch frühere) negative Affekte des Klienten ausdrücken. Diese „Marker" konnten in allen Untersuchungen der Autoren von verschiedenen Beurteilern reliabel identifiziert werden. Die erfolgreiche Bearbeitung des spezifischen Konfliktbereiches erfordert, daß sich der Klient in einem dreiphasigen Prozeß von einer globalen Selbstkritik hin zu größerer Selbstakzeptanz entwickelt.

Veränderungsmarkierende Klientenereignisse sind in diesem Prozeß z.B. Milderung harscher Selbstkritik, die Erkenntnis eigener Anteile am Konfliktareal, die Reevaluierung von Standards usw. Unter Zugrundelegung von Prozeßvariablen wie „Depth of experience" (Klein et al. 1986) und „Voice Quality" (Rice et al. 1979), konnte Greenberg zeigen, daß eine Lösung des spezifischen Konfliktes eine affektiv-kognitive Auseinandersetzung aus der Identifikation mit jeweils einem der beiden Konfliktvektoren (vertreten durch die beiden Stühle im gestalttherapeutischen Arrangement) vorausgeht. Der Lösungspfad führt demnach von der Phase „opposition" über die Phase „merging" (Fusion) zur Phase „resolution". Der Begriff merging bezeichnet jenen Abschnitt im Lösungsprozeß, in dem die Identifizierung mit beiden Seiten mit qualitativ vergleichbarer Intensität „Erleben" induziert. Vor diesem Punkt dominiert eine Seite, und die andere wird entsprechend als fremd oder nicht zugehörig vom aktuellen Erleben ausgegrenzt.

Die Episodenforschung steht aber trotz aller Bemühungen noch am Anfang. Eine Vielzahl von Problemen („der Teufel steckt im Detail") erschwert ihren Fortschritt. Das beginnt schon bei der uneinheitlichen Benennung und Beschreibung des Phänomens („critical sessions", „change process", „patterns of change", „key events", „significant events", „significant change events") und führt über meßtheoretische Klippen bis hin zu Problemen in der Bestimmung der Ereignisgrenzen (1 Ereignis pro Therapie, pro Sitzung, pro 5 Minuten usw.) und des Ereigniskontextes (zusammenfassend dargestellt bei Rogge, 1987). Trotzdem erscheint die Episodenforschung besonders für die Analyse und Beschreibung psychotherapeutischer Wirkweisen und -mechanismen besonders geeignet, vor allem weil sie Fragen stellt, die auch im klinischen Umfeld regelmäßig gestellt werden.

Dosis-Wirkungs-Verhältnis

Die psychologischen Methoden in der Psychotherapieforschung liefern eine recht reduzierte Abbildung eines komplexen Vorganges. Über ein halbes Jahrhundert wurde Psychotherapie gleichsam als Ein-Personen-Stück auf der Ebene der Haupteffekte abgehandelt. Der versuchte Schritt, Psychotherapie als System oder Mehr-Personen-Stück zu fassen, führt zwar in die richtige Richtung, greift aber in vielerlei Hinsicht noch zu kurz. Die gesellschaftliche, kulturelle oder anthropologische Seite der Psychotherapie bleibt der herkömmlichen Psychotherapieforschung verschlossen. Selbst die offensichtliche Tatsache, daß Psychotherapie ein Berufsfeld ist, für viele zur ökonomischen Existenzsicherung herhält und somit auch in berufssoziologischen Kategorien zu beschreiben ist, wird in den Forschungsansätzen nicht deutlich. Gerade um die monetäre Dimension wird zumeist ein großer Bogen gemacht.

Dabei liefert die Kostendimension eine wichtige Richtgröße in der Diskussion um Psychotherapie, und zwar nicht nur für die Gesetz oder Geldgeber und nicht nur in einem betriebs- oder volkswirtschaftlichen Sinn. Es gibt genügend Beispiele daß wir psychotherapeutische Prozesse besser verstehen, wenn wir sie in ein Aufwand-Ertrags-Verhältnis bringen. Der Aufwand in seinen verschiedenen Facetten spielt hier die Rolle einer Prozeßvariablen, die über die Entwicklungen und Zeiteffekte der Psychotherapie „als Korpus" berichtet. Eine sehr aktuelle Frage lautet: Mit welchem monetären Aufwand und Aufwand an gesellschaftlichen und institutionellen Ressourcen erreicht welches therapeutische Verfahren bei welchem Krankheitsbild in welcher Zeit welche Ziele? (vgl. Howard et al. 1986; Newman & Howard 1986). Gerade in einer Zeit zunehmender Ressourcenkontrolle im Gesundheitswesen tritt diese Frage in den Vordergrund. Dabei können verschiedene Bewertungsperspektiven zur Anwendung gelangen, z.B. die Patientenperspektive, die Therapeutenperspektive, die gesellschaftliche und die institutionelle Perspektive.

Bewertungen des therapeutischen Prozesses vor dem Hintergrund dieser Perspektiven werden in einen funktionalen Zusammenhang mit dem Therapieaufwand, sei er monetär oder zeitlich gestellt. Dieser Zusammenhang wird üblicherweise über Survivalanalysen modelliert. Diese Methoden gestatten die Schätzung bzw. den Vergleich von Erfolgsraten für bestimmte Patientengruppen in bestimmten Therapien. Darüber hinaus können die eingesetzten Therapien hinsichtlich des Umfangs der eingesetzten Maßnahmen differenziert werden. Diese Dimension ist nicht nur unter gesundheitspolitischen und -ökonomischen Gesichtspunkten von Bedeutung, sondern ist traditionellerweise unter dem Stichwort Indikation in der klinischen Diskussion.

In der ersten Ausgabe der Zeitschrift „Psychotherapy Research" veröffentlichten McNeilly & Howard (1990) eine Studie, in der die Dosis-Wirkungs- Zusammenhänge von Psychotherapie und unbehandelter Spontanremission kalkuliert worden sind. Die Autoren griffen auf Teile der Datenbestände Eysencks (1952) zurück. Es gelang ihnen mit dieser Methode die bislang überzeugendste Zurückweisung von Eysencks Hypothese der relativen Wirkungslosigkeit psychotherapeutischen Bemühens gegenüber der Spontanremission. Zwar bessert sich in der Tat der psychotherapieindikative Zustand von Personen auch ohne Psychotherapie mit der Zeit, aber Psychotherapie erreicht die entsprechenden Besserungsraten in viel kürzerer Zeit: Was die Spontanremission in einem Jahr erledigt, erledigt Psychotherapie in 4 Sitzungen.

Qualitätssicherung und Versorgungsforschung

Mit den Dosis-Wirkungs-Analysen wird der Kostenaspekt in den Vordergrund der Diskussion gerückt. Dies geschieht häufig zusammen mit dem Stichwort „Kostenexplosion im Gesundheitswesen" und zusammen mit dem Versuch, die Versorgungsqualität zu gewährleisten. Das augenblickliche Interesse an diesem Thema ist nicht zuletzt auf das Gesundheitsreformgesetz des Jahres 1988 zurückzuführen. Dieses Gesetz verpflichtet nach § 137 und § 112 Sozialgesetzbuch V Krankenhäuser, Vorsorge- und Rehabilitationseinrichtungen sich an Maßnahmen zur Qualitätssicherung zu beteiligen. Auch für ambulante Versorgung sind rechtliche Regelungen zur Qualitätssicherung getroffen worden (Sendler 1991). Zur Qualitätssicherung existieren eine Vielzahl verschiedener Ansätze, welche keineswegs alle für jede Versorgungssituation angemessen sind (Selbmann 1990). Gemeinsam ist aber allen Ansätzen, daß die Qualität therapeutischer Maßnahmen im klinischen Alltag untersucht und gegebenenfalls verbessert werden soll, wobei die ökonomische Dimension stets mitberücksichtigt wird (Donabedian 1985; Berwick et al. 1990; Lohr 1990).

Um diese ökonomische Dimension entwickelt sich gegenwärtig ein weiterer Schwerpunkt in der Psychotherapieforschung. Die Untersuchung von Psychotherapie in der

Praxis, und zwar im Sinne einer am Versorgungssystem orientierten Psychotherapieforschung wird Forschungsgegenstand (z.B. Strupp & Howard 1992; Bastine 1992). Mit der stärkeren Etablierung des Feldes entwickelte sich die Wirksamkeitsforschung zu einer differentiellen Psychotherapie-Effizienz-Forschung. Unter dieser Perspektive werden zwei weitere Aspekte relevant, nämlich a) die Evaluierung des gesamten Systems der psychotherapeutischen Versorgung und b) die Entwicklung von methodischen und konzeptionellen Standards, die das Forschungsfeld dergestalt abstecken, daß die gewonnenen Ergebnisse möglichst einfach in den klinischen Alltag integriert werden können (Lutz 1993). Diese bewußte Zuwendung zum klinischen Alltag und zum Therapiespezifischen vor allem unter Qualitäts und Ökonomiegesichtspunkten ist ein Charakteristikum der zeitgenössischen Forschungsorientierung in der Psychotherapie. Es gehört wenig Phantasie zur Prognose, daß es im Angesicht einer intensivierten Kostendiskussion im Gesundheitswesen an Bedeutung noch gewinnen wird.

Zwei Beispielvignetten

Ein Forschungsansatz, der mit dem Anliegen entwickelt worden ist, sowohl näher an die veränderungsrelevanten Ereignisse im Verlauf einer Therapie zu gelangen, wie auch den klinischen Urteilsprozeß mitzuberücksichtigen, wurde von (Czogalik, 1989) vorgestellt. Zwei psychotherapeutische Einzelfälle – eine Psychoanalyse und ein Gesprächstherapie, die sich in wesentlichen Parametern (z.B. Dauer, Setting, Berufserfahrung der Therapeuten) diametral voneinander unterschieden – wurden in einem mehrebenen-analytischen Vorgehen miteinander verglichen. Damit die Studie nicht in einer einzelfalltypischen „Vereinzelung" endet, wurde aus der Literatur ein Prozeßmodell des psychotherapeutischen Handelns formuliert und an den empirischen Befunden abgeglichen und ergänzt. Die Unterschiedlichkeit der zugrundeliegenden Studientherapien war intendiert, da es sich in dem Modell um ein allgemeines Therapiemodell handelte, welches gerade dadurch kritisch geprüft werden konnte.

Als Meßebenen dienten a) das klinische Urteil der beteiligten Therapeuten in ihrer ganz persönlichen Sichtweise, b) Skalen zum Beziehungs- unter Kommunikationserleben, die von Therapeut und Patient in unmittelbaren Anschluß an die jeweilige Sitzung ausgefüllt worden sind, c) objektive Meßwerte wie Pausenzeiten, Wortzahlen usw., d) Beurteilungen dritter Personen, e) Laienbeurteilungen und d) Skalen aus dem Theorieverständnis der jeweiligen Therapie (z.B. Widerstand, Selbstöffnung). Als weiteres Mehrebenenprinzip wurden verschiedene analytisch mathematische Verfahren eingesetzt (z.B. P-Technik, stochastische Modelle). Die Therapien wurden unter Zugrundelegung des klinischen Urteils in Abschnitte unterschiedlicher thematischer oder interpersoneller Foki eingeteilt. Die anderen Meßebenen lieferten dazu eine komplementäre, differenzierende oder alternative Einteilung (siehe das Beispiel für die Psychoanalyse in Abbildung 1).

Abbildung 1 zeigt vier Spalten, die von oben nach unten den zeitlichen Verlauf der zugrunde liegenden Psychoananlyse repräsentieren. In der ersten Spalte sind die entsprechenden Sitzungszahlen von 1 bis 130 angeführt. In der zweiten Spalte sind die vom Therapeuten so benannten und bezeichneten Therapieabschnitte eingetragen. In der dritten Spalte finden sich Therapieabschnitte, wie sie sich aus dem Verlauf der empirischen Befunde ergeben haben. Aus den verschiedenen Messungen pro Sitzung wurden dazu mittels Faktorenanalyse Skalen gewonnen. Die jeweilige quantitative Ausprägung dieser Skalen über alle Sitzungen abgetragen ergab den empirischen Therapieverlauf als Grundlage der empirischen Abschnittsbildung (Mehrebenen-Analyse). Die vierte Spalte liefert die Ergebnisse eines anderen methodischen Vorgehens, mit dem ebenfalls die Frage beantwortet werden sollte, ob sich die Therapie in Abschnitte gliedern läßt (und wenn ja, in welche)? Dieses Verfahren testet, ob sich die Systematik der wechselseitigen Bezugnahme von Therapeut und Patient im Verlauf der Therapie ändert (Markoff-Analysen). Im vorliegenden Fall war eine kontinuierliche Zunahme der gegenseitigen Bezogenheit festzustellen, die sich allerdings nicht weiter segmentieren ließ.

Abbildung 1: Abschnittbildung im Therapieverlauf einer Psychoanalyse

Stunde	klinisches Urteil	Mehrebenen-Analyse (Sekundärf.)	Markoff-Analysen
10	Aufbau eines Arbeitsbündnisses	schrittweise Verringerung der Mitteilungshemmung	kontinuierliche Zunahme der Lautsignal-Kontingenzen von Patientin und Therapeut auf interne Thematisierungen des jeweiligen Vorredners
20			
30			
40	Beginnende		
50	Selbsteröffnung	psychotherapeutische Explorationsprozesse	
60	Bearbeitung des symptomrelevanten Konfliktareals	zunehmende therapeutische	
70		Initiative bei wachsender Mittteilungshemmung	
80	idealisierende Übertragung	Orientierungslos/Zurückhaltung	
90	ödipale Übertragung		
100	Triebdurchbrüche	passiv-belastender Dialogcharakter	
100	erneute Auseinandersetzung mit dem		
120	Selbst, supportive Elemente mit dem Selbst	aktiv-erleichternder Dialog bei Vermeidung psychotherapeutischer Auseinandersetzung	
130			

Im vorliegenden Beispiel gelingt für den Anfangs- und Endabschnitt im klinischen Urteil (Aufbau eines Arbeitsbündnisses/erneute Auseinandersetzung mit dem Selbst, supportive Elemente) eine konvergierende Beschreibung über die empirische Ebene (schrittweise Verringerung der Arbeitshemmung/aktiverleichternder Dialog bei Vermeidung psychotherapeutischer Auseinandersetzung). Für den laut klinischem Urteil ab der ca. 70. Sitzung beginnenden Abschnitt der idealisierenden Übertragung ergibt sich aus der empirischen Perspektive eine alternative Beschreibung, nämlich ein Abschnitt erhöhter Orientierungslosigkeit und Zurückhaltung der Patientin. Dort, wo der Therapeut Übertragung wahrnimmt, zeigt die Empirie neben anderem, daß er in höherem Maße sich selbst öffnet und daß diese Selbstöffnung mit Variablen der Distanzierung und Verunsicherung seitens der Patienten korreliert. Es gibt damit zumindest Anhaltspunkte, daß die Therapie an dieser Stelle anders „getriggert“ ist, als es der Therapeut vor dem Hintergrund seines klinischen Arbeitsmodells wahrnimmt.

Das – freilich sehr aufwendige Verfahren – erbrachte in vielen Fällen eine empirisch fundierte Konkretisierung des klinischen Urteils, sei es, daß der Therapeut libidinöse Übertragung als durch sich sich selbst initiiert erkennt, sei es, daß ihm retrospektiv das Scheitern der Therapie plausibel wird usw. Diese Erfahrungen haben dazu geführt, daß der Ansatz um eine Dimension der „Rückführung in den klinischen Prozeß“ erweitert worden ist. Nunmehr geht es darum, dem Therapeuten prozeßrelevante empirische Befunde zu seiner Therapie im Sinne einer Qualitätssicherung rückzumelden. Wir bezeichenen diesen Ansatz mit dem Begriff „Verbundforschung“, um deutlich zu machen, daß es dabei um die Verbindung von Forschung und Praxis geht. Das entsprechende Verfahren wird gegenwärtig für die Musiktherapie im Rahmen des IMDoS-Projekt etabliert und überprüft (Czogalik, 1996).

Über die Kluft zwischen Forschungideal und Praxisalltag wurde schon viel geredet und geschrieben. Als wichtigstes Resumee dieser Diskussionen bleibt, daß die Distanz zwischen Forschung und Praxis eine strukturelle ist, geboren aus unterschiedlichen berufspraktischen Motiven, Erfahrungen und Anliegen von Forschern und Praktikern. Und als strukturelle Kluft ist sie nicht ohne weiteres zu verringern, auch nicht mit dem guten Willen aller Beteiligten. Und so kommt es, daß wir in unserer Identität als Therapeut nach anderen Büchern dürsten, als in unserer Identität als Forscher. Und in der Tat wäre es ein schlechter Rat, wenn wir unseren Therapienovizen empirische Psychotherapiestudien zur Lektüre anempfehlen würden. Es schien uns deshalb notwendig, eine andere Konzeption unserer Forschungsaktivitäten mit dem Ziel zu formulieren, näher an das klinische Selbstverständnis und näher an die klinischen Notwendigkeiten zu gelangen. Der Forschungsprozeß sollte in diesem Projekt a) fallbezogener und b) problembezogener und damit näher am aktuellen therapeutischen Anliegen vonstatten gehen. Er sollte weiters c) die Kommunikation und wechselseitige Wahrnehmung von Forschung und Praxis stärken und d) Psychotherapie so feldnahe wie möglich erfassen.

Abbildung 2: Elemente der „klassischen“ Psychotherapieforschung und der Verbundforschung

	Klassische Psychotherapieforschung	Verbundforschung
Kürzel	*C a C*	*Q a d*
Optimierung	*Forschungskriterien*	*Verbundkriterien*
zeitliche Organisation	*langfristig*	*kurze Zyklen*
Resultate	*exklusiv*	*iterativ*
Einflußgrößen	*kontrolliert*	*taken as given*
Therapeutenrolle	*Datenlieferant*	*Studienobjekt und Studiensubjekt*
Adressaten	*Forschungsgemeinde*	*Fachgemeinde*
Reichweite	*generalisierend*	*spezifizierend*
Ziel	*nomothetisch*	*ideographisch*

In Abbildung 2 werden die beiden Forschungskonzeptionen – die klassische und die von uns so genannte Verbundforschung – einander gegenübergestellt: Es geht um CaC versus Qad. CaC steht für cut-and-clean, Qad für quick-and-dirty. CaC soll darauf hinweisen, daß es unter klassischen Forschungskonzeptionen um das schnittscharfe Sezieren von Bedingungen und Variablen und um die Minimierung von Fehleranteilen geht. Die Verbundforschung geht in Abhebung dazu davon aus, daß in der Psychotherapie die Zusammenhänge so komplex und individuell sind, daß sie nur auf einer sehr verallgemeinernden Ebene kontrolliert werden können. Auf einer Ebene zumal, die mit der Ebene der alltäglichen klinischen Entscheidungsprozesse nichts gemein hat. Was die klassische Forschung gewinnt durch genaue Isolierung und Kontrolle von Bedingungen und Variablen, verliert sie durch ihre prinzipielle Ferne zum klinischen Alltag. Für die Qad-Forschung gilt das umgekehrte: Was immer sie gewinnt durch besondere Nähe zu den therapeutischen Vorgängen, verlöre sie in der Verallgemeinerung. Daß Schmutz sie nicht stört ist mit etwas Koketterie behauptet: Auch die Qad-Forschung ist bemüht um die Einhaltung von Standards, die es ihr erlauben, ihre Befunde zu publizieren.

Freilich sind die Ziele der beiden Ansätze unterschiedlich: Wo der eine nach höchstmöglicher Gültigkeit und Verallgemeinerbarkeit strebt, geht es dem anderen um höchstmögliche Kommunalität in der Auseinandersetzung von Menschen zu einem Thema. Wo es dem einen um Wahrheit geht, geht es dem anderen um Bereitstellung von Erklärungsalternativen. Optimiert wird die klassische Forschung konsequenterweise an Forschungskriterien wie Reliabilität, Objektivität und Reproduzierbarkeit, wohingegen es der Verbundforschung um den Diskurs zwischen unterschiedlichen berufspraktischen Positionen geht. Dieser Unterschied zeigt sich bereits in den zugrundeliegenden Zeitrastern und Forschungszyklen: Während klassische Studien mit ihren Ergebnissen auf den Markt kommen, wenn die Datenlieferanten sich längst nicht mehr an die Fragestellung erinnern können, versucht die Verbundforschung, Frage und Antwort innerhalb der Erinnerungsspanne miteinander zu verknüpfen. Daß dies nicht für alle Fragen möglich ist, und daß die meisten Antworten vorläufig und kursorisch ausfallen, versteht sich von selbst. Die Resultate der Verbundforschung werden dann auch nicht als exklusive Wahrheiten verstanden, sondern als Eingangsgrößen in einen fortlaufenden Diskussionsprozeß, in dem der Kliniker auch mutiert von einer Rolle als bloßer Datenlieferant, der eigentlich nie mit den Ergebnissen in Kontakt kommt, zu denen er beigetragen hat, hin zu Objekt und Subjekt des Forschungsvorganges.

Damit dies gelingt werden für die Alltagspraxis von Kliniker und Forscher gemeinsame Schnittstellen erarbeitet und in der Struktur der Institution (im vorliegenden Fall dem Fachbereich Musiktherapie der Fachhochschule Heidelberg) verankert. Eine Schnittstelle ist im konkreten Fall die wissenschaftliche und klinische Auseinandersetzung mit bedeutsamen Therapieepisoden. Dieses Konzept erlaubt eine Abbildung des Therapieprozesses, die sowohl für die Forschung (siehe Episodenforschung) wie auch für die Praxis nutzbar gemacht werden kann: Jeder Therapeut benennt aus seinen laufenden Therapien Sequenzen, die in seinem klinischen Verständnis von besonderer Bedeutung für den therapeutischen Fortgang sind. Die Videomitschnitte werden gesammelt und von unabhängigen Beurteilern nach verschiedenen Kriterien eingeschätzt. Daneben werden für jede Episode eine qualitative und eine klinische Episodenbeschreibung angefertigt. Die Episoden werden weiter nach bestimmten Merkmalen (z.B. Widerstandsarbeit usw.) kategorisiert und in eine Bilddatenbank gebracht. An den Therapieverlauf können nun Fragen angelegt werden (z.B. vermehrt sich die sprachliche Selbstexploration meines Patienten im Verlauf der Therapie? Wie ist die Struktur der bedeutsamen Episode in erfolgreichen Musiktherapien? usw.). Die therapeutische Konzeption erfährt hier von empirischer Seite wiederum eine konvergente, differenzierende oder alternative Ergänzung, von der wir uns erhoffen, daß sie das kinische Referenzwissen des Therapeuten verbreitert. Für den Forscher ergibt sich aus den spezifischen Fragen die Notwendigkeit, Instrumente, Vorgehensweisen und Methoden zu entwikkeln, die den typischen Fragestellungen der Therapeuten möglichst nahe kommen. Und damit dieses System evolutionär wirken kann, müssen die forscherischen Aktivitäten ganz dicht dem aktuellen Therapieprozeß folgen.

Ausblick

Der Methodenkanon in der Psychotherapieforschung ist breiter geworden. Zu den „klassischen" Kontrollgruppendesigns und Korrelationsstudien, zur Variablenforschung und zur Prozeßforschung sind Methoden getreten, die versuchen, dem facettenreichen und komplexen Forschungsgegenstand „Psychotherapie" gerecht zu werden. Gegenwärtig ist besonders eine Entwicklung hin ins Feld zu beobachten: Forschungsansätze nehmen zu, die es sich zum Anliegen machen, den therapeutischen Alltag unverstellt zu beschreiben und zu analysieren. In gleichem Maße wird auch die Kritik an Studien lauter, die zu Zwecken der Planung und Kontrolle artifizielle Therapiesituationen schafft und sie als Maßgabe für die Wirklichkeit hochrechnet. Und es ist in der Tat so: Wenn nur gelte, was durch Kontrollgruppenstudien evaluiert werden konnte, dann wäre unser Wissen arm und marginal. Es muß also auch außerhalb des Wissenschaftsideals der Planung und Kontrolle Systeme der Wissenskumulierung geben, denen sich die Psychotherapieforschung nicht von vorneherein verschließen darf.

Eine andere „Dekorsettierung" ergibt sich aus einem um sich greifenden erweiterten Therapieverständnis. Ein medizinisches Psychotherapiemodell beispielsweise, welches die Probleme in die Patienten legt und die Therapie ausschließlich in die technischen Interventionen des Therapeuten, greift zu kurz, in dem es zum Beispiel den Beitrag der Therapeut-Patient-Beziehung unterschätzt. Ein psychologisches Therapiemodell, welches darüber hinaus versucht z.B. einen Wahrnehmungsapparat und ein Motivationsapparat bei Patient und Therapeut zu berücksichtigen, greift zu kurz, beispielweise um den Anteil, den die spezifischen Interaktionsmuster der Therapiebeteiligten zum Therapiegeschehen beitragen. Ein sozialpsychologisches Modell, welches zudem versucht, Therapeut und Patient in ein Feld wechselseitiger Bezugnahme und Regulierung zu stellen, erbringt möglicherweise weitreichende Erkenntnisse über den psychotherapeutischen Vorgang, erweist sich aber als blind gegenüber der Tatsache, das Psychotherapie zumeist als Beruf ausgeübt wird und in erster Linie zur Existenzsicherung des Psychotherapeuten dient. Psychotherapie kann man von daher „gewinnbringend" auch unter berufssoziologischen Gesichtspunkten sehen. Dann fehlt einem aber immer noch die gesellschaftliche, politische, kulturelle und anthropologische Dimension von Psychotherapie.

Aus diesem Beispiel wird unmittelbar deutlich, daß kein einzelner Forschungsentwurf dem Forschungsgegenstand in seiner Ganzheit gerecht wird. Möglicherweise ist es diese zu Bescheidenheit leitende Erkenntnis aus fünfzig Jahren Psychotherapieforschung, die die gegenwärtig spürbaren Methodenpluralismus und Methodenliberalität mitverantworten. Eine andere zu Bescheidenheit leitende Erkenntnis ergibt sich aus dem immer noch minimalen Einfluß der Therapieforschung auf Praxis und Ausbildung. Jede kleine Gesetzesnovelle vermag hier mehr in den therapeutischen Alltag und sogar in die Theorienbildung einzugreifen als noch so umfängliche Forschungsstudien. Die Psychotherapieforschung ist gefordert, in ihren Konzepten, Fragestellungen und Ergebnisadressaten mehr Nähe zum klinischen Vorgang herzustellen. Auf der anderen Seite ist diese Forschungs-Praxis-Lücke nicht nur von der Forschung zu verantworten. Noch immer ist Psychotherapie etwas „Außerirdisches“, welches sich in elitärer Abgeschiedenheit in privaten Akademien und in ideologischer Festlegung vollzieht. Die Weiterentwicklung erfolgt dann zumeist in Form der Selbstbestäubung.

Wenn wir von zunehmender Methodenliberalität reden, so soll darüber nicht vergessen werden, daß es so etwas wie ein Forschungsestablishment gibt, welches das Methodenspektrum vorgibt. In diesem Spektrum sind die qualitativen Verfahren eklatant unterrepräsentiert. Das geht zu Lasten einer produktiven und kreativen Forschungsvielfalt. Eine der schönsten Studien zum Thema „Entwicklung der therapeutischen Identität“, nämlich die von Ronnestad und Skovholt (1993), bedient sich einer qualitativen Methodik. Sie übertrifft, sowohl was ihre Relevanz wie auch ihre Nähe in klinische und persönliche Erfahrungsfelder angeht, vergleichbare quantitative Studien (z.B. Cierpka et al., 1993) bei weitem. Diese Gefühl, nämlich sich wiederzufinden in den allfälligen Forschungsbefunden, geschieht so selten, daß es nicht verwundern darf, wenn der Kliniker lieber zu den alten Büchern greift.

Bei aller Kritik aber und Einschränkung und Relativierung: Die Praxis braucht die Forschung. Sie braucht sie als ideologiekritische Instanz zu den eigenen Therapiekonzepten und -entwürfen. Diese sind nämlich zumeist in einem alltagslogischen oder vorwissenschaftlichen Kalkül verankert, welches zudem – aus identitätspolitischen Gründen – gegen Veränderung „von Außen“ abgedichtet wird. Dazu kommt, daß Wissenschaft für die Psychotherapie als Paradigmenträger wirkt. Der Einfluß, der hier von der Forschung zur Praxis geht, ist freilich „langwelliger“ als daß wir den Forschungsbefund von heute in unsere morgige Therapie einfließen lassen könnten. Als Beispiel für diesen paradigmatischen Einfluß kann in der zunehmenden Bedeutung der Therapeut-Patient-Beziehung für das Therapieverständnis ganz unterschiedlicher Therapieschulen angesehen werden. Hier gestalten Forschungsbefunde unser Bild von der therapeutischen Wirklichkeit, zumeist ohne daß wir es merken.

Literatur

Bastine, R. (1992): Klinische Psychologie Band 1. Kohlhammer, Stuttgart.

Barrett-Lennard, G.T. (1986): The relationship inventory now: Issues and advances in theory, method, and use. In: L.S. Greenberg & W. Pinsof (eds.): The psychotherapeutic process: A research handbook. Guiford Press, New York.

Bergin, A. E. & Garfield, S. L. (eds.) (1971, 1994): Handbook of Psychotherapy and Behavior Change. John Wiley, New York.

Berwick, D.M., Godfrey, A.B. & Roessner, J. (1990): Curing health care. Jossey-Bass, San Francisco.

Bottari, M.A. & Rappaport, H. (1983): The relationship of patient and therapist-reported experiences of the initial session to outcome: An initial investigation. Psychotherapy: Theory, Research and Practice, 20, 355-358.

Bozok, B. & Bühler, K.E. (1988): Wirkfaktoren der Psychotherapie: spezifische und unspezifische Einflüsse. Fortschritte der Neurologie und Psychiatrie, 56, 119-232.

Bergin, A. E. & Garfield, S. L. (eds.) (1994): Handbook of Psychotherapy and Behavior Change. John Wiley, New York.

Cierpka, M., Buchheim, P., Gitzinger, I., Seifert, Th. & Orlinsky, D. (1993): Persönliche und berufliche Entwicklung von Psychotherapeuten. In: P. Buchheim, M. Cierpka & Th. Seifert (Hrsg.): Beziehung im Fokus: Weiterbildungsforschung. Springer, Heidelberg, Berlin.

Czogalik, D. & Enke, H. (1983): Die Bedeutung der Psychotherapieforschung für die Praxis. In: H. Enke, V. Tschuschke & W. Volk (Hrsg.), Psychotherapeutisches Handeln. Kohlhammer, Stuttgart.

Czogalik, D. (1989): Psychotherapie als Prozeß: Mehrebenenanalytische Untersuchungen zu Struktur und Verlauf psychotherapeutischer Interaktionen. Habilitationsschrift, Fakultät für theoretische Medizin, Lehrstuhl für klinische Sozialpsychologie, Universität Ulm.

Czogalik, D. (1990): Selbstöffnung. In: V. Tschuschke & D. Czogalik (Hrsg.): Psychotherapie: Welche Effekte verändern? Springer, Heidelberg, Berlin.

Czogalik, D. (1993): Eine Strategie der Interaktions-Prozeß-Forschung. Verhaltenstherapie & psychosoziale Praxis, 2, 173-186.

Czogalik, D. (1996): Das Heidelberger IMDoS-Projekt: Zum Verbund von Forschung, Praxis und Ausbildung im Berufsfeld Musiktherapie. In: Stiftung Rehabilitation (Hrsg.): Grundlagen zur Musiktherapieforschung. Fischer, Stuttgart.

Czogalik, D. & Russell, R.L. (1994): Client structure of participation in psychotherapy. Psychotherapy: Theory, Research, and Practice, 24, 121-129.

Czogalik, D., Vanger, P., Kupper, S. & Hautkappe, H.J. (1994): Zur Messung der therapeutischen Beziehung (1). Forschungsbericht vom 15.9.1994, Ulm-Stuttgart.

Czogalik, D., Bozo, M., Birringer, S., Schauermann, H., Jungaberle, H. E. & Hänsel, M. F. (1996): Zum Verlauf bedeutsamer Episoden in einer Musiktherapie: Ein Beispiel aus dem Integrativen Musiktherapie-Dokumentationssystem IMDoS. Musiktherapeutische Umschau, 18, 1-21.

Donabedian, A. (1985): Evaluating the quality of medical care. Miobank Mem. Fund. Quart, 44, 66-203.

Dukes, W.F. (1977): N = 1. In: F. Petermann (Hrsg.): Methodische Grundlagen klinischer Psychologie. Beltz, Weinheim.

Eckert, J., Schwartz, H.J. & Tausch, R. (1977): Klienten-Erfahrungen und Zusammenhang mit psychischen Änderungen in personenzentrierter Gesprächspsychotherapie. Zeitschrift für Klinische Psychologie, 6, 177-185.

Ekman, P. & Friesen, W.V. (1968): Nonverbal behavior in psychotherapy research. In: J.M. Shlien (ed.): Research in psychotherapy. APA, Washington D.C.

Ellenberger, H.F. (1985): Die Entdeckung des Unbewußten. Diogenes, Zürich.

Elliott, R. (1983): „That in your hands ..." A comprehensive process analysis of a significant event in psychotherapy. Psychiatry, 46, 113-129.

Eysenck, H. (1952): The effects of psychotherapy: An evaluation. Journal of Consulting and Clinical Psychology, 16, 319-324.

Gottschalk, L.A. & Auerbach, A.H. (1966): Methods of Research in Psychotherapy. Appleton, New York.

Grawe, K. (1976): Differentielle Psychotherapieforschung I. Indikation und spezifische Wirkung von Verhaltenstherapie und Gesprächspsychotherapie. Huber, Bern.

Grawe, K., Donati, R. & Bernauer, R. (1996): Psychotherapie im Wandel. Von der Konfession zur Profession. Hogrefe, Göttingen.

Gurman, A.S. & Razin, A.M. (eds.) (1977): Effective psychotherapy. Pergamon Press, Elmsford.

Grawe, K. (1988): Zurück zur psychotherapeutischen Einzelfallforschung. Zeitschrift für Klinische Psychologie, 17, 1-7.

Grawe K (1994) Psychotherapie ohne Grenzen – Von den Therapieschulen zur Allgemeinen Psychotherapie. Verhaltenstherapie & Psychosoziale Praxis, 3, 357-370.

Greenberg, L.S. (1982): Psychotherapy process research. In: E. Walker (ed): Handbook of clinical psychology. Dorsey Press, Homewood.

Greenberg, L.S. (1984): A task analysis of intrapersonal conflict resolution. In: L.N. Rice & L.S. Greenberg (eds.): Patterns of change. Guilford Press, New York.

Greenberg, L.S. & Pinsof, W. (eds.) (1986): The psychotherapeutic process: A research handbook. Guilford Press, New York.

Groeben, N. & Westmeyer, H. (1975): Kriterien psychologischer Forschung. Kohlhammer, Stuttgart.

Hartig, M. (1975): Probleme und Methoden der Psychotherapieforschung. Urban & Schwarzenberg, München, Berlin, Wien.

Hillecke, T., B. Krämer, S. Kupper, C. Hörster-Kupper & H. Kächele (1996): Soweit der Stand der Dinge: Psychotherapie im Wandel. Psychotherapie, Psychosomatik, medizinische Psychologie, 46, 96-101.

Howard, H. I., Kopta, S. M., Krause, M. S. & Orlinski, D. E. (1986): The dose-effect relationship in psychotherapy. American Psychologist, 41, 159-164.

Jaeggi, E. (1996): Vorstellung der neuen Gesellschaft für Psychologie. Kongreß für Klinische Psychologie und Psychotherapie, Berlin, 25.2-1.3.

Kächele, H. & Kordy, H. (1992): Psychotherapieforschung und therapeutische Versorgung. Der Nervenarzt, 63, 517-526.

Kiesler, D.J. (1966): Some myths of psychotherapy research and the search for a paradigm. Psychological Bulletin, 65, 220-236.

Kiesler, D.J. (ed.) (1973): The process of psychotherapy. Aldine Publishung, Chicago.

Klein, M.H., Mathieu-Coughlan, P. & Kiesler, D.J. (1986): The experiencing scales. In: L.S. Greenberg & W. Pinsof (eds.): The psychotherapeutic process: A research handbook. Guiford Press, New York.

Krause, R. (1984): Psychoanalyse als interaktives Geschehen. In U. Baumann (Hrsg.): Psychotherapie: Mirko- und Makroperspektiven. Hogrefe, Göttingen.

Kordy, H. & Lutz, W. (1994): The Heidelberg Model – developing a report card system. Plenary Panel, Annual International Meeting, Society for Psychotherapy Research, York, 28.6.-2.7.

Lohr, K.N. (ed.) (1990): Medicare: A strategy for quality assurance, Vol. 1. National Academy Press, Washington D.C.

Luborsky, L., McLellan, A.T., Woody, E., O'Brian, C.P. & Auerbach, A. (1985): Therapist success and its determinants. Archive of General Psychiatry, 42, 602-611.

Lutz, W. (1993): Qualitätssicherung stationärer Psychotherapie. Diplomarbeit Universität Heidelberg.

Mahl, G.F. (1968): Gestures and body movements in interviews. In: J.M. Shlien (ed.): Research in Psychotherapy. Accademic Press, Washington D.C.

McNeilly, C.L. & Howard, K. (1990): The effects of psychotherapy: A reevaluation based on dosage. Psychotherapy Research, 1, 24-36.

Meltzoff, J. & Kornreich, M. (1970): Research in psychotherapy. Atherton, New York.

Meyer, A.E. (1990): Eine Taxonomie der bisherigen Psychotherapieforschung. Zeitschrift für Klinische Psychologie, 19, 4, 287-291.

Newmann, F. L. & Howard, K. I. (1986): Therapeutic effort, treatment outcome, and national health policy. American Psychologist, 41, 181-187.

Orlinsky, D. & Howard, K. I. (1986): Process and outcome in psychotherapy. In: S.L.Garfield & A.E. Bergin (eds.): Handbook of psychotherapy and behavior change. John Wiley, New York.

Orlinsky, D.E., Grawe, K. & Parks, B.K. (1994): Process and outcome in psychotherapy – Noch einmal. In: A.E. Bergin & S.L. Garfield (eds.): Handbook of psychotherapy and behavior change. John Wiley, New York.

Paul, G.L. (1967): Strategy of outcome research in psychotherapy. Journal of Consulting and Clinical Psychology, 31, 109-118.

Plog, U. (1976): Differentielle Psychotherapie II. Der Zusammenhang von Lebensbedingungen und spezifischen Therapieeffekten im Vergleich von Gesprächspsychotherapie und Verhaltenstherapie. Huber, Bern.

Rice, L.N., Koke, C.J., Greenberg, L.S. & Wagstaff, A. (1979): Manual for client vocal quality. York University, Toronto.

Rice L.N. & Greenberg, L.S. (eds.) (1984): Patterns of change. Guilford Press, New York.

Rice, L.N. & Saperia, E.P. (1984): Task analysis of the resolution of problematic reactions. In: L.N. Rice & L.S. Greenberg (eds.): Patterns of change. Guilford Press, New York.

Rogers, C.R. (1957): The necessary and sufficient conditions of therapeutic personality change. Journal of Consulting Psychology, 21, 95-103.

Rogge, K. E. (1987). Methodologische Problembereiche bei Forschungsarbeiten Über „veränderungsrelevante Ereignisse (Episoden)". Arbeitspapier Episodenforschung. Abteilung Psychologie/Psychotherapie der Universität, Heidelberg.

Ronnestad, H. & Skovholt, R. (1993): The evolving professional self. John Wiley, New York.

Schindler L (1991) Die empirische Analyse der therapeutischen Beziehung. Springer, Heidelberg, Berlin.

Selbmann, H.-K. (1990): Stand der medizinischen Qualitätssicherung in der Bundesrepublik Deutschland. In: BMfAS. Symposium zur Qualitätssicherung, Teil 1: Stationäre und ambulante medizinische Versorgung – Bestandsaufnahme und Perspektiven. Bonn.

Sendler, H. (1991): Qualitätssicherung nach der Gesundheitsreform. Öff. Gesundh.-Wes., 53, 124-128.

Sloane, R.B., Staples, F.R., Christol, A.H., Yorkston, N.J. & Whipple, K. (1975): Psychotherapy versus behavior therapy. Harvard University Press, Cambridge.

Smith, M. L., Glass, G. V. & Miller, T. L. (1980): The benefits of psychotherapy. Johns Hopkins Univ. Press, Baltimore, London.

Smith-Benjamin, L.S. (1974): Structural analysis of social behavior. Psychological Review, 81, 392-425.

Strupp, H.H. & Hadley, S.W (1978): Specific versus non-specific factors in psychotherapy: A controled study of outcome. Archives of General Psychiatry, 36, 1125-1136.

Strupp, H.H. & Bergin, A.E. (1969): Some empirical and conceptual basis for coordinated research in psychotherapy. A critical review of issues, trends and evidence. International Journal of Psychiatry and Medicine, 7, 18-90.

Strupp, H.H. & Howard, K.J. (1992): A brief history of psychotherapy research. In: D.K. Freedheim (ed.): A history of psychotherapy. APA, Washington D.C.

Sullivan, H.S. (1956): The interpersonal theory in psychiatry. Norton, New York.

Tausch, R. (1973): Gesprächspsychotherapie. Hogrefe, Göttingen.

Tschuschke, V. (1990): Wirkfaktoren in der Gruppenpsychotherapie. In: V. Tschuschke & D. Czogalik (Hrsg.): Psychotherapie: Welche Effekte verändern? Springer, Heidelberg, Berlin.

Tschuschke, V. & Czogalik, D. (1990) (Hrsg.): Psychotherapie: Welche Effekte verändern? Springer, Heidelberg, Berlin.

Tschuschke, V., Kächele, H. & Hölzer, H. (1994): Gibt es unterschiedlich effektive Formen von Psychotherapie? Psychotherapeut, 39, 281-297.

Wittmann, W.W. & Matt, G. (1986): Meta-Analyse als Integration von Forschungsergebissen am Beispiel deutschsprachiger Arbeiten zur Effektivität von Psychotherapie. Psychologische Rundschau, 7, 20-40.

Die Bedeutung qualitativer Forschungsmethoden für die Psychotherapie am Beispiel der Erzählanalyse

Agnes von Wyl

1. Einführung

Kann man das Verhältnis zwischen praktisch tätigen Psychotherapeuten und Psychotherapie-ForscherInnen als „unglückliche Heirat" (Elliott 1994) bezeichnen? – Im Sammelband „Psychotherapy Research and Practice" von Talley, Strupp & Butler (1994) wird eine Kluft (gap) oder gar ein Abgrund (chiasm) zwischen KlinikerInnen und ForscherInnen geortet. Kliniker monieren, die veröffentlichten Studien hätten wenig mit dem klinischen Alltag zu tun und verfehlten das Interesse der praktizierenden TherapeutInnen.

„Clinicians feel misunderstood. Researchers working in the safety and sterility of their laboratories cannot know what life is like in the trenches. Not only is it messy, down here, it is *subtle*. The researchers data reflect the artificial interplay of madeup, oversimplified forces. Those who do not do clinical work – at least those who do not do it full time – cannot even ask the right questions" (Greenberg in Talley et al. 1994, S. 1).

Ein hoher methodologischer Anspruch gehe mit Resultaten von geringer klinischer Bedeutung einher. Wie Morrow-Bradley & Elliott (1986; zit. n. Elliott & Morrow-Bradley, 1994, S. 125) in einer Untersuchung nachweisen, werden sie auch wenig rezipiert. Für PraktikerInnen stelle sich hauptsächlich die Frage, wie sie in einer konkreten Situation auf eine Patientin, einen Patienten reagieren sollen. Dieses Wissen allerdings erhalten KlinikerInnen letztlich vor allem durch Erfahrung aus ihrer eigenen klinischen Arbeit.

ForscherInnen hingegen sind mehr an *generellen* Theorien der Persönlichkeit, der Krankheitsbilder und des therapeutischen Prozesses sowie an Effizienzstudien interessiert (Edelson in Talley et al. 1994, S.60f). Sie verurteilen ihrerseits das Desinteresse, ja die Ignoranz der klinisch Tätigen gegenüber Resultaten der Forschung. Falls Berichte gelesen werden, würde nur *das* aus der Forschung rezipiert, das ohnehin ins Weltbild passt, Forschungsberichte würden äusserst selektiv gelesen (z.B. Spence in Talley et al. 1994, S. 21).[1] Orlinsky drückt sich unmissverständlich aus:

„The ignorance of those who need to know is matched only by the shyness of those who do know – but who are more acutely conscious of how much they don't know (as good scientists should be). In fact, they don't yet realize how much is known already because so much of that has been learned

---

1 Siehe hierzu den Beitrag von Beelmann i.d.B.

only in the past decade and only now has begun to be comprehensively reviewed (Orlinsky et al. 1994, S. 100).

Die beiden Positionen sind in der Tat unvereinbar, wenn PraktikerInnen ausschliesslich kasuistische Falldarstellungen als adäquates Darstellungsmittel für therapeutische Abläufe akzeptieren und Forschung als nicht therapieadäquat beurteilen, und wenn andererseits ForscherInnen glauben, quantitativ-hypothesenprüfende Forschung sei die einzige Möglichkeit wissenschaftlicher Auseinandersetzung mit Psychotherapie. Zwischen diesen beiden extremen Positionen ist die Kluft tatsächlich beträchtlich.

Sogenannte qualitative Forschungsansätze bieten eine Alternative zu den quantitativ-hypothesenprüfenden Vorgehen. Sie zeichnen sich unter anderem dadurch aus, dass sie von Fragen, die sich aus der Praxis ergeben, ausgehen. Dadurch könnte Forschung auch für PraktikerInnen interessanter werden. Doch nicht alleine durch die Praxisnähe lässt sich der Nutzen der qualitativen Psychotherapieforschung begründen. Viele ForscherInnen sind der Ansicht, dass aktuell zentrale Fragen, z.B. was genau in einer Psychotherapie passiert oder wie sich therapeutische Prozesse erfassen lassen usw., sinnvoller mit qualitativen Methoden angegangen werden können als mit quantitativ-hypothesenprüfenden Ansätzen. Gehen letztere von klinischen Theorien aus, die sie allenfalls verifizieren oder dann falsifizieren, ermöglichen erstere dank ihrer tentativen Epistemiologie Hypothesen zu generieren und Theorien zu entwickeln. Stiles (1994) stellt pointiert fest: „In brief, I suggest, from a traditional hypothesis-testing viewpoint, research should not be expected to contribute to clinical practice except negatively, by discrediting approaches that fulfill their claims“ (S. 154).

Dieser Beitrag möchte die Möglichkeiten qualitativer Forschung für die Psychotherapie aufzeichnen.[2] Nach einer allgemeinen Einführung in die qualitative Forschung wird gezeigt, dass der qualitative Ansatz in der Psychotherapieforschung sinnvoll eingesetzt werden kann. Dabei soll ebenfalls deutlich werden, dass es fruchtbar ist, in einem über die kasuistische Falldarstellung hinausführenden Sinn zu forschen. Im letzten Teil soll nach einem Überblick über qualitative Psychotherapieforschung die Vorgehensweise eines Verfahrens mit seinen Einsatzmöglichkeiten gezeigt werden.

2. Qualitatives Forschen

Die in den Sozialwissenschaften übliche Unterscheidung zwischen quantitativer und qualitativer Forschung gilt ebenfalls in der Psychotherapieforschung. Die Dichotomie wird auch in Begriffspaaren wie erklären vs. verstehen, nomothetisch vs. idiographisch, hart vs. weich, objektiv vs. subjektiv, theorieprüfend vs. theoriebildend etc. ausgedrückt. Der Streit zwischen den Methoden, welcher Ansatz geeigneter sei, gründet letztlich im unterschiedlichen Verständnis von Wissenschaftlichkeit in den Sozialwissenschaften. Wird, wie in den Naturwissenschaften, als Kern der Wissenschaft „die nomothetische Erklärung mittels deterministischer oder probalistischer Gesetze, die in

2 Dass und wie qualitative Ansätze vielfältig verwendet werden, zeigen drei Sammelbände zur qualitativen Psychotherapieforschung, die allein im deutschsprachigen Raum in den letzten beiden Jahren erschienen sind (Faller & Frommer 1994; Buchholz & Streeck 1994; Buchholz 1995; sowie Russel 1994).

ihrem jeweiligen Anwendungsbereich allgemeingültig sind, in Verbindung mit der Tatsache, dass derartige Gesetze quantitativ formuliert werden können" (Wilson 1982, S.487f), verstanden, dann sind quantitativ-hypothesenprüfende Verfahren die Methoden der Wahl. Als Datenerhebungsverfahren dienen vor allem Experimente und Tests sowie Befragungen. Dieser Ansatz fordert innerhalb der scientific community der Sozialwissenschaften einen exklusiven Anspruch auf Wissenschaftlichkeit, ein Faktum, das sich im Rechtfertigungsdruck von qualtitativen Verfahren sowie in ihrer immer noch bestehenden Randständigkeit zeigt.

Würdigt man die Komplexität der therapeutischen Interaktion fragt sich, ob und wie hypothesentestende Forschung überhaupt sinnvoll eingesetzt werden könnte. Die Effizienz eines ganzen Stundentranskripts z.B. lässt sich nicht sinnvoll auf wenige Hypothesen reduzieren, und diese schon gar nicht als Empfehlung für TherapeutInnen umformulieren. Im besten Fall kann hypothesentestende Forschung einzelne simplifizierte – und, so lässt sich kritisieren – unbedeutende, nichtssagende Zusammenhänge unterstützen.

Qualitative Forschung orientiert sich vor allem an Denkansätzen wie Hermeneutik, Phänomenologie und Dialektik und weniger am naturwissenschaftlichen Vorbild. Sie unterscheidet sich vielfältig von quantitativ-hypothesenprüfender Forschung (Mayring, 1993; Lamnek 1988; Wilson 1982, Flick et al. 1991; Wilke 1994).

Die verschiedenen unter die qualitative Forschung fallenden Verfahren haben einige zentrale Konzepte gemeinsam. Vorab wird auf eine Hypothesenbildung ex ante verzichtet. Ausgehend von interessierenden Fragen an das vorliegende Material werden Hypothesen generiert und nicht umgekehrt.[3] Der Forschungsprozess soll dabei möglichst offen dem Gegenstand gegenüber gehalten werden, so dass neue Erkenntnisse sowohl die theoretischen Strukturierungen wie auch die Methoden und schliesslich die Ergebnisse in Form von generierten Hypothesen beeinflussen können.

Eine weitere wichtige Grundannahme ist die, dass Bedeutungen kontextabhängig sind. Die Bedeutung einer Handlung ist nur verstehbar im Kontext, in dem sie stattfindet, und so ist auch die Gültigkeit einer Aussage über diese Handlung auf diesen Kontext zu beziehen. Zwischen Kontext und Einzelheit besteht ein reflexives Verhältnis: Sie bestimmen sich gegenseitig (Wilson 1982, 492f). In Lamneks Formulierung: „Damit verweist jede Bedeutung reflexiv auf das Ganze, wird die Bedeutung eines Handelns oder eines sprachlichen Ausdrucks nur durch den Rekurs auf den (symbolischen oder sozialen) Kontext seiner Erscheinung verständlich" (1988, S. 25).[4]

Als Konsequenz werden die Resultate im allgemeinen nicht in Form von statistischen Kennzahlen präsentiert, sondern in Worten beschreibend-interpretativ, es ergeben sich narrative Daten.

Weiter gilt der Terminus „Prozess" als wichtiger Begriff in der qualitativen Forschung. Prozesshaftigkeit wird einerseits dem Forschungsakt unterstellt, da der genaue Ablauf des Verfahrens, bedingt durch den Anspruch nach Offenheit, nicht von Anfang

---

3 Unter qualitativer Forschung ist denn auch eine ganze Gruppe von Verfahren subsumiert, welche sich im konkreten Vorgehen voneinander unterscheiden. Dieverse Handbücher veruschen inzwischen eine Systematisierung (Flick et al. 1991).

4 Es ist wichtig zu betonen, dass qualitative Verfahren dadurch bereits empirisch sind dass sie sich mit der Beobachtung von realen Situationen auseinandersetzen, etwa im Unterschied zu rein theoretischen Vorgehen (vgl. Lamnek 1988, S. 50; Faller 1994, S. 32).

an festgelegt ist. Neue Erkenntnisse können Einfluss nehmen auf das Vorgehen. Anderseits wird der Forschungsgegenstand selber als prozesshaft verstanden. Für die Sozialwissenschaften kann stellvertretend folgende Aussage von Lamnek (1988, S. 25) zitiert werden: „Qualitative Sozialforschung nimmt die Verhaltensweisen und Aussagen der Untersuchten nicht einfach als statische Repräsentation eines unveränderlichen Wirkungszusammenhangs, sondern als prozesshafte Ausschnitte der Reproduktion und Konstruktion von sozialer Realität".

Schliesslich wird der Subjektivität ein wichtiger Erkenntnisgewinn eingeräumt: Sowohl die Sicht der Forschungssubjekte interessiert, wie auch subjektive Eindrücke der Forschenden einen legitimen Platz einnehmen. Hier setzt die häufige Kritik, qualitative Forschung „leiste haltlosem Subjektivismus Vorschub" (Wilson 1982, S. 485), an. Dem wird aus qualitativer Forschungsperspektive entgegengehalten, dass alleine durch objektive Forschung die Aussagen nicht richtiger werden. Wichtiger sei es, dem Kontext, in dem die beobachteten Handlungen stattfinden, Beachtung zu schenken. Doch sind die Resultate dadurch zwingend *wahrer?* Oder handelt es sich dabei letztlich nicht bloss um eine Ansammlung rein subjektiver Meinungen? Vertreter der qualitativen Forschung machten diesbezüglich eine Reihe von Vorschlägen, um die Beliebigkeit des qualitativen Vorgehens einzuschränken. Betont wird die Offenlegung des Auswertungsprozesses, um ihn kritisierbar zu machen. Der Auswertungsprozess soll von Regeln geleitet werden, spezifisch formuliert für die einzelnen Verfahren. Auch sind quantitative Schritte zur Überprüfung von Resultaten nicht ausgeschlossen. Verbreitet ist zudem der Vergleich der Einschätzungen verschiedener Rater (z.B. Mayring 1993). Zusätzliche Verfahren sind die kommunikative Validierung und die sog. Triangulation (Denzin 1970). Damit sollen Grundlagen der Repräsentativität und Generalisierbarkeit gewährleistet werden.

Schliesslich darf nicht übersehen werden, dass auch wissenschaftliche Aussagen meist vorläufige Gültigkeit haben. Nachfolgende Forschung stellt alte Aussagen in neue Zusammenhänge oder stellt sie als überholt dar (Wilson 1982, S. 502). Aus dieser Not macht Kleining für die qualitative Forschung eine Tugend:

„Der Wahrheitsbegriff einer qualtitativen Sozialforschung ist demnach heuristisch: Wahrheit entsteht durch entdeckende Forschung, die von Beschreibungen ausgeht, aber sie immanent kritisiert und dadurch ‚aufhebt'. Durch Entdeckungsstrategien wird auch der Subjektivismus überwunden, der in allen Wissenschaften zu Beginn von Forschung notwendigerweise Platz hat. Forschung geht von Alltagsverständnissen aus, die so lange subjektiv bleiben, bis sie durch Aufdeckung der Strukturen relativiert, dadurch überwunden werden" (Kleining 1991, S. 15f; s.a. Lamnek 1988, S. 235ff; Wilson 1982, S. 502).

3. Qualitative Psychotherapieforschung

3.1 Einführung

Gerade in der aktuellen Psychotherapieforschung bieten sich qualitative Ansätze als adäquate Forschungsmethoden an. Betrachtet man den historischen Ablauf der Psychotherapieforschung, bestanden seit der Pionierzeit Outcome- und Prozessforschung nebeneinander. Allerdings haben sich die Fragestellungen und die Untersuchungsmethoden verändert. Orlinsky & Russel (1994) unterscheiden vier Phasen der Psychotherapieforschung. Eine erste Phase, deren Beginn in die 20er Jahre für die psychoanalytische und anfangs der 40er Jahre für die klientenzentrierte Forschung fällt, dauerte bis 1954. In dieser Pionierzeit wurde von einigen psychoanalytischen Exponenten, vor allem aber von der neu entstandenen klientenzentrierten Therapierichtung um Rogers zu zeigen versucht, dass es machbar und wichtig ist, wissenschaftliche Methoden auf die Psychotherapie anzuwenden. Eysencks (1952) kritischer Aufsatz zum klinischen Nutzen und zur wissenschaftlichen Legitimation der Psychotherapie läutete das Ende der ersten Phase ein und führte über zu einer nächsten, eher der outcome-Forschung gewidmeten Phase. Die Herausforderung Eysencks wurde aufgenommen und es wurde zu beweisen versucht, dass Psychotherapie nützt. Die Psychotherapieprozess-Forschung wurde durch die klientenzentrierte Richtung dominiert und galt hauptsächlich dem Beweis der drei von Rogers als zentral postulierten Therapiefaktoren. Methodisch orientierten sich die Untersuchungen am damals vorherrschenden Forschungsparadigma des logischen Positivismus, also quantitativ-hypothesenprüfend. Unmengen von quantifizierbaren Daten wurden verarbeitet, doch meinen Orlinsky und Russel „Nevertheless, only a relatively small number of cases could be accumulated even by major research programs, and the resulting porcess indices were unfortunately often far removed from clinical experience and from the theoretical constructs that inspired them" (1994, S. 194).

Die Zeit von 1970 bis 1983 war geprägt von der Ausweitung und Organisation der Psychotherapieforschung, insbesondere wurde die „Society for Psychotherapy Research" gegründet. Innerhalb des oben erwähnten methodischen mainstreem gab es Verfeinerungen und Differenzierungen. Aber auch einige phänomenologische Studien bekamen erstmals Anerkennung.

In der aktuellen Phase schliesslich, die Orlinsky et al. (1994, S. 197) mit den Begriffen „consolidation, dissatisfaction, and reformulation" umschreiben, richtet sich das Forschungsinteresse vermehrt auf das Verstehen und Erfassen des Therapieprozesses.[5] Das dialogische Geschehen zwischen TherapeutIn und PatientIn, das, „was zwischen den Protagonisten in Tat und Wahrheit vor sich geht" (Tress 1994, S. 40), soll einer systematischen Betrachtung unterzogen werden. Nach Russel erhofft man sich dadurch ein feedback der Resultate in die Theorie.[6]

Dass für die Bearbeitung dieses komplexen Geschehens herkömmliche, hypothesengenerierende Forschung sich wenig eignet, zeigte sich in früherer Forschung. Heute wird auf die Einzelfallforschung grosses Gewicht gelegt (z.B. Kächele 1993, Grawe 1988, Faller 1994, Spence 1994), da die genaue und ausführliche Betrachtung des Ein-

---

5 Zumindest im deutschsprachigen Raum ist allerdings seit der Veröffentlichung des Artikels von Grawe (1992, sowie des Buches von Grawe et al. 1994) über die Psychotherapieforschung (und implizit über die Effektivität verschiedener Psychotherapien) eine hektische Bewegung in Richtung outcome-Forschung festzustellen.

6 Eine leicht anders akzentuierende Einteilung schlägt Kächele (1992) für die psychoanalytische Therapieforschung vor. Es lassen sich drei zeitlich aufeinanderfolgende Phasen unterscheiden: Eine erste Phase, die auf den Artikel von Eysenck (1952) einen Höhepunkt erreichte, diente Legitimationszwecken. Es sollte gezeigt werden, dass Psychotherapie wirkt. Nachdem dies als zweifelsfrei erachtet wurde, folgte eine zweite Phase, die den Zusammenhang von Therapieverlauf und Ergebnis fokussierte. In der dritten Phase, die der aktuellen Forschung, zieht diese „Konsequenzen aus der gesicherten Komplexität des Therapiegeschehens und intensiviert die Untersuchung prozessualer Vorgänge" (Kächele 1992, S.265).

zelfalles verspricht, der Komplexität der Interaktion zwischen TherapeutIn und PatientIn einigermassen gerecht zu werden, obwohl zugegebenermassen eine Reduktion der Daten nicht umgangen werden kann. Methoden, die der qualitativen Forschung zugerechnet werden, bieten sich an (Faller & Frommer 1994; Buchholz & Streeck 1994; Buchholz 1995; Russel 1994). Solch offene Vorgehen mit ihrer Sensibilität für dynamische Variablen sind dem Prokrustesbett quantitativer Forschung vorzuziehen.

In der Tat ergeben sich verschiedene Berührungspunkte zwischen qualitativen Forschungsansätzen und dem Prozessverständnis der Psychotherapieforschung, aber auch mit dem psychoanalytischen Verständnis des therapeutischen Verhaltens. Vorab wird von KlinikerInnenseite innerhalb der Psychotherapieforschung problemorientierte Forschung als wichtig erachtet, ein Postulat, welches innerhalb der qualitativen Forschung immer wieder genannt wird. Zweitens war lange Zeit in der Psychotherapieforschung die kasuistische Darstellung in einem Fallbericht die Methode schlechthin. In der qualitativen Forschung ist die Konzentrierung auf den Einzelfall ein wichtiges Postulat. Weiter hat die Psychotherapie*prozess*forschung das Verständnis der prozessualen Vorgänge in der Therapie als zentral für dasjenige der Therapie erkannt. Der qualitativen Sozialforschung ist das Prozessverständnis von sozialer Wirklichkeit ebenfalls wichtiges Anliegen. Schliesslich lassen andere Leitgedanken der qualitativen Forschung wie Offenheit, Introspektion oder Forscher-Gegenstands-Interaktion, aber auch Ganzheit und Historizität zwanglos eine Verbindung zur Technik der Psychoanalyse herstellen. Freud wurde von Sozialwissenschaftern auch als methodisch grosser Anreger beschrieben (Kleining 1991, S. 19).

Auf das Verhältnis Praxis-Forschung und auf das Thema der Einzelfallforschung soll vertieft eingegangen werden. Schliesslich sollen einige Gedanken zur Relevanz der Forschung folgen.

3. Verhältnis Praxis-Forschung

In der Psychotherapie bestehe zwischen Praxis und Forschung eine tiefe Kluft – so wird behauptet. Gleichzeitig sind Forscher und Forschungsobjekt oft identisch – eine ziemlich seltene Situation in der sozialwissenschaftlichen Forschung. Diese Widersprüchlichkeit impliziert einige Schwierigkeiten, aber auch Chancen.

Freud hat in seiner „Junktim"-Behauptung die vielzitierte These aufgestellt, dass auch Praktiker forschend tätig seien. „In der Psychoanalyse bestand von Anfang an ein Junktim zwischen Heilen und Forschen, die Erkenntnis brachte den Erfolg, man konnte nicht behandeln, ohne etwas Neues zu erfahren, man gewann keine Aufklärung, ohne ihre wohltuende Wirkung zu erleben" (1927, S. 293). In welchem Verhältnis steht die klinische zur empirischen Forschung? Moser (1989, 1991) führte Begriffe aus der Informatik ein, um die Unterscheidung zu verdeutlichen. Er bezeichnet den Praktiker in der therapeutischen Situation als *on-line-Wissenschafter:* „Einmal kreiert der Therapeut als Teil des Systems das System, das er beobachtet, und er verändert es ständig, und zweitens muss er in der Situation des therapeutischen Handelns selbst ‚wissenschaftlich' tätig sein. Er schafft Wissen..." (1991, S. 318). Im Unterschied dazu bezeichnet Moser die Forschung ausserhalb der Therapiestunde als *off-line-Forschung* (ebd.). Der Therapeut verfährt off-line, wenn er sich ausserhalb der Therapiestunde mit einer Therapie beschäftigt. „Off-line-Verfahren im weiteren Sinne sind jene, die das

Datenmaterial einer Psychotherapie – abgehoben von der Therapie selbst und ohne direkte Rückkoppelung – benützen und weiterverarbeiten“ ebd., S. 322).

Die Frage stellt sich, in welchem Verhältnis die Forschung ausserhalb der Therapie zur Forschung in der Therapie steht. Grundsätzlich lässt sich die Forderung aufstellen, dass für die Praxis relevante Psychotherapieforschung – auch wenn sie Grundlagenforschung ist – sich an der Praxis orientieren muss: „Wenn die Psychotherapieforschung für die Praxis relevante Ergebnisse hervorbringen soll, muss sie ihr Verständnis für die Eigenheiten des Arbeitsfeldes und der Methoden des Therapeuten ausweiten“ (Moser 1991, S. 315). Nach Freud (1933) müssen die gehäuften Eindrücke, aus denen Theorien einwickelt werden, auf dem Mutterboden der Therapie wachsen. Mit den von Moser vorgeschlagenen Begriffen lässt sich konkret das Verhältnis festsetzen: off-line-Forschung muss sich an der on-line-Forschung orientieren. Moser selbst sagt: „Nach wie vor befürworte ich das Prinzip, dass zunächst ein Modell des Prozesses direkt von der therapeutischen Empirie her zu entwickeln ist“ (ebd. S. 327). Nimmt man diesen Vorschlag ernst, dürfte sich Psychotherapieprozessforschung nicht in Forschung über Therapie anhand von Stundentranskripten erschöpfen.[7]

Nach meinem Dafürhalten ist in der Psychotherapieforschung eine wichtige Chance gegeben, um den Kontakt der Forschung zur Praxis zu ermöglichen. Denn nicht selten arbeiten ForscherInnen selber klinisch, und umgekehrt verstehen sich viele KlinikerInnen als forschend tätig z.B. bei der Veröffentlichung von Fallberichten.[8]

Diese spannungsreichen Verflechtungen implizieren allerdings auch Schwierigkeiten. In der on-line-Forschung sind die Praktizierenden Forscher, gleichzeitig aber auch Forschungsgegenstand, da die Reflektion der Gegenübertragung ein wichtiges Forschungsmittel darstellt. Auch beim Stundenrückblick, den Moser zur off-line-Forschung zählt, ist der Therapierende mit seinen Gefühlen und seinem Handeln Forschungsgegenstand. In der on-line-Forschung und in der off-line-Forschung des Stundenrückblickes sollten Wahrnehmungsverzerrungen des forschenden Blickes durch die Selbsterfahrung, z.B. die Lehranalyse, kritisch reflektiert werden können. Das sinnvolle therapeutische Handeln steht dabei primär im Zentrum des Erkenntnisinteresses.

Etwas anderes rückt ins Zentrum mit dem Öffentlichmachen des eigenen therapeutischen Vorgehens in der eigentlichen off-line-Forschung, z.B. in einem Fallbericht. Das eigene Arbeiten wird einer kritischen Öffentlichkeit vorgelegt. Man setzt sich einem potentiell strengen Urteil aus. So wird es nicht verwundern, dass vor allem gelun-

---

7 In der qualitativen Forschung gibt es den Begriff der Alltagsmethode oder Alltagsverfahren (nach Kleining 1991). Kleining stellt die These auf, Forschung müsse sich an Alltagsmethoden orientieren. Mit den Alltagsmethoden Beobachtung und Experiment, also rezeptivem und aktivem Handeln, generieren Menschen Erkenntnisse in ihrer Alltagswelt. – Wenn nun die therapeutische Methode als Alltagsmethode bezeichnet wird, was innerhalb der Psychotherapieforschung Sinn macht, würde das in dieser Terminologie bedeuten, dass sich die Forschung auf die Alltagsmethoden und somit auf die on-line-Forschung beziehen müsste.

8 Wolff bringt den Vergleich zur sog. Verwertungsforschung, dem soziologischen Pendant der Psychotherapieforschung. Er sagt: „Typisch für diese Debatten (Theorie-Praxis-Debatten; Anm. A.v.W.) ist, dass sie die Praxis vorrangig aus der Perspektive der Wissenschaft thematisieren. Der Werturteilsstreit, der Positivismusstreit oder die Habermas-Luhmann-Kontroverse waren, soweit sie sich mit diesem Thema befassten, *Debatten über Praxis ohne Praxiserfahrung*“ (Wolff 1994, S. 42; Herv. i. O.). Neuere verwendungssoziologische Analysen gehen davon aus, dass die Sozialwissenschaft nicht ein besseres, sondern ein anderes Wissen liefert (ebd., S. 43).

gene Deutungen, Stunden und Therapien zur Darstellung kommen, selbst dass weniger gelungene Interventionen nachträglich in einem andern Licht erscheinen. Freud selbst hat auf die diversen Modellierungsleistungen hingewiesen, wie Spence bemerkt:

„Many of our most cherished theoretical notions in psychoanalysis are grounded largely in make-believe – a scientifically appalling state of affairs. But standard theory continues to flourish, largely unchanged, because the available ‚data‘ are stored primarily as memories in the minds of practicing analysts. ... The details of these memories can never be checked against the facts, and we must assume that they are at the mercy of many of the same distortions of remembering that Freud was the first to warn us against“ (1994, S. 21).

Spence ist denn auch ein rigoroser Verfechter von Fall*berichten* anstelle von Fall*geschichten.*

3.3 Von der kasuistischen Fallgeschichte zum Fallbericht zur Einzelfallforschung

Die Darstellung therapeutischer Arbeit in Form von Fallberichten ist für viele KlinikerInnen eine naheliegende Möglichkeit, eigene Erfahrungen darzulegen und in Diskussion zu bringen. In der langen Tradition der Kultur der Fallgeschichte stehen Freuds – von ihm als „Novellen“ apostrophiert (Freud 1895, S. 227) – an herausragender Stelle. Er wurde bekanntlich für deren literarischen Qualitäten ausgezeichnet. Es ist wohl unbestritten, dass das Studium von Freuds Fallgeschichten nicht nur anregend, sondern auch lehrreich ist. Doch geben die „Novellen“ den tatsächlichen Behandlungsverlauf wieder? Dies wird in Frage gestellt (z.B. Marcus 1974), obwohl, wie Kächele (1993) hinweist, Freud ausgedehnte Stundenprotokolle anfertigte, wie sie zumindest vom „Rattenmann“ bekannt und publiziert sind.

Seit einiger Zeit wird die Tradition der Fallgeschichte kritisiert, gerade auch von Verfechtern von Einzelfallstudien (Meyer 1993; Spence 1994, Kächele 1993, 1994; Faller 1994; Grawe 1988).

„Die implizite Annahme, dass die veröffentlichte Krankengeschichte eine repräsentative Abbildung des tatsächlichen Geschehens darstellt und dass deshalb der wissenschaftstheoretische Status der Psychoanalyse durch die kritische Aufarbeitung einer Krankengeschichte bestimmt werden könne, scheint in die falsche Richtung zu gehen“ (Kächele 1993, S. 33).

Kritisiert wird vor allem der fehlende Bezug von (Schluss-)Folgerungen zu den tatsächlichen Daten: die Interaktionen in der Therapie zwischen PatientInnen und TherapeutInnen. Für Aussenstehende sind die Folgerungen nicht rekonstruier- und kritisierbar, wenn diese Informationen fehlen. Ob eine Fallgeschichte glaubhaft wirkt oder nicht, hängt vor allem von der Erzählkunst des Erzählers ab und nicht vom tatsächlich Vorgefallenen (Spence 1994).

Um mehr über tatsächliche Therapieverläufe zu wissen, sind ausführliche Therapieprotokolle auch in Form von Audio- und Videoaufzeichnungen eine wichtige Grundlage. An Forschungsinstituten ist es üblich, mit Audio- und Videoaufnahmen die Basisdaten zu registrieren. Idealerweise müssten sie mit Informationen, die nicht aufzuzeichnen sind, ergänzt werden, z.B. durch die Gedanken und Gefühle des Therapierenden. Durch die Aufzeichnung der Stunden ist die Möglichkeit geboten, Fälle nicht allein zu beschreiben, sondern zu beobachten. Da heute das Augenmerk auf der Interaktion in der Behandlung, dem psychotherapeutischen Prozess liegt, eröffnen sich damit gerade in der Psychotherapie*prozess*forschung neue Möglichkeiten.

Fallstudien, die sich auf den Handlungsverlauf beziehen, sollen auf diese Weise nicht obsolet werden, sondern erfahren eine entscheidende Ergänzung:

„Der einzelne Analytiker ist nach wie vor aufgerufen, durch sorgfältige Fallstudien dazu beizutragen, dass er sein Handeln begründet darstellen kann. Dann braucht keine Sorge zu bestehen, dass die Therapie die Wissenschaft erschlägt, denn dann kann nach wie vor jeder einzelne Fall zur Vermehrung des psychoanalytischen Wissens beitragen" (Kächele 1992, S. 279).

3.4 Zur Notwendigkeit der Psychotherapieforschung

Die Ansicht, dass Grundlagenforschung dieser Art erst die Voraussetzung biete, um eine echte Verbesserung der Psychotherapie zu ermöglichen (Grawe 1988, S. 2; s.a. Orlinsky 1994), wird von andern relativiert. Man hält dem entgegen, dass gerade die gesammelten Erfahrungen von PraktikerInnen ein umfangreiches Wissen darstellten (Junktimforschung), demgegenüber die wissenschaftliche Forschung vergleichsweise wenig geleistet habe (Moser nach Leuzinger-Bohleber 1994, S. 196). In diesem Verständnis bietet sich die Forschung vor allem für den „Dialog mit der wissenschaftlichen Community an, da sie zum Ziel hat, psychoanalytische Prozesse auch kritisierbar zu machen, für mich *ein* Kriterium, das wissenschaftliche Beobachtungen, Hypothesen und Interpretationen von sektiererischen ‚Wahrheiten' unterscheidet" (Leuzinger-Bohleber 1994, S. 197, Herv. i. O.).

In eine ähnliche Richtung zielt die Forderung, therapeutisches Arbeiten sei durch Forschung öffentlich zu machen. Meyer (1993) spricht diesbezüglich von einer „unerlässlichen sozialen Pflicht" (S. 74), einerseits, weil Wissenschft eine Bringschuld ist, andererseits, weil das „Unterfangen Psychotherapie" öffentliche Gelder beanspruche.

Ein ebenfalls wichtiger Effekt scheint mir, dass das genauere Verständnis der therapeutischen Interaktion die Wahrnehmung für diese sensibilisiert. Das eigene Handeln wie auch das des Gegenübers kann differenzierter reflektiert werden.

Psychotherapieforschung hat aber auch zum Ziel, fraglos tradierte Vorstellungen zu hinterfragen. Faller (1994) zeigt anhand der Auseinandersetzung (und Forschung) mit dem Konzept der Deutung als Wirkfaktor innerhalb der Psychoanalyse, wie vorher wenig hinterfragte Theorie grundsätzlich überdacht werden muss.

Forschung im qualitativen Sinn meint letztlich eine systematisierte Bearbeitung von Forschungsmaterial. Hegel bemerkt zum Wert der Systematisierung des ‚Phänomenologischen': „Was bekannt ist, sei noch nicht erkannt. Der Schritt von der Erscheinungsweise zu deren Struktur, zu den Bedingungen, unter denen sie sich bildet, ist immer ein Schritt zum Substantiellen. Erst hieran kann sich eine Wissenschaft messen" (zit. n. Kleining 1991, S. 17).

Die systematisierte Untersuchung kann den Einzelfall betreffen und das Ziel haben, fallspezifische Muster zu finden. Anderseits lassen sich Befunde generalisieren und Gemeinsamkeiten mit anderen Fällen herausarbeiten. Es gibt Gemeinsamkeiten zu anderen Patienten mit ähnlichen Konflikten, und es gibt spezifische Muster, die sich in allen Therapien finden lassen. Um zu diesen „gehäuften Eindrücken" (Freud 1933, zit. n. Kächele 1992, S.262) zu kommen, bietet die qualitative Forschung Methoden an. Im nächsten Kapitel möchte ich einen kurzen Überblick geben über qualitative Psychotherapieforschung. Ein Ansatz soll abschliessend näher vorgestellt werden.

4. Qualitative Forschungsansätze innerhalb der Psychotherapieforschung

4.1 Überblick

Bei der Durchsicht der gegenwärtigen Forschungsansätze in der Psychotherapieprozessforschung entfällt der grösste Teil auf Versuche, „Variablensysteme zu entwickeln, die es erlauben, sogenannte Ereignisse (events) zu identifizieren und Veränderungen mikro- und makroanalytisch zu messen (Moser 1991, S. 324), also inhaltsanalytische Verfahren. Ausgehend von einem spezifischen Modell über das Interaktionsgeschehen in der Therapie werden die „events", bei denen es sich um entsprechende Beziehungskonfigurationen handelt, mit einem Kodiersystem bezeichnet bzw. Kategorien zugeteilt.

Darunter fallen das CCRT-Verfahren nach Luborsky (1990) mit dem Ziel, den zentralen Beziehungskonflikt zu bestimmen. Dazu werden erlebte Interaktionen im Alltag und in der Therapie, sogenannte Beziehungsepisoden identifiziert und nach bewussten Wünschen, Reaktion des Objektes sowie des Subjektes nach vorgegebenen Kategorien eingeschätzt.

Die Rollen-Beziehungs-Modell-Konfigurationsanalyse nach Horowitz (1979) zielt ebenfalls auf die Erfassung repetitiver Beziehungsmuster. Zusätzlich finden auch affektive und unbewusste interpersonelle Muster Berücksichtigung.

In der Tradition psychoanalytischer Fokaltherapien, ausgehend von der Theorie der neurotischen Wiederholung von Kindheitskonflikten im Erwachsenenalter haben Strupp und Binder (1984) das Modell der „zyklisch-maladaptiven Interaktionsmuster" entwickelt. Der Kernkonflikt wird auf dem Hintergrund der Impuls-Abwehr-Terminologie stark handlungsorientiert und erlebnisnah formuliert. Die Methode fand Eingang in ein Kurzpsychotherapiekonzept (Strupp und Binder 1984).

Um die Erfahrungen der PatientInnen mit der Therapeutenbeziehung zu erfassen, haben Hoffmann und Gill (1988) das Kodiersystem „PERT" (Patients Experience of the Relationship with the Therapist) entwickelt. Fokussiert wird hier der Übertragungs-Gegenübertragungsprozess. Dabei wird ein zentrales Übertragungsthema entlang von direkt und indirekt erschlossenen Manifestationen der Übertragung erschlossen. Bewertet werden zudem die Übertragungsdeutungen des Therapeuten.

Schliesslich versucht das „Plan-Diagnose-Verfahren" nach Weiss und Sampson (Weiss 1993) sog. pathogene Überzeugungen in Bezug auf Beziehungen zu eruieren. Diese werden von den PatientInnen in der Therapie getestet mit der Motivation, sie überwinden zu können.

Ebenfalls um Beziehungsgeschehen, aber um die Struktur desselben geht es im Konzept der „Frames of mind" nach Dahl und Teller (Dahl und Teller 1991). Im psychoanalytischen Dialog und seiner Abfolge assoziativer Gedanken wird nach Wiederholungsmustern affektiver Äusserungen gesucht. Die Schematisierung erfolgt ohne vorgegebene Kategorien, sondern entlang von Prototypen, die für jeden Patienten neu entwickelt werden.

Beziehen sich die bis jetzt genannten Analyseverfahren allein auf die verbale Interaktion, gibt es andere, die nonverbale Mikroprozesse untersuchen (z.b. Krause & Lütolf 1988). Eine Verbindung von nonverbalen Mikroprozessen zu verbalen Interaktionen versucht Bänninger-Huber (Bänninger-Huber 1996; Bänninger-Huber & Widmer 1997).

Einen Zugang aus soziologisch/linguistischer Sicht findet die Konversationsanalyse sowie die Diskursanalyse. Ihr Fokus richtet sich auf interaktionelle Eigenheiten zwischen den beteiligten Personen und den Auswirkungen der Rahmenbedingungen auf das Gespräch. Im Zentrum dieser Betrachtung stand vorerst nicht ein klinisches, sondern ein gesellschaftstheoretisches oder aber linguistisches Interesse. Mit der Erforschung der Strukturformen der Kommunikation unter den speziellen Bedingungen der Psychotherapie bzw. Psychoanalyse erhofft man sich, allgemeine Erkenntnisse über Kommunikationsabläufe auch ausserhalb des therapeutischen Settings zu erhalten. Der Nutzen dieser Forschungen für die klinische Reflexion besteht darin, dass sie auf die alltäglichen Gesprächserwartungen der PatientInnen verweisen, die in einem therapeutischen Dialog nicht erfüllt werden (z.B. Wilke 1992).

Die meisten dieser Methoden verzichten darauf, die sprachlichen Inszenierungen detailliert in ihrem semantischen Gehalt zu erfassen. In diese Richtung gehen Metaphernanalysen (Lakoff & Johnson 1980; Buchholz 1996).

4.2 Erzählanalyse „Jakob"

Im folgenden soll das Erzählanalyseverfahren „Jakob" vorgestellt werden.[9] Das Verfahren untersucht ebenfalls die Beziehungserfahrungen der KlientInnen. Der Analyse zugrunde liegen erzählte Beziehungsepisoden, Erzählungen von kurzen, konkreten Ereignissen. Meist sind es Episoden, denen der Sprecher – teilweise auch bewusst – einen hohen Stellenwert für eine kürzere oder längere Zeitspanne beimisst: „Etwas aus dem offenen Fluss abgelaufener Zeit erscheint als sinnfällig geordnete interpunktierte Sequenz mit Ausgangsbasis und Ergebnis" (Boothe 1994, S. 39). Diese in der Terminologie von „Jakob" Stories genannten Episoden werden oft mit Wendungen wie „einmal passierte dann folgendes...", „zum Beispiel sollte ich einmal..." oder „ein Beispiel weiss ich noch" eingeführt.

Zum Beispiel erzählt eine Patientin in der ersten Stunde:

„jetzt bin ich ehm fünf Tage im Engadin gewesen und... mit Begleitung/und und/ich habe mich so zusammengerissen/dass ich einfach ganz wenig gegessen und und möglichst nichts Süsses/und bin ich richtig stolz gewesen/fünf Tage habe ich das durchgehalten ohne Brechen/und dann an einem Abend, da haben sie mich so völlig fertiggemacht/dann habe ich nachher/bin ich so ein Oster- ein Osterei besorgen gegangen/und dann habe ich das einfach sinnlos in mich hineingedrückt"

Ähnlich wie die Metaphernanalyse akzentuiert die Erzählanalyse Jakob die inhaltliche Wortwahl. Die besondere sprachliche Form, die Patienten wählen, gibt Aufschluss über die Verarbeitung des Erlebten. Gerade bei subjektiven Verbalisierungen persönli-

9 Es handelt sich um ein von Boothe (1991a, 1991b, 1992a, 1992b, 1994) entwickeltes Erzählanalyseverfahren zur systematischen Erforschung von Alltagserzählungen, das an der Abteilung klinische Psychologie an der Universität Zürich im Rahmen einer Forschungsgruppe weiterentwikkelt wird.

chen Erlebens scheint es uns aufschlussreich, die sprachliche Sequenz möglichst unreduziert zu analysieren, um die subjektive Vorstellungswelt der KlientInnen valide zu erfassen. Es soll detailliert hingehört werden, wie sich der Patient ausdrückt.

„Für die klinische Praxis ist es von grosser Bedeutung, die Erzählung eines Ratsuchenden im Detail möglichst differenziert und in ihrer argumentativen Struktur zu verstehen. Denn in Erzählungen treffen sich die in noch unbearbeiteten Konflikten lebendige Erfahrungswelt, die eigene wunschgeleitete Utopie und die Sicht auf individuelle Lösungsmöglichkeiten" (ebd. S. 85).

Es geht in einer solchen Erzählung nicht um Information über eine Situation, sondern um die Inszenierung einer Situation. Der Erzähler entwickelt in der erzählten Szene Aspekte von sich selbst. Gerade aufgrund deren Funktion, subjektives Erleben darzustellen, lohnt sich die vertiefte Beschäftigung.

„Man darf vermuten, dass die Vernachlässigung der Gestaltungsmerkmale des Geschichtenerzählens innerhalb der Psychoanalyse eine allzu einfache Sicht auf die erzählerische Produktivität begünstigte. Man fragte sich häufig nach der Authentizität und Glaubwürdigkeit des Erzählinhalts, spendete aber dem erzählerischen Gestaltungsakt, als produktiver Leistung der Person, kein vergleichbares Interesse" (Boothe 1991, S. 24).

Auf der Suche nach einem geeigneten Konzept, Erzählungen zu analysieren, kann die Erzählforschung oder Narrativik, hervorgegangen aus Linguistik, Literaturwissenschaft und kognitiver Psychologie, wichtige Anhaltspunkte liefern. Sie befasst sich mit den Strukturen von alltäglichen Erzählungen, der Art, wie sie erinnert werden, aber auch damit, wie ErzählerInnen darin persönliche Erfahrungen verarbeiten (Literaturübersicht siehe Boothe, 1994). Wenn man Erzählungen in psychoanalytischer Perspektive untersucht, sie als Gefässe, die emotionalem Erleben dienen, versteht und die *phantasiegeleiteten* Strukturen fokussiert, welche Anknüpfungspunkte an psychoanalytische Konzepte bieten sich einer so verstandenen Erzählanalyse?

Die Verbindung zum psychoanalytischen Bühnenmodell verspricht einen ersten Zugang. Dabei wird der psychoanalytische Raum als Bühne verstanden, auf der alles „als ob" passieren darf und soll und die ein fortwährendes Probehandeln ermöglicht (Thomä & Kächele, 1985, S. 96f). Ebenso können in der Therapie erzählte, episodische Stories als dramatische Bühneninszenierungen verstanden werden. Unter Regieführung einer Erzählerin, eines Erzählers entsteht eine Art imaginärer Bühnenraum. Festgesetzt werden eine mehr oder weniger genaue Orts- und Zeitbestimmung sowie die mitspielenden Figuren, zusätzlich wird die Szenerie charakterisiert. Auf dieser sprachlich evozierten Bühne spielt sich ein Drama ab mit einem Anfang und einem Ende, die durch einen spannungsvollen Ablauf verbunden sind.

Wenn wir Erzählungen nicht primär als Abbildungen der Realität, sondern vielmehr als sprachliche Inszenierungen verstehen, ergibt sich eine weitere Verbindung zum Szenen- und Inszenierungskonzept (Argelander, 1979; Lorenzer, 1977). Diesem Konzept liegt die Idee zugrunde, dass Szenen, die sich zwischen AnalytikerIn und AnalysandIn abspielen, als Inszenierungen von unbewussten Konflikten interpretiert werden können. In diesen Szenen zeigen sich Aspekte der Übertragung, also Nachbildungen von Regungen und Phantasien, die ursprünglich einer anderen Person gegolten haben.

Erzählungen in Therapien inszenieren wie Szenen unbewusste Konflikte. Die Erzählungen bilden die Realität nicht ab, sie gestalten sie in einem Prozess der Aneignung um. Beispielsweise kann sich ein Klient in einer Erzählung als Opfer darstellen, was nicht heissen muss, dass er es in der vorgefallenen Episode objektiv auch war, sondern dass er die Situation so erlebte und wahrnahm (oder sie jetzt aus welchen Gründen auch immer so darstellt). Entlang dieser subjektiven Wahrnehmung und Erinnerung (welche an sich bereits strukturiert sind von bestimmten Erwartungen) wird die Episode im Erzählen szenisch entworfen. Erzählungen im Sinne von episodischen Stories können demnach als sprachliche Bauformen des Szenischen verstanden werden (Boothe, 1994).

In der Therapie, so folgern wir nun, zeigen sich in solchen episodischen Erzählungen, die ein dramaturgisches Modell einer Beziehungskonstellation darstellen, ebenfalls Aspekte der Übertragung, ähnlich wie sie auch für das Szenen- und Inszenierungsgeschehen postuliert wurden.

> „In dieser Sicht ist es nicht nur bei Inszenierungen in der Interaktion, sondern auch bei Erzählungen als sprachlichen Inszenierungen Aufgabe des Therapeuten, sein Verständnis des Handlungsablaufes in der Geschichte, des Zusammenspiels der Figuren und des unbewussten Interesses für den Behandlungsprozess fruchtbar zu machen" (Boothe 1991, S. 25).

Versteht man eine Erzählung als Inszenierung, ist der Vergleich mit einem Drama sinnvoll. Ein Drama zeichnet sich dadurch aus, dass einem Held, einer Heldin eine bestimmte Motivation zugedacht ist, woraus sich eine bestimmte Handlungsabfolge ergibt. In der Erzählanalyse „Jakob" wird nun die Erzählung als Drama verstanden. Die Analyse versucht, diese Dramaturgie nachzuzeichnen, zu entschlüsseln. Es wird gefragt, wie sich der Held, die Heldin in dem Drama darstellt, wie er oder sie Beziehungen konstelliert. Und weiter, welche Wunschbefriedigung könnte das Drama darstellen, welche Angst bringt das Drama zum spielen? Und schliesslich wird immer auch ein Konflikt vermutet, der sich im Drama offenbart.

Was wird erzählt, und warum wird erzählt? Erzählt wird, was verunsichert, in positiver oder negativer Richtung, was subjektiv konflikthaft erfahren wurde. Diese Destabilisierung soll durch das Erzählen in Stabilisierung übergeführt werden. Am deutlichsten zeigt sich das im wiederholten Erzählen eines traumatischen Erlebnisses, um die Traumatisierung verarbeiten zu können.[10] Wie solche konflikthaften Erfahrungen verarbeitet werden, zeigt sich in der spezifischen Ausgestaltung der Erzählung, und dabei im einzelnen in der sequentiellen Struktur (spezifische Verbindung der Startsituation mit einem Zielzustand über einen Spannungsbogen), im Handlungsablauf, in der Rollenstruktur der beteiligten Personen und in der subjektiven Wortwahl. „Die rekonstruktive Analyse des erzählenden Aneignungsprozesses verspricht Aufschluss über die Konfliktsituation, damit verknüpfte Bewältigungsstrategien, Abwehrformen und Erlebnisweisen von Patienten" (Boothe, 1994). Wir versprechen uns davon diagnostische Hinweise, erwarten, dass sich Veränderungen der innerpsychischen Konfliktlage während der Therapie in veränderten Erzählmustern zeigen werden und hoffen zudem, prognostische Aussagen zur Indikationsstellung und für den therapeutischen Verlauf machen zu können.

Die Auswertung einer Erzählung verlangt eine differenzierte und detaillierte Sichtung und Aufbereitung. Die Erzählanalyse „Jakob" versucht das in diversen Auswer-

---

10 Einschränkend muss erwähnt werden, dass Ereignisse in einer Form traumatisierend sein können, dass sie nicht erinnert und also auch nicht erzählt werden oder auch durch Erzählung nicht verarbeitet werden können.

tungsschritten, deren Darstellung den hier gegebenen Rahmen bei weitem sprengen würde (für vertieften Einblick s. Boothe 1991a, 1991b, 1992a, 1992b, 1994; Boothe et al. 1997, 1998; von Wyl et al. 1995a, 1995b, 1997).

Entlang der bereits eingeführten Erzählung soll hier auf einen Aspekt, die Modellierungsleistungen, eingegangen werden. Dieses Konzept wurde primär entwickelt, um die vielfältigen Motivationsgründe des Erzählens zu veranschaulichen.

Boothe (1994) sieht als vier wichtige solcher Modellierungsleistungen, die einen Blick auf den Antwort und Aufgabencharakter der Erzählung geben, folgende:

a) Die Erzählung modelliert eigene Identität vor dem sozialen Gegenüber (soziale Integration).
b) Sie modelliert Situationen im Licht einer spezifischen, meist konfliktären, Wunscherfüllungstendenz (Lustprinzip).
c) Sie repariert Desintegration und Destabilisierung in Richtung auf ein organisiertes verfügbares Ganzes (Verwandlung von Passivität in Aktivität).
d) Sie aktualisiert Vergangenes und stellt damit Verbindung zur gegenwärtigen Situation her (Erinnerung).

Die interessierende Story wurde von einer 35jährigen Bulimikerin in der ersten Therapiestunde erzählt. Ich behandelte sie im Rahmen einer siebenstündigen Krisenintervention. Die Frau suchte unsere Beratungsstelle auf, weil sie eine 10 Jahre dauernde Therapie beenden wollte, dies aber nicht schaffte. Sie hat dieser Therapeutin nie verraten, dass sie unter Bulimie leidet. Die Bulimie brach wenige Wochen nach Beginn dieser Therapie aus. Die Patientin ist also seit 10 Jahren bulimisch.

1/ jetzt bin ich ehm fünf Tage im Engadin gewesen und... mit Begleitung
2/ und und
3/ ich habe mich so zusammengerissen
4/ dass ich einfach ganz wenig gegessen und und möglichst nichts Süsses
5/ und bin ich richtig stolz gewesen
6/ fünf Tage habe ich das durchgehalten ohne Brechen
7/ und dann an einem Abend, da haben sie mich so völlig fertiggemacht
8/ dann habe ich nachher
9/ bin ich so ein Oster- ein Osterei besorgen gegangen
10/ und dann habe ich das einfach sinnlos in mich hineingedrückt

Im folgenden sollen die Modellierungsleistungen interpretativ entwickelt werden. Die leitende Frage lautet, welche Motivationen, diese Erzählung in ihrer ganz spezifischen Aufbau- und Gestaltungsform darzubieten, bei der Erzählerin hypothetisch angenommen werden können.

Wie (a) präsentiert sich die Heldin vor der Therapeutin? Die Ich-Erzählerin will sich als kontrollfähig verstanden wissen, wenn auch vor dem Hintergrund unspezifischer, diskret bleibender Begleitfiguren. Wird sie zum unschuldigen Opfer einer Attacke, fällt die Kontrollfähigkeit zusammen, und sie muss sich dem beschämenden Tun, dem Ess-Brech-Anfall hingeben. Von da aus lässt sich zum unbewussten Wunsch (b), der in dieser Erzählung vermutet werden kann, hinüberleiten: Wäre die Heldin nur von einer bergenden und schützenden Welt umgeben, könnte sie sich selbst bewahren und daraus Selbstachtung ziehen. Ein solcher Wunsch impliziert allerdings, dass die

Heldin alle Aktivität und Möglichkeit der Beeinflussung abgibt, womit die Kontrollfähigkeit voll und ganz vom Verhalten der andern abhängt. Dieser passiv-abhängige Wunsch konfrontiert denn auch mit der (c) Angst, in ihrer Abhängigkeit könnten die andern über sie verfügen. Hinweise darauf sind durch die äusserst unbestimmt gehaltenen anderen Figuren gegeben. Die Ich-Erzählerin braucht das unpersönliche, vage Wort „Begleitung". Damit werden die gemeinten Personen auf Abstand gehalten. Je mehr sie sich ihnen zuwenden würde oder je konkreter sie würden, um so mehr Macht und Einfluss könnten sie gewinnen und sie unter Kontrolle bringen. Auf diesem Hintergrund lässt sich (d) die Verbindung zur Therapie als Anliegen an die Therapeutin vielleicht folgendermassen formulieren: Die Therapeutin soll, wie die Begleitpersonen, unterstützend im Hintergrund walten. Wird sie als zu initiativ und somit attackierend erlebt, wird sich die Klientin abwenden müssen und die Therapie abbrechen. Allerdings ist es unwahrscheinlich, dass die Klientin allein durch anteilnehmende und zurückhaltende Zugewandtheit der Therapeutin ihre Probleme grundlegend bearbeiten kann. Es ist davon auszugehen, dass sie durch die ausbleibenden Fortschritte enttäuscht sein wird und sich ebenfalls abwenden muss.

Entlang dieser Erzählung ist zu vermuten, dass die Patientin in der Ambivalenz zwischen dem Wunsch nach Umsorgtwerden und der Angst, dabei die Kontrolle über sich zu verlieren, gefangen ist. Derselbe dilemmatische Konflikt fand sich immer wieder in ihren Erzählungen; auch die Therapeutin erlebte die Patientin ebenso in den Gesprächen. Sie bot sich als Verzweifelte an und warb sehr um Aufmerksamkeit, Zuwendung und Unterstützung. In der siebten Stunde wollte sie vorerst keine weitere Stunde vereinbaren, da sie sich ganz den anstehenden Prüfungen widmen wollte, obwohl sie sich ursprünglich aus Sorge darüber gemeldet hatte, die Prüfungssituation nicht durchzustehen. – Sie wünschte sich Anteilnahme und Unterstützung und musste sich trotzdem oder deswegen wieder zurückziehen. Gerade in einer Situation, in der sie vermehrt darauf angewiesen war, wurde wohl die Angst vor Abhängigkeit noch bedrohlicher. In der Story zeigte sich ihre Ambivalenz zwischen Nähe und Selbstkontrolle, die sie zugunsten von letzterer entschied. Auch in der Therapeutin blieb die Ambivalenz zurück, ob sie die Patientin noch einmal anschreiben sollte, um damit zu riskieren, dass diese ‚Aktivität' der Therapeutin die Patientin nie erreichen könne, da diese davor zurückschrecken würde.

Es ist zu hoffen, dass die vorliegende Falldarstellung vor dem Hintergrund des dargestellten Paradigmas qualitativer Forschung deutlich machen konnte: Die Arbeit am konkreten „Text" der Patientenerzählung verbindet therapeutische Praxis und therapeutische Forschung in einer Weise, die beide Bereiche erhellen kann und eine Brücke zwischen Therapieforschung und der Arbeit des Praktikers darstellt.

Literatur

Argelander, H. (1979). Die kognitive Organisation psychischen Geschehens. Klett-Cotta: Stuttgart.

Bänninger-Huber, E. (1996). Mimik – Übertragung – Interaktion: Die Untersuchung affektiver Prozesse in der Psychotherapie. Bern: Huber.

–, Widmer, Ch. (1997). Affektive Beziehungsmuster: Was kann die differenzierte Betrachtung affektiver Beziehungsmuster zum Verständnis psychotherapeutischer Veränderung beitragen? Psychotherapeut 42: 356-361.

Boothe, B. (1991a). Analyse sprachlicher Inszenierungen – Ein Problem der Psychotherapieprozessforschung. Psychotherapie – Psychosomatik – Medizinische Psychologie 41, 22-30.

– (1991b). Die Alltagserzählung in der Psychotherapie. Berichte aus der Abteilung Klinische Psychologie Nr. 28, Psychologisches Instituts der Universität Zürich.

– (1992a). Die Alltagserzählung in der Psychotherapie. (Überarbeitete und erweiterte Fassung des Institutsberichts Nr. 28). Berichte aus der Abteilung Klinische Psychologie Nr. 29/1, Psychologisches Instituts der Universität Zürich.

– (1992b). Die Alltagserzählung in der Psychotherapie. Anwendung. Berichte aus der Abteilung Klinische Psychologie Nr. 29/2, Psychologisches Instituts der Universität Zürich.

– (1994). Der Patient als Erzähler. Göttingen: Vandenhoeck & Ruprecht.

–, von Wyl, A., Wepfer, R. (1997). Die Initialerzählung in der Psychotherapie. Berichte aus der Abteilung Klinische Psychologie Nr. 41, Psychologisches Institut der Universität Zürich.

–, von Wyl, A., Wepfer, R. (1998). Psychisches Leben im Spiegel der Erzählung. Eine narrative Psychotherapiestudie. Heidelberg: Asanger.

Buchholz, M.B. (Hrsg.) (1995). Psychotherapeutische Interaktion. Opladen: Westdeutscher Verlag.

– (1996). Metaphern der „Kur“: Eine qualitative Studie zum psychotherapeutischen Prozess. Opladen: Westdeutscher Verlag.

–, Streeck, U. (Hrsg.) (1994). Heilen, Forschen, Interaktion. Opladen: Westdeutscher Verlag.

Dahl, H., Kächele, H., Thomä, H. (Hrsg.) (1988). Psychoanalytic process research strategies. Berlin: Springer.

–, Teller, V. (1991). Characteristics and identification of frames. In: Miller, N., Docherty, J., Luborsky, L. (Hrsg.). Psychodynamic treatment research. New York: Basic Books.

Denzin, N.K. (1970). The research act: a theoretical introduction to sociological methods. Englewood Cliffs: Prentice Hall, 3. Aufl. 1989.

Devereux, G. (1967). From anxiety to method in the behavioral sciences. Den Haag: Mouton. (Deutsch: Angst und Methode in den Verhaltenswissenschaften. München: Hauser, 1973.)

Edelson, M. (1994). Can psychotherapy research answer this psychotherapist's questions? In: Talley, P.F., Strupp, H.H., Butler, S.F. (Hrsg.). Psychotherapy research and practice: bridging the gap. New York: Basic Books, S. 60-87.

Einstein, A. (1956). Mein Weltbild. Berlin

Elliott, R., Morrow-Bradley, C. (1994). Developing a working marriage between psychotherapists and psychotherapy researchers: identifying shared purpose. In: Talley, P.F., Strupp, H.H., Butler, S.F. (Hrsg.). Psychotherapy research and practice: bridging the gap. New York: Basic Books, 124-142.

Eysenck, H. J. (1952). The effects of psychotherapy: an evaluation. Journal of Consulting Psychology 16, 319-324.

Faller, H., Frommer, J. (Hrsg.) (1994). Qualitative Psychotherapieforschung. Grundlagen und Methoden. Heidelberg: Asanger.

– (1994). Das Forschungsprogramm „Qualitative Psychotherapieforschung“. Versuch einer Standortbestimmung. In:Faller, H., Frommer, J. (Hrsg.). Qualitative Psychotherapieforschung: Grundlagen und Methoden. Heidelberg: Asanger, 15-37.

Flick, U., von Kardoff, E., Keupp, H., von Rosenstiel, L., Wolff, S. (Hrsg.) (1991). Handbuch Qualitative Sozialforschung: Grundlagen, Konzepte, Methoden und Anwendungen. München: Psychologie Verlags Union

Freud, S. (1895). Studien über Hysterie. GW I.

– (1927). Nachwort zur „Frage der Laienanalyse“. GW XIV, 287-296.

– (1933). Neue Folge der Vorlesungen zur Einführung in die Psychoanalyse. GW XV.

Grawe, K. (1988). Zurück zur psychotherapeutischen Einzelfallforschung. Editorial. Zeitschrift für Klinische Psychologie, 17, 1-7

– (1992). Psychotherapieforschung zu Beginn der neunziger Jahre. Psychologische Rundschau 43, 132-162.

–, Donati, R; Bernauer, F. (1994). Psychotherapie im Wandel: Von der Konfession zur Profession. Göttingen: Hogrefe.

Greenberg, J. (1994). Psychotherapy research: a clinician's view. In: Talley, P.F., Strupp, H.H., Butler, S.F. (Hrsg.). Psychotherapy research and practice: bridging the gap. New York: Basic Books, 1-18.

Hoffman, I.Z., Gill, M.M. (1988). A scheme for coding the patient's experience of the relationship with the therapist (PERT): some applications, extensions, and comparisons. In: Dahl, H., Kächele, H., Thomä, H. (Hrsg.). Psychoanalytic process research strategies. Berlin: Springer, 67-98.

Horowitz, H. (1979). States of mind: analysis of change in psychotherapy. New York: Plenum Med. Book Comp.

Kächele, H. (1992). Psychoanalytische Therapieforschung 1930-1990. Psyche 46,259-285.

– (1993). Der lange Weg von der Novelle zur Einzelfallanalyse. In: Stuhr U., Deneke, F.W., (Hrsg.). Die Fallgeschichte: Beiträge zu ihrer Bedeutung als Forschungsinstrument. Heidelberg: Asanger, 32-42.

von Kardoff, E. (1991). Qualitative Sozialforschung – Versuch einer Standortbestimmung. In: Flick, U., von Kardoff, E., Keupp, H., von Rosenstiel, L., Wolff, S. (Hrsg.). Handbuch Qualitative Sozialforschung: Grundlagen, Konzepte, Methoden und Anwendungen. München: Psychologie Verlags Union, 3-8.

Kiesler, D.J. (1994). Standardization of intervention: the tie that binds psychotherapy research and practice. In: Talley, P. Forest; Strupp, H. H.; Butler, Stephen F. (Hrsg.). Psychotherapy research and practice: bridging the gap. New York: Basic Books, 143-153.

Kleining, G. (1991). Methodologie und Geschichte qualitativer Sozialforschung. In: Flick, U., von Kardoff, E., Keupp, H., von Rosenstiel, L., Wolff, S. (Hrsg.). Handbuch Qualitative Sozialforschung: Grundlagen, Konzepte, Methoden und Anwendungen. München: Psychologie Verlags Union, 11-22.

Krause, R., Lütolf, P. (1988). Facial indicators of transference prosesses within psychoanalytic treatment. In: Dahl, H., Kächele, H., Thomä, H. (Hrsg.). Psychoanalytic process research strategies. Berlin: Springer, 257-272.

Lakoff, G; Johnson, M. (1980). Metaphors we live by. Chicago: University of Chicago Press.

Lamnek, S. (1988). Qualitative Sozialforschung. Bd. 1: Methodolgie. Weinheim: Psychologische Verlags Union.

Leuzinger-Bohleber, M. (1994). Veränderung kognitiv-affektiver Prozesse in Psychoanalysen. In: Faller, H., Frommer, J. (Hrsg.). Qualitative Psychotherapieforschung: Grundlagen und Methoden. Heidelberg: Asanger, 195-227.

Lewin, K. (1933). Der Übergang von der aristotelischen zur galileischen Denkweise in Biologie und Psychologie. Erkenntnis 1, 421-466.

Lorenzer, A. (1977). Sprachspiel und Interaktionsformen. Vorträge und Aufsätze zu Psychoanalyse, Sprache und Praxis. Suhrkamp: Frankfurt a.M.

Luborsky, L., Crits-Christoph, P. (1990). Understanding transference: The CCRT method. New York: Basic Books.

Marcus, S. (1974). Freud und Dora – Roman, Geschichte, Krankengeschichte. Psyche 28, 32-79.

Mayring, P. (1990). Einführung in die qualitative Sozialforschung: eine Anleitung zu qualitativem Denken. Weinheim: Psychologie-Verl.-Union 1993.

– (1993). Qualitative Inhaltsanalyse: Grundlagen und Techniken. 4. erw. Aufl., Neuausg. Weinheim: Deutscher Studien Verlag.

Meyer, A.E. (1993). Nieder mit der Novelle der Psychoanalysedarstellung – Hoch lebe die Interaktionsgeschichte. In: Stuhr, U., Deneke, F.W. (Hrsg.). Die Fallgeschichte: Beiträge zu ihrer Bedeutung als Forschungsinstrument. Heidelberg: Asanger, 61-84.

Modell, A.H. (1984). Gibt es die Metapsychologie noch? Psyche 38, 214-234.

Morrow-Bradley, C., Elliott, R. (1986). The utilization of psychotherapy research by practicing psychotherapists. American Psychologist 41, 188-197.

Moser, U. (1989). Wozu eine Theorie in der Psychoanalyse? Zeitschrift für psychoanalytische Theorie und Praxis 4, 126-154.
– (1991). Vom Umgang mit Labyrinthen. Praxis und Forschung in der Psychoanalyse – eine Bilanz. Psyche 45, 315-334.
Orlinsky, D.E. (1994). Research-based knowledge as the emergent foundation for clinical practice in psychotherapy. In: Talley, P.F., Strupp, H.H., Butler, S.F. (Hrsg.). Psychotherapy research and practice: bridging the gap. New York: Basic Books, 99-123.
–, Russel, R.L. (1994). Tradition and change in psychotherapy research: notes on the fourth generation. In: Russel, R.L. (Hrsg.). Reassessing psychotherapy research. New York: Guilford Press, 185-214.
Russel, R.L. (Hrsg.) (1994). Reassessing psychotherapy research. New York: Guilford Press.
Ryle, A. (1995). Fashions and preocupations in psychotherapy research. Psychotherapy Research 5, 113-117.
Schauenburg, H.; Cierpka, M. (1994). Methoden der Fremdbeurteilung interpersoneller Beziehungsmuster. Psychotherapeut 39, 135-145.
Spence, D.P. (1994). The failure to ask the hard questions. In: Talley, P.F., Strupp, H.H., Butler, S.F. (Hrsg.). Psychotherapy research and practice: bridging the gap. New York: Basic Books, 19-38.
Stiles, W.B. (1994). Views of the chasm between psychotherapy research and practice. In: Talley, P.F., Strupp, H.H., Butler, S.F. (Hrsg.). Psychotherapy research and practice: bridging the gap. New York: Basic Books, 154-166.
Strupp, H.H., Binder, J.L. (1984). Psychotherapy in a new key. New York: Basic Books (dt. 1991).
Stuhr, U., Deneke, F.W. (Hrsg.) (1993). Die Fallgeschichte: Beiträge zu ihrer Bedeutung als Forschungsinstrument. Heidelberg: Asanger.
Talley, P.F., Strupp, H.H., Butler, S.F. (Hrsg.) (1994). Psychotherapy research and practice: bridging the gap. New York: Basic Books.
Thomä, H.; Kächele, H. (1985). Lehrbuch der psychoanalytischen Therapie. Bd. I. Heidelberg: Springer.
Tress, W. (1994). Forschung zu psychogenen Erkrankungen zwischen klinisch-hermeneutischer und gesetzeswissenschaftlicher Empirie: Sozialempirische Marker als Vermittler. In: Faller, H., Frommer, J. (Hrsg.). Qualitative Psychotherapieforschung: Grundlagen und Methoden. Heidelberg: Asanger, 38-52.
Weiss, J. (1993). How psychotherapy works: Process and technique. New York: Guilford Press.
Wilke, St. (1994). Einige Überlegungen zur Angemessenheit Qualitativer Methoden für die Untersuchung psychoanalytischer Dialoge. In: Faller, H., Frommer, J. (Hrsg.). Qualitative Psychotherapieforschung: Grundlagen und Methoden. Heidelberg: Asanger, 73-93.
– (1992). Die erste Begegnung: Eine konversations- und inhaltsanalytische Untersuchung der Interaktion im psychoanalytischen Erstgespräch. Heidelberg: Asanger.
Wilson, T.P. (1982). Qualitative „oder" quantitative Methoden in der Sozialforschung. Kölner Zeitschrift für Soziologie und Sozialpsychologie 34, 469-486.
Wolff, St. (1994). Innovative Strategien qualitativer Sozialforschung im Bereich der Psychotherapie. In: Buchholz, M.B., Streeck, U. (Hrsg.). Heilen, Forschen, Interaktion. Opladen: Westdeutscher Verlag, 39-65.
von Wyl, A., Fischer, P., Hürlimann, E., Keller, H., Lille, A., Schlenk, F., Zentner, M., Boothe, B. (1995a). Manual zur Erzählanalyse Jakob von Brigitte Boothe. Version II, Band 1. Berichte aus der Abteilung Klinische Psychologie Nr. 32, Psychologisches Institut der Universität Zürich.
von Wyl, A., Hürlimann, E., Keller, H., Boothe, B. (1995b). Manual zur Erzählanalyse Jakob von Brigitte Boothe. Version II, Band 2. Berichte aus der Abteilung Klinische Psychologie Nr. 35, Psychologisches Institut der Universität Zürich.
von Wyl A., Wepfer R. & Boothe B. (1997). Korpus der Erzählungen. Berichte aus der Abteilung Klinische Psychologie Nr. 40, Psychologisches Institut der Universität Zürich.

Die Bedeutung der Forschung über soziale Netzwerke, Netzwerktherapie und soziale Unterstützung für die Psychotherapie – diagnostische und therapeutische Perspektiven

Wolfgang Hass, Hilarion G. Petzold

0. Einleitung

Soziale Netzwerke und soziale Unterstützung erfreuen sich seit den 70er Jahren eines gewachsenen Interesses in den verschiedenen Teilgebieten der Psychologie, wie an einem exponentiellen Anstieg der Veröffentlichungen abzulesen ist (vgl. z.B. Klusmann 1989). In der Entwicklungspsychologie etwa wird die soziale, emotionale und kognitive Entwicklung nicht nur von bestimmten Erziehungsformen abhängig gesehen, sondern auch von sozialen Interaktionen im sozialen Umfeld, wodurch Symbole, Bedeutungen, Normen und Werte vermittelt und damit der Enkulturations- und Sozialisierungsprozeß vorangetrieben wird (Hurrelmann 1995, Fend 1970). In der Persönlichkeitspsychologie wurden enge Beziehungen zwischen persönlichen und sozialen Ressourcen gefunden und damit auf die Bedeutung interindividuell verschiedener Wahrnehmungen sozialer Netzwerke und auf die Fähigkeiten, Beziehungen zu knüpfen und zu unterhalten, verwiesen (Becker 1995). Sozialpsychologische Ansätze schließlich fanden Beziehungen bspw. zwischen der Kontinuität und Homogenität individueller Einstellungen und Einflüssen aus der sozialen Primärumgebung.

In verschiedenen Verfahren der Psychotherapie hat es sich von großem Nutzen erwiesen, das soziale Umfeld der Klienten, seine Strukturen, Inhalte und Wertsysteme für eine Bewertung der Problemsituation, deren mögliche Ursachen, Wirkungen und Interdependenzen heranzuziehen sowie die im Netzwerk schlummernden Potentiale für eine bessere Therapie gewinnbringend einzubeziehen. Pionier war hier J.L. Moreno (1934), der schon 1917 im Flüchtlingslager Mitterndorf Netzwerke soziometrisch untersuchte und in der Behandlung berücksichtigte (ders. 1953, Petzold 1984a), um in seinem späteren Werk differenzierte Netzwerkanalysen zur Grundlage für psychodramatische, soziodramatische und netzwerktherapeutische Interventionen zu machen (Moreno 1951, Petzold 1979a, b). Wenn Klienten bei Kontroll- und Veränderungsmöglichkeiten ihres Verhaltens an Grenzen stoßen, liegt es insofern nahe, den Blick sowohl auf die aktuell (oder ehemals) verfügbaren sozialen Ressourcen wie auch Belastungspotentiale zu lenken. Die Erkenntnis, daß lediglich auf das Individuum bezogene Erklärungsmuster der Bewältigung von Krisen zu kurz greifen, wurde zum Teil auch in der Psychotherapieforschung rezipiert. Da sich in vielen Studien Defizite in den Netzwerken psychiatrischer Patienten nachweisen ließen, die als Indikatoren resp. Korrelate und zunehmend auch als Ursachen psychischer Störungen interpretiert wurden (Antonucci und Depner 1982, Cohen und Syme 1985, Israel 1982, Liebermann 1986, Perrucci und Targ 1982, Sarason und Sarason 1985, Veiel et al. 1989), erschließt sich hier ein zusätzliches *diagnostisches* wie auch *prognostisches* Potential.

Im Zuge von „Auslagerungstendenzen" in der jüngeren Psychiatrie wurde das primäre soziale Umfeld von Patienten zudem als patientennahe aktivierbare Ressource entdeckt (Röhrle 1989: 249f.), woraufhin vor allem in der klinischen und der Gemeindepsychologie eine ganze Reihe von Ansatzpunkten für Netzwerkinterventionen entwickelt wurden, um Entstehung, Prävention und Behandlung psychischer Störungen in einen breiteren sozialen Kontext zu bringen (Röhrle, Sommer, Nestmann 1998).

Der vorliegende Artikel beschäftigt sich mit den verschiedenen Implikationen des Netzwerkkonzeptes bzw. von Netzwerkkonzepten in der Psychotherapie. Ein *soziales Netzwerk wird dabei als Matrix in einem sozioökologischen Kontext betrachtet, in der sich soziale Prozesse abspielen und die Ansatzmöglichkeiten für Interventionen bietet.* Um solche Möglichkeiten zu verdeutlichen, erfolgt zunächst eine begriffliche Abgrenzung des Netzwerkbegriffes von dem der *sozialen Integration* und der *sozialen Unterstützung*. Die Konzepte sind durch die Entwicklung verschiedener netzwerkanalytischer Verfahren eng miteinander verwoben. Daran anschließend wird kurz der Forschungsstand zum Zusammenhang zwischen sozialen Netzwerken und sozialer Unterstützung einerseits und psychischem Wohlbefinden andererseits skizziert. Im dritten Abschnitt wird der Forschungsstand zu sozialen Netzwerken im Kontext der Psychotherapie beleuchtet. Im vierten Abschnitt werden Erhebungsverfahren sozialer Netzwerke und Möglichkeiten zur Netzwerkdiagnostik thematisiert, um im fünten Teil anhand eines von Hass im Rahmen eines Forschungsprojektes zur Integrativen Therapie entwickelten Instruments und verschiedener von Petzold in der klinischen Praxis entwickelten netzwerkdiagnostischen und -therapeutischen Methoden (Petzold 1979b, Petzold, Hass, Märtens, Steffan 1999) exemplarisch auf systematische Anwendung des *Netzwerkkonzeptes* und *netzwerktherapeutischer Interventionen* in der *Integrativen Therapie* (Petzold 1999a) einzugehen. Netzwerkinterventionen schließlich sind das Thema des sechsten Abschnittes und des kritischen Resümees, zu den Verwendungsmöglichkeiten des Netzwerkkonzeptes in der Psychotherapie, mit dem der Artikel schließt.

1. Soziale Netzwerke, soziale Integration und soziale Unterstützung

Lange Zeit wurde der Netzwerkbegriff – auch durch die Forschung selbst bedingt, z.B. die Sozialepidemiologie – mit dem Unterstützungsbegriff unkritisch vermengt und ist erst aufgrund der wiederholten Forderung nach einer exakteren theoretischen Formulierung und empirischen Differenzierung der Begriffe aus dessen Schatten herausgetreten.

Ein soziales *Netzwerk* läßt sich von einer *egozentrierten Netzwerkperspektive*, d.h. dem Blick des Einzelindividuums (so schon Moreno 1936 mit seinem Konzept des „sozialen Atoms"; Petzold 1982b), in Anlehnung an die wohl bekannteste Definition von Mitchell (1969) auffassen als *ein unter einem spezifischen Erkenntnisinteresse vorgenommener Ausschnitt der sozialen Beziehungen eines Individuums zu anderen Personen unter Einbeziehung der Beziehungen dieser Personen untereinander.* Es ist aber auch eine *sozialstrukturelle Netzwerkperspektive* möglich, die auf größere gesellschaftliche Zusammenhänge schaut. Dann ist ein *„soziales Netzwerk das für exzentri-*

sche Beobachter eines sozioökologischen Kontextes mit Mikro- oder Mesoformat vorfindliche und umschreibbare multizentrische Geflecht differentieller Relationen in der Zeit zwischen Menschen (und ggfls. Institutionen), die zueinander in unterschiedlichen Bezügen stehen (Kontakte, Begegnungen, Beziehungen, Bindungen, Abhängigkeiten in Kovois), und sich in konkreten oder virtuellen Austauschverhältnissen befinden (z.B. wechselseitige Identitätsattributionen, Hilfeleistungen, Teilen von Informationen, Interessen, Ressourcen, Supportsystemen). Dabei können sich durch das Vorhandensein konkordanter und diskordanter kollektiver Kognitionen (z.B. Wirklichkeitskonstruktionen, Interpretationsfolien, Werte, Normen) in dem vorfindlichen Netzwerk unterschiedliche ‚soziale Welten' mit unterschiedlichen ‚sozialen Repräsentationen' konstituieren" (Petzold 1979a). Eine solche Betrachtungweise in sozialstruktureller Sicht vermag über die *Multizentrizität* die *egozentrierte Netzwerkkonzeption* einzubeziehen (jedes Individuum oder jede Institution des Nezwerkes kann Zentrum werden), gewinnt aber weitere Dimensionen durch die konzeptuellen Referenzen zu sozialökologischen Theorien (Bronfenbrenner 1990, Petzold, v. Beek, v.d. Hoek 1994a, Saup 1993), zu Moscovicis (1961, 1984) Theorie der *„répresentations sociales"* als kollektiven kognitiven Regelwerken und der symbolisch-interaktionistischen Idee der *„social worlds"* (Strauss 1978; Petzold, Petzold 1991b) als „geteilten Perspektiven auf die Welt", was dem Faktum Rechnung trägt, daß in einem sozialen Netzwerk – etwa einer Nachbarschaft – Menschen unterschiedlichen Wirklichkeitskonstruktionen, Sinn- und Handlungssystemen verpflichtet sein können (z.B. durch Ethnie-, Bildungsschicht-, Konfessions-, Partei-, Gender- oder Altersgruppenzugehörigkeit). Soziale Netzwerke in dieser weitgefaßten Sicht verbinden individuelle und gruppale Perspektiven und können damit – werden sie mit dem Konvoikonzept (Kahn, Antonucci 1980) in eine Zeit- und Entwicklungsperspektive gestellt – als Matrizen der Sozialisation und persönlicher und kollektiver Identität gesehen werden – mit supportiver, konstruktiver, evolutiver, aber auch mit beschädigender, destruktiver, devolutiver Qualität etwa im Sinne von Stigmatisierung (Goffman 1967) oder Desozialisation (Woll-Schumacher 1979). Für die moderne Psychotherapie in schulenübergreifender, integrativer Ausrichtung (Petzold 1974k, 285-404, 1988n, 1999a; Chambon, Marie-Cardine 1999; Grawe 1998; Norcross, Goldfried 1992) – besonders wenn sie sich an dem innovativen Paradigma longitudinal ausgerichteter klinischer Entwicklungspsychologie mit ihren sozialpsychologischen Perspektiven orientiert (Petzold 1992d, idem, Goffin, Oudhof 1993, Oerter et al. 1999), sind das äußerst interessante Perpektiven.

Sehr allgemein kann man definieren: *Netzwerke sind Strukturen, die eine soziale Matrix für verschiedene Inhalte, wie etwa soziale Unterstützung und soziale Sinnsysteme, bereitstellen.*

Die Betrachtung und Untersuchung solcher Netzwerke kann man dann als *Netzwerkanalyse* bezeichnen, verstanden als eine *Methode zur Untersuchung sozialer Gefüge, sozialer Sinn-, Handlungs- und Unterstützungssysteme und der in ihnen ablaufenden materiellen, interaktiven und kognitiven Prozesse.* Diese Sichtweise bringt verschiedene entscheidende Vorteile mit sich: Sie konnektiviert soziologische, sozialpsychologische und ökologische Zugehensweisen. Zum einen erfolgt durch die Verbindung unterschiedlicher Analyseebenen (soziale Beziehungen und Individuum) eine erhebliche Erweiterung der herkömmlichen, auf das Individuum beschränkten Daten, womit sich diese Methode als Mehrebenen-Ansatz erweist. Zum anderen werden durch die Fokussierung der vielfältigen Verbindungen zwischen Akteuren herkömmliche

Konzepte wie Gruppe, Clique, Schicht etc. überwunden und diese durch die Vorstellung einer Zugehörigkeit zu verschiedenen interaktiven und kommunikativen Netzwerken ersetzt. Dies hatte bereits Georg Simmel (1908) in seiner weitsichtigen gesellschaftlichen Analyse als die „Kreuzung sozialer Kreise" thematisiert, womit sich vor dem Hintergrund gesellschaftlicher Individualisierungstendenzen (Sennett 1997, Berlin 1998) ein viel realistischeres Abbild sozialer Wirklichkeiten eröffnet (Beck 1986, Hall und Wellman 1985, Keupp und Röhrle 1987, Laireiter 1993) als etwa in der individuumszentrierten Perspektive der meisten traditionellen Psychotherapieverfahren, in Sonderheit auch der gegenwärtig durch das bundesdeutsche Psychotherapiegesetz festgeschriebenen „Richtlinienverfahren".

Daß Menschen andere Menschen für das Aufrechterhalten von physischer und psychischer Gesundheit sowie für die Bewältigung von Krankheiten brauchen, ist eine gleichermaßen anerkannte wie alte „soziale Tatsache", wurde jedoch erst zu einem überraschend späten Zeitpunkt explizit als *soziale Unterstützung* (‚social support') Gegenstand der Forschung[1]. Im Gegensatz zum Netzwerkkonzept besteht es im Grunde aus verschiedenen Einzelkomponenten und unterschiedlichen und voneinander weitgehend unabhängigen theoretischen Konstrukten. Eine Fülle von Definitionen und Taxonomien sowie das Vorliegen einer Reihe mittlerweile sehr komplexer und mehrdimensionaler Modelle sind ein Spiegelbild dieser Entwicklung[2]. In den letzten Jahren hat sich jedoch zunehmend die Sichtweise von sozialer Unterstützung als Ressource, d.h., als Verfügbarkeit im Bedarfsfall, resp. als Unterstützungserwartung durchgesetzt (z.B. Levitt 1991, Lin 1986, Vaux 1988, Veiel und Baumann 1992). Soziale Unterstützung verweist immer auf den funktionalen Aspekt resp. die Inhalte einer Beziehung. Meistens wird dabei auf die bereits zusammenfassende Housesche (1981) Kleeblatt-Taxonomie zurückgegriffen, die vier zum Teil nicht ganz klar voneinander abzugrenzende Unterstützungsarten unterscheidet[3]: Unter *‚Emotional Support'* kann ein Bündel konkreter Verhaltensweisen verstanden werden, welche allesamt darauf gerichtet sind, ein

---

1 Das Konzept der sozialen Unterstützung (synonym auch sozialer Rückhalt – Schwarzer und Leppin 1991, Siegrist 1987) entwickelte sich erst in den 50er Jahren aus verschiedenen Forschungstraditionen, als die unterschiedliche Anfälligkeit für Krankheit mit dem Ausmaß verfügbarer sozialer Unterstützung durch Familienangehörige, Verwandte und Freunde in Verbindung gebracht wurde. Der älteren Belastungsforschung wurde damit nach Badura (1981, 156ff.) quasi eine ‚Ressourcenforschung' an die Seite gestellt. Der Forschungsstand findet sich im wesentlichen in einigen Sammelbänden (Cohen und Syme 1985, Duck und Cohen 1990, Gottlieb 1978, 1981, 1983, Sarason und Sarason 1985, Schwarzer 1994) sowie einigen Reviews (Broadhead et al. 1983, Cassel 1974, Cohen und McKay 1984, Cohen und Wills 1985, Heller 1979, Heller und Swindle 1983, Shumaker und Brownell 1984, Thoits 1982.

2 Insofern wird treffend von „umbrella term" (Knipscheer und Antonucci 1990) oder „Meta-Konstrukt" (Röhrle 1994) gesprochen. Dies hat zu umfangreicher Kritik an dem Konzept geführt. Obwohl einige Ansätze hierzu vorliegen (Bowlby 1969, 1973, 1980, Weiss 1974), wird vor allem das Fehlen eines köhärenten theoretischen Überbaus, ein Mangel an methodischen Ansätzen zur empirischen Differenzierung verschiedener Unterstützungskategorien sowie eine anhaltende Unschärfe des Begriffes kritisiert.

3 So ist bspw. ‚informational support' häufig eng mit emotionaler Zuwendung, Aufmerksamkeit und Wertschätzung verbunden, d.h., die Motive der Informationsgewährung liegen letztlich in der persönlichen Beziehung zwischen support-gewährender und empfangender Person. Auch zwischen materiellen Hilfeformen und emotionaler Unterstützung wurden Zusammenhänge gefunden (House 1981, Schaefer, Coyne und Lazarus 1981).

Gefühl des Geliebtwerdens zu vermitteln und auf diese Weise eine emotionale Stabilisierung einer Person zu erreichen. Beispiele sind aufmerksames Zuhören, das Spenden von Trost, Sympathiekundgebungen oder die bloße Signalisierung von Anteilnahme. Emotionale Unterstützung stellte die häufigste Konzeptualisierungsvariante in der ‚Support'-Forschung dar resp. wird häufig als deren Kernkonzept angesehen (Kahn und Antonucci 1980, Sarason et al. 1987). *‚Instrumental Support'* umfaßt die Bereitstellung oder den Austausch von Gütern oder Dienstleistungen, finanzielle Hilfen sowie das Spektrum praktischer Hilfen im Alltag. Bei *‚Informational Support'* handelt es sich um alle Formen der Kommunikation, die der Information, Beratung oder Vermittlung dienen. Unter *‚Appraisal Support'* schließlich lassen sich alle Transaktionen der Wertschätzung, Anerkennung und Bestätigung einer Person fassen.

Als ein *Unterstützungsnetzwerk* kann dann in Anlehnung an Thoits (1982) der Ausschnitt aus dem persönlichen Netzwerk betrachtet werden, von dem eine Person die genannten Unterstützungsleistungen (oder eines Teils davon) in der Vergangenheit erhalten hat oder im Bedarfsfall potentiell erhalten würde.

Ein weiterer in diesem Feld oft verwendeter Begriff ist der der *sozialen Integration.* Damit ist zumeist die Anzahl sozialer Beziehungen gemeint, aber auch Merkmale wie das Vorhandensein intimer Beziehungen, die Zahl der sozialen Rollen, deren Träger man ist, die Kontakthäufigkeit mit Freunden und Verwandten oder Mitgliedschaften in Gruppen und Organisationen wurden als Kriterien herangezogen (Berkman und Syme 1979, Blazer 1983, House et al. 1982, Thoits 1982). Damit ist dieser Begriff eher einer strukturellen Perspektive verbunden. Häufig wird soziale Integration als Index konzipiert, der verschiedene Variablen in der einen oder anderen Gewichtung berücksichtigt.

Die sich aus dieser Gegenüberstellung der Konzepte für eine Analyse sozialer Beziehungen ergebenden Implikationen können wie folgt zusammengefaßt werden:

1) *Soziale Unterstützung* läßt sich, wie Wellman (1981) in seinem programmatischen Aufsatz dargelegt hat, am besten im Rahmen von Netzwerkanalysen untersuchen: Der Netzwerkansatz ist dabei Subjekt, soziale Unterstützung Objekt der Untersuchung. Durch diese Differenzierung kann soziale Unterstützung als Ressource, d.h., als in sozialen Netzwerken latent vorhandenes und aktivierbares Potential verschiedener Arten von Hilfsangeboten in alltäglichen Problemsituationen, in Streßsituationen oder bei kritischen Lebensereignissen angesehen werden: „By treating the content of ... ties as flows of resources, it transforms the study of support into the study of supportive resources" (Wellman 1981, 179).
2) *Soziales Netzwerk* und *soziale Unterstützung* sind damit zwei verschiedene Konzepte, die gleichwohl nicht unabhängig voneinander sind: So beeinflußt ähnlich der Metapher des Flusses und des Flußbettes die Struktur von Netzwerken die in ihnen fließenden Inhalte und umgekehrt.
3) *Unterstützungsnetzwerke* werden nicht mehr durch Sozialkategorien wie Familie oder Verwandtschaft bestimmt, sondern durch funktionale und interaktionale Netzwerkmerkmale. Erst damit wird die tatsächliche Involvierung und Bedeutung dieser Kategorien überprüfbar, was zu einer Abkehr vom dem Begriff ‚soziale Unterstützung' inhärenten Dilemma, bereits eine positive Konnotation zu besitzen und damit auch der implizit vertretenen Annahme geführt hat, die Anzahl von Netzwerk-Kontakten sei gleichbedeutend mit der Zahl unterstützender Beziehungen. Zudem fand sich in mehreren Untersuchungen, daß der Anteil unterstützender Beziehungen in persönlichen Netzwerken begrenzt ist (z.B. Wellman 1979) und deshalb auf Beziehungen im Konvoi mit „supportiver Valenz" (Petzold 1979b, 1994e, 1995a), d.h. von besonderer Tragfähigkeit und Ressourcenfülle zentriert werden sollte.
4) Das lange Zeit vorherrschende Erkenntnisinteresse lediglich an den fördernden Wirkungen sozialer Netzwerke hatte die Option für die ebenso erwartbare wie auch reale Alternative und im

Grunde überraschend späte Einsicht, daß Beziehungsgeflechte nicht notwendigerweise „nice things“ (Wellman 1982, 79) sind, bis dahin verstellt. Schwarzer (1994) schlug daher vor, soziale Unterstützung als einen Spezialfall von sozialer Interaktion zu sehen, der sowohl positive als auch negative Wirkungen hervorrufen kann.

5) Soziale Netzwerke erbringen unterschiedliche Unterstützungsfunktionen tendenziell arbeitsteilig („different strokes from different folks“ - Wellman und Wortley 1990). Während nahe Verwandte am wahrscheinlichsten kontinuierliche instrumentelle Unterstützung leisten und sich als einzige verläßliche Instanz in Krisensituationen (z.B. Pflege) bewährt haben[4], scheinen Freunde und Bekannte eher für aktuelle kognitive Unterstützung und Informationen zuständig zu sein, sind aber auch Vertrauenspersonen für persönliche Gespräche (McFarlane et al. 1984, Pearlin 1985, Walker et al. 1977).

2. Soziale Netzwerke und Gesundheit: Ein Forschungsüberblick

2.1. Gesundheitsfördernde und -erhaltende Effekte

In der Netzwerkanalyse ist eine Fülle struktureller Merkmale entwickelt worden, von denen in diesem Kontext vor allem der Umfang, die Zusammensetzung und die Dichte (Anteil der Personen, die miteinander Kontakt haben, an allen Netzwerkmitgliedern) Relevanz erlangt haben. Die Zusammenhänge zwischen diesen Maßen ergeben sich zunächst wie folgt: Umfang und Dichte stehen in einem inversen Verhältnis, d.h., je größer ein Netzwerk, desto geringer ist die Wahrscheinlichkeit, daß sich die Mitglieder untereinander kennen. Die Netzwerkzusammensetzung findet sich in der Literatur einmal auf einer interaktionalen Ebene als Dichothomie „starke vs. schwache Beziehungen“ und einmal auf einer Netzwerkebene als „offene vs. geschlossene Netzwerke“. Ein hoher Anteil starker (d.h., solchen, die einem nahestehen und die man häufig sieht) Beziehungen konstituiert weitgehend „geschlossene“ Netzwerke (Laumann 1973) hoher Dichte. Diese zeichnen sich i.d.R. dadurch aus, daß sie lokal zentriert sind, relativ homogen in den Einstellungen und Werten und eine hohe Kontakthäufigkeit aufweisen[5]. Ein hoher Anteil schwacher (d.h. eher flüchtiger und eher instrumenteller) Beziehungen dagegen konstituiert locker verbundene, „offene“ Netzwerke, die sich durch größere Heterogenität, einen geringen Verwandtschaftanteil sowie eine größere regionale Ausdehnung mit entsprechend geringerer Kontakthäufigkeit auszeichnen.

Eine Reihe von Studien hat einen positiven Effekt zwischen der Netzwerkgröße und Variablen physischer und psychischer Gesundheit gefunden (z.B. Berkman und Syme 1979). Jedoch zeigte sich, daß dieser Effekt stark von Drittvariablen wie Alter, Geschlecht, sozialintegrativen Faktoren und vor allem – nach den Ausführungen im vorigen Abschnitt nicht überraschend – von der Qualität und der jeweiligen Wahrnehmung der geleisteten Unterstützung abhängen. Zum anderen hat sich eine Zusammensetzung des Netzwerkes aus sowohl *starken* als auch *schwacher* Beziehungen als günstig für das gesundheitliche Wohlbefinden erwiesen. Während erstere die Einbindung in ein stabiles soziales Kernnetzwerk gewähren, welches dem Individuum eine soziale

---

4 Allerdings geht dies nahezu ausschließlich zu Lasten von Frauen, mit der Konsequenz, ständig von Überforderung beroht zu sein (Belle 1982, Brody 1985, Gerhardt und Friedrich 1982).

5 Bis in die 80er Jahre hinein wird dieser Netzwerktypus in der sozialwissenschaftlichen Literatur als ein stärker in untereren Sozialschichten verbreitetes Muster diskutiert (z.B. Strohmeier 1983).

Verortung (Identität, Zugehörigkeitsgefühl, Routinen) verleiht sowie die grundsätzlichen Unterstützungsbedürfnisse erfüllt, haben sich letztere als vorteilhaft für neue Kontakte über Netzwerkgrenzen hinweg und damit ressourcengenerierend erwiesen. Darüber hinaus kommt ihnen ein Flexibilitätspotential zu, als daß sie es dem Individuum ermöglichen, sich veränderten Situationen besser anzupassen. Ergebnisse einer Studie von Cohen et al. (1997) bspw. wiesen eine geringere Anfälligkeit gegenüber Viruserkrankungen nach, wenn die Netzwerke heterogen zusammengesetzt waren (vs. homogene Netzwerke).

Wesentlich umfassendere Bedeutung in der wissenschaftlichen Diskussion haben soziale Netzwerke als Matrix für Unterstützungsleistungen und damit in der ,Social Support'-Forschung erhalten. Hier zum einen hinsichtlich ihrer präventiven, gesundheitserhaltenden resp. krankheits- oder krisenvermeidenden Wirkung[6]. Menschen mit hohen Unterstützungsressourcen scheinen ein geringeres Erkrankungsrisiko aufzuweisen, sei es im somatischen, psychischen oder psychosomatischen Bereich (Blazer 1983, Brown und Harris 1978, Cohen und Wills 1985, House et al. 1982, Raspe 1982), in ihrem Leben besser sozial integriert zu sein (Antonucci und Depner 1982, Buchmann et al. 1985), mehr positiv bewertete Lebensereignisse aufzuweisen (resp. mehr als solche wahrzunehmen), ein höheres Maß an *Selbstwertgefühl* zu besitzen und eine optimistischere Grundhaltung einzunehmen als solche mit geringen (Brücker 1992, House 1981, Röhrle 1994: 88 f., Schwarzer und Leppin 1991). Zum anderen ist die positive Wirkung sozialer Unterstützung im Kontext der Bewältigung akuter oder dauerhafter Krisen, Belastungssituationen und Krankheiten[7] herausgestellt worden.

Den beiden Varianten entsprechend haben zwei alternierende Thesen zur positiven Wirkung sozialer Unterstützung empirische Evidenz erfahren. Vertreter der sogenannten Haupteffekt-These sehen schon in der reinen Verfügbarkeit sozialer Unterstützung – also unabhängig vom Auftreten belastender Situationen – einen gesundheitsfördernden Effekt, also günstig für die Genese, Erhaltung und Wiederherstellung des Wohlbefindens, indem sie die Exponiertheit gegenüber streßerzeugenden Events oder deren

---

6 Die Schutzschildfunktion sozialer Unterstützung wurde bspw. nachgewiesen hinsichtlich eines geringeren Ausmaßes von Schwangerschafts- und Geburtskomplikationen, höherem Geburtsgewicht sowie längeren Phasen des Stillens (Nuckolls et al. 1972), hinsichtlich eines geringeren Medikamentenbedarfs, Schutz vor viralen Erkrankungen (z.B. Tuberkerlose – Cohen et al. 1997) sowie Schutz vor Neurosen (Henderson et al. 1981).
Dabei ist die Einsicht sozialer Netzwerke als Ressourcen keineswegs neu: Schon einer der bekanntesten frühen ,Social Support'-Forscher, Gerald Caplan (1974), hatte, analog des Durkheimschen Konstruktes der ,organischen Solidarität', soziale Stützsysteme und hier insbesondere die Familie und die Partnerschaft als das wesentlichste Moment einer präventiv orientierten Psychiatrie bezeichnet (vergl. Brown und Harris 1978, Gottlieb 1983).

7 Nennen lassen sich hier bspw. psychische Störungen resp. Verhaltensauffälligkeiten (Eaton 1978, Hammer 1981, Henderson 1980, Tolsdorf 1976), akute Belastungssituationen wie Trennung (Wilcox 1981, Rands 1988), Verwitwung (Walker et al. 1977) oder am Arbeitsplatz (Brükker 1992, House 1981), länger andauernde Belastungen wie körperliche Behinderung (Badura 1981, Berkman 1984, Broadhead et al. 1983, Eraker et al. 1984, Keupp 1985, Patrick et al. 1986, Wallston et al. 1983) und verschiedene chronische Krankheiten (Badura 1981, Berkman 1984, Broadhead et al. 1983, Beutel 1988, de Ruiter et al. 1993, DiMatteo und Hays 1981, Dunkel-Schetter et al. 1987, Funch und Marshall 1983, Gulick 1994, Leimkühler 1988, Manne und Zautra 1992, Raspe 1982, Wortman und Dunkel-Schetter 1987, Zink et al. 1985).

Auftretenswahrscheinlichkeit reduziert (Gottlieb 1983). Vertreter der sogenannten Puffereffekt-These hingegen sehen die Effekte sozialer Unterstützung vorwiegend in einer Abschwächung dysfunktionaler Stressoreinflüsse (durch Aufrechterhaltung einer positiven Selbstwertschätzung, Stärkung individueller Coping-Fähigkeiten, etc.). Ein Mangel an sozialer Unterstützung hat nach dieser Modellvorstellung keine unmittelbaren gesundheitlichen Auswirkungen. Empirisch wurde die Puffer-Effekt-These zwar häufiger untersucht und entsprechend häufiger bestätigt gefunden, wohl aber auch aufgrund der engen Verknüpfung der Unterstützungs- mit der Streßforschung. Nach Veiel (1987b) sollten diese Zusammenhänge daher nicht überbewertet werden. Beide Effekte scheinen vielmehr unabhängig voneinander zu wirken resp. sich zu ergänzen, funktionieren jedoch vermutlich nicht komplementär: Überschreiten nämlich die Belastungen ein bestimmtes Limit, so werden auch die besten sozialen Ressourcen keinen (dauerhaften) Schutz vor physischen und/oder psychischen Beeinträchtigungen bieten. Zudem sind auch Interaktionseffekte wie bspw. das Fehlen sozialer Unterstützung bei gleichzeitigem Auftreten von Streß zu berücksichtigen.

Obwohl die Forschungsliteratur mittlerweile einen Umfang erreicht hat, daß praktisch alle Unterstützungsaspekte „von der Wiege bis zur Bahre“ (Klusmann 1989, 17) untersucht worden sind, ist bis heute nicht genau geklärt, *wie* soziale Unterstützung auf das gesundheitliche Wohlbefinden eines Individuums resp. dessen Umgang mit Streß wirkt. Entsprechend heterogen sind die gefundenen Effekte. Während bspw. einige Forscher emotionaler Unterstützung den stärksten Einfluß auf physisches und psychisches Wohlbefinden zuschrieben (Henderson et al. 1981, Lin et al. 1979, LaRocco et al. 1980), fanden andere diese Zusammenhänge insbesondere bei materiellen Hilfeleistungen (Schaefer et al. 1981). Vaux (1988) bemängelt zudem, daß die Forschung sich mehr auf das Vorhandensein als auf die Stärke des Effektes sozialer Unterstützung auf Gesundheit konzentriert hat. Von einer allgemeinen salutogenen Wirkung sozialer Unterstützung kann, wie Röhrle (1994, 95) resumiert, somit nicht gesprochen werden.

Insgesamt scheinen eher die subjektive Wahrnehmung (*perceived support*) sowie qualitative Aspekte von Unterstützung – wie etwa die Zufriedenheit mit erhaltener Unterstützung oder deren Verfügbarkeit im Sinne einer generalisierten Erfahrung – Auswirkungen auf das gesundheitliche Wohlbefinden zu haben und weniger tatsächlich erhaltene Unterstützungsleistungen (*received support* – Brown und Harris 1978, Cutrona 1986, Gottlieb 1978, Heller und Swindle 1983, Henderson et al. 1981, Israel et al. 1983, Procidano und Heller 1983). Weitgehend Einigkeit besteht zumindest darüber, daß es kein unterstützendes Verhalten an sich gibt, sondern daß die angebotene Unterstützung auch zu den spezifischen Bedürfnissen und der Situation eines Individuums passen muß (Sommer und Fydrich 1989). Dies verweist auf die nötige Kontextualisierung des Gegenstandes resp. des *Settings*, in dem Unterstützung stattfindet (z.B. Arbeit, Freizeit, Nachbarschaft, Alltag vs. Krisen, etc.). Es gilt, die relevanten Hintergrundvariablen, Umfang, Zusammensetzung und Adäquatheit (‚Verwundbarkeit‘) des sozialen Netzwerkes als Mesostrukturen mit einzubeziehen. Im Sinne einer Verknüpfung von Binnen- und Außenperspektive, eines ‚person-environment-fits‘[8], wird zudem ein komplexes, dynamisches Zusammenspiel zwischen den Bedürfnissen und individuellen Handlungsressourcen (auch: „persönliche“, „psychologische“, „interne“ Ressourcen, vgl. Petzold 1997p) des Individuums und der Umgebung angenommen. Zu den persönlichen Ressourcen werden bspw. die Fähigkeit gerechnet, Netz-

8 Einige Forscher sprechen auch von einem ‚relationalen Unterstützungsbegriff (Veiel 1987a) oder ‚matching‘ (Cutrona und Russell 1990, Shinn et al. 1984).

werke managen resp. Ressourcen im Netzwerk mobilisieren zu können (Keupp und Röhrle 1987)[9]. So fanden bspw. Angermeyer und Bock (1984) bei Alkoholkranken Geschlechtsunterschiede hinsichtlich der Nutzung sozialer Ressourcen, die durchaus verallgemeinerbar sind: In einer Zweierbeziehung lebende Männer wendeten sich hier zur Befriedigung emotionaler Bedürfnisse fast ausschließlich an ihre Partnerin, während Frauen auf ein breiter gestreutes Verwandten- und Freundesnetzwerk zurückgriffen. Desweiteren spielt die Offenheit resp. Bereitschaft, (angebotene) Hilfe auch anzunehmen, Erfahrungen mit Unterstützung in der Vergangenheit, Bewältigungsstrategien, dispositionale Konstrukten wie bspw. Netzwerk- oder Hilfesuchorientierung (Tolsdorf 1976, Vaux et al. 1986), Verfügbarkeit von sozialen Ressourcen, Bereitschaft von Netzwerkmitgliedern zur Hilfe und deren Hilfeintention und das Bemühen um eine ausgeglichene Hilfebilanz eine Rolle (de Ruiter et al. 1993, Sarason et al. 1987, Shumaker und Brownell 1984, Uehara 1990).

Zusammenfassend stellte Schwarzer (1994, 144) in den letzten Jahren eine „vielversprechende Konvergenz" unterschiedlicher Forschungsrichtungen wie der ‚Support'-Forschung, der Netzwerkforschung, der Hilfesuchforschung und der Forschung über enge Sozialbeziehungen fest, womit sich auch mehr und mehr die Konturen eines einheitlichen *theoretischen Bezugsrahmens* herausgebildet haben, der gesundheitliche Störungen als Resultat eines suboptimalen Copings mit Streßsituationen auffaßt und zusammenfassend als „Streß/Coping Paradigma" bezeichnet werden könne (vergl. auch Badura und Pfaff 1989, Brücker 1992, Kessler und Wortmann 1989, Pearlin 1989, Shumaker und Brownell 1984).

2.2. Belastende Aspekte sozialer Netzwerke und sozialer Unterstützung

Das lange Zeit vorherrschende Erkenntnisinteresse lediglich an den positiven Wirkungen sozialer Netzwerke und Unterstützung hat erst relativ spät zu Forschungsaktivitäten über belastende Auswirkungen durch das soziale Umfeld, der „Kehrseite der Medaille" (Lehmann et al. 1986) geführt, obwohl viele empirische Befunde darauf hindeuten, daß einerseits die Abwesenheit schädlicher ‚support'-Beziehungen u. U. als günstiger für das individuelle Wohlbefinden eingeschätzt wurde als das Vorhandensein unterstützender Beziehungen, andererseits Belastungen möglicherweise einen größeren gesundheitsbezogenen Effekt aufweisen als die positiven Auswirkungen[10]. Auch dieser Kehrseite sollte im psychotherapeutischen Kontext daher – auch unter Bezug auf Forschung zu protektiven, risikoreichen und belastenden Faktoren (Petzold, Goffin, Oudhof 1993) – größte Aufmerksamkeit geschenkt werden.

Da der Forschungsbereich zu interpersonalen Belastungen relativ unsystematisch und über verschiedene Disziplinen wie etwa die Streß- und Belastungs-, die Netzwerk- und Unterstützungs-, die Psychotherapieforschung, die longitudinale Entwicklungs- und die Sozialpsychologie verteilt ist, erscheint eine Übersicht von Laireiter und Lett-

---

9 Die Abnahme des normativen Einflusses vorgefundener Sozialbeziehungen und damit korrespondierende Individualisierungstendenzen bieten einerseits Freiräume für die Gestaltbarkeit von Sozialbeziehungen, erfordern andererseits aber auch ein höheres Maß an Eigenleistungen des Individuums. Nunmehr weniger selbstverständlich verfügbare und ihres Verpflichtungscharakters teilweise entledigte Beziehungen müssen verstärkt hergestellt, aufrechterhalten und im Bedarfsfall auch aktiviert werden, womit das Individuum zum „Netzwerkmanager" wird (Keupp 1976).

10 Siehe hierzu Barrera 1981, Barrera und Baca 1990, Dunkel-Schetter und Bennett 1990, Kanner et al. 1981, Kessler und Mc Leod 1985, Knipscheer und Antonucci 1990, Laireiter und Lettner 1992, Milardo und Lewis 1985, Rook 1984, 1990, Rook und Pietromonaco 1987, Schmidt et al. 1992.

ner (1992) hilfreich, die zwischen durch strukturelle Netzwerkparameter bedingten Belastungen, belastenden Aspekten sozialer Beziehungen und solchen sozialer Unterstützung unterschieden haben.

Strukturelle Netzwerkmerkmale und Belastungen:

Defizitäre Netzwerkstrukturen können in einem weitgehenden oder gar völligen Fehlen sozialer Beziehungen (soziale Isolation) bestehen (Petzold 1979b, 1982v, 1994e), aber auch in einem Zuviel an Beziehungen, die nicht mehr handhabbar sind. Ferner kann die Zusammensetzung eines Netzwerkes ungünstig sein, etwa hinsichtlich des Anteils starker und schwacher Beziehungen, mit der Folge bspw. zu dichter Netzwerke und der damit häufig korrespondieren hohen sozialen Kontrolle und Abschirmung von der weiteren sozialen Umgebung. *Netzwerkgröße*: Kleine Netzwerke wurden in Verbindung gebracht mit Beeinträchtigungen der Befindlichkeit und belastenden physischen und psychischen Symptomen (Cohen und Wills 1985, Henderson et al. 1981, Schwarzer und Leppin 1989)[11]. Dies gilt insbesondere für das Fehlen enger Beziehungen, aber auch für „social companionship", also regelmäßige Kontakte mit nicht unbedingt nahestehenden Personen (Rook 1984). Bspw. konnte bei alleinstehenden Medikamentenabhängigen Patienten eine höhe Wahrscheinlichkeit der Institutionalisierung festgestellt werden (Wan und Weissert 1981). Andererseits können natürlich auch zu große Netzwerke das persönliche Wohlbefinden beeinträchtigen, da von den meisten Menschen nur eine begrenzte Anzahl an Kontakten überhaupt managebar ist. Empirische Befunde weisen allerdings auf einen moderierenden Einfluß soziodemographischer Variablen wie Alter und Geschlecht hin. So haben Frauen und Menschen mittleren Alters größere Netzwerke als Männer und Alte. Hintergrundereignisse wie der Verlust einer nahestehenden Person spielen eine entscheidende Rolle (z.B. Lin et al. 1986). Auch die Beziehungen zwischen der *Dichte* eines Netzwerkes und psychischer Gesundheit sind heterogen. Netzwerke hoher Dichte korrelierten zum einen mit einer positiven psychischen Befindlichkeit und haben offenbar eine streßreduzierende Wirkung (Fischer und Phillips 1982, Hall und Wellman 1985, Hirsch 1979, Kadushin 1982, Tolsdorf 1976, Walker et al. 1977). Erklärt wird dies sowohl mit einer das Individuum entlastenden Eindeutigkeit sozialer Normen, Rollenverteilungen und Erfahrungen als auch damit, daß hier vielfältige Unterstützungsleistungen verfügbar sind. Dichte Netzwerke haben aber auch negative Implikationen wie die Ausübung einer hohen normativen Kontrolle oder eine relative Abschottung gegenüber der weiteren sozialen Umgebung (Hirsch 1981, Pattison et al. 1975). Gerade familiale (Selbst)hilfe erweist sich, insbesondere im intergenerationalen Kontext, als ein ambivalenter Komplex, da instrumentelle Unterstützung häufig auch mit psychologischen Belastungen verbunden ist, d.h., oft ist das eine nicht ohne das andere zu haben, zumal man letztlich aufeinander angewiesen ist[12]. Wilcox (1981) beobachtete, daß geschiedene Frauen von den Mitgliedern der Familie einerseits zwar ein hohes Maß an Unterstützung enthielten, diese Kontakte aber auch am stärksten belasteten. Maguire (1983) fand bei Individuen in dichten Netzwerken ein Widerstreben, sich mit seinen Problemen an andere zu wen-

---

11 Der Extremfall der sozialen Isolation (das Fehlen sozialer Beziehungen) wird hier nicht betrachtet.

12 Gottlieb (1983) bezeichnete daher verwandtschaftliche Unterstützungsbeziehungen als „most critical psychological resources".

den aus Angst, sich abhängig zu machen. Denn ist die Möglichkeit des Austausches mit der weiteren sozialen Umgebung infolge von Abschottungstendenzen eingeschränkt, so kann es im Fall von familiären Konflikten und Problemen zu destruktiven Entwicklungen wie Vermeidungsverhalten, verdeckter Feindseligkeit, emotionaler Anspannung, negativen Dependenzen und Anpassungsdruck kommen. Ergebnisse einer Studie von Walker et al. (1977) weisen darauf hin, daß kleine Netze hoher Dichte wohl die *soziale Identität* am stabilsten, aber eben auch am unverändertsten lassen, d.h., daß sie Unterstützung und Hilfe nur in „bewährten" Alltagssituationen bieten können. In Situationen, die Veränderungen mit sich bringen wie sie bei psychischer oder chronischer Erkrankung entstehen, kann es daher an adäquater Unterstützung, die es dem von einer Krankheit Betroffenen ermöglicht, der neuen Situation angemessene Wege zu gehen, mangeln[13]. Identitäts- und gendertheoretische Perspektiven (Petzold 1998h) sind hier zu berücksichtigen. Netzwerke geringer Dichte bestehen aus vielen unverbundenen Einzelpersonen aber auch auch Verdichtungszonen. Solche Netzwerksegmente können als *Schutzschild* (Petzold 1995a,b) gegen Streß und Probleme in anderen Segmenten dienen (Hirsch 1979). Segregierte Netzwerke weisen darüber hinaus eine größere Variationsbreite an Normen und Werten auf, was ihre Anpassungsfähigkeit bei ‚life events' oder bei einer veränderten Bedürfnisstruktur erhöht[14]. Zudem scheint auch die Zufriedenheit mit sozialer Unterstützung höher zu sein, wenn sie aus verschiedenen Quellen entstammt (Hirsch 1981). Andererseits können solche Netzwerke auch negative Auswirkungen haben, etwa durch wahrgenommene Inkongruenzen emotionaler, kognitiver oder emotionaler Art zwischen verschiedenen Netzwerksegmenten, die zu chronischen Belastungen werden können und darüber die Anfälligkeit gegenüber Krankheiten steigern.

Werden Netzwerke als „pathogen" bezeichnet, so können damit Netzwerke gemeint sein,

- in denen bestimmte Normen und Werte herrschen, die das Individuum in ein strukturelles Spannungsverhältnis mit der Gesellschaft versetzen (z.B. Gewaltanwendung, Drogenkonsum) etc.,
- in denen Individuen an ihrer freien Entfaltung gehindert werden: dies kann durch eine hohe Dichte mit entsprechend hoher sozialer Kontrolle, durch Mangel an Alternativen in den Sozialbeziehungen, etc. bedingt sein,
- in denen Werte sich als ambivalent oder verändernd erweisen (z.B. in der Eltern-Kindbeziehung: Aussagen der Eltern widersprechen sich, angekündigte Versprechungen oder Sanktionen werden nicht gehalten resp. durchgesetzt, etc.),
- die eine sehr geringe Zahl sozialer Beziehungen aufweisen, z.B. wenn weggebrochene Beziehungen (z.B. durch Tod, Trennung, etc.) nicht kompensiert werden können. Seltener Extremfall ist soziale Isolation[15].

---

13 Gleichwohl behalten enge Beziehungen natürlich, wie es auch die ‚social support'-Forschung umfassend nachgewiesen hat, ihre wichtige soziale Bedeutung.

14 Hirsch (1979: 275) nannte hierfür drei Gründe: Einzelne Dyaden sind i.d.R. Veränderungen gegenüber zugänglicher als Gruppenrollen und -normen. Bei einer veränderten Bedürfnisstruktur ist die Wahrscheinlichkeit, passende Kontakte im Netzwerk zu finden, größer. Schließlich mag auch die Verfügbarkeit ganz unterschiedlicher Personen die eigenen Fähigkeiten, mit Veränderungen umzugehen, stärken (siehe auch Coser 1975).

15 Eine Beurteilung sozialer Isolation sollte sich allerdings nicht von absoluten Werten leiten lassen, sondern Schwellenwerte bestimmen, die sich bspw. am Durchschnittwert einer untersuchten

- ein Vorherrschen von Beziehungen, die sich durch fehlende Reziprozität von Unterstützungsleistungen auszeichnen, was zu teilweiser oder vollkommener Abhängigkeit einer Person führen kann,
- Randpostionen im sozialen Netzwerk, so daß Kontakt nur über *eine* Person zum weiteren Netzwerk besteht, was ebenfalls zu einer erhöhten Abhängigkeit von dieser Person führt;

Diese Aspekte können wiederum zu Unzufriedenheit mit sozialen Beziehungen (z.B. Einsamkeit) führen. Einsamkeit wird dabei in der Literatur zumeist als subjektive Wahrnehung aufgefaßt, wobei nur eine geringe Korrelation mit sozialer Isolation gefunden wurde: Weder fühlen sich Individuen ohne soziale Beziehungen notwendigerweise einsam, noch schützt das Vorhandensein sozialer Beziehungen vor Gefühlen der Einsamkeit (Fischer und Phillips 1982, Perlman 1988).

Belastungen sozialer Beziehungen:

Gegen Versuche, eine Typologie *belastender Beziehungen* zu erstellen (z.B. Barrera 1981, Baumann et al. 1987b), ist zum einen eingewendet worden, daß Beziehungen primär auf Austausch und Harmonie (und nicht auf Feindschaft) ausgerichtet und Belastungen damit eher Folge denn eigentlicher Inhalt einer Beziehung sind, zum anderen hauptsächlich an unfreiwillig bestehende Beziehungen geknüpft sind; unangenehme resp. belastende Beziehungen, die frei gestaltbar sind, werden hingegen i.d.R. abgebrochen. Laireiter und Lettner (1992) sehen wenig empirische Hinweise für die Existenz spezifisch belastender Beziehungsrollen und schlagen daher eine Untersuchung *belastender Interaktionsmuster* wie bspw. Ambivalenzen, unausgeglichene Unterstützungsbilanzen (z.B. Überforderung), Kontrolle, Abwertung, Angst oder Sorge. Diese könnte sich an dem bereits in den frühen achtziger Jahren von Lazarus und Folkman (1984) vorgelegten Quartett (Bedrohung, Verlust, Kränkung/Verletzung und Herausforderung) orientieren. Als ein weiteres Beispiel eines solchen Musters können die alltäglichen Streßerfahrungen, die ‚dayly hassles' aufgefaßt werden (z.B. Kanner et al. 1981). Ihnen kommt möglicherweise eine bessere Prediktorfunktion für die psychosomatische Gesundheit zu als unspezifischem Streß oder „stressful life events".

Belastungen durch soziale Unterstützung:

Belastungen sozialer Unterstützung sind nach „normaler" Unterstützung, für die spezifische Bedarfssituation des Hilfenachfragenden nicht (mehr) adäquater oder fehlgeschlagener Unterstützung, enttäuschten Unterstützungserwartungen, einem Über- oder Mindermaß an Unterstützung und „belastungsbedingter Ineffektivität" differenziert worden (Baumann et al. 1987b, Laireiter und Lettner 1992, Suls 1982)[16]. Auf die mit normaler Unterstützung verbundenen Begleiterscheinungen wie etwa Bedrohungen des Selbstwertgefühls (z. B durch Gefühle der Abhängigkeit) hat die Sozialpsychologie

---

Population bestimmen lassen. So sprechen bspw. Fischer und Phillips (1982) von „schwer oder moderat isolierten" Personen.

16 Natürlich gibt es auch auf seiten des Hilfegewährenden Entsprechungen wie bspw. nicht-intendierte Unterstützungswirkungen, fehlgeschlagene Unterstützungsversuche etc. (Dunkel-Schetter 1984). Klusmann (1989, 37) stellte in diesem Zusammenhang einem gutem Rat den schlechten gegenüber, richtigem Feed-Back das falsche, der Wertschätzung die Geringschätzung, dem einfühlendem Verständnis Verständnislosigkeit, einem umsorgendem Verhältnis ein Ausnutzen, etc.

hingewiesen (und Fisher 1986). Diese Gefühle scheinen dabei eher bei Hilfeleistungen entfernter als nahestehender Personen zuzutreffen. Inadäquate Unterstützung kann bspw. in Überredungsversuchen, Vermeiden von problematischen Diskussionen, gutgemeinten Versuchen der Problemreduzierung oder Hilfestereotypen, also nicht wirklich hilfreichen Angeboten bestehen. Dabei sind die Effekte weitgehend unabhängig davon, ob Hilfeleistungen gut gemeint sind oder nicht (Shinn et al. 1984, Dunkel-Schetter und Wortman 1981, DiMatteo und Hays 1981, Rook 1984). Enttäuschte Unterstützungserwartungen sind häufig die Folge unterbliebender Hilfe, was zu Kränkungen führen und insbesondere bei aktuell belasteten Personen zu psychischen Beeinträchtigungen führen kann (z.B. Pagel et al. 1987). Ein Übermaß an Unterstützung wurde vor allem in Netzwerken großer Dichte gefunden (Coyne et al. 1990). Eng hiermit verbunden sind häufig Einmischungstendenzen, das Absprechen von Kompetenzen, etc. Ein als unangenehm empfundenes Ungleichgewicht in der Unterstützungsbilanz kann auch Ursache für eine zukünftiger Zurückhaltung bei der Annahme von Hilfe sein. Schließlich kann angebotene Unterstützung ineffizient oder nicht adäquat sein. Dies Gefahr besteht, wenn Netzwerkmitglieder in Belastungssituationen involviert sind. Beispiele sind die (zumeist weiblichen) Familienangehörigen in der Pflege chronisch Kranker oder eine Subkultur bspw. Drogenabhängiger, die zur Aufrechterhaltung problematischen Verhaltens oder Krisen beitragen. Der damit aufgeworfenen Frage, wann eine soziale Interaktion als Unterstützung und wann als Belastung zu werten ist, ist mit einer Reihe von mehr oder weniger problematischen Vorschlägen begegnet worden. Dunkel-Schetter et al. (1990) regen an, drei Perspektiven zu unterscheiden, nämlich die Helfer-, die Empfänger- und die Beobachterperspektive (die natürlich nie übereinstimmen). Ähnlich plädieren auch Shumaker und Brownell (1984) dafür, die Hilfeintention des Support-Gewährenden sowie deren Wahrnehmung durch den Empfänger bei der Analyse sozialer Interaktionen einzubeziehen. Handelt ein Unterstützer demnach aus altruistischen Motiven, kann dies als ein Unterstützungs*versuch* interpretiert werden, ohne daß der Empfänger einen Vorteil verspüren muß, während eine *effektive* Unterstützungshandlung auf der Wahrnehmung und Interpretation einer positiven Wirkung seitens des Empfängers beruht.

2.3. Veränderungen von Netzwerken im Zeitverlauf

Soziale Netzwerke sind keine statischen Gebilde, sondern in einem ständigen Fluß der Veränderung. Zum einen weisen sie eine natürliche inhärente Dynamik im Lebenslauf auf, die i.d.R. durch einen u-förmigen Verlauf gekennzeichnet ist. Eine Reihe von Studien hat gezeigt, daß Netzwerke im Lebenslauf zunächst größer werden – so kommen engere Freunde, aber auch Bekannte an den charakteristischen Wendepunkten wie Berufseintritt und -wechsel, Heirat, Geburt des ersten Kindes etc. hinzu -, um im letzten Lebensdrittel wieder zu schrumpfen, d.h., Kontaktverluste werden nur noch in abnehmendem Maße und schließlich gar nicht mehr kompensiert (Fischer 1982, Petzold 1994e). Im mittleren Alter findet sich i.d.R. eine relative Konstanz des Netzwerkumfangs bei jedoch sich verändernder Zusammensetzung in Abhängigkeit vor allem des Familienzyklus' (Stueve und Gerson 1977). Ähnlich wird auch bei einem neueren Konzept in der Forschung und in der interventiven Praxis der Karrierebegleitung als Weggeleit (Petzold, Hentschel 1991), das Unterstützungsnetzwerke als Geleitschutz, als *,convoy'* im Sinne eines „protektiven Faktors" bzw. Prozesses über die gesamte Lebensspanne ansieht (Petzold 1995 a, idem, Goffin, Oudhof 1993), von einer Stabilität zumindest grundsätzlicher Unterstützungsfunktionen auch bei deren wechselnder Zusammensetzung ausgegangen (Antonucci 1985, Antonucci und Akiyama 1994, Kahn und Antonucci 1980, Levitt 1991, Udris et al. 1992, Petzold 1995a).

Zum anderen können Veränderungen im sozialen Netzwerk als Folge einschneidender Life-Events auftreten wie Verlust des Partners, Ausscheiden aus dem Arbeitsleben, chronischer Erkrankungen und den damit korrespondierenden Folgen wie physische Mobilitätseinschränkungen, Schmerzen, etc., also Ereignissen, die von den betroffenen Personen erhebliche Anpassungsleistungen verlangen, Auswirkungen einer veränderten Zusammensetzung des Netzwerkes oder einer veränderten Funktion einer Beziehung, deren Auswirkungen auf das Individuum erst ansatzweise geklärt und die empirischen Befunde hierzu inkonsistent sind (Eckenrode und Gore 1981, Hays und Oxley 1986, Minor 1983, Röhrle 1994, Stueve und Gerson 1977, Thoits 1982). Soziale und psychologische Bedürfnisse eines Individuums können sich im Zeitverlauf ändern, und Bedürfnisse nach adäquaterer Unterstützung passen dann oft nicht mehr mit den im Netzwerk vorhandenen Ressourcen zusammen. Durch Neuentstehung oder Verschärfung von Problemlagen wie bspw. bei Ausbruch einer chronischen Erkrankung kann es etwa zu einem akut erweiterten Informationsbedarf kommen (Finlayson und Mc Ewen 1977). De Ruiter et al. (1993) beobachteten bei Krebskranken eine quantitative Ausdehnung der Netzwerke, um aus balancetaktischen Gründen einzelne Beziehungen nicht zu überlasten. Minor (1983) untersuchte über drei Meßzeitpunkte im halbjährigen Abstand hinweg die Veränderung von Netzwerken Heroinabhängiger. Während die Zusammensetzung der Netzwerke über die Meßzeitpunkte relativ konstant blieb (nahe Verwandte knapp 40%, Freunde ca. ein Drittel, professionelle Kontakte knapp 20% – bestanden die Netzwerke am letzten Erhebungszeitpunkt nur noch zu einem Drittel aus identischen Personen. 75% dieses stabilen Netzwerkanteils waren nahe Verwandte. Schmidt et al. (1992) untersuchten die Netzwerke HIV-Kranker und fanden im Beobachtungszeitraum der Studie (18 Monate) keine Abnahme der Beziehungen. Weitere Ergebnisse liegen aus Untersuchungen von Netzwerken Geschiedener vor. Bankoff (1983) bspw. fand bei Witwen in der ersten Trauerphase eine klare Preferierung der Eltern als emotionale Unterstützer, während diese Rolle in einer späteren Phase von Freunden (mit auch anderen Formen der Unterstützung) übernommen wurde. Wilcox (1981) untersuchte bei geschiedenen Frauen die Bewältigung ihrer Scheidung und fand größere psychische Probleme in den Fällen, in denen kleine, dichte Netzwerke mit vielen (mit dem Ehemann) gemeinsamen Personen (nahe Verwandte und Freunde) bestanden hatten, die in der Situation anch der Scheidung nicht mehr für emotionale Unterstützung zur Verfügung standen resp. gemieden wurden. Rands (1988) fand in den Netzwerken Geschiedener nach knapp zwei Jahren nur zu etwa der Hälfte noch identische Personen vor. Insbesondere die Kontakte zu Verwandten des Expartners wurden abgebrochen und die Kontakte zu Paaren reduziert, während die Zahl der Freunde konstant blieb. Diese Veränderungen spielten sich dabei zum Großteil direkt nach der Scheidung ab.

Eine Reihe von Autoren konnte zwar einen Zusammenhang zwischen zunehmender Chronizität einer Erkrankung und einer Tendenz zur Verarmung des Netzwerkes bei psychisch Erkrankten beobachten (Ratcliffe 1978, Angermeyer und Lammers 1986, Müller et al. 1986), jedoch sind auch hier die Ergebnisse heterogen. Ibes und Klusmann (1989) bspw. fanden bei chronisch psychisch Kranken zwar weniger emotional enge Beziehungen und eine geringere Anzahl von Funktionen der wichtigsten Person im Netzwerk im Vergleich zu Neuerkrankten, jedoch waren die Netzwerke insgesamt nicht kleiner, und es wurden auch nicht weniger Quellen sozialer Unterstützung genannt. Da die meisten Studien als Querschnittstudien angelegt sind, lassen sich jedoch keine Aussagen über die Kausalität der Beziehung zwischen der Dauer der psychiatrischen Erkrankung und dem Zustand der sozialen Netzwerke machen. Die wenigen existierenden Längsschnittstudien weisen allerdings auf eine (schwache) Tendenz hin, defizitäre Netzwerkstrukturen eher als Folge denn als Ursache psychischer Störungen zu betrachten (z.B. Billings und Moos 1982, 1985). Letztendlich erscheint eine Wechselbeziehung plausibel: Wenn soziale Netzwerke bereits Erosionen aufweisen, können sich in der Folge belastende Einflüsse möglicherweise durchschlagender auswirken als bei „normal" belastbaren Netzwerken. Verfügen psychisch Erkrankte zudem nur in geringem Ausmaß über die notwendigen sozialen Kompetenzen, bestehende Netzwerkkontakte aufrechtzuerhalten resp. neue zu knüpfen, kann eine soziale Isolierungsspirale in Gang gesetzt werden.

3. Soziale Netzwerke im Kontext von Psychotherapie

Ergebnisse zu den Auswirkungen soziale Netzwerker uind sozialer Unterstützung liegen zu einigen großen Störungsbildern in der Psychotherapie wie depressiven Störungen, Angststörungen, Eßstörungen, Alkoholproblematik und Erkrankungen des schizophrenen Formenkreises vor. Bei depressiven Störungen etwa wurde eine höhere Wahrscheinlichkeit der Erst- und Wiedererkrankung sowie vermehrte Remissions- und Rückfallraten festgestellt, wenn Unterstützung durch Netzwerkmitglieder, insbesondere durch den Partner, fehlt (Brown und Harris 1978, Gotlib und Hammen 1992).

Mehrere Studien haben sich mit den Netzwerken psychisch kranker Patientenpopulationen befaßt, wobei die Ergebnislage hier heterogen ist. Während in einer Übersichtsarbeit von Beels et al. (1984) die Netzwerke schizophren Erkrankter als relativ klein, instabil und nur locker verbunden beschrieben wurden (vergl. auch Angermeyer 1989, Pattison et al. 1975, Pattison und Pattison 1981, Tolsdorf 1976), fanden sich in anderen Studien stärker verwandtschaftszentrierte Netzwerke mit entsprechend höherer Dichte sowie höheren Kontaktfrequenzen, allerdings auch weitgehend unverbundenen Nicht-Verwandtschafts-Subgruppen (Hammer 1981, Mueller 1980, Veiel et al. 1989). In den verhältnismäßig dichten Netzwerken wurde zudem ein höheres Stressorpotential gefunden (Pattison et al. 1975). Veiel (1989) fand bei Suizidalen kleinere Netzwerke und Schmid et al. (1992) bei HIV-Kranken. Unterschiedlich fallen die Ergebnisse hinsichtlich interaktionaler Merkmale wie Multifunktionalität und Reziprozität aus. Die meisten Autoren fanden hier einen höheren Anteil asymmetrischer und multifunktionaler Beziehungen bei Personen mit verschiedenen psychischen Belastungen als in verschiedenen als in Vergleichsgruppen (Hammer 1981, Tolsdorf 1976, Veiel et al. 1989).

Die vorliegenden empirischen und theoretischen Arbeiten der Psychotherapieforschung lassen sich drei verschiedenen Phasen des therapeutischen Kontaktes zuordnen (vergl. Herrle 1998):

1) der Phase im Vorfeld therapeutischer Interventionen,
2) der Phase im Verlauf therapeutischer Interventionen,
3) bezogen auf den Therapieerfolg.

Zu 1) Mit zunehmender Komplexität und Unüberschaubarkeit des Therapiesektors steigt die Gefahr individuell suboptimaler Lösungen bei der Hilfesuche, so daß informelle Netzwerke als Zuweisungssysteme, d.h. als Vermittlungs- und Beratungsinstanzen („screening and referral agents" – Booth und Babchuk 1972) zu professioneller (psychotherapeutischer) Hilfe entscheidenden Wert erlangen. Fragekomplexe wie „Welcher Therapeut arbeitet wie gut mit welchen Methoden und wurde von wem wie hilfreich und wie sympathisch empfunden?" eröffnen damit Entscheidungs- und Kalkulationshilfen und effektivieren die Suche nach einem geeigneten Angebot.

Dieser Bereich ist insbesondere Gegenstand der medizinsoziologischen Hilfesuchforschung, die soziale Netzwerke und die darin vorherrschenden Wertesysteme mit dem Zeitpunkt der Inanspruchnahme von Einrichtungen des Gesundheitswesens im präventiven, kurativen und rehabilitativen Bereich resp. ob diese überhaupt in Anspruch genommen werden, in Verbindung brachte (siehe zur Übersicht Gourash 1978, McKinlay 1981, Pescosolido 1991). Hier wurden Prozeßmodelle entwickelt, die einen gewissermaßen spiralförmigen Hilfesuchprozeß aus den primären Netzwerken heraus zu immer weiter entfernten und kompetenten Personen skizzieren, bis professionelle Hilfe in Anspruch genommen wird. In einer Reihe von Netzwerk-Studien wurden die Zugangswege zu psychiatrischen und psychotherapeutischen Einrichtungen untersucht. Kadushin (1966) konnte in einer Ende der fünfziger Jahre an verschiedenen psychiatrischen Kliniken in New York durchgeführten Studie zeigen, daß die Psychotherapieinteressenten dann beschleunigt einen Psychotherapieplatz erhielten, wenn indirekte Verbindungsketten zu Personen bestanden, die der psychotherapeutischen ‚Szene' zuordbar waren, also deren Ideen teilten und unterstützen und Erfahrung mit diesem Metier hatten und somit eine Quelle von Information und Beratung darstellten[17]. Auch Horwitz (1977a, 1977b, 1978) konnte bei psychiatrischen Patienten einen Einfluß von Psychotherapieerfahrenen auf die Vermittlung nachweisen. Zudem wurden bei Patienten mit Netzwerken ohne enge Verwandten- aber vielen Freundeskontakten in höherem Ausmaß informelle Zugänge nachgewiesen als bei solchen, deren Netzwerke durch enge Verwandtenkontakte bei gleichzeitigem Fehlen von Freunden charakterisiert waren; in diesem Fall wurde die Inanspruchnahme durch das relativ hohe Ausmaß an sozialer Kontrolle auch eher verzögert. Hammer (1981) fand bei Schizophrenen einen Zusammenhang zwischen Netzwerk-Variablen und der Zeitspanne zwischen dem Auftreten der ersten Symptome und der Kontaktaufnahme mit der Klinik.

Damit spielen zum einen bestimmte Beziehungstypen, in erster Linie Freunde und Verwandte, zum zweiten Personen mit ‚first hand experiences' resp. einer Aufgeschlossenheit gegenüber einer Psychotherapie und zum dritten die Struktur der jeweiligen persönlichen Netzwerke eine Rolle bei der Inanspruchnahme therapeutischer Hilfe. Defizitäre Netzwerke bspw. können ein Indiz für Motive des Hilfesuchenden sein, fehlende oder unzufriedenstellende Sozialkontakte mit einer Psychotherapie zu kompensieren (z.B. Mitchell 1989). Netzwerke hoher Dichte tragen einerseits aufgrund eines „abgeschotteten", weitgehend redundanten Informationsstandes vermutlich wenig zu adäquaten Informationen über eine Therapie bei. Andererseits spielt aufgrund der hohen sozialen Kontrollfunktion die hier vorherrschende Einstellung gegenüber einer Psychotherapie eine große Rolle: Ist diese kritisch, etwa, wenn eine Therapie als Konkurrenz zu vorhandenen Unterstützungsressourcen empfunden wird oder sich nicht mit der weithin verbreiteten Selbsthilfeideologie verträgt, so kann die Kontaktaufnahme mit einem Therapeuten verhindert oder zumindest hinauszögert werden. Offene Netzwerke dagegen ermöglichen es aufgrund des größeren verfügbaren Informationspools differenzierte Meinungen zu hören, frühzeitiger adäquatere Hilfe zu finden und letztlich auf unterstützende Kontakte bei der Entscheidungsfindung für eine Psychotherapie bauen zu können, wie eine Studie von Bankoff (1994) und auch die erwähnte Kadushins (1966) zeigt.

---

17 Diese Funktionalität war natürlich auch für die Therapeuten von Nutzen, da die Freundes- und Bekanntenkreise eine elegante, weil kostenneutrale Form der Werbung für eine Psychotherapie betrieben.

Zu 2) *Phase im Verlauf therapeutischer Interventionen:*
Wie die neuere Hilfesuchforschung gezeigt hat, endet der Einfluß sozialer Netzwerke keineswegs mit dem Eintritt ins professionelle System. Vielmehr ist von einer Einbettung professioneller Inanspruchnahmen in begleitende Prozesse der Information und Ratsuche im informellen Netzwerk auszugehen, in dem somit *kontinuierlich* Feed-Back erfolgt, Diagnosen abgeglichen werden, etc. und das damit zur „Therapy Managing Group" wird (Pescosolido 1992). Entsprechend kann davon ausgegangen werden, daß informelle Netzwerke auch Einfluß auf das therapeutische Geschehen, d.h., auf die Gestaltung der therapeutischen Beziehung, auf die Therapiedauer und evtl. Therapieabbrüche haben. Wie im Abschnitt zuvor spielen auch in dieser Phase die vorhandenen Ressourcen im Netzwerk eine Rolle. So konnte bspw. Hammer (1963) in einer Studie über psychiatrisch betreute Patienten in New York nachweisen, daß diejenigen mit Beratungsressourcen in ihren sozialen Netzwerken in geringerem Ausmaß stationäre Aufenthalte benötigten. Horvath und Luborsky (1993) gaben einen Überblick über die Bedeutung des (aktuellen und vergangenen) Beziehungskontextes des Patienten für die Gestaltung des therapeutischen Arbeitsbündnisses. Eine günstige Bewertung der Unterstützungsbeziehungen durch den Patienten scheint sich danach postiv auf das Engagement in der Therapie auszuwirken und umgekehrt. Die Beziehungen zwischen Netzwerken und Therapieabbruch sind weniger klar, allerdings zeichnet sich hier ein Zusammenhang zwischen vermehrten Belastungen und einer Tendenz zum Therapieabbruch ab. Hierbei scheinen jedoch möglicherweise Hintergrundvariablen wie der therapeutische Kontext (ambulant vs. stationär), die Art des therapeutischen Verfahrens und auch, *welche* Beziehungen im informellen Netzwerk Relevanz in positiver oder negativer Hinsicht erlangen, eine Rolle zu spielen. Eine herausragende Rolle kommt jedenfalls dem Partner zu. Einer Studie von MacNair und Corazzini (1994) zufolge wiesen Abbrecher von Gruppentherapien vermehrt Konflikte insbesondere mit dem Partner auf. Dagegen fand Bankoff (1987), daß emotionale Unterstützung durch den Partner sich eher ungünstig auf den Verbleib in einer ambulanten Psychotherapie auswirkte, nicht aber die der Eltern oder Freunde. Moos (1990) konnte einen positiven Einfluß vieler intimer Bindungen ohne familiäre Konfliktpotentiale zeigen. In einer Studie von Cross et al. (1980), in der Personen, die eine Psychotherapie machten mit einer Wartekontrollgruppe verglichen wurden, suchten und erhielten erstere mehr informelle Hilfen aus einer größeren Anzahl verschiedener Netzwerk-‚Sektoren'. Die Unterstützung durch die vorwiegend genannten Familienmitglieder, Verwandte und Freunde wurde nach Beginn der Behandlung nicht nur aufrechterhalten, sondern im Ausmaß sogar noch gesteigert.

Zu 3) *Netzwerke und Therapieerfolg:*
Auch in der Psychotherapie-Forschung werden mit wachsender Tendenz Informationen über das soziale Umfeld herangezogen[18]. Die in diesem Kontext vorliegenden Studien lassen sich differenzieren nach solchen, die Netzwerke als moderierende Variable und solche, die Netzerke als Indikatoren des Therapieerfolgs untersucht haben. Erstere zeichnen eine insgesamt positive Beziehung zwischen der Verfügbarkeit und insbesondere der

18 Siehe z.B. Angermeyer und Klusmann 1989, Bastine et al. 1989, Brehm und Smith 1986, Herrle 1998, Pfingstmann und Baumann 1987, Röhrle 1989, 1994.

subjektiven Bewertung ihrer Unterstützungsressourcen (zur Übersicht: Herrle 1998), ein Effekt mithin, der auch in der Unterstützungsforschung als dominierend für Gesundheit angesehen wurde. Umgekehrt weisen Ergebnisse aus der klinischen Psychologie darauf hin, daß depressive Störungen durch Belastungen im sozialen Umfeld aufrechterhalten werden können (Coyne 1976). Bei dem auf den ersten Blick negativ erscheinenden gefundenen Zusammenhang zwischen dem Abbruch der Partnerbeziehung und einem günstigen Therapieoutcome (z.B. Corney 1987) ist zu berücksichtigen, inwieweit die Partnerbeziehung auch Ursache für die in der Therapie behandelten Belastungen ist. Werden Netzwerke als Indikatoren des Therapieerfolgs betrachtet, so ist natürlich in Betracht zu ziehen, ob diese selbst Gegenstand der Intervention wurden, sei es primär oder beiläufig, oder ob das Netzwerk als zusätzliche Informationsquelle herangezogen, also gewissermaßen als Spiegel therapeutischer Bemühungen betrachtet wurde. Zudem sollte, ein banaler Hinweis, natürlich auch ein meßbarer, individueller Veränderungseffekt vorliegen. Hier zeigen eine Reihe zu verschiedenen Therapiemethoden vorliegender Studien überraschend geringe (subjektiv wahrgenommene oder objektiv meßbare) Veränderungseffekte im Netzwerk (z.B. Kühner und Angermeyer 1994, Dadds und McHugh 1992). Ähnlich geringe Effekte im Netzwerk zeigten sich auch in einer Studie zu Integrativen Verfahren (Petzold et al. 1999), wo die Auswirkungen von *einzeltherapeutischen* Behandlungen mit Integrativer Therapie untersucht wurden. Ganz anders stellt sich die Situation bei spezifisch intendierten gruppen- und netzwerktherapeutischen Interventionen des Integrativen Ansatzes dar, wo in der Behandlung von drogenabhängigen Jugendlichen und von Alterspatienten eine quantitative Zuzunahme der Netzwerke durch die Therapie und eine Verbesserung der Beziehungsqualitäten gefunden werden konnte (Petzold 1979a, 1982v). Offenbar müssen die Interventionen gezielt netzwerkgerichtet sein und mit einer spezifischen netzwerktherapeutischen Interventionsmethodik ausgeführt werden, und es ist zu fragen, ob die einzeltherapeutisch arbeitenden Behandler in der Studie der Netzwerkperspektive nicht ausreichend Aufmerksamkeit geschenkt und sie methodisch nicht spezifisch genug angegangen haben, oder ob in der Tat gruppentherapeutische und netzwerktherapeutische Methoden (Petzold, Zander 1985) und die Einzelarbeit ergänzende Interventionen *in situ* (Petzold 1995a,b) erforderlich sind, um positive Effekte zu erzielen. Möglicherweise benötigen auch, wie etwa Moos (1990) resumierte, Veränderungen im sozialen Umfeld eine längere Reaktionszeit als solche individueller Symptomatiken, womit sich die Frage nach dem adäquaten Zeitpunkt der Erfassung sozialer Effekte stellt. In diese Richtung von *sleeper effects* weisen Ergebnisse von Sims et al. (1993), die erst 18 Monate nach Beendigung, nicht aber bei Therapieende eines Interventionsprogrammes zur Behandlung von schweren neurotischen Störungen eine Erweiterung sozialer Unterstützungspotentiale feststellten.

Resümierend bleibt festzustellen, daß die vorliegenden Ergebnisse der hier erwähnten (und vieler weiterer) Studien sich auf eine sehr heterogene Datenlage beziehen, etwa hinsichtlich spezifischer Störungen, bestimmter Settings, der verwendeten therapeutischen Verfahren, deren Dauer, der Höhe des jeweiligen Outcomes, der Verfahren zur Erfassung sozialer Effekte, der jeweils berücksichtigten Art sozialer Unterstützung und deren Wahrnehmung, so daß eine ähnlich unbefriedigende Situation wie in der übrigen Unterstützungsforschung besteht und allgemein geltende Schlußfolgerungen in diesem Kontext noch verfrüht erscheinen.

4. Erhebungsverfahren sozialer Netzwerke

Für die Untersuchung eines sozialen Beziehungssystems hat sich die *egozentrierte* Netzwerkanalyse als die einfachste und praktikableste Form erwiesen und ist deshalb wohl auch die verbreitetste Methode in der gesundheitsbezogenen Sozialforschung. Hier wird ein Netzwerk um eine fokale Person herum bestehend gedacht, von der konkret erfolgte wie auch hypothetische Unterstützungssituationen abgefragt und die von ihr genannten Personen dann notiert werden (Burt 1984). Die grundsätzliche Problematik der Erfassung von sozialer Unterstützung kennzeichnete Lieberman (1986, 462): „To try to capture relationsships that are fluid and that change over time with even a well designed questionaire that is static and represents one point (or at best several points) in time in order to build a model of interpersonal relationsships is challenging. Building a framework that will be sufficiently suitale to provide us with a differentiated understanding of the nature of social supports may be unachievable".

Es ist an dieser Stelle daher wichtig zu betonen, daß der erhaltene Ausschnitt aus der Menge der Sozialbeziehungen letztlich immer ein soziales Artefakt ist, und zwar in mehrerer Hinsicht: Zum einen ist er abhängig von der Wahl der eingesetzten Namensgeneratoren[19]. Hier gilt es, eine Kombination zu finden, die den Gegenstand der jeweiligen Fragestellung möglichst adäquat und sparsam abbildet, wobei in der Praxis fast immer Kompromisse hinsichtlich einer ökonomischen Beschränkung des Erhebungsaufwandes und etwa Reliabilitätserwägungen zu machen sind. Zum zweiten basiert er immer auf der subjektiven Wahrnehmung der Befragten, womit Faktoren wie Reliabilität und Validität der Angaben[20], die aktuelle (psychische) Verfassung oder der aktuelle Status der Beziehung zu einer bestimmten Person Einfluß nehmen. Zum dritten erfolgen Netzwerkuntersuchungen i.d.R. mit Querschnittsdesigns, d.h., Person werden nur einmal (i.d.R.) retrospektiv zu ihrem sozialen Netzwerk befragt, womit nur ein Momentausschnitt aus den sozialen Strukturen, gleichsam einem angehaltenen Film, erhascht wird. Dies bedeutet, daß zu einem bestimmten Zeitpunkt eine sehr spezifische und wahrscheinlich einmalige Personenkonstellation erfaßt wird. Veränderungen können strukturelle, interaktionale und funktionale Aspekte des Netzwerkes betreffen, zudem kann interessierieren, inwieweit ein Netzwerk zu einem späteren Erhebungszeitpunkt identische oder neue Personen beinhaltet resp. welche Personen nicht mehr als Mitglied betrachtet werden. Ferner können Transformation sozialer Beziehungen erfolgen (z.B. schwache in starke Beziehungen und damit von ein- zu multifunktionalen

---

19 Hierbei handelt es sich um Stimulusfragen, auf die hin die Befragten Personen ihres sozialen Netzwerkes nennen, die ein bestimmtes, mit dem Generator vorgegebenes Wahlkriterium erfüllen (Burt 1984, 296). Wird nur ein Generator eingesetzt, besteht die Gefahr, daß u. U. für die jeweilige Fragestellung relevante Netzwerkmitglieder vom Befragten vergessen werden. Verschiedene Untersuchungen haben gezeigt, daß diese Beschränkung auf Kosten von selten oder längere Zeit nicht gesehenen geht, während Verwandte und Nachbarn eher überproportional Berücksichtigung finden (Hammer 1983, 1984, McCallister und Fischer 1983).

20 Verschiedenen Untersuchungen in den Sozialwissenschaften zufolge haben sich die Angaben der Netzwerkmitglieder als ausreichend valide und reliabel erwiesen (Baumann 1987, Bernard et al. 1982, Pfenning und Pfenning 1987, Pfenning 1988). Zu berücksichtigen sind allerdings sozialpsychologische Phänomene wie soziale Beliebtheit, z.B. in der Form, mehr Kontakte oder Unterstützungsleistungen zu nennen als tatsächlich vorhanden (Höllinger 1989).

Unterstützungsleistungen, Veränderung einer sozialen Rolle, usw. Zur Erfassung von Netzwerk*veränderungen* sind daher mehrere Erhebungszeitpunkte, zu deren Beurteilung zudem Vergleichsangaben aus anderen Studien unentbehrlich. Schließlich ist auch der Einfluß von Drittvariablen zu berücksichtigen: Frauen scheinen stringentere Kriterien anzulegen, welche Qualität eine Beziehung haben muß, um als dem eigenen Netzwerk zugehörig definiert zu werden (Hammer 1984)[21] und scheinen auch in geringerem Ausmaß emotionale Zuneigung, Bestätigung oder instrumentelle Unterstützung wahrzunehmen als Männer (Gulick 1994). Im folgenden soll eine kurze Übersicht über bestehende Erhebungsverfahren gegeben werden und hieraus einige Anhaltspunkte für eine in der Praxis durchführbare Netzwerk-Diagnostik abgeleitet werden.

Grob lassen sich unter den existierenden Verfahren, je nach Forschungsinteresse, zwei Vorgehensweisen unterscheiden:

Zum einen die von Personenmerkmalen abstrahierte, rein quantitative Erfassung von Unterstützungspersonen, die mit einfachen Summen-Scores das Unterstützungspotential mißt[22]. Angermeyer und Klusmann (1989) haben diesen Versuch mit einem Breitbandmedikament vergleichen, dessen Zusammensetzung nicht nur unbekannt, sondern auch von Packung zu Packung verschieden ist. Entsprechend stellte auch Veiel (1989) fest, daß die Erfassung sozialer Unterstützung mit Hilfe von Summenwerten „... eine Homogenität vor[täuscht], die der tatsächlichen Vielfalt sozialer Interaktionsformen nicht entspricht", wodurch differenziertere resp. feinere Wirkmechanismen verdeckt werden. Die in verschiedenen Forschungsarbeiten auf diese Weise erhaltenen Ergebnisse waren insofern widerprüchlich, daß es sinnvoll erscheint, verschiedene Unterstützungsleistungen auch separat zu untersuchen. Zum zweiten solche Verfahren, die soziale Unterstützung im Kontext des jeweiligen sozialen Netzwerkes verorten und somit auch Personen- und Beziehungsmerkmale erfassen. Bei diesem Verfahren finden sich wiederum zwei Varianten: Die Beschränkung auf die reine Erfassung von Unterstützungspersonen und ein quasi zweistufiges Verfahren, in dem zuerst z.B. nach für den Interviewten wichtigen Personen oder nach Verwandten gefragt wird und dann erst nach unterstützenden Leistungen von diesen, womit sich auch nicht unterstützende Beziehungen erfassen lassen[23].

Auch innerhalb dieser grob skizzierten Richtungen sind natürlich zahlreiche weitere Differenzierungen möglich und natürlich auch erfolgt.

Als Spiegelbild der uneinheitlichen Konzeptualisierungen sozialer Unterstützung sind auch die Schwerpunkte möglicher Operationalisierungen unterschiedlich gesetzt worden. So wird soziale Unterstützung mal als tatsächlich erfolgte[24], mal als wahrgenommene, potentiell verfügbare (Heller und Swindle 1983, Sarason et al. 1991), als subjektive Zufriedenheit (House 1981, Turner 1983) oder als Bewertung deren Adäquatheit oder Effektivität (Barrera 1981, Dunkel-Schetter und Bennett 1990, Eckenrode 1983, Henderson et al. 1981, House et al. 1988, Schwarzer und Leppin 1989, Schwarzer 1994, Vaux 1988) aufgefaßt. Turner (1983, 127) schätzte diese Variante als „the most central and significant and objective"ein. Die meisten Studien haben soziale Unterstützungsleistungen in der psychologisch-kognivistischen Tradition Lewins, Kellys oder Cobbs oder im Gefolge phänomenologi-

21 Hammer (1984) bietet für dieses Phänomen drei Erklärungen an: Entweder sind Frauen zurückhaltener, weniger gut bekannte Personen zu nennen, oder Männer sind zurückhaltener, enge Beziehungen auch als solche zu bezeichnen. Eine dritte Erklärung ergibt sich schließlich aus der Überlegung, daß Männer weniger enge Beziehungen haben, und daher die so offenbar werdenden Lücken in ihrem Netzwerk mit weniger engen Beziehungen aufzufüllen trachten.

22 Vergl. Schaefer et al. 1981, Sommer und Fydrich 1989.

23 Ein Beispiel für die erste Variante ist das MISU (Veiel 1987a), für die zweite das SONET und das MUSSIS, das auch dispositionale Konstrukte einbezieht.

24 Aus Gründen der Validität wurden Fragen nach tatsächlicher Unterstützung in vielen Studien auf meist relativ eng umgrenzt zurückliegende Zeiträume (z.B. die letzten 4 Wochen) bezogen.

scher Ansätze als eine Kognition resp. subjektive Überzeugung, im Notfall über die entsprechenden Ressourcen zu verfügen und damit aus der deutenden Perspektive der Hilferezipienten konzipiert. Damit besteht allerdings ein Konfundierungsproblem, da zum einen nahezu alle Maße wahrgenommener Unterstützung relativ hoch untereinander als auch mit Persönlichkeitsvariablen wie Selbstwertgefühl, Extraversion, etc. korrelieren (Sarason et al. 1987). Daraus erwächst die Gefahr, daß die Qualität sozialer Unterstützung als Zufriedenheit des Hilfeempfängers und damit letztlich als Persönlichkeitsmerkmal operationalisiert wird, was von einigen Autoren als Kernproblem der Unterstützungsforschung angesehen wird (Veiel 1987a). Zum anderen hat sich wahrgenommene Unterstützung als von mehreren Faktoren abhängig erwiesen: So ist es bspw. an Unterstützungserfahrungen in der Vergangenheit gekoppelt (Laireiter und Baumann 1992). Zudem sind geschlechtsspezifische Unterschiede zu berücksichtigen: Männer scheinen in höherem Ausmaß emotionale Zuneigung, Bestätigung oder instrumentelle Unterstützung wahrzunehmen als Frauen (Gulick 1994). Zu beachten ist auch, daß von anderen Personen unaufgefordert angebotene Hilfe nicht erfaßt wird (Brown 1978). Generell spielen in dieser Erhebungsvariante Wunschvorstellungen, Einsamkeitsgefühle, Scham und ähnliche eine größere Rolle und könner daher die Validität der Angaben beeinflussen. Optimal sind Verfahren, die zwischen im Netzwerk latent vorhandenen, aktivierbaren sozialen Ressourcen und in Bedarfssituationen tatsächlich aktivierten Unterstützern unterscheiden (Eckenrode 1983, Lin 1982, 1986)[25]. Letztere Variante ist jedoch, vermutlich aufgrund des methodischen und zeitlichen Aufwands, zumeist vernachlässigt worden. Eine Reihe von Autoren forderte zudem, bei der Bemessung sozialer Unterstützung nach Alltags- und Belastungs- resp. Krisensituationen zu differenzen und hierfür getrennte Taxonomien zu entwickeln (Laireiter 1993, Schwarzer und Leppin 1989, Veiel 1985), was aufgrund relativ hoher methodischer Anforderungen und der Spezifität unterschiedlicher Belastungssituationen bisher jedoch kaum umgesetzt wurde.

Mittlerweile steht auch in der deutschsprachigen Psychologie eine große Auswahl an teils validierten, teils auch übersetzten Verfahren zur Diagnostik von ‚Social Support' zur Verfügung, die sich in Inhalt, Aufbau, Methodik und Elaboriertheit jedoch z. T. erheblich unterscheiden und daher kaum miteinander vergleichbar sind[26]. Sommer und

---

25 Wahrgenommene und tatsächlich erhaltene Unterstützung haben sich aus Sicht der meisten Autoren als voneinander unabhängige Konstrukte erwiesen (Dunkel-Schetter und Bennett 1990, Henderson et al. 1981, Sarason et al. 1983, 1987, 1991, Procidano und Heller 1983, Cohen et al. 1985, Wethington und Kessler 1986).
Wahrgenommene Unterstützung hat sich empirisch als bedeutsamer für das gesundheitliche Wohlergehen erwiesen (Wethington und Kessler 1986). Forschungsarbeiten zur Validierung des wahrgenommenen Hilfeumfangs haben allerdings auch gezeigt, daß dieser um bis zum doppelten überschätzt wird (Schubert 1990).

26 Zu nennen wären hier etwa das ‚Interview Schedule for Social Interaction' von Henderson, Byrne und Duncan-Jones 1981), der ‚Social Support Questionaire' von Schaefer, Coyne und Lazarus (1981), der ‚Perceived Social Support'-Fragebogen von Procidano und Heller (1983), das ‚Social Support Questionnaire' von Sarason et al. (1983), das ‚Perceived Support Network Inventory' von Oritt, Paul und Behrmann (1985, zitiert nach Sommer und Fydrich 1989, 33), die ‚Social Relationship Scale' von McFarlane et al. (1981), das ‚Arizona Social Support Interview' oder das ‚Inventory of Socially Supportive Behaviors (ISSB)' von Barrera (1981) sowie im deutschsprachigen Raum, das „Interview zum sozialen Netzwerk und zur sozialen Unterstützung" (SONET – Baumann et al. 1987b), das Interview zu sozialem Rückhalt von Siegrist (1987), das Mannheimer Interview zur Sozialen Unterstützung von Veiel (1989), das ‚Munich Social Support Interview Schedule for Psychiatric Patients (Mussis)' von Ludwig-Mayerhofer (1989). Für das ISSB liegt zudem eine deutsche Übersetzung von Laireiter (in Westhoff 1993) vor. (Vergl. auch Baumann 1987, Baumann et al. 1987, Pfingstmann und Baumann 1987, Klusmann 1989, Laireiter 1995, Röhrle 1994, Veiel und Baumann 1992 sowie die Übersichten von Heitzmann und Kaplan 1988, Sommer und Fydrich 1989, Tardy 1985).

Fydrich (1989, 39) machen aus dieser Not eine Tugend, wenn sie dafür plädieren, daß es beim derzeitigen Stand der Forschung eben sinnvoll erscheint, weiter Erfahrungen mit unterschiedlichen Verfahren zu sammeln.

Belastungsinduzierende Merkmale sozialer Netzwerke und Unterstützung wurden in der Psychotherapieforschung nur selten erfaßt. Vorschläge einer Taxonomie belastender Interaktionen (Laireiter und Lettner 1992) oder Belastungsgrundtypen wie die bereits erwähnten von Lazarus und Folkman (1984) sind bisher nicht empirisch validiert, aufwendig in der Umsetzung und daher allenfalls als Orientierung hilfreich. Entsprechend haben sich nur wenige ‚Support'-Meßinstrumente explizit belastenden Beziehungen (Barrera 1981, Baumann et al. 1987b, Frankel 1990) oder alltäglichen Belastungen (Brown und Harris 1978, Kanner et al. 1981) zugewandt. Die *Social Mileu Scales* von Frankel[27], in denen Unterstützungsdefizite anhand enttäuschter Unterstützungserwartungen sowie problematische Beziehungen erfaßt werden sind ein Beispiel für die erstgenannte Variante. Sternbach entwickelte eine ‚hassles scale', die „irritable, frustrating, distressing demands that to some degree characterize everyday transactions with the environment") erfaßt.

5. Netzwerkdiagnostik und Netzwerktherapie in der Integrativen Therapie

Im Unterschied zum amerikanischen Bereich, wo die „Praxis des ‚networking' und des ‚support marshalling' [...] mittlerweile zum verbreiteten Handwerkszeug von BeraterInnen, TherapeutInnen ... oder andereren sozialen Berufsgruppen" gehört (Röhrle et al. 1998, 7), haben Netzwerkinterventionen im deutschsprachigen Bereich leider immer noch wenig Verwendung gefunden. „Viel wird auch bei uns über Netzwerkarbeit geredet und geschrieben, aber offenbar recht wenig praktisch versucht und getan ... Noch seltener wird das wenige Getane angemessen evaluiert und in seinen Auswirkungen methodisch kontrolliert" (ibid.). Die ideologische Festgelegtheit der Mehrzahl der psychotherapeutischen Schulen, die dominante Orientierung am psychoanalytischen und am medizinalisierten Modell (Petzold, Orth 1999) ist hier als ein wichtiger dysfunktionaler Hintergrund zu sehen. Hinzu kommt die Forschungsfeindlichkeit (Grawe 1992) eines gewissen humanistisch-psychologischen und tiefenpsychologischen Feldes, das die Ergebnisse des „social network research" nicht rezipiert hat und damit nicht über interessante Fakten informiert ist, wie sie z.B. die Metaanalyse von 33 auswertbaren Studien (aus 227) durch Röhrle und Sommer (1998) herausgearbeitet hat, daß nämlich

- Netzwerkinterventionen sich in ihrer Effektivität nicht von vergleichbaren Behandlungansätzen (z.B. kognitiv-behavioralen) unterscheiden,
- in Studien sich vielfach hohe mittlere Effektstärken im Vergleich zu Kontrollgruppen nachweisen lassen,
- der Vergleich mit herkömmlichen Behandlungsgruppen unmittelbar und im follow-up eine (zwar nur geringe) Überlegenheit von netzwerkorientierten Interventionen deutlich macht,
- in Nachuntersuchungen mindestens 3 Monate nach Abschluß noch eine moderate mittlere Effektstärke bei inhomogener Datenbasis feststellbar ist,
- kurzfristige Netzwerkinterventionen weniger effektiv zu sein scheinen wie langfristige,

27 Zitiert nach Laireiter und Lettner 1992, 110.

- bestimmte Risikogruppen besonders von netzwerkorientierten Interventionen profitieren,
- Frauen gleichfalls von solchen Interventionen besonderen Nutzen haben, wie auch bestimmte Zielgruppen (z.B. Psychosomatik-, Drogen-, AdipositaspatientInnen),
- und Netzwerkinterventionen auch schädigende Effekte haben können.

Die Schlußfolgerung der Autoren: „Annehmbare Effektstärken wurden vor allem im Vergleich zu Kontrollgruppen ohne Behandlung deutlich. Die dabei erreichten Effektstärken sind psychotherapeutischen oder präventiven Maßnahmen ebenbürtig oder aber überlegen“ (Röhrle, Sommer 1998, 39), wobei durch die Vermischung von herkömmlichen mit Netzwerkinterventionen in vielen Studien, der eigentliche Netzwerkeffekt oft unklar bleibt. Es liegt hier eine ähnliche Situation vor, wie man sie von den Vergleichen zwischen Selbsthilfe bzw. Laientherapien und professionell durchgeführten Psychotherapien kennt: die Effekte unterscheiden sich nicht sehr (Durlak 1979, Gunzelmann et al. 1987, Berman, Norton 1985), wobei man, wie die Nachfolgediskussion zeigt (gerade auch zur Frage der unspezifischen Wirkfaktoren , Märtens, Petzold 1998) Feinstrukturen diskutieren und weiter untersuchen muß (Petzold 1992g, 986ff). Aber gerade mit Blick auf Synergieeffekte und Anreicherungsmomente spricht vieles dafür, psychotherapeutische Maßnahmen durch sozialpsychologisch fundierte, z.B. Netzwerkinterventionen, zu ergänzen (Brehm, Smith 1986) oder – wie in der Integrativen Therapie – mit Netzwerkperspektiven durchzuführen (Petzold 1995a, 1993p). Bei bestimmten Patientengruppen (schwere Depressions- und Angststörungen, Borderline-Persönlichkeits- und posttraumatische Belastungsstörungen, Alters- und Drogenpatienten) besteht aufgrund der starken Erosion von Netzwerken (Gotlib, Hammen 1992, Nestmann, Wehner 1998, Baumann et al. 1987, Feineis 1998) eine klare Indikation für Netzwerkarbeit, besonders da fehlende soziale Unterstützung aufgrund von defizienten, toxischen und ressourcenarmen Netzwerken das Risiko ungünstiger Behandlungsverläufe, von Rückfallgefährdung und Krisen erhöht (Brugha et al. 1990, Sherbourne et al. 1995). Kenntnis der Netzwerksituation hat auf jeden Fall auch Auswirkungen auf Voraussagen für die Therapiestratifikation, Therapieprozesse und -effekte (Bankoff, Howard 1992). Supportarme Netzwerke verringern Abbruchraten. Kooperative Netzwerke begünstigen Therapiefortschritte. Positive Therapieverläufe fördern die Bereitschaft und Fähigkeit, soziale Unterstützung zu suchen und zu nutzen (Avery, Thiessen 1982, Cross et al. 1980). Besonders eindrucksvoll sind die Ergebnisse der bekannten Longitudinaluntersuchung von Billings und Moos (1985) bei unipolar depressiven Patienten (N=424), deren Symptomatik und Selbstwertgefühl, aber auch deren Kontakthäufigkeit in ihren Netzwerken sich durch die Therapie verbesserten (ohne daß netzwerktherapeutisch interveniert wurde). In der Nachuntersuchung erwies sich die familiäre Unterstützung und die Netzwerksituation bei Behandlungsende als der wichtigste Prädikator für die Stabilität der Patienten bzw. positiver Behandlungsergebisse. Das muß zu der Konklusion führen, daß man nicht nur auf „adjunktive“ bzw. „beiläufige Netzwerkinterventionen“ (Röhrle, Sommer 1998, 17) setzen und auf Zufallseffekte hoffen sollte, sondern aktiv „network compliance“ suchen und die Netzwerke adäquat beraten, stützen, einbeziehen muß. Dafür ist es für PsychotherapeutInnen wichtig, auch therapierelevante Ergebnisse der Netzwerkforschung kritisch/selbstkritisch zu befragen, da die Artefaktgefahr erheblich ist. Wird z.B. gesagt, daß emotionale Unterstützung durch den Partner oder durch die Familie sich für die Aufnahme oder Durchführung von Therapien abträglich erweisen (vgl. in Röhrle et al. 1998, 20, 54f), so muß man neben der Reserviertheit durch Uninformiertheit und (z. T. berechtigten) Stigmatisierungsbefürchtungen doch auch Psychotherapieideologien in Rechnung stellen, die Partnern, Eltern, den Herkunftsfamilien gegenüber Vorurteile haben (toxic parents, borderlinogene Mütter, dominante Partnerinnen, Koabhängige, vgl. Petzold, Orth 1999, Rennert 1990). Derartige Vorbehalte können sich dann auch in Untersuchungen widerspiegeln. Bankoff (1994) konnte mit ihrer sehr differenzierten Untersuchung bei erwachsenen Psychotherapiepatienten zeigen, daß diese sehr wohl gut sozial eingebettet sind und von ihrem Netzwerk in ihrer Entscheidung unterstützt wurden.

Grundlage von adjunktiven oder integrierten Netzwerkinterventionen durch PsychotherapeutInnen ist eine positive Einstellung zum Netzwerk, ein Interesse an seinen Belastungen und seinem Leiden (auch durch den Patienten), ein Wissen um seine Ressourcen und Potentiale, eine Bereitschaft es virtuell und real einzubeziehen. – Auch in einer „Einzeltherapie, die eigentlich ja eine „dyadische" Behandlungssituation ist, ist man immer ein *„Netzwerktherapeut"*, denn man wirkt über den Patienten in das Netzwerk hinein und man wird als Therapeut selbst Teil des Patientennetzwerkes. Für dieses sollte man nicht anonym bleiben -etwa durch Schweigegebote: Freud (Zur Einleitung der Behandlung 1913, StAG S. 196) vertritt: es sei *„dem Patienten anzuraten, daß er seine analytische Kur als eine Angelegenheit zwischen seinem Arzt und ihm selbst behandele und alle anderen Personen, mögen sie ihm noch so nahe stehen oder noch so neugierig sein* [andere Motivationen kommen nicht in den Blick sc.], *von der Mitwisserschaft ausschließe"*. Sonst habe *„die Kur ... dann ein Leck, durch das gerade das Beste verrinnt"* (ibid.). Offene oder verdeckte Haltungen solcher Art verhindern *„network compliance"*, die aktive Mitarbeit des ganzen Netzwerkes oder von Teilnetzwerken (z.B. des familialen, des amicalen oder kollegialen) bei den Bemühungen des Patienten oder von Patient und Therapeut, Probleme zu bewältigen oder Lösungen zu finden.

Die Berücksichtigung von Netzwerkperspektiven, Netzwerkdiagnostik und Netzwerktherapie – zunächst in der Tradition Morenos (1934, Petzold, Schulwitz 1972, Petzold 1973d, g,1982b), bald aber schon mit eigenständigen Entwicklungen – ist seit jeher Bestandteil des Integrativen Therapieverfahrens (idem 1979a, 1994e). Dabei wurde stets der Anschluß an sozialwissenschaftliche Forschung gesucht, eine theoretische Kompatibilität zwischen den verfahrensspezifischen und sozialpsychologischen Konzepten angestrebt und eine konsistente methodische Umsetzung für die klinische psychotherapeutische und soziotherapeutische Praxis erarbeitet (Petzold 1979k, 1985a, b, 1997p). Das hatte zwei Entwicklungen zur Folge: einerseits z.B. die Erarbeitung eines eigenständigen Konzeptes von „lebensweltorientierter Psychotherapie" (idem 1993a, p) u n d „Soziotherapie" (idem 1997c, Petzold, Petzold 1993a) mit einer integrativen netzwerkmethodischen Praxeologie und andererseits die Erarbeitung von netzwerkbezogenen Forschungsinstrumenten. Beide Entwicklungen sollen für die Umsetzung von Netzwerktheorie und -forschung in der Psychotherapie exemplarisch dargestellt werden.

5.1 Klinisch-praxeologische Perspektiven von netzwerktherapeutischen Interventionen in der Integrativen Therapie

In der *Integrativen Therapie* wird unter evolutionsbiologischer Perspektive der Mensch als eine in Gruppen lebende und durch wechselseitige Unterstützung (vgl. Darwin 1872, Kropotkin 1902, Gehlen 1986) überlebende Spezies gesehen. Von ihren *anthropologischen* Grundlagen her wird er – genderspezifisch Mann und Frau – als ein in soziale Beziehungen und ökologische Kontexte eingebundenes Wesen betrachtet. Er ist also wesensmäßig ein Koexistierender (Petzold 1992a, 494ff), ein „personales System", daß – so die *persönlichkeitstheoretischen* Ausführungen in komplexen Sozialisationsprozessen – „aus der Interaktion mit anderen Systemen seine Identität gewinnt" (vgl. idem 1998a, 265, 1992a, 528ff).

Diese Position wird in einer differenzierten, forschungsgestützten entwicklungspsychologischen Konzeptualisierung untermauert (ibid. 649-700), die schon für die Säuglingszeit über die Mutter-Kind-Dyade hinausgehende Netzwerkeinflüsse als grundlegend für die Persönlichkeitsentwicklung betrachtet (ibid. 668ff, 728f, Petzold, van Beek, van der Hoek 1994a). Entwicklung wird als lebenslanger komplexer Enkulturations- und Sozialisationsprozeß (idem 1992a, 536ff., Dubar 1998, Hurrelmann 1995, Fend 1970, Rutter, Rutter 1992) durch ökologische Einflüsse und Interaktionen des sozialen Rollenspiels (Bronfenbrenner 1979, 1986, Mead 1934, Petzold, Mathias 1983) in ressourcenreichen, protektiven und/oder defizienten, schädigenden sozioökologischen Kontexten/Netzwerken gesehen (Petzold, Goffin, Oudhof 1993), in denen sich auf der biologischen Grundlage des Organismus aus einem archaischen „Leibselbst" aufgrund von *Fremdattributionen*, ihren emotionalen und kognitiven *Bewertungen* (valuation, appraisal) durch ein heranreifendes Ich und durch seine *Selbstattributionen* bei einem guten Lebensverlauf ein reifes Selbst mit einer einer flexiblen, transversalen und sich zunehmend gegenüber sozialisatorischen Determinierungen emanzipierenden Identität herausbildet (idem 1992a, 534, 1998a, 275ff): Lebenslange „identitätsstiftende Prozesse vollziehen sich im Interaktions-/Kommunikationsgeschehen von sozialen Netzwerken als Konvois mit ihren kollektiven sozialen Welten (cognitive social worlds) über die Zeit als Identitätsarbeit..." (ibid. 265, 1991o), unterstützt durch die materiellen, informationalen und personalen Ressourcen im sozioökologischen Kontext/Netzwerk, d.h. durch seine „*supportive Valenz*" (idem 1993a, 1279).

Mit einem solchen metatheoretischen und theoretischen Hintergrund ist es evident, daß ein Bezug zu netzwerktheoretischen Konzepten und Praxeologien unerläßlich ist, und durch die Psychodramaausbildung von Petzold bei Jacob L. Moreno und Zerka T. Moreno u.a. 1968-1972 war dieser Bezug auch gegeben. Deshalb waren stets netzwerkdiagnostische und netzwerktherapeutische Momente in der Entwicklung der „Integrativen Therapie" bedeutsam, zunächst im Sinne der *Soziometrie* (Moreno 1934, 1953, Petzold 1979a) und der *ökologischen Feldtheorie* (Lewin 1963, Bronfenbrenner 1979, Petzold 1974k, 314f , Saup 1991) – später unter Einbezug der *ökologischen Wahrnehmungstheorie* und *sozialökologischer Konzepte* (Gibson 1979, Valenti, Pitteneger 1993, Petzold, van Beek, van der Hoek 1994a) – dann mit Referenzen zu Modellen der *Gemeindepsychologie, Gemeinwesenarbeit* (Caplan, Killiea 1976, Petzold, Zander 1985), Selbsthilfebewegung und Arbeit in therapeutischen Gemeinschaften (Petzold, Vormann 1980, Petzold, Schobert 1991) sowie zur *Gesundheitspsychologie* (Antonovsky 1979, Becker 1995, Petzold et al. 1993), Soziotherapie und zum „social support research" (idem 1993a, 1263ff, 1998a, 432ff, Röhrle 1994, Nestmann 1989). Die Psychotherapie mit Zielgruppen, für die aus integrativtherapeutischer Sicht und aufgrund der Netzwerkforschung (Röhrle 1994) Netzwerkarbeit besonders wesentlich ist: Kinder (Petzold, Schulwitz 1972, idem 1995a,b), drogenabhängige Jugendliche (idem 1974b. 1982v), alte Menschen (idem, Bubolz 1976, 1979, idem 1994e), hat über die Jahre hin zu elaborierten Konzepten für Theorie und Praxis geführt und zu einem *sozialstrukturellen Netzwerkbegriff*, wie er zu Eingang dieser Arbeit (1.) erläutert wurde. Er umfaßt nicht nur quantitative Parameter (Zahl der Netzwerkmitglieder), die Ressourcenlage, sondern auch die *kognitive (appraisal)* und *emotionale (valuation)* Bewertung von wahrgenommenen Ressourcen, Identitätsattributionen und Akten sozialer Unterstützung.

Will man die Theorie sozialer Netzwerke und sozialer Unterstützung in der Psychotherapie und ihre Praxeologie als Psychotherapie verwenden, ist es erforderlich, daß die therapeutische Konzeption mit diesen Ansätzen kompatibel ist. „*Bei der psychoanalytischen Behandlung ist die Dazwischenkunft der Angehörigen geradezu eine Gefahr ... Den Angehörigen des Patienten kann man durch keine Aufklärung beikommen*" (Freud, Vorlesungen 1915/17 StAG, S. 441ff). Diese Haltung gilt bei vielen psychoanalytisch arbeitenden Therapeuten bis heute oder wirkt verdeckt nach. Anders motivierte Vorbehalte finden sich aber auch in der personzentrierten Dialogik mancher humanistischer Therapiekonzepte, die das „I and Thou in the Here and Now" (Perls 1969) in das Zentrum der Behandlung stellen. Solche Einstellungen führen eher zu Problemen für die Implementierung von Netzwerkansätzen als etwa die psychodramatische Gruppenbehandlung, für die Moreno (1934) affirmiert: Psychotherapie geschieht, „wo ein Mensch zum therapeutischen Agens des anderen wird", oder in der Integrativen Therapie, wo der Mensch als „Mitmensch", als „Koexistierender", als „personales System unter Systemen" (Petzold 1988n, 66) gesehen wird.

Bei systematischem Einbezug von *Netzwerkarbeit* in die *Psychotherapie* sollte man ein Gesamtkonzept entwickeln. In der Integrativen Therapie wird dieses auf ein komplexes Konzept der *Lebenswelt* gegründet (idem 1992a, 478f, Abb.1, Kiwitz 1991) und auf ein Konzept der *komplexen Sozialisation* und *Konstitution transversaler Identität* im *sozioökologischen Feld,* wobei der Feldbegriff in der Tradition Lewins (1963) steht und damit eine ähnliche Ausrichtung hat wie der Ansatz Bronfenbrenners (1979), wenngleich er unabhängig von ihm konzipiert wurde und dem Moment des Zeitkontinuums sowie der Wirksamkeit kollektiver Kognitionen größere Bedeutung beimißt, als dies in der Tradition Lewins der Fall ist *:*

„**Feld** – wir sprechen auch von Kontext/-Kontinuum – ist aus sozioökologischer Perspektive ein von gesellschaftlichen Gruppen, die sich wechselseitig beeinflussen, wahrgenommener, definierter, interpretierter, bewerteter und mit Handlung erfüllter Raum (physikalisch, temporal und metaphorisch), der ein dynamisches Ganzes darstellt. Ein Feld ist damit als ein umgrenzter Lebens- und Aufgabenbereich im Gesamtkontext der Gesellschaft zu sehen, der durch unspezifische und spezifische, in multiplen Kausalbeziehungen stehende Feldkräfte (affordances und constraints, vgl. Gibson 1979; Warren 1988) gekennzeichnet ist. Es wird *external* bestimmt durch die Attribution von spezifischen und unspezifischen Identitätsmerkmalen (von Territorialmarkierungen, Werten und Normen, von Problemen, Ressourcen und Potentialen, von Informationen und Diskursen) aus angrenzenden oder übergeordneten Feldern. Es wird weiterhin *internal* betimmt durch Territorialorientierung, durch Werte und Normen, durch Probleme, Ressourcen und Potentiale, Informationen und Diskurse, die im Feld selbst vorhanden und wirksam sind und mit dem Ziel seiner Stabilisierung (durch Kommunikations- und Aufgabenspezifität, Ressourcenvorrat und Produktangebot) genutzt werden oder zum Tragen kommen. Die Synergie der externalen und internalen Einflüsse, ihre differentielle und integrierende Verarbeitung in diskursiven, reflexiven und metareflexiven Prozessen konstituieren Feldidentität. Gelingende, selbstorganisierende Feldprozesse und ihre kokreative Interaktion mit Einwirkungen aus umliegenden und übergeordneten Feldern bestimmen die Feldentwicklung. Diese ist damit auch als ‚Kulturarbeit' zu sehen, indem durch kollektive kognitive Prozesse die Gegebenheiten des Feldes selbst betrachtet, bewertet und interpretiert werden, was zu einer permanenten und nicht vollauf antizitierbaren – evolutiven, vielleicht aber auch devolutiven (Lorenz 1983, Petzold 1986h) – Veränderung führt" (Petzold 1990g, vgl. Petzold, Lemke, Rodriguez-Petzold 1994b, 321).

„**Komplexe Sozialisation** wird im integrativen Ansatz verstanden als die wechselseitige Beeinflussung von Systemen entlang des Zeitkontinuums" (Petzold, Bubolz 1976) in Prozessen der Ko-respondenz (d.h. Diskursivität, Narrativität, Interpretationsarbeit), Kooperation und Kokreation mit Bezug auf die materielle, ökologische und soziale Wirklichkeit und deren gemeinschaftliche Interpretation und Gestaltung, durch welche sich Persönlichkeit, relevante ökologische und soziale Mikrowelt und Gesellschaft beständig verändern und mit ihren Kompetenzen und Performanzen entwickeln. Dies geschieht in einer Dialektik von *Vergesellschaftung* (Generierung kollektiver Kognitionen, Emotionen und Praxen) und *Individuation* (Generierung subjektiver Theorien und Praxen in pluralen Lebenswelten), deren Ergebnis eine je spezifische, in beständigen *„balancierenden* Konstitutionsprozessen" stehende und in „Weltkomplexität *navigierende", flexible* und *transversale Identität* des Individuums ist in einer globalen und transkulturellen Gesellschaft mit ihren Makro-, Meso- und Mikrostrukturen, *social worlds* und *lifstyles* sowie ihrem ökologischen Kontext (Müller, Petzold 1998, 1999; idem 1998a, 173, 26f; Petzold, Steffan 1999; idem, Ebert, Sieper 1999).

Hier wird in der für die Integrative Therapie charakteristischen Traditionslinie von G.H. Mead konzeptualisiert und auf eine identitätstheroetische Folie (Petzold 1993d; Krappmann 1969) Bezug genommen sowie auf eine kompetenz-/performanztheoretische, d.h. Kognitions-, Emotions- und Handlungsebene verbindende Folie (idem 1994a) sowie auf eine sozioökologische Folie. Die Ausrichtung an einem „life span developmental approach", einer Lebenslaufperspektive der Sozialisation, führt dabei zu einem dynamischen Identitätsbegriff, der keine starre Selbigkeit vertritt und auch keine unbestimmbare „patchwork identity" (Beck 1986), sondern einen Prozeß permanenter *„transversaler Identitätskonstitution"* betont als Aushandeln von Identitätsformen und –qualitäten mit wechselnden *lifestyles* (Müller, Petzold 1998) in komplexen Lebens- und Sozialwelten *navigierend* mit dem Ziel einer *emanzipierten* bzw. sich *ständig emanzipierenden Identität* (Petzold 1993a, 530ff). Dabei wird das Moment der Wirkungsmöglichkeiten zum Anderen und auf den gesellschaftlichen Kontext hin, d.h. die veränderungswirksame Kraft des Individuums zum Kontext hin und für ihn (Berlin 1998) unterstrichen – Therapeuten müssen diese akzeptieren, zulassen und fördern, was immer auch Einschätzung der eigenen Macht bedeutet. Außerdem werden die Rückwirkungen von Attributionen auf die Attribuierenden, die *Reziprozitätseffekte* (idem 1996j, 42; 1998, 267, 285) in Identitätsprozessen beachtet: Stigmatisierungen haben nicht nur Negativwirkungen auf die Stigmatisierten, sondern auch auf die Stigmatisierenden!" (vgl. Petzold, Orth 1999, S. 202f)

Abb. 1: Die Person und ihr Umfeld als räumlich und zeitlich gestaffelte Figur/Hintergrund-Relation (=Kontext/Kontinuum)

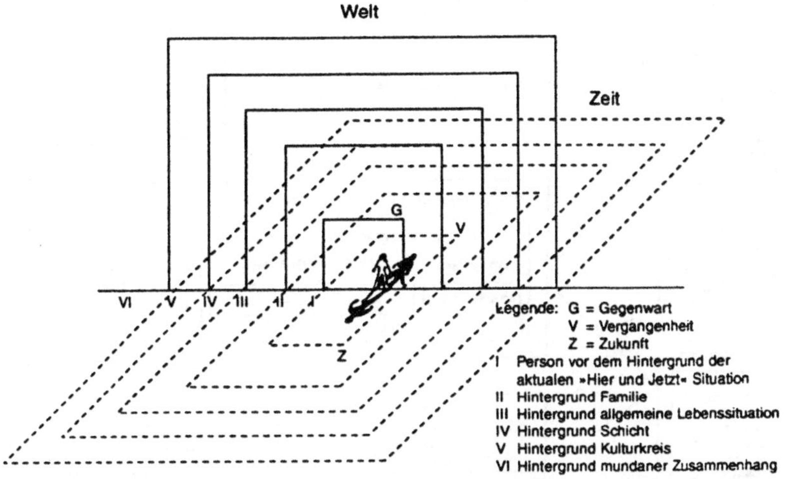

Legende: Der Klient trägt in jedem Moment seiner Gegenwart die Ereignisse seiner Vergangenheit und die Möglichkeiten seiner Zukunft in sich. Er ist als Person nur in diesem zeitlichen *Kontinuum* zu begreifen. In gleicher Weise steht er in einem sozio-kulturellen (Volks- und Schichtzugehörigkeit) und in einem sozio-physikalischen bzw. ökologischen (Land, geographische Region) *Kontext*, der sich als als gestaffelte Figur/Grund-Relation erweist und als Bezugsrahmen in eine *Mikro-*, *Meso-*, *Makro-* und *Supraebene* differenziert werden kann: die aktuale „Hier- und-Jetzt-Situation", die Familie *(Mikroebene)*, die allgemeine Lebenssituation mit Beruf, Freundeskreis, Nachbarschaft etc. bis zur sozialen Schicht *(Mesoebene)*, die den Kulturkreis *(Makroebene)* und mundanen sozialen Zusammenhang *(Megaebene)* emfaßt. Die gleiche Differenzierung läßt sich für den ökologischen Kontext machen: Wohnung, Haus *(Mikroebene)*, Quartier, Dorf, Stadt *(Mesoebene)*, Region, Land *(Makroebene)*, mundaner ökologischer Zusammenhang *(Megaebene)*. Für jeden dieser Bezugsrahmen findet sich wiederum ein Zeit-Kontinuum; denn jedes aktuale Geschehen, jede Familie, jede Lebenssituation, jede Kultur hat *Geschichte, Gegenwart* und *Zukunftsperspektiven*. Ohne dieses Zeitkontinuum ist ein Verständnis von Struktur und Verhalten der genannten Systeme (Person, Familie, Schicht usw.) nicht möglich. Insgesamt ist also ein mehrperspektivischer Zugang erforderlich (vgl. Petzold 1974k, 314, 1988n, 85).

In der Mikro- und Mesoebene des Feldes finden sich die *„sozialen Situationen"* der miteinander vernetzten Individuen mit ihren ***Problemen***, ***Ressourcen*** und ***Potentialen*** (Petzold 1998a, 366f) und vollziehen sich *Ereignisse* (kritische oder aufbauende „life events", Filipp 1990), die Individuen und ihre Situationen bestimmen, Zusammenhänge, die wir in einer differenzierten Ressourcentheorie und Praxeologie der Ressourcenförderung und -beratung ausgearbeitet haben (Petzold 1997p), welche wiederum in einer integrativen Sicht „sozialer Unterstützung im Lebenskontext" (Petzold 1993a, 1280f) zusammengefaßt ist.

Abb. 2: Prozesse „sozialer Unterstützung" der Person in „sozialen Situationen" von Mikro- und Mesokontexten – psychosoziale Intervention und Gesundheit, Krankheit und Wohlbefinden

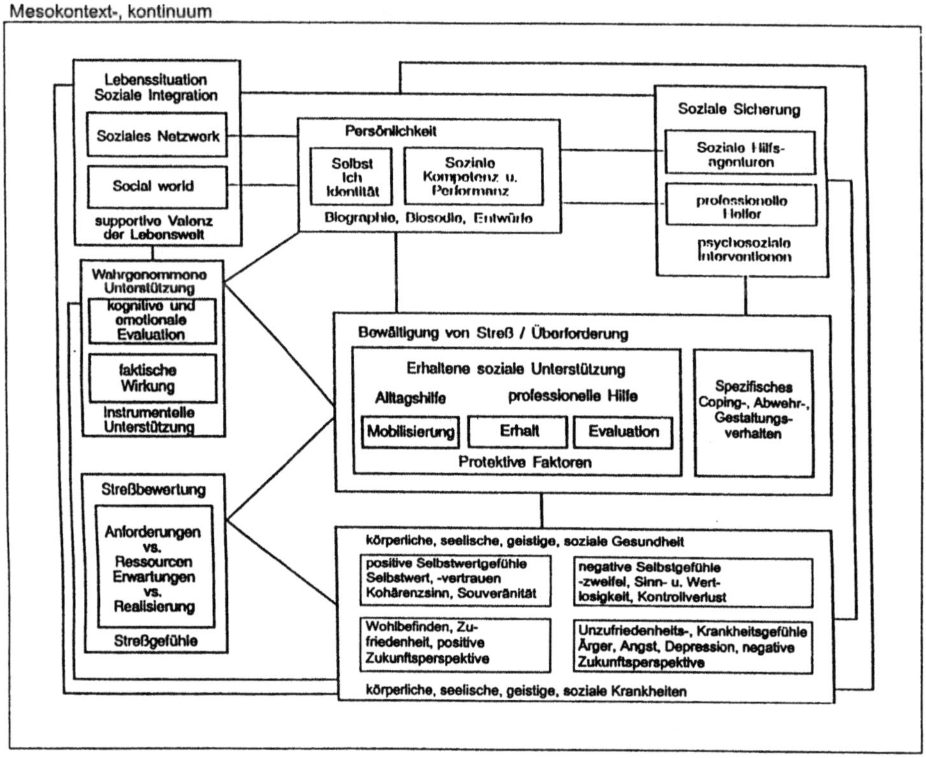

Legende: Ausgegangen wird von der allgemeinen Lebenssituation des Menschen, bei der das Maß seiner Integration, d.h. die Stabilität seines *„sozialen Netzwerks"* in qualitativer und quantitativer Hinsicht (Petzold 1979c; House et al. 1988) und die Konsistenz seiner *„social world"*, seiner Wertewelt und -gemeinschaft (Petzold, Petzold 1991b), die von Bedeutung für die allgemeine *„supportive Valenz"* seiner Lebenswelt ist, aber – nicht zuletzt unter biographischer (Vergangenheit), biosodischer (Gegenwart) und prospektiver Sicht (Zukunftsentwürfe) – auch für die Stabilität seiner *Persönlichkeit* (von *Selbst, Ich, Identität*) und für deren soziale Fähigkeiten *(Kompetenzen)* und Fertigkeiten *(Performanzen)*. Interventionen werden deshalb immer auf eine Förderung der sozialen Integration durch Stabilisierung der Lebenssituation und auf eine Stützung der Persönlichkeit, ihrer historisch gewachsenen Identität und ihrer Zukunftsentwürfe gerichtet sein. Ein weiterer Faktor für supportive psychosoziale Intervention ist das Netz *sozialer Sicherungen*, das z.B. das öffentliche Gesundheitswesen mit seinen *sozialen Hilfsagenturen* (Beratungsstellen, Kliniken, Diensten usw.) und *helfenden Berufen* bereitstellt. Hier liegen die wesentlichen Bedingungen für interventive Erfolge und Mißerfolge bei Hilfen zur *Bewältigung von Krisen*, Streß bzw. Überforderungserlebnissen. Das Vorhandensein sozialer Sicherungen und das Wissen um diese wird für die Betroffenen im Hinblick auf ihre Kontrollüberzeugungen, ihre Erwartungen und ihre persönliche Stabilität von Einfluß sein. Neben das Wissen um *Alltagshilfen* von Familie und Freunden tritt das Wissen um die Möglichkeiten *professioneller Hilfe* als „informationeller Support", der zu den Dimensionen instrumentellen/materiellen und emotionalen Supports hinzutritt (Schwarzer, Leppin 1989) und im Verein mit protektiven Faktoren (Petzold et al. 1993) die Copingbemühungen oder das Abwehrverhalten (Haan 1977) der Betroffenen unterstützt. Supportive Angebote werden in Krisensituationen genauso wahrgenommen und bewertet wie die Stressoren. Wahrscheinlich wird man in der Soziotherapie vermehrt auf die Spezifität in der *Relation von Streßereignis und Supportform* zu achten haben bzw. auf die Angemessenheit in der Kombination *emotionalen, materiellen und informativen Supports.* Die *Streßbewertung* etwa einer Diskrepanz von *Anforderungen* (z.B. finanzieller und emotionaler Art bei einer Alleinerziehenden) und *zuhandenen Ressourcen*, von Erwartungen auf Hilfeleistungen, werden wiederum *bewertet* und mit vorhandenen Copingmöglicheiten aufgrund vorgängiger Krisenerfahrungen abgeglichen, was zum Wiedergewinn von *Kontrolle* und Beruhigung oder aber zu Streßemotionen, Überforderungsgefühlen führt und die Wahrnehmung und emotionale *Evaluation* von supportiven Maßnahmen beeinflußt, dies zuweilen derart, daß instrumentelle Unterstützung, etwa in Form von Geld oder Sachmitteln, gar nicht erst bewertet werden kann, keine emotionale Entlastung bringt oder daß die faktische Wirkung – z.B. Fortfall von Schuldendruck durch Schuldenregulierung – geschmälert werden. Emotionalen und kognitiven Bewertungen kommt deshalb beim Bereitstellen von Support durch psychosoziale Intervention ganz erhebliche Bedeutung zu, ja die Ermöglichung einer positiven Sicht der Hilfsmaßnahme wird zu ihrer Akzeptanz und ihrem Gelingen wesentlich beitragen. Das *„emotional management"* von Streßemotionen durch entlastende Interventionen aus dem Repertoire der Integrativen Therapie (Petzold 1992a, 835) wird hier eine wichtige Funktion haben. Gelingen die supportiven Interventionen, werden *Gesundheit* und *Wohlbefinden* gefördert, wird *Krankheit* vermieden oder bewältigt, treten positive Selbstgefühle vermehrt auf und werden negative Selbstgefühle verhindert (ibid.). Die Rückwirkung auf die *allgemeine Lebenssituation* und *soziale Integration* einerseits und auf die *Stabilität der Person* andererseits erweist sich gleichfalls je nach Gelingen oder Mißlingen der Maßnahmen und Hilfeleistungen zur Unterstützung der Bewältigungsleistungen als positiv oder negativ (vgl. Petzold 1993a, 1281f).

In diesem Gesamtrahmen werden Netzwerkdiagnostik und Netzwerkintervention differentiell eingesetzt und zwar in einer Art und Weise, daß die Theoriekonzeptionen und die Forschungsergebnisse praxeologisch konkretisiert werden.

5.1.1 Diagnostik von „sozialen Netzwerken" und „social worlds"

Praxisrelevante Netzwerkdiagnostik, die im unmittelbaren Patientenkontakt eingesetzt werden kann und für die klinische psychotherapeutische und sozialtherapeutische Strategienbildung Informationen und Materialien bietet, wurde zuerst von J.L. Moreno entwickelt und zwar schon in einer recht elaborierten Form. Leider wurden diese Ansätze und die in ihrer Folge ausgearbeiteten Instrumente und Verfahren (Moreno 1953, Petzold 1979c) in der sich neu entwickelnden Szene von „Netzwerkarbeitern" nur sehr unzureichend rezipiert, so daß zuweilen das „Rad zweimal erfunden" wurde, und das auch noch mit schwächeren Konzepten und Methodologien (so Straus, Höfer 1998)[28].

28 Der knappe Verweis auf die Morenotradition von Straus und Höfer (1998, 83) nimmt sich eigenartig aus, wenn in ihrer Arbeit dann das „räumliche Darstellen" von Netzwerken und die Netzwerkkarten gleichsam als eigene Weiterentwicklungen beansprucht werden. Das Darstellen von

Abb. 3: Zonenprofil einer Schulklasse (N 24, ml 12 Durchschnittsalter 15.1, wl. 12, 14.8) von (I) und nach (II) sechsmonatiger psychodramatischer Arbeit. Aus: Petzold, Schulwitz 1972, 409.

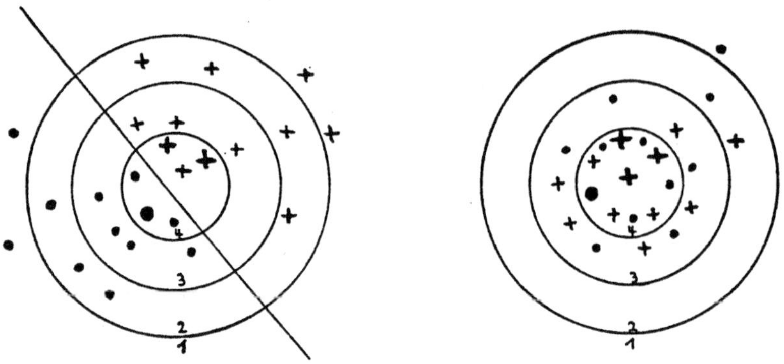

Legende:
• Mädchen
+ Jungen
● weibl. Star
+ männl. Star

1 Außenzone
2 Randzone
3 Mittelzone
4 Kernzone

Diagramm I
geringe Integration
Parteiung
4 Kinder außenständig
7 Kinder randständig
7 Kinder mittelständig
6 Kinder kernständig

Diagramm II
gute Integration
1 Kind außenständig
2 Kinder randständig
10 Kinder mittelständig
11 Kinder kernständig

Im Sinne *egozentierter* Netzwerke hat Moreno im „Psychodrama" und für *multizentrische* Netzwerke im „Soziodrama" (Moreno 1953, Petzold 1973d) durch die Interaktionen des Spiels soziale Netzwerke prozessual sichtbar gemacht. Seine Definition eines „sozialen Atoms" verbindet beide Perspektiven: *„Das soziale Atom ist der Kern aller Individuen, mit denen eine Person in bedeutungsvoller Weise verbunden ist, oder sie mit ihm zur gleichen Zeit verbunden sind. Diese Verbindung kann dabei emotionaler, sozialer oder kultureller Art sein."* (Moreno 1953). Petzold (1969b) hat solche Netzwerke dann aufstellen lassen, wobei der Protagonist die einzelnen Personen modellierte wie bei einer Skulptur. Er hat diese Technik auch durch Modellierung von Tonfiguren eingesetzt oder durch die „Skulpturierung" von Personen, indem sie in bestimmten Distanzen und bestimmten Haltungen aufgebaut wurden. Dabei versuchte er, die Möglichkeiten des mimisch-gestischen Ausdrucks, wie er für die Pantomimearbeit charak-

---

Familien in ihren Rollen/Fuktionen bzw. von Netzwerken mit Münzen, Sitzkissen, „Hilfsstühlen" (Blatner 1970, Ancelin-Schützenberger 1970) etc. wurde von Moreno seit den dreißger Jahren in einer aktionalen Soziometrie praktiziert und von seinen Schülern technisch ausgearbeitet (Fantel 1951, Hollander 1975, van der May 1975, Kuhlenkampff 1982, 1986; Petzold 1971g, 1985a, 244ff). Wir haben seit den sechziger Jahren Familienskulpturen in Ton fertigen lassen oder in pantomimischer *Aufstellungsarbeit*" Skulpturierungen gestellt (Petzold 1969b,12, 26/1988n, 466, 480) – also keineswegs eine Straus- oder Hellingererfindung – und als Diagnose- und Interventioninstrument in Therapie und Supervision eingesetzt (ibid. 1988n, 568ff, 1998a, 340ff).

teristisch ist, zu nutzen. Diese Technik ist auch im Rahmen der Supervision und von arbeitspsychologischen Kontexten ein ausgezeichnetes Instrument. Wir haben dies verschiedentlich beschrieben (Petzold, Orth, 1988a; Petzold 1971g). Familienmitglieder, Freunde, KollegInnen können auf diese Weise mit ihren Rollen und Funktionen im „Konvoi“ (mit Rekurs auf rollentheoretische Konzepte wie Inter- und Intrarollenkonflikte, vgl. Petzold, Mathias 1983) in sehr plastischer Weise erfaßt werden, wobei unmittelbar auch mit potentiellen Modifikationen der Relationen im Netzwerk therapeutisch experimentiert werden kann. Netzwerke können *multizentrisch* durch ein Zonenprofil erfaßt werden, das auf verschiedene Kriterien gerichtet sein kann, z.B. „Zusammengehörigkeitsgefühl, Kohäsion, Kooperation“ in einer Arbeitsituation, einer Klinikstation, einer Sonderschulklasse etc. Eine solche Kartierung kann dann bei netzwerkgerichteten Interventionen (z.B. Psychodrama, Soziodrama, Familien- oder Klassenkonferenzen, Netzwerkcoaching etc.) als Möglichkeit des Festellens von Veränderungen mit den Beteiligten (selfratings) oder vermittels Fremdbeurteilungen verwandt werden, wie wir es in verschiedenen Projekten praktiziert haben (Petzold, Schulwitz 1972).

Exkurs*:* Die mentale Dimension der Netzwerke – „social worlds“ und „lifestyles“ als kollektive Kognitionen, geteilte Weltsichten: *Orte der Kokreativität*

Natürlich muß man immer davon ausgehen, daß ein soziales Netzwerk vor allem in der *egozentrierten* Version des „sozialen Atoms“ nicht nur eine Zahl ausgewählter numerisch auflistbarer Personen ist. Es ist auch eine *„mentale Realität“*, eine kognitive und emotionale *Repräsentation*, geht es doch um die Menschen, „die mir am Herzen liegen und die mir im Sinn sind“. Das bedeutet auch, daß die Mitglieder eines sozialen Netzwerkes von jedem Mitglied in Form von inneren Bildern repräsentiert sind – „Ich habe mir ein Bild von ihm gemacht“ – , daß die Art und die Qualität der Beziehungen im Netzwerk repräsentational verankert sind – „Ich habe eine Vorstellung von unserer Beziehung“. Die realen Interaktionen werden also kognitiv (*appraisal*) und emotional (*valuation*) bewertet und interpretiert, so daß Beziehungsqualitäten, „Netzwerkqualitäten“ entstehen. Reale Transaktionen, Kommunikations- und Interaktionsvorgänge, die ein Therapeut, Netzwerkarbeiter, -berater, beobachtet und miterlebt, müssen deshalb immer auch die „subjektiven Theorien“ (Flick 1991) über spezifische Beziehungen im Netzwerk und das Netzwerk insgesamt im Blick haben. Nur so sind Interaktion, Kommunikation, Netzwerkverhältnisse (Petzold, van Beek, van der Hoek 1994a, 508) in der Feinstruktur richtig einzuschätzen. Dieser Aspekt ist in der Familientherapie sehr vernachlässigt worden, in der Netzwerktherapie kommt er insoweit etwas zu Tragen, als daß das Konzept der „sozialen Unterstützung“ den Aspekten der „wahrgenommenen“ Unterstützung und der „kognitiven Bewertung“ von Unterstützung Rechnung trägt. In psychoanalytischen Ansätzen wird ganz im Kontrast dazu den „Repräsentanzen von Objektbeziehungen“ große Bedeutung beigemessen unter Vernachlässigung realer Netzwerkinteraktionen. Beide Dimensionen müssen aber sorgfältig in Diagnostik und Therapie beachtet werden. Wenn das Netzwerk als *Konvoi*, als Weggeleit und Ort der *Kokreativität* (idem 1998, 264) über die Lebensstrecke, auch im Gedächtnis archiviert wird, so hat man es in der Therapie auch mit *Erinnerungen an Netzwerke* (an frühere Familienkonstellationen, an Freunde aus Kindertagen, an Klassengemeinschaften, an Berufskontexte) und Netzwerkleistungen zu tun (Abb. 7). Daß diese Kontexte für Menschen eine große Wichtigkeit haben, zeigt sich an den verschiedensten Formen von „Ehemaligentreffen“ (z.B. Klassentreffen, Vereinstreffen etc.). Dabei sind es speziell Menschen aus „Netzwerkausschnitten“, mit denen man in besonders intensiver Weise *kollektive* Kognitionen und Emotionen (*répresentations sociales,* Moscovici 1984) teilt, Weltsichten, Werte, Interessen, Lifestyles, also eine oder mehrere *„social worlds“* (Strauss 1978, Unruh 1983): „Wir sind da einer Meinung und eines Sinnes!“ – „Wir machen das auch so und teilen diese Sicht!“. In der gerontotherapeutischen Arbeit kann man das Aufkommen solch alter „archivierter“ sozialer Welten beeindruckend beobachten und ihren Einfluß für das aktuelle Netzwerk feststellen (Petzold, Petzold

1991b), z.T. auch die Schwierigkeiten beobachten, die dadurch entstehen, daß jüngere Helfer frühere Weltsichten bzw. die „social worlds“ der alten Menschen nicht kennen (idem 1994e). Archaische Netzwerke wirken in gegenwärtigen Netzwerke und Sozialwelten in Form von ***benignen Narrativen*** und ***Skripts***, welche Verhaltenssicherheit geben, aber auch in Form von ***malignen Narrativen/Mustern*** (Petzold, 1992a 386ff, 533f, 692f), bewußten oder unbewußten, verdrängten oder dissoziierten Netzwerken, Repräsentationen (wir vermeiden bewußt den psychoanalytischen Terminus „Repräsentanz“ aufgrund seiner theoretischen Probleme, vgl. Petzold 1995a, 531ff; Perrig et al. 1993). Sie müssen deshalb auch Gegenstand der Therapie sein. Familientherapeutische Interventionen z.B. können nicht nur aktuale Kommunikationsmuster in der Blick nehmen, sondern müssen auch die individuellen Vorstellungen über das Familiensystem bei jedem einzelnen Familienmitglied und die kollektiven Vorstellungen der Familie über sich, d.h. ihre *„social words“* und *„lifestyles“* betrachten, sonst greift man diagnostisch und therapeutisch zu kurz. Für die Netzwerkarbeit gilt dies in gleicher Weise. Zum größten Teil sind vergangene Netzwerke und die mit ihnen verbundenen kollektiven Kognitionen und Emotionen „integriert verarbeitet“. Durch eine fortlaufende *„fungierende Interpretationsarbeit“* bei wachsender *„Sinnerfassungskapazität“* (Petzold 1992a, 489f, 700ff) und *„Kokreativität“* (idem 1998a, 272ff) werden sie für das gegenwärtige Handeln nutzbar gemacht. Ihr Weiterwirken ist deshalb „unauffällig“. Zuweilen hat aber eine solche Integrationsarbeit nicht stattgefunden, so daß alte Relationsverhältnisse weiterwirken, die in der Gegenwart dysfunktional werden können, z.B. in Form von dysfunktionalen Narrativen, welche sich in Übertragungen oder unangemessenen Abwehrformen, in „Fixierungen“ zeigen. Diese „Fixierung hat nicht etwa nur die Bedeutung einer Erinnerung, sie schließt im Gegenteil die Erinnerung aus, insofern eine solche das einst Erfahrene einem Bilde gleich vor uns entfaltet, die Vergangenheit aber, die unsere eigentliche Gegenwart bleibt, gerade nicht von uns Abstand gewinnt, sich ständig gleichsam hinter unserem Blick verbirgt, anstatt sich vor ihm zu entfalten“ (Merleau-Ponty 1966, 108). So schließt sich die verfließende Zeit etwa „nicht über der Trauma- Erfahrung ... sie überschiebt sich jeder anderen Gegenwart und beraubt diese ihres Sinnes als echter Gegenwart. Ich bleibe der, der eines fernen Tages jener Jugendliebe verfiel oder der, der einst in jener Welt der Eltern lebte.“ (ibid, 107). Es werden hier differenzierte zeittheoretische und gedächtnistheoretische Überlegungen notwendig zum individuellen, wie zum kollektiven Gedächtnis (Petzold 1991o, 362ff, 1992a, 700ff, 883ff; Assmann, Hölscher 1988; Assmann 1988). *Soziale Netzwerke* mit ihren *sozialen Welten*, als „Matrizen“ der Selbstentwicklung, Identitätskonstitution und kokreativer Netzwerkgestaltung werden im Integrativen Ansatz deshalb unter longitudinaler Betrachtung retrospektiv und prospektiv in den Blick genommen. Ihre emotionalen Besetzungen, kognitiven Einschätzungen, Lifestylezugehörigkeiten werden durch projektive und semiprojektive Methoden (Müller, Petzold 1998, 1999) angegangen, die auch unbewußte, dissoziierte, verdrängte, archaische und gegenwärtige Netzwerkaspekte erschließen. Arbeit mit Ton, Farben, Collagen etc. macht über die Wahl von Formen, Tönungen, Symbolen durch die „projektive Produktion“ diese Dimensionen zugänglich. Auch in die Sozialwelten kann auf verschiedenen Ebenen Einblick gewonnen werden. Aspekte aus dem Makrokontext (macro socials worlds) können sichtbar werden, denn sie haben immer auch konkrete Auswirkungen auf Meso- und Mikrokontexte – z.B. ein spezifischer Zeitgeist (Petzold 1989f), makrostrukturelle Veränderungen wie der Balkankrieg, die Wege ins vereinte Europa (Havel 1999, Hollande et al. 1999, Peugeot 1999), die Globalisierungs- und Modernisierungsprozesse (Beck et al. 1995, Giddens 1991). Sie können bis in ein einzelnes „soziales Atom“ wirken. Außerdem ist auch auf die Qualität der sozialen Welt, ihre *Kultur* (Petzold 1998a, 312-326) zu blicken: Handelt es sich um eine relativ *geschlossene* Sozialwelt (z.B. bei Subkulturen), eine hermetische gar (bei extremistischen politischen oder religiösen Gemeinschaften, Sekten) mit sehr gesicherten, kontrollierten „gates“ oder handelt es sich um offene, vielfach *konnektierte* Sozialwelten mit pluralen Lifestyles und einem hohen *Emergenzpotential* (ibid. 312, 41, 240). Sind die *social worlds* „hart“ mit starren Regeln und Normen, was Lernen und Veränderung einschränkt, oder sind sie „weich und plastisch“, was Lernen, Veränderung, Kokreativität durch das Zusammenfließen (*Konflux*, ibid. 318) aller *Ressourcen* und *Potentiale* fördert. Sind sie aktuell bedroht, was immer auch eine Identitätsbedrohung für die partizipierenden Individuen und Gruppen ist, und damit defensiv, oder sind sie gesichert und ressourcenreich und deshalb innovationsbereit, indem sie dem Individuum wie seinem Netzwerk Chancen zur *Kokreativität* bieten (vgl. z.B. die Netzwerke von Goethe und Brecht, Unseld 1997, 82ff; Klebir 1997). Diese und andere Fragen, besonders die nach der Ressourcenlage stehen am Beginn einer mittelbaren bzw- indirekten Intervention, und erfordern deshalb schon eine sorfältige Diagnostik der Netzwerke und ihrer *social worlds* im Rahmen prozessualdiagnostischen Vorgehens (Petzold, Orth 1994; Müller, Petzold 1998; Petzold, Osten 1998, 1999), für das im folgenden werden einige Beispiele gegeben werden.

In der Linie *egozentrierter* Netzwerkkarten („soziale Atome") – und als eine der ersten Arbeiten in diesem Bereich – wurde von Petzold eine Gliederung in drei konzentrische Kreise vorgenommen, mit der eine Kernzone (nahe Verwandte und enge Freunde), Mittelzone (KollegInnen, gute Nachbarn und Bekannte, oberflächliche Freundschaften) und Randzone (oberflächliche Bekanntschaften und Kontakte, „bekannte Gesichter" im Quartier) im Netzwerk unterschieden wurden, und damit eine differenziertere Erfassung von Netzwerken und Netzwerkqualitäten in der praktischen Diagnostik möglich wird, besonders wenn man dabei „kreative Medien", z.B. Puppen, Tonerde, Collagen einsetzt (Petzold 1971k, Petzold, Orth 1990a, 632, Abb.10). Den Patienten wird die Zonenstruktur erklärt und dann werden sie ermutigt, das Netzwerk mit dem entsprechenden Medium zu gestalten. Verwendet man dabei Tonskulpturen oder Collagen, wie wir es seit 1965 in der Geronto-, dann in der Kindertherapie praktiziert haben (Petzold, Kirchmann 1990, Petzold 1985a, b, 24, 46), wird das hohe projektive Potential dieser Medien für die Netzwerkdiagnose erschließbar. Die *atmosphärische Qualität* und *Interaktions-/Kommunikationskultur* eines Netzwerkes (Familienatmosphären und -kommunikation, aber auch Atmosphären und kommunikative Stile am Arbeitsplatz, vgl 1998a, 290ff) – so wesentlich für die Diagnose von Belastungen, aber auch für therapeutische Veränderungsstrategien – werden auf diese Weise zugänglich, wie die Abbildungen einer Familien- und einer Netzwerkskulptur (vgl. Abb. 4 und 5) zeigen.

Abb. 4: Familiales soziales Netzwerk als Tonskulptur aus einer psychotherapeutischen Arbeit über die aktuale Familie

Abb. 5: Soziales (familiales und amicales) Netzwerk, „Ressourcen und Trümmer" als Tonskulptur

Für Diagnose- und Forschungszwecke wurde die Technik der Netzwerkkartierung mit Zonenprofilen von Therapeuten aus der Morenotradition (Petzold 1979d) verfeinert, bis hin zu einem praktischen Test (Kuhlenkampff 1986).Unter der Perspektive von Morenos Konzept des „sozialen Atoms" können wir diese spezifische Form des sozialen Netzwerks durch folgende Dimensionen kennzeichen:

1) *Quantität:* d.i. das Volumen bzw. die Zahl der Relationen zwischen dem Kernindividuum und dem kern-, mittel- und randrständigen Individuen des sozialen Atoms.
2) *Qualität;* d.i. die Zahl der positiven, negativen und indifferenten Relationen des Kernindividuums zu den umgebenden Individuen gemäß seiner subjektiven Einschätzung.
3) *Distanz;* d.i. der Abstand der Individuen vom Kernindividuum entsprechend der Einteilung des Zonenprofils in eine Kern-, Mittel- und Randzone. Diese Dimension gibt Aufschluß über die Intensität der Kontakte im sozialen Netzwerk und über die Handhabung von Nähe und Distanz.
4) *Kohäsion;* d.i. die Verbindung, die die ein Individuum umgebenden Personen untereinander haben.
5) *Konnektierung;* d.i. die Stellung des sozialen Atoms zu anderen sozialen Atomen und übergeordneten Netzwerken, d.h. auch die Verbindung zu verschiedenen *Lebenswelten* und *social worlds* (gemeinsame Weltsichten als kollektive Kognitionen, die ihrerseits in und durch Gesprächs-, Erzähl- und Interpretationsgemeinschaften entstehen, Petzold, Petzold 1991).
6) *Supportive Valenz;* d.i. die Tragfähigkeit eines Netzwerkes aufgrund seiner *Ressourcenvorräte* (idem 1997p) und der *Unterstüzungsbereitschaft* seiner Mitglieder.
7) *Kokreative Valenz;* d.i. die Innovations- und Gestaltungskraft des Netzwerkes, die gemeinschaftliche Nutzung von *Ressourcen* und *Potentialen* (idem 1998a, 272ff, 367) in Konfluxprozessen (ibid. 267).

Ein soziales Atom von *guter Konsistenz* ist gekennzeichnet durch ein hohe Zahl von positiven und eine geringe Zahl von negativen Relationen zwischen dem Kernindividuum und den umgebenden Individuen, durch zahlreiche Relationen der umgebenden Individuen (sie bilden dadurch ein auffangendes und tragfähiges soziales Netz), eine ausgewogene Verteilung von Nähe und Distanz im Gesamtvolumen der Relationen sowie eine vielseitige *Konnektierung* zu anderen Atomen. Es ist hiermit eine sehr komplexe Beschreibung eines sozialen Netzwerkes gegeben (Kulenkampff 1982), in der mit der Dimension „Qualität" der subjektiven Einschätzung Rechnung getragen wird. An die Theorien und Konzepte der „sozialen Unterstützung" (Röhrle 1994, Nestmann 1989) schließt die Dimension der *supportiven Valenz* an. Unter diesem Konzept verstehen wir die *Möglichkeiten* und *Fähigkeiten* emotionaler, sozialer, materieller und spiritueller (Wertebereich) Stützung von den Mitgliedern eines sozialen Atoms gegenüber dem Kernindividuum. Man könnt auch von der *coping capacity* des sozialen Netzes sprechen. Die *Möglichkeiten* liegen in der Verfügbarkeit von Eigen- und Fremd-Ressourcen. Die *Fähigkeiten* liegen in der Bereitschaft, diese Ressourcen zur Unterstützung für das Mitglied des sozialen Netzwerkes einzusetzen.

Metrische „soziale Atome"

In einer empirischen Untersuchung von sozialen Atomen alter Menschen – einer Gruppe bei der Netzwerkperspektiven von besonderer Bedeutung sind (Gelfand, Olsen 1980, Nestmann, Wehner 1998, Petzold 1994e) – konnten wir feststellen (Petzold 1979a, b), daß es einen dramatischen Abfall der Konsistenz, d.h. der Gesundheit und Leistungsfähigkeit und der *coping capacity* der sozialen Atome vom 40. zum 70 Lebensjahr gibt (vgl. Abb. 6).

Die Konsistenzwerte der sozialen Atome fielen erheblich ab. Durch Wegsterben der eigenen Alterskohorte, Einschränkungen der Mobilität kommt es zu einer progredierenden Erosion der sozialen Netzwerke und häufig auch ihrer supportiven Valenz.

In unserer Untersuchung ging z.B. die Zahl der *Relationen*, die die untersuchten Personen mit 40 Jahren hatten, gegenüber den Relationen, die sie im Alter hatten, in 39 von 40 Fällen zurück, und zwar im Schnitt um 51,8 %, bezogen auf den Mittelwert und die gesamte Population, wobei die Frauen mit 36,8 % gegenüber den Männern mit durchschnittlich 60,4 % wesentlich besser dastehen. Der *Konsistenzwert* des sozialen Atoms sank im Mittel um 29 % (bei den Frauen um 18,4 %, bei den Männern um 37,1 %). Auch im Hinblick auf die *Qualität* der Relationen ist ein erheblicher Rückgang positiver Beziehungen kennzeichnend. Im Hinblick auf die *Distanz* nimmt die Kernständigkeit zu, die Menschen im Alter und in Bedrängnis „rücken näher zusammen". Es findet aber auch eine Verödung der Kernzone statt. Insbesondere verödet die Mittelzone, in der früher die Berufskontakte und die Beziehungen, die über den engeren Familien- und Freundeskreis als Ausdruck von Lebensvielfalt hinausgingen, angesiedelt waren. Nur die Dimension *Kohäsion* nimmt zu. Das stärkere Aufeinander-angewiesen-Sein mag diesen Effekt bewirken. Bei der Dimension *Konnektierung* zeigt sich ein Rückzug von den anderen Bereichen, ein Verlust von Lebensvielfalt und Horizont (Petzold 1979b, 67f). Ein weiteres Problem ist die *„Überalterung"* von sozialen Atomen. Eine große Anzahl alter Menschen der gleichen Kohorte erhöht die Verwundbarkeit des Netzwerkes: wichtige Stützpersonen können plötzlich wegfallen, Verlustereignisse können es erschüttern. Außerdem ist die Zahl der Hilfsbedürftigen innerhalb eines solchen Netzwerkes groß. Zwar wachsen auch die Möglichkeiten des Verständnisses – man steht ja in der gleichen Situation -, auf der anderen Seite nehmen die Ressourcen ab.

Die Leistungsfähigkeit eines sozialen Atoms als *agency of coping and cocreating* ist von der materiellen, emotionalen und sozialen Leistungsfähigkeit seiner Mitglieder abhängig. Damit kann es bei der Population alter Menschen zu sehr unterschiedlichen Situationen kommen, die bei Interventionen psycho- und soziotherapeutischer Art berücksichtigt werden müssen (Beispiele in Petzold, Zander 1985, idem 1994e).

Abb. 6: Soziales Atom im Zeitkontinuum – Konvoi-Erosion im Alter

Diagramm VII

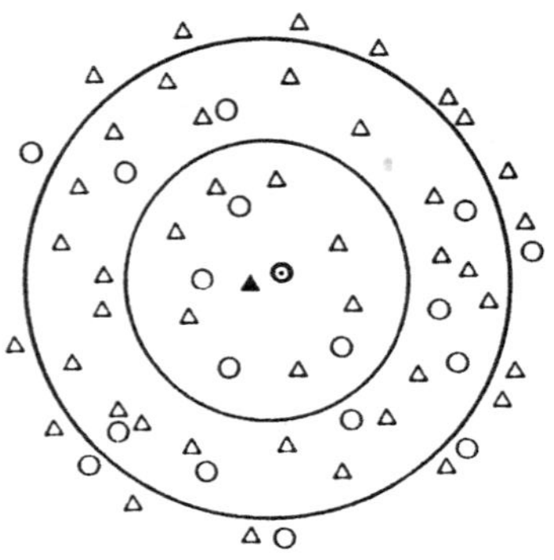

Soziales Atom I von Herrn M. mit 40 J.
(schematische Darstellung ohne Relationen)

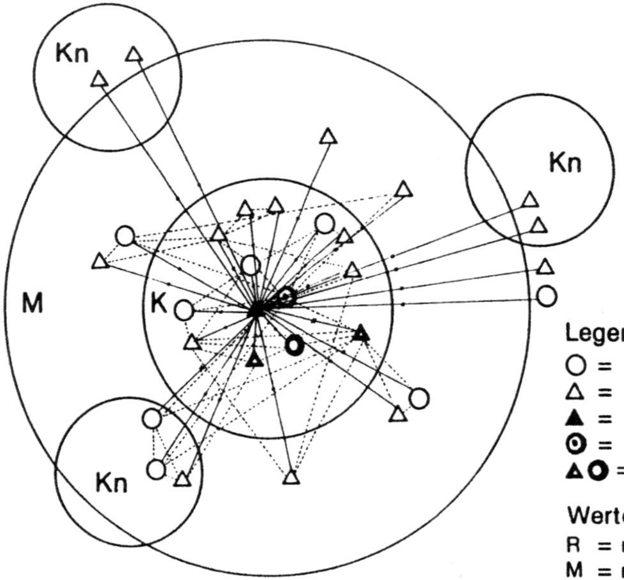

Legende:

○ = Frauen — positive Beziehungen
△ = Männer — negative Beziehungen
▲ = Kernindividuum — Verflechtungen
⊙ = Ehefrau
▲● = Söhne/Schwiegersöhne, Töchter

Werte SA II // Werte SA I zum Vergleich

R = randständig 6 = 20.68 % // 21 = 34.40 %
M = mittelständig 10 = 34.48 % // 29 = 47.54 %
K = kernständig 13 = 44.82 % // 11 = 18.06 %
D = massiert kernständig // optimal
Qn = 29 // 61
Ql = n2/p27 // n5/p41/i15
Kh = gut (ca. 75 %) // ausreichend (ca. 45 %)
Kn = vielseitig // vielseitig
KSA = 25.8 // 37.4

Abb. 8: Veränderung eines sozialen Netzwerkes nach neun Monaten netzwerkorientierter Gruppenterapie bei wöchendlicher Sitzungsfrequenz (aus Petzold 1979d, 74)

Diagramm VIII + IX

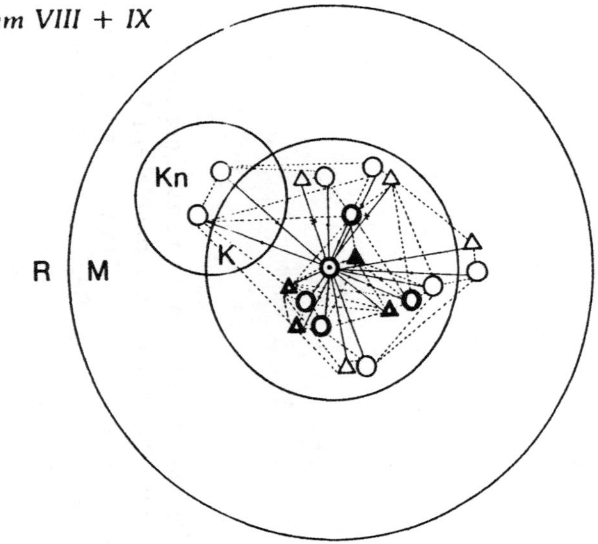

Soziales Atom von Hedi 75 J.
vor der Therapie KSA 22.8

R = randständig 0
M = mittelständig 4
K = kernständig 15
Qn = Quantität der Relationen 19
Ql = Qualität der Relationen 17 positiv 2 negativ
D = Distanzen im SA massiert kernständig
Kh = Kohäsion gut
Kn = Konnektierung einseitig

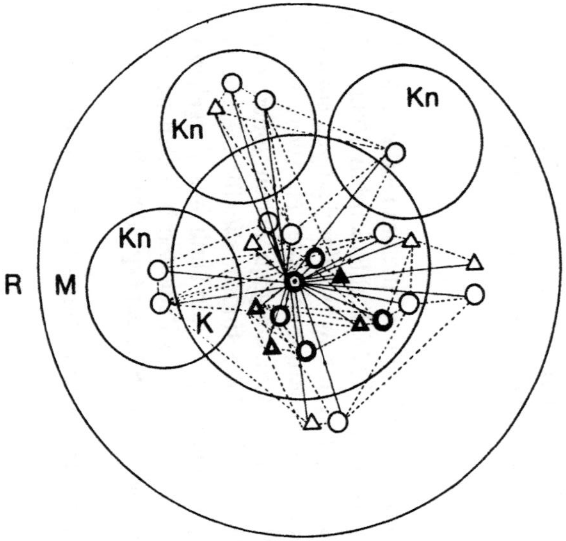

Soziales Atom von Hedi 76 J.
nach der Therapie KSA 29,2

R = 0
M = 10
K = 14
Qn = 24
Ql = 22 pos. 2 neg.
D = optimal
Kh = gut
Kn = vielseitig

Legende:

△ = Männer
○ = Frauen
▲ (fett) = Söhne, Schwiegersöhne, Enkel
○ (fett) = Töchter, Schwiegertöchter
⊙ = Kernindividuum
▲ = Ehemann
-·- = positive Beziehungen
-•- = negative Beziehungen
...... = Verflechtungen

Soziale Netzwerke verändern sich über die Lebensspanne (vgl. Abb. 6, 7) und sie können durch netzwerkorientierte Psychotherapie (Petzold 1982v, 1979d) verändert werden (vgl. Abb. 8). Projektive und semiprojektive „Soziale Atome“

Projektive und semiprojektive „soziale Atome“

Neben seiner metrischen quantifizierenden Form, die das Geflecht der Bezugspersonen eines Menschen exakt *kartiert* (Petzold 1979b; Kuhlenkampff 1982), wird die von Petzold entwickelte Technik des „projektiven bzw. semiprojektiven sozialen Atoms“ verwandt. Die Teilnehmer werden aufgefordert, ihr soziales Netzwerk so darzustellen, wie sie es erleben. Für Beziehungen und Beziehungsqualitäten sollen Farben verwendet werden, für Menschen sollen sie Symbole finden, die für sie charakteristisch sein könnten (Blumen, Tiere, Gegenstände usw.) – ein ähnliches Vorgehen wie in der Kindertherapie die „Familie in Tieren“. Manche Patienten behalten beim projektiven sozialen Atom die Form des metrischen Modells bei (vgl. Abb.9).

Abb. 9: Semiprojektives Dreizonendiagramm eines egozentrierten sozialen Netzwerkes

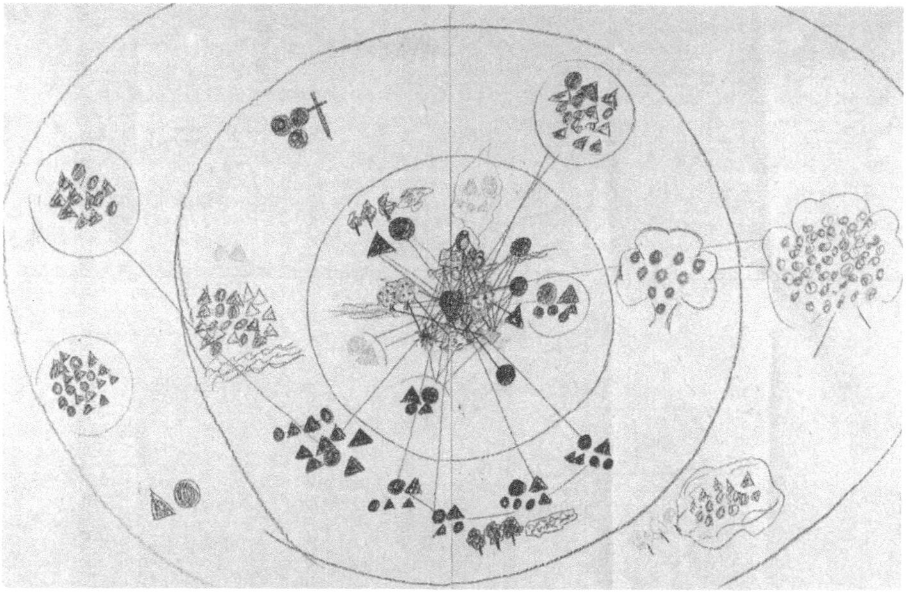

Andere finden vielfältigste Formen: einen Baum mit verzweigter Krone und verschiedenen Blüten, einen illustrierten Stammbaum, der mittelalterlichen Darstellung der „Wurzel Jesse“ ähnlich, einen Flußlauf mit vielen Armen oder auch ein „freies Bild“ (vgl. Abb.10), dessen Elemente Personen und Beziehungen darstellen. Durch Farb- und Symbolwahl werden nicht nur die bewußten Beziehungsqualitäten deutlich, auch unbewußte Beziehungsdynamik kommt – oft für den Zeichner überraschend – zum Vorschein. Die Bearbeitung erfolgt in gestalttherapeutischem Vorgehen mit den Techniken der „Identifikation“, des „Dialogs“ mit der Person bzw. ihrem Symbol, des „Dialoges“ zweier oder mehrerer Personen (Symbole) auf dem Bild untereinander oder durch Dramatisierung im „szenischen Spiel“ des Therapeutischen Theaters nach Iljine oder des Psycho- oder Soziodramas nach Moreno (Petzold 1982a). Eine biographische Perspektive wird durch das Aufgreifen der „Geschichten von Beziehungen“ möglich. Prägnanz kann hier gewonnen werden, wenn man neben dem gegenwärtigen „sozialen Atom“ die Beziehungen vergangerner Zeiten in projektiver oder metrischer Form darstellen läßt. Aus explorativen Gründen legen wir auf eine Rekonstruktion des SA aus dem Alter von fünf Jahren (triangulierende Prozesse im Sozialisationsfeld) und 15 Jahren (Sozialisationsfeld der Adoleszenz) Wert (vgl. Abb. 7), weil sich hier oft pathogene Beziehungskonstellationen finden, die Beziehungsschwierigkeiten in späteren sozialen Atomen erklärbar machen. Interessanterweise finden sich in den Beziehungsmustern von sozialen Atomen des Seniums des öfteren Muster aus der frühen SA-Konstellationen, die offenbar in involutiven Prozessen reproduziert werden (vgl. Petzold 1985a, b, 237ff.).

Man erhält durch ein solches Bild, besonders wenn man durch eine Reihung in longitudinaler Folge den „convoy“, das Netzwerk in der Zeit, erfaßt, einen ausgezeichneten (aspektiven) Einblick in die gegenwärtige Verfassung des Netzwerkes, in die Netzwerkgeschichte (retrospektiv) und Netzwerkentwicklung (prospektiv) auf die potentielle Netzwerkentwicklung. Man kann auf dieser Grundlage Ziele mit dem Patienten für eine Netzwerkamelioration erarbeiten und ihn – was auch Therapeuten nicht schlecht anstünde – zu einer bewußten und aktiven „Netzwerkpflege“ ermutigen: denn Beziehungen und Freundschaften (Sarde, Blin 1997) wollen gepflegt sein. Eine gemeinsame Exploration des Konvois unter longitudinaler Perspektive vermittelt dem Patienten auch Einsichten über die salutogene Qualität gesunder Netzwerke, über protektive Faktoren, nützliche Ressourcen, gute Beistände (significant caring others) und die identitätsstiftende Funktion von Beziehungen im Netzwerk (Petzold et al. 1993, 1994a). Außerdem lassen sich die *social world,* die verschiedenen Sinn- und Wertewelten erfassen, die in sozialen Netzwerken (auch egozentrischen) vohanden sein können und oftmals Ursachen schwerer Konflikte sind (wenn der adoleszente Sohn mit der Diskoszene als *background social world* mit seinem Vater, Zweigstellenleiter der Stadtsparkasse, in Konflikte gerät, dann „treffen Welten aufeinander“). Das Dreizonenprofilnetzwerk wurde zum Erfassen von „social worlds“ durch eine „Sprechblasentechnik“ ergänzt, die im Sinne „semiprojektiver Diagnostik“ (Müller, Petzold 1998) projektives Material und faktische Informationen verbindet. Hierfür sei ein Beispiel aus der Therapie eines Jugendlichen und der Beratung seiner alleinerziehenden Mutter als Netzwerkexploration und Intervention (Müller, Petzold 1998) gegeben (siehe Abb. 11 mit Legende).

Netzwerkanalyse (Röhrle et al. 1998) ist immer auch *Convoyanalyse*, und damit kommt die Entwicklung des Netzwerkes in den Blick, die verbal, wie in dem vorliegenden Beispiel, erhoben werden kann oder durch die bildnerische Darstellung von Netzwerken zu verschiedenen Zeitpunkten aus der Erinnerung oder die im Rahmen longitudinaler Netzwerkanalysen durch systematische Erhebungen exploriert werden kann (vgl. für alte Menschen Petzold 1979c; 1994e, für jugendliche Drogenabhängige idem 1982v). Mit der *„Sprechblasentechnik“* wird nun versucht, Aufschluß über die „social worlds" (= units of shared perspectives, Unruh 1983), d.h. die im Netzwerk von *Frederik* vorfindlichen Weltsichten der verschiedenen Subgruppen bzw. „lifestlye communities“ (Müller, Petzold 1999) zu erhalten.

T: „Wenn wir zu den einzelnen Leuten oder Gruppen mal eine Sprechblase machen und da was reinzeichnen oder reinschreiben, oder wenn Du mehr Platz brauchst, auch auf das Blatt da was schreiben kannst, was die über die Welt und das Leben denken ..." – Nach einigen Nachfragen kommt *Frederik* mit der Fragestellung klar. Er zeichnet zu einigen Gruppen Sprechblasen, koloriert einige und erzählt dann zu den einzelnen Blasen oder schreibt einen Satz oder ein Wort dazu. Die Sprechblase der Familie (Mutter *blau*, Patentante *braun*, Onkel *rot*): „Wir gegen alle, wir können uns nur auf uns selbst verlassen. Das Leben ist nicht einfach!" – Bei Henk und Mara: „Muß Liebe schön sein. Wir zwei auf der Welt und sonst nix." – Die Fußballgruppe: „Macht die Türken alle. Saufen ist geil!" (koloriert mit den deutschen Nationalfarben, die die ideologische Orientierung der Jugendlichen aufweist) – Die Gruppe der ehemaligen Freunde: „Wir sind gut drauf. Wir kaufen uns Spaß". Die Lehrer: „Lernen, Lernen, Lernen, biste blöd bist!" – Die Klasse: „Leere, die ham nix im Kopf, öde, die Schule irgendwie hinter sich bringen, 'ne geile Party, Streber, öde." – Die Ausländer (Farbe der türkischen Flagge): „Scheiß Deutsche, wir sahnen hier ab ..." Kommentar: „Die sollen doch nach Hause gehn, die nehmen uns die Arbeit weg, die Scheiß Türken."

Insgesamt zeigt das *Netzwerk* eine düstere, depressive Charakteristik. Es dokumentiert die fortschreitende Isolation, d.h. der *convoy* verliert für *Frederik* an Ressourcen und an *supportiver Valenz*. Die *social worlds* sind überwiegend mit negativ getönten Kognitionen und Emotionen gefüllt, d.h. das Netzwerk generiert negative Atmosphären, die einerseits aus seinen faktischen Qualitäten eines belasteten und belastenden sozioökologischen und emotionalen Feldes (Petzold 1992b, 810) herrühren, wesentlich aber in der emotionalen Bewertung (*valuation*) und der kognitiven Einschätzung (*appraisal*) des Netzwerks und seiner Ressourcen (Petzold 1997p) durch *Frederik* resultieren. Hier muß in der Therapie die Möglichkeit von Umwertungen, positiveren Attribuierungen erschlossen werden und durch konkrete Interventionen „ins Netz" mit den Freunden und Bekannten – z.B. durch ein „event" (Party, Fußballspiel, Outdoor-Aktion) – eine Umorientierung angebahnt werden (Müller, Petzold 1998).

5.1.2 Psychotherapeutische Netzwerktherapie, Netzwerkinterventionen in der Psychotherapie

Eine gute Netzwerkdiagnostik kann sich verschiedener Instrumente bedienen (vgl. 5.2) und sie sollte, was leider noch allzu selten geschieht, vor jeder Sozialintervention erfolgen (Gaudin et al. 1991, Page, Badgett 1984) und Standard für die psychotherapeutische Eingangs- und Prozeßdiagnostik sein (Petzold, Osten 1998, idem 1993p).

Es kann an dieser Stelle nicht darum gehen, einen Überblick über die ganze Vielfalt von Netzwerkinterventionen zu geben (vgl. hierzu das Typisierungsschema von Röhrle und Sommer 1998, 17f), sondern es sei auf solche zentriert, die im Rahmen von Psychotherapie und für die Psychotherapie Relevanz haben.

Grundsätzlich muß davon ausgegangen werden, daß *jede Form von Psychotherapie eine Form direkter und indirekter Netzwerkintervention ist.* Diese fundamentale Aussage ist von der Mehrzahl der überwiegend „einzeltherapeutisch" ausgerichteten, ja z.T. von den gruppenpsychoanalytisch ausgerichteten Ansätzen, die die Gruppe wie ein Einzelindividuum behandeln (vgl. Petzold, Frühmann 1986, 322ff), nicht verstanden worden. Am konsequentesten hat dies der Morenosche Ansatz mit seiner Triade „Gruppenpsychotherapie, Soziometrie, Psychodrama (Moreno 1959; Leutz 1974) realisiert, gegründet auf Morenos (1953) genialer Erkenntnis: Der Mensch *hat* kein Soziales Atom, er *ist* ein Soziales Atom (Petzold 1982b).

Mit einer solchen Sicht ist klar, daß Psychotherapie sich prinzipiell als Netzwerktherapie verstehen sollte und deshalb auch theoretische Konzepte und praktische Interventionsmethodologien zur Verfügung haben sollte, um auf der *Mikro-* und ggfls. *Mesoebene* in Netzwerken und mit Netzwerken nebst den in ihnen präsenten „micro- and meso- social worlds" (d.h. Geltungsbereichen kollektiver Kognitionen) arbeiten zu können. Ein Beispiel aus einer Kontrollanalyse zur Verdeutlichung:

Von einer Psychotherapieausbildungskandidation wird in der Kontrollanalyse (bei Petzold) die Therapie mit einer rußlandeutschen Spätaussiedlerin (41 J.) vorgestellt, die wegen Angstzustände und Panikattakken von ihrem Hausarzt in die Therapie überwiesen wird. Die präsentierten klinischen Daten zentrieren nur auf die Angststörungen, deshalb wurde eine netzwerkanalytische Perspektive angeraten, und in der Tat, die ursprüngliche Therapiekonzeption mußte zu kurz greifen, wenn die Daten, die die Netzwerkdiagnostik ergab, nicht mitberücksichtigt worden wären: Ihr Mann (44 J.), der im Unterschied zur ihr nur sehr schlecht deutsch spricht, ist arbeitslos und hat praktisch keine Bezugspersonen, was zu Spannungen in der Beziehung führt. Ihre beiden Kinder (12 m, 9 w) haben erhebliche Schwierigkeiten in der Schule. Sie hat – ursprünglich als Lehrerin ausgebildet und tätig – nur eine Abendarbeit bei einer Gebäudereinigungsfirma gefunden in einer Putzkolonne von überwiegend türkischen Frauen, mit denen sie sich kaum verständigen kann und von denen sie nicht akzeptiert wird, aber sie ist froh, überhaupt einen Job zu haben. Sie wohnt in einem mäßigen Quartier in Duisburg und in einem Block mit zahlreichen Ausländerfamilien, ohne daß eine Nachbarschaftsstruktur vorhanden oder im Entstehen ist. Die Familie ihrer Schwester lebt vierhundert Kilometer entfernt in Süddeutschland. Nur eine engere Freundin aus der alten Heimat, die in der Nachbarstadt wohnt, ist ihr geblieben. Ihr Netzwerk ist ausgedünnt und ressourcenarm. Sie fühlt sich isoliert, hat kaum Menschen, die sie verstehen und denen sie sich nahe und verbunden fühlt, mit denen sie „Auffasungen und Ansichten", d.h. eine „social world" teilt. Ihre alten Sozialwelten bestehen nicht mehr bzw. sind nicht mehr zugänglich, neue sind noch nicht vorhanden. Sie ist depressiv, wird von Ängsten und Panikattacken geplagt. Sie grübelt viel. Der Balkankrieg belastet sie. Ihre anfängliche Euphorie für den Westen sei verflogen. Sie bedauert – allerdings mit sehr zwiespältigen Gefühlen –, daß Rußland keine stärkere Politik machen kann und die Amerikaner die Welt so dominieren, die Europäer seien ja „nur noch Lakaien"!

Jenseits aller biographischen Belastungen ist die Patientin allein aufgrund ihrer vorfindlichen Netzwerksituation „at risk". Die Frage ist, ob die Therapeutin die *soziale Welt* einer Rußlanddeutschen, die stark religiös gebunden in einer ländlichen Kleinstadt in Kasachstan aufgewachsen ist, hinlänglich verstehen kann, z.B. die von ihr als sehr belastend und zwiespältig erlebte makropolitische Lage. Hier wird wiederum deutlich, wie Aspekte aus dem Makrokontext in Netzwerke und Sozialwelten auf der Meso- und Mikroebene wirken. Hat also die Therapeutin kognitive Folien, um hinreichend *soziales Sinnverstehen und soziales Intuieren* (zu diesen zentralen Konzepten vgl. Petzold 1998a, 91, 111) zu gewährleisten? Hat sie diagnostische Instrumente, um solche soziale Welten zu erfassen (z.B. „mind maps, vgl. Abb.11 und Petzold, Schneiter, Veal 1998, 287ff), sich über verlorene bzw. zerstörte soziale Netzwerke der Patientin ein Bild zu machen – z.B. durch ein *sequentielles Netzwerkdiagramm*, eine *Konvoikarte* (vgl. Abb. 7) und sich über die gegenwärtige Netzwerksituation zu orientieren, damit sie netzwerkbezogene *Ziele* in den Zielkatalog der Behandlung einplanen kann. Die Frage ist auch, ob sie über netzwerktherapeutische Strategien und Methoden verfügt, um diese Situation anzugehen, und schließlich ist zu sehen, ob sie diese Situation überhaupt als eine im Rahmen der Psychotherapie von ihr als Psychotherapeutin zu *behandelnde* Störung ansieht, sie gar – in Pointierung der Achse IV „Psychosoziale und umgebungsbedingte Probleme" des DSM-IV – als eine „soziale Erkrankung" einstuft, für die eine klare Indikation zur *psychotherapeutischen Netzwerktherapie* gegeben ist, weil sie als *Komorbidität* zu der diagnostizierten Angststörung und den Panikattaken aufgefaßt werden muß (Wittchen, Vossen 1996). All diese Fragen werden in der Kontrollanalyse aufgeworfen und führen zu einer Behandlungskonzeption, die neben einem Fokus bei einem traumatischen biographischen Ereignis einen zweiten Fokus setzt (Petzold 1993p), nämlich einem *netzwerkorientierten,* der supervisorisch begleitet wird, denn die sikzzierte Situation erfordert natürlich netzwerktherapeutische Maßnahmen, will man die Patientin mit der schwierigen Gesamtsituation und nicht nur eine „Angststörung“ behandeln.

Anhand dieses kurz umrissenen Beispiels können einige für die Integrative Therapie spezifische Netzwerkinterventionen (Petzold, Petzold 1999) im Rahmen von Psychotherapie bzw. netzwerkorientierter Psychotherapie aufgezeigt werden.

Unmittelbare und mittelbare Netzwerkinterventionen

„Netzwerkorientierte Interventionen ... beziehen sich auf Maßnahmen, die eines oder mehrere der bekannten Netzwerkmerkmale modifizieren“ (Röhrle, Sommer 1998, 16f). Wir stimmen dem zu, nicht aber der Auffassung, daß dies „vornehmlich Interventionen im natürlichen sozialen Umfeld sein müssen“ (ibid.). Wenn mit einem Klienten in einem *dyadischen Setting* (sogen. „Einzeltherapie“) gearbeit wird, im Rahmen einer Beratungsbeziehung (Nestmann 1997) oder einer Psychotherapie, sind der Klient/Patient und der Therapeut/Berater im faktischen Netzwerk anwesend und ggf. die Institution, in der dies alles stattfindet. Der übrige Teil des Netzwerkes ist, wenn er angesprochen wird, bewußt *virtuell* präsent und ansonsten nicht bewußt, *implizit* anwesend. Wird ein Mitglied des Netzwerkes, hier der Patient, absichtvoll mit Blick auf das Netzwerk oder unbeabsichtigt in einer Art und Weise beeinflußt, daß er sich in seiner Alltagswelt und seinen Sozialbeziehungen verändert, kann dies auch Veränderungen im Netzwerk bewirken, sofern er in diesem in seiner Stellung *salient* ist (Stroebe et al. 1997, 190) und die übrigen Kräfte im Netzwerk nicht zu stark sind, um den Veränderungseinfluß durch Isolation des „Fremdkörpers“ oder durch seine „Rekalibrierung“ zu neutralisieren. Da dies häufig der Fall ist, die Umwelt veränderungsverhindernd wirkt (Petzold 1995a,b), werden Interventionen in das Netzwerk bzw. in relevante Teile und in bedeutsame „social worlds“ mittelbar oder unmittelbar notwendig. Unmittelbare Interventionen bestehen in der konkreten Kontaktaufnahme mit Netzwerkmitgliedern durch Hausbesuche, Familienkonferenzen, Einladungen von Fachkräften oder Freunden in die Therapiesituation, Netzwerkevents, Freundesmeeting, Kollegenkonferenz etc.). Weil man dabei immer wieder auf spezifische „social worlds“ trifft, ist ihre Qualität im Vorfeld zu eruieren (siehe oben „Exkurs“, S. 223).

Bei der Patientin liegt Ressourcenmangel vor, eine identitätsbedrohte Situation, eine gewisse Defensivität ist die Folge. In einem Gespräch über „Familienbande“, Freundschaften, soziale Kontakte macht die Therapeutin einen Anfang, für die Netzwerkperspektive zu sensibilisieren. Mit einer von Petzold eingeführten Technik der Verwendung farbiger Plastikchips von unterschiedlicher Größe wird in der Behandlung ein erstes soziales Netzwerk auf die Tischplatte gelegt. Weiße Chips werden dann hinzugenommen für wichtige Personen, die nicht mehr anwesend sind. Der Patientin wird deutlich, wie schmal ihr einstmals großes Netzwerk geworden ist und sie kann Gedanken und Gefühle zulassen: „Ich spüre jetzt, wie es schmerzt ... die vielen Menschen, die mir einfach fehlen.“ Es wird auch deutlich, daß damit auch *Ressourcen* und *Unterstützung,* konkrete Hilfen gemindert sind. Die *Einsicht*, daß ein größeres Netzwerk wünschenswert und „gesund“ wäre, kommt unmittelbar auf. Im Sinne unserer Konzeption „Theorie als Intervention“ (Petzold, Orth 1994), werden der Patientin wichtige Ergebnisse der Netzwerk- und Unterstützungsforschung kurz vermittelt. Ihr leuchtet das alles sehr ein und sie hat einige „Aha-Erlebnisse“, als es um das Thema der Überlastung und des Verbrauchs („Erosion“) von Netzwerken geht. Aber: „Wie soll es anders gehen?“ und natürlich die Skepsis: „Kann das gelingen, wieder mehr Kontakte und Beziehungen zu finden?“, zumal ihr Mann sich immer weiter zurückzieht, isoliert und mit anderen Menschen nichts mehr zu tun haben will. Als „Hausaufgabe“ erhält die Patientin den Auftrag, mit Farben und nach dem Konzept des „Drei-Zonen-

Profils“ ihr soziales Netzwerk vor der und nach der Umsiedlung zu zeichnen und in die nächste Stunde mitzubringen. Wenn Sie Lust habe, könne sie das auch zusammen mit ihren Kindern und ihrem Mann tun, sofern bei diesen ein Interesse an dieser Aufgabe vorhanden sei.

Gelingt eine solche Intervention, wird damit ein wichtiger Schritt in die Richtung einer direkten Netzwerkmaßnahme gemacht.

Mittelbare Strategien sind nicht nur diagnostisch ausgerichtet, sie können auch die Form einer *netzwerkorientierten Beratung* in der Psychotherapie gewinnen, wenn man einen Klienten oder Patienten in einer gemeinsamen Netzwerkanalyse Hilfen gibt, wie er seine *Netzwerkstruktur* verbessern und zu einer systematischen *„Netzwerkpflege“*, einer konstruktiven, kokreativen *„Netzwerkkultur“* kommen kann, und eine Bereitschaft wächst, unterschiedliche Unterstützungsquellen (Avery, Thiessen 1982, Cross et al. 1980) auch zu nutzen oder daran zu arbeiten, wie Netzwerkkonflikte vielleicht aufgelöst werden könnten. Handelt es sich um belastende Situationen in kollegialen Netzwerken und professionellen Kontexten (z.B. Jobstreß, Mobbing, Bournout, häufige und bislang noch weitgehend unterschätzte Krankheitsursachen im Erwachsenenleben, Petzold 1996f) kann die Intervention auf eine Verbesserung des Handelns im beruflichen Feld sprechen und man kann von *netzwerkorientiertem Coaching* in der Psychotherapie sprechen (im Unterschied zum einem *Netzwerkcoaching* [Kliman, Trimble 1983], bei dem ein Netzwerk oder Teilnetzwerk *in situ* gecoached wird, etwa bei einem Freundestreffen [partial network assembly, ibid.], um einen in Not geratenen Freund zu unterstützen). Mittelbare bzw. indirekte Interventionen sind angezeigt, wenn keine *„Netzwerkcompliance“*, d.h. eine *Kooperation des Netzwerkes* – auf die ein Therapeut hinarbeiten sollte – erreicht werden kann (der Mann will eben nicht in die Familientherapie oder -beratung und keine „family conference“, die Kollegen kein „Team problem solving“ oder Freunde wollen kein „friendship meeting“, Nachbarn keine „Nachbarschaftskonferenz“).

Die Patientin aus dem mitgeteilten Beipiel kann tatsächlich das Interesse und die Kooperation ihrer Familie gewinnen. Alle haben sich an der Kartierung des Netzwerkes beteiligt und dadurch sind Aspekte hineingekommen, die sonst vielleicht nicht erfaßt worden wären: SchulkameradInnen der Kinder, Lehrer, mit denen auch die Eltern zu tun haben, sind eine *Konnektierung* zu anderen Netzwerkarealen und sozialen Welten. Auch sind weitaus mehr Kontakte zu anderen Aussiedlern aus Rußland und Polen im gleichen Quartier vorhanden, als zunächst in der verbalen Exploration mitgeteilt wurde. Diese Menschen bzw. Familien wurden nicht als Ressource gesehen. („Die haben die gleichen Probleme wie wir.“) Zwei deutsche Arbeitslose, die der Mann der Patientin vom Arbeitsamt her kennt, tauchen im Netzwerk auf – mutlos wie er selbst. „Ich kann diese Resignation nicht mehr ertragen!“ Ein *Familiengespräch* wird vorgeschlagen. Ein *Paargespräch* kommt zustande. Der Mann will „vor den Kindern“ nicht über die Probleme sprechen („Er schämt sich, weil er keine Arbeit hat!“). Das Treffen mit dem Paar gestaltet sich sehr bald als vertiefende *Netzwerkanalyse*, ausgerichtet an dem von uns entwikkelten Modell (Petzold 1979c, vgl. ein ähnliches bei Straus, Höfer 1998) mit gleichzeitiger *Netzwerkberatung*: es werden die kartierten Beziehungen in ihrer Zahl und Qualität besprochen, die Art der Beziehungserfahrungen werden thematisiert, die Beziehungswünsche (sie sind bei dem Mann der Patientin stärker, als sie dies eingeschätzt hatte, was für beide eine positive, motivierende Feststellung war, jeder hatte dem anderen Rückzug und Resignation unterstellt). Weiterhin erfolgt eine Bestandsaufnahme und Analyse der Ressourcen vor dem theoretischen Hintergrund des integrativen *Ressourcenmodells* (Petzold 1997p), wobei die Erstellung einer *„Ressourcenkarte“* (idem 1998a, 388ff, dort Abb. 1 u. 2) als neue Hausaufgabe vorgeschlagen wurde, um die „supportive Valenz“, das *Unterstützungpotential* des Netzwerkes zu erkunden. In dem fogenden Gespräch wird dann die Verfügbarkeit von Ressourcen und sozialer Unterstützung – formelle und informelle – besprochen, das Hilfesuchverhalten, die Wahrnehmung von erhaltener Unterstüzung (perceived support) und von vorhandenen Ressourcen und ihre kognitive und emotionale Bewertung (appraisal, valuation, ibid. 367f, 382f) exploriert. Hier werden bei beiden

Klienten eine Unterschätzung vorhandener Möglichkeiten und dysfunktionale Attributionsprozesse (Försterling 1988, Snyder & Forsyth 1991, Stroebe et al. 1997, 184ff) erkennbar, die offenbar kennzeichnend für das weitere Netzwerk waren: eine *erlernte Hilflosigkeit* des Netzwerkes. In einem weiteren Gespräch, zu dem der Kontrollanalytiker/Supervisor (Petzold) – selbst mit einem russischen Familienhintergrund und deshalb mit problemloser Zustimmung der behandelten Familie) – als „Experte" hinzugezogen wird. Es wird über die Möglichkeiten von Selbsthilfe (Petzold, Schobert 1991) und Netzwerkarbeit informiert, über Möglichkeiten der „wechselseitigen Hilfeleistung" (ibid. 212) – eine gute Tradition (Kropotkin 1902). Interessanterweise kommt von Seiten des Mannes der Vorschlag, sich für eine Netzwerkkonferenz mit Leuten aus seinem Quartier und anderen Betroffenen stark zu machen, was seine Frau offenbar verwundert und erfreut. Die über viele Jahre der Arbeit in der und mit der Selbsthilfebewegung, in der Kooperation zwischen Psychotherapeut und Selbsthelfern entwickelte integrative Methodologie des Anstoßens und Begleitens von Exchange Learning-/Exchange Helping-Projekten (Petzold, Schobert 1991, 223ff) wird hier fruchtbar. Das Projekt wird nun extensiv (monatlich einen Kontakt) durch den Kontrollanalytiker begleitet – jetzt in der Funktion des Beraters, Supervisiors, und, was die kollektive „erlernte Hilflosigkeit" anbelangt, als Therapeut eines Netzwerk- und Selbsthilfeprojektes. Es laufen also nun zwei Therapieprozesse: der der Patientin und der des Netzwerkes. Die Patientin wirkt in dem Projekt mit. In ihrer Therapie wird dies allerdings zu einem *Nebenfokus* (Petzold 1993p, 294ff). Sie arbeitet mit ihrer Therapeutin nun im *Hauptfokus* an der Angststörung, ihrem biographischen (traumatischen) Hintergrund und – ganz in der Linie des Integrativen Ansatzes (idem 1993a) – in einer Kombination mit übenden behavioralen Behandlungsmethoden der Angsttherapie (vgl. jetzt Butollo et al. 1999), wobei die Mitwirkung im Projekt und die netzwerktherapeutische Entwicklung des Projektes sich sehr positiv auf die Symptomatik auswirkt: Sie gewinnt zunehmend *Kontrolle* (Flammer 1990) über ihre Lebenssituation zurück, erlebt mit vielen anderen im Projekt, daß es Möglichkeiten der „eigenen Wirksamkeit" gibt und daß die gemeinsamen Treffen und die kokreative Zusammenarbeit für den Einzelnen wie auch für die Gruppe identitätsstärkende Auswirkungen hat (z.B. durch wechselseitige Identitätsattributionen, Petzold, Mathias 1983, idem 1998h, 268ff, Keupp, Höfer 1997): *Netzwerkarbeit ist Identitätsarbeit* (Petzold 1991o; Müller, Petzold 1999).

Es dürfte trotz des begrenzen Raumes deutlich geworden sein, daß auch psychotherapeutische Netzwerkinterventionen an den allgemeinen Fundus der Sozialpsychologie anschließen sollten und ihn mit klinischen Perspektiven verbinden können (Snyder, Forsyth 1991). Die Einbeziehung *sozialökologischer* Konzepte in der Linie von Gibson (1979, Valenti, Pitteneger 1993) und der *dynamic systems theory* (Vallacher, Nowak 1997) für die psychotherapeutische Netzwerkarbeit mit Kindern wurde an anderer Stelle ausführlich theoretisch und methodisch dargestellt (Petzold 1995a,b) und bietet für die Praxis der Netzwerktherapie interessante Möglichkeiten. Vieles spricht dafür, daß zielgruppenspezifische Zupassungen (etwa für die Arbeit mit Drogenabhängigen, vgl. Feineis 1998) oder Alterspatienten (Nestmann, Wehner 1998) und aufgabenspezifische (z.B. für Familien in Krisen, Klefbeck 1998, Klefbeck, Ogden 1995, 1996), ja störungsbildspezifische (z.B. für psychiatrische, depressive, angstgestörte Patienten) Formate und Methodologien entwikkelt werden können, und daß eine solche Entwicklung auch sinnvoll ist, sowohl für die Netzwerkarbeit in der Psychotherapie als auch für arbeits- und aufgabenteiligen Kombinationen von *Psychotherapie* und *Soziotherapie,* wie sie sich in komplexen und methodenkombinierenden oder -übergreifenden therapeutischen Modellen anbieten und wie sie hier exemplarisch für die „Integrative Therapie" dargestellt wurde.

5.2. „Zweidimensionales Netzwerk“: Ein Instrument zur Erhebung sozialer Netzwerke in der integrativen ambulanten Psychotherapie

Im folgenden wird ein Erhebungsinstrument vorgestellt, wie es jüngst im Rahmen einer Studie zur Bewertung der Effektivität Integrativer Verfahren als zusätzliches Modul eingesetzt wurde (zu dieser Studie Petzold et al. 1999). Primär ist es für die Netzwerkdiagnostik in der ambulanten Praxis entwickelt und eignet sich prinzipiell natürlich auch für andere therapeutische Verfahren. Wenn Einflußfaktoren des sozialen Umfeldes im Kontext der ambulanten Psychotherapie untersucht werden sollen, so bedeutet dies immer ein Abwägen zwischen der Berücksichtigung des komplexen Zusammenspiels aller relevanten Faktoren, dem Vorhandensein validierter Instrumente und der Handhabbarkeit eines Instrumentes (Zeitaufwand, Akzeptanz beim Klienten, etc.). Die in der Netzwerk- und sozialen Unterstützungsforschung vorhandenen Instrumente zur Erfassung sozialer Netzwerke zeichnen sich, im Bemühen, möglichst viele Aspekte zu erfassen, durch relativ lange Item-Batterien aus und erfordern daher einen entsprechenden Zeitaufwand (Baumann et al. 1987a, Heitzmann und Kaplan 1988, Pfingstmann und Baumann 1987, Sommer und Fydrich 1989, Tardy 1985, Veiel und Baumann 1992). Zudem handelt es sich häufig um ad hoc und für spezifische Fragestellungen konstruierte Instrumente, zu denen Validitäts- und Reliabilitätsangaben häufig fehlen.

Hinsichtlich psychischer Gesundheit hat nur eine begrenzte Anzahl von Netzwerkmerkmalen empirische Evidenz erfahren (z.B. emotionale Unterstützung, intime Bindungen, Konfliktpotential – Röhrle 1994). Es fehlt mithin ein Instrument, daß für den behandelnden Therapeuten die relevanten Informationen auf prägnante Weise darzustellen in der Lage ist.

Für die Konzeption des hier vorgestellten „zweidimensionalen Netzwerkes“ (Hass 1995) waren folgende Anforderungen maßgeblich:

– Einsetzbarkeit im Rahmen von Therapiestudien (kurze Ausfüllzeit: 4-7 Minuten, in Abhängigkeit der Anzahl genannter Netzwerkmitglieder),
– gute Verständlichkeit für die Klienten,
– für den Therapeuten schnelle Eintragbarkeit der Daten vom Fragebogen direkt in eine Graphikvorlage zur übersichtlichen und informativen Ergebnisdarstellung,
– wiederholbare Durchführbarkeit für Veränderungsmessungen.

Der verwendete Netzwerkgenerator („... Personen, die zur Zeit in irgendeiner Weise in Ihrem Leben von Bedeutung sind, sei es in positiver, sei es in negativer Hinsicht“) orientiert sich am Vorbild eines in einer amerikanischen Bevölkerungsumfrage (Burt 1984) eingesetzten Instrumentes. Die Formulierung „zur Zeit“ verweist dabei auf die aktuelle soziale Situation, d.h., in der Vergangenheit erfolgte Kontakte oder Begebenheiten werden nur dann berücksichtigt, wenn ihre Auswirkungen andauern. Die Anzahl der Netzwerkmitglieder wird unter Berücksichtigung eines zumutbaren Zeitaufwandes auf maximal zehn Personen limitiert. An ‚name-interpreter‘-Variablen werden lediglich die Art der Beziehung, das Geschlecht sowie das jeweilige Unterstützungs- resp. Belastungspotential und die emotionale Nähe zur fokalen Person erfragt (siehe Fragebogen im Anhang)[29].

---

29 Nach der Eingabe müssen die Daten aggregiert werden, erst dann ist eine Auswertung auf der Netzwerkebene möglich. Ein entsprechendes SPSS-Statistik-File ist hierzu bei W.Hass erhältlich.

Eine Fülle von Arbeiten der Unterstützungs- und der Netzwerkforschung hat sich mit der Klassifizierung sozialer Beziehungen beschäftigt und eine Reihe von Vorschlägen unterbreitet (z.B. Rook und Pietromonaco 1987, Weiss 1974). Dabei haben sich zwei Dichothomien herauskristallisiert:

- enge, nahestehende vs. lockere, nicht nahestehende Beziehungen,
- unterstützende vs. belastende Beziehungen.

Zentral bei der Konzeption des hier vorgestellten Instrumentes ist die Annahme, daß jeweils ein Pol dieser Dimension zu einem bestimmten Zeitpunkt dominiert, so daß es für die Befragten möglich sein muß, für jede Person in ihrem Netzwerk anzugeben, ob die aktuelle Beziehung eher unterstützend oder belastend, eher emotional nah oder nicht nah empfunden wird[30].

Werden die beiden Dimensionen orthogonal zueinander in ein Diagramm eingetragen, ergibt sich eine Vierfeldertafel, aus der sich die Verteilung der Personen über die einzelnen Quadranten ablesen läßt.

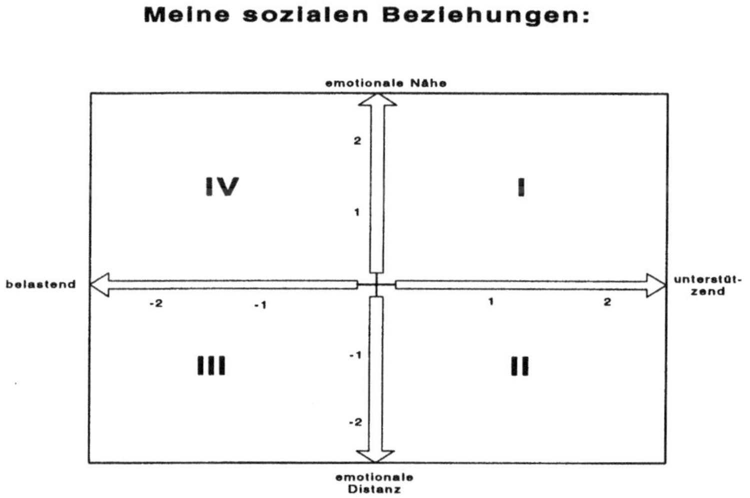

Abb 12: „Zweidimensionales Netzwerk": Ein Instrument zur Erhebung sozialer Netzwerke in der integrativen ambulanten Psychotherapie

Punkte oberhalb des Koordinatenursprungs bilden die emotional nahestehenden, Punkte unterhalb die nicht nahestehenden Personen ab. Punkte links des Koordinatenursprungs symbolisieren akute Belastungen in Beziehungen, Punkte rechts davon hingegen Ressourcen. Verschiedene Ausmaße einer Dimension werden durch entferntere oder nähere Plazierung am Koordinatenursprung abgebildet (Wertebereich 0-2), Neutralität in einer Dimension durch Abtragen auf der Geraden der anderen Dimension, Neutralität in beiden Dimensionen durch Abtragen im Zentrum. In den jeweiligen Quadranten erscheinen die Personen mit den entsprechenden Merkmalskombinationen. Das Instrument ist primär für diagnostische Zwecke konstruiert worden, möglicherweise kommen ihm aber auch prognostische Qualitäten zu. Hierzu fehlt es noch an Erfah-

30 Dies bedeutet nicht, daß sich diese beiden Dimensionen gegenseitig ausschließen (siehe hierzu auch den Hinweis auf Veränderungen am Instrument am Ende dieses Kapitels).

rungen. Zudem bietet es die Möglichkeiten der Erfassung von Veränderungen im Zeitverlauf, bspw. zu Therapiebeginn, in der Therapiemitte und am Therapieende.

Für den Einsatz im Rahmen von Psychotherapie-Studien ermöglicht das Instrument die Berechnung folgender Maßzahlen:

„quantitative" Netzwerkmerkmale:
- Netzwerkumfang (limitiert auf max. zehn Personen),
- Netzwerkzusammensetzung (nach sozialen Rollen, z.B. Verwandte und Freunde), nach Geschlecht, nach Anteilen gleich- oder gegengeschlechtlicher Personen;

„qualitative" Netzwerkmerkmale:
- Anzahl/Anteil belastender/unterstützender Personen,
- Anzahl/Anteil emotional naher/"ferner" Personen,
- Multiplikation der Anzahl der unterstützenden resp. belastenden Personen mit der jeweiligen Ausprägung (Wertebereich: 0-20) dividiert durch die Anzahl aller genannten Netzwerkmitglieder. Dieser Wert kann natürlich auch lediglich für einen Teil der Netzwerkmitglieder, z.B. Freunde oder Verwandte, berechnet werden.
- durchschnittliches Ausmaß emotionaler Nähe (s.o.),
- aktuelle Unterstützungs-/Belastungs-Kennziffer: Wie es die Anordnung auf derselben Skala auch nahelegt (siehe Fragebogen im Anhang), kann das jeweilige Unterstützungs- gegen das jeweilige Belastungspotential aufgerechnet werden. Ein positiver Wert indiziert ein Überwiegen des Unterstützungspotentials, ein negativer Wert ein Überwiegen des Belastungspotentials,
- Anzahl/Anteil in einer oder beiden Dimensionen neutraler Personen,
- gegenwärtige Bedeutsamkeit der einzelnen Beziehungen für den Befragten (Indikator: Rangfolge der Nennungen);

Zudem können bestimmte Personen identifiziert werden (z.B. der Partner).

5.2.1 Erfahrungen mit dem Instrument: Akzeptanz, Validität und Reliabilität, Ergebnisse

1) *Akzeptanz*: Das Instrument wurde erstmals 1996 im Rahmen einer Studie zur „Effektivität methodenübergreifender, integrativer und erlebnisaktivierender therapeutischer Verfahren" eingesetzt[31]. Dabei erfolgte auch eine Befragung der teilnehmenden Therapeut(inn)en zur Akzeptanz der Studie und Verständlichkeit der verschiedenen Instrumente (Hass, Märtens, Petzold 1998), also wie sie mit den Fragebögen und der Durchführung der Studie zurechtkamen. Das Netzwerkinstrument erzielte dabei keine schlechteren Ergebnisse als die anderen Fragebogenbestandteile (SCL-90-R, IIP, u. a.). Die befragten Therapeuten haben das Instrument allerdings nicht selbst ausgefüllt und waren beim Ausfüllen i.d.R. auch nicht dabei. Ihre Angaben beruhten auf ihrem von Klientenangaben gewonnenen Eindruck.

---

31 Zur Verbesserung der wissenschaftlichen Datenlage im Bereich integrativer resp. methodenübergreifender Therapieverfahren führte das Forschungsinstitut an der Europäischen Akademie für psychosoziale Gesundheit (FEAG) 1996 eine Studie mit ca. 80 Therapeuten und zusammen ca. 205 Klienten aus dem Raum Deutschland/Schweiz durch. Eingang in die Studie fanden nur neuangenommene Patienten, ungeachtet des Typs ihrer Beschwerden. Die Studie umfaßt zu 81% Frauen, der Altersdurchschnitt liegt bei 38 Jahren und die durchschnittliche Therapiedauer bei knapp 8 Monaten. Das erfaßte Beschwerdespektrum setzt sich zusammen aus depressiven Störungen (34%), Persönlichkeits- und Anpassungsstörungen (jeweils 13%), Angststörungen (9%), akuten und posttraumatischen Belastungsreaktionen (8%) und somatoformen Eßstörungen einschl. sonstiger neurotischer Störungen (8%) (Rest: sonstige Diagnosen).

2) *Reliabilität*: Zur Überprüfung der Reliabilität wurden zwei Messungen in einer Kontrollgruppe Kölner Studenten im Hauptstudium der Psychologie herangezogen. Die Erhebung erfolgte zu zwei Zeitpunkten im Abstand von einem halben Jahr (Semesterbeginn WS 1998/99 und SS 1999). Die Daten der zweiten Erhebung liegen zum Zeitpunkt dieser Veröffentlichung noch nicht vor.

3) *Validität*: Zur Zeit noch nicht erfolgt. Für eine externe Validierung des Instruments kann bspw. das Inventar interpersonaler Probleme (IIP) herangezogen werden.

4) *Ergebnisse aus einer Studie zur Effektivität Integrativer Psychotherapieverfahren* (1996): In der nachfolgenden Tabelle sind einige Ergebnisse der Netzwerkerhebung zum Zeitpunkt des Therapiebeginns (Erhebung erfolgte bis zur 2. Therapiestunde) im Vergleich zu einer Studentenpopulation (Köln 1998) sowie die Veränderungen bei den Psychotherapiepatienten nach im Mittel ca. 8 Monaten Therapiedauer wiedergegeben[32]. Ausgewiesen ist die jeweilige Anzahl der Personen auf jeder Dimension, deren jeweiliger Anteil am Gesamtnetzwerk, das jeweils wahrgenommene Gesamtbelastungs- oder Unterstützungsgehalt im Netzwerk und die Verteilung der angegebenen Personen auf die vier Quadranten (neutrale Personen nicht berücksichtigt).

Abb. 13: Netzwerkkennzahlen zu Therapiebeginn und Veränderungen zum Therapieende in %

	IT-Patienten (1996, n=87) PT-Beginn	Studenten (1998, n = 19) (1. Erhebung)	PT-Patienten: Veränderung gegenüber PT-Beginn in %
Gesamtnetzwerk (Anzahl)	8,4	9	-12%*
emotional nahestehende Personen			
Anzahl:	6,2	7,3	-12,2%*
Anteil am Gesamtnetzwerk	74,7%	80%	+1%
„Vertrauenspotential"	9,6	10,7	-15,8%*
emotional „ferne" Personen:			
Anzahl	2,19	1,6	-23%*
Anteil am Gesamtnetzwerk	23,8%	16%	-2%
unterstützende Personen			
Anzahl	4,4	5,1	-9%
Anteil am Gesamtnetzwerk	51,9%	57%	+4,5%
Unterstützungspotential	6,4	6,9	-11,1%
belastende Personen			
Anzahl	2,8	2,1	-12%*
Anteil am Gesamtnetzwerk	33,4%	24%	-1%
Belastungspotential	4,2	2,75	-21%*
Belegung der Quadranten			
Quadrant I	45%	45%	+2,4%
Quadrant II	1,4%	3%	unverändert
Quadrant III	7,6%	2%	-1%
Quadrant IV	16%	15%	-1,6%

* signif. Veränderung ($p < 0.05$)

32 Da von der studentischen Kontrollgruppestichprobe noch keine Daten des zweiten Erhebungszeitpunktes vorliegen, sind Vergleiche der Differenzen noch nicht möglich.

Abb. 7: Sequentielles Netzwerkdiagramm – Netzwerke in unterschiedlichen Alterstufen (5, 19 retrospektiv, Vergangenheit; 29 Gegenwart, aspektiv; 63 prospektiv, Zukunft)

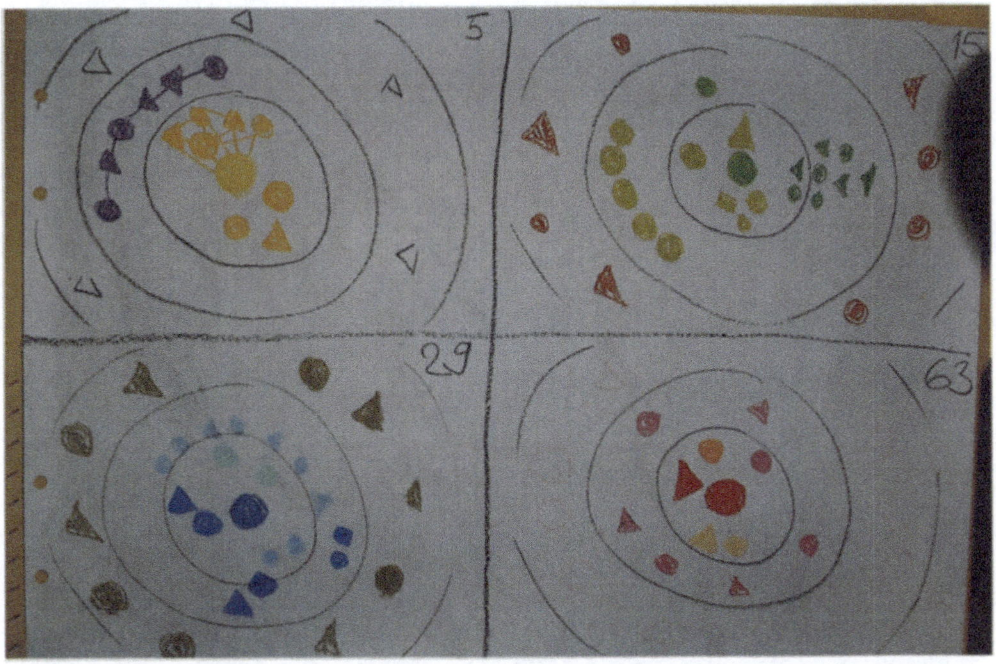

Abb. 10: Semiprojektives soziales Netzwerk als freies Bild (aus Petzold 1985a, 251).)

Legende zur Topographie des abgebildeten „sozialen Atoms":

1 Personen, die mich in der Kindheit und Jugend usw. geprägt haben (Kindergärtnerinnen, Lehrer, Ausbilder usw.)

2 Vater / Baum + Haus

3 Mutter / Baum + Haus mit Schornstein und Rauch
4 Ich, zum anderen Ufer blickend und als „zynischer Luftgeist"
5 eine alte Freundin „große Schwester" – M.- Rosenbusch
6 ein Freund – W. – Rosenbusch
7 eine Freundin – I. – Schwan
8 langjährige Freundin und Kollegin (Sicherheit) – Schiff
9 neuer Freund der D. – Gebirge
10 D. – meine ehemalige Freundin (See – Wasserfall – Gewitterwolke – Wolke über der Sonne)
11 Rose – Symbol der Liebe, strahlt Ruhe, Geborgenheit, Sicherheit aus – Zeichen für ein geändertes Leben
12 Gebirge – „Ich weiß nicht, was mich auf dem Weg da durch erwartet", Unsicherheit, Angst, „Sich-verletzen-Können"
13 Vögel – einige Freunde, die mich noch erwarten
14 Sonne – Symbol für Leben, Wärme
15 Steine bzw. Weg, den es zu gehen gilt, um mein Leben zu verändern
16 Strand – Symbol für Ruhen – Entspannung – Kraft tanken

Abb. 11: „Soziales Atom" von *Frederik* als „Dreizonenprofil" mit „Social-World-Sprechblasen" aus der Therapie eines Jugendlichen, in: Müller, Petzold (1998).

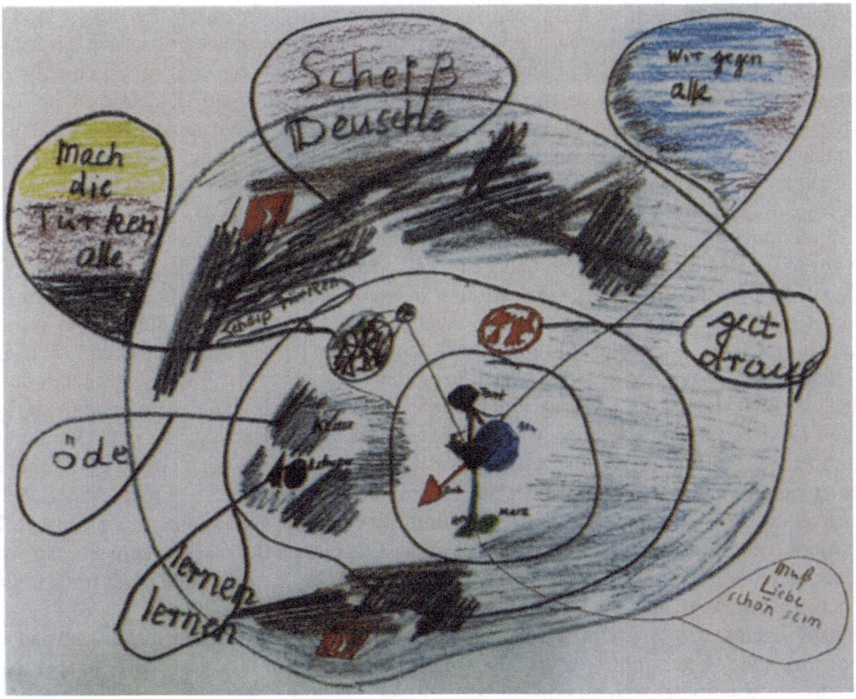

Legende: In der Kernzone, dem persönlichen Nahraum, der sozialen Intimzone, werden die Personen eingezeichnet, die für *Frederik* „total wichtig" sind – es sind nicht viele: die Mutter, in *dunklem Blau*, ist ganz unabgegrenzt neben ihm. Eine Patentante [*dunkelbraun*] ist da noch wichtig: „Die kommt. Früher hat sie auf mich aufgepaßt, jetzt hilft sie meiner Mutter noch, weil die arbeitet nicht." – Der Onkel, der Bruder der Mutter, bekommt eine kräftige, *rote* Farbe. „Er war für mich so was wie ein Vater, Ersatzvater oder so. Der wohnt jetzt nur ziemlich weit weg. Bei dem hatte ich nie Angst! Das ist ein echt starker Typ. Meine Mutter war immer total ängstlich. Das nervt, kannse auch nichts für, aber das nervt total!" Das Thema Angst scheint durch, wird aber nicht weiter vertieft. In der Kernzone ist noch Henk, *Frederiks* bester Freund [kräftiges *Dunklegrün*] mit seiner Freundin Mara [*hellgrün*]. „Die Mara ist echt nett, aber Henk hat nur noch Mara auf dem Schirm. Das nervt!" Alles scheint zu nerven. In der Mittelzone werden die Personen eingezeichnet, die für die Lebenswelt eines Menschen in den Alltagsvollzügen bedeutsam sind. Da ist die Schulklasse [*graue* Schraffur], die einen wichtigen Lehrer und eine Lehrerin [beide *schwarz*] umgibt. „Die Leute sind total öde." Es gibt ein Grüppchen von Schulfreunden [*dunkelrot*], die *Frederik* in Ordnung findet, eine Fußballgruppe [*braun/dunkelgrün/schwarz*], von der er sich getrennt hat. „Die sind zu blöd geworden. Waren mal gute Freunde, echt. Saufen nur noch, kiffen, blöde Sprüche. Das stinkt mir und auch ... die prügeln sich auch zu viel rum mit den Scheiß Türken, das bringts doch nicht. Die haben alle Messer. Das gibt mal 'nen Unglück." *Frederik* wirkt hier sehr beunruhigt. Die Randzone umfaßt Personen, die in der Lebenswelt einem Menschen nur peripher bekannt sind und als Individuen für das „soziale Atom" nur wenig direkte Bedeutung haben, außer der, daß man sich in seinem Quartier, in seiner Gegend nicht fremd fühlt – bekannte Gesichter. *Frederik* und seine Mutter leben in einem Quartier, das in den letzten Jahren mehr und mehr Zuzug von ausländischen Mitbürgern erhielt. „Ausländer ... man sieht ja nur noch Ausländer [*schwarzbraune* Schraffuren], da kann man ja nicht mehr sicher rumlaufen. Ich mag schon gar nicht mehr raus. Meine Mutter ist schon belästigt worden. Mich hamse schon paarmal verprügelt. Meine Mutter will wegziehen, ist aber nicht. So billig wie die Wohnung kriegen wirs nicht mehr. Wo sollen wir bloß hin?!" Wieder taucht Angst in Mimik und Stimme auf. T: „Hast Du bei Euch im Quartier und sonst auch manchmal Angst?" Die Frage wird mit einem unsicher wirkendem Kopfschütteln verneint. Die Farbgebung des Dreizonenprofils ist durchweg düster, wirkt bedrohlich und depressiv. Die Randzone wird einseitig und mit selektivem Blick (wie sich in der explorierenden Nachfrage ergibt) praktisch ausschließlich mit Ausländern besetzt, was vom Erleben her nicht zu relativieren ist und damit in die therapeutischen Aufgaben für eine Behandlung aufgenommen wird. T: „Das Bild sieht schon depressiv aus, oder?" – F: „Klar doch. Da ist ja nicht viel, was lustig ist, gar nichts eigentlich!" – T: „Du hast ja auch nicht viele Freunde, und offenbar hast Du ja auch einige verloren". F: „Nee, ich hat' auch keinen Bock mehr auf die. Früher war ich mehr drin, stimmt schon. Aber die sind mir zuviel, ehrlich, die nerven mich nur noch." T: „Mich interessiert aber doch, wie viele Freunde oder Kameraden Du – sagen wir – vor einem Jahr oder so noch hattest und wieviel vor drei Jahren." Im Gespräch wird deutlich, daß die Verluste im aktiven convoy von *Frederik* schon erheblich waren. Vor zwei Jahren war er noch in einer kirchlichen Jugendgruppe, war viel mit seiner Fußballgruppe zusammen und hatte noch einige gute Freunde, mit denen er sich oft auch nachmittags oder abends traf, „reihum, aber bei uns nie. Meiner Mutter war das zuviel und wir haben ja auch kaum Platz und mich hat das auch immer mehr genervt. Ich wollt das nicht mehr. Ich habs dann gelassen." Auf die Frage nach dem Bekanntenkreis der Mutter: „Die hat nicht viel. Von der Arbeit vielleicht, weiß ich nicht so ... Die sitzt doch immer allein rum zu Haus und nervt mich." (Aus: Müller, Petzold 1998)

Dieses Beispiel zeigt, daß *Frederik* aus seiner *„lifestyle community*" herausgefallen ist und das seinen „identity style" beeinflußt. Für die Therapie sind das zentrale Konzepte und Perspektiven, die hier nicht weiter entfaltet werden können (vgl. Müller, Petzold 1999),

Die nachfolgend angegebenen Zahlen beziehen sich auf die PT-Patienten (Werte für die studentische Kontrollgruppe in Klammern). Zunächst zum Vergleich der beiden Gruppen: Die PT-Patienten haben etwas kleinere Netzwerke. Die Ausschöpfungsquote der Vorgabe (max. 10 Personen) beträgt bei ihnen 84%, bei den Studenten 90%. Bei den „wichtigen" Netzwerkpersonen handelt es sich zu knapp 75% (80%) um emotional nahestehende und zu ca. knapp 24% (16%) um emotional „ferne" Personen. Damit gelingt auf dieser Dimension in beiden Populationen eine fast vollständige Dichothomisierung der Netzwerkmitglieder, da nur 1% (4%) als neutral bewertet wurden. Auf der anderen Dimension werden 52% (57%) als unterstützend, dagegen ca. 33% (24%) als belastend eingeschätzt, womit hier der Anteil Neutraler mit 15% (19%) deutlich größer ausfällt. Im Vergleich mit der Studentenpopulation zeigt sich, daß die PT-Patienten sowohl auf dem ‚emotionale Nähe'- als auch auf dem Unterstützungs-Pol Defizite aufweisen. D.h., sie haben einerseits weniger emotional nahestehende Personen – auch anteilig am Gesamtnetzwerk sowie ein geringeres „Vertrauenspotential" (resp. eine geringere Summe der Skalenwerte von emotionaler Nähe), andererseits weisen sie auch weniger unterstützende Personen – wiederum auch anteilig am Gesamtnetzwerk sowie auch eine geringeres Unterstützungspotential auf. Auch auf dem Belastungspol weist die PT-Population absolut (2,8 vs. 2,1) und anteilig am Gesamtnetzwerk (33% vs. 24%) mehr belastende Personen auf, und auch die wahrgenommene Gesamtbelastung (Belastungspotential) ist mit einem Wert von 4,2 (2,75) deutlich höher.

PT-Patienten im Zeitvergleich: Gegenüber dem Therapiebeginn hat sich der Umfang des Netzwerkes um 12% verringert. Die Zahl der unterstützenden Personen sowie das Unterstützungspotential ging um jeweils ca. 10% zurück, der Anteil unterstützender Personen stieg hingegen geringfügig an. Komplementär hierzu verringern sich auch alle Kennziffern der Belastungsdimension. Bei der Anzahl und der wahrgenommenen Gesamtbelastung ist dieser Effekt signifikant Der Umfang des Gesamtnetzwerkes bleibt praktisch konstant. Paradoxerweise hat sich zudem die Anzahl emotional nahestehender Personen sowie das wahrgenommene Vertrauenspersonal signifikant verringert, wobei der Anteil emotional nahestehender Personen an allen Personen in etwa konstant bleibt. Auch Kontakte zu nicht nahestehenden Personen haben sich signifikant verringert; ihr Anteil am Gesamtnetzwerk sinkt hingegen kaum[33].

Mit 45% (45%) zum ersten Erhebungszeitpunkt ist der Quadrant I erwartungsgemäß stark besetzt und steigt bei Therapieende geringfügig an. Es folgt mit 16% (15%) der Quadrant IV, dessen Besetzung praktisch konstant bleibt. Dagegen sind die Quadranten II und III in beiden Gruppen nur schwach besetzt und bleiben in der PT-Gruppe auch praktisch konstant. Quadrant III weist in der PT-Gruppe mit knapp 8% allerdings einen fast viermal so hohen Anteil aus wie in der Kontrollgruppe. Die Daten weisen nach Therapieende eine Verschiebung der Unterstützungs-/Belastungspotential-Kennziffer in Richtung des Unterstützungspols aus (von 2,66 auf 2,95).

Ob diese Ergebnisse durch die Wahl des Netzwerkgenerators bedingte methodische Artefakte sind oder eine soziale Realität, ließ sich mangels weiterer Erfahrungen mit dem Instrument noch nicht klären. Gegenüber der 1996 eingesetzten Version sind aufgrund der mit dem Instrument noch gewonnenen Erfahrungen zudem einige kleinere Veränderungen geplant. Die wichtigste davon betrifft die getrennte Erhebung der Unter-

33 In einer ersten differentiellen Auswertung wurden zudem die Veränderungen der wahrgenommenen Unterstützung und Belastung im Netzwerk zwischen Therapieanfang und -ende mit den durchschnittlichen Belastungsreduktionen im SCL90-R (GSI-Wert) sowie dem ebenfalls in dieser Studie verwendeten IIP-C verglichen. Je größer der Rückgang des Anteils belastender Personen am Gesamtnetzwerk und je größer die Zunahme des Anteils unterstützender Personen, desto größer fiel zwar jeweils auch die Veränderung in den Kennwerten der beiden Instrumente aus. Allerdings war der Zusammenhang nur schwach. Umgekehrt war der Zusammenhang bei der wahrgenommenen Gesamtbelastung im Netzwerk: Je weniger diese reduziert wurde, desto höher fielen die Veränderungen der genannten Kennwerte im SCL-90R und IIP aus. Eine differerenzierte Untersuchung dieser Ergebnisse nach Faktoren wie der Therapiedauer, der Diagnosegruppe, etc. steht noch aus.

stüzungs- und der Belastungsdimension, um zu überprüfen, inwieweit hier auch zu einem konkreten Zeitpunkt evtl. doch parallele Effekte auftreten können[34].

5.3. Möglichkeiten der Interpretation

Im therapeutischen Kontext sind die Einzelwerte der Patienten natürlich ungleich interessanter, da erst dort „pathogene" Ausprägungen der Dimensionen resp. Belegungen der Quadranten auffallen. Diese hier zu präsentieren würde den Rahmen sprengen, jedoch sollen diesen Abschnitt beschließend noch einige Anregungen zur Interpretation des „zweidimensionalen Netzwerkes" gegeben werden. Je nachdem, wie stark die einzelnen Quadranten besetzt sind, sollte die Aufmerksamkeit des Therapeuten verschiedenen Netzwerksektoren gelten. Selbiges gilt für evtl. Veränderungen der Belegung der einzelnen Quadranten im Zeitverlauf. Dabei ist natürlich eine Konfundierung mit Therapiezielen zu beachten. So kann bspw. eine zu Beginn der Therapie belastende Beziehung vom Patienten später positiv bewertet werden, eben weil eines der in der Therapie thematisierten Anliegen z.B. ‚Versöhnung' lautet. Ein weiteres Beispiel: Ein Netzwerkmitglied eines Patienten mit depressiven Störungen, das ebenfalls psychische Probleme hat, wird von diesem zunächst als unterstützend, im Verlauf der Therapie aber mehr und mehr als Belastung empfunden, weil es den Patienten daran hindert, seine (soziale) Situation zu verändern.

Auf eine für die psychische Gesundheit günstige Zusammensetzung des Netzwerkes weist die Besetzung der Quadranten I und II hin, auf eine weniger günstige hingegen die der beiden übrigen. Bei den Personen in Quadrant I handelt es sich überlicherweise um das multifunktionale Kernnetzwerk, bestehend aus Familienmitgliedern sowie in der Nähe lebenden nahen Verwandten oder Freunden. Quadrant II setzt sich aus Personen zusammen, die nicht dem primären, sondern dem sekundären sozialen Netzwerk angehören (schwache Beziehungen), welches sich der Literatur zufolge aus regelmäßigen Kontakten wie Arbeitskollegen und Nachbarn, aber auch aus Personen, denen man sporadisch, evtl. auch nur einmal begegnet, zusammensetzt. Quadrant III stellt scheinbar den „Worst Case" dar: solche Beziehungen werden, wenn möglich, sofort abgebrochen. Häufig ist dies natürlich gar nicht möglich, und man muß sich notgedrungen in „dayly hassles", den täglichen kleinen aber dennoch streßerzeugenden Auseinandersetzungen, engagieren. Quadrant IV schließlich enthält Beziehungen, die gerade durch die große persönliche Bedeutung und enge Verbundenheit Kontinuität haben, gleichzeitig aber enormen Druck ausüben können. Sie stellen somit ein viel größeres Belastungspotential dar als Personen aus Quadrant III. Im folgenden wird nur auf die Quadranten II und IV, abgestellt, da gerade ihnen häufig zuwenig Aufmerksamkeit geschenkt wird. *Quadrant II*: Diese Personen zeichnen sich durch häufig oberflächliche aber i.d.R. unproblematische Beziehungen aus. Damit stellen sie wichtige komplementäre Ressourcen zum Quadranten IV, also einer Situation der Belastung im dichten Kernnetzwerk, dar. Auch bietet sich hier ein Freiraum für das Ausprobieren neuer Rollen. Granovetter (1973) sprach zudem von der „Stärke schwacher Beziehungen", da sie zum

34 So sollte das Geschlecht der Netzwerkmitglieder separat erhoben werden, da die Angabe des Namens den bisherigen Erfahrungen nach nicht immer eine eindeutige Zuordnung ermöglichte. Zudem wird erwogen, für eine feinere Abstimmung der Antworten den „Range" der Skalen von derzeit -2 bis +2 auf -5 bis +5 zu erweitern. Zusätzlich könnte auch eine Frage nach der Zufriedenheit mit dem Gesamtnetzwerk gestellt werden: „Wie zufrieden sind Sie gegenwärtig mit ihren sozialen Beziehungen insgesamt?" (Likertskala 1-5). Damit könnte kontrolliert werden, inwieweit sich eine differenzierte Netzwerksituation in einem zentralen Kennwert widerspiegelt. Wünschenswert wäre zudem ein programmgesteuertes Erstellen der Graphik sowie die automatische Ausgabe der wichtigsten Kennziffern.

einen Zugänge zu weiteren Ressourcen auch über die Grenzen persönlicher Netzwerke hinweg herstellen oder erleichtern, zum anderen damit auch ein Potential für die Entwicklung von neuen Beziehungen und Freundschaften bilden. Dieses kann etwa im Fall eines Auseinanderbrechens des vorhandenen Netzwerkes (z.B. nach Beendigung einer Partnerschaft/Scheidung) sehr wichtig sein. Interventionen zum „Auffüllen" dieses Netzwerksegmentes könnten bspw. auf die Vermittlung von Selbstbewußtsein, bestimmter „Skills" im kommunikativen Bereich, etc. gerichtet sein. Wie aus der abgebildeten Tabelle ersichtlich, ist dieses Feld allerdings sowohl bei den PT-Patienten als auch bei den Studenten nur in einem sehr geringen Ausmaß belegt. (Bei letzteren spricht einiges dafür, daß dies durch die studentische Lebensform geprägt ist). *Quadrant IV:* Hier besteht häufig die Situation einer starken Einbindung in pathogene Strukturen, die mit Aspekten wie Schuld- oder Abhängigkeitsgefühlen einhergehen und i.d.R. eine längere Geschichte haben. Im Falle eines relativ großen Beziehungsanteils in diesem Quadranten könnte die Aufmerksamkeit des Therapeuten auf zwei Interventionsalternativen gerichtet sein: Entweder das Belastungspotential im Netzwerk zu reduzieren und auf dieser Dimension damit zumindest Neutralität zu schaffen (entspricht Verschiebung nach rechts im Diagramm). Oder die Beziehung zu „entemotionalisieren", d.h., den Patienten ermutigen, auf Distanz zu der belastenden Person zu gehen und damit die (evtl. bleibende) Belastung besser zu ertragen (entspricht Verschiebung nach unten im Diagramm).

6. Netzwerkinterventionen in der Psychotherapie

Zusammenfassend und abschließend soll der Bezug Netzwerkintervention/Psychotherapie in einer breiten Übersicht dargestellt werden. Sowohl die soziale Unterstützungsforschung als auch die Netzwerkforschung haben Beiträge zur Entwicklung und Durchführung von Netzwerkinterventionen erbracht, die für die Psychotherapie wesentlich sind und nicht mehr übergangen werden können. So läßt sich innerhalb der ‚Social Support'-Forschung von der dominierenden theoretisch-analytischen Richtung eine interventionssorientierte abgrenzen, welche thematisch häufig als Verknüpfung zwischen professioneller Hilfe und informeller Netzwerkhilfe diskutiert wurde (z.B. Collins und Pancoast 1976, Froland et al. 1981, Gottlieb 1983, 1985, Kardorff und Stark 1987).

Als *Netzwerkintervention* läßt sich mit Klusmann (1989, 253) „... *jede Veränderung und Pflege auch einzelner Merkmale sozialer Netzwerke [ansehen], wenn dadurch die Bereitschaft, informelle Hilfe ... zu nutzen, erhöht, ihre pathogene Struktur beseitigt wird und ihre psychosozialen Ressourcen gestärkt werden sollen. In erster Linie geht es mithin um die Mobilisierung (resp. Hilfe bei der Mobilisierung) adäquater Formen sozialer Unterstützung, sei es in der Variante der Stärkung vorhandener (natürlicher) oder des Aufbaus neuer (artifizieller) Unterstützungspotentiale*".

Im deutschsprachigen Raum nahmen jüngst Röhrle und Sommer (1998, 17f) eine Typisierung von Netzwerkinterventionen vor. Aufgrund des breiten Spektrums existierender Interventionen, ungenauen Begrifflichkeiten und inhaltlichen Überschneidungen mit professionellen Hilfen, Selbsthilfegruppen sowie all dem, was schlechthin „sozialer Unterstützung" zugerechnet wird, schlugen sie eine Eingrenzung des Begriffes auf solche Interventionen vor, die *informelle* Netzwerke als Adressaten haben. Ansatzpunkt einer Intervention kann dabei das Individuum, die Paarbeziehung/Familie/ Kernnetzwerk, persönliche Netzwerke als Ganzes, Selbsthilfegruppen, Organisationen sowie, mangels praktikabler Konzepte eher theoretisch, die „Community" (Angehörige gemeindebezogener Einrichtungen, Wohlfahrtsverbände, Kirchen, etc.) sein, womit zugleich das Spektrum gängiger Klassifizierungen von Unterstützungspotentialen benannt ist. Zu nennen ist in diesem Zusammenhang auch die *Netzwerkberatung*, die versucht, das traditionell eher beraterisch-therapeutische Vorgehen durch stärker gemeinwesen- und lebensweltbezogene Vorgehensweisen zu ergänzen (Straus et al. 1987). Sie zielt mit entsprechenden Angeboten auf die Verhinderung der Erosion bestehender sozialer Netzwerke, womit ihr eine in erster Linie präventive Funktion zukommt. Zielrichtungen sind dabei entweder die Stärkung vorhandener Stützsysteme (Initiierung neuer Hilfsqualitäten), die Schaffung künstlicher Netzwerke, Formen der Selbstinvolvierung („Treffpunkt Beratung") oder eine nachgehende Beratungsarbeit in der Lebenswelt der Klienten. Im folgenden werden synoptisch einige Ansätze von Netzwerkinterventionen vorgestellt.

6.1. Beispiele netzwerkorientierter Interventionen

Eine Reihe von Programmen ist zumeist im angloamerikanischen Sprachraum und in der Tradition der „Mental Health"-Bewegung bzw. „Community Psychology" stehend entwickelt worden, wobei unter einer Vielzahl von Einteilungen mittelbare und unmittelbare (man könnte auch sagen „direkte und indirekte", allerdings sind diese Begriffe in der Netzwerktheorie anders festgelegt, vgl. 6) Interventionsprogramme unterschieden werden können. *Direkte* Strategien wenden sich direkt an eine bedürftige Zielgruppe, der z.B. Trainings zu sozialen Fähigkeiten (Umgang mit Verlusten alter und Aufbau neuer Beziehungen, Vermeidung von Einsamkeitskeitsgefühlen, etc.), Unterstützung bei der Gründung von oder Vermittlung an Selbsthilfegruppen angeboten werden (Gottlieb 1983, 1985, 1987, Israel 1985). Unter dem Netzwerkaspekt interessanter sind *indirekte Strategien*, die versuchen, zumeist im Rahmen der Durchführung von Aufklärungs, Schulungs-, und Behandlungsprogrammen mit der Zielsetzung einer erhöhten Akzeptanz dieser Programme, sogenannte Schlüsselpersonen zu identifizieren, die als ‚natural helpers' in vielerlei Weise in Austauschbeziehungen mit den Personen, für die eine Maßnahme eigentlich „gemacht" ist, involviert sind und über die sich somit Zugangschancen zu sonst häufig abgeschotteten Netzwerken eröffnen (Gottlieb 1981, 1983, Israel 1985). Die Grundannahme ist hier somit, daß soziale Netzwerke als Träger von Werten und Normen ‚Kanäle' potentieller Beeinflußbarkeit darstellen. Als ein Beispiel sei hier eine Studie von Leutz (1976) in East Harlem genannt, in der sich ein steiler Anstieg von Vermittlungen an Beratungsstellen bei Drogen- und Alkoholmißbrauch fand, wenn informelle Berater als ein Bindeglied zwischen Betroffenen und den formellen Beratungsstellen involviert werden konnten. Sind solche Schlüsselpersonen einmal erkannt, was auf erhebliche und mannigfaltige Schwierigkeiten stoßen kann, wird mit diesen praktisch eine egozentrierte Netzwerkanalyse durchgeführt, wodurch Risikopersonen sowie die Art und das Ausmaß der Beziehungen zu diesen erhoben werden können. Daraufhin kann überlegt werden, welche Merkmale eines Netzwerkes sinnvollerweise verändert werden[35].

35 So kann bspw. versucht werden, mit dem Übertragen von einfachen, gleichwohl spezifischen Unterstützungsfunktionen an Schlüsselpersonen die Dichte und Kontakthäufigkeit der Netzwerke der Zielpersonen zu beeinflussen. Dabei hofft man, daß diese Funktionen eine initiierende Wirkung entfalten und die (Ziel)Netzwerkmitglieder motiviert werden, letztlich selbständig un-

Netzwerkinterventionen müssen sich an dem „Typ" des vorliegenden sozialen Beziehungssystems orientieren und setzen darüber hinaus natürlich immer die grundsätzliche Mitwirkungsbereitschaft der Personen resp. Zielgruppen voraus (Netzwerkcompliance), so daß ein Hauptproblem stets die Frage der Motivierbarkeit und die Vermittlung einer Nutzenerwartung bleiben wird. Da viele Programme von Professionellen initiiert worden sind, muß die Betroffenenperspektive und damit verbundene Partizipationsmöglichkeiten bei der Gestaltung der Angebote ausreichend Berücksichtigung finden, womit Professionelle sich nach dem Anlaufen eines Programmes auf Katalysator- oder Koordinierungsfunktionen beschränken sollten (Kardorff und Stark 1987). Darüber hinaus sind auch Risiken von Interventionen zu nennen wie etwa die potentielle Unterminierung basaler natürlicher Unterstützungsnetzwerke (indem z.B. schneller an das professionelle System delegiert wurde, was mitunter auf ein Abziehen von Kompetenz im Laiensystem hinauslief – Israel 1985) oder, bei den indirekten Interventionen, eine im Laufe der Zeit zunehmende Gefahr der „Paraprofessionalisierung" der Schlüsselpersonen.

Netzwerkförderung als Versuch, die psychosozialen Ressourcen eines Individuums im Kontext dessen sozialer Netzwerke zu optimieren (Gottlieb 1988b), wird in vielen Programmen gleichgesetzt mit der Initiierung künstlicher Netzwerke, also Selbsthilfegruppen Gleichbetroffener. Dabei wird häufig eine ähnliche Bedürfnislage bei verschiedenen potentiellen Zielgruppen unterstellt, die mitunter an der spezifischen Situation der Betroffenen vorbeigeht. So konnte bspw. Niepel (1994) für alleinerziehende Frauen zeigen, daß diese nur in geringem Maß sozial isoliert waren und nicht besonders motiviert waren, ihre Netzwerke zu erweitern, am wenigsten um andere Alleinerziehende. Kontakte zu diesen Personen, die sicherlich als eine wichtige Unterstützungsquelle fungieren, herzustellen, war anscheinend nicht schwer. Dagegen schien eher ein Bedürfnis nach *heterogenen* Kontakten zu bestehen, und dies umso mehr, je länger die Einelternschaft dauerte. Viel geeigneter können dagegen Programme sein, in denen soziale Kompetenzen wie bspw. zum Aufbau und Erhalt eines unterstützenden Netzwerkes trainiert werden oder eine geeignete Netzwerkorientierung vermittelt wird. Diese Maßnahmen gehen davon aus, daß die Ursachen von unzureichender sozialer Unterstützung resp. Unzufriedenheit mit dieser häufig auch in den Personen selbst liegen, d.h., diese haben Hemmungen oder schämen sich oder es ist ihnen unangenehm, andere um Hilfe zu bitten, oder sie haben Probleme, ihre Bedürfnisse zu artikulieren oder auch einfach einmal „nein" zu sagen, etc.

Einige Verfahren setzen direkt an der Beschaffenheit sozialer Netzwerke und sozialer Unterstützung an und setzen damit eine adäquate Analyse praktisch voraus. Broderick (1988) bspw. analysiert ein Netzwerk entlang zweier hypothetischer Dimensionen. Die erste Dimension ist struktureller Natur (‚Dichte resp. Kohäsion des Netzwerkes') und weist die Pole ‚kohäsiv' und ‚unverbunden' auf. Die zweite Dimension bezieht sich auf im Netzwerk geltende Verhaltensweisen resp. Regeln (‚Flexibilität') mit den Polen ‚flexibel' vs. ‚starr'. Damit ergeben sich vier Netzwerktypen, für die Broderick jeweils spezifische Netzwerkinterventionen vorschlägt. Rook (1985, 17f.) extrahierte drei verschiedene Arten unzulänglicher Unterstützung, auf die mit jeweils spezifischen, in der Praxis natürlich oft zu kombinierenden therapeutischen Interventionen eingegangen werden kann.

---

tereinander entsprechende Kontakte zu unterhalten resp. aufzubauen und somit eigenständig den Umfang ihrer Netzwerke vergrößern.

1) *unzureichende Anzahl sozialer Unterstützungsquellen:* Interventionsmöglichkeiten sind hier Trainings sozialer Kompetenzen, „Resozialisierungs"-Workshops für ‚social loss'-Betroffene (Geschiedene, Verwitwete, etc.) oder verhaltenstherapeutische Interventionen zur Korrektur unrealistischer Unterstützungserwartungen.
2) *qualitativ unzureichende Unterstützung*: Ausgehend von der empirischen Erkenntnis, daß unterschiedliche streßinduzierende Events auch unterschiedliche Unterstützungsformen erfordern, geht es hier darum, die jeweils geeignete Unterstützungsform herauszufinden. Interventionen zielen hier auf die Vermittlung von Fähigkeiten, hilfreiche und nicht-hilfreiche Unterstützung unterscheiden zu lernen (z.B. Chesler und Barbarin 1984), wozu es auch sinnvoll sein kann, Analysen von in der Vergangenheit erfolgten Unterstützungsleistungen heranzuziehen.
3) Unzureichende Inanspruchnahme von Unterstützungsressourcen:

Interventionen zielen hier auf die (pädagogische oder therapeutische) Vermittlung der Bedeutsamkeit von sozialer Unterstützung ab sowie die Ursachen evtl. Zurückhaltung. So hatte bspw. ein Drittel der Befragten mit bedeutenden Streßerlebnissen in einer Studie von Brown (1978) keinerlei Hilfe gesucht.

Vorwiegend in der Gemeindespsychiatrie sind eine Reihe netzwerkorientierter Hilfen und kotherapeutischer Strategien wie das Training sozialer Fähigkeiten (Umgang mit Verlusten alter und Aufbau neuer Beziehungen, Vermeidung von Einsamkeitskeitsgefühlen, etc.), Laien- und Familienhilfen, Unterstützung bei Gründung von oder Eintritt in Selbsthilfegruppen oder, als „Paradestück", die *Netzwerktherapie* entwickelt worden (Gottlieb 1983, 1985, 1987, Israel 1985, Kliman und Trimble 1983, Klusmann 1989, Nestmann 1989, Petzold 1974b, 1979d, Röhrle 1994, Rook 1984). Im wesentlichen handelt es hier um die Ausdehnung familientherapeutischer Ansätze bis hin zur Einbeziehung des ganzen Netzwerkes (Pattison 1977). Ähnlich wie die Familientherapie sich aus dem Gedanken entwickelte, daß individuelle Probleme Referenzen im familialen System aufweisen resp. durch dieses (mit)bedingt sind, kann auch für familiale Problemkonstellationen angenommen werden, daß die Einbettung in das weitere soziale Netzwerk eine Rolle spielt (Hammer 1983): „The solution is", wie Broderick (1988, 233) forderte, „to bring the entire network into the therapeutic arena" – womit im Extremfall über hundert Personen involviert sein können. Bei der *Netzwerktherapie*[36] im spezifischen Sinn handelt es sich um ein Bündel therapeutischer Interventionsformen, denen gemeinsam die Annahme ist, daß ein adäquates Ausmaß der Verbundenheit der Netzwerkmitglieder untereinander sowohl die Kommunikation der Mitglieder untereinander als auch die gegenseitige Unterstützung fördert. Gegenstand der Therapie sind das soziale Netzwerk eines Klienten resp. die in diesem ablaufenden

---

36 Die Netzwerktherapie geht, wie schon ausgeführt, zurück auf die Bedeutung der Gruppe bei der Identitätsentwicklung und damit in erster Linie auf die Arbeiten von Jacob Moreno, der 1917 im Flüchtlingslager in Mitterndorf erste Neztwerkuntersuchungen durchführte und mit Psychodrama, Soziodrama und Familientherapie (Compernolle 1982) seit den 30er Jahren einen Gegenpol zur individuenzentrierten Psychoanalyse schuf. Später ist sie in verschiedenen Zweigen der Psychotherapie, der Familien-, der Sozio- und der systemischen Therapie weiterentwickelt worden (insbes. von Carolyn Lewis Attneave, Ross Speck, Salvador Minuchin und Jay Haley). Als Indikation werden insbesondere Störungen in interpersonellen Beziehungen sowie ein breites Spektrum chronisch psychischer Störungen, Suchterkrankungen, Kinder-, Jugendlichen- und Gerontotherapie genannt.

pathogenen Muster. Von einem Interventionsteam werden Zusammenkünfte mit einem Klienten und einer (von diesem oder den Netzwerkmitgliedern getroffenen) Auswahl von Personen organisiert, meistens bei diesem zuhause. Je nach Interventionsebene (Klient, Netzwerk, ‚Community') werden verschiedene Formen der Netzwerktherapie unterschieden: „Network Coaching", „Partial Network Assembly", „Community Network Therapy" und die „Full Scale Network Assembly", bei der sehr große Personenzahlen beteiligt sein können. In Abgrenzung zur Familientherapie steht oft nur der Klient im Fokus der Therapie. Ziele der Netzwerktherapie können die Re(konstruktion) von gesundheitsfördernden und -erhaltenden sozialen Netzwerken sein, die Förderung bestimmter unterstützender Verhaltensweisen im Umfeld des Klienten, aber auch „Entmischungen" oder Trennungen von Netzwerksegmenten oder Personen, denen ein nicht förderlicher Einfluß auf den Therapieerfolg zugeschrieben wird. Entsprechend sagte schon Moreno (1934) „we are not therapists but network repairers". Dies geschieht dergestalt, daß mit Menschen in sozialen Systemen gearbeitet wird (womit explizit auch die Reflexion und evtl. auch die Beeinflussung solcher Systeme und des damit verbundenen Normen- und Wertesystems zum programmatischen Teil der Therapie wird), um ihnen personale und soziale Ressourcen zur Bewältigung und Gestaltung (enlargement, enrichment, empowerment – Petzold 1997p, Orth, Petzold 1995b, Stark 1996) ihres Lebens zu vermitteln. Bei der Netzwerktherapie wird ein breites Spektrum an Techniken, insbesondere aus dem Psychodrama, der Familien- und systemischen Therapie sowie die von der Integrativen Therapie inaugurierte Arbeit mit „kreativen Medien" (Petzold, Orth 1990a, Dunkel, Rech 1990) eingesetzt (Galanter 1993, Kliman und Trimble 1983, Rueveni 1984, Wasylenki et al. 1992). Seltener kommen netzwerkanalytische Methoden zur Optimierung einzelner struktureller oder interaktionaler Netzwerkmerkmale (z.B. Dichte, Reziprozität) zur Anwendung.

Nur wenige Interventionen sind explizit für *soziale Isolation* entwickelt worden (zur Übersicht: Rook 1984). Grundsätzlich muß hier zwischen Persönlichkeitsmerkmalen und strukturellen/situativen Faktoren als Ursachenkomplex unterschieden werden, wobei die erstgenannten Faktoren allenfalls als Disposition betrachtet werden. Interventionsbeispiele sind Trainings sozialer Kompetenzen, Veränderung dysfunktionaler Glaubenssätze, Veränderung von interpersonellen Orientierungen (z.B. Hilfesuchorientierung), etc. Strukturelle/situative Faktoren zu verändern stößt dagegen häufig an handfeste Beschränkungen. Indes gibt es auch Spielräume, die es zu nutzen gilt, bspw. hinsichtlich einer potentiellen Reaktivierung alter, bestehender Kontakte, „Screening" neuer Kontaktmöglichkeiten, Auffinden sozialer Foki (Feld 1982) als Kulminationspunkt gemeinsamer Interessen, Aufbau künstlicher Netzwerke durch Teilnahme an Selbsthilfegruppen, etc..

6.2. Zur Effektivität von Netzwerkinterventionen

Während soziale Netzwerke und soziale Unterstützung wie kaum ein anderes Konstrukt in der Psychologie und Soziologie in den letzten Jahren als Variablen in wissenschaftliche Studien einbezogen wurden (bspw. als diagnostisches oder prognostisches Instrument etwa in Psychotherapiestudien), sind Dokumentationen der Praxis professioneller Förderung von Unterstützungsnetzwerken sehr viel seltener. Um erstmals die Effizienz netzwerkorientierter Interventionen zu beurteilen, führten Röhrle und Sommer (1998) eine schon erwähnte Metaanalyse durch, die auf 33 Artikeln des Zeitraums 1974-95 basierte. Bei den darin referierten Studien handelt es sich ausschließlich um individuenbezogene Interventionen mit nicht behandelten oder alternativ behandelten Kontrollgruppen. Die Metaanalyse kommt zu folgenden Ergebnissen: Annehmbare Effektstärken (ES) wurden nur im Vergleich zu Kontrollgruppen ohne Behandlung erreicht und erwiesen sich als psychotherapeutischen oder präventiven Maßnahmen zumindest ebenbürtig. Gegenüber den üblichen Behandlungsformen dagegen waren die Unterschiede gering. Katamnesedaten lagen nur bei Interventionen, die die Initiierung und Betreuung von sozialen Unterstützungsgruppen zum Gegenstand hatten, vor. Hier zeigte sich als Indikator der Dauerhaftigkeit solcher Interventionen nach drei Monaten noch eine moderate mittlere ES. Die Ergebnisse zu verschiedenen Personengruppen weisen auf eine differentielle Wirksamkeit netzwerkorientierter Interventionen hin – für langfristige Netzwerkinterventionen ergaben sich z.B. bessere Effektstärken[37]. Die Effekte für Kinder erwiesen sich als eher gering, was vielleicht auch an der wenig kindspezifischen Interventionsmethodik liegen mag (vgl. aber Petzold 1995a,b).

Problematisch an der Interpretation der Ergebnisse erwies sich der überwiegend beiläufige Charakter der Interventionen, d.h., sie wurden flankierend und eher unspezifisch zu konventionellen therapeutischen Maßnahmen durchgeführt. Ein Zurückführen der Effekte *ausschließlich* auf die jeweils angewendete Form der Netzwerkintervention ist daher bei solchen Studien nicht möglich. Zum anderen bestand eine überwiegend inhomogene Datenbasis. Aus diesem Grund wurde das Effektstärke-(ES) Maß DELTA verwendet (als mittlere ES bei angenommenen verschiedenen Populationseffekten). Bei Kontrollgruppen ohne Behandlung wurden je nach zugrundeliegendem Meßverfahren Werte zwischen .39 und 1.11 erzielt. Bei Kontrollgruppen mit anderen Behandlungsformen fielen die erhaltenen Effektstärken dagegen erwartungsgemäß deutlich geringer aus (zwischen -.11 und .36.). Die Autoren selbst kommen insgesamt zu einer eher zurückhaltenden Einschätzung, wenn sie, nicht ohne Hinweis darauf, daß die „Kunst" dieser Interventionen erst am Anfang stehe, feststellen (a.a.O., S. 39): „Im großen und ganzen haben [Netzwerkinterventionen] nicht geschadet, in einigen Fällen waren sie in mäßigem Umfang vorteilhaft, und in anderen Fällen waren sie eher schädlich". Blickt man aber auf die (wenngleich immer noch wenigen) Studien, die sowohl eine elaborierte Diagnostik als auch eine spezifische Interventionsmethodologie entwickelt haben, und stellt man die positiven zielgruppen- und indikationsspezifischen Wirkungen in Rechnung, vergleicht man die Ergebnisse der Netzwerkinterventionen mit denen herkömmlicher (und in der Regel viel aufwendigeren) individueller Psychotherapie, so kann man sagen: es lohnt sich, in die Netzwerktherapie und -entwicklung als Ansatz in der Psychotherapie und Methode der Psycho- und Soziotherapie zu investieren, was Theorienbildung, Methodik und Forschung anbelangt. In der Integrativen Therapie haben wir uns für diese Investition seit langem entschieden.

---

37 Als kurzfristige wurden Interventionen bis zu bis zu 15 Wochen resp. 22,5 Stunden angesehen, als langfristige solche zwischen einem halben bis 2 Jahren, wobei hier die Anzahl der Sitzungen zum Teil sehr gering war.

Anhang

Fragebogen zur Erhebung quantitativer und qualitativer Merkmale des sozialen Netzwerkes von Klienten im Rahmen von Psychotherapiestudien

Um den Erfolg einer Therapie beurteilen zu können, sind auch ein paar Informationen über Ihre Beziehungen zu anderen Menschen wichtig. Ich möchte Sie daher bitten, Menschen zu nennen, die zur Zeit in irgendeiner Weise in Ihrem Leben von Bedeutung sind, sei es in positiver, sei es in negativer Hinsicht. Gehen Sie dabei bitte wie folgt vor:

1) Tragen Sie bitte zunächst in der untenstehenden Tabelle in die Spalte ‚Person' die Vornamen dieser Personen ein (bis zu 10 Personen).
2) Benutzen Sie in der Spalte ‚Geschlecht' (Geschl.) ein ‚w' für eine weibliche, ein ‚m' für eine männliche Person.
3) Geben Sie in der Spalte „Beziehung" Ihre Beziehung zu der jeweiligen Person wieder. Bitte benutzen Sie dabei die folgenden Abkürzungen:

Partner/in	Eltern	Geschwister	Kind
Verwandte/r	Freund/in	Nachbar/in	Arbeitskollege/in
Chef/in	Mitarbeiter/in	Bekannte/r	

4) Markieren Sie dann in den beiden folgenden Spalten für jede von Ihnen genannte Person jeweils mit einem Kreis, ob Sie sich dieser gegenüber eher *emotional nah* oder *emotional distanziert* fühlen und ob diese für Sie eher *unterstützend* oder eher *belastend* ist. Neutrale Aussagen über die Beziehung drücken Sie bitte jeweils mit einem Kreis um die 0 aus.

Ein Beispiel:
Ihre Freundin Eva steht Ihnen sehr nahe, die Beziehung zu ihr belastet Sie aber zur Zeit etwas:

Person	Geschl.	Beziehung	emotional distanziert		emotional nah			belastend		unterstützend		/hilfreich
Eva	w	F	--	-	0	+	++	--	-	0	+	++
1.			--	-	0	+	++	--	-	0	+	++
2			--	-	0	+	++	--	-	0	+	++
3.			--	-	0	+	++	--	-	0	+	++
4.			--	-	0	+	++	--	-	0	+	++
5.			--	-	0	+	++	--	-	0	+	++
6.			--	-	0	+	++	--	-	0	+	++
7.			--	-	0	+	++	--	-	0	+	++
8.			--	-	0	+	++	--	-	0	+	++
9.			--	-	0	+	++	--	-	0	+	++
10.			--	-	0	+	++	--	-	0	+	++

Wie zufrieden sind Sie gegenwärtig mit ihren sozialen Beziehungen insgesamt?"

unzufrieden				zufrieden
1	2	3	4	5

Literatur

Ancelin-Schützenberger, A. (1970). Précis de Psychodrame. Paris: Epi.

Angermeyer, M.C. (1984). Mitten in der Gemeinde und doch allein? Eine quantitative Untersuchung des sozialen Netzwerkes von Bewohnern psychiatrischer Übergangswohnheime. Gruppenpsychotherapie, Gruppendynamik, 19, 313-33.

Angermeyer, M.C. (1989). Soziales Netzwerk und Schizophrenie: Eine Übersicht. In M. C. Angermeyer & D. Klusmann (Hg.), Soziales Netzwerk: Ein neues Konzept für die Psychiatrie. Berlin: Springer.

Angermeyer, M.C. & Klusmann, D. (1989) (Hg.), Soziales Netzwerk: Ein neues Konzept für die Psychiatrie. Berlin: Springer.

Angermeyer, M.C. & Bock, B. (1984). Das soziale Netzwerk Alkoholkranker. Psychotherapie, Psychosomatik, Medizinische Psychologie, 34, 1-9.

Angermeyer, M. C. & Lammers, R. (1986). Das soziale Netzwerk schizophrener Kranker. Zeitschrift für klinische Psychologie, Psychopathologie und Psychotherapie, 34, 100-118.

Antonovsky, A. (1979). Health, stress and, coping. London, San Francisco: Jossey Bass.

Antonucci, T.C. (1985). Social Support: Theoretical Advances, Recent Findings and Pressing Issues. In J.G. Sarason & B.R. Sarason (Hg.), Social Support: Theory, Research and Applications. Dodrecht: Martinus Nijhoff.

Antonucci, T.C. & Akiyana, H. (1994). Convoys of Attachment and Social Relations in Children, Adolescents and Adults, In F. Nestmann & K. Hurrelmann (Hg.), Social Networks and Social Support in Childhood and Adolescence. Berlin, N.Y: De Gruyter.

Antonucci, T.C. & Depner, C.E. (1982). Social Support and Informal Helping Relationships, In T.A. Wills (Hg.), Basic Processes in Helping Relationships, NY: Academic Press, 233-254.

Assmann, J. (1988). Kollektives Gedächtnis und Identität. In J. Assmann & T. Hölscher, Kultur und Gedächtnis. Frankfurt/Main: Suhrkamp.

Assmann, J. & Hölscher, T. (1988). Kultur und Gedächtnis. Frankfurt/Main: Suhrkamp.

Attneave, C.L. (1980): Therapeutic Effectivness of Social Network Interventions Compared to Groups of Intimate Strangers. Group Psychotherapy, Psychodrama & Sociometry 32, 173-177.

Attneave, C. & Speck, R. (1975). Det sociala nätverket. Stockholm: W & W.

Avery, A.W. & Thiessen, J.D. (1982). Communication skill training for divorces. Journal of Counceling Psychology, 29, 203-205.

Badura, B. (1981). Zur sozialepidemiologischen Bedeutung sozialer Bindung und Unterstützung, in: B. Badura (Hg.), Soziale Unterstützung und chronische Krankheit. Zum Stand sozialepidemiologischer Forschung. Frankfurt: Suhrkamp.

Badura, B. & Pfaff, H. (1989). Streß, ein Modernierungsrisiko? Mikro- und Makroaspekte soziologischer Belastungsforschung im Übergang zur postindustriellen Zivilisation. Kölner Zeitschrift für Soziologie und Sozialpsychologie, Vol. 41, 644-668.

Bankoff, E.A. (1983). Social Support and Adaption to Widowhood. J. of Marriage and the Family, 45, 827-839.

Bankoff, E.A. (1987). The interplay between psychotherapy, patient's support systems and engagement in the psychotherapeutic process. Abstracts of the 18th Annual meeting of the Society for Psychotherapeutic Research (SPR) (pp. 291-295), June 16-20 (1987). Ulm, West-Germany.

Bankoff, E.A. (1994). The social network of the psychotherapy client. Psychotherapy, 31, 503-514.

Bankoff, E.A. & Howard, K.I. (1992). The social network of the psychotherapy patient and effective psychotherapeutic process. Journal of Psychotherapy Integration, 2, 273-294.

Barrera, M. (1981). Social Support in the Adjustment of Pregnant Adolescents. Assessment Issues. In: B.H. Gottlieb (Hg.), Social Networks and Social Support. (S. 69-96). Beverly Hills, London: Sage.

Barrera, M. & Baca, L.M. (1990). Recipient reactions to social support. Contributions of enacted support, conflicted support and network orientation. Special issue: Predicting, activating, and facilitating social support. Journal of Social and Personal Relationships, 7, 541-551.

Bastine, R., Fiedler, P. & Kommer, D. (1989). Was ist therapeutisch an der Psychotherapie? Versuch einer Bestandsaufnahme und Systematisierung der Psychotherapeutischen Prozeßanalyse. Zeitschrift für Klinische Psychologie Bd. XVIII (1), 3-22.

Baumann, U. (1987). Zur Konstruktvalidität der Konstrukte. Soziales Netzwerk und Soziale Unterstützung. Zeitschrift für klinische Psychologie, 16, 305-310.

Baumann, U., Amann, G., Rambichler, R. & Lexel-Gartner, S. (1987). Zur Frage der Spezifität von Sozialen Netzwerken und Sozialer Unterstützung bei Alkoholikern und Drogenkonsumenten – Eine Pilotstudie. Zeitschrift für Klinische Psychologie, 16, 407-413.

Baumann, U., Laireiter, A., Pfingstmann, G., Schwarzenbacher, K. (1987a). Deutschsprachige Untersuchungsverfahren zum sozialen Netzwerk und zur sozialen Unterstützung. Zeitschrift für klinische Psychologie, 16, 407-413.

Baumann, U., Laireiter, A., Pfingstmann, G., Schwarzenbacher, K. (1987b). Fragebogen zum sozialen Netzwerk und zur sozialen Unterstützung (SONET). Zeitschrift für klinische Psychologie, 16, 429-431

Beck, U. (1986). Die Risikogesellschaft. Auf dem Weg in eine andere Moderne, Frankfurt/M.: Suhrkamp.

Beck, U., Giddens, A., Lash, C. (1995). Reflexive Modernisierung. Frankfurt: Suhrkamp.

Becker, P. (1995). Seelische Gesundheit und Verhaltenskontrolle. Eine integrative Persönlichkeitstheorie und ihre klinische Anwendung. Göttingen: Hogrefe.

Beels, C.C., Gutwirth, L., Berkeley, J., Struening, E. (1984). Measurments of social support in schizophrenia. Schizophrenia Bulletin, 10, 399-411.

Belle, D. (1982). The stress of caring: Women as providers of social support. In L. Goldberger & S. Breznitz (Hg.), Handbook of stress. Theoretical and clinical aspects. New York: The Free Press, 496-505.

Berkman, L.F. (1984). Assessing the physical health effects of social networks and social support. Annual Review of Public Health, 5, 413-432.

Berkman, L.F. & Syme, S. Leonard (1979). Social Networks, Host Resistance and Mortality: A Nine Year Follow-Up Study of Alameda County Residents. American J. of Epidemiology, Vol. 109, No. 2, 186-204.

Berlin, I. (1998). Wirklichkeitssinn. Berlin: Berlin Verlag.

Berman, J.S. & Norton, N.C. (1985). Does professional training make a therapist more effective? Psychological Bulletin, 96, 401-407.

Bernard, H.R., Killworth, P.D., Sailer, L. (1982). Informant Accuracy in Social Network Data. An Experimental Attempt to Predict Actual Communication from Recall Data. Social Science Research, 11, 30-66.

Beutel, M. (1988). Spezifische und generelle Aspekte der Verarbeitung chronischer Erkrankungen. In H. Kächele & W. Steffens (Hg.), Bewältigung und Abwehr – Beiträge zur Psychologie und Psychotherapie schwerer körperlicher Krankheiten. Heidelberg: Springer, 89-104.

Billings, A.G. & Moos, R.H. (1982). Psychosocial Theory and Research on Depression: An Integrative Framework and Review. Clinical Psychology Review, 2, 213-237.

Billings, A.G. & Moos, R.H. (1984). Treatment experiences of adults with unipolar depression: The influence of patient and life context factors. Journal of Consulting and Clinical Psychology, 52, 119-131.

Billings, A.G. & Moos, R.H. (1985). Life stressors and social ressources affect posttreatment outcomes among depressed patients. J. of Abnormal Psychology, 94, 140-153.

Blatner, H. (1970). Psychodrama, Role-Playing and Action Methods: Theory and Practice. Norfolk: Thetford.

Blazer, D.G. (1983). Impact of Late-Life-Depression on the Social Network, American Journal of Psychiatry, 140, 2: 686-691.

Bobzien, M. (1993). Kontrolle über das eigene Leben gewinnen. Empowerment als professionelles Konzept in der Selbsthilfeunterstützung – Aspekte aktivierender Beratung. Blätter für die Wohlfahrtspflege, Heft 2, 46-49.

Bobzien, M. & Stark, W. (1991). Empowerment als Konzept psychosozialer Arbeit und als Förderung von Selbstorganisation. In Balke, K. & Thiel, W. (Hrsg.), Jenseits des Helfens (S. 169-189). Freiburg i. B.: Lambertus.

Booth, A. & Babchuk, N. (1972). Seeking Health Care from New Resources, J. of Health and Social Behavior, Vol. 13, 90-99.

Bowlby, J. (1969). Attachment & Loss. Vol. 1: Attachment. London: Hogart Press.

Bowlby, J. (1973). Attachment & Loss. Vol. 2: Separation and Anger. London: Hogart Press.

Bowlby, J. (1980). Attachment & Loss. Vol. 3: Loss, Sadness and Depression. London: Hogart Press.

Brand, E.F., Lakey, B. & Berman, S. (1995). A preventive, psychoeducational approach to increase perceived social support. American Journal of Community Psychology, 23, 117-135.

Brehm, S. & Smith, T.W. (1986). Social psychologic approaches to psychotherapy and behavior change, In S.L. Garfield & A.E. Bergin, (Hrsg.) Handbook of psychotherapy and behavior change, (3. Ed., pp. 60-115). N. Y.: Wiley.

Broadhead, W. E., Kaplan, B.H., James, S.A. et al. (1983). The epidemiologic evidence for a relationship between social support and health. American J. of Epidemiology, 117, 521-537.

Broderick, C.B. (1988). Healing members and relationships in the intimate network, In Robert M. Milardo, (Hg.), Families and Social Networks. Newbury Park, Beverly Hills u. a.: Sage.

Brody, E. M. (1985). Parent care as a normative family stress. The Gerontologist, 25, 19-29.

Bronfenbrenner, U. (1977). Toward an experimental ecology of human development. American Psychologist, 32, 513-531.

Bronfenbrenner, U. (1979). The ecology of human development. Experiments by nature and design. Cambridge, Mass.: Harvard University Press.

Bronfenbrenner, U. (1986). Recent advances in research on the ecology of human development. In: Silbereisen, R.K., Eyferth, K., Rudinger, G., Development as action in context (S. 287-309). Heidelberg: Springer.

Bronfenbrenner, U. (1989). Die Ökologie der menschlichen Entwicklung: Natürliche und geplante Experimente. Frankfurt: Fischer.

Bronfenbrenner, U. (1990). Ökologische Sozialisationsforschung. In L. Kruse, C.F. Graumann & E.D. Lantermann (Hrsg.), Ökologische Psychologie: Ein Handbuch in Schlüsselbegriffen (S. 76-79). München: Psychologie Verlags Union.

Brown, B. B. (1978). Social and psychological correlates of help-seeking behavior among urban adults. American J. of Community Psychology, Vol. 6, No. 5, 425- 439.

Brown, G. & Harris, T. (1978). Social origins of depression: A Study of Psychiatric Disorder in Women. N.Y., Free Press.

Brücker, H. (1992). Wie wirkt soziale Unterstützung bei chronischen Arbeitsbelastungen? Positive und negative Gesundheitseffekte in verschiedenen Statusgruppen. Soziale Probleme, 3. Jg., 173-210.

Brugha, T.S., Bebbington, P.E., MacCarthy, B., Sturt, E., Wykes, T. & Potter, J. (1990). Gender, social support and recovery from depressive disorders: A prospective clinical study. Psychological Medicine, 20, 147-156.

Buchmann, M., Karrer, D., Meier, R. (1985). Der Umgang mit Gesundheit und Krankheit im Alltag. Zürich: Haupt-Verlag.

Burt, R.S. (1984). Network items and the General Social Survey. Social Networks, 6, 293-339.

Butollo, W., Rosner, R., Wentzel, A. (1999). Integrative Psychotherapie bei Angsttörungen. Bern: Huber.

Caplan, G. (1974). Support Systems and Community Mental Health. New York: Behavioral Publications.

Caplan, G. & Killilea, M. (Hrsg.) (1976). Support systems and mutual help. New York: Grune & Stratton.

Cassel, J. (1974). An epidemiological perspective of psychosocial factors in disease etiology. American J. of Public Health, 64, 1040-1043.

Chambon, O., Marie-Cardine, M. (1999). Les bases de la psychothérapie. Approche intégrative et éclectique. Paris: Dunod.

Chesler, M.A. & Barbarin, O.A. (1984). Dilemmas of providing help in a crisis: The role of friends with parents of children with cancer. Journal of Social Issues, Vol. 41, No. 1, 47-63.

Cohen, S., Doyle, W. J., Skoner, D. P. et al. (1997). Social ties and susceptibility to the common Cold. Journal of the American Medical Association, Bd. 277, (June), 1940-1944.

Cohen, S. & McKay, G. (1984). Social support, stress and the buffering hypothesis: A theoretical analysis., In A. Baum, J.E., Singer, E., Taylor (Hg.), Handbook of Psychology and Health. Vol. 4, Hillsdale, N.Y.: Lawrence Erlbaum, 252-267.

Cohen, S. & Syme, S. L. (1985) (Hg.). Social Support and Health. Academic Press.

Cohen, S. & Wills, T.A. (1985). Stress, Social support, and the buffering hypothesis. Psychol. Bulletin, 98, 310-357.

Collins, A.H. & Pancoast, D.L. (1976). Natural Helping networks. Washington, D.C: National Ass. of Social Workers.

Compernolle, T. (1982). Moreno – ein unbekannter Wegbereiter der Familientherapie. Integrative Therapie, 3, 166-172.

Corney, R.H. (1987). Marital problems and treatment outcome in depressed women. A clinical trial of social work intervention. British J. of Psychiatry, 151, 652-659.

Coser, R.I. (1975). The complexity of roles as seedbed of individual autonomy. In Lewis A., Coser, R. (Hg.), The idea of social structure: Papers in honor of Robert K. Merton, N.Y.: Harcourt Brace Jovanovich.

Coyne, J.C. (1976). Depression and the response of others. J. of Abnormal Psychology, 85, 186-193.

Coyne, J.C., Ellard, J. H., Smith, D. A. (1990). Social support, interdependence, and the dilemmas of helping. In I. Sarason , B. R. Sarason, G. R. Pierce (Hg.), Social support: An interactional view. New York: Wiley, 129-149.

Croog, H. (1970). The family as a source of stress, In Levine, S. & N. A. Scotch (Hg.), Social Stress. Chicago: Aldine.

Cross, D.G., Sheehan, P.W., & Khan, J.A. (1980). Alternative advice and counsel in psychotherapy. J. of Consulting and Clinical Psychology, 48, 615-625.

Curtis, W.R. (1979). The future use of social health. Boston: Social matrix research.

Cutrona, C.E. (1986). Objective determinants of perceived social support. J. of Personality and Social Psychology, 2, 349-355.

Cutrona, C.E. & Russell, D.W. (1990). Types of social support and specific stress: toward a theory of optimal matching, In I. Sarason, B.R. Sarason, G. R. Pierce (Hg.), Social support: An interactional view. New York: Wiley, 319-366.

Dadds, M.R. & McHugh, T.A. (1992). Social support and treatment outcome in behavioral family therapy.J. of Consulting and Clinical Psychology, 60, 252-259.

Danish, S.J. & D´Augelli, A.R. (1983). Helping skills II: Life development intervention. Trainee´s work book. New York: Human Science Press.

Darwin, Ch. (1872). The expression of emotion in man and animals. London: John Murray.

de Ruiter, J.H. et al. (1993), Social network, social support and the quality of life of cancer patients: A controlled Study. In T. Abel et al. (Hg.), Medical Sociology: Research on chronic Illness. Informationszentrum Sozialwissenschaften, Sozialwissenschaftliche Tagungsberichte, Bd. 3:223-242.

DiMatteo, M.R. & Hays, R. (1981). Social support and serious illness, In: B.H. Gottlieb (Hg.), Social support and social networks. Beverly Hills, London: Sage.

Dubar, C. (1998). La socialisation. Construction des identités sociale et profesionnelles. Paris: Armand Colin.

Duck, S. & Cohen, Silver R. (1990). Personal relationships and social support. Newbury Park: Sage.

Dunkel, J. & Rech, P. (1990). Zur Entwicklung und inhaltlichen Bestimmung des Begriffs „Kunsttherapie“ und verwandter Begrifflichkeiten. In: H.G. Petzold & I. Orth (Hrsg.), Die neuen Kreativitätstheorien: Handbuch der Kunsttherapie, Bd.II (S. 73-92). Paderborn: Junfermann.

Dunkel-Schetter, C. & Bennett, T.L. (1990) The availibity of social support and its activation in times of stress. In B.R. Sarason, I.G. Sarason, G.R. Pierce (Hg.), Social support: An interactional view, New York: Wiley.

Dunkel-Schetter, C. & Wortman, C.B. (1981). Dilemmas of social support: parallels between victimization and aging, In S.B. Kiesler, J.N. Morgan, V.K. Oppenheimer (Hg.), Aging. Social change, New York, 349-381.

Dunkel-Schetter, C., Folkman, S., Lazarus, R.S. (1987). Correlates of social support receipt. J. of Personality and Social Psychology, 53, 71-80.

Durlak, J.A. (1979). Comparative effectiveness of paraprofessional and professional helpers, Psychol. Bull. 86 (80-92).

Eaton, W. (1978). Life events, social support and psychiatric symptoms: A re-analysis of the New Haven Data. Journal of Health and Social Behavior, 19, 230-234.

Eckenrode, J. (1983). The mobilization of social supports: Some individual constraints. American J. of Community Psychology, 5, 509-528.

Eckenrode, J. & Gore, S. (1981). Stressful life-events and social support: The significance of context, In B.H. Gottlieb (Hg.), Social networks and social support. Beverly Hills, London: Sage, 43-68.

Edwards, M.E. & Steinglass, P. (1995). Family therapy treatment outcomes for alcoholism. Journal of Marital and Family Therapy, 21, 475-509.

Engel, F., Nestmann, F., Niepel G. & Sickendieck, U. (1996). Weiblich, ledig, kinderlos und alt. Soziale Netzwerke und Wohnbiographien alter alleinstehender Frauen. Opladen: Leske + Budrich.

Eraker, S.A., Kirscht, J.P., Becker, M. (1984). Understanding and improving patient compliance. Annals of Internal Medicine, 100, 258-286.

Fantel, E. (1951). The Civilian and the Army Social Atom Before and After. Group Psychotherapy, 1/2 (66-69).

Feineis, B. (1998). Soziale Netzwerkarbeit mit Drogenabhängigen. In Röhrle, B. et.al. (Hrsg.) Netzwerkintervention (S. 19-138). Tübingen: dgvt.

Feld, S.L. (1982). Social Structural Determinants of Similarity Among Associates. American Sociological Review, Vol. 47, 797-801.

Fend, H. (1969, 1970, 1971[3]). Sozialisierung und Erziehung. Weinheim: Beltz.

Filipp, S.H. (1990, 1995[5]). Kritische Lebensereignisse. Weinheim: Psychologische Verlags Union.

Finlayson, A. & McEwen, P. (1977). Coronary heart disease and patterns of living. London, New York: Croom Helm.

Fischer, C.S. (1982). To dwell among friends. Personal networks in town and city. Chicago, London.

Fischer, C.S. & Phillips, S.L. (1982). Who is alone? Social charakteristics of people with small networks. In L.A. Peplau & D. Perlman (Hg.), Loneliness: A sourcebook of current theory research and therapy. New York: Wiley Interscience.

Flammer, A. (1990).Erfahrung der eigenen Wirksamkeit. Einführung in die Psychologie der Kontrollmeinung, Bern: Huber.

Flick, U. (Hrsg.) (1991). Alltagswissen über Gesundheit und Krankheit: Subjektive Theorien und soziale Repräsentationen. Heidelberg: Asanger.

Försterling, F. (1988). Attribution Theory and clinical psychology. Chichester: Wiley.

Freud, S. (1943ff). Gesammelte Werke. London: Imago

Freud, S. (1916).Vorlesungen zur Einführung in die Psychoanalyse (1916-1917a), in: GW, Bd. XI, Fischer, Frankfurt 1973.

Freud, S. (1975ff). Studienausgabe. Frankfurt: Fischer.

Froland, C., Pancoast, D.L., Capman, N.J. et al. (1981). Linking formal and informal support systems. In B.H. Gottlieb (Hg.), Social networks and social support. Beverly Hills: Sage, 259-277.

Froland, C., Pancoast, D.L., Chapman, N.J & Kimboko, P.J. (1981). Helping networks and human services. Beverly Hills: Sage.

Funch, D.P. & Marshall, J. (1983). The role of stress, social support and anger in survival from breast cancer. J. of Psychosomatic Research, 27, (1), 77-83.

Galanter, M. (1993). Network therapy for addiction: A model for the office practice. American Journal of Psychiatry, 150, 1, 28-36.

Gaudin, J.M., Wodarski, J.S., Arkinson, M.K. & Avery, L.S. (1991). Remedying child neglect: Effectiveness of social network interventions. Special Issue: Applications of social support and social network interventions in direct practice. Journal of Applied Social Sciences, 15, 97-123.

Gehlen, A. (1986[5]). Urmensch und Spätkultur: Philosophische Ergebnisse und Aussagen. Wiesbaden: Aula.

Gelfand, D.E. & Olsen, J.K. (1980). The Aging Network: Programs and Services. New York: Springer.

Gerhardt, U. & Friedrich, H. (1982). Familie und chronische Krankheit – Versuch einer soziologischen Standortbestimmung. In M. C. Angermeyer & H. Freyberger (Hg.), Chronisch kranke Erwachsene in der Familie. Stuttgart: Enke, 1-25.

Gibson, J. (1979). The ecological approach to visual perception, Houghton Mifflin, Boston. dtsch. Der ökologische Ansatz in der visuellen Wahrnehmung, Urban & Schwarzenberg, München 1982.

Giddens, A. (1991). Modernity and self-identity. Self and society in the late modern age, Cambridge: Polity Press.

Gillies, L.A., Wasylenki, D.A., Lancee, W.J., James, S., Clarc, C.C., Lewis, J. & Goering, P. (1993). Differential outcomes in social network therapy. Psychological Rehabilitation Journal, 16, 141-146.

Goffman, E. (1967). Stigma. Über Techniken zur Bewältigung beschädigter Identität. Frankfurt/Main: Suhrkamp.

Goldberg, E.L. (1981). Health effects of becoming widowed. Paper delivered at The Chaging Risk of Disease in Women: An Epidemiologic Approach Symposium. John Hopkins University, Department of Epidemiology.

Gore, S. (1978). The Effect of social support in mederating the health consequences of unemployed. J. of Health and Social Behavior, 19, 157-165.

Gotlib, I.H. & Hammen, C.L. (1992). Psychological aspects of depression. Toward a cognitive-interpersonal integration. Chichester: Wiley.

Gottlieb, B.H. (1978). The development and application of a classification scheme of informal helping behaviors. Canadian J. of Behavioral Science, 10 (2),: 105-115.

Gottlieb, B.H. (1981) (Hg.). Social Networks and Social Support. Beverly Hills, London: Sage.

Gottlieb, B.H. (1983). Social support as a focus for integrative research in psychology. American Psychologist, 38, 278-287.

Gottlieb, B.H. (1985). Combining lay and professional resources to promote human welfare: Prospects and tensions. In J.A. Yoder (Hg.): Support networks in a caring community. Dordrecht: Martinus Nijhoff Publishers, 59-78.

Gottlieb, B.H. (1987). Using social support to protect and promote health. Journal of Primary Prevention. 8, 49-70.

Gottlieb, B.H. (1988a). Marshalling social support. The state of the art in research and practice. In B. H. Gottlieb (Hg.), Marshalling social support. Formats, processes, and effects. Newbury Park: Sage, 11-51.

Gottlieb, B.H. (1988b). Support interventions. A typology and agenda for research. In S. Duck (Hrsg.), Handbook of personal relationships (pp. 519-541). Chichester: Wiley.

Gottlieb, B.H. (1995). Theories and practices of mobilizing support in stressful circumstances. In C.L. Cooper (Hrsg.), Handbook of stress, medicine and health (pp. 339-356). New York: Hemisphere.

Gottlieb, B.H. & Coppard, A.E. (1987). Using social network therapy to create support systems for the chronically mentally disturbed. Canadian Journal of Community Mental Health, 6, 117-131.

Gourash, Nancy (1978). Help-seeking: A review of the literature. American J. of Community Psychology, 6, 413-423.

Granovetter, M. (1973). The Strength of Weak Ties. American Journal of Sociology. 78, 1360-1380.

Grawe, K. (1992). Therapeuten: unprofessionelle Psychospieler? Psychologie Heute 6, 22-28.

Grawe, K. (1998). Psychologische Psychotherapie. Göttingen: Hogrefe.

Gulick, E.E. (1994). Social support among persons with multiple sclerosis. Research in Nursing & Health, 17, 195-206.

Gunzelmann, T. Schiepek, G. & Reinecker, H. (1987). Laienhelfer in der psychosozialen Versorgung: Meta-Analysen zur differentiellen Effektivität von Laien und professionellen Helfern. Gruppendynamik, 18, 361-384.

Haan, N. (1977). Coping and defending. Process of self-environment organization. New York: Academic Press.

Hall, A. & Wellman, B. (1985). Social Networks and Social Support, In S. Cohen & L.S. Syme (Hg.), Social Support and Health. Orlando, San Diego: Academic Press, 23-41.

Hammer, M. (1963). Influence of small social networks as factors on mental hospital admission. Human Organizations, 22, 243-250.

Hammer, M. (1981). Social support, social networks and schizophrenia. Schizophrenia Bulletin 7, 45-57.

Hammer, M. (1983). ‚Core‘ and ‚extended‘ social networks in relation to health and illness. Social Science Medicine, 17, 405-411.

Hammer, M. (1984). Explorations into the meaning of social network interview data. Social Networks, 6, 341-71.

Hass, W. (1995). Zweidimensionales Netzwerk. Europäische Akademie für psychosoziale Gesundheit, Düsseldorf: Unveröffentlichtes Manuskript.

Hass, W., Märtens, M.M. & Petzold, H.G. (1998). Akzeptanzstudie zur Einführung eines Qualitätssicherungssystems in der ambulanten Integrativen Psychotherapie aus Therapeutensicht. In A. Laireiter, H. Vogel (Hrsg.), Qualitätssicherung in der Psychotherapie. Ein Werkstattbuch (S.157-178). Tübingen: DGVT-Verlag.

Havel, V. (1999). Une idée de responsabilité du monde. Transversales. Science/Culture 56, S. 11.

Hays, R.B. & Oxley, D. (1986). Social network developement and functioning during a life transition. J. of Personality and Social Psychology, 50, 305-313.

Heitzmann, C.A. & Kaplan, R.M. (1988). Assessment of methodes for measuring social support. Health Psychology, 7, 1, 75-109.

Heller, K. (1979). The effects of social support. Prevention and treatment implications. In A.P. Goldstein & F.H. Kanfer (Hg.), Maximizing treatment gains, New York: Academic Press, 353-382.

Heller, K. & Swindle, R.W. (1983). Social networks, perceived social support, and coping with stress, In R.D. Felner et al. (Hg.), Preventive psychology. Theory, research and practice in community interventions. New .York, 87-103 .

Henderson, A. (1980). A Developement in Social Psychiatry: The systematic study of social bonds. J. of Nervous and Mental Disease, 168, 63-69.

Henderson, S.A., Byrne D.G., Duncan-Jones, P. (1981). Neurosis and the social environment, New York : Academic Press.

Herrle, J. (1998). Soziale Unterstützungsnetzwerke im psychotherapeutischen Kontext, In B. Röhrle et. al. (Hrsg.) Netzwerkintervention. Tübingen: dgvt-Verlag, 51-75.

Hirsch, B.J. (1979). Psychological Dimensions of Social Networks: A multimethod analysis. American J. of Community Psychology, (Vol. 8). No. 3, 263-277.

Hirsch, B.J. (1981). Social networks and the coping process, In B. H. Gottlieb (Hg.), Social networks and social support, Beverly Hills, London: Sage Publications, 149-170.

Höfer, R., Straus, F., Buchholz, W., Gmür, W. (1985). Die Bedeutung sozialer Netzwerke bei der Problembewältigung im Familienalltag, In B. Röhrle & W. Stark (Hg.), Soziale Netzwerke und Stützsysteme. Tübinger Reihe 6, DGVT, Tübingen: Steinbauer und Rau.

Höllinger, F. (1989). Familie und soziale Netzwerke in fortgeschrittenen Industriegesellschaften. Soziale Welt, 40, 513-537.

Holahan, C.J. & Moos, R.H. (1981). Social support and psychological distress: A longitudinal analysis. Journal of Abnormal Pychology, 90, 365-370.

Hollande F., Nair, S. & Cohn-Bendit, D. (1999). Regards croisés sur l'Union européenne. Transversales. Science/Culture, 56, 12-17.

Hollander, S.L. (1975). ‚Social Atom: An Alternative to Imprisonment. Group Psychotherapy and Psychodrama XXVII, 173-183.

Horvath, A.O. & Luborsky, L. (1993). The role of the therapeutic alliance in psychotherapy. J. of Consultiing and Clinical Psychology, 61, 561-573.

Horwitz, A. (1977a). Social networks and pathways to psychiatric treatment. Social Forces, 56, 86-105.

Horwitz, A. (1977b). The pathways into psychiatric treatment: Some differences between men and women. J. of Health and Social Behavior, 18, 169-178.

Horwitz, A. (1978). Family, kin and friend networks in psychiatric help-seeking. Social Science Medicine, Vol. 12, 297-304.

House, J.S. (1981). Work Stress and Social Support. Reading: Mass.

House, J.S., Robbins, C., Metzner, H.C. (1982). The association of social relationships and activities with mortality: Prospective evidence from the Tecumseh Community Health Study. American J. of Epidemiology 116, 123-140.

House, J.S. & Umberson, D., Landis, K..R. (1988). Structures and processes of social support. In W. R. Scott & J. Blake (Hg)., Annual review of sociology, Vol. 14, Palo Alto, CA: Annual Review Inc., 293-318.

Hurrelmann, K. (1995[5]). Einführung in die Sozialisationstheorie. Weinheim: Beltz.

Ibes, K. & Klusmann, D. (1989). Persönliche Netzwerke und soziale Unterstützung bei Patienten mit chronisch psychotischen Erkrankungen. In M. C. Angermeyer & D. Klusmann (Hg.), Soziales Netzwerk: Ein neues Konzept für die Psychiatrie. Berlin, 207-230.

Israel, B.A. (1982). Social networks and health Status: Linking theory, research and practice. Patient Counseling and Health Education, 4, 65-79.

Israel, B.A. (1985). Social networks and social support: Implications for natural helper and community level interventions. Health Education Quarterly, Vol. 12, 1, 65-80.

Israel, B.A., Hogue, C.C., Gorton, A. (1983). Social networks among elderly women: Implications for health and educational praxis. Health Education Quarterly, 10, 173-203.

Kadushin, C. (1982). Social density and mental health. In P. V. Marsden & N. Lin (Hg.), Social structure and network analysis. Beverly Hills: Sage.

Kadushin, C. (1966). The friends and supporters of psychotherapy: On social circles in urban life. American Sociological Review, Vol. 31, 786-802.

Kahn, R.L. & Antonucci, T.C. (1980). Convoys over the life-course: Attachments, roles and social support, In P.B. Baltes & O. Brim (Hg.), Life-span developement and behavior, Vol. 3 (253-286). New York: Academic Press.

Kanner, A.D., Coyne, C.C., Lazarus, R.S. (1981). Comparison of two modes of stress management: dayly hassles and uplifts versus major life-events. Journal of Behavioral Medicine, 4, 1-39.

Kardorff, E. v. & Stark, W. (1987). Zur Verknüpfung professioneller und alltäglicher Hilfenetze, In H. Keupp & B. Röhrle, Soziale Netzwerke. Campus: Frankfurt/New York.

Kebir, J. (1998). Brecht und die Frauen. Frankfurt/M.: Insel/Suhrkamp.

Kessler, R.C. & Mc Leod, J. (1985). Social support and mental health in community samples, In S. Cohen & S.L. Syme (Hg.), Social support and health. Academic Press, 219-240.

Kessler, R.C. & Wortman, C.B. (1989). Social and psychological factors in health and illness. In: Handbook of Medical Sociology. 4th Edit., New York, Englewood Cliffs, 69-86.

Keupp, H. (1985). Psychisches Leiden und alltäglicher Lebenszusammenhang aus der Perspektive sozialer Netzwerke. In B. Röhrle & W. Stark (Hg.), Soziale Netzwerke und Stützsysteme. Perspektiven für die klinisch- psychologische und gemeindepsychologische Praxis. Tübinger Reihe 6, DGVT, Tübingen: Steinbauer und Rau, 18-28.

Keupp, H. (1987b). Soziale Netzwerke – Eine Metapher des gesellschaftlichen Umbruchs? In H. Keupp und B. Röhrle (Hrsg.), Soziale Netzwerke (11-53). Frankfurt: Campus.

Keupp, H. (1994). Zerstört die Individualisierung die Solidarität? Für eine kommunitäre Individualität. In H. Keupp (Hrsg.), Lust an der Erkenntnis: Der Mensch als soziales Wesen. Sozialpsychologisches Denken im 20. Jahrhundert. Ein Lesebuch (S. 331-367). München: Piper.

Keupp, H. & Höfer, R. (Hrsg.) (1997). Identitätsarbeit heute: Klassische und aktuelle Perspektiven der Identitätsforschung. Frankfurt: Suhrkamp.

Keupp, H. & Röhrle, B. (1987). (Hrsg.), Soziale Netzwerke. Frankfurt: Campus.

Kiwitz, P. (1991). Das Lebensweltkonzept und seine Bedeutung für die Sozialwissenschaften. In H.P. Petzold & Ch. Petzold (Hg.), Lebenswelten alter Menschen. Hannover: Vincentz.

Kliman, J. & Trimble, D. (1983). Network therapy, In B. Wolman & G. Stricker (Hg.), Handbook of family and marital therapy (S.337-347). New York: Plenum.

Klefbeck, J. (1998). Netzwerktherape – eine Behandlungsmethode in Krisen. In Röhrle, B. et. al. (Hrsg.), Netzwerkintevention (S. 139-152). Tübing en: dgvt.

Klefbeck, J. & Ogden, T. (1995). Nettverk og Oekologie: Problemlösende arbeid med barn og unge. Oslo: Tano.

Klefbeck, J. & Ogden, T. (1996). Barn och Nätverk. Ekologiskt perspektiv pa barns utveckling och nätverksterapeutiiska metoder i behandlingsarbetet med barn. Stockholm: Liber Utbildning.

Kliman, J. & Trimble, D. (1983). Network therapy. In B. Wolman & G. Stricker (Hrsg.), Handbook of family and marital therapy (S. 277-314). New York: Plenum.

Klusmann, D. (1989). Methoden zur Untersuchung sozialer Unterstützung und persönlicher Netzwerke, In M.C. Angermeyer & D. Klusmann (Hg.), Soziales Netzwerk: Ein neues Konzept für die Psychiatrie. Berlin, 17-63.

Knipscheer, C.P.M. & Antonucci, T.C. (1990). Social network research: Review and perspectives. In C.P.M. Knipscheer & T.C. Antonucci (Hg.), Social network research: Substantive issues and methological questions. Amsterdam: Elsevier.

Kühner, C. & Angermeyer, M.C. (1994). Effects of a cognitive behavioral group intervention on objective and subjective dimensions of social support in depressed patients. Paper presented at the 7th European Symposium of the Association of European Psychiatrists, Vienna, April 7-9.

Kropotkin, P. (1902). Mutual aid. A factor of evolution. dtsch. Gegenseitige Hilfe (1904/1977). Berlin: Cramer.

Kuhlenkampff, M. (1982). Der Situationstest: Ein diagnostisches Rollenspiel. Überlingen: Moreno Institut.

Kuhlenkampff, M. (1986, 1988^{2}). Der „Soziale-Atom-Test". Überlingen: Moreno Institut.

Laireiter, A. & Baumann, U. (1992). Nhetwork Structures and Support. Functions – Theoretical and Empirical Analyses. In H.O.F. Veiel & U. Baumann (eds.): The Meaning and Measurement of Social Support. N.Y., Washington u.a.: Hemisphere: 33-55.

Laireiter, A. (1993). Begriffe und Methoden der Netzwerk- und Unterstützungsforschung, In A. Laireiter (Hg.), Soziales Netzwerk und soziale Unterstützung. Konzepte, Methoden und Befunde. Bern, Göttingen, Toronto, Seattle: Hans Huber, 15-44.

Laireiter, A. & Lettner, K. (1992). Belastende Aspekte sozialer Netzwerke und sozialer Unterstützung. Ein Überblick über den Phänomenbereich und Methodik, In A. Laireiter (Hg.), Soziales Netzwerk und soziale Unterstützung. Bern, Göttingen, Toronto, Seattle: Hans Huber, 15-44.

Lakey, B. & Lutz, C.J. (1996). Social support and preventive and therapeutic interventions. In G.R. Pierce, B.R. Saranson & I.G. Saranson (Hrsg.), Handbook of social support and the family (pp. 435-465). New York: Plenum.

LaRocco, J.M., House, J.S., French, J.P.R. (1980). Social support, occupational stress, and health. J. of Health and Social Behavior, 21, 202-218.

Laumann, E.O. (1973). Bonds of pluralismen: The form and substance of urban social networks. New York: Wiley.

Lazarus, R.S. & Folkman, S. (1984). Stress, appraisal and coping. New York: Springer

Lehman, D.R. , Ellard, J.H., Wortman, C.B. (1986). Social support for the bereaved: Recipients' and providers' perspectives on what is helpful. J. of Consulting and Clinical Psychology, 54, 438-446.

Leimkühler, A.M. (1988). Netzwerkprozesse und Bewältigungsstrategien. Eine empirische Studie zur Bedeutung sozialer Netzwerke für die Bewältigung chronischer Belastungen am Beispiel von Ehepartnern Huntington-Kranker. Regensburg: Roderer.

Leutz, G.A. (1974). Psychodrama. Heidelberg: Springer.

Leutz, W.N. (1976). The Informal Community Caregiver: A Link Between the Health Care System and Local Residents. American J. of Orthopsychiatry, 46 (4): 678-688.

Lewin, K. (1963). Feldtheorie in den Sozialwissenschaften. Bern: Huber.

Lévy, C. (1998). Ècritures de l`identité. Paris: Presses Universitaires de France.

Levitt, M.J. (1991). Attachment and close relationships: A Life-span perspective, In J.L. Gewirtz & W. Kurtines (Hg.), Intersections with attachment. Hillsdale, N. J.: Lawrence Erlbaum, S. 183-206.

Lieberman, M. A. (1986). Social support: The consequences of psychologizing: A commentary. J. of Consulting and Clinical Psychology, Vol. 54, No. 4, 461-465.

Lin, N. (1982). Social resources and instrumental action. In P.V. Marsden & N. Lin (Hg.), Social Structure and Network Analysis, Beverly Hills: Sage, 131-145.

Lin, N. (1986). Conceptualizing social support. In N. Lin, A. Dean, W. M. Ensel (Hg.), Social support, life events and depression, London: Academic Press, 17-30.

Lin, N., Simeone, R.S., Ensel, W.M., Kuo, W. (1979). Social support. stressful life events, and illness. A model and a empirical test. J. of Health and Social Behavior, 20, 108-119.

Lin, N. & Dean, A. (1984). Social support and depression. Social Psychiatry (19, 83-91.

Lin, N., Dean, A., Ensel, W.M. (1986). Social support, life events and depression. New York: Academic Press.

Lorenz, K. (1983). Der Abbau des Menschlichen. München: Piper.

Ludwig-Mayerhofer, J, (1989). MUSSIS-PP. Munich Social Support Interview Schedule for Psychiatric Patients. Manual. Psychiatrische Universitätsklinik München.

MacNair, R.R. & Corazzini, J.G. (1994). Client factors influencing group therapy dropout. Psychotherapy, 31, 352-362.

McCallister, L. & Fischer, C.S. (1983). A procedure for surveying personal networks. In R.S. Burt & M.J. Minor (Hg.), Applied network analysis. A methological introduction. Beverly Hills, London: Sage, 75-88.

Märtens, M., Petzold, H.G. (1998). Wer und was wirkt wie in der Pschotherapie? Mythos „Wirkfaktoren“ oder hilfreiches Konstrukt? Integrative Therapie, 1, 1998, 98-110.

Maguire, L. (1983). Understanding Social Networks. A Sage human services guide, Vol. 32, Beverly Hills: Sage.

Manne, S.L. & Zautra, A.J. (1992). Coping with arthritis, current status and critic. Arthritis Rheum., 35, 1273-1280.

McFarlane, A.H., Neale, K.A., Norman et al. (1981). Methological Issues in Developing a Scale to Measure Social Support. Schizophrenia Bulletin, 7 (1), 90-100.

McFarlane, A.H., Norman, G.R., Streiner, D.L., Roy, R.G. (1984). Characteristics and correlates of effective and ineffectice social supports. J. of Psychosom. Research, 28, 501-510.

McKinlay, John B. (1981). Social network influence in morbid episodes and the career of help Seeking. In: Leon Eisenberg & Arthur Kleinmann (Hg.), The Relevance of Social Science for Medicine, Dordrecht: D. Reidel Publishing Company, 77-107.

Mead, G.H. (1934). Mind, self and society. Chicago: University of Chicago Press. dt.: Geist, Identität, Gesellschaft. Frankfurt: Suhrkamp 1968, 1973, 1975, 1988.

Merleau-Ponty, M. (1945/1966). Phénomenologie de la perception. Paris: Gallimard 1945. dtsch. von Boehm, R.: Phänomenologie der Wahrnehmung. Berlin: de Gruyter 1966.

Milardo, R.M. (Hg.) (1988). Families and social Networks. Newbury Park, Beverly Hills.

Milardo, R.M. & Lewis, W. (1985). Social networks, families and mate selection: A transactional analysis. In L. L'Abate (Hg.), The Handbook of Family Pychology and Therapy. Vol. 1, Chicago: The Dorsey Press, 258-283.

Minkler, M. (1985). Social Support and Health of the Elderly. In S. Cohen & S.M Syme (Hrsg.), Social Support and Health (pp.199-216). Ney York: Academic Press.

Minnemann, E. (1992). Soziale Beziehungen älterer Menschen. In A. Niederfranke, U. Lehr, F. Oswald & G. Maier (Hrsg.), Altern in unserer Zeit. Beiträge der IV. und V. Gerontologischen Woche am Institut für Gerontologie, Heidelberg. (S. 139-150). Heidelberg: Quelle & Meier.

Minor, M.J. (1983). Panel Data on Ego Networks: A longitudinal study of former heroin addicts. In R.S. Burt & M.J. Minor (Hg.), Applied Network Analysis, London: Sage. 89-99.

Mitchell, J.C. (1969). The concept and use of social networks. In Ders. (Hg.), Social networks in urban situations. Manchester: University Press.

Mitchell, M.E. (1989). The relationship between network variables and the utilization of mental health services. J. of Community Psychology, 17, 258-266.

Möhrlein, H., Roth, A. & Röhrle, B. (1998). Netzwerkorientierte Intervention bei Einsamkeit. In Röhrle, B. et. al. (Hrsg.) Netzwerkintervention (S. 99-118).Tübingen: dgvt.

Moos, R.H. (1990). Depressed outpatients' life contexts, amount of treatment, and treatment outcome. J. of Nervous and Mental Disease, 178, 105-112.

Moreno, J.L. (1934). Who shall survive? A new approach to the problem of human interrelation. Washington: Nervous and Mental Disease Publishing Co., 256-265. (erw. Beacon House 1953).

Moreno, J.L. (1951). Sociometry, experimental method and the science of society. Beacon: Beacon House.

Moreno, J.L. (1959). Gruppenpsychotherapie und Psychodrama. Heidelberg: Springer.

Moscovici, S. (1961, 1967[2]). La psychanalyse, son image et son public. Paris: PUF.

Moscovici, S. (1984). The phenomen of social representations. In: Farr, R.M., Moscovici, S., Social Representations. Cambridge: Cambridge Univ. Press.

Mueller, D. (1980). Networks: A promising direction for research on the relationship of the social environment to psychiatric disorder. Social Science and Medicine, 14, 147-161.

Müller, P., Günther, U., Lohmeyer, J. (1986). Behandlung und Verlauf schizophrener Psychosen über ein Jahrzehnt. Nervenarzt, 57, 332-341.

Müller, L., Petzold H.G. (1998) Projektive und semiprojektive Verfahren für die Diagnostik von Störungen, Netzwerken und Komorbidität in der Integrativen Therapie von Kindern und Jugendlichen. Integrative Therapie, 3-4, 396-438.

Müller, L., Petzold, H.G. (1999). Identitätsstile und lifestyles in der Musiktherapie. Integrative Therapie 3 (im Druck).

Nadler, A. & Fisher, J.D. (1986). The Role of threat to self-esteem and perceived control in recipient reaction to help: Theory developement and empirical validation. Advances of Experimental and Social Psychology, 19, 81-122.

Nestmann, F. (1989). Die alltäglichen Helfer. Theorien sozialer Unterstützung und eine Untersuchung alltäglicher Helfer aus vier Dienstleistungsberufen. Berlin: DeGruyter.

Nestmann, F. (Hrsg.) (1997). Beratung: Bausteine für eine interdisziplinäre Wissenschaft und Praxis. Tübingen: dgvt.

Nestmann, F. & Wehner, K. (1998). Soziale Netzwerk- und Unterstützungsbeziehungen von alten Menschen mit psychischen Störungen: Untersuchung der Netzwerkbedeutung einer gerontopsychiatrischen Tagesstätte. In Röhrle, B. et.al. (Hrsg.), Netzwerkintervention (S. 169-199). Tübingen: dgvt.

Niepel, G. (1994). Soziale Netze und soziale Unterstützung alleinerziehender Frauen. Eine empirische Studie. Opladen: Leske + Budrich.

Norcross, J.C. & Goldfried, M.R. (Hrsg.) (1992). Handbook of psychotherapy integration. New York: Basic Books.

Nuckolls, K.B., Cassel, J., Laplan, B.H. (1972). Psychosocial assets, life crisis and the prognosis of pregnancy. American J. of Epidemiology, 95, 431 f.

Oerter, R. & Noam, G. (Hrsg.) (1999). Klinische Entwicklungspsychologie. München-Weinheim: Psychologie Verlags Union.

Orth, I. & Petzold, H.G. (1995b). Gruppenprozeßanalyse – ein heuristisches Modell für Integrative Arbeit in und mit Gruppen. Integrative Therapie, 2, 197-212.

Page, R.D. & Badgett, S. (1984). Alcoholism treatment with environmental support contracting. Journal of Drug and Alcohol Abuse, 10, 589-605.

Pagel, M.D., Erdly, W.W,. Becker, J. (1987). Social networks: We get by with (and in spite of) a little help from our friends. J. of Personality and Social Psychology, 53, 793-804.

Parinaud, A. (1998). Chronique du sense: Le grande adventure de la pensée vivante, avec René Lenoir. Transversales. Science/Culture 54, 26-28.

Patrick, D., Morgan, M., Charlton, J. (1986). Psychosocial support and change in the health status of physically disabled people. Social Science Medicine, 22, 1347-1354.

Pattison, E.M. (1973). Social system psychotherapy. American J. of Psychotherapy, 18, 396-409.

Pattison, E.M. (1977). A theoretical empirical base for social system therapy. In E. F. Foulkes, R. M. Wintrop, J. Westermeyer, A.R. Favazzo (Hg.), Current Perspectives in Cultural Psychiatry, New York: Spectrum, 217-253.

Pattison, E.M., DeFrancisco, D., Frazer, H., Crowder, J. (1975). A psychosocial kinship model for family therapy. American Journal of Psychiatry, 132, 1246-1251.

Pattison, E.M. & Pattison, M.L. (1981). Analysis of schizophrenic psychosocial networks. Schizophrenia Bulletin, 7, 135-143.

Pattison, E.M. & Hurd, G.S. (1984). The social network paradigm as a basis for social intervention strategies, In W.A. O'Connor, & B. Lubin (Hg.), Ecological approaches to clinical and community psychology. New York: Wiley, 145-185.

Pearlin, L.I. (1985). Social structure and processes of social support. In S. Cohen & L. Syme (Hg.), Social support and health. Orlando, San Diego: Academic Press, 43-60.

Pearlin, L.I. (1989). The sociological study of stress. J. of Health and Social Behavior, Vol. 30, 241-256.

Perlman, D. (1988). Loneliness: A life-span, family perspective, In Robert M. Milardo, (Hg.), Families and social networks. Newbury Park, Beverly Hills: Sage.

Perls, F.S. (1969). Gestalt Therapy Verbatim, Lafayette: Real People Press; dtsch. Gestalttherapie in Aktion, Klett, Stuttgart 1974, 1986.

Perrig, T.J., Wippig, W., Perrig-Chiello, P. (1993). Unbewußte Informationsverarbeitung. Bern: Huber.

Perrucci, R. & Targ, D.B. (1982). Mental patients and social networks. Auburn House, Boston.

Pescosolido, B.A. (1991). Illnes careers and network ties. A conceptual model of utilization and compliance. In G.L. Albrecht & J.A. Levy (Hg.), Advances in Medical Sociology, Vol. 2, London: JAI Press: 161-184.

Pescosolido, B.A. (1992). Beyond Rational Choice: The Social Dynamics of How People Seek Help. American J. of Sociology, Bd. 97, Nr. 4, 1096-1122.

Peugeot, V. (1999). Désir d'Europe. Transversales. Science/Culture 56, 5-10.

Petzold, H.G. (1969b). L'analyse progressive en psychodrame analytique, Inst. St. Denis, Paris, mimeogr.; auszugsweise dtsch. in: 1988n, S. 455-491.

Petzold, H.G., (1971g). La méthode spectrométrique en psychodrame, thérapie de groupe et dynamique de groupe, Folia Psychodramatica 3 (Louvain) 65-73.

Petzold, H.G. (1971k). Der Beitrag kreativer Therapieverfahren zu einer erlebnisaktivierenden Erwachsenenbildung. Vortrag auf der Arbeitstagung „Kreativitätstraining, kreative Medien, Kunst- und Kreative Therapie", VHS Dormagen und Büderich 1.6.1971; VHS Büderich, mimeogr.

Petzold, H.G. (Hrsg.) (1972a). Angewandtes Psychodrama in Therapie, Pädagogik, Theater und Wirtschaft. Paderborn: Junfermann.

Petzold, H.G. (1972d). Das spektrometrische Diagramm als Technik des Behaviourdramas und der Selbstregulation. Psychologie und Praxis XVI, 134-139.

Petzold, H.G. (1973d). Das Soziodrama als Instrument kreativer Konfliktlösung. In: Petzold, H.G., Kreativität und Konflikte. Psychologische Gruppenarbeit mit Erwachsenen (1973c), S. 244-256.

Petzold, H.G. (1973g). Die spektrometrische Methode in der Psychotherapie und psychologischen Gruppenarbeit. Zeitschrift für klinische und psychologische Psychotherapie 2, S. 110-128.

Petzold, H.G. (1974b) (Hrsg.). Drogentherapie – Methoden, Modelle, Erfahrungen. Paderborn: Junfermann/Hoheneck; 3. Aufl. Fachbuchhandlung für Psychologie, D. Klotz, Frankfurt 1983.

Petzold, H.G. (1974k). Psychotherapie und Körperdynamik. Paderborn: Junfermann.

Petzold, H.G. (1979a). Konzepte zu einer integrativen Rollentheorie auf der Grundlage der Rollentheorie Morenos. Düsseldorf: Fritz Perls Institut; in Auszügen und teilweise erw. in: H.G. Petzold & U. Mathias (1983), Rollenentwicklung und Identität. Paderborn: Junfermann.

Petzold, H.G. (1979b). Psychodrama, Therapeutisches Theater und Gestalt als Methoden der Interventionsgerontologie und der Alterspsychotherapie. In: H.G. Petzold & E. Bubolz (1979), Psychotherapie mit alten Menschen (147-260). Paderborn: Junfermann.

Petzold, H.G. (1979c). Zur Veränderung der sozialen Mikrostruktur im Alter – eine Untersuchung von 40 „sozialen Atomen" alter Menschen. Integrative Therapie 1/2, 51-78.

Petzold, H.G. (1979d). Die Doppeltechnik im Psychodrama. In: H.G. Petzold (Hrsg.). Pschodrama-Therapie. Beihefte zur Integrativen Therapie, 3, S. 139-197.
Petzold, H.G. (1979k). Psychodrama-Therapie. Paderborn: Junfermann. (2. Aufl. 1985).
Petzold, H.G. (1979l). Die inhumane Situation alter Menschen und die Humanisierung des Alters. Zeitschrift f. humanistische Psychol. 3/4, 54-63.
Petzold, H.G. (1982a). Dramatische Therapie. Neue Wege der Behandlung durch Psychodrama, Rollenspiel, therapeutisches Theater. Stuttgart: Hippokrates.
Petzold, H.G. (1982b). Der Mensch ist ein soziales Atom. Integrative Therapie 3, 161-165.
Petzold, H.G. (1982v). An integrated model of identity and its impact on the treatment of the Drug addict. Proceedings of the 12th Int. Conf. on Drug Dependence. 22.-26.3.1982. Bangkok, International Council on Alcohol and Addictions, Lausanne/Genf 1982, S. 260-276.
Petzold, H.G. (1984a) (Hrsg.). Wege zum Menschen. Methoden und Persönlichkeiten moderner Psychotherapie. Ein Handbuch. 2 Bde., Paderborn: Junfermann,.
Petzold, H.G. (1985a). Mit alten Menschen arbeiten. München: Pfeiffer.
Petzold, H.G. (1985b). Angewandte Gerontologie als Bewältigungshilfe für das Altwerden, das Alter und im Alter [Orig. 1965]. In: H.G. Petzold (Hrsg.). Mit alten Menschen arbeiten (S. 1-16). München: Pfeiffer.
Petzold, H.G. (1986h). Zur Psychodynamik der Devolution. Gestalt-Bulletin, 1, S. 75-101.
Petzold, H.G. (1988a). Integrative Therapie als intersubjektive Hermeneutik bewußter und unbewußter Lebenswirklichkeit, Fritz Perls Institut, Düsseldorf; revid. in Petzold (1991a), S. 153-332.
Petzold, H.G. (1988n). Integrative Bewegungs- und Leibtherapie. Ein ganzheitlicher Weg leibbezogener Psychotherapie. Ausgewählte Werke, Bd. I,1 & II,2. Paderborn: Junfermann. 3. erw. Aufl. 1996a.
Petzold, H.G. (1989f). Zeitgeist als Sozialisationsklima – zu übergreifenden Einflüssen auf die individuelle Biographie. Gestalt und Integration 2, 140-150.
Petzold, H.G. (1990g). Vorlesungen zur Sozialgerontologie I: Nonverbale Interaktion, II: Prinzipien der Organisationsentwicklung im Heimwesen. Vorlesungen auf dem Studientag von Pro Senectute Österreich (7.12.1990). Batschuns, Vorarlberg.
Petzold, H.G. (1991a). Integrative Therapie: Ausgewählte Werke, Bd. II/1: Klinische Philosophie. Paderborn: Junfermann
Petzold, H.G. (1991o). Zeit, Zeitqualitäten, Identitätsarbeit und biographische Narration – Chronosophische Überlegungen. In Petzold (1991a) 333-395.
Petzold, H.G. (1992a). Integrative Therapie: Ausgewählte Werke, Bd. II/2: Klinische Theorie. Paderborn: Junfermann.
Petzold, H.G. (1992g). Das neue Integrationsparadigma in Psychotherapie und klinischer Psychologie und die „Schulen des Integrierens" in einer „pluralen therapeutischen Kultur". In: H.G. Petzold, Integrative Therapie, Bd. I: Klinische Theorie (S. 927-1040). Paderborn: Junfermann.
Petzold, H.G. (1993a). Integrative Therapie: Ausgewählte Werke, Bd. II/3: Klinische Praxeologie. Paderborn: Junfermann.
Petzold, H.G. (1993p). Integrative fokale Kurzzeittherapie (IFK) und Fokaldiagnostik – Prinzipien, Methoden, Techniken. In: H.G. Petzold & J. Sieper (1993a), Integration und Kreation (S. 267-340). Paderborn: Junfermann.
Petzold, H.G. (1994e). „Psychotherapie mit alten Menschen – die „social network perspective" als Grundlage integrativer Intervention, Vortrag auf der Fachtagung „Behinderung im Alter" am 22.-23.11.1993 in Köln. In H.C. Berghaus & U. Sievert (Hrsg.), Behinderung im Alter, (S. 86-117). Köln: Kuratorium Deutsche Altershilfe.
Petzold, H.G. (1994h). Therapieforschung und die Praxis der Suchtkrankenarbeit – programmatische Überlegungen. (Vortrag, gehalten auf der Fachtagung: „Vernetzung von Forschung und Praxis in der Suchttherapie" am 20. Oktober 1994). Drogalkohol (Schweiz) 3, 144-158.
Petzold, H.G. (1995a). Weggeleit, Schutzschild und kokreative Gestaltung von Lebenswelt – Integrative Arbeit mit protektiven Prozessen und sozioökologischen Modellierungen in einer entwicklungsorientierten Kindertherapie. In: B. Metzmacher, H.G. Petzold & H. Zaepfel (Hrsg.),

Therapeutische Zugänge zu den Erfahrungswelten des Kindes. Theorie und Praxis der Integrativen Kindertherapie (S. 189-280). Bd. I. Paderborn: Junfermann.

Petzold, H.G. (1995b). Integrative Kindertherapie als sozialökologische Praxis beziehungszentrierter und netzwerkorientierter Entwicklungsforschung. In B. Metzmacher, H.Petzold, H. Zaepfel (Hrsg.). Praxis der Integrativen Kindertherapie. Bd. II. Paderborn: Junfermann, 143-188.

Petzold, H.G.(1996f). Krankheitsursachen im Erwachsenenleben – Perspektiven für Diagnostik, Therapie und Lebenshilfe aus integrativtherapeutischer Sicht, Integrative Therapie 2/3, 288-318.

Petzold, H.G. (1997p). Das Ressourcenkonzept in der sozialinterventiven Praxeologie und Systemberatung. Integrative Therapie 4 (1997), 435-471.

Petzold, H.G. (1998a). Integrative Supervision, Meta-Consulting & Organisationsentwicklung. Modelle und Methoden reflexiver Praxis. Ein Handbuch, Band I, Paderborn: Junfermann.

Petzold, H.G. (1998h). Identität und Genderfragen in Psychotherapie, Soziotherapie und Gesundheitsförderung, Bd. 1 und 2, Gestalt und Integration, Düsseldorf: FPI-Publikationen.

Petzold, H.G. (1999a). Integrative Therapie. Bd. II, 1-3. 2. erw. Aufl. Paderborn: Junfermann.

Petzold, H.G., Bubolz, E. (Hrsg.) (1976a). Bildungsarbeit mit alten Menschen. Stuttgart: Klett.

Petzold, H.G., Bubolz, E. (1979). Psychotherapie mit alten Menschen. Paderborn: Junfermann.

Petzold, H.G., Ebert, W. & Sieper, J. (1999): Kritische Diskurse und supervisorische Kultur, FPI-Publikationen, Düsseldorf.

Petzold, H.G., Frühmann, R.(1986). Modelle der Gruppe. Paderborn: Junfermann.

Petzold, H.G., Goffin, J.J.M. & Oudhof, J. (1993). Protektive Faktoren und Prozesse – die „positive" Perspektive in der longitudinalen, „klinischen Entwicklungspsychologie" und ihre Umsetzung in die Praxis der Integrativen Therapie. In: H.G. Petzold & J. Sieper (1993a), Integration und Kreation (S. 173-266), Paderborn: Junfermann.

Petzold, H.G., Hentschel, U. (1991). Niedrigschwellige und karrierebegleitende Drogenarbeit als Elemente einer Gesamtstrategie der Drogenhilfe, Wiener Zeitschrift für Suchtforschung 1, 11-19 und in: Scheiblich, W., Sucht aus der Sicht psychotherapeutischer Schulen, Lambertus, Freiburg 1994, 89-105.

Petzold, H.G. & Kirchmann, E. (1990). Selbstdarstellungen mit Ton in der Integrativen Kindertherapie, in: Petzold, Orth (1990a) II, 933-974.

Petzold, H.G., Lemke, J., Rodriguez-Petzold, F. (1994b). Die Ausbildung von Lehrsupervisoren. Überlegungen zur Feldentwicklung, Zielsetzung und didaktischen Konzeption aus Integrativer Perspektive. Gestalt und Integration, 2, 298-349.

Petzold, H.G., Märtens, M., Hass, W., Steffan, A. Therapeutische Wirksamkeit der Integrativen Therapie. Ergebnisse einer Psychotherapie-Evaluationsstudie im ambulanten Setting. In: Petzold (1999a).

Petzold, H.G., Mathias, U. (1983). Rollenentwicklung und Identität, Paderborn: Junfermann.

Petzold, H.G. & Orth, I. (1988a). Methodische Aspekte der Integrativen Bewegungstherapie im Bereich der Supervision, Motorik. Zeitschr. f. Motopäd. u. Motother. 2, 44-56; revid. in (1988n, S. 563-581).

Petzold, H.G. & Orth, I. (1990a). Die neuen Kreativitätstherapien. Handbuch der Kunsttherapie, 2 Bde., Junfermann, Paderborn.

Petzold, H.G. & Orth, I. (1994). Kreative Persönlichkeitsdiagnostik durch „mediengestützte Techniken" in der Integrativen Therapie und Beratung. Integrative Therapie 4, S. 340-391.

Petzold, H.G. & Orth, I. (1999). Die Mythen der Psychotherapie. Ideologie, Macht, Wege kritischer Praxis. Paderborn: Junfermann.

Petzold, H.G. & Osten, P. (1998). Diagnostik und mehrperspektivische Prozeßanalyse in der Integrativen Therapie, in: Laireiter, A. (Hrsg.), Diagnostik in der Psychotherapie, Springer, Wien 1998 und erw. in Petzold (1998h) 118-141.

Petzold, H.G. & Petzold, Ch. (1991b). Soziale Gruppe, „social worlds" und „narrative Kultur" als bestimmende Faktoren der Lebenswelt alter Menschen und gerontotherapeutischer Arbeit, in: Petzold, H.G. & Petzold, Ch. (1991a). Lebenswelten alter Menschen. (S.192-217) Hannover: Vincentz und in Petzold (1992a) 871-986.

Petzold, H.G. & Petzold, Ch. (1993a). Soziotherapie als methodischer Ansatz in der Integrativen Therapie. In: H.G. Petzold & J. Sieper (1993a), Integration und Kreation (S. 459-482). Paderborn: Junfermann und in Petzold (1993a) 1263-1290.

Petzold, H.G. & Petzold, Ch. (1999). Netzwerkinterventionen. Düsseldorf: FPI-Publikationen.

Petzold, H.G., Schneiter, U., Veal, F. (1998). „Culture Charts“ und „Power Maps“, in: Petzold (1998a) 305-352.

Petzold, H.G. & Schobert, R. (1991). Selbsthilfe und Psychosomatik. Paderborn, Junfermann.

Petzold, H.G., Schulwitz, I. (1972). Tetradisches Psychodrama in der Arbeit mit Schulkindern. In: H.G. Petzold (Hrsg.). Angewandtes Psychodrama in Therapie, Pädagogik, Theater und Wirtschaft (S. 394-413). Paderborn: Junfermann.

Petzold, H.G. & Sieper, J. (1993a). Integration und Kreation, 2 Bde., Paderborn: Junfermann, 2. Aufl. 1996.

Petzold, H.G., Beek, Y. van & Hoek, A.-M. van der (1994a). Grundlagen und Grundmuster „intimer Kommunikation und Interaktion“ – „Intuitive Parenting“ und „Sensitive Caregiving“ von der Säuglingszeit über die Lebensspanne. In Petzold, H.G. (1994j), Psychotherapie und Babyforschung. (S. 491-646).Bd. 2: Die Kraft liebevoller Blicke. Paderborn: Junfermann.

Petzold, H.G. & Vormann, G. (Hrsg.) (1980). Therapeutische Wohngemeinschaften: Erfahrungen – Modelle – Supervision. München: Pfeiffer.

Petzold, H.G. & Zander, B. (1985). Stadtteilarbeit mit alten Menschen – ein integrativer Ansatz zur Verhinderung von Segregation. In H.G. Petzold (1985a), Mit alten Menschen arbeiten (S. 159-201). München: Pfeiffer.

Peugeot, V. (1999). Désir d'Europe. Transversales 56, 5-10.

Pfenning, A. (1988). Die Zuverlässigkeit von Netzwerkangaben. – Empirische Analysen anhand der ZUMA-Methodenstudie „Egozentrierte Netzwerke in Massenumfragen. Diplomarbeit Universität Mannheim.

Pfenning, A. & Pfenning, U. (1987). Egozentrierte Netzwerke: Verschiedene Instrumente, verschiedene Ergebnisse? ZUMA Nachrichten, Heft 21, 64-77.

Pfingstmann, G. & Baumann, U. (1987). Untersuchungsverfahren zum sozialen Netzwerk und zur sozialen Unterstützung. Zeitschrift für differentielle und diagnostische Psychologie, 8, 75-98.

Poel, Mart G. M. van der (1993). Delineating Personal Support Networks. Social Networks, 15, 49-70.

Procidano, M.E. & Heller, K. (1983). Measures of perceived social support from friends and from family: Three validation studies. American J. of Community Psychology, 11, 1-24.

Rands, M. (1988). Changes in social networks following marital separation and divorce, In R.M. Milardo (Hg.), Families and social networks. Newbury Park, Beverly Hills: Sage, 127-146.

Raspe, H.-H. (1982). Psychosoziale Probleme im Verlauf einer cP. Internistische Welt, 5, 193-203.

Ratcliffe, W.D. (1978). Social networks and health. Connections, I, 25-37.

Rennert, M. (1990). Co-Abhängigkeit: Was Sucht für die Familie bedeutet. Freiburg: Lambertus.

Röhrle, B. (1989). Soziale Netzwerke: Ansatzpunkte psychiatrischer Hilfen. In M.C. Angermeyer & D. Klusmann (Hrsg.), Soziales Netzwerk: Ein neues Konzept für die Psychiatrie. (S. 249-270). Berlin: Springer.

Röhrle, B. (1994). Soziale Netzwerke und soziale Unterstützung. Psychologische Bedeutungsvarianten und Perspektiven. Habilitationsschrift an der Fakultät für Sozial- und Verhaltenswissenschaften der Universität Heidelberg. Weinheim: Psychologie-Verlags-Union.

Röhrle, B. (1995a). Die Bedeutung sozialer Netzwerke für die Psychotherapie. In M. Hermer (Hrsg.), Die Gesellschaft der Patienten – Gesellschaftliche Bedingungen und psychosoziale Praxis (S. 175-182). Tübingen: dgvt.

Röhrle, B. & Sommer, G. (1998). Zur Effektivität netzwerkorientierter Interventionen. In Röhrle, B. et. al. (Hrsg.), Netzwerkintervention. (S. 13-47).Tübingen: dgvt.

Röhrle, B., Sommer, G. & Nestmann, F. (Hrsg.) (1998). Netzwerkintervention. Tübingen: dgvt.

Röhrle, B. & Stark, W. (1985). Soziale Stützsysteme und Netzwerke im klinisch-psychologischer Praxis, In dieselben, (Hg)., Soziale Netzwerke und Stützsysteme. Tübingen.

Röhrle, B., Sandholz, A., Schönfeld, B. (1989). Soziale Netzwerke, Unterstützung und Selbsthilfe bei Witwen. System Familie, 2, 56-58.

Röhrle, B. & Sommer, G. (1998). Zur Effektivität netzwerkorientierter Interventionen, In B. Röhrle, G. Sommer, F. Nestmann (Hg.), Netzwerkinterventionen. Tübingen: dgvt-Verlag, 13-47.

Rook, K.S. (1984). The negative side of social interaction: Impact on psychological well-being. J. of Personality and Social Psychology, 40, 1097-1108.

Rook, K.S. (1985). Applying social support research: Theoretical problems and future directions. J. of Social Issues, Vol. 41, No. 1, 5-28.

Rook, K.S. (1990). Parallels in the study of social support and social strain. Special issue: Social support in social and clinical psychology. J. of Social and Clinical Psychology, 9, 118-132.

Rook, K.S. & Pietromonaco, P. (1987). Close relationships: Ties that heal or ties that bind?, In W.H. Jones & D. Perlman (Hg.), Advances in personal Relationships, Vol. 1, JAI Press, Greenwich, CT, 1-35.

Ruano-Borbalan, J.-C. (Hrsg.). (1998). L´identité: L´individu – Le groupe – La société. Auxerre Cedex: Sciences Humaines Éditions.

Rueveni, U. (1984). Network intervention for crisis resolution: An introduction. International Journal of Family Therapy, 6, 44-52.

Rutter, M., Rutter, M. (1992). Developing minds. Challenge and continuity across the life span, London: Penguin Books.

Sarason, I.G., Levine, H.M., Basham, R.B., Sarason, B.R. (1983). Assessing social support: The social support questionaire. J. of Personality and Social Psychology, 44, 127-139.

Sarason, I.G. & Sarason, B.R. (Hg.) (1985). Social support: Theory, research and applications. Dordrecht, Boston, Lancaster: Martinus Nijhoff.

Sarason, B.R., Shearin, E.N., Pierce, G.R., Sarason, I.G. (1987). Interrelationships among social support measures. Theoretical and practical implications. J. of Personality and Social Psychology, 52, 813-832.

Sarason, B.R., Pierce, G.R., Shearin, E.N. et al. (1991). Perceived social support and working models of self and actual others. J. of Personality and Social Psychology, 60, 273-284.

Sarde, M. & Blin, A. (1997). Le livre de l'amitié. Paris: Seghers.

Saup W. (1991). Konstruktives Altern. Göttingen: Hogrefe.

Saup, W.(1993). Alter und Umwelt – Eine Einführung in die ökologische Gerontologie. Stuttgart: Kohlhammer.

Schaefer, C., Coyne, J.C., Lazarus, R.S. (1981). The health-related functions of social support, J. of Behavioral Medicine, 4, 381-406.

Schmidt, H., Hüsler, G., Perrez, M (1992). Netzwerkveränderungen und Wohlbefinden bei HIV-infizierten Homosexuellen, In A. Laireiter (Hg.), Soziales Netzwerk und Soziale Unterstützung: Konzepte, Methoden und Ergebnisse. Bern, Göttingen: Verlag Hans Huber, S: 206-218.

Schubert, H.J. (1990). Mitglieder der erweiterten Familie in persönlichen Hilfenetzen – Ergebnisse einer egozentrierten Netzwerkanalyse. Zeitschrift für Familienforschung 2, 176-210.

Schulz, R. & Rau, M.T. (1985). Social support through the life course, In S. Cohen & S.L. Syme (Hg.), Social Support and Health. Orlando, San Diego: Academic Press, 129-149.

Schwarzer, R. (1994). Psychologie des Gesundheitsverhaltens, Reihe Gesundheitspsychologie, Bd. 1, Göttingen, Toronto, Zürich: Hogrefe.

Schwarzer, R. & Leppin, A. (1989). Sozialer Rückhalt und Gesundheit. Eine Meta-Analyse. Göttingen, Toronto, Zürich: Verlag für Psychologie, Hogrefe.

Schwarzer, R. & Leppin, A. (1991). Soziale Unterstützung und Wohlbefinden. In: A. Abele & P. Becker (Hg.), Wohlbefinden. Theorie – Empirie – Diagnostik. Weinheim, München: Juventa: 175-190.

Sherbourne, C.D., Hays, R.D. & Wells, B. (1995). Personal and psychosocial risk factors for physical and mental healthoutcomes and course of depression among depressed patients. Journal of Consulting and Clinical Psychology, 63, 345-355.

Shinn, M., Lehmann, S., Wong, N.W. (1984). Social interaction and social support. J. of Social Issues, 40 (4), 55-76.

Shumaker, S.A. & Brownell, A. (1984). Toward a theory of social support: Closing conceptual gaps. J. of Social Issues, No. 4, Vol. 40, 11-36.

Sennett, R. (1987[3]). Verfall und Ende des öffentlichen Lebens. Die Tyrannei der Intimität, Frankfurt/M.: Fischer; orig. The fall of public man. New York: Alfred Knopf 1974.

Sennett, R. (1998). Der flexible Mensch. Die Kultur des neuen Kapitalismus. Berlin: Berlin Verlag.
Siegrist, K. (1987). Interview zu sozialem Rückhalt. Zeitschrift für klinische Psychologie, 16, 439-441.
Simmel, G. (1908). Soziologie. Leipzig: Dunker & Humblott.
Sims, A.C.P., Heard, D.H., Rowe, C.E: et al. (1993). Neurosis and the personal social environment. The effect of a time-limited course of intensive day care. British J. of Psychiatry, 162, 369-374.
Sirkin, M. & Rueveni, U. (1992) The role of network therapy in the treatment of relational disorders: Cults and folie a deux. Contemporary Family Therapy, Vol. 14 (3), 211-224.
Snyder, C.R., Forsyth, D. (1991). Handbook of social and clinical psychology. New York: Pergamon Press.
Sommer, G. (1982). Gemeindepsychologie. In R. Bastine, P. Fiedler, K. Grawe, S. Schmidtchen & G. Sommer (Hrsg.), Grundbegriffe der Psychotherapie. Weinheim: Edition Psychologie.
Sommer, G. & Fydrich, T. (1989). Soziale Unterstützung: Diagnostische Verfahren, Konzepte, F-SOZU. dgvt-Materialien Nr. 22. Tübingen: dgvt.
Speck, R.V. (1967). Psychotherapy of the social network of schizophrenic family. Family Process, 6, 208-214.
Speck, R.V. & Attneave, C.L. (1973). Family networks: Retribalization and healing. New York: Pantheon Books.
Stark, W. (1996). Empowerment. Neue Handlungskompetenzen in der psychosozialen Praxis. Freiburg: Lambertus.
Strohmeier, K.P. (1983). Quartier und soziale Netzwerke. Frankfurt: Campus.
Straus, F., Höfer, R., Buchholz, W. Gmür, W. (1987). Die Bewältigung familialer Probleme im sozialen Netzwerk. In H. Keupp & B. Röhrle (Hg.), Soziale Netzwerke. Frankfurt: Campus, 178-198.
Straus, F. & Höfer, R. (1998). Die Netzwerkperspektive in der Praxis. In: B. Röhrle (Hrsg.). Netzwerkintervention (S. 77-98). Tübingen: dgvt-Verlag.
Strauss, A.L. (1978). A social world perspective, in Denzin, M.K., Studies in symbolic interaction. Vol. I. Greenwich: JAI Press, 119-128.
Stroebe, W., Hewstone, M., Stevenson, G.M. (1997). Sozialpsychologie. Eine Einführung. Heidelberg: Springer, 3. erw. Aufl.
Stueve & Gerson. K. (1977). Personal relations across the life-cycle. In C. S. Fischer, R. M. Jackson, C. Stueve et al. (Hg.), Networks and Places: Social Relations in the Urban Setting. New York: Free Press, 79-98.
Suls, J. (1982). Social support, interpersonal relations, and health: Benefits and liabilities, in: J. Suls & G.S. Sanders (Hg.), The social psychology of health and illness. Hillsdale, New York: Lawrence Erlbaum, 255-277.
Tardy, C.H. (1985). Social support measurement. American J. of Community Psychology, Vol. 13, No. 2, 187-202.
Thoits, P.A. (1982). Problems in the study of social support. J. of Health and Social Behavior, 23, 145-58.
Tolsdorf, C. (1976). Social networks, support and coping: An exploratory study. Family Process, 15, 407-417.
Trojan, A., Hildebrandt, H., Faltis, M. & Deneke, C. (1987). Selbsthilfe, Netzwekforschung und Gesundheitsförderung. Grundlagen „gemeindebezogener Netzwerkförderung“ als Präventionsstrategie. In H. Keupp & B. Röhrle (Hrsg.), Soziale Netzwerke (S. 294-317). Frankfurt/Main: Campus.
Turner, R.J. (1983). Direct, indirect and moderating effects of social support on psychological distress and associated conditions. In H.E. Kaplan (Hg.), Psychosocial stress. Academic Press: N.Y., 105-156.
Udris, I., Kraft, U., Mussmann, C., Rimann, M. (1992). Arbeiten, gesund sein und gesund bleiben: Theoretische Überlegungen zu einem Ressourcenkonzept. Psychosozial, 15. Jg., Heft IV (Nr. 52), 9-22.
Uehara, E. (1990). Dual exchange theory, social networks, and informal social support. American J. of Sociology, Vol. 96, 3, 521-57.
Unruh, D.R. (1983). Invisible lifes. Social worlds of the aged. Beverly Hills: Sage Publications.

Unseld, S. (1997). Goethe und seine Verleger. Frankfurt/M.: Suhrkamp.

Valenti, S.S., Pittenger, J.B. (Hrsg.) (1993). Studies in perception and action II, Erlbaum, Hillsdale.

Vallacher, R.R. & Nowak, A. (1997). The emergence of a dynamical social psychology. Psychological Inquiry, 2 (1997), 73-99.

Van der May, J.H. (1975). A Perceptual Social Atom Sociogram. Group Psychotherapy and Psychodrama XXVIII, 128-134.

Vaux, A. (1988) Social support. Theory, research and intervention. N.Y., Westport, Connecticut, London: Praeger.

Vaux, A. &, Burda, P., Stewart, D. (1986). Orientation toward utilizing social support resources. J. of Community Psychology, 14, 159-70.

Veiel, H.O.F. (1985). Dimensions of social support: A conceptual framework for research. Social Psychiatry, 20, 156-162.

Veiel, H.O.F. (1987a). Einige kritische Anmerkungen zum Unterstützungskonzept. Zeitschrift für Klinische Psychologie, 16, 397-99.

Veiel, H.O.F. (1987b). Buffer effects and threshold effects: An alternative interpretaion of nonlinearities in the relationship between social support, stress and depression. American J. of Community Psychology, 15, 717-740.

Veiel, H.O.F. (1989). Das Mannheimer Interview zur Sozialen Unterstützung. Konstruktion, Erprobung, Anwendungsmöglichkeiten. In M. C. Angermeyer & D. Klusmann (Hg.), Soziales Netzwerk: Ein neues Konzept für die Psychiatrie. Berlin: Springer, 77-95.

Veiel, H.O.F. & Baumann, U. (1992). The many meanings of social support, In H. O. F. Veiel & U. Baumann (Hg.), The meaning and measurement of social support. New York u. a., 1-9.

Veiel, H.O.F., Brill, G., Häfner, H., Welz, R. (1989). Soziale Unterstützung und Suizid: Die unterschiedlichen Funktionen von Verwandten und Bekannten, In M.C. Angermeyer & D. Klusmann (Hg.), Soziales Netzwerk: Ein neues Konzept für die Psychiatrie. Berlin: Springer, 177- 206.

Walker, K.N., MacBride, A., Vachon, M.L.S. (1977). Social Support Networks and the Crisis of Bereavement, Social Science Medicine, Vol. 11: 35-41.

Wallston, B.S., Alagna, S.W., Devellis B.M., Devellis, R.F. (1983). Social support and physical health. Health Psychology, 2, 367-391.

Wan, T.T.H. & Weissert, W.G. (1981). Social support networks, patient status and institutionalization. Research on Aging, 3, 240-256.

Warren, B. (1979). The community question: The intimate networks of East Yorkers. American Journal of Sociology, 84, 1201-1231.

Warren, W.H. (1988). Action modes and laws of control for the visual guidance of action. In: O.G. Meijer & K. Roth (Hrsg.), Complex movement behaviour: The moto-action controversy (S. 339-380). Amsterdam: Elsevier.

Wasylenki, D., James, S., Clark, Lewis, J., Goering, P., Gilles, L. (1992). Clinical issues in social network therapy for clients with schizophrenia. Community Mental Health Journal, Vol. 28, No. 5, 427-440.

Weiss, R.S. (1974). The provisons of social relationships, In Z. Rubin (Hg.), Doing unto others. Prentice Hall: Englewood Cliffs, N. J., 17-26.

Wellman, B. (1979). The community question: The intimate networks of East Yorkers. American Journal of Sociology, 84, 1201-1231.

Wellman, B. (1981). Applying network analysis to the study of support. In B.H. Gottlieb (Hg.), Social networks and social support. Beverly Hills, London: Sage Publications, 171-200.

Wellman, B. (1982). Studying personal networks in East York. Research Paper No. 128, Centre for Urban and Community Studies.

Wellman, B. & Wortley, S. (1990). Different strokes from different folks: Community ties and social support. American Journal of Sociology, 96, 558-588.

Westhoff, G. (Hg.) (1993). Handbuch psychosozialer Meßinstrumente. Göttingen: Hogrefe.

Wethington, E. & Kessler, R.C. (1986). Perceived support, received support, and adjustment to stressful life-events. J. of Health and Social Behavior, 27, 78-89.

Wilcox, B.L. (1981). Social support in adjusting to marital disruption. A network analysis, In B. H. Gottlieb (Hg.), Social Networks and Social Support. Beverly Hills, London: Sage Publications, 97-116.

Wittchen, H.-U., Vossen, A. (1996). Komorbiditätsstrukturen bei Angststörungen. Häufigkeit und mögliche Implikationen. In: J. Margraf (Hrsg.), Lehrbuch der Verhaltenstherapie, Bd. 1, Berlin: Springer, 217-231.

Woll-Schumacher, E.I. (1979). Desozialisation im Alter. Stuttgart: Enke.

Wortman, C.B. & Dunkel-Schetter, C. (1987). Conceptual and Methological Issues in the Study of Social Support. In A. Baum & E. Singer (Hg.), Handbook of Psychology and Health. Vol. 5.: Stress, Hillsdale: Erlbaum, 63-108.

Zink, A., Zink, C., Hoffmeister, H. (1985). Rheumatische Krankheit und soziale Lage. Berlin, De Gruyter.

Fragen und Probleme der Wirksamkeitsbeurteilung von Psychotherapie

Jürgen Kriz

Die Frage, *wie* leidenden Menschen geholfen werden kann, bewegt die in heilenden und helfenden Berufen Tätigen sicherlich bereits seit den ersten Anfängen dieser Professionalisierung. Ob dabei immer auch der Frage, *wofür* diesen Leidenden geholfen wird, mit gleicher Aufmerksamkeit nachgegangen wurde, muß bezweifelt werden. Denn die Beschäftigung mit der Frage *wofür*, die sowohl das *Warum* als auch das *Wozu* enthält, erfordert weitaus mehr Bereitschaft, das eigene Handeln, dessen Motive, Wertigkeiten und Zielvorstellungen zu reflektieren und kritisch zu hinterfragen, als eine noch so elaborierte und ausdifferenzierte Erörterung des *Wie*. Die Perfektionierung des Handelns läßt sich leichter auf dem Boden von Selbstverständlichkeiten entfalten als auf Zweifeln über die Hintergründe und Ziele.

Gleichwohl sollte zumindest jedem *Wissenschaftler* klar sein, daß eine Entfaltung des *Wie* Entscheidungen über das *Warum* und *Wozu* voraussetzt. Denn zentrale Aufgabe von Wissenschaft ist es, scheinbare Selbstverständlichkeiten zu hinterfragen, Alternativen aufzuzeigen, sowie Argumente, Aspekte und Methoden zu entwickeln, um einen rationalen Diskurs über solche Alternativen zu ermöglichen. Wissenschaftler hätten somit die Aufgabe, sich z.B. bei einem Wettlauf nicht nur als Experten dafür zu verstehen, die Zeit und den Weg möglichst genau zu messen, um zu einer begründeten Entscheidung zu gelangen, wer am schnellsten durch ein bestimmtes Ziel gelaufen ist. Vielmehr hätten sie auch die Aufgabe, sich als Experten für Fragen zu verstehen wie: wozu ein Wettlauf überhaupt dienlich und welche Distanz sinnvoll sein könnte (wenn der Wettlauf z.B. der Volksgesundheit dienen soll, sind Marathon- oder 50m-Distanzen vielleicht per se kontraindiziert); oder: ob es ausreicht, sich bei einem bestimmten Ziel einfach aufzustellen (nur weil dieses vielleicht schön bequem in der Nähe des eigenen Elfenbeinturmes liegt) – vor allem, wenn deutlich ersichtlich ist, daß ein beträchtlicher Teil der Menschen, über deren Läuferqualitäten man dann Urteile abgibt, in andere Richtungen streben und an ganz anderen Stellen von *ihnen* anvisierte Ziele erreichen. Kurz: Wissenschaftler sollten eigentlich sensibel für Artefakte sein, d.h. Kunstprodukte in ihren Aussagen und Urteilen, die nicht den Gegenstand sondern die eigenen Vorurteile widerspiegeln.

Um so erstaunlicher ist es für mich, daß und wie sich Wissenschaftler an der Debatte über die komparative Wirksamkeit von Psychotherapie nicht nur beteiligen, sondern dabei offenbar auch gern als Kampfrichter auftreten. Die oben verwendete Metapher des Wettrennens ist in diesem Zusammenhang keineswegs zufällig gewählt, denn auch in der wissenschaftlichen Literatur zur komparativen Psychotherapieforschung wird gern und häufig auf den Wettlauf verwiesen, der Lewis Carolls „Alice im Wunderland" entstammt, und bei dem etwa ein Dutzend Tiere beteiligt sind. Zitiert wird in der Diskussion zur Psychotherapieforschung meist die Entscheidung des „Dodo-Bird" (dt.: Brachvogel), mit der dieser die Frage: „Aber wer ist Sieger?" entscheidet, nämlich: „Alle sind Sieger und jeder muß einen Preis bekommen" – als Metapher für frühe Sekundäranalysen zur Psychotherapieforschung von Luborsky et al. (1975) sowie für weitere solcher Arbeiten, welche wesentliche quantitative Wirkungsunterschiede zwischen den Psychotherapierichtungen bestreiten.

Gebraucht wird diese Metapher aber häufig auch von jenen, die damit die Absurdität der Aussage „alle sind Sieger" in Bezug auf die Therapierichtungen vor Augen führen wollen. Schließlich leuchtet es in unserer auf Konkurrenz ausgerichteten Gesellschaft sofort jedem ein, daß keineswegs alle Sieger sein können. Zumal wenn dann die auch bei CAROLL unmittelbar folgende Frage in den Fokus gerät: „‚Aber wer soll die Preise stiften?' rief ein ganzer Stimmenchor zurück." – Spätestens hier wird deutlich, daß es bei begrenzten Preisen (bzw. Krankenkassen-Budgets) eben darum geht, daß manche einen Preis erhalten und andere nicht. Die Befunde von Luborsky und anderen dürfen daher nicht hingenommen, sondern müssen als Mangel wissenschaftlicher Differenzierungsfähigkeit gedeutet werden. Wie schon der ganze Wettlauf des „Dodo-Birds" dilettantisch organisiert scheint: „Er legte zuerst die Rennbahn fest, eine Art Kreis (‚auf die genaue Form kommt es nicht an' sagte er), und die Mitspieler mußten sich irgendwo auf der Bahn aufstellen, wie es sich gerade traf. Es gab kein ‚Eins-zwei-drei-los!', sondern jeder begann zu laufen, wann er wollte..." (Caroll 1963, S.29). Geradezu ein Alptraum an Inkompetenz für jede an objektiven Kriterien orientierte Wissenschaft und für die komparative Psychotherapieforschung!

Doch der Schein trügt. Verglichen mit manchen „wissenschaftlichen" Abhandlungen zur komparativen Wirksamkeit ist das Vorgehen des „Dodo-Bird" von tiefer Weisheit erfüllt. Der Kontext des Rennens ist nämlich der, daß die Tiere in einen Teich gefallen und tropfnaß und verdrossen waren: „Das Wichtigste war natürlich, wieder trokken zu werden". Angesichts dieses Kontextes steht das Rennen plötzlich in völlig anderem Licht: Es ist nun wirklich egal, wie genau die Form einer Kreisbahn erreicht wird; gleichgültig ist auch, von wo die Tiere losrennen und wann wer durch welches Ziel geht. Wichtig ist, des *gemeinsame* Ziel zu erreichen, nämlich trocken zu werden. Und da kein Tier mit „wissenschaftlichen" aber völlig irrelevanten Kriterien über Bahnform, exakte Zeit- und Wegmessung und dergleichen, des Geschehen behinderte (was vermutlich die Erkrankung etlicher Tiere zur Folge gehabt hätte), erreichten alle das Ziel, jeder hatte gewonnen und daher durchaus auch einen Preis verdient!

Mich hat immer schon gewundert, warum die Weisheit des „Dodo-Bird" in der Psychotherapie-Debatte so geflissentlich übersehen wird (wobei die Frage außer Acht bleiben soll, ob zumindest die Kontexte der Psychotherapie-Verfahren sorgfältiger rezipiert wurden als der Kontext des Rennens – woran ich erhebliche Zweifel habe). Sind die unterschiedlichen Psychotherapie-Ansätze nicht eher den unterschiedlichen Tieren von „Alice im Wunderland" vergleichbar als Formel-1-Wagen, bei deren Rennen ein Sieger hinreichend objektiv ermittelt werden kann? Wie CAROLLs Tiere weisen auch die Therapierichtungen eine große individuelle Unterschiedlichkeit auf; und sie sind wie diese historisch zu sehr verschiedenen Zeitpunkten und von recht unterschiedlichen Standpunkten aus gestartet. Im Gegensatz zu Formel-1-Wagen lag der tiefere Sinn ihres Entstehens und ihrer Weiterentwicklung nicht darin, als Sieger aus irgendeinem Rennen hervorzugehen, sondern der Vielfalt menschlichen Lebens und dessen Beeinträchtigungen besser gerecht zu werden, als jede einzelne Richtung es könnte.

Darüber hinaus bietet „Psychotherapie“ ein weitaus breiteres Spektrum an Antworten auf die o.a. Fragen des *Warum* und *Wozu* als das, worauf sich der Fokus in der gegenwärtigen Diskussion immer mehr verengt. Man mag nur an Aspekte wie Persönlichkeitsentwicklung, Individuation, Entängstigung, u.a. denken, zu denen unterschiedliche Psychotherapieansätze durchaus Effektives beizutragen hätten, deren Perspektive aber weiter reicht, als das was Krankenkassen und die dahinter stehende Sozialgemeinschaft sinnvollerweise bezahlen sollten (unabhängig von der Frage, wie viele Milliarden die Sozialgemeinschaft z.B. zur Entsorgung des mit privatwirtschaftlich Gewinnen verbundenen Atommülls aufwendet). Doch die wichtige und relevante Frage: „Wer soll die Preise stiften“ führt auf ein ganz anderes Diskussionsfeld als die Frage nach der Wirksamkeit von Psychotherapie – und die Vermengung beider Fragen gehört zu den vielen Unredlichkeiten mit denen die gegenwärtige Debatte belastet ist.

Es stellt daher bereits eine erhebliche Beschränkung dar, die Diskussion der Wirksamkeit von Psychotherapie auf den Kontext der Behandlung der als „behandlungsbedürftig“ definierten seelischen Krankheiten (im Sinne der Psychotherapierichtlinien) zu reduzieren. Eine solche Reduktion ist zulässig (und im Rahmen der derzeitigen Sozialgesetzgebung wohl auch sinnvoll – im Gegensatz zum berufsrechtlichen Aspekt), solange sie als eine solche explizit und transparent gekennzeichnet wird. Dies geschieht aber eher selten: Meist ist nur einfach von „der“ Wirksamkeit die Rede.

Lassen wir uns aber einmal auf diese Beschränkung ein, so sind die Probleme der Psychotherapie-Forschung m.E. vor allem darin begründet, daß an vielen Stellen so getan wird, als handele es sich um rein methodische Fragen, während dahinter schwerwiegende und keineswegs konsensfähige inhaltliche – um nicht zu sagen: weltanschauliche – Vorentscheidungen liegen. Kern der folgenden Diskussion ist, zumindest einige dieser ungeklärten Fragen aufzuzeigen, die sich hinter den methodischen Entscheidungen verbergen, auch wenn hier weder diese Fragen gelöst noch alternative Designs entwickelt werden können.

Konsens findet man sicher darin, daß es in der komparativen Psychotherapie-Forschung (abgesehen von zahlreichen Spezialfragen) um zwei Hauptfragen geht, nämlich (a): „wirkt eine bestimmte Psychotherapie überhaupt (und wenn ja: wie effektiv)“?; (b): „wirkt Vorgehensweise A besser als Vorgehensweise B“? Die letztere Frage ist typisch für sog. Therapievergleichsstudien, bei der ersteren geht es um Therapieerfolg, bzw. Evaluation (Bewertung einer Maßnahme). Beide Fragen klingen ganz „einfach und unschuldig“ und scheinen naturwissenschaftlichen Fragestellungen ziemlich ähnlich zu sein – etwa: „bewegt sich ein Objekt überhaupt (und wenn ja: mit welcher Geschwindigkeit)?“, bzw.: „bewegt sich Objekt A schneller als Objekt B?“

Doch der Ähnlichkeits-Schein trügt gewaltig! Während nämlich „Bewegung“, „Geschwindigkeit“ und „Geschwindigkeitsdifferenz“ in der Physik für alle verbindlich operational (d.h. unmittelbar auf Beobachtungs-Handlungen bezogen) definiert ist, gilt dies für keinen der o.a. Begriffe in Bezug auf Psychotherapie. Ich habe aber bewußt diese naiven Fragen gewählt, weil daran die eigentlichen Fragen deutlich werden:

Wie wird „Therapie-Erfolg" überhaupt definiert und gemessen? Ein kleiner Blick in die Debatte klinischer Psychologie zeigt, daß dies keineswegs klar ist. Schon hinsichtlich der inhaltlichen Ziele, was überhaupt erstrebenswert ist, herrscht keineswegs Konsens. So hat sich z.B. für das große Spektrum sog. „chronischer Krankheiten" – angefangen von schwerer Schizophrenie, Hirnschädigungen, Asthma, Diabetes, etc. – oder andere nicht (mehr) heilbare Krankheiten wie z.B. Krebs das Konzept der „Bewältigung" durchgesetzt, bei dem eine „Ausheilung" der Primärsymptome nicht als sinnvoller Therapie-Erfolg angestrebt werden kann, sondern eben eine Erhöhung der „Lebensqualität" und ein „erträglicher Umgang" mit der Krankheit. Doch wie sind diese – ebenfalls wohl nicht von jedem gleich verstandenen – Begriffe zu definieren?

Und selbst dann, wenn man hinsichtlich der Konzept-Definitionen weit mehr Einigkeit hätte, als faktisch vorherrscht: Wie werden diese denn nun konkret operationalisiert und gemessen, d.h. an welchen konkreten empirisch erfaßbaren Größen wird das Konzept denn festgemacht? Werden – wie meist üblich – Tests und Fragebögen eingesetzt, muß (mit Devereux 1992, S. 27) gefragt werden: Zu welchem Universum des Diskurses gehören überhaupt die erhobenen Daten? Sind Fragebogen-Daten eher als Meinungen oder klinische Diagnosen zu werten? Therapie-Forscher setzen „selbstverständlich" das letztere voraus – worin und wann ist dies begründet?

Es sei beachtet, daß alle diese Fragen zwar erörtert aber nicht geklärt werden können. Denn man kann hinsichtlich dieser Fragen zwar Entscheidungen herbeiführen, aber mit guten Gründen hätte man sich meist natürlich auch anders entscheiden können. Oft werden allerdings nicht einmal die getroffenen Entscheidungen als solche dokumentiert, sondern es wird so getan, als wäre die Definition des Erfolgs, dann dessen Operationalisierung und dann die Messung inhaltlich so selbstverständlich, daß man nun eine formale Methode einfach „anwenden" könne.

Nachdem man diese Entscheidungen (explizit oder implizit) getroffen hat, taucht die nächste Gruppe an Fragen auf, über die entschieden werden muß (und auch diese sind wieder keineswegs „selbstverständlich"): An welchen Patienten werden die Messungen überhaupt durchgeführt? Nimmt man an, daß die Therapiemethode A bei allen Patienten gleich wirkt? – Eher wohl nicht! Doch wonach wählt man aus? Reicht es, eine bestimmte „Symptomgruppe" zu wählen? Und warum wird diese abgegrenzt – es ist nämlich wiederum keineswegs „selbstverständlich", daß unsere klinischen Klassifikationen, auf der Ebene von Krankheitsverläufen gewonnen, auch die optimalen Klassifikationen für Therapieverläufe sind. Geht es eher um möglichst homogene Symptome, oder um eine homogene Schwere von Beeinträchtigungen, oder um einen homogenen Verlauf der bisherigen Krankengeschichten, oder um homogenen „sozialen Support" (der erheblich mit dem Therapie-Verlauf interagieren dürfte) oder.., oder..? Auch dies sind nur vordergründig methodischen Fragen, denn dahinter stehen unterschiedliche inhaltlich-theoretische Vorstellungen für die man so oder so Partei ergreift, wenn man sich für das eine oder das andere entscheidet – und wieder ist eine Entscheidung etwas anderes als die algorithmisierte Durchführung einer Methode.

Welche Therapeuten von Richtung A läßt man nun die zu beforschenden Therapien durchführen? Eine möglichst repräsentative Auswahl? (Woher gewinnt man die Basisinformation dafür?) Oder nimmt man möglichst erfahrene Therapeuten? (was heiß das – und: wie realistisch ist es anzunehmen, daß erfahrene Therapeuten genau „Methode A“ in „Reinkultur“ vertreten?). Wählt man (was wohl realistisch ist) jene, die man gerade bekommen kann: Sind das dann nicht eher jene, die vielleicht unter Patientenmangel leiden (und vielleicht überzufällig Anfänger sind oder andere Eigenschaften aufweisen, die sie nicht gerade zu den Aushängeschildern für Therapieform A machen)?

Wenn diese Fragen nun alle entschieden sind: Was bleibt, als kleine „Zwischenbilanz“, eigentlich noch von der Ausgangs-Frage übrig, (z.B.) „ob und wie effektiv Therapiemethode A wirkt?“ Was wir nach den bisherigen Entscheidungen erwarten könnten, wäre Information darüber, wie Patienten der Gruppe X, nach den Kriterien C, D und E... zusammengestellt, hinsichtlich Antworten und Beobachtungen der Variablen F, G und H... bei Therapeuten mit den Eigenschaften I, J und K... sich verändern. Beantwortet das noch unsere obige Frage – bzw. ist diese Information noch als angemessene Basis anzusehen, um Aussagen über „die Therapieform A“ zu machen?

Daß diese Probleme allzu wenig diskutiert werden, mag wohl daran liegen, daß als Metapher (oder gar Ideal) der komparativen Psychotherapie-Forschung immer noch die Pharma-Forschung angesehen wird, bei der eine Substanz A zu jeder Zeit und an jedem Ort nach einer bestimmten, algorithmusartigen Prozedur hergestellt werden kann und dann auch in derselben Weise wirken sollte. Dabei ist diese Vorstellung schon in der Pharma-Forschung eine Fiktion, da das Resultat der „Einwirkung“ von A auch vom System abhängt und höchstens für isolierte, möglichst monoklone Zellen im Reagenzglas ein zutreffendes Modell sein mag. Daher sind selbst in der Pharmaforschung ergänzende Feldstudien eine zentrale Ergänzung. Bei realen Patienten, so weiß auch jeder gute Arzt, muß erprobt werden, ob und wie im Detail und in welcher Dosierung A wirkt, oder ob nicht besser B verabreicht werden sollte (wobei diese Rangordnung der „Effektivität“ zwischen A und B beim nächsten Patienten trotz gleicher Symptome genau umgekehrt sein kann).

Daher müssen die Effekte meist über größere Gruppen gemittelt werden (mit allen Problemen, die nicht-lineare, rückgekoppelte Systeme aufwerfen – vgl. Kriz 1997). Vernachlässigt man auch noch Aspekte wie z.B. zirkadiane Schwankungen (d.h. die stark unterschiedliche Ansprechbarkeit eines Organismus auf Wirkstoffe in Abhängigkeit vom Tageszyklus) und zahlreiche andere Faktoren, so kann man unter allen diesen Einschränkungen im Pharma-Bereich von der Wirkungsweise von A sprechen.

Was kann es aber bedeuten, die „Wirkung von Psychotherapie-Methode A“ zu untersuchen? Wenn man A im Kontext der experimentellen Psychologie auf wenige, klar umrissene Handlungen reduziert, oder A über exakte Manuale definiert, die dann genau befolgt werden, mag dies mit den o.a. Einschränkungen ähnlich wie im Pharma-Bereich gelten. Dies setzt allerdings voraus, daß der Experimentator möglichst wenig Entscheidungsfreiheit hat, von den vorher festgelegten Bedingungen abzuweichen. Zwar könnten prinzipiell auch Entscheidungsbäume vorgegeben werden; aber erstens reichen dafür unsere inhaltlich-theoretischen Kenntnisse nicht aus, zweitens würde das Design viel zu kompliziert, varianzanalytisch aufgefächert und damit massenstatistisch kaum mehr untersuchbar werden (s. u.).

Der Gegenstandsbereich der Psychotherapieforschung bezieht sich aber zu größten Teilen nicht auf solche experimentellen Labordesigns. „Psychotherapie-Richtung A“ wird daher durch Therapeuten repräsentiert, die ihre Therapie „A“ von unterschiedlichen Ausgangsbedingungen (Lebens- und Bildungs(ver)läufen), in unterschiedlichen Ausbildungsstätten und mit einer erheblichen Varianz an theoretischen und praktischen

Vorstellungen erlernt haben, und sich (spätestens!) danach (hoffentlich!) auch um andere Konzepte und Vorgehensweisen von Therapie gekümmert haben – kurz: ihre Therapeutische Kompetenz und Vorgehensweise verändert haben.

Was also kann „Therapie A" mehr bedeuten, als eine sehr heterogene Menge an Therapeuten, die mit heterogenen Kompetenzen, Vorstellungen und Vorgehensweisen sich einem therapeutischen Ansatz „A" zuordnen (genauer: dem meist zusätzlich ebenfalls heterogenen Ideen-Konglomerat unter der Bezeichnung „A"). Manuale für bestimmte Ansätze sind möglich und werden auch verwendet – aber man kann nicht das Leben in ein Reagenzglas sperren, nur weil die Forschung dort etwas artefaktärmer verläuft. Und selbst bei der Verkümmerung von Psychotherapie zu einer sklavisch-beschränkten Manualvollstreckung am Patienten wird es „Therapieform A" nie so rein geben können wie die „Pharma-Substanz A".

Die äquivalente Metapher wäre vielmehr, daß ein Pharma-Konzern in unterschiedlichen Regionen Menschen mit recht unterschiedlichen Vorstellungen über die Wirkung von Heilkräutern ausschickt, um solche zu suchen, diese nach weit auslegbaren Vorschriften zu verarbeiten und abzufüllen und nun die Wirkung dieses Medikamentes „A" untersuchen wollte! Die Aussage: „*Therapieform* A bewirkt..." ist daher faktischer Unsinn, bzw. Etikettenschwindel.

Dabei hätten wir nun noch fast jene Fragen vergessen, um die in der Literatur über Psychotherapie-Forschung gemeinhin so viel Aufhebens gemacht wird: Soll man einen Vergleich „vorher"/"nachher" (d.h. ein pre-post-design) durchführen, oder aber eine Verlaufsstudie (panelanalyse), bei der zu vielen Zeitpunkten die Information erhoben wird? Wie soll eine Kontrollgruppe zusammengesetzt sein, die den Therapie-Erfolg gegen Zufallseinflüsse bzw. Spontanremission sichert (d.h. gegenüber der Tatsache, daß sich auch bei einem Teil der unbehandelten Patienten nach einer Zeit „Besserung" einstellt – s.u.)? Wie groß soll die Stichprobe an Patienten sein? (Nun, jedenfalls größer als in den meisten Therapiestudien, wenn man nach der gängigen Hypothesentestung nach Neyman & Pearson auf statistisch signifikante Effekte aus ist, denn bei den üblicherweise aus der Literatur zu erwartenden Effektstärken und den üblicherweise verwendeten statistischen Tests reichen 20-30 Personen keineswegs aus, die Nullhypothese: „kein Effekt" zu verwerfen – nebenbei: dies gilt noch radikaler bei Therapievergleichsstudien, wo es um Unterschiede in den Effekten geht). Doch diese, in diesem Absatz skizzierten, Fragen sind vergleichsweise zu den vorher aufgeworfenen eher trivial, da es sich hier tatsächlich eher (wenn auch nicht vollständig) um statistisch-methodische Fragen handelt, bei denen die Kriterien daher (vergleichsweise) klar sind und deren adäquate Beantwortung zum Handwerkszeug des Forschers gehören sollte.

Weit schwieriger und unklarer ist es da schon wieder, statt der Wirkung *einer* Therapieform A die zweite obige Frage zu stellen, die einen Therapie-Vergleich im Fokus hat. Denn nun müssen nicht nur sämtliche oben aufgeführten Entscheidungen (mit den dahinter liegenden theoretischen Vorstellungen und Problemen) getroffen werden. Sondern zusätzlich ist natürlich die Frage zu entscheiden, hinsichtlich welcher Aspekte (bzw. welches Aspekte-Raumes) ein solcher Vergleich überhaupt stattfinden könnte. Erinnern wir uns: Die obigen Entscheidungen führten sinnvollerweise zu einer, für A ganz spezifischen Auswahlkombination aller dieser Entscheidungsaspekte. Wenn dieselbe Entscheidungssequenz analog für Therapieform B durchgeführt wird, bleiben dann überhaupt noch irgendwo Überschneidungen, um über einen Vergleich etwa aussagen zu können?

Nun, wer nur statistische Modelle im Kopf hat und von klinischer Psychologie nichts versteht, könnte auf die Idee kommen, alles per Zufall auszuwählen – d.h. Patienten werden per Zufall auf zufällig ausgewählte Therapeuten der Schulen A und B aufgeteilt und die Veränderungen werden mit zufällig gezogenen Kategorien, Tests etc. bestimmt. Abgesehen davon, daß diese Vorgehensweise fernab jeder praktischen Realisierung liegen würden, gäbe es zwei Möglichkeiten: entweder man hat ein vollständiges Design, in dem alle Kategorienkombinationen vertreten sind, oder man führt tatsächlich nur eine Zufallsauswahl durch. Im ersten Fall muß man nur ein Dutzend der oben aufgeworfenen Entscheidungsfragen (die keineswegs Anspruch auf Vollständigkeit erheben!) mit je 5 Abstufungen bzw. Alternativen berücksichtigen, um die Absurdität zu erkennen: Es ergeben sich 5^{12}, das sind über 244 Millionen, Kombinationen. Man müßte also eine „Stichprobe" vom Umfang mehrerer europäischen Staaten erheben, um pro Kombination auch nur jeweils einen einzigen Menschen zu untersuchen. Im zweiten Fall wären die Untersuchungs- (und Kontroll-)-gruppen zwar klein (aber: s.o.), jedoch was sagt es aus, wenn Therapieform A bei anderen „Störungen" etc. hinsichtlich anderer Kriterien „besser" abschneidet als Therapieform B? Dies wäre der Aussage äquivalent, daß Geigenunterricht effektiver ist als Klavierunterricht – nachdem man einige Kinder, die ein Instrument lernen wollten, zufällig auf verschiedene Lehrer an unterschiedlichen Geigen- und an Klavierschulen aufgeteilt hätte, und nach einem Jahr die Eltern, mit ihren unterschiedlichen Vorstellungen darüber, was überhaupt die Sinn des Musikunterrichtes sein könnte, diese „Erfolge" beurteilen ließe. (Und auch hier wird, nebenbei bemerkt, das „Ergebnis" zwar „objektiver" aber nicht sinnvoller, wenn man mit großem Meßaufwand die Geschwindigkeit des Fingerbeugens, die Abweichungen von Idealfrequenz jeden gespielten Tones etc. genau erhebt und eine aufwendige Statistik darüber stülpt – obwohl beide genannten Variablen sicher auch etwas mit dem Erfolg zu tun haben).

Diese eher anekdotische Schilderung einiger Probleme und Schwierigkeiten beim direkten Vergleich nur zweier Therapie-Ansätze hat wohl deutlich werden lassen, welche immensen theoretischen und konzeptionellen Defizite aufzuarbeiten wären, bevor die obigen Fragen einigermaßen kompetent entschieden werden können und man „loslegen" könnte herumzurechnen. Es sollte auf der Hand liegen, daß es da nicht unbedingt leichter ist, Meta-Analysen durchzuführen, d.h. Analysen, in die „Ergebnisse" zahlreicher anderer Studien eingehen, um zu einer Gesamtaussage zu kommen. Das Wort „Ergebnisse" wurde deshalb in Anführungszeichen gesetzt, weil eben jedes „Ergebnis" einer solchen Einzelstudie implizit oder (selten) explizit die gesamte Entscheidungssequenz über alle oben aufgeworfenen Fragen (und weitere) enthält.

Hier stellen sich zusätzlich Fragen ein, wie: Welche Studien werden einbezogen? Wie begründet sich die Auswahl? Wie wird mit unterschiedlichen Stichproben, mit unterschiedlicher Anzahl von Erfolgskriterien umgegangen (d.h. ist eine Studie an 50 Personen genau so aussagekräftig wie eine an 1000, und ist eine Studie mit nur 1 klaren Effekt nur 1/10 so wichtig zu nehmen wie eine andere mit 10 nachgewiesenen Effekten)? Wie werden Abhängigkeiten berücksichtigt (sind 10 fast gleiche Kriterien 10 mal so wichtig wie nur 1 in einer anderen Studie)?

Wir wollen es bei diesen Fragen bewenden lassen. Es blieb wohl kaum verborgen, daß ich der gegenwärtigen Psychotherapie-Forschung, je komplexer sie betrieben wird (d.h. je mehr implizite Entscheidungen eingehen) desto skeptischer gegenüberstehe.

Neben den hier angerissenen Fragen gibt es nämlich noch viel grundlegendere, wie z.B. welche Modelle von „Ursache-Wirkung“ wir unseren Überlegungen zugrunde legen. Wenn wir ernst nehmen, was die moderne naturwissenschaftlich fundierte Systemtheorie uns in Übereinstimmung mit den Prinzipien der Gestaltpsychologie lehrt, dann sind in komplex vernetzten Systemen diskontinuierliche Verläufe zu erwarten – und Psychotherapieforscher reden auch gern davon, daß die unterschiedlichen Faktoren, die den Erfolg einer Therapie beeinflussen, miteinander vernetzt sind. Daraus würde aber folgen, daß z.B. keine Gruppenvergleiche derart durchgeführt werden dürften, daß die Veränderungen auf Datenniveau aggregiert (d.h. zusammengefaßt – etwa über Mittelwertsbildung) werden. Je nach individuellem Ausgangspunkt (der zu erheben wäre) kann nämlich ggf. eine „große Ursache“ dann keine Wirkung eine „kleine Ursache“ eine große Wirkung entfalten. Auch solche Fragen müßten natürlich vorher explizit geklärt werden, bevor man nach irgendwelchen „statistischen Verfahren“ etwas „berechnet“ (und damit natürlich unwissentlich in dieser Frage eine bestimmte Stellung bezieht – meist jene, daß man nicht von diskontinuierlichen Verläufen und damit, entgegen der verbalen Beteuerungen, auch nicht von vernetzten Prozessen ausgeht). Solange wir in der Erforschung und wissenschaftlichen Debatte, was überhaupt unter Psychotherapie-Effekten zu verstehen ist, so weit am Anfang stehen, kann die großangelegte und wissenschaftspolitisch brisante „Sammlung“ von Effekten eben nur Effekt-Hascherei sein.

Aus diesen Gründen würde ich selbst auch eher für eine stärkere Grundlagenforschung in diesem Bereich plädieren, damit einige der obigen Fragen zunächst in ihrer Bedeutung stärker geklärt werden, bevor man den Computer bemüht und mit der Wahl einer „Methode“ unwissentlich zu diesen Fragen Stellung bezieht. Die Praktiker beeindruckt die gegenwärtige komparative Psychotherapie-Forschung ohnedies nicht, wie in zahlreichen Arbeiten der Forscher beklagt wird. Der Therapeut, der zu seiner und der Patienten Zufriedenheit behandelt, wird seine Vorgehensweise und Weltsicht nicht deswegen wechseln, weil eine Untersuchung unter (für ihn) nicht genau geklärten Umständen bei einem Klientel (das er schwerlich beurteilen kann) hinsichtlich einiger Kriterien (von denen er vielleicht manche keineswegs teilt) die statistische Nullhypothese, daß Therapie nicht wirkt (wovon er jeden Tag sowieso das Gegenteil erfährt) „signifikant“ zurückweisen konnte. Es würden auch jene Wissenschaftler wenig Gehör finden, welche Menschen von einem 4-Gang-Menü in gemütlicher Atmosphäre weglocken und in einen Hamburger-Imbiß entführen wollen – mit dem Argument, es sei wissenschaftlich erwiesen, daß man dort viel schneller satt werde und man viel mehr Kalorien zu sich nehme. Damit soll keineswegs bestritten werden, daß es eine der sozial relevanteren Fragen wäre, wer die Zeche für welches Menü bezahlen soll – und selbstverständlich gehört diese Frage gründlich diskutiert. Allerdings ist dies, wie schon bemerkt, keine Methoden-Frage, und sie läßt sich daher über das Abzählen von Pommes Frites auch nicht beantworten.

Es gibt zahlreiche weitere Probleme zur komparativen Psychotherapieforschung, die in den Übergangsbereich zwischen Wissenschaft und Wissenschaftspolitik fallen. Exemplarisch hierzu soll abschließend die Vermengung von *Wirksamkeit* und *Forschungsergebnissen zur Wirksamkeit* angeführt werden: Wie bereits Eckert (1992) den Verfassern des „Forschungsgutachtens zum Psychotherapeutengesetz“ vorwarf, mißachteten die Gutachter nicht nur den Gutachterauftrag sondern auch „in fataler Weise rechtsstaatliche

Grundprinzipien“, indem Ansätze, die noch nicht ausreichend untersucht worden sind, dennoch bewertet wurden: „Der Bewertungsmaßstab ist dann plötzlich nicht mehr die Effizienz des Verfahrens, sondern das Fehlen von Forschungen zu Effizienz.“ (S.89). Leider hat dieses Argument die Debatte faktisch bisher allzuwenig beeinflußt – die Verdrehung der Bewertungen wird weiterhin zur Diskreditierung verwendet.

Dabei erscheint mir der Vorwurf fehlender Forschungsarbeiten besonders merkwürdig und problematisch, wenn er von Wissenschaftlern erhoben wird, die ja eigentlich von der Sozialgemeinschaft genau dafür bezahlt werden, eben jene Forschungen durchzuführen. Gewiß, Forschung ist frei, und jeder hat das Recht, sich sein Forschungsgebiet und seinen Forschungsgegenstand zu wählen. Es ist zudem verständlich, wenn vorwiegend solche Gegenstände und Designs gewählt wurden, die im Rahmen der experimentellen Psychologie vergleichsweise leicht und schnell Ergebnisse liefern, welche in die gängigen Zeitschriften passen – kurz: die den persönlichen Karrierebedürfnissen und -erfordernissen im Wissenschaftssystem möglichst dienlich sind. Unredlich wird die Debatte aber dann, wenn von den so über Jahrzehnte angefallenen Versäumnissen abgelenkt und nun plötzlich eine Bringeschuld an Forschungsergebnissen seitens der Praktiker konstruiert wird. Forschung war hierzulande (mit Ausnahme der Pharma-Forschung) schon immer Angelegenheit der Universitäten und öffentlichen Forschungseinrichtungen, wofür die Sozialgemeinschaft den Wissenschaftlern insgesamt Milliarden an Mitteln bereitgestellt hat.

Es wäre daher weitaus redlicher, wenn wir Wissenschaftler uns beim Vorwurf „fehlender Forschungsergebnisse“ über die Wirksamkeit von Therapieansätzen, die seit Jahrzehnten verbreitetet sind und offenkundig beachtliche Heilerfolge erzielen, an die eigene Brust fassen würden.

Literatur

Caroll, L. (1963) Alice im Wunderland. Insel-Verlag.

Devereux, G. (1992). Angst und Methode in den Verhaltenswissenschaften. Frankfurt: Suhrkamp.

Eckert, J. (1992). Zur Begutachtung der psychotherapeutischen Verfahren im „Forschungsgutachten“ zum Psychotherapiegesetz: Viele sind gar nicht erst angetreten, drei haben gewonnen und zwei bekommen den Preis. Psychotherapie Forum, 1, 87-91

Kriz, J. (1997). Systemtheorie. Eine Einführung für Psychotherapeuten, Psychologen, Mediziner. Wien: Facultas

Luborsky, L. et al. (1975). Comparative Studies of Psychotherapies: Is it True that „everyone has won and all must have prizes?“ Archives of General Psychiatry, 32, 995-1008

Teil 3: Settings, Formate, spezifische Anwendungsbereiche

Die Bedeutung der Psychotherapieforschung für die stationäre Psychotherapie

Wolfgang Schneider

Einleitung

Die im Titel gestellte Frage hat bei genauerem Hinsehen doch einen spezifischen Reiz. Wenn wir die Bedeutung der Psychotherapieforschung für die einzelnen Anwendungsbereiche oder Rahmenbedingungen – hier ein spezifisches Setting – diskutieren, steht gewissermaßen die Psychotherapieforschung auf dem Prüfstein. Und die Frage ihrer Praxisrelevanz für den stationären Bereich ist gerade für die Bundesrepublik Deutschland von besonderer Wichtigkeit, da hier in Akutkrankenhäusern, Universitätsabteilungen eingeschlossen, wie in der Rehabilitation nach Schätzungen etwa 10000 psychosomatisch/psychotherapeutische Betten vorgehalten werden (siehe z.B. Schepank 1988, Beese und Schmidt 1993). Hier besteht ein relevanter klinischer aber auch ökonomischer und sozialpolitischer Bedarf an Aussagen über die Effizienz dieser Einrichtungen, der speziellen Indikation zu einer psychotherapeutischen Krankenhausbehandlung und den zeitgemäßen stationären Behandlungsansätzen. Der sozioökonomische wie sozialpolitische Aspekt äußert sich z.B. in der Verkürzung der psychotherapeutischen Rehabilitationsmaßnahmen durch den Gesetzgeber von bislang sechs Wochen auf heute initial vier Wochen. Entlang dieser Maßgabe hat die Konzeptualisierung des psychotherapeutischen Behandlungsplanes inklusive der therapeutischen Zielsetzungen und des methodischen Vorgehens zu erfolgen. Die Verkürzung der Bewilligungszeit ist nun nicht ein Ausdruck dafür, daß z.B. Ergebnisse der empirischen Psychotherapieforschung nahe legen, daß kurze stationäre Behandlungen effizienter seien als längere, sondern steht erst einmal in schlichter Abhängigkeit zum finanziellen Druck. Doch sind natürlich die unterschiedlichen Kostenträger sehr daran interessiert, den Faktor „Zeit“, gemessen in Behandlungstagen, auf dem Prüfstein zu haben. Genauso dringlich möchten die Krankenkassen wie die Rentenversicherungsträger wissen, wie das Verhältnis von Effizienz und Behandlungsaufwand (sprich Kosten) für die großen psychotherapeutischen Schulen aussieht. Auf diesem Hintergrund ist der durchaus rege Besuch von wissenschaftlichen Veranstaltungen durch Ärzte von Rentenversicherern oder den Krankenkassen zu Fragen der differentiellen Indikation und stationären Psychotherapie zu verstehen. Ein durchaus legitimes und unterstützenswertes Interesse. In der Regel wird wohl als Folge der öffentlichkeitswirksamen Stellungnahmen durch engagierte Psychotherapieforscher wie Klaus Grawe erwartet, daß auf dem Hintergrund der vergleichenden Psychotherapieforschung dezidierte Aussagen zu den oben formulierten Fragen möglich sind. Gewünscht sind Handlungs- und Entscheidungsanleitungen, die wissenschaftlich verankert sind und eine rationale Vorgehensweise bei der Indikationsstellung und Therapieplanung ermöglichen. Eine Auslotung der Reichweite der empirisch begründeten Psychotherapieforschungsergebnisse für den Bereich der stationären Psychotherapie ist nun tatsächlich von Bedeutung, denn Ergebnisse finden sich in den Therapiestudien viele, die einen Übertrag auf das stationäre Behandlungsfeld nahelegen. Zu fragen ist nach der Validität dieser Befunde speziell für diesen Anwendungsbereich. Bevor dies erfolgt, soll jedoch erst einmal geklärt werden, welche Problemhorizonte überhaupt von Interesse sind. Die Psychotherapieforschung sollte insbesondere Antworten zu folgenden Fragen ermöglichen:

1. Dem Indikationsproblem; welche Kriterien für die differentielle Indikationsstellung zwischen einer ambulanten und einer stationären Psychotherapie liegen vor? Diese Fragen sind für die Kostenträger, die überweisenden Ärzte und natürlich die Behandler in den jeweiligen Einrichtungen im Grundsatz von Interesse.
2. Der Therapiekonzeptualisierung bzw. der Strukturierung der Behandlungsinstitution; können wir etwas über das Wie der stationären Psychotherapie erfahren? Von Interesse sind hier sicherlich die relevanten therapeutischen Elemente aber auch Aspekte der Institution, in der diese therapeutischen Strategien umgesetzt werden.

Wir haben als empirisches Material vor allem Daten der Therapieerfolgs- bzw. Vergleichsforschung zur Verfügung. Darüber hinaus kann geprüft werden, inwieweit sich aus der Therapieprozeßforschung, der es darum geht, etwas darüber zu erfahren, wie Psychotherapie wirkt, relevante Folgerungen ergeben. Dabei soll der Blick jedoch nicht ausschließlich auf quantitativ erhobenes Datenmaterial gerichtet sein, obwohl vielfach das nomothetische Wissenschaftsmodell als Grundlage für die empirische Psychotherapieforschung angesehen wird. Grawe hat in seiner Berner Metaanalyse – mit einer Ausnahme – nur Studien berücksichtigt, bei denen mit einem Kontrollgruppendesign gearbeitet wurde; ein Vorgehen, das nur quasi-experimentelle Designs als aussagekräftig für diese Fragestellung anzusehen scheint. Die wissenschaftliche Literatur zur stationären Psychotherapie umfaßt zum einen eher theoretische Arbeiten, bei denen die Behandlungsansätze wie die Settingvariablen diskutiert und konzeptualisiert werden (siehe Janssen 1987) oder auch die gesellschaftlichen und sozialpolitischen Rahmenbedingungen reflektiert werden (Schepank und Tress 1988). Zum anderen finden sich vielfältige Publikationen zur Effektivität stationärer Psychotherapie, wobei in jüngster Zeit insbesondere auch spezielle Behandlungsansätze bei spezifischen Störungen untersucht worden sind. Ein umfangreicher Überblick über diese Arbeiten findet sich im Handbuch der stationären Verhaltenstherapie von Zielke und Sturm (1994). Aber auch aus psychodynamischer Sicht finden sich zunehmend empirische Überprüfungen stationärer Psychotherapie, wobei sowohl spezifische Methoden wie z.B. die Gruppenpsychotherapie (Strauß und Burgmeier-Lohse 1994), die Behandlungen spezifischer Patientengruppen (z.B. Hoffmann und Bassler 1995) oder die Effekte von stationärer Psychotherapie auf spezifische Problemkonstellationen untersucht worden sind. Ein Beispiel für die letzte Fragestellung bietet die multizentrische Untersuchung des Arbeitskreises „Gruppenpsychotherapieforschung" zur Entwicklung von intrapsychischen Symptomen und interpersonalen Schwierigkeiten unter der stationären Psychotherapie (siehe Strauss, Eckert und Hess 1993). Darüber hinaus liegt natürlich eine Vielzahl von Psychotherapiestudien aus dem ambulanten Bereich vor, die auf ihre

Übertragbarkeit und Aussagekraft für den stationären Psychotherapiebereich geprüft werden müssen. Bevor die Aussagekraft dieser unterschiedlichen methodischen Ansätze für unsere Fragestellung diskutiert und bewertet werden soll, erscheint es sinnvoll, noch einmal zu reflektieren, welche unterschiedlichen Facetten mit der stationären Psychotherapie verbunden sind.

Die Komplexität der stationären Psychotherapie gegenüber der ambulanten Einzelpsychotherapie, stellt die stationäre Psychotherapie als ein vielschichtig determiniertes Behandlungsverfahren dar, das einerseits durch unterschiedlichste und hochkomplexe soziale Interaktionen charakterisiert ist, aber auch ökologische (z.B. bauliche) und geographische Aspekte aufweist.

Relevante Gesichtspunkte sind:

1. Die geographische Lage der Klinik. Häufig sind Rehabilitationskliniken weit vom Heimatort der Patienten entfernt und liegen in der Regel in landschaftlich reizvollen Gegenden. Die „Heimatferne“ hat grundsätzlich unterschiedliche Auswirkungen, die z.B. über die damit verbundenen seltenen Gelegenheiten zur Beurlaubung nach Hause oder den Besuch von Verwandten und Bekannten vermittelt werden. Diese Situation muß nicht notwendig negativ sein, hat jedoch selbstverständlich ihre Folgen für den Behandlungsprozeß. Problematischer erscheint die überregionale Behandlung aufgrund ihrer in der Regel mangelhaften Anbindung an die örtlichen Therapieversorgungsstrukturen, die häufig eine geplante Nachbehandlung und einen gemeinsam konzeptualisierten Gesamtbehandlungsplan erschweren.
2. Die ökologischen Bedingungen der Klinik. Dieser Aspekt bezieht sich auf die baulichen Gegebenheiten der Behandlungsinstitution und die räumliche bzw. landschaftliche Einbettung der Klinik. Kächele (1993) spricht von therapeutischer Umwelt. Die Architektur des Gebäudes, seine Eingliederung in ein Großklinikum, wie z.B. die Beschaffenheit, Anordnung und Ausstattung der Therapie- wie Patientenzimmer, determinieren in vielfältiger Weise emotionale und kognitve Prozesse sowohl auf seiten der Behandelten als auch der Behandler und nehmen so einen Einfluß auf die Behandlung. Dabei ist selbstverständlich, daß die Auswirkungen dieser Variablen auf die Einzelnen nicht gleichgerichtet sind. Eine systematische Reflexion dieser Rahmenbedingungen in ihrem Einfluß auf den therapeutischen Prozeß ist so unter dem Aspekt der individuellen Bewertung nur begrenzt möglich.
3. Das soziale Interaktionsfeld: Dieses untergliedert sich streng genommen in drei Ebenen.

1. Die sich in der psychotherapeutischen Klinik vollziehenden Interaktionen. Diese umfassen den Umgang der Patienten untereinander in der therapiefreien Zeit. Die direkte Interaktion der Patienten mit den verschiedenen Therapeuten (z.B. in der Einzeltherapie, der Gruppentherapie, der Kreativ- oder Musiktherapie), die unterschiedlichsten Interaktionen mit den Pflegekräften oder anderem Klinikspersonal. Die Arbeit der Therapeuten mit den Patienten wird wiederum durch die Art der Interaktion und Kommunikation der Therapeuten untereinander in strukturierten (z.B. Teamsitzungen, Verlaufsbesprechungen, Supervisionen) aber auch informellen Kontakten (z.B. auf dem Flur, beim Kaffetrinken) beeinflußt.

2. Soweit die psychotherapeutische Institution in größere Einheiten, z.B. Universitätskliniken, eingebunden ist, bestehen u. U. Einflüsse seitens anderer Einrichtungen (z.B. Laborpersonal, medizinisch-technisches Personal, Krankengymnasten, Pförtner). Falls die psychotherapeutische Institution nicht eigenständig (bezogen auf Sachmittel wie die ärztliche Befugnis) ist, können erhebliche Irritationen auf der Ebene der Therapieplanung und Durchführung resultieren. Die Trennung vom gewohnten sozialen Umfeld: diese Veränderung des gewohnten interaktionellen Bezugsrahmens wird häufig eine relevante Funktion bei relevanten therapeutischen Entwicklungsprozessen aufweisen. Die Entlastung von immer wiederkehrenden (repititiven) Interaktionsfiguren kann u.U. auf Seiten des Patienten die Reflexion und Distanzierung von individuellen maladaptiven Beziehungsmustern erleichtern. Wenn wir hier den Fokus auf die vielgestaltigen Beziehungsmuster im stationären Behandlungssetting gelegt haben, muß weiter berücksichtigt werden, daß in der Regel in der stationären Psychotherapie eine Vielzahl unterschiedlicher Psychotherapieverfahren oder ergänzender Behandlungsangebote (wie z.B. Kreativtherapie oder Krankengymnastik) zur Verfügung stehen und vom Patienten wahrgenommen werden, die wahrscheinlich nicht nur über den Beziehungsaspekt veränderungsrelevant werden, sondern u.U. einen spezifischen Einfluß auf therapiebedeutsame Merkmalsbereiche aufweisen. Auch diese Aspekte müssen bei der Analyse des stationären psychotherapeutischen Settings und seiner Wirksamkeit berücksichtigt werden.

Die Aussagekraft der Psychotherapieforschung

Im Schwerpunkt sollen hier die Ergebnisse der empirischen Psychotherapieforschung für die stationäre Psychotherapie diskutiert werden. Die erste Phase der Psychotherapieforschung untersuchte vor allem Fragen der Effektivität von Psychotherapien bzw. spezifischen Psychotherapieformen. Motivationaler Hintergrund für diese Forschungsaktivitäten war inbesondere die Eysencksche Hypothese, daß die Spontanremmission neurotischer Erkrankungen über dem Behandlungserfolg psychotherapeutischer Maßnahmen liegen würde. Jedoch war es eben nicht nur die Aufgabe der Psychotherapie schlechthin, den Nachweis ihrer Effektivität zu erbringen, sondern zwischen den verschiedenen psychotherapeutischen Ansätzen entwickelte sich eine Konkurrenz um die bessere therapeutische Effektivität. So wurden seit den fünfziger Jahren eine Vielzahl von empirischen Psychotherapiestudien durchgeführt, von denen ein großer Teil Kontrollgruppendesigns berücksichtigte. Auf dem Hintergrund dieser Studien wurden seit dem Beginn der siebziger Jahre Metaanalysen durchgeführt, um auf der Grundlage einer größeren Zahl an Studien zu Aussagen über die differentielle Effektivität unterschiedlicher Psychotherapieformen zu kommen. Lester Luborsky (1975) verwendete zur Charakterisierung der Situation im Schulenwettstreit das Alice-im-Wunderland-Thema „everyone has won and all must have prizes“. Spätere Metaanalysen kamen durchaus zu differenten Ergebnissen. Für K. Grawe 1994 sind die eigentlichen Gewinner im Schulenwettstreit die behavioral-kognitiven Verfahren, vor den kurzen bis mittellangen psychodynamisch orientierten Verfahren und der Gesprächspsychotherapie. Für andere psychotherapeutische Methoden würden nicht genügend empirische – kontrollierte – Überprüfungen vorliegen. Lambert und Bergin (1994) zeigen noch einmal auf dem Hintergrund von Metaanalysen für unterschiedliche psychotherapeutische Vorgehensweisen bei verschiedenartigen Problemstellungen (engere Störungsbereiche wie spezifische Ängste, Depressionen aber auch Störungen der Persönlichkeitsentwicklungen), daß die Ergebnisse über den Effekten von Wartegruppen oder Placebogruppen liegen. Sie kommentieren die Bewertung verschiedener Metaanalysen dann so, daß einige von ihnen einen kleinen aber konsistenten Vorteil bei den behavioralen und kognitiven Verfahren gegenüber den traditionellen verbal und beziehungsorientierten Methoden sehen. Diese Befundlage sei keinesfall immer gegeben, wenn jedoch Methoden im Vorteil gewesen wären, seien dies die eben genannten gewesen. Ein Argument für die besseren Effektstärken der behavioral-kognitiven Methoden wird in dem Umstand gesehen, daß die verwendeten Meßinstrumente stärker auf die quasi-experimentellen Versuchsanordnungen reagierten. Andere kritische Argumente zur Bewertung dieser Befunde beziehen sich auf die Art der eingegangenen Patienten, die als leicht gestört und nicht repräsentativ für die klinische Praxis charakterisiert werden (Shapiro and Shapiro 1982). So möchten sich die Autoren bezüglich der differentiellen Effektivität nicht, anders als Grawe, festlegen. Von Interesse auf der Ebene der Psychotherapieeffektforschung sind Befunde, die gezeigt haben, daß zum Therapieende gefundene unterschiedliche Effekte zwischen der Experimentalgruppe und der Kontrollgruppe sich bei katamnestischen Untersuchungen häufig verringert haben. Aber auch diese Aussagen sind in anderen Metaanalysen nicht bestätigt worden.

Lambert und Bergin reflektieren nun Gründe, warum bei einer größeren Zahl von psychotherapeutischen Ansätzen, die alle ihr eigenes Konzept und ihre spezifische Technik entwickelt haben, die Befundlage fast eher für ein Patt zwischen den Therapieschulen spricht:

1. Unterschiedliche Therapien können gleiche Ziele mit unterschiedlichen Prozessen erzielen;
2. Es ergeben sich durchaus Unterschiede im Effekt, diese werden jedoch mit den angewandten Forschungsmethoden nicht abgebildet; (z.B. Probleme der Veränderungsmessung)
3. In unterschiedliche Therapiemethoden realisiert sich ein gemeinsamer Faktor, der therapeutisch wirkt, obwohl er keine zentrale Rolle in der Veränderungstheorie dieser Schule einnimmt.

Gemeinsame (common) Faktoren spielen aus der Sicht dieser Autoren eine gewichtige Rolle in der psychotherapeutischen Arbeit und erklären einen großen Teil der nachgewiesenen Effektivität von Psychotherapie. Als konzeptübergeifende (psychotherapeutische) Wirkfaktoren sind z.B. auch die psychotherapeutischen Rahmenbedingungen, die Verabredung und Umsetzung eines bestimmten Settings oder Arbeitsbündnisses anzusehen. Für den Patienten ist damit häufig die Erwartung von Hilfe und Entwicklung verbunden, und diese vermittelt ihm Sicherheit, die allein schon stabilisierend wirken kann. Diese Rahmenbedingungen sind nun gerade im stationären psychotherapeutischen Setting ausgesprochen komplex und häufig eng strukturiert, wie es insbesondere für Entwöhnungskliniken gilt (siehe z.B. Rost 1987).

Lambert und Bergin haben eine Auflistung von gemeinsamen Faktoren vorgenommen, die mit einem positiven Therapieoutcome korrelieren. Dazu gehören unterstützende Faktoren wie z.B. die positive Beziehung, Spannungsentlastung oder Vermittlung von Struktur; Lernfaktoren wie kognitives Lernen, korrigierende emotionale

Erfahrung, Rückmeldung und Handlungsfaktoren, die z.B. die Verhaltensregulierung, Realitätstestung oder die Ermutigung, Angst zu ertragen, umfassen (a.a.O. 163). Für Karazu (1986) sind insbesondere drei Faktoren im Therapieprozeß veränderungsrelevant, die in den verschiedenen Therapieansätzen durch unterschiedliche therapeutische Interventionen oder Vorgehensweisen realisiert werden. Diese sind: 1. die affektive Erfahrung; 2. die kognitive Bewältigung und 3. die Verhaltensregulierung. Resümieren wir diese hier dargelegte Befundlage und Interpretation in ihren Konsequenzen für die stationäre Psychotherapie, so läßt sich erst einmal formulieren, daß es nur wenig zwingende Hinweise für die Bevorzugung des einen oder des anderen therapeutischen Modells im Rahmen einer Konzeptualisierung des stationären Behandlungsangebotes gibt. Allerdings geht diese Sichtweise von einer nicht vorhandenen oder nur gering ausgeprägten Erfolgsdifferenz der hier besprochenen therapeutischen Ansätze (kognitiv-behaviorale vs. psychodynamisch orientierte Methoden) aus und sieht diese vor allem durch konzeptübergreifende (common factors) begründet.

Die besondere Aufmerksamkeit im Schulenwettstreit galt der Suche nach spezifischen Wirkfaktoren der unterschiedlichen Therapieverfahren. Die Herausarbeitung dieser Variablen war jedoch bis in die siebziger Jahre kaum möglich, da in den Studien bis dahin nicht gesichert werden konnte, inwieweit die intendierte Therapie in der Untersuchung auch umgesetzt wurde. Eine entscheidende Wende zur Untersuchung der störungsspezifischen Wirkweise ergab sich mit der Einführung von Therapiemanualen, die seit den siebziger Jahren und vor allem in den achtziger Jahren verstärkt Eingang in die Therapieforschung gefunden haben. Diese Manuale existieren nicht nur für behavioral-kognitve Methoden, sondern auch für psychodynamisch orientierte Verfahren oder Methoden der humanistischen Psychologie.

Die Ziele von Therapiemanualen liegen auf der Ebene der Ausbildung, sie geben Struktur und über Operationalisierungen konkrete Handlungsanweisungen wie der Supervision. Im Bereich der Forschung besteht ihr Vorzug insbesondere in der Erhöhung der Validität der Aussagen. So ermöglichen sie die Kontrolle, inwieweit das therapeutische Vorgehen wie geplant umgesetzt wurde, bieten die Basis für die Entwicklung therapieadäquater Meßinstrumente und erleichtern potentiell die Replizierbarkeit der Untersuchung.

Besonders von Seiten der Verhaltenstherapie wurden seit dem Ende der siebziger Jahre verstärkt störungsbezogene psychotherapeutische Vorgehensweisen entwickelt, wobei ja bereits mit der systematischen Desensibilisierung bei Phobien durch Wolpe (1958) in den fünfziger Jahren ein störungsspezifisches Vorgehen entwickelt worden ist. Heute ist davon auszugehen, daß nahezu für das gesamte Spektrum psychischer und psychosomatischer Störungen ein breites Arsenal – vom Anspruch her – verhaltenstherapeutischer störungsspezifischer psychotherapeutischer Interventionen vorliegt (siehe z.B. Emmelkamp 1994, Zielke und Sturm 1994). Für die unterschiedlichen Störungsbereiche liegen zum Teil eine Vielzahl von Therapievergleichsstudien vor, bei denen störungsspezifische Verfahren verhaltenstherapeutischer Couleur im Vergleich, unter der Berücksichtigung von unbehandelten Kontrollgruppen, geprüft worden sind. Für die störungsorientierte Behandlung depressiver Patienten hat Emmelkamp (S.397) den Vergleich zwischen der behavioralen vs. der kognitiven Therapie auf dem Hintergrund einer Reihe von Metaanalysen als unentschieden charakterisiert. So wie keine der hier besprochenen Methoden einen deutlichen Effektvorsprung gegenüber der anderen hatte, so zeigten diese therapeutischen Interventionen auch keine differentiellen Effekte bezüglich relevanter kognitiver und verhaltensbezogener Variablen, was bei einer Störungs- oder Problemsensibilität dieser Methoden doch zu erwarten gewesen wäre. Zur Bewertung der Befundlage zu störungsspezifischen therapeutischen Ansätzen, sollen noch zwei Studien kusorisch dargestellt werden.

In der NIMH – Studie zur Depressionsbehandlung (Nationales Institut für seelische Gesundheit, siehe Elkin , 1994) wurden zwei spezifische Depressionsbehandlungen, eine kognitiv-behaviorale Therapie und die interpersonale Psychotherapie direkt miteinander verglichen und darüberhinaus im Vergleich mit einer Imipraminbehandlung plus klinischem Standardmanagement geprüft. Zusätzlich wurde eine Placebobedingung und das klinische Standardmanagement geprüft. Das klinische Standardprogramm bestand dabei aus dem Kontakt zu einem erfahrenen und supportiven Therapeuten. In der Studie wurde 250 Patienten von 28 Psychiatern und Psychologen behandelt, die besonders ausgewählt worden waren und für die Methode, die sie einsetzen sollten, speziell ausgebildet worden waren. Die Behandlungsmethoden waren sorgfältig und detailliert definiert worden und es gab Manuale, in denen die theoretischen Hintergründe, die generellen Strategien, relevanten Techniken und Methoden zum Management spezifischer Probleme aufgeführt waren.Die Behandlungsdauer umfaßte 16-20 Wochen; die durchschnittliche Behandlungsdauer umfaßte 13 Stunden. Die Effektmessung umfaßte Symptomskalen und andere Merkmalsbereiche. Die Patienten mußten die diagnostischen Kriterien für eine Major Depression erfüllen und einen Score von 14 auf der Hamilton-Skala aufweisen (maximal 17).

Folgende Ergebnisse zeigten sich: Es gab wenig Evidenz für eine spezifische Effektivität der interpersonellen Psychotherapie und keine Evidenz für eine Spezifität der kognitiv-behavioralen Psychotherapie. Überraschenderweise zeigten beide Methoden auch kaum Vorteile gegenüber der Placebogruppe plus klinischem Management. Die Therapiegruppen waren effektiv, aber auch die Placebogruppe besserte sich. Im direkten Vergleich zwischen den beiden Psychotherapieformen zeigte sich kein Unterschied zwischen diesen im Bereich der untersuchten Hauptmerkmale. Auch wenn die Effektivität bei Patienten unterschiedlichen Schweregrades geprüft wurde, zeigte sich keine Differenz. Selbst beim Vergleich von Merkmalen, die als spezifisch für die jeweilige Methode angesehen wurden, zeigte sich keine Differenz, wie auch von Emmelkamp (siehe oben) berichtet. So ergab sich insgesamt kaum ein Hinweis auf eine differentielle Effektivität der beiden Verfahren.

Für die Behandlung von Panikattacken mit Agoraphobie hat sich eine Methodenkombination von Entspannung, Atemtraining, kognitive Restrukturierung und Simulation der Symptomatik zum Erlernen von Copingverhalten bewährt. In Vergleichsstudien, in denen ausgewählte Elemente des Gesamtprogramms (Barlow und Cerny 1988) in jedweder Kombination mit Wartegruppen verglichen wurden, konnte ein Vorteil jedes dieser Verfahren gegenüber der Wartegruppe gezeigt werden. Aber auch hier zeigten sich Unterschiede zwischen den Interventionen nur bei dem Symptombereich Panikattacke. In den Merkmalsbereichen Residualangst und phobische Symptome zeigten sich bei den verschiedenen Interventionen keine differentiellen Effekte (siehe Lambert und Bergin 1994). Es zeigte sich jedoch selbst für den Bereich der Panikattacke nur relativ wenig Sensitivität ; für die anderen Angstsymptome sind verschiedene durchaus divergente Vorgehensweisen tauglich. Wenn wir nun das Problem der Validität von störungsorientierten Diagnosen in Rechnung stellen, ist zu fragen, wie trennscharf eigentlich die verschiedenen Angststörungsklassen sind. Ist die Unterscheidung zwischen einer Panikattacke und Agoraphobie, aber auch der generalisierten Angst oder einer somatoformen autonomen Funktionsstörung (ehemals Herzangst) klinisch evident? Unserer Erfahrung nach stellt die Diagnose einer Panikattacke nur allzuoft eine Durchgangsdiagnose dar, die sich zu einem späteren Zeitpunkt als etwas anderes herausstellt (z.B. generalisierte Angststörung, Depression, Persönlichkeitsstörung). Berücksichtigen wir diese Sichtweise, so löst sich das wenig prominente Ergebnis der Spezifität der oben beschriebenen Methodenkombination für die Panikattacke in „Wohlgefallen" auf.

Insgesamt ist auf dem Hintergrund der vorliegenden Datenlage das Wissen über spezifische Wirkweisen von unterschiedlichen psychotherapeutischen Ansätzen doch nach wie vor als relativ gering anzusehen. Es ist sehr wahrscheinlich, daß die Annahme des Wirkens von spezifischen Mechanismen in den verschiedenen Therapieschulen nicht nur Ideologie ist. Allerdings sind diese methodisch, angesichts der Komplexität und Verwobenheit der in einer Psychotherapie wirksamen Variablen, doch schwer zu identifizieren. Und es bleibt die Frage, ob sie isoliert überhaupt wirken. Dies gilt bereits für die ambulant vorgenommene Psychotherapie. Wir müssen berücksichtigen, daß gerade in einer große Zahl von amerikanischen Studien, die doch eine Majorität der in die verschiedenen Metaanalysen eingegangenen Untersuchungen darstellen, eher „leichter gestörte" Patienten behandelt worden sind, als in unseren stationären Settings die Regel ist. Dies bedeutet, daß das Validitätsproblem die Reichweite der Aussagen der psychotherapeutischen Forschung für die stationäre Psychotherapie vielfältig belastet. Selbst wenn wir schwache differentielle Effekte unterschiedlicher psychotherapeutischer Interventionen in den kontrollierten Studien finden, bleibt doch zu erwarten, daß diese unter der Komplexität des „klinischen Feldes" (siehe oben) nivelliert bzw. relativiert werden. Damit soll nicht dem Versuch, therapeutisches Behandeln empirisch zu sichern, entgegnet werden. Allerdings sind die Befunde mit ihren geringen differentiellen Effekten m.E. heute noch nicht geeignet, relevante praktische Schlüsse für die Konzeptualisierung von Behandlungseinrichtungen oder die differentielle Indikationsstellung zu ziehen. Selbst wenn die skizzierten störungsorientierten Therapiebausteine eine höhere differentielle Effektivität aufweisen würden als bislang zu vermuten ist, bestehen berechtigte Bedenken, daß sich diese Interventionen z.B. im stationären therapeutischen Setting, selbst wenn sie manualgesteuert wären, unter dem Einfluß unterschiedlicher Variablen in ihrer Wirkweise und unterstellten Effektivität verändern würden. Ein wichtiger, das therapeutische Vorgehen und wohl auch die Erfolge modifizierender Faktor ist der bekannte Umstand, daß Therapeuten unter dem Druck der Alltagsbedingungen, etwas anderes tun, als sie konzeptionell tun wollten oder sollten. Dieses Phänomen, als Praxis-Shift gekennzeichnet, drückt sich wohl in der Tatsache aus, daß bei Untersuchungen zum therapeutischen Vorgehen von Therapeuten doch eine beträchtliche Anzahl der Befragten angibt, daß sie eklektizistisch vorgehen würden (siehe Garfield und Bergin 1994). In unterschiedlichen Studien aus den USA, in denen klinische Psychologen, Psychiater, aber auch Sozialarbeiter befragt worden waren, lag der Prozentanteil zwischen 29% (Norcross, Prochaska & Gallagher 1989) und 68% (Jensen, Bergin und Greaves 1990).

Auch wenn das stationäre Setting grundsätzlich über institutionalisierte Formen der Supervision des therapeutischen Prozesses besser in der Lage sein sollte, die Kultur der

Therapie zu reflektieren, wird sich das Phänomen des Praxis-Shiftes auch hier finden. Selbst die „reine“ Applikation von manualgesteuertem, störungs- oder problemorientiertem therapeutischen Vorgehen muß sich in einer großen Zahl von Fällen an die therapierelevante Problematik des Patienten adaptieren. Patienten setzen sich nicht additiv aus einzelnen Störungsbereichen zusammen, die dann durch entsprechende problembezogene therapeutische Ansätze zu behandeln wären. Gerade das zeitlich parallele oder auch aufeinanderfolgende Vorliegen multipler Störungen kann bedeuten, daß hinter ihnen als gemeinsame Klammer oder Grundmuster beispielsweise eine Persönlichkeitsstörung liegt, die eine umfassendere und über die speziellen störungsorientierten Ansätze hinausgehende Therapie notwendig macht, die mehr als nur Behandlungsbausteine aufsummiert. Und spätestens hier, aber natürlich vielfach früher, sind die berichteten gemeinsamen Faktoren – insbesondere die Therapeut-Patient-Beziehung – von Bedeutung. Tschuschke (1990) resümmiert als zentrales Ergebnis der Metaanalysen, den Hinweis auf die Bedeutung der Therapeut-Patient-Beziehung für den Prozeß wie den Outcome und fragt, inwieweit dieses Kriterium nicht viel mehr indikationsleitend sein sollte als vielfältigste Annahmen über spezifische Wirkungen.

Die Indikation zur stationären Psychotherapie

Hier ist einmal zu fragen, ob überhaupt eine stationäre Psychotherapie angezeigt ist und wenn ja, welche Art von stationärer Psychotherapie. Unter dem ersten Gesichtspunkt sind die Alternativen eine fehlende Indikation zur Psychotherapie oder die ambulante Psychotherapie. Andere psychotherapeutische Behandlungsansätze, wie z.B. tagesklinische Settings, haben aktuell bei der Behandlung von Patienten mit psychogenen Störungen nur wenig Bedeutung, sondern finden sich eher in rehabilitativ orientierten Einrichtungen der Psychiatrie. Zur Abklärung der grundsätzlichen Frage, ob eine Psychotherapie überhaupt bei einem Patienten indiziert ist, finden sich natürlich in der Psychotherapieliteratur (siehe z.B. die Monographien von Heigl 1978, Baumann 1981, Schneider 1990) weitreichende Entwürfe, ohne daß aussagekräftige empirische Befunde im engeren Sinne vorliegen würden. Die Argumentationen sind weitgehend theroetisch verankert und durch die klinische Erfahrung geleitet. Generell läßt sich formulieren, daß allein die Tatsache, daß ein Patient, der eine Störung aufweist, die in relevanten Auszügen psychosozial begründet oder durch psychosoziale Faktoren aufrechterhalten und ausgestaltet wird (Chronfizierungsaspekt), nicht schon einen hinreichenden Grund für eine Indikation zu einer Psychotherapie, egal welcher Couleur, darstellt. Eine Psychotherapie will natürlich psychosozial relevant verankerte Störungsbereiche verändern, und insofern ist für die Indikation zur Psychotherapie das Vorliegen derartiger Probleme zu fordern. Darüber hinaus ist jedoch auch bei der grundsätzlichen Frage, ob überhaupt eine Psychotherapie erfolgen soll, zu klären, inwieweit der Patient die Voraussetzungen für eine psychotherapeutische Behandlung mitbringt. Diese unterscheiden sich wahrscheinlich doch erheblich, angesichts der unterschiedlichen Therapiekonzepte in den verschiedenen Therapieschulen, wobei wir auch hier berücksichtigen müssen, daß u.U. gravierende Diskrepanzen zwischen den ursprünglichen Therapietheoremen und der therapeutischen Praxis bestehen. Dennoch erfordern – allgemein formuliert – psychotherapeutische Verfahren vom Patienten in einem gewissen Ausmaß einen Zugang zu psychosozialen Anteilen am Krankheitsgeschehen und eine gewisse Bereitschaft und Fähigkeit (z.B. auch psychische und somatische Belastbarkeit), sich auf psychotherapeutische Behandlungsmethoden einzulassen. Diese motivationalen Voraussetzungen sind aber häufig bei Patienten mit körperlichen Symptomen auf dem Hintergrund psychogener Erkrankungen (z.B. Angststörungen, Depressionen oder Somatisierungsstörungen) auf Grund eines somatischen Krankheitskonzeptes und entsprechender Behandlungserwartungen, die jeweils häufig von den behandelnden Ärzten durch entsprechendes diagnostisches und therapeutisches Vorgehen fixiert werden und durch die nach wie vor bestehende Stigmatisierung psychischer Erkrankungen nicht gegeben. In diesem Bedingungshorizont sind sicherlich relevante Gründe der nach wie vor hohen Chronifizierungsquote dieser Störung zu suchen (siehe Meyer et al 1991).

Die Arbeit an der Behandlungsmotivation wie an den damit in Zusammenhang stehenden Krankheits- und Behandlungskonzepten stellt so im Vorfeld der Psychotherapie einen wichtigen Ansatz dar, der z.B. an der Klinik für Psychosomatik des Zentralinstitutes für Seelische Gesundheit stationär im Rahmen einer probatorischen Therapie über 5 Wochen vollzogen wird (siehe Deter und Schneider 1988). Die grundsätzliche Frage der Indikation zur Psychotherapie ist auch unter ethischen Gesichtspunkten von Interesse. Ein Umstand, der allzuoft vernachlässigt wird. Strupp et al (1977) haben auf der Grundlage einer Expertenbefragung auf eine relevante Anzahl durch die Psychotherapie induzierter negativer Aspekte hingewiesen, zu denen z.B. unrealistische Ziele des Patienten zählten, die Verschlechterung der Symptomatik oder das Auftreten neuer Symptome sowie eine Einengung der Lebensgestaltung des Patienten auf die Therapie. Auch wenn wir berücksichtigen, daß eine Symptomverschlechterung u.U. auch eine notwendige Entwicklung im therapeutischen Prozeß darstellen kann, lassen sich die hier angeführten Probleme nicht von der Hand weisen. Eine Vertiefung dieser Thematik findet sich z.B. bei Rauchfleisch 1982, Wolfslast, 1985,1987, Schneider 1990. Die Frage der differentiellen Indikation zu einer ambulanten oder einer stationären Psychotherapie läßt sich ebenfalls noch nicht angemessen auf der Grundlage empirischer Forschungsbefunde beantworten. Diese Frage ist m.E. bislang nicht oder nur ungenügend empirisch untersucht worden, da die Psychotherapieforschung die Untersuchung der Effektivität von psychotherapeutischen Methoden oder die psychotherapeutischen Prozesse fokussiert und die Thematik der spezifischen Indikation zur stationären Psychotherapie vernachlässigt hat. Zur Frage der Effizienz stationärer Psychotherapie bei unterschiedlichen Störungsgruppen und Problembereichen liegen sowohl seitens der Verhaltenstherapie (z.B. Zielke und Sturm 1994) als auch seitens der psychodynamisch orientierten Psychotherapie (Strauß et al 1993, Lamprecht und Schmidt 1990) im deutschsprachigen Raum vielfältige Studien vor, die diese belegen. Aber auch diese Arbeiten sind nicht geeignet, Aussagen über die differentielle Indikationsstellung zur stationären Psychotherapie zu machen, da wir nicht wissen, wie sich die in den (Feld)-Studien untersuchten Patienten in einem anderen Setting entwickelt hätten. Genausowenig eignen sich die Ergebnisse dazu, Aussagen über eine differentielle Indikation zu einer stationären verhaltenstherapeutischen oder psychodynamisch orientierten Psychotherapie vorzunehmen. So müssen wir uns weiter mit theoretisch und klinisch begündeten Kriterienkatalogen zur Indikation für eine stationäre Psychotherapie begnügen, die sich bei unterschiedlichen Autoren (z.B. Janssen 1987, Deter und Schneider 1988, Rodewig et al 1990) finden und sich durchaus ähneln. Diese umfassen (siehe auch Rodewig et al 1990):

Störungsvariablen, wie z.B. die Art, Schwere und Verlaufscharakteristika der Symptomatik. Bei körperlichen Symptomen können u.U. diagnostische und therapeutische Maßnahmen notwendig werden, die nur oder besser stationär vorgenommen werden. Bei Vorliegen von komplexen Krankheitsbildern mit psychischen und somatischen Komplikationen wird häufig eine sowohl die psychischen als auch die somatischen Belange angemessen berücksichtigende und integrierende stationäre Behandlung indiziert sein. Bei spezifischen psychischen Symptomen (z.B. Ängsten oder Zwängen) ist u.U. die stationäre Behandlung die Voraussetzung für eine notwendige Entlastung des Patienten und für den Beginn einer Psychotherapie. Bei suizidalen Patienten bietet die Klinik mit ihrem schützenden Rahmen häufig eine gute Voraussetzung für eine Krisenintervention. Für Patienten mit drohender psychotischer Dekompensation oder Süchten, sind stationäre Klinikaufenthalte zur adäquaten Behandlung der jeweiligen Problemstellung (akutpsychiatrische Behandlung oder Entzug) indiziert und nicht psychotherapeutische Behandlungen im engeren Sinne.

Persönlichkeitsvariablen: hier spielen unterschiedliche affektive und kognitiveVariablen eine besondere Rolle. Für Patienten mit gravierenden Beziehungsstörungen kann der verbindliche Rahmen der stationären Psychotherapie u.U. erst die Voraussetzung für die Entwicklung einer kontinuierlichen therapeutischen Arbeit und Beziehungsaufnahme darstellen. Für Patienten mit einer somatisch zentrierten Krankheitsverarbeitung kann das stationäre Setting gegebenfalls motivationale Hilfestellung, z.B. durch die Erfahrung im Umgang mit dem therapeutischen Personal aber auch der Modellfunktion anderer Patienten bieten.

Psychosoziale Umgebungsvariablen: Dazu zählen z.B. belastete und belastende Interaktionen zwischen dem Patienten und seiner Familie, die für alle Beteiligten eine Überforderung bedeuten können und u.U. einer Problemlösung entgegenstehen. Für dissoziale Patienten resultieren häufig vielfältigste juristische und soziale Konsequenzen aus ihrem „Fehlverhalten", die u.U. gerade bei Jugendlichen eine stationäre Psychotherapie, im Sinne von „Grenzsetzung" oder der Übernahme von fehlenden Ich-Funktionen angezeigt sein lassen.

Die hier vorgenommene Akzentuierung ist natürlich künstlich, weil die Variablen der Störung und der Persönlichkeit nicht voneinander zu trennen sind und zwischen den psychosozialen Umgebungsvariablen und der Störung bzw. der Persönlichkeit im Krankheitsprozeß komplexe Interaktionen ablaufen. Chronifizierungsprozesse stellen eine Folge dieser komplexen Wechselbeziehung dar, wobei hier insbesondere auch iatrogene Einflüsse über die wiederholte somatische Diagnostik und Therapie in ihren Auswirkungen auf die Krankheitsverarbeitung und die Behandlungserwartungen der Patienten (siehe z.B. Pennebaker & Watson 1991), zu beachten sind.

Hier sind deshalb auch passager stationäre Behandlungen zu bevorzugen, die über differenzierte therapeutische Modi der Komplexität des Problems besser gerecht werden können als eine ambulante Psychotherapie Zielke und Sturm (1994) haben 24 Problem- bzw. Behandlungskonstellationen als Kriterien für eine Indikationsstellung zu einer stationären Verhaltenstherapie in einer Rehabilitationsklinik formuliert, die einerseits eine gute Systematik auf dem Hintergrund der Verhaltenstherapie darstellen, aber m.E. gleichermaßen als Indikationskriterien für eine psychodynamisch orientierte Psychotherapie anzusehen sind.

In der Praxis wird sicherlich häufig eine stationäre Psychotherapie aufgrund des Fehlens geeigneter ambulanter Psychotherapeuten indiziert werden; dies insbesondere in ländlichen Gebieten mit einer schlechten ambulanten psychotherapeutischen Infrastruktur. Der sozioökonomische wie der sozialpolitische Gesichtspunkt in der Praxis der Indikationsstellung überlagert jedoch die sachliche Indikationsdebatte erheblich. Ein besonderes Problem bei der Indikation zur stationären Psychotherapie stellt aufgrund des Nebeneinanders von psychotherapeutisch-psychosomatischen Krankenhäusern und psychosomatischen Rehabilitationskliniken die Frage nach der spezifischen therapeutischen Reichweite beider Arten von Institutionen dar. Gibt es eine differentielle Indikation für eine psychosomatisch-psychotherapeutischen Akut-Krankenhausbehandlung und für die psychosomatische Rehabilitationsmaßnahme? Diese Frage ist sicherlich inhaltlich von Interesse, aber auch aus den bereits benannten ökonomischen Gründen, weil natürlich die materielle Absicherung von Kliniken durch eine Ausweitung des Behandlungs(Indikations-)spektrums gefördert wird und zum anderen durch den Nachweis, daß nur die besondere Art von Einrichtungen spezifische Aufgaben erfüllen kann. Als Ausdruck der spezifischen und teilweise divergenten Interessenlagen haben sich in der BRD sowohl die Leiter der psychosomatisch-psychotherapeutischen Krankenhäuser als auch die Leiter der psychosomatischen Rehabilitationskrankenhäuser in jeweils eigenen Fachgruppen organisiert, um ihre Interessenspolitik zu vertreten. Sicherlich werden beide Arten von Einrichtungen einen nennenswerten klinischen Überschneidungsbereich aufweisen, jedoch wird es auf Grund relevanter struktureller Unterschiede (Behandlungsdauer, Settingbedingungen, Anbindung an somatische Kliniken etc.) auch Differenzen bezüglich des Behandlungsspektrums geben, die eine differenziertere Indikationsstellung notwendig machen. Ein differentielles Indikationskriterium wird beispielsweise das Ausmaß an somatischen Problemen darstellen, das auf Seiten der behandelnden Einrichtung eben spezifische organmedizinische Kompetenzen und eine entsprechende Infrastruktur erfordert. Natürlich wird es hier im Feld der Rehabilitationskliniken eine große Variabilität bezüglich der materiellen und personellen Ressourcen geben, die eine generelle Antwort eher erschweren. Nicht beantwortbar aufgrund der Forschungslage ist ebenso die Frage nach der differentiellen Indikation für eine verhaltenstherapeutische oder psychodynamisch orientierte stationäre Psychotherapie, um nur die prominentesten Psychotherapieschulen zu berücksichtigen. Dies ergibt sich aus den oben referierten Befunden zur vergleichenden Psychotherapieforschung. Es gibt heute keine Rationale, die diese differenzierte Indikationsstellung ermöglicht (siehe auch Bassler und Hoffmann 1994). Allerdings gibt es klinisch relevantes Wissen, das mit einer guten inhaltlichen Evidenz Anhaltspunkte für eine derartige Entscheidungsfindung zur Verfügung stellen kann. Die unterschiedlichen Therapiemethoden erfordern auf Grund ihrer spezifischen therapeutischen Zielsetzungen und Methoden unterschiedliche Kompetenzen, Interessen und Motivlagen seitens der Patienten, die als Kriterien für eine Indikationsentscheidung dienen können. Lambert und Bergin (1994) bezeichnen diese theoretischen Konzepte über die Wirkweise der spezifischen Therapieschulen und die damit verbundenen Anforderungen an die Patienten als Veränderungstheorien. Für das klassisch orientierte psychoanalytische Vorgehen, das als Ziel die Sinnrekonstruktion oder die Durcharbeitung der neurotischen Konfliktkonstellation mit Hilfe der Deutung formuliert, wird allgemein gefordert, daß der Patient eine gewisses Ausmaß an Introspektionsfähigkeit aufweisen soll und eine

Übertragungsneurose ausbilden können soll. Dies erfordert eine spezifische Beziehungsfähigkeit seitens des Patienten. Diese Beispiele sollen als Referenz für theoriegeleitete Indikationskriterien erst einmal genügen. Problematisch ist in diesem Zusammenhang, daß die so konzeptionell abgeleiteten Kriterien nichtssagend sind, wenn die zugrundeliegenden theoretischen Annahmen nicht valide sind. Für psychodynamische Ansätze hat z.B. die Menningerstudie – eine naturalistische Langzeitpsychotherapiestudie (siehe Wallerstein 1990) – für psychoanalytisch orientierte Psychotherapieverfahren gezeigt, daß im Behandlungsprozeß entgegen der ursprünglichen Konzeptualisierung der psychoanalytischen Behandlung ein stärker supportiv ausgerichtetes Vorgehen realisiert wurde und demgegenüber die expressiv-deutenden Interventionen weniger Raum einnahmen als ursprünglich intendiert. Angesichts derartiger Ergebnisse liegt nahe, daß die theorieimmanenten Hypothesen über die Indikationskriterien vorsichtig gehandhabt werden sollten, es andererseits jedoch kaum Parameter zur Beurteilung der Indikationsfrage gibt, wenn wir die Aussage akzeptieren, daß die Störung allein (z.B. operationalisiert durch eine DSM-IV oder ICD-10-Diagnose) keine hinreichende Aussagekraft für die differentielle Indikationsstellung aufweist (siehe z.B. Grawe 1992, Schneider et al. 1993).

Selbst wenn z.B. eine Angststörung vorliegen sollte, für die als weitgehender Common Sense grundsätzlich eine Psychotherapieindikation besteht, bleibt im konkreten Fall zu berücksichtigen, wie die Hintergrundbedingungen des Patienten aussehen, in die die Angststörung eingebettet ist. Dabei sind eine Vielzahl Merkmalsbereiche von Bedeutung, die natürlich je nach Schulenausrichtung unterschiedlich in ihrer Relevanz für die Therapieindikation akzentuiert werden.

Dazu zählen:

- die Persönlichkeitsentwicklung des Patienten: Selbst- und Objektwahrnehmung, Abwehr, Beziehungs- und Kommunikationsfähigkeit, die Art der charakteristischen Konflikte, die individuelle Frustrationstoleranz und Belastbarkeit (siehe OPD 1996)
- die psychosozialen Auslöser und störungsrelevanten Lernbedingungen
- die Krankheitsverarbeitung und die Behandlungserwartungen bzw.- motivation (siehe z.B. Schneider 1990)
- Einflüsse der unmittelbaren Umwelt, aber auch des professionellen Umfeldes: dazu zählen neben den Verwandten, Arbeitskollegen (Arbeitsplatzbedingungen) auch die professionellen wie auch semiprofessionellen Behandler, die gerade die Art der Krankheitsverarbeitung wie der Behandlungsmotivation beeinflussen können. Das Umfeld der Patienten wird häufig eine wichtige modifizierende Funktion bei der Chronifizierung der Störung aufweisen.

So läßt sich gut ein Patient vorstellen, bei dem auf Grund von vorliegenden somatischen Erkrankungen, einer geringen Motivation und Belastbarkeit für eine Psychotherapie, diese Behandlung zugunsten einer medikamentösen Therapie zurückgestellt wird. Die Indikationsstellung zu einer Psychotherapie und gerade für eine stationäre Psychotherapie ist also ein vielschichtig determinierter Prozeß, in den Patientenvariablen, Einflüsse des psychosozialen Umfeldes, Variablen des Therapeuten und des therapeutischen Settings, Faktoren des indikationsstellenden Diagnostikers einfließen, die untereinander wiederum komplexe Wechelbeziehungen aufweisen. Über diese Faktoren und ihre wechselseitige Interaktion bestehen auf seiten der Experten theoretisch und klinisch begründete Annahmen hinsichtlich ihrer Aussagekraft für die differentielle Indikationsstellung. U. Koch und H. Rüddel (1996) haben in einem gemeinsamen Forschungsprojekt mittels einer Delphi-Befragung von Psychoptherapeuten versucht, die differentiellen Indikationskriterien für eine stationäre verhaltenstherapeutische bzw. psychodynamische Psychotherapie herauszuarbeiten. Bei diesem Vorgehen wurde ausgehend von anonymisierten „subjektiv-intuitiven" Aussagen einer Gruppe von Experten versucht, im weiteren Verlauf über die standardisierte Rückmeldung der „zentralen" Thesen zu einem Gruppenkonsens über die relevanten differentiellen Indikationskriterien zu kommen. Es zeigte sich, daß die Expertengruppe den Variablen „Patientenwunsch" und „Therapieziele" im fortgeschrittenen Prozeß der Befragung eine hohe Bedeutung für die differentielle Indikationsstellung zuschrieb und auch positive Erfahrungen des Patienten mit einer der beiden Therapierichtungen, als ein Argument für die Beibehaltung dieser Therapieerichtung ansahen. Als relevant für die Indikation zur psychodynamischen Psychotherapie wurden von den Experten die Variablen „Verbalisierungfähigkeit" und „Beziehungsfähigkeit" angesehen. Dem subjektiven Krankheitsverständnis wurde ebenfalls eine besondere Bedeutung für die differentielle Indikationsstellung zugeschrieben, wobei ein eher am somatischen Modell orientiertes Geneseverständnis als Indikationshinweis für eine VT verstanden wurde. Auch der Variable Diagnose wurde seitens der Experten eine wichtigere indikationsleitende Funktion zugeschrieben. Dabei wurden für enger definierte Störungsbereiche wie z.B. Angst-, Panik oder Eßstörungen eher verhaltenstherapeutische störungsorientierte Verfahren als geeignet angesehen (Koch et al 1996, Schulz 1996). Demgegenüber wurde für die Indikation zur psychodynamisch orientierten Psychotherapie der Störung geringere Bedeutung seitens der befragten Experten zugeschrieben.

Blaser (1977) hat sich mit den indikationsrelevanten und patientenbezogenen Konzepten von Therapeuten befaßt und in einer experimentellen Studie gezeigt, daß sich diese in „idealen Indikationsstereotypien" niederschlagen und den Prozeß der Indikationsstellung beeinflussen. Neben diesen Bedingungen, würde der Prozeß der Indikationsstellung jedoch auch erheblich durch affektive Variablen auf seiten des die Indikation stellenden Therapeuten beinflußt. Auch Leuzinger (1980a und b) konnte in einer experimentellen Studie die „geringe Objektivität" und das „hohe Ausmaß an Störanfälligkeit" von Therapeuten im Prozeß der Indikationsstellung aufweisen. Wenn Therapeuten nun im Beurteilungsprozeß zu Stereotypien, Vorurteilen und Wahrnehmungsverzerrungen neigen, erscheint es besonders dringlich, die rationale Beurteilungsgrundlage besonders umsichtig und vorsichtig zu formulieren, um nicht noch über die Ideologisierung von Konzepten ein mehr an Verwirrung zu stiften.

Andererseits entspricht das relativ unabhängige Nebeneinander von verhaltenstherapeutischen und psychodynamisch orientierten stationären Einheiten dem aktuellen Wissensstand über Psychotherapie; die Konkurrenz beflügelt vielleicht die Tendenz zu einer kritischen Reflexion der eigenen Praxis und ihrer Voraussetzung im Sinne von Indikationskriterien, und dies umfaßt explizit die empirische Forschung mittels problemadäquter Methoden, die sowohl quantitative gruppen- und einzelstatistische Ansätze wie qualitative Analysen umfaßt. Inwieweit überhaupt eine generelle „schulenübergreifende" Antwort auf das Indikationsproblem möglich ist, bleibt berechtigt zu hinterfragen. Westmeyer (1981) hat die Frage der differentiellen Indikationsstellung zwischen verschiedenen Therapierichtungen mit je eigenem Persönlichkeits-, Krankheits- und Behandlungskonzept als Anleihe der Psychotherapie an die „Einheitswissenschaft" (Carnap) gekennzeichnet und als wenig aussichtsreich beurteilt.

Letztlich gründet der Prozeß der Indikationsstellung in einer diagnostischen Prozedur, die sich in der Formulierung ihrer Merkmale an unterschiedlichen Parametern orientiert. Welche indikationsleitenden Parameter im konkreten Fall berücksichtigt werden, sollte soweit als möglich in einem gemeinsamen Prozeß zwischen dem die Indikation stellenden Fachmann und dem Patienten erarbeitet werden. Einfache Antworten, die allein in der prognostischen Valitität begründet sind, mögen gewünscht sein, sind jedoch in der Regel nicht ableitbar. Allein die Frage der Prognose ist mit dem Problem der therapeutischen Zielkriterien verbunden, die eine einfache Orientierung an den Symptomen als therapeutische Erfolgsvariablen nicht angezeigt sein läßt. Die Therapieindikation muß also immer auch die Ziele des Patienten wie auch seine kognitiven und affektiven Resourcen berücksichtigen. Dabei sollte die Orientierung an den Zielen jedoch nicht schematisch erfolgen. Therapieziele und Ressourcen für eine Behandlung sind im Grundsatz entwicklungsfähig und stellen oftmals einen Ausdruck eines sich vollziehenden diagnostischen und/oder therapeutischen Prozesses dar. Diese Entwicklungsperspektive im Prozeß der Indikationsstellung hat Bastine (1981) als adaptive Indikation charakterisiert.

Abschließend soll noch einmal ausdrücklich darauf hingewiesen, daß in einer größeren Zahl von Kliniken nicht ausschließlich psychodynamisch oder verhaltenstherapeutisch gearbeitet wird, sondern auch Elemente der anderen Schule in das therapeutische Angebot einbezogen sind. Inwieweit die unterschiedlichen Ansätze einfach additiv miteinander verbunden sind und in einem Gesamtbehandlungsplan reflektiert und integriert werden, ist von Außen nicht gut beurteilbar. Allerdings ergeben sich über das Nebeneinander unterschiedlicher therapeutischer Methoden eine Vielzahl von Fragen, die sowohl klinisch als auch wissenschaftlich nicht einfach zu beantworten sind. Dazu gehören insbesondere die Frage der Wechselwirkung zwischen den unterschiedlichen therapeutischen Ansätzen.

Die zukünftig relevanten Fragen der stationären Psychotherapieforschung liegen also im Bereich der Analyse des komplexen therapeutischen Geschehens, wobei die Wirkweise und die Effekte der einzelnen therapeutischen Elemente in ihrer Interaktion mit den anderen therapeutischen Behandlungsmethoden Gegenstand einer Reflexion sein müßte, die darüberhinaus auch die oben aufgeführten institutionellen Hintergrundbedingungen in ihren Auswirkungen auf den therapeutischen Prozeß zu berücksichtigen hat.

Um diese Vielzahl an Variablen in ihrer Auswirkung auf spezifische Patienten mit speziellen Problemkonstellationen untersuchen zu können, sind wohl am ehesten multizentrische Vorgehensweisen angezeigt, die allein in der Lage sind, genügend große Fallzahlen zu erbringen, um hier differenzierte Aussagen zu ermöglichen. Dafür ist dann jedoch die Verfügbarkeit eines geeigneten methodischen Inventars zu fordern, daß die differenzierte Abbildung spezifischer Veränderungen ermöglichen muß. Darüberhinaus sind geeignete diagnostische Methoden zu fordern, die über die operationalen psychiatrischen Methoden wie DSM-IV und ICD-10 hinausgehen und auch die Erhebung von psychodynamisch relevanten Merkmalsbereichen ermöglichen, um eine angemessenere diagnostische Beschreibung der Patienten zu erreichen. Von Bedeutung ist auch eine instutionsübergreifende Basisdokumentation. Wichtige Voraussetzungen auf diesem Weg sind von der Mainzer Werkstatt für stationäre Psychotherapieforschung (Bassler und Hoffmann 1994) als Diskussions- und Koordinationsforum geschaffen worden, die in verschiedenen Arbeitsgruppen seit 1988 sowohl zu Fragen der multizentrischen Ergebnisforschung sowie zur Entwicklung und Überprüfung von Meßinstrumenten gearbeitet hat. Ein Ergebnis stellt z.B. die Basisdokumentation des DKPM (Deutsches Kollegium für Psychosomatische Medizin, Broda et al 1993) dar. Zur Diagnostik psychodynamisch relvanter Merkmalsbereiche steht mittlerweile die Operationale Psychodynamische Diagnostik (OPD, Cierpka et al 1995, Schneider et al 1995) zur Verfügung, die ebenfalls ein Ergebnis einer mehrjährigen Forschungskooperation verschiedener psychotherapeutisch-psychosomatischer Einrichtungen darstellt.

Abschließend soll jedoch noch einmal deutlich darauf verwiesen werden, daß die Bedeutung der empirischen Psychotherapieforschung für die stationäre Psychotherapie sich insbesondere auch über eine Veränderung der Ansprüche ergibt, die generell und so auch in diesem Bereich bezüglich der Reflexion therapeutischen Handelns und seiner Effekte formuliert werden. Diese wissenschafts- und sozialpolitisch wirksamen Prozesse haben dazu beigetragen, daß Maßnahmen zur Evaluation und zur Qualitätssicherung auch im Anwendungsbereich der stationären Psychotherapie zunehmend Realität werden und darüber hinaus den klinischen Alltag verbessern helfen und gleichzeitig wichtige wissenschaftliche Aussagen mit naturalistischem Charakter ermöglichen.

Literaturverzeichnis

Arbeitskreis Operationale Psychodynamische Diagnostik (1996). Operationalisierte Psychodynamische Diagnostik. Grundlagen und Manual. Huber, Bern.

Beese, F. und Schmitt, G. (1993). 25 Jahre Psychotherapeutische Klinik Stuttgart-Sonnenberg. In: Schmitt G., Seifert, T., Kächele, H. (Hrsg.): Stationäre analytische Psychotherapie, Schattauer, Stuttgart, 4-40.

Barlow, D. und Cerny, J.A. (1988). Psychological treatment of panic. New York, Guilford.

Bassler, M. und Hoffmann, S.O. (1994). Trends in der empirischen Forschung über stationäre Psychotherapie. Bericht über die „Mainzer Werkstatt" zur empirischen Forschung über stationäre Psychotherapie. Psychotherapeut. 39, 3, 174-176.

Bastine, R. (1981). Adaptive Indikation in der zielorientierten Psychotherapie. In: Baumann, U. (Hrsg.): Indikation zur Psychotherapie. Urban & Schwarzenberg, München, 199-209.

Baumann, U. (Hrsg.) (1977). Indikation zur Psychotherapie. Urban & Schwarzenberg, München, 199-209, 1981.

Blaser , A. (1977). Der Urteilsprozeß in der Indikationsstellung zur Psychotherapie. Huber, Bern.

Broda, M., Dahlbender, R.W., von Rad, M., Schmidt, J und Schors R. (1993). DKPM-Basisdokumentation. Eine einheitliche Basisdokumentation für die stationäre Psychosomatik und Psychotherapie. Psychother., med. Psycho., Psychosomatik, 43/6, 214-223.

Cierpka M., Buchheim, P., Freyberger, H.J., Hoffmann, S.O., Janssen, P.L., Muhs, A., Rudolf, G., Rüger, W., Schneider, U., Schüßler, G. (1995). Die erste Version einer Operationalisierten Psychodynamischen Diagnostik. Psychotherapeut, 40, 2, 69-78.

Deter, H.-C. und Schneider, P. (1988) Allgemeiner Rahmen und Behandlungsgrundsätze. In: Schepank, H. und W. Tress (Hrsg.): Die stationäre Psychotherapie und ihr Rahmen. Springer, Berlin, 119-124.

Elkin I. (1994). The NIMH Treatment of Depression Collaborative Research Program: Where we Began and were we are. In Bergin, A.E., Garfield, S.L. Handbook Of Psychotherapy and Behavior Change, J. Wiley & Sons, New York, 114-139.

Emmelkamp, P.M. (1994). Behavior Therapy with Adults. In Bergin, A.E., Garfield, S.L. (Hrsg.), Handbook of Psychotherapy and Behavior Change, J. Wiley & Sons, New York, 379-427.

Grawe, K. (1992). Psychotherapieforschung zu Beginn der neuziger Jahre. Psychologische Rundschau, 43, 132-162.

Grawe, K., Donati, R., Bernauer, F. (1994). Psychotherapie im Wandel. Von der Konfession zur Profession. Hogrefe, Göttingen.

Heigl, H. (1978). Indikation und Prognose in Psychoanalyse und Psychotherapie. Vandenhoeck & Ruprecht,Göttingen.

Hoffmann, S.O. und Bassler, M. (1995). Zur psychoanalytisch fundierten Fokaltherapie von Angsterkrankungen. Forum der Psychoanalyse, 11, 1.

Janssen, P.L. (1987). Psychoanalytische Therapie in der Klinik. Klett-Cotta. Stuttgart.

Jensen J.P. & Bergin, A.E. & Greaves, D.W. (1990). The meaning of eclecticism: New survey and analysis of components. Professional Psychology. Research and Practice, 21, 124-130.

Kächele, H. (1993). Die therapeutische Umwelt in der stationären Psychotherapie. In: In Schmitt, G., Seifert, T., Kächele, H. (Hrsg.): Stationäre analytische Psychotherapie, Schattauer, Stuttgart, 41-48.

Karasu T.B. (1986). Specifity vs. nonspecifity. American J. of Psychiatry, 143, 678-695.

Koch, U. und Rüddel, H. (1996, Febr.). Differentielle Indikation in der stationären Psychotherapie/Psychosomatik. Versuch einer Konsensbildung zur Entwicklung von Indikatoren und diagnostischen Strategien für die Zuweisung zur verhaltenstherapeutischen und psychodynamischen Psychotherapie. Symposium, Bad Kreuznach.

Koch, U., Lotz, W., Rappat, S., Schulz, H. & Trabert, J. (1996, Jan.). Delphi-Befragung von ausgewählten Experten der Psychosomatischen Fachklinik St. Franziska-Stift Bad Kreuznach zur differentiellen Indikation. Forschungsbericht der AG Rehabilitationsforschung der Abt. für Medizinische Psychologie, Universitäts-Krankenhaus Hamburg-Eppendorf.

Lambert, M.J. und Bergin A.E. (1994). The Effectiveness of Psychotherapy. In: Bergin, A.E., Garfield, S.L. Handbook of Psychotherapy and Behavior Change, J. Wiley & Sons, New York, 143-189.

Lamprecht, F. und Schmidt, J. (1990). Das Zauberberg-Projekt: Zwischen Verzauberung und Ernüchterung. In: Ahrens, S. (Hrsg.) Entwicklung und Perspektiven der Psychosomatik in der Bundesrepublik Deutschland. Berlin, Springer, 97-115.

Luborsky, L., Singer, B. & Luborsky L. (1975). Comparative Studies of Psychotherapy. Arch. Gen. Psychiatry, 32, 995-1008.

Leuzinger, M. (1980a). Kognitive Prozesse bei der Indikation psychotherapeutischer Verfahren. Zürich. Unveröffentlichte Dissertation.

Leuzinger, M.: Denkprozesse bei der Indikationsstlellung. Berichte aus der Abt. Klinische Psychologie. Universität Zürich, 1980 b

Meyer, A.-E., Richter, R., Grawe, K., Graf v.d. Schulenburg & Schulte, D. (1991). Forschungsgutachten zu Fragen eines Psychotherapeutengesetzes. Im Auftrag des Bundesministeriums für Jugend, Familie, Frauen und Gesundheit.

Norcross, J.C., Prochaska, J.O. & Gallagher, K. (1989). Clinical psychologists in the 1980's: Theory, research and practice. The Clinical Psychologist, 42 (3), 45-53.

Pennebaker , J.W. und Watson, D. (1991). The psychology of somatic symptoms. In Kirmayer, L.J., Robbins, J.M. (Ed.): Current concepts of somatization: Research and clinical perspectives. American Psychiatric Press, London, 21-35.

Potreck-Rose F. & Koch, U. (1984). Chronifizierungsprozesse bei psychosomatischen Patienten. Schattauer, Stuttgart.

Rauchfleisch, U. (1982). Nach bestem Wissen und Gewissen. Die ethische Verantwortung in Psychologie und Psychotherapie. Vandenhoeck & Ruprecht, Göttingen.

Rodewig, K., Schneider, W. und Janssen, P.L. (1990). Indikation und Praxis stationärer Psychotherapie. Z. f. Individualpsychologie, 15, 190-203.

Rost, W.-D. (1987). Psychoanalyse des Alkoholismus. Theorie, Diagnostik, Behandlung. Stuttgart.

Schepank, H. (1988). Die stationäre Psychotherapie in der Bundesrepublik Deutschland.: Soziokulturelle Determinanten, Entwicklungsstuifen, Ist-Zustand, internationaler Vergleich, Rahmenbedingungen.

In: Schepank, H. und W. Tress (Hrsg.), Die stationäre Psychotherapie und ihr Rahmen. Springer, Berlin, 13-38.

Schneider, W. (Hrsg.) (1990a). Indikationen zur Psychotherapie. Anwendungsbereiche und Forschungsprobleme. Beltz, Weinheim.

Schneider, W. (1990b). Die Psychotherapiemotivation – Behandlungsvoraussetzung oder ein überflüssiges Konstrukt? In Schneider, W. (Hrsg.): Indikationen zur Psychotherapie. Anwendungsbereiche und Forschungsprobleme. Beltz, Weinheim, 183-202.

Schneider, W., Freyberger, H.J., Muhs, A. und Schüßler, G. (1993). Diagnostik und Klasssifikation nach ICD-10 Kap. V. Eine kritische Auseinandersetzung, Vandenhoeck und Ruprecht, Göttingen.

Schneider,W., Bucheim, P., Cierpka, M., Freyberger, H.J., Hoffmann, S.O., Janssen, P.L., Muhs, A., Rudolf, G., Rüger, U., Schüßler, V.G.(1995). Entwicklung eines Modells der Operationalen Psychodynamischen Diagnostik. Psychotherapie, Psychosomatik, Medizinische Psychologie, 3/4, 73-152.

Schulz, H. (1996, Febr.). Ergebnisse einer Delphi-Befragung ausgewählter Experten zu Kriterien der differentiellen Indikation. Vortrag auf dem Symposium „Differentielle Indikation in der stationären Psychotherapie/Psychosomatik. Bad Kreuznach.

Shapiro, D.A. und Shapiro, D. (1982). Meta-analysis of comparative therapy outcome research: a critical appraisal, Behavioral Psychotherapy, 10, 4-25.

Strauß, B. und Burgmeier-Lohse, M. (1994). Prozeß-Ergebnis-Zusammenhänge in der analytisch orientierten Gruppenpsychotherapie. Eine Erkundungsstudie im stationären Rahmen. Psychotherapeut, 39, 4, 230-238.

Strauß, B., Eckert, J. und Hess, H. (1993). Zusammenhänge zwischen interpersonalen Problemen und dem Behandlungsergebnis nach stationärer Gruppentherapie. Integration und Diskussion der Ergebnisse. Gruppenpsychotherapie und Gruppendynamik, 286-294.

Strupp, H.H., Hadley, S.W. & Gomes-Schwartz, B. (1977). Psychotherapy for better or worse. Aronson , New York.

Tschuschke, V. (1990). Spezifische und/oder unspezifische Wirkfaktoren in der Psychotherapie: Ein Problem der Einzelpsychotherapie oder auch der Gruppenpsychotherapie. In Tschuschke, V. und Czogalik, D. (Hrsg.), Psychotherapie – Welche Effekte verändern? Zur Frage der Wirkmechanismen therapeutischer Prozesse, Springer, Berlin, 243-271.

Wallerstein, R.S. (1990). Zum Verhältnis von Psychoanalyse und Psychotherapie. Wiederaufnahme einer Diskussion. Psyche, 11, 44, 967-994.

Westmeyer, H. (1991). Allgemeine methodologische Probleme der Indikation in der Psychotherapie. In Baumann, U. (Hrsg.), Indikation zur Psychotherapie. Urban & Schwarzenberg, München, Wien, Baltimore, , 187-192.

Wolfslast, G. (1985). Psychotherapie in den Grenzen des Rechts. Enke, Stuttgart.

Wolfslast, G. (1987). Die Haftung des Psychotherapeuten. Recht und Psychiatrie. 1, 2-6.

Zielke, M. (1993). Wirksamkeit stationärer Verhaltenstherapie. Beltz, Weinheim.

Zielke M. und Sturm, J. (1994). Handbuch der Stationären Verhaltenstherapie. Beltz, Weinheim.

Die Bedeutung der Psychotherapieforschung für die Gruppenpsychotherapie

Volker Tschuschke

1. Einleitung

Die Psychotherapie gerät in den neunziger Jahren dieses sich zu Ende neigenden Jahrhunderts aus verschiedenen Gründen unter wachsenden Legitimationsdruck: die Verschlechterung der ökonomischen Situation bringt sehr großen Veränderungsdruck für sozialpolitische Felder unseres Gesellschafts-systems mit sich. Versicherungen, Gesetzgeber und nicht zuletzt Patienten/Konsumenten verlangen – mit Recht – zunehmend offensiver danach, differen-tielle Effektivitäten, Sicherheit und Effizienz (Stichwort „Qualitätssicherung") von Behandlungsmaßnahmen auch des psychologisch-psychotherapeutischen Feldes dokumentiert zu erhalten. Dies setzt sowohl die klinischen Praktiker wie auch Forscher unter Druck, einerseits mehr sinnvolle, klinisch brauchbare Forschung auf den Weg zu bringen und andererseits die mittlerweile kumulierenden Forschungsergebnisse bereits vorhandener Studien für Umsetzungen in die tägliche Praxis zu nutzen und sie nicht länger zu ignorieren (*Dies,* 1993; *Dies,* 1994; *Tschuschke u. Dies,* 1994).

Am Beispiel der Gruppenpsychotherapie wird gut darstellbar sein, daß gerade dieses Spezialgebiet innerhalb der Psychotherapie womöglich prototypisch für die Psychotherapie insgesamt sein mag, was die Entwicklungen und Ergebnisse der empirischen Forschung in letzter Zeit angeht. Lange Zeit ein echtes „Mauerblümchen" der empirischen Psychotherapieforschung, scheint es in den letzten Jahren auch in der Gruppenpsychotherapie endlich den Fortschritt in Richtung auf klinisch aussagefähige Forschungsansätze zu geben, wie sie ein paar Jahre zuvor in der Einzelpsychotherapie bereits zunehmend Platz griffen (*Bernard u. MacKenzie,* 1994; *Fuhriman u. Burlingame,* 1994; *Kaplan u. Sadock,* 1993). Gruppenpraktiker haben bislang zu wenig Notiz genommen von Ergebnissen empirischer Gruppenpsychotherapieforschung; dabei hat sich speziell in den letzten Jahren hier einiges getan, was konkrete, klinisch brauchbare Hinweise für die tägliche gruppenpsychotherapeutische Praxis angeht (*Dies u. Tschuschke,* 1994).

Das verfügbare Wissen über empirische Forschungsergebnisse in der Gruppenpsychotherapie ist in den letzten ca. 15 Jahren angewachsen, und es gibt vielversprechende Hinweise, daß sich dies noch weiter verbessern wird, was Umfang und Qualität der veröffentlichten Studien angeht, wie entsprechende Literatur-Überblicke und verfügbare Methoden-Vielfalt zeigen (*Bednar u. Kaul,* 1994; *Fuhriman u. Burlingame,* 1994; *Kaplan u. Sadock,* 1993; *Strauß et al.,* 1996; *Yalom,* 1995).

Die Gruppenpsychotherapieforschung wird zweifellos noch in großem Umfang eine Zukunft vor sich haben; speziell im Hinblick auf eine Forschung, die in der Lage ist, für spezifische Settings, spezifische Störungsbilder und spezifische Behandlungskonzepte und -techniken theoretisch und klinisch relevante Ergebnisse zu liefern, da das neuere Forschungsparadigma der Prozeß-Ergebnis-Forschung erst relativ jüngeren Datums ist, von dem man sich Aufschlüsse über mögliche Gesetzmäßigkeiten wie die zuvor genannten Aspekte verspricht. Frühere Forschung setzte sich zunächst mit dem Wirksamkeitsnachweis von Psychotherapie im Vergleich zu unbehandelten Kontrollgruppen auseinander und ging der Frage nach, ob es unterschiedlich effektive Formen von Psychotherapie gibt (*Luborsky et al.*, 1975; *Tschuschke et al.*, 1994). Diese letztere Frage ist bislang noch unzureichend geklärt; auch wenn einzelne voreilige Stimmen innerhalb der Forschergemeinschaft meinen, differentielle Effektivitäten für einzelne Therapiekonzepte nachweisen zu können (*Grawe et al.*, 1994), so ist sich die Gesamtheit der seriösen Forscher darin einig, daß dieser Nachweis differentieller Effektivität *bislang* für keine Therapieform erbracht ist (*Lambert u. Bergin*, 1994; *Miller et al.*, 1993; *Shapiro*, 1995; *Stiles et al.*, 1986; *Tschuschke u. Kächele*, 1996; *Tschuschke et al.*, 1994). Erst sehr detaillierten, zeit-, kosten- und personalaufwendigen Prozeß-Ergebnis-Studien wird es möglich sein, spezifische Wirkfaktoren unterschiedlicher Behandlungskonzepte in unter-schiedlichen Settings, mit unterschiedlichen zu behandelnden Klientels und mit möglicherweise differentiellen Effektivitäten zu identifizieren – sofern sie vorhanden sind.

Im folgenden wird der aktuelle, empirisch verfügbare Kenntnisstand zur Gruppenpsychotherapie anhand maßgeblicher Teil-Module behandelt werden. Es gibt sehr verschiedene Forschungsansätze und Aspekte des vielschichtigen gruppenpsychotherapeutischen Prozesses. Der im folgenden dargestellte Über-blick versucht, sich auf wesentliche Facetten von Indikation bis fortgeschrittener Behandlung in therapeutischen Gruppen zu konzentrieren und bündelt das derzeitig verfügbare Wissen in diesen Bereichen. Es handelt sich dabei um die Aspekte

- Indikation zur Gruppenpsychotherapie
  - Gruppenzusammenstellung
  - die Bedeutung von prognostisch relevanten Klienten-/Patienten-Variablen
  - „Pregroup Training"
- Bedeutung des Gruppenleiters
- Entwicklungsphasen von Gruppen
- Rolle der Wirkfaktoren

2. Indikation zur Gruppenpsychotherapie

Bei der Frage nach der Indikation für eine spezifische Form von Psychotherapie bzw. psychologischer Intervention handelt es sich um das am wenigsten beackerte Land im gesamten Fachspektrum. Dies überrascht um so mehr, als hier bereits die entscheidenden Weichen für späteren Erfolg/Mißerfolg des psychotherapeutischen Unternehmens gestellt werden. Tatsächlich wird die Frage nach einer spezifischen Indikation zumeist *negativ* gestellt, auch in der Gruppenpsychotherapie, d.h. man scheint sich eher über Kontra-Indikationen im klaren zu sein denn über positive (*Piper*, 1994; *Tschuschke*, 1996d; *Yalom*, 1995). Dabei bemerkte *Yalom* bereits in 1985, daß

„... das Schicksal einer Therapiegruppe und seiner Mitglieder zu einem großen Teil vor der ersten Gruppensitzung festgelegt ist." (*Yalom*, 1985, S. 19; Übers. v. Verf.).

Grundsätzlich gibt es – nach bisherigem Kenntnisstand – keinen Hinweis, daß der Behandlungsmodus über eine therapeutische Gruppe dem in der Einzel-behandlung unterlegen sein sollte, eher im Gegenteil (*Toseland u. Siporin,* 1986).

2.1 Gruppenzusammenstellung

(*Dies,* 1993; *Piper,* 1994; *Roback u. Smith,* 1987; *Vinogradov u. Yalom,* 1990) haben einige Auswahl-Kriterien benannt, die für bzw. gegen die Indikation zu einer therapeutischen Gruppe sprechen. Sie sind in Tabelle 1 dargestellt.

Diese Kriterien befriedigen relativ wenig, sind sie doch vergleichsweise allgemein und tragen kaum dazu bei, zwischen Einzel- und Gruppenpsychotherapie z.B. zu unterscheiden.

Tab. 1: Allgemeine Auswahl-/Indikations-Kriterien für bzw. gegen eine Gruppenpsychotherapie (nach *Dies*, 1993, *Piper & McCallum*, 1994 und *Roback & Smith*, 1987)

negativ/ungünstig	positiv/günstig
Unfähigkeit, die Gruppensituation tolerieren zu können	Fähigkeit, das Gruppenziel/die Gruppen-aufgabe erreichen/erfüllen zu können
Wahrscheinlichkeit, eine abweichende Rolle zu übernehmen	Motivation, an der Behandlung teilzunehmen
extreme Agitation	Bekundung/Zustimmung, an den Sitzungen regelmäßig teilzunehmen
potentielle Non-Compliance mit Gruppen-Normen	Übereinstimmung der Patienten-Probleme mit den Zielen der Gruppe
deutliche Inkompatibilität mit einem oder mehreren anderen Gruppenmitgliedern	Minimum-Niveau an interpersonellen sozialen Fähigkeiten
Probleme mit Selbstöffnung	Positive Erwartungen, die an die Behandlung geknüpft werden
Schwierigkeiten mit Intimität	Vorliegen eines sozialen, interpersonalen Problems
Allgemeines soziales Mißtrauen	Bereitschaft, anderen helfen zu wollen
exessiver Gebrauch von Verleugnung	
Tendenz, verbal unterwürfig oder feindselig zu sein	

Viele Autoren haben dagegen votiert, paranoide, drogenabhängige, akut-psychotische, antisoziale Patienten oder organisch Kranke in Gruppen zu behandeln, andere Autoren haben ihre Erfahrungen dagegen gesetzt, insbesondere unter dem Aspekt, solche Patienten in *homogen* zusammengesetzten Gruppen mit darauf abgestelltem Konzept und entsprechender Technik zu behandeln (*Horwitz,* 1974; *Kanas,* 1996; *Stone,* 1996).

Die Vielschichtigkeit einer geeigneten Indikationsstellung beleuchten die folgenden Ausführungen.

„In letzter Zeit geht der Trend dahin, spezifische Selektions-Kriterien mit bestimmten Formen von Gruppenpsychotherapie zu kombinieren. Dieser Trend stammt aus der Überlegung, daß Charakteristika von Gruppen, wie z.B. theoretische Ansätze, Ziele oder Techniken Implikationen für den Typus von Patienten haben, der ausgewählt werden sollte. Auch wenn dieser Ansatz weniger Auswahl-Fehler verspricht, so kann dennoch nicht erwartet werden, daß es garantiert „richtige" Selektions-Kriterien gäbe. Therapie-Gruppen fordern Patienten in vielerlei Hinsicht heraus; es ist deshalb wahrscheinlich, daß einige Patienten immer verängstigt oder entmutigt werden und sich entscheiden, die Behandlung nicht fortzusetzen....Selbst für solche Therapeuten, die nur „sichere" Kandidaten auswählen, sind die Faktoren, die bei den Auswahl-Entscheidungen betroffen sind, komplex und schwer zu benennen und zu quantifizieren. Dennoch, je mehr wir geeignete Kandidaten identifizieren können, umso mehr können wir die demoralisierenden Effekte von Patienten und Therapeuten fernhalten, die mit Versagen und Verschlechterung verknüpft sind." (*Piper*, 1994 , S. 1f.; Übers. v. Verf.).

Nach *Piper & McCallum* (1994) würde sich also eine vermutlich geeignetere Indikation ergeben, wenn man nicht nur zwischen einzel- und gruppenpsycho-therapeutischer Indikation entscheiden würde, sondern – bei gegebener Gruppen-indikation – eine homogene Klientel entsprechend einem spezifisch zugeschnittenen Konzept in der Gruppe behandeln würde.

Einen möglichen Weg in diese Richtung haben Piper und Mitarbeiter selber mit der Entwicklung verschiedener indikativer Meßmethoden gewiesen, Maße, die soziales Verhalten bzw. soziale Kompatibilität vorauszusagen gestatten. Es handelt sich dabei zum einen um die „Psychological Mindedness Assessment Procedure (PMAP)" (*McCallum u. Piper,* 1996; *McCallum et al.*, 1992; *Piper,* 1994; *Tschuschke,* 1996c), ein Verfahren, über dargebotene Video-Aufzeichnungen Ausmaß und Niveau an „psychologischer Sensibilität", eben „psychological mindedness", von potentiellen Kandidaten für eine Gruppenpsychotherapie zu ermitteln.

Zwei wahlweise Szenarien vermitteln den Eindruck von jeweils sehr ambivalenten, mit Konflikten kämpfenden Patientinnen, wobei beide Szenarien von Schauspielerinnen dargestellt werden. Die echten Patienten, für die eine Indikationsentscheidung für oder gegen eine Gruppenpsychotherapie gefällt werden soll, sehen wahlweise eine der beiden ca. 3-minütigen Szenarien, um die Frage „Was ist das Problem dieser Patientin?" zu beantworten. Je nach Antwort-Qualität lassen sich neun unterschiedlich differenzierte Niveaus an psychologischer Sensibilität (psychological mindedness) unterscheiden.

Patienten mit einem PM-Wert zwischen 5 und 9 der neunstufigen Skala erwiesen sich in Untersuchungen als diejenigen, die von analytischer Gruppenpsychotherapie profitierten und signifikant weniger diese Therapie abbrachen, ganz im Unterschied jeweils zu Patienten auf den PM-Niveaus 1 – 4 (*McCallum u. Piper,* 1996; *McCallum et al.,* 1992; *Piper et al.,* 1992).

Ein weiteres Maß zur objektiven Einschätzung psychologischer Qualitäten von potentiellen Patienten, die von spezifischen Gruppenbehandlungsformen profi-tieren, stellt die gleichfalls von der Edmonton-Forschungsgruppe um *Piper* entwickelte „Quality of Object Relations Scale (QORS)" dar (*Azim et al.,* 1991; *Tschuschke,* 1996a). Diese Methode kann im Rahmen der routinemäßigen Erstgespräche mit Patienten eingesetzt werden – über ein semi-strukturiertes Interview, indem der Interviewer die objektalen, sozialen Bezüge und Bezugsqualitäten des betreffenden Patienten im Hinblick auf die externen und realen Beziehungen mit sozialen anderen, die internalisierten Beziehungen mit anderen aus der Vergangenheit und der Gegenwart sowie internalisierte Objekt-Beziehungen als Determinanten des eigenen Selbst einschätzt. Dabei werden fünf unterschiedliche Niveaus von objektalen Bezügen zugrundegelegt: primitiv, suchend, kontrollierend, triangulär sowie reif. Bisherige Untersuchungen ergaben, daß es signifikante Beziehungen zwischen dem Ausmaß an QOR und dem Ausmaß an therapeutischer Allianz sowie Therapie-Ergebnissen in interpretativen – also konfliktorientierten

– Kurzzeittherapien im Einzelsetting gab (*Piper et al.*, 1991). Die Autoren versprechen sich insbesondere aus einer Kombination der beiden Methoden PMAP und QORS Hilfen bei der Auswahl von Patienten für Gruppenpsychotherapien.

Ein solcher diagnostischer Zugang, wie von Piper und Mitarbeitern beschrieben, würde zu klareren Indikationsentscheidungen beitragen – siehe auch 2.3, insofern sie im Hinblick auf eine Indikation für eine gruppenpsychothera-peutische Maßnahme auf *interpersonellen* Kriterien fußt anstatt auf Merkmalen der individuellen Persönlichkeit ohne soziale Bezüge (*Piper*, 1994; *Woods u. Melnick*, 1979).

2.2 Prognostisch relevante Klienten-/Patienten-Variablen

Auch hier muß eine sehr schmale empirische Basis für mögliche Empfehlungen zur Gruppenpsychotherapie festgestellt werden. Weder haben sich formale diagnostische Kategorien noch demographische Chrakteristika (Alter, Geschlecht, Bildung, sozialer Status u.a.) als von prognostischer Relevanz erwiesen, was angesichts der fehlenden interpersonellen Sichtweise auch nicht verwundert (*Woods u. Melnick*, 1979). Auch psychologische Testungen erwiesen sich als nutzlos, um Hinweise auf späteres Verhalten in der Gruppe zu erhalten (*Piper*, 1994). Am ehesten noch zeichnen sich Forschungsergebnisse zu den Erwartungshaltungen potentieller Gruppenmitglieder als prognostisch relevant ab, speziell „positive“ Erwartungen darüber, wie die Therapie ablaufe und „positive“ Erwartungen darüber, was die Therapie erbringen werde. Von sechs Untersuchungen wiesen immerhin vier signifikant positive Beziehungen zwischen optimistischen Eingangserwartungen und späterem Therapie-Nutzen auf (*Piper*, 1994).

Hier stellt sich die Frage, ob es sich bei denjenigen Klienten/Patienten, die von gruppenpsychotherapeutischen Behandlungen profitieren, um solche handelt, die über bestimmte soziale Fertigkeiten verfügen, die sie auch optimistischer gegenüber einer Behandlung in einer Gruppe stimmen. Dies könnten auch die „sozial sensibleren“ Patienten sein, die sich in Screening-Verfahren wie z.B. dem PMAP oder der QORS (s.o.) als geeignet für die Arbeit in therapeutischen Gruppen herausschälten. Womöglich sind sie dann auch diejenigen Gruppenmitglieder, die in der Lage sind, zu Beginn der Gruppen gewisse Risiken der Selbsteinbringung und „Selbstöffnung“ einzugehen und die eine erhöhte Beziehungsfähigkeit haben (*MacKenzie u. Tschuschke*, 1993; *Tschuschke*, 1993)?

In jedem Falle ist hier mehr Forschung notwendig, um zu klareren Indikationsentscheidungen zu gelangen.

2.3 „Pregroup Training“

Eine Gruppenpsychotherapie zu beginnen ist „... wie das Fliegen in einem offenen Cockpit eines Flugzeuges, ganz besonders, wenn du es niemals zuvor getan hast. Vielleicht bist du stimuliert, vielleicht fürchtest du dich, oder beides zugleich.“ (*Kaul u. Bednar*, 1994, S. 155, Übers. v. Verf.). Dieser mögliche Spannungsbogen spielt zum Beginn einer jeden Gruppe eine sehr entscheidende Rolle; je nachdem wie die neuen Gruppenmitglieder die Situation meistern können, wird sich das Schicksal der Gruppe entscheiden, ob sie ins Laufen kommt, ob sie ausreichend Kohäsion entwickelt, ob es wenige oder gar keine vorzeitigen Abbrecher („dropouts“) gibt, welches Gruppenklima sich entwickelt. Der Gruppenleiter hat hier ganz entscheidende Funktionen zu übernehmen (vgl. auch Abschnitt 3), speziell bereits vor dem eigentlichen Beginn der Gruppe.

Das sogenannte „pregroup training“ stellt eine Maßnahme dar, die klar vor der eigentlichen gruppentherapeutischen Arbeit, abgegrenzt, weil anders strukturiert, stattfinden sollte. Die Annahme dabei ist, daß verschiedene Vorteile dabei herausspringen: es sollte die Eignung von potentiellen Gruppenmitgliedern für die Teilnahme an einer Gruppenpsychotherapie voraussagen, es sollte Dropouts vermeiden helfen, erhöht die Kohäsion der Gruppe, und sollte – wenn möglich – auch die spätere therapeutische Potenz der Gruppenbehandlung erhöhen (*Salvendy,* 1993). Es gibt sehr unterschiedliche Modelle und Formen solcher Vorbereitungen bzw. „pretrainings“, sie reichen von 1, 2 Sitzungen bis 4 Sitzungen. In diesen Sitzungen bereitet der Gruppenleiter die potentiellen Gruppenmitglieder per Information (Broschüre, Video, Folien, Handzettel u.ä.) auf die auf die Gruppenmitglieder zukommende Arbeit und Umgangsregeln in der Gruppe vor, d.h. er übernimmt noch nicht die übliche pure therapeutische Haltung (*Kaul u. Bednar,* 1994).

(*Piper et al.,* 1979) fanden bei ihrem Vorbereitungsprogramm eine klar niedrigere Dropout-Rate bei drei Gruppen mit Vorbereitung (nur 1 Dropout = 4.3%), während sich in den zwei Gruppen ohne Vorbereitung 5 Dropouts (= 31.3%) ergaben. Eine Vorbereitung auf das Kommende, Ungewohnte, Beängstigende reduziere das psychologische Risiko, und damit Angst, die mit der Teilnahme an einer zunächst fremden Kleingruppe verknüpft ist. Eine direkte Beziehung zum späteren Therapieerfolg fanden die Autoren nicht. Dagegen fanden *Evensen u. Bednar* (1978), daß eine durch pretraining erhöhte Risiko-Bereitschaft von Gruppenpatienten mit höheren Niveaus an interpersoneller Kommunikation verknüpft war, wie auch mit höherer Kohäsion, höherer Bereitschaft zur Selbstöffnung und höherer Feedback-Rate. In allen Punkten konnte dies für andere Gruppenpsychotherapien bestätigt werden (*Tschuschke,* 1996b). Da aber die meisten Patienten, die in eine therapeutische Gruppe gehen, wohl eher zur Gruppe derjenigen zählen, die niedrigere Risiko-Bereitschaft aufweisen, ist es für Gruppenleiter sehr wichtig, die Bereitschaft und Angst, in frühen Gruppensitzungen Risiken bezüglich der eigenen Einbringung sehr im Auge zu behalten und entsprechend zu intervenieren (*Kaul u. Bednar,* 1994; *MacKenzie u. Tschuschke,* 1993; *Tschuschke,* 1996d).

3. Zur Bedeutung des Gruppenleiters

Die Person des Gruppenleiters bzw. -therapeuten ist zweifellos vor dem Hintergrund des jeweiligen Gruppenkonzeptes zu sehen. Die Rolle des Leiters wird maßgeblich in Abhängigkeit vom zugrundeliegenden theoretischen Ansatz her zum Tragen kommen. Ob die Gruppe mehr als Ganzes oder die Individuen zum Fokus der Arbeit gemacht bzw. gar im Wechsel operationalisiert werden, ob die Ziele der Gruppe eher dynamisch-tiefenpsychologischer oder eher lern- und programmorientierter Natur sind, ob die Gruppenaufgabe darin besteht, expressiv oder eher supportiv zu arbeiten – dies alles setzt zwangsläufig eine dem zugrundeliegenden Konzept entsprechend konzipierte Rolle des Gruppenleiters voraus.

Für psychotherapeutische und Selbsterfahrungsgruppen konzipierten *Bednar et al.,* (1974) Mitte der 70er Jahre ein Modell, wie der Einfluß von Strukturierung auf die

Entwicklung von Gruppen zu verstehen sein könnte. Die seinerzeitige Diskussion zwischen Theoretikern und Praktikern über die Vorteile von „Ambiguität“ versus die Vorteile von „Strukturierung“ war eine der großen kontroversen Themen des Jahrzehnts der Gruppenbewegungen. Während die Vertreter der „Ambiguitäts-Theorie“ die Entwicklung der Übertragungsbeziehung vor Augen hatten, die darüber hinaus die Eigenständigkeit (versus Bevormundung) der Klienten/Patienten fördern sollten, waren die Befürworter der „Strukturierungs-These“ im Gegenteil von dem potentiellen Schaden einer ambiguitätsfördernden abstinenten, offenen, unverbindlichen Leiterhaltung überzeugt.

„... ein Defizit an Strukturierung in frühen Sitzungen behindert nicht nur frühe Gruppenentwicklung, es nährt auch die Gestörtheit des Klienten, interpersonelle Ängste und subjektiven Stress, die allesamt mit einer günstigen Gruppenentwicklung interferieren und zu vorzeitigen Abbrüchen (Dropouts) führen.“ (*Bednar et al.*, 1974, S. 31; Übers. v. Verf.).

Klienten bzw. Patienten in Gruppen täten sich leichter in Gruppen, wenn sie mehr Wissen und Verständnis dessen hätten, was vor sich gehe und was in Gruppen erforderlich sei, und sie täten sich schwerer, ohne dies (*Kaul u. Bednar,* 1994). Tatsächlich hätten Studien über Gruppen mit dem Ambiguitäts-Prinzip gezeigt, daß die „... voraussagbare Konsequenz, ängstliche und sozial eingeschränkte Klienten in einer Ambiguitäts-Umgebung zu plazieren, erhöhte Angst und die Manifestation unangebrachter Verhaltensmuster sei.“ (*Bednar et al.*, 1974, S. 32). Zu vergleichbaren Ergebnissen kamen andere Untersuchungen, die einen sich versagenden Leiterstil als kontraproduktiv nachwiesen, mit in der Regel gar Verschlechterungen auf seiten der Klienten/Patienten (*Malan et al.*, 1976) oder ausbleibenden Veränderungen (*Tschuschke u. MacKenzie,* 1989).

(*Kaul u. Bednar,* 1994) fordern, mindestens für die ersten Sitzungen, einen aktiv strukturierenden Gruppenleiter. In diesem Falle würden die Klienten/Patienten eher in die Lage versetzt, interpersonelle Risiken einzugehen, sich in weniger stereotype, übertriebene und ineffektive Verhaltensweisen zu flüchten. Die Überlegung dabei sei, daß Gruppenmitglieder eher dann interpersonelle Risiken eingingen, wenn diese innerhalb einer vom Leiter vorstrukturierten Umgebung erfolgten, weil sie (die Patienten) weniger persönliche Verantwortung befürchten müssten.

„Das Geben von hilfreichem Feedback an relativ Unbekannte, die dieses Feedback offen bewerten könnten und womöglich darauf reagieren, mag als Beispiel für ein hohes Risiko dienen, das im Rahmen einer vom Leiter initiierten Aktivität erfolgt.“ (*Kaul u. Bednar,* 1994, S. 176; Übers. v. Verf.).

85% aller Studien zu diesem Aspekt stützten den Vorteil von initial strukturierten gegenüber unstrukturierten Gruppen, die Ambiguität förderten (*Dies,* 1988). Auch (*Yalom,* 1985) betont die zu Beginn wichtigen Leiter-Interventionen, die gruppenzentriert sein sollten und die „Kultur“ der Gruppe adressieren sollte. Andere Autoren betonen die Notwendigkeit einer initial sehr wichtigen und notwendigen Etablierung klarer Normen (*Bond,* 1983).

„Konsequenterweise sollten Gruppentherapeuten alles tun, was sie tun können, um Dropouts vorzubeugen, da jene unwiederbringlich die Integrität der Gesamtgruppe aufs Spiel setzen.“ (*Dies,* 1993) S. 496; Übers. v. Verf.).

Patienten von untersuchten stationären Gruppenpsychotherapien, die nicht in der Lage waren, frühzeitig Risiken über „Selbstöffnung“ einzugehen, profitierten nur wenig bis gar nicht, selbst bei Hochdosis-Langzeitbehandlungen, auch wenn sie gegen Ende der

Gruppen sich verstärkt einbringen und öffnen konnten und sogar erhöhtes Feedback erhielten (*Tschuschke,* 1993; *Tschuschke u. Dies,* 1994; *Tschuschke u. Dies,* 1996). Interessanterweise erhielten diese wenig oder nicht erfolgreichen Patienten dieser Gruppen durchgängig mehr positives Feedback von den anderen Gruppenmitgliedern als ihre erfolgreichen Peers, die – wahrscheinlich wegen ihrer erhöhten Risikobereitschaft mit mehr „Selbstöffnungen" – wesentlich mehr kritisiert und attackiert wurden, aber letztlich davon zu profitieren schienen (*Tschuschke u. Dies,* 1994).

Mit fortschreitender Dauer der Gruppe – d.h. meistens schon nach den ersten Sitzungen – kann der Gruppenleiter seine aktive Rolle allmählich modifizieren und sich mehr zurücknehmen. Die Gruppe benötigt zu Beginn den aktiven Leiter. Es werden in einer jeden Gruppe die anfänglich überhöhten Erwartungen an einen unbewußt als omnipotent phantasierten Gruppenleiter (er schafft die Gruppe, „gebiert" sie quasi) zwangsläufig frustriert werden müssen im Laufe der Zeit. Dies ist nur realistisch und fördert (buchstäblich) die Auseinandersetzung mit der Autorität und die mögliche Autonomie. Der Leiter ist dafür verantwortlich, daß die Gruppe „entsteht", daß sie auf den Weg kommt, und daß sie „laufen" lernt, daß möglichst frühzeitig Gruppenmitglieder, die zu „Mauerblümchen" zu werden drohen, aktiv einbezogen werden („late bloomers do not blossom") (*Tschuschke et al.,* 1996). Die weitere therapeutische Arbeit muß von der Gruppe kommen, wie auch die Wirkfaktoren-Analyse präziser Prozeßforschungen zeigen (*Tschuschke u. Dies,* 1996).

4. Entwicklungsphasen von Gruppen

Unter Gruppentheoretikern und -praktikern besteht – mit geringen Ausnahmen – die Auffassung, daß Gruppen über die Zeit ihres Bestehens eine Art „Entwicklung" über verschiedene Stufen, Abschnitte oder Phasen durchlaufen (*Beck et al.,* 1986; *Kutter,* 1980; *Lacoursière,* 1980; *MacKenzie,* 1994; *MacKenzie u. Livesley,* 1983; *Saravay,* 1978; *Tuckman,* 1966). Diese Abschnitte oder Segmente beinhalten nach weitgehend einhelliger Auffassung bestimmte, nacheinander auftretende, unterscheidbare psychologische Themata, die für die jeweilige Gruppe unvermeidbar, aber auch unverzichtbar seien. In Anlehnung an entwicklungspsychologische Theorien wird eine aufsteigende, zunehmend reifere Form der intragruppalen Umgangsformen und Klimata postuliert, gleichgültig, ob eher die Individuen oder die Gruppe als Ganzes betrachtet werden. Die einzelnen Modelle haben unterschiedliche Bezeichnungen wie z.B. „linear-progessive", „lebenszyklische" oder „Pendel-Modelle" (siehe im Detail bei *Tschuschke,* 1986).

„Entwicklung" drückt sich in der Tatsache aus, daß „psychologische Bereiche" oder Klimata auftauchen und unterschwellig – oder ganz offen – Raum greifen. Sofern sie richtig, d.h. in angemessener Form und zur richtigen Zeit, thematisiert werden – in der Regel vom Gruppenleiter, so ist die Annahme, resultiert daraus eine graduelle Vertiefung des Gruppenerlebnisses. Die verschiedenen Modelle postulieren zwischen 3 und 9 Entwicklungsstufen, wobei die unterschiedlichen Bezeichnungen sehr von den theoretischen Positionen der Autoren bestimmt sind, die bei genauerer Betrachtung allerdings recht Vergleichbares meinen. Es geht um Formierungs- und Norm-/Rollenfindungs-Prozesse, die, offenbar jenseits aller individuellen Motive und Bedürfnisse sowie jenseits aller offiziell deklarierten Gruppenziele, ein ubiquitäres soziales Phänomen kleiner Gruppen zu sein scheinen (*Tschuschke,* 1995).

Die initiale Phase oder der erste Abschnitt der Gruppenentwicklung ist gekennzeichnet durch die Abhängigkeit vom Gruppenleiter. Dieser Abschnitt wird auch – je nach theoretischer Orientierung – als „forming", „engagement", „contract creating" oder „oral dependency" bezeichnet. Die Gruppenmitglieder kennen sich noch nicht ausreichend, sie testen einander und bemühen sich, klare gegenseitige Beziehungen mit anderen Gruppenmitgliedern und dem/n Gruppenleiter/n zu etablieren. Diese erste Phase der Gruppenentwicklung ist insofern kritisch, als hier die meisten vorzeitigen Aussteiger („dropouts") zu finden sind. Das Dropout-Problem ist bei kleinen Gruppen ein allgegenwärtiges Phänomen, mit dem, statistisch gesehen, bei ca. 30% aller Gruppenmitglieder zu rechnen ist. Es dürften verschiedene Faktoren eine Rolle hierbei spielen: die Unsicherheit zu Beginn einer neuen Gruppe aufgrund mangelnder Kohäsion, d.h. noch nicht ausreichendem Gruppenzusammenhang, soziale Unsicherheit bzw. soziale Unverträglichkeit des Aussteigers, Außenseiter-Rolle in der neuen Gruppe aufgrund mangelnder Bezogenheit („bonding"), falsche Indikationsstellung, falsche Gruppenzusammenstellung usw. Die Rolle des Gruppenleiters ist in diesem initialen Abschnitt der Existenz der Gruppe eine günstigerweise aktivere als in späteren Stadien, er garantiert in den Augen der Gruppe – und real ist dies weitgehend ja auch berechtigt – den Erhalt der Gruppe, und die Interaktionen suchen ihn meistens noch als ersten Adressaten und weniger andere Gruppenmitglieder. Durch Vorbereitung der Gruppenmitglieder („pretraining"), spezifischere Indikationsbildung sowie aktive therapeutische Präsenz bei der initialen Strukturbildung der Gruppe in den ersten Sitzungen, kann der Gruppenleiter die Risiken für die einzelnen Gruppenmitglieder drastisch vermindern und die Gruppe auf den Weg bringen (vgl. Abschnitte 2.3 und 3).

Stufe 2 („storming"), auch als Phase des „Konfliktes", einer „differentiation", als „anal-expulsive" bzw. als Phase der „competitive needs" gesehen, bringt es mit sich, daß vorwiegend kritisch-emotionale Reaktionen beobachtet werden. Einerseits ist dies als Antwortversuch auf die Herausforderung durch die zu lösende Gruppenaufgabe zu verstehen, andererseits als eine Reaktion auf die zunehmende Wahrnehmung der Gruppenmitglieder, daß zwischen den einzelnen in der Gruppe Unterschiede bestehen, und daß Methoden und Wege gefunden werden müssen, um Konflikte zu lösen. Psychoanalytisch orientierte Gruppentheoretiker sehen in der „Konflikt-Stufe" der Gruppenentwicklung die *Freud*sche Metapher der Urhorde als angebracht. Es handelt sich dabei um den Versuch der undifferenzierten „Urhorde", den Vater (Gruppenleiter) zu „ermorden", um sich an seine Stelle zu setzen, quasi auf diesem Wege so zu einer eigenen Identität zu gelangen („differentiation" bei MacKenzie), weshalb diese Phase auch in psychoanalytischer Terminologie als „ödipale Phase" bezeichnet wird. Die Leitung analytischer Gruppen wird den aggressiver getönten und konflikthaften Abschnitt gruppaler Entwicklung stets als unbewußten Ausdruck des genannten Gruppenkonfliktes mit dem Gruppenleiter sehen und entsprechend behandeln, d.h. nicht unterbindend, aber deutend eingreifen. Auch wenn der Konflikt offen zwischen den Gruppenmitgliedern ausgetragen werden sollte und scheinbar am Leiter vorbeigeht, so sollte doch der Konflikt mit dem – speziell in analytischen Gruppen – überwiegend sich aus konzeptuellen Gründen versagenden (abstinenten) Leiter mitgedacht werden. Es werden in einer jeden Gruppe die anfänglich überhöhten Erwartungen an einen unbewußt als omnipotent phantasierten Gruppenleiter (er schafft die Gruppe, „gebiert" sie quasi) zwangsläufig frustriert werden im Laufe der Zeit, so daß die Revolte unausweichlich wird, ja, sie ist sogar *notwendig*, um zur Differenzierung und Identitätsbildung beizutragen. Jeder Gruppenleiter ist gut beraten, die Lösung von Konflikten zu fördern, was nur heißen kann, die aggressive Tönung der Gruppeninteraktion zuzulassen, sogar die latenten oder offenen aggressiven Übertragungen auf den Gruppenleiter zuzulassen, sie zu deuten, und sie aushalten zu können.

Die dritte Stufe der Gruppenentwicklung firmiert bei *Tuckman* unter der Bezeichnung „norming". Für diese Stufe verwenden die anderen Autoren Begriffe wie „individuation", „cooperative work" oder „anal-retentive". Gemeint ist die Entwicklung erhöhter Gruppenkohäsion mit gleichzeitiger Orientierung an den Gruppenaufgaben und offener diesbezüglicher Interaktion. (*MacKenzie,* 1990) betont speziell den Aspekt der weitergehenden Individuation des einzelnen in der Gruppe. Es scheint, als ob die sich weiter entwickelnde bzw. nun erhöhte Kohäsion – also die (ein)bindende Kraft der Gruppe, der erhöhte Zusammenhalt, die herausgebildete und gewachsene Identität der Gruppe – nur scheinbar paradox – gerade auch die Fähigkeit des einzelnen Gruppenmitgliedes zur Herausbildung seiner einzigartigen Individualität positiv befördern würde.

Weitere Stufen sind nicht so abgegrenzt definiert und mit Inhalten ausgefüllt in den einzelnen Modellen. Bei (*Tuckman,* 1966) findet sich als vierte Stufe eine „Arbeitsphase" („performing"), in der die eigentliche therapeutische Arbeit erfolgt – mithin die angezielten Veränderungen zu erwarten seien. Zumeist wird eine Abschluß- oder Trennungsphase als vierte bis fünfte Stufe postuliert, in der der Fokus auf der Bearbeitung von Ablösung und Trennung liegt, einem psycho-logischen Aspekt, der für die meisten der Patienten ein wichtiges, unbewältigtes Thema darstellt.

Es dürfte ein weitgehender Konsens unter Klinikern und Theoretikern bestehen, daß es so etwas wie aufeinanderfolgende, unterschiedliche psychologische Gruppenklimata gibt, ob man dies nun „Entwicklung der Gruppe" nennen mag oder nicht. Womöglich benötigen kleine Gruppen solche Abfolgen sogar, um bestehen zu können (*Tschuschke,* 1995; *Tschuschke u. MacKenzie,* 1989). Wie am Beispiel zweier ambulanter analytischer Gruppenpsychotherapien demonstriert werden konnte, erreichte eine Gruppe mit Abfolgen affektiver Interaktionen, die mit Entwicklungsmodellen kompatibel sind, die angezielte Gruppensitzungszahl und hatte nur einen Dropout. Die andere Gruppe zeigte keine Abfolge von kohärenten affektiven Abschnitten, insbesondere war das Affektniveau recht niedrig, speziell traten praktisch keine kritisch-aggressiven Affektinhalte auf. Diese Gruppe hatte vorzeitig vier Dropouts und endete auf halber Strecke (*Tschuschke u. MacKenzie,* 1989). Aufgrund dieser beiden Einzelfälle könnte die Annahme zukünftig überprüft werden, ob Gruppen zu ihrer Existenz, zur Erreichung ihrer Ziele und Aufgaben, eine „Entwicklung" ihrer emotional-affektiven-interpersonellen Umgangsweisen über die Dauer der Gruppenzeit benötigen, um als soziales Gebilde überhaupt bestehen bleiben zu können (*Tschuschke,* 1995).

Strittig allerdings ist, in welchen Phasen bzw. Abschnitten der „Gruppenentwicklung" die psychotherapeutische Potenz zur Entfaltung kommt. Ist es so, wie einige Theoretiker meinen, daß erst eine sogenannte „Arbeitsphase" – nach den „Abhängigkeits-", „Konflikt-" und „Kohäsionsphasen" – erreicht werden muß, in der erst die eigentliche therapeutische Arbeit erfolgen kann, mithin wohl auch die psychologische Arbeit, die zu Veränderungen führt (*Lacoursière,* 1980; *Tuckman,* 1966)? Dagegen sprächen die Ergebnisse zu präzisen Prozeßforschungen (vgl. Abschnitt 5), denen zufolge bereits sehr frühzeitig maßgebliche therapeutische Veränderungen über Wirkfaktoren greifen, unabhängig davon, ob die Gruppen Langzeit- oder Kurzzeittherapiegruppen waren. Nach diesen Untersuchungen spricht einiges für die These, daß therapeutische Gruppen zwar ein sich entwickelndes Gruppenklima benötigen, sozusagen als sozialer Trägerprozeß, damit die Gruppe weiter bestehen bleiben kann, daß gleichzeitig aber bereits psychotherapeutischer Nutzen aus den unterschiedlichen psychologischen Klimata, die die Gruppe durchläuft, gezogen werden kann. Somit hätte jede Phase bzw. jeder Abschnitt der „Gruppenentwicklung“ seine spezifischen Wirkfaktoren.

Z.B. würden in der „Abhängigkeitsphase“ infantile Wünsche nach Geleitetheit und Trennungsängste im Vordergrund stehen, es wäre wichtig, Patienten in der Gruppe klar zu machen, daß sie selber Initiative ergreifen müssen, z.B. über eine „Selbstöffnung“ Risiken zu übernehmen. Der nächste Abschnitt der Entwicklung der Gruppe adressiert regelmäßig Aspekte dieser möglichen Autonomie vom Leiter, die Fähigkeit des Ausdrucks von kritisch-aggressiven Emotionen und Gedanken, der Wunsch nach Widerstand und Abgrenzung. Zu erwartende Wirkfaktoren wären weiterhin „Selbstöffnung“, wohl eher negativ-aggressiver Art, die eine zunehmende Toleranz für auch kritisches Feedback miteinschlössen. *MacKenzie* (1994) sieht als psychologische Arbeit dieses Gruppenabschnittes vor allem eine „Differenzierung“, wonach die Gruppenmitglieder durch kritische, aggressiv getönte Interaktionen die Unterschiedlichkeiten der Individuen in der Gruppe erkennen und sich voneinander differenzierten, was einem Individuationsprozeß – also einer Reifung – zugutekomme.

5. Die Rolle der Wirkfaktoren in der Gruppenpsychotherapie

Der Forschungsansatz, über die Befragung von Patienten/Klienten die eigentlichen *Wirkfaktoren* des gruppenpsychotherapeutischen Prozesses zu erfassen, ist der bislang fast einzige Zugang zum Prozeßgeschehen, und damit zu den vermutlich maßgeblichen „Mechanismen der Veränderung“ („change mechanisms“) bzw. (Wirk-) Faktoren des therapeutischen Gruppenprozesses, die die angezielte „Veränderung“ bewirken. Die erste, maßstabsetzende, Taxonomie von Wirkfaktoren in therapeutischen Gruppen legten *Corsini u. Rosenberg* (1955) vor, was von *Bloch u. Crouch* (1985) auch als „Wasserscheide“ nach fast einem halben Jahrhundert Evolution der Gruppentherapie bezeichnet wurde. Unter einem Wirkfaktor wird nach *Bloch & Crouch* verstanden:

„Ein Element der Gruppentherapie, das zur Verbesserung im Befinden des Patienten beiträgt und eine Funktion der Aktionen des Gruppenleiters, der anderen Gruppenmitglieder sowie des Patienten selbst ist.“ (*Bloch & Crouch*, 1985; S. 4; Übers. v. Verf.).

Als „Element“ werden dabei unterschiedliche Komponenten des Gruppenprozesses verstanden, die aus dem dynamischen Gruppengeschehen resultieren können, also spezifische – manchmal stark affektive – Ereignisse („critical incidents“), Dynamiken zwischen einzelnen Gruppenmitgliedern in der Gruppe, zwischen einzelnen Gruppenmitgliedern und der Gesamtgruppe, zwischen Mitgliedern bzw. der Gesamtgruppe und dem/n Gruppenleiter/n oder zwischen einzelnen und Untergruppen sein können. Es können genauso spezifische Inhalte der Interaktionen wirkungsvoll sein bzw. eine Verbindung derselben mit der Qualität der Dynamik. Zwar wurden die Wirkfaktoren diskret voneinander entworfen und theoretisch konzeptualisiert, sie überlappen sich aber weitgehend, so kann z.B. eine „kathartische“ Äußerung gleichzeitig „Einsicht“ bewirken und zudem eine „altruistische“ Komponente beinhalten. Oder „Einsicht“ steht in enger Verbindung mit dem „Wiederbeleben von Elementen der eigenen Primärfamilie“ usw. Der Vorteil einer Festlegung auf ein allgemein akzeptiertes Set von 12 oder 13 Wirkfaktoren liegt in dem Versuch, ein gemeinsames Verständnis und eine einheitliche Sprache unter Klinikern und Forschern verfügbar zu haben, was einer Vergleichbarkeit von Forschungsergebnissen entgegenkommt (zum Konzept der Wirkfaktoren und zur Kritik daran vgl. ausführlich *Bloch u. Crouch,* 1985; *Tschuschke,* 1993; *Yalom,* 1995).

Der Grund für die fast ausschließliche Konzentration auf die Erhebung der Wirkfaktoren über die betroffenen Gruppenmitglieder selbst, liegt weitgehend in der Komplexität der Gruppenprozesse. Aufwendige Prozeßforschung, die die Wirkfaktoren in gruppalen Prozessen objektivieren würde, die also objektive Messungen an die komplexen interpersonellen und intrapsychischen Aspekte anlegen würde, ist bislang weltweit fast nicht existent. Das Ergebnis ist demnach, daß Beteiligte bezüglich ihrer Gruppenerfahrung aktuell oder im Rückblick befragt werden, mit mehr oder weniger elaborierten Fragebögen.

Tabelle 2 gibt einen Überblick über Untersuchungen, die entweder über den Q-Sort-Test nach *Yalom* (1989; 1994) Daten gewannen oder doch zumindest einen Fragebogen mit den 60 Wirkfaktoren-Fragen nach *Yalom* benutzten. Der Vorteil hierbei ist, daß die von den Patienten erhobenen Einschätzungen der hilfreichen Aspekte der Gruppenpsychotherapie weitgehend Vergleichbarkeit gewährleisten und Rangfolgen von Wirkfaktoren gestatten, wie sie sich aus der Sicht der betroffenen Patienten/Gruppenmitglieder ergeben haben.

Die fünf abgebildeten Studien-Zusammenstellungen umfassen 4 Untersuchungen mit 363 Patienten in stationären Gruppenpsychotherapien (*Maxmen,* 1973; *Schaffer & Dreyer,* 1982; *Marcovitz & Smith,* 1983 [alle zit. aus: *Tschuschke,* 1989] sowie *Rudnitzki et al.,* 1996; *Strauß u. Burgmeier-Lohse,* 1994), 9 Studien über ambulante Therapiegruppen mit insgesamt 383 Patienten (vgl. *Yalom,* 1985, S. 81; zit. aus: *Tschuschke,* 1989) sowie 18 Encounter-Gruppen mit 210 Studenten (*Lieberman et al.,* 1973).

Es ergibt sich ein ziemlich heterogenes Bild. Durchgängig läßt sich über alle untersuchten Gruppen und Settings nur feststellen: Der Wirkfaktor „Katharsis“ rangiert überall auf den Rangplätzen 1 – 3. „Kohäsion“ ist weiterhin ein hoch geschätzter Faktor (in vier von fünf Untersuchungen, tendentiell auch noch „Interpersonales Lernen – input“ („Feedback“), der in allen drei Gruppenmodalitäten auf den Plätzen 1 – 3 erscheint (ambulante, stationäre und Selbsterfahrungsgruppen), in den Studien *Strauß & Burgmeier-Lohse* (1994) und *Rudnitzki et al.* (1996) aber nur auf Rang 6 zu finden ist.

Ziemlich konstant werden die Wirkfaktoren „Rekapitulation der Primärfamilie“ und „Identifikation“ auf die letzten Plätze (von 12) gesetzt (Ausnahmen: die *Strauß & Burgmeier-Lohse*-Studie bei „Rekapitulation der Primärfamilie“ und die *Lieberman et al.*-Studie bei „Identifikation“). Sehr konstant um Rang 5 wird der Faktor „Existentielle Faktoren“ eingestuft. Für die Rangfolgen dazwischen zeigt sich ein sehr uneinheitliches Bild. Die Wirkfaktoren „Einsicht“, „Interpersonales Lernen – Output“, „Altruismus“, „Einflößen von Hoffnung“, „Universalität des Leidens“ und „Anleitung“ variieren zwischen Positionen auf Rang 4 bis Rang 10 bzw. 11.

Tabelle 2: Rangfolgen von Wirkfaktoren (ermittelt über Yalom-Q-sort-Verfahren oder -Fragebogen)

Rang	Yalom (1985) Ambulante Gruppen (n = 9 Untersuchungen mit 383 Patienten))	Lieberman, Yalom & Miles (1973) Selbsterfahrungs-Gruppen (n = 210 Studenten aus 18 Gruppen)*	Stationäre Gruppen (n = 4 Untersuchungen mit 363 Patienten, aus: Tschuschke, 1989)	Strauß & Burgmeier-Lohse (1994) (n = 23 Patienten aus einer stationären slow-open Gruppe)	Rudnitzki, Körtel & Tschuschke (1996d) (n = 33 Patienten aus 4 stationären Gruppen)
1	Interpersonales Lernen - Input	Interpersonales Lernen - Input	Katharsis	Kohäsion	Universalität des Leidens
2	Katharsis	Universalität des Leidens	Kohäsion	Katharsis	Katharsis/ Kohäsion
3	Kohäsion	Katharsis	Interpersonales Lernen - Input	Einsicht	
4	Einsicht	Anleitung	Einsicht	Interpersonales Lernen - Output	Einflößen von Hoffnung
5	Interpersonales Lernen - Output	Einsicht* /Interpers. Lernen - Output	Existentielle Faktoren/ Altruismus	Existentielle Faktoren	Existentielle Faktoren
6	Existentielle Faktoren			Interpersonales Lernen - Input	Interpersonales Lernen - Output
7	Universalität des Leidens	Kohäsion*	Einflößen von Hoffnung	Rekapitulation der Primärfamilie	Interpersonales Lernen - Input
8	Einflößen von Hoffnung	Altruismus	Universalität des Leidens	Universalität des Leidens	Einsicht
9	Altruismus	Identifikation	Anleitung	Einflößen von Hoffnung	Anleitung
10	Rekapitulation der Primärfamilie	Einsicht*/ Kohäsion*	Interpersonales Lernen - Output	Anleitung/ Altruismus	Altruismus
11	Anleitung	Einflößen von Hoffnung	Rekapitulation der Primärfamilie		Rekapitulation der Primärfamilie
12	Identifikation	Rekapitulation der Primärfamilie	Identifikation	Identifikation	Identifikation

* Wirkfaktoren „Einsicht“ und „Kohäsion“ sind über unterschiedliche Items wiederholt erfaßt und eingeschätzt worden (aus Tschuschke, 1996d)

Geht man von der These aus, daß die einzelnen Settings unterschiedlich gestörte Klientelen behandelten, so ergibt sich ein brauchbarer Hinweis. Ambulante Gruppen oder die Encounter-Gruppen mit Studenten arbeiteten vermutlich mit nicht so schwer gestörten Patienten-Klientels wie die stationären Gruppen. Entsprechend zeigte sich, daß dem Wirkfaktor „Interpersonales Lernen – input" – also „Feedback"-Prozessen – die höchste Bedeutung beigemessen wurde. D.h., die Patienten/Klienten dieses Settings erlebten am meisten als hilfreich, daß sie etwas über sich erfahren konnten, um dieses Wissen für sich nutzen zu können, es zeigte sich also eine vergleichsweise Risikobereitschaft und Offenheit auch gegenüber problematischen Seiten des Selbst. Stationäre Gruppen hingegen scheinen diesbezüglich empfindlicher zu sein – hier rangiert dieser Wirkfaktor auf den Plätzen 3 – 6.

Weitere einheitliche Tendenzen sind kaum zu erkennen. Am ehesten noch fällt eine vergleichsweise ungewöhnliche Konstellation bei der Untersuchung von *Rudnitzki et al.* (1996) auf. Die Patienten dieser Gruppen wurden in einer Rehabilitations-Klinik im Rahmen von Langzeitgruppenpsychotherapien behandelt. Bei dieser Klientel handelt es sich um sehr schwer gestörte spätadoleszente oder junge erwachsene Patienten im Alter von 20 – 31 Jahren (einige schwer chronifizierte Neurosen, mehrheitlich Persönlichkeitsstörungen und Psychosen im Remissionsstadium). Nirgendwo sonst taucht der Faktor „Universalität des Leidens" an erster Stelle auf und in keiner anderen Studie erscheint der Wirkfaktor „Einflößen von Hoffnung" auf dem dritten bzw. vierten Rang.

5.1 Fazit zu Ergebnissen der Wirkfaktorenforschung über Fragebögen

Die nachfolgenden Ausführungen sind z.T. einem Überblick bei (*Tschuschke,* 1996d) entnommen. Die Ergebnisse zur Wirkfaktorenforschung über Selbsteinschätzungen der Betroffenen beeindrucken relativ wenig. Es kann festgestellt werden, daß zwar einige wenige Rang-Plazierungen gewissermaßen plausibel erscheinen, insgesamt gesehen muß man allerdings konstatieren, daß klare Unterschiedlichkeiten für abgegrenzte therapeutische Settings mit sehr unterschiedlichen Klientelen kaum bestehen. Damit ergeben sich folgende Fragen:

- Ist der Ansatz über die Selbsteinschätzungen unzureichend?
- Sind gruppenpsychotherapeutische Wirkfaktoren eher „unspezifisch", etwa indem sie zwar für das Medium therapeutische *Gruppe* spezifisch (im Unterschied zur Einzelpsychotherapie), aber für unterschiedliche theoretisch-konzeptuelle Gruppenpsychotherapie-Konzepte und -Techniken oder Setting-Aspekte unspezifisch sind?
- Sind die gegenwärtigen Klassifikationen von Wirkfaktoren in der Gruppenpsychotherapie adäquat?

Einer weiteren Erörterung dieser Fragen lassen sich folgende Überlegungen voranschicken. Die Psychotherapieforschung ist bislang grundsätzlich den Nachweis einer „Spezifität" einer wie auch immer gearteten Form von Behandlung oder Konzept schuldig geblieben. Es gibt keine unterschiedlichen Effektivitäten für irgendwelche Behandlungskonzepte (*Tschuschke et al.,* 1994), auch wenn vereinzelte Stimmen anderes behaupten (*Grawe et al.,* 1994). Zumindest ist dies bislang noch nicht nachgewiesen worden! Anderslautende Meinungen und Versuche des Nachweises – wie z.B. der Versuch von *Grawe* und Mitarbeitern (1994; 1995) – lassen sich bei exakter Analyse des dort zugrundeliegenden Datenmaterials und der methodischen Defizite vollständig widerlegen und in Zweifel ziehen (*Heckrath u. Dohmen,* 1995; *Leichsenring,* 1996; *Rüger,* 1994; *Rüger,* 1996; *Tschuschke u. Kächele,* 1996; *Tschuschke et al.*, 1994). Das sogenannte „equivalence paradox" – d.h. gleiche therapeutische Effekte durch unterschiedliche Behandlungsansätze und unterschiedliche Transaktionen zwischen Patient(en) und Therapeut – ist bislang ein Forschungs-Faktum, an dem kein Weg vorbeigeht (*Elliott et al.*, 1993; *Luborsky et al.*, 1993; *Miller et al.*, 1993; *Shapiro et al.*, 1995; *Stiles et al.*, 1986; *Tschuschke u. Kächele,* 1996). Die damit verbundene Frage, ob das psychotherapeutische Unternehmen generell ein „unspezifisches" sei, wirft grundlegende Fragen auf, die sich letzlich nur durch intensive und adäquate Forschung (sprich: aufwendige Prozeß-Ergebnis-Forschung) klären lassen (*Strupp,* 1995).

Das Problem läßt sich durchaus von einer anderen Seite her kommentieren. Falls sich doch in unterschiedlichen psychotherapeutischen (schultheoretischen) Konzepten und Techniken unterschiedliche Wirkkomponenten befinden sollten, ist es zumindest theoretisch nicht abwegig, davon auszugehen, daß diese Komponenten bei spezifischen Störungsbildern ganz unterschiedlich greifen und, im Hinblick auf Wirkung und mögliche Effekte, zum Tragen kommen. Da zugleich mit Bestimmtheit davon gesprochen werden kann – da wird es keinen Dissenz unter Psychotherapieforschern geben –, daß die *bisherige* Forschung in der Psychotherapie absolut unbrauchbar für die Beantwortung von Spezifität und ihrer Bedeutung für Wirkungen war und wir womöglich noch viel zu wenig über die maßgeblichen Wirkkomponenten der therapeutischen Veränderung bei gegebenen Störungen wissen (*Rice u. Greenberg,* 1984), muß erst eine (zukünftige) geeignete Forschung über psychotherapeutische Prozesse und deren langfristige Auswirkungen Auskünfte liefern (*Shapiro,* 1995). Dies hat pikanterweise auch (*Grawe,* 1993) erst kürzlich so formuliert.

Auch wenn die Forschung in der Gruppenpsychotherapie derjenigen in der Einzelpsychotherapie noch ziemlich hinterherhinkt, hier wie dort ist aufgrund bislang unzureichender Forschung der Nachweis einer möglichen Spezifität noch ausstehend. Demzufolge kann das oben berichtete Ergebnis einer unzurei-chenden Spezifität von Wirkfaktoren-Rangfolgen für unterschiedliche Patienten-Klientelen in unterschiedlichen Settings auf den unzureichenden Ansatz, von den Beteiligten selber valide Auskünfte zu erhalten, zurückzuführen sein. Es bleibt aber dennoch die theoretische Möglichkeit, das sich niemals eine Spezifität unterschiedlicher Ansätze bei unterschiedlicher Klientel ergeben wird (*Strupp,* 1995). Zweifellos läßt sich die Beantwortung der Frage nach der „Spezifität" psychotherapeutischen Handelns ausschließlich über den Weg aufwendigerer und präziserer Forschung angehen.

Der Ansatz, die Beteiligten in der Gruppenpsychotherapie selbst zu befragen, läßt sich leicht als inadäquat charakterisieren. Zunächst stellt die Befragung schlicht eine Überforderung dar. Patienten sind aufgrund vielfältiger Gründe in der realistischen Einschätzung und adäquaten Wahrnehmung eigenen und fremden Erlebens und Verhaltens sowie sozialer Gegebenheiten über längere Zeitstrecken in die Therapie hinein eingeschränkt, weswegen *Yalom* ja auch von typischen Wahrnehmungsverzerrungen spricht („parataxic distortions") (*Yalom,* 1995, S. 19). Es gibt ausreichend empirische Nachweise, daß die Einschätzungen therapeutischer Prozesse von den am Gruppenprozeß beteiligten Patienten diskrepant zum Beispiel zu objektiven Beobachtern oder zur Meinung von Therapeuten stehen (*Eckert u. Biermann-Ratjen,* 1985; *Schaffer u.*

Dreyer, 1982). Weiterhin sind die meisten therapeutischen Wirkfaktoren auf einem erhöhten klinisch-theoretischen Abstraktionsniveau angesiedelt oder beschreiben gar unbewußte Prozesse, so daß hier in keiner Weise von einer validen Auskunft ausgegangen werden kann (*Dies u. MacKenzie,* 1983; *Lieberman,* 1983).

„Wie eindeutig nachgewiesen werden konnte, sind die Auskünfte von Gruppenteilnehmern bezüglich der hilfreichen Mechanismen stark abhängig von der Ideologie des Gruppenleiters/-therapeuten, von dem Problem, das einen Patienten zu einer Therapiegruppe bringt sowie von den generellen Werten und Glaubenssystemen über therapeutische Hilfe abhängig." (*Tschuschke,* 1993, S. 40).

Die bisherigen Ausführungen lassen sich durch die Tatsache unterstreichen, daß Patienten in allen Arten von Therapie- und Selbsterfahrungsgruppen fast regelmäßig die Wirkfaktoren „Rekapitulation der Primärfamilie" und „Identifikation" als nicht hilfreich und am Ende aller vorgegebenen Faktoren bewerten, wie sich auch aus der Tabelle 2 ergibt (geringfügig besser bewertet wurde der Faktor „Rekapitulation der Primärfamilie" – auf Rang 7 – in der Studie von *Strauß & Burgmeier-Lohse,* 1994). Dieses Ergebnis steht in krassem Gegensatz zu grundlegenden klinisch-theoretischen Annahmen von Gruppenleitern. *Yalom* (1995) drückt die Überzeugung aus, daß z.B. „Identifikation" als relevanter Wirkfaktor schlicht abgelehnt werde von Patienten.

„Für Patienten ist bewußte Nachahmung (als imitierendes Verhalten, der Verf.) als ein therapeutischer Modus ein ganz besonders unpopuläres Konzept, da es den Verlust von Individualität assoziiert – eine grundlegende Furcht vieler Psychotherapie-Patienten." (*Yalom,* 1995, S. 85; Übers. v. Verf.).

Und zur Vernachlässigung des Wirkfaktors „Rekapitulation der Primärfamilie" führt er an:

„Die Tatsache, daß dieser Faktor nicht oft benannt wird, sollte uns nicht überraschen, da er auf einem anderen Bewußtseins-Niveau operiert im Vergleich zu Faktoren wie Katharsis oder Universalität. ...Nur wenige Gruppentherapeuten werden abstreiten, daß die Primärfamilie eines jeden Gruppenmitgliedes ein omnipräsenter Begleiter im Gruppentherapieraum ist. Die Erfahrungen des Patienten in seiner Primärfamilie beeinflussen ganz offensichtlich in einem großen Ausmaß die Art seiner interpersonellen Störungen ... Für mich gibt es kaum Zweifel, daß die Therapiegruppe die Primärfamilie reinkarniert." (*Yalom,* 1995, S. 87; Übers. v. Verf.).

Was also bleibt als Quintessenz? Es gibt keine andere, als die, daß der Weg zur Erklärung psychotherapeutischer (Veränderungs-) und (Wirk-)Prozesse nicht über die Befragung der betroffenen Patienten/Klienten führt. Überlegungen, ob die bestehenden Wirkfaktoren-Klassifikationen adäquat sind (*Crouch,* 1994) sind solange obsolet, *solange es keine adäquate Forschung zu den bestehenden Klassifikationen gegeben hat.* Auf eine merkwürdige Weise wird hier – wie bei (*Grawe,* 1995) – nach neuen Klassifikationen von Therapie-Wirkfaktoren gerufen, weil sich vermeintlich die alten Wirkfaktoren-Konzepte (bzw. Therapieformen) nicht als hinreichend erwiesen hätten bzw. nicht differentiell genug seien. Auf den Gedanken, daß die bisherige Forschung nicht ausreichend gewesen sein könnte, kommt anscheinend niemand.

Was in der Gruppenpsychotherapie erforderlich ist, ist systematische, aufwendige und objektive Bewertung ablaufender Prozesse durch geschulte Beobachter, wenn über die subjektiven Empfindungen der Gruppenteilnehmer hinaus relevante Gruppenprozesse mit möglichem Verallgemeinerungwert, im Hinblick auf Therapieeffekte, gewonnen werden sollen.

5.2 Eine Alternative: Objektive Prozeß-Ergebnis-Forschungen – Erste vielversprechende Ansätze

Daß sich über intensive Prozeß-Ergebnis-Forschungen in der Gruppenpsychotherapie weitere Aufschlüsse ergeben, zeigen die wenigen Beispiele von Prozeß-Ergebnis-Forschungen „im eigentlichen Sinne". Unter „intensiv" und Prozeß-Ergebnis-Forschung „im eigentlichen Sinne" sind zeit- und personalaufwendige Untersuchungen zu verstehen, die in der Regel über mehrere Jahre durchgeführt werden und ein ganzes Forschungsteam mit mehreren Mitarbeitern umfassen, die systematisch in aufwendige Bewertungsmethoden eintrainiert werden. Solche Projekte zu Prozeß-Ergebnis-Forschungen in Gruppenpsychotherapien wurden z.B. durch das Forscherteam in Edmonton *(Edmonton Research Group)*, im *Harvard Community Health Plan in Boston* sowie in den *Stuttgarter* und *Kieler Gruppenpsychotherapie-Studien* realisiert (*Budman et al.*, 1990; *Piper et al.*, 1992; *Strauß u. Burgmeier-Lohse*, 1994; *Tschuschke*, 1993; *Tschuschke u. Dies*, 1994).

Objektive Bewertungen durch aufwendig trainierte Rater mit hoher Übereinstimmung erbringen differenzierte Ergebnisse, die nicht vergleichbar sind mit groben Momentaufnahmen, zufällig herausgegriffenen Stunden aus dem Sitzungs-Gesamt oder subjektiven Auskünften Betroffener. Z.B. ergab die Studie von *Budman et al.*, daß frühe Sitzungen (in der ersten Therapie-Hälfte) eine höhere „Kohäsion" für später erfolgreiche Gruppenmitglieder erbrachten als spätere Sitzungen oder für weniger erfolgreiche Patienten. Dieses Ergebnis befindet sich in Übereinstimmung mit Ergebnissen aus der *Stuttgarter Gruppenpsychotherapie-Studie* (*Tschuschke*, 1993; *Tschuschke u. Dies*, 1996). Auch dort waren speziell die Sitzungen in der ersten Hälfte für späteren Therapieerfolg prognostisch relevant, soweit das Ausmaß an „Kohäsion" betroffen war.

Die Konsequenzen aus solchen Forschungsergebnissen weisen direkte therapeutische Relevanz auf. Sollten sich solche präzisen und genauen Messungen in weiteren vergleichbaren Studien replizieren lassen, müssen Gruppenleiter sich klar machen, daß zum einen in den ersten Sitzungen entscheidende Weichen gestellt zu werden scheinen (vgl. auch in Abschnitt 3 zur Rolle des Gruppenleiters in diesem kritischen Abschnitt). Daß Gruppenleiter im Hinblick auf die anfangs besonders kritische Kohäsion in der Gruppe aktiver Gruppenmitglieder in den Prozeß integrieren müssen, und daß sie womöglich bereits bei der Auswahl der Gruppenteilnehmer und den Indikationsüberlegungen spezifische (Objekt-)Beziehungsfähigkeiten potentieller Gruppenteilnehmer mehr berücksichtigen müssen (vgl. zur Indikation Abschnitt 2).

Auf diesen letztgenannten Aspekt deuten auch die Ergebnisse von (*Piper et al.*, 1992) hin. Gruppenteilnehmer mit einer höheren „Psychological Mindedness" stiegen deutlich weniger aus Gruppentherapien aus und tendierten zu besserem Erfolg in den Gruppen. Ebenso ergab sich eine deutliche Beziehung zwischen „Psychological Mindedness" und Formen „therapeutischer Arbeit" in den Gruppenpsychotherapien. „Selbstbezogene Arbeit" – also eine Art „Selbstöffnung" – in der therapeutischen Gruppe war am stärksten mit günstigem Therapie-Ergebnis verknüpft.

Das Ergebnis von *Piper et al.* läßt sich auch über die *Stuttgarter Studie* bestätigen. Patienten mit einer höheren „Selbstöffnung" in der ersten Therapie-Hälfte erhielten signifikant mehr „Feedback" (Wirkfaktor „Interpersonales Lernen – input"), realisierten also ein signifikant höheres Ausmaß an „interpersoneller Arbeit" („Selbstöffnung" und

„Feedback" gemeinsam), und profitierten sehr viel mehr von der Behandlung als Gruppenmitglieder, für die das nicht zutraf oder die erst in der zweiten Therapie-Hälfte verstärkt „interpersonell arbeiteten" (*Tschuschke,* 1996d).

In derselben Untersuchung wurden auch deutliche Hinweise gefunden, daß Aspekte des Wirkfaktors „Rekapitulation der Primärfamilie" eine bedeutsame Rolle im Hinblick auf Therapieerfolg oder -mißerfolg spielten. Über Messungen intrapsychischer Objekt- und Selbstrepräsentanzen im Verlauf der Therapiegruppen konnte objektiviert werden, daß am ehesten später erfolgreiche Gruppenmitglieder die eingangs pathologisch konstellierten Objekt- und Selbstrepräsentanzen (z.B. bedeutsame Reduzierungen der psychischen Distanzen zwischen den Introjekten „aktuelles Selbst" und „Mutter" einerseits und „aktuelles Selbst" und „Ideal-Selbst" andererseits) und in eine klinisch wünschbare Richtung dauerhaft verändern konnten (katamnestisch abgesichert ein Jahr nach Therapieende) (*Catina u. Tschuschke,* 1993). Veränderungen solcher Objektrepräsentanzen in Beziehung zu Selbstrepräsentanzen erlauben zumindest die Vermutung, daß relevante Aspekte der Beziehungen zu diesen Repräsentanzen in der Gruppe bearbeitet und verändert werden konnten, etwa via Übertragungsprozesse auf andere in der Gruppe (*Catina u. Tschuschke,* 1993). Auch konnten für die Zeitpunkte dieser Veränderungen Verbindungen zu den anderen Wirkfaktoren gefunden werden – wie z.B. dem zuvor erfolgten Ausmaß an „interpersoneller Arbeit", der Qualität der „Kohäsion" bzw. „emotionalen Bezogenheit" zur Gruppe und nachfolgenden „Verhaltensänderungen" („Wirkfaktor „Interpersonales Lernen – output").

Auch die *Kieler Gruppenpsychotherapiestudie* wies die prozessuale Bedeutung von Wirkfaktoren nach (*Strauß u. Burgmeier-Lohse,* 1994). Es zeigte sich, daß prozeßbezogene Faktoren wie die soziometrische Position, das positive Gruppenerleben (ähnlich wie in der *Stuttgarter Studie*) und zunehmende Aktivität prädiktiven Wert hatten im Hinblick auf das Behandlungsergebnis. Im Gegensatz zu den anderen drei Untersuchungen weist die *Kieler Studie* erst im Verlauf der zweiten Therapie-Hälfte zunehmend ausgeprägtere Werte für erfolgreiche Gruppenmitglieder aus (anwachsendes Konflikterleben, zunehmende Selbständigkeit/Zuversicht, Aktivität, Selbststärke, reaktive Emotionalität).

Die drei Untersuchungen mit objektiven Prozeß-Beurteilern zeigen in ähnlicher Weise, daß relevante Prozesse bereits vergleichsweise frühzeitig prädiktive Potenz aufweisen und spätere eher weniger (*Budman et al.,* 1990; *Piper et al.,* 1992; *Tschuschke,* 1993; *Tschuschke u. Dies,* 1994; *Tschuschke u. Dies,* 1996), im übrigen unabhängig von der veranschlagten Dauer und „Zeit-Dosis-Beziehung" (Sitzungsfrequenz) der Gruppen. Die *Stuttgarter Studie* umfaßte die Untersuchung verschiedener präsumtiver Wirkfaktoren gruppenpsychotherapeutischer Prozesse und setzte verschiedene komplexe Rating-Prozeduren ein, die zusammen verschiedene Beobachtungsebenen ermöglichten, die zudem noch wechselseitig aufeinander bezogen werden können (*Tschuschke,* 1993; *Tschuschke u. Dies,* 1994).

Aus den sich ergebenden Wechselwirkungen läßt sich thesenartig ein Modell von prädiktivem Wert für günstige bzw. ungünstig verlaufende Teilnahmen in therapeutischen Gruppen ableiten.

1) Eine frühe und gute emotionale Bezogenheit (oder „individuelle Kohäsion", besonders ausgedrückt durch das Gefühl, akzeptiert zu werden [„acceptance"], nach *Bloch &*

Crouch ein wichtiger Aspekt der „Kohäsion“) scheint in der therapeutischen Gruppe das Analogon zur guten „therapeutischen Allianz“ in der Einzelpsychotherapie zu sein (*Budman et al.,* 1990; *MacKenzie u. Tschuschke,* 1993; *Yalom,* 1995). Diese gute Bezogenheit ist offenbar die Voraussetzung für das Wirksamwerden weiterer Wirkfaktoren.

2) Die Gruppenmitglieder mit höherer emotionaler Bezogenheit konnten – im Unterschied zu denjenigen mit niedrigerer Bezogenheit – sich frühzeitig öffnen (Wirkfaktor „Selbstöffnung“ bei *Bloch & Crouch,* nicht eigenständiger Faktor bei *Yalom*) und erhielten entsprechend mehr und häufiger „Feedback“ (Wirkfaktor „Interpersonales Lernen – input“), dabei sehr häufig auch sehr kritisches „Feedback“ mit einem erheblichen Potential an Kränkung und Versunsicherung. Dennoch gingen diese Gruppenteilnehmer dieses Risiko ein. D.h., diese Patienten realisierten ein wesentlich höheres Maß an Risikobereitschaft und deshalb auch „interpersoneller Arbeit“ (*Tschuschke u. Dies,* 1996) bzw. „therapeutischer Arbeit“ (*Piper et al.,* 1992).

3) Im dritten Schritt lassen sich beginnende „Verhaltensänderungen“ (Wirkfaktor „Interpersonales Lernen – output“) bei diesen gut bezogenen und therapeutisch erbeitenden Patienten feststellen. Interessanterweise wurden recht frühzeitig (im ersten Drittel bzw. in der ersten Hälfte der Gruppendauer) individuell-pathologische Verhaltensmuster abgebaut, wie z.B. depressiv-lamentierendes, zwanghaft-dominantes oder narzißtisch-aufdringliches Verhalten (*Tschuschke u. Dies,* 1994; 1996). Die veranschlagte Laufzeit (Dauer) der Gruppenpsychotherapien spielte dabei anscheinend keine Rolle; maßgebliche Veränderungen (Abbau ungünstigen Verhaltens und Anbahnung intrapsychischer Umstrukturierungen) ereigneten sich bei drei der vier Studien bereits recht frühzeitig, d.h. im ersten Drittel bzw. in der ersten Therapie-Hälfte. Erst nach diesen Veränderungen waren dieselben Patienten in der Lage, sozial akzeptierteres und sozial verträgliches Verhalten aufzubauen, etwa Empathie, Unterstützung, Interesse an anderen und Beteiligung bei anderen in der Gruppe. Die beschriebenen „Verhaltensänderungen“ ergaben sich fast ausschließlich bei erfolgreichen Gruppenteilnehmern (9 von 10 klinisch günstigen, wünschbaren „Verhaltensänderungen“ bei erfolgreichen und 5 von 6 ungünstigen bei später nicht erfolgreichen Patienten).

4) Zeitlich ziemlich parallel zu den „Verhaltensänderungen“ ergaben sich – wiederum fast ausschließlich bei erfolgreichen Patienten – intrapsychische Umstrukturierungen mit überdauerndem Charakter. Die oben kurz genannten ungünstigen Objekt- und Selbstrepäsentanzen (oder -vorstellungen) wurden in klinisch wünschbare Richtung hin korrigiert (*Tschuschke,* 1993; *Tschuschke u. Dies,* 1994).

Es ergibt sich demnach ein sehr komplexes Muster von ineinandergreifenden Wirkfaktoren, die offenbar voneinander abhängig sind und erst zum Tragen kommen können, wenn gewisse Voraussetzungen erfüllt sind und sich wechselseitig bedingen. Damit ist der Faktor „Zeit“ (bzw. „Zeitpunkt“) in seiner Bedeutung für den therapeutischen Veränderungsprozeß von den hier berichteten Studien her gesehen von besonderer Bedeutung. Möglich sind gleichfalls Spezifika der jeweiligen Gruppenentwicklung, d.h. daß erst ein bestimmtes Stadium, das die Gruppe in ihrer Entwicklung erreichen muß (*Tschuschke u. MacKenzie,* 1989), unterschiedliche Wirkfaktoren verstärkt ins Spiel bringt (vgl. Abschnitt 4).

Diese vorläufigen Ergebnisse aufgrund einiger weniger vorhandener Prozeßstudien erlauben allerdings noch keine Schlußfolgerungen mit Verallgemeinerungscharakter. Sie verweisen aber auf mögliche Zusammenhänge im komplexen Prozeßgeschehen therapeutischer Gruppen, die mit Sicherheit nur über solche aufwendigen „Mehrebenen-Forschungen" entdeckt und systematisch genutzt werden können. Vor allem muß eine klinisch sinnvolle Forschung – möglichst im realen klinischen Feld – durchgeführt werden, die nur über eine enge Zusammenarbeit zwischen Praktikern und Forschern erfolgen kann (*Tschuschke u. Dies,* 1994).

6. Fazit bisheriger empirischer Forschungen in der Gruppenpsychotherapie – Konsequenzen für die Praxis

Zweifellos handelt es sich bei den bisherigen Ergebnissen empirischer Gruppenpsychotherapieforschung noch um *Einzelfallstudien*, deren Ergebnisse repliziert werden müssen. Darüber hinaus hat die aufwendige Prozeß-Ergebnisforschung eigentlich erst begonnen, so daß sich in Zukunft noch wesentlich mehr Details und Kenntnisse bezüglich gesetzmäßiger Phänomene ergeben werden.

Dennoch lassen sich einige Schlußfolgerungen aus den wenigen vorhandenen, jedoch sehr aufwendigen und detaillierten Studien, für die – ambulante oder stationäre – Praxis ziehen.

- Gruppenschicksale entscheiden sich weitgehend schon vor der ersten Sitzung. Die Entscheidungen für eine *Gruppenindikation* sind prognostisch enorm bedeutsam, sowohl für das betreffende Gruppenmitglied wie für die Gesamtgruppe. Eine verbesserte differentielle Indikation – etwa über diagnostische Verfahren – reduziert deutlich das Aussteiger-Risiko, erhöht drastisch die Chancen für Patienten, von einer Gruppenpsychotherapie zu profitieren, weil sie das Gruppensetting nutzen können wegen vorhandener sozialer Sensibilität und in der Gruppe arbeiten können, und reduziert somit die Risiken für die Gruppe.
- Kurze vorgeschaltete *Pretrainings* erlauben eine Entängstigung der Gruppensituation, die auf die zukünftigen Gruppenmitglieder zukommt, macht sie in etwa vertraut, erhöht somit die Kohäsion, erlaubt eine Art Kontrakt-Bildung vor Behandlungsbeginn aufgrund gegebener Informationen über Rahmen-bedingungen der Behandlung, reduziert spätere Aussteigerraten, da sich unsichere Kandidaten realistischer mit der zukünftigen Arbeit auseinadersetzen können und eventuell die Gruppe gar nicht erst beginnen.
- Die *Gruppenleiter* müssen in jeder Art von Gruppe zu Beginn wesentlich aktiver sein als im weiteren Verlauf der Gruppen. Sie müssen viel strukturieren und sollten keine Ambiguität durch akzentuierte Abstinenz erzeugen, gleichgültig, welches Konzept sie ansonsten verfolgen. Gruppen benötigen zu Beginn essentiell den Leiter, seine Strukturierung zur Vertauens- und Kohäsionsbildung. So wird Patienten ermöglicht, frühzeitig Risiken einzugehen, „Selbstöffnung" zu betreiben, um frühzeitig bereits ausgiebig „Feedback" zu erhalten. Sie benötigen viel Zeit, um dieses häufig kritische und verunsichernde „Feedback" durchzuarbeiten, um es integrieren, Struktur- und Verhaltensänderungen vornehmen zu können, das eigentliche

Ziel von Psychotherapie, auch das von Gruppenpsychotherapie, zu erreichen. Für die größten Wirkpotenzen scheinen bereits sehr frühzeitig die Weichen gestellt zu werden, erst spät in den Prozeß einbezogene Gruppenmitglieder scheinen nicht mehr viel zu profitieren: „Late bloomers do not blossom." (*Tschuschke, MacKenzie, Haser & Janke*, 1996, S. 43).

Literatur

Azim H., Piper W.E ., Segal P., Nixon G., Duncan S., (1991). The quality of object relations scale. Archives of General Psychiatry 48: 946-953.

Beck A.P., Dugo J., Eng A., Lewis C., (1986). The search for phases in group development: Designing process analysis measures in group interaction. In: Greenberg L., Pinsof W. (Eds.) The Psychotherapeutic Process: A Research Handbook, Guilford Press, New York.

Bednar R., Kaul T., (1994). Experiential Group Research: Can the Cannon Fire? In: Bergin AE, Garfield SL (Eds.) Handbook of Psychotherapy and Behavior Change, John Wiley & Sons, New York.

Bednar R., Melnick J., Kaul T., (1974). Risk, responsibility, and structure: A conceptual framework for initiating group counseling and psychotherapy. Journal of Consulting and Clinical Psychology 21:31-37.

Bernard H., MacKenzie K.R., (1994). Basics of Group Psychotherapy. Guilford Press, New York.

Bloch S., Crouch E., (1985), Therapeutic Factors In Group Psychotherapy. Oxford Press, New York.

Bond G., (1983). Norm regulation in therapy groups. In: Dies R, MacKenzie, KR (Eds.) Advances In Group Psychotherapy: Integrating Research and Practice, International Universities Press, New York.

Budman S.H., Soldz S., Demby A., Feldstein M., Springer T., Davis M., (1990). Kohäsion, therapeutische Allianz und Therapieerfolg in der Gruppenpsycho-therapie: Eine empirische Untersuchung. In: Tschuschke V, Czogalik D (Hrsg.) Psychotherapie – Welche Effekte verändern? Zur Frage der Wirkmechanismen therapeutischer Prozesse, Springer, Berlin.

Catina A., Tschuschke V., A (1993). Summary of empirical data from the investigation of two psychoanalytic groups by means of repertory grid technique. Group Analysis 26: 443-449.

Corsini R., Rosenberg B., (1955). Mechanisms of group psychotherapy: processes and dynamics. Journal of Abnormal and Social Psychology 51: 406-411.

Crouch E. Bloch, S., Wanlass, J., (1994). Therapeutic Factors: Interpersonal and Intrapersonal Mechanisms. In: Fuhriman A & Burlingame GM (Eds.) Handbook of Group Psychotherapy – An Empirical and Clinical Synthesis, John Wiley & Sons, New York.

Dies R.R., (Februar 1988). Issues in group leadership. Vortrag auf der Annual Conference der American Group Psychotherapy Association (AGPA) , New York.

Dies R.R., (1993). Research on Group Psychotherapy: Overview and Clinical Applications. In: Alonso A. & Swiller H.I. (Eds.) Group Therapy In Clinical Practice, American Psychiatric Press, Washington, DC.

Dies R.R., Tschuschke, V., (1994). Die Zukunft der Gruppenpsychotherapie. Matrix-Sonderband.

Dies R.R., MacKenzie K.R., (1983). Advances In Group Psychotherapy – Integrating Research and Practice, Bd.1., Monograph Series AGPA, International Universities Press, New York.

Eckert J., Biermann-Ratjen E.-M., 1985Stationäre Gruppenpsychotherapie – Prozesse, Effekte, Vergleiche. Springer, Berlin.

Elliott R., Stiles W., Shapiro D., (1993). „Are some psychotherapies more equivalent than others?". In: Giles T (Ed.) Handbook of Effective Psychotherapy, Plenum Press, New York.

Evensen E., Bednar R., (1978). Effects of specific cognitive and behavioral structure on early group behavior and atmosphere. Journal of Counseling Psychology 25: 66-75.

Fuhriman A., Burlingame G., (1994) (Eds.) Handbook of Group Psychotherapy – An Empirical and Clinical Synthesis. John Wiley & Sons., New York.

Grawe K., (1993). Über Voraussetzungen eines gemeinsamen Erkenntnisprozesses in der Psychotherapie. Eine Erwiderung auf Eysenck und Diepgen. Psychologische Rundschau 44: 181-186.

Grawe, K., (1995). Welchen Sinn hat Psychotherapieforschung? Eine Erwiderung auf V. Tschuschke et al. Psychotherapeut 40:96-106.

Grawe K., (1995). Grundriß einer Allgemeinen Psychotherapie. Psychotherapeut 40: 130-145.

Grawe K., Donati R., Bernauer F., (1994). Psychotherapie im Wandel. Von der Konfession zur Profession. Hogrefe, Göttingen.

Heckrath C., Dohmen P., (1995). Zu den empirischen Grundlagen der „hochsignifikanten Überlegenheit" der verhaltenstherapeutischen gegenüber den psychoanalytisch orientierten Psychotherapieverfahren bei Grawe et al. (1994). Vortrag auf der 43. Tagung des Deutschen Kollegiums für Psychosomatische Medizin (DKPM)

Horwitz L., (1974). Clinical Prediction In Psychotherapy. Jason Aronson, New York.

Kanas N., (1996). Schizophrenic Patients In Group Therapy. American Psychiatric Press, Washington, D.

Kaplan H., Sadock B. (Eds.), (1993). Comprehensive Group Psychotherapy. Williams & Wilkins, Baltimore.

Kaul T. & Bednar R.L., (1994). Pretraining and Structure: Parallel Lines Yet to Meet. In: Fuhriman A & Burlingame GM (Eds.) Handbook of Group Psychotherapy – An Empirical and Clinical Synthesis, John Wiley & Sons, New York.

Kutter P., Phasen des Gruppenprozesses. Wahrnehmungsprobleme, theoretische Orientierung, Literaturübersicht und praktische Erfahrungen.

Gruppenpsychotherapie und Gruppendynamik 16: 200-208, 1980

Lacoursière R., (1980). The Life Cycle of Groups. Group Developmental Stage Theory. Human Sciences Press, New York.

Lambert M., Bergin A., (1994). The Effectiveness of Psychotherapy. In: Bergin AE, Garfield SL (Eds.) Handbook of Psychotherapy and Behavior Change, 4th ed., John Wiley & Sons, New York.

Leichsenring F., (1996). Zur Metaanalyse von Grawe und Mitarbeitern. Gruppenpsychotherapie und Gruppendynamik (im Druck).

Lieberman M., Yalom, I.D., Miles, M.B., (1973). Encounter Groups: First Facts. Basic Books, New York.

Lieberman M., Comparative analyses of change mechanisms in groups.

In: Dies R., MacKenzie K., (Eds.) (1983). Advances In Group Psychotherapy – Integrating Research and Practice, International Universities Press, New York.

Luborsky L., Diguer L., Luborsky E., Singer B., Dickter D., Schmidt K., (1993). The efficacy of dynamic psychotherapies: Is it true that „Everyone Has Won and All Must Have Prizes"? In: Miller N., Luborsky L., Barber J., Docherty J. (Eds.) Psychodynamic Treatment Research – A Handbook For Clinical Practice, Basic Books, New York.

Luborsky L., Singer B., Luborsky L., (1975). Comparative studies of psychotherapies: Is it true that „everyone has won and all must have prizes"? Archives of General Psychiatry 32: 995-1008.

MacKenzie K.R., (1990). Introduction to Time-Limited Group Psychotherapy. American Psychiatric Press, Washington, DC.

MacKenzie K.R., (1994). Group Development. In: Fuhriman A. & Burlingame G.M. (Eds.) Handbook of Group Psychotherapy – An Empirical and Clinical Synthesis, John Wiley & Sons, New York.

MacKenzie K.R., Livesley W., (1983). A developmental model for brief group therapy. In: Dies R., MacKenzie K.R. (Eds.) AdvAnces in Group Psychotherapy – Integrating Research and Practice, 1st ed., Monograph Series, International Universities Press, New York.

MacKenzie K.R., Tschuschke V., (1993). Relatedness, group work, and outcome in long-term inpatient psychotherapy groups. Journal of Psychotherapy: Practice & Research 2: 147-156.

Malan D., Balfour F., Hood V., Shooter A., (1976). Group psychotherapy: A long-term follow-up study. Archives of General Psychiatry 33: 1303-1315.

McCallum M., Piper W., (1996). Psychological Mindedness Assessment Procedure (PMAP). In: Strauß B., Eckert J., Tschuschke V. (Hrsg) Methoden der Gruppenpsychotherapieforschung – Ein Handbuch, Westdeutscher Verlag, Wiesbaden.

McCallum M., Piper W.E., Joyce A., (1992). Dropping out from short-term group therapy. Psychotherapy 29: 206-215.

Miller N., Luborsky L., Barber J., Docherty J., (1993). Psychodynamic Treatment Research – A Handbook For Clinical Practice. Basic Books, New York.

Piper W.E., (1994). Client Variables. In: Fuhriman A. & Burlingame G.M. (Eds.) Handbook of Group Psychotherapy – An Empirical and Clinical Synthesis, John Wiley & Sons, New York.

Piper W.E., (1994). Psychological mindedness, work, and outcome in day treatment. International Journal of Group Psychotherapy 44: 291-312.

Piper W.E., McCallum, M., (1994). Selection of Patients For Group Interventions. In: Bernard H MacKenzie, K.R. (Eds.) Basics of Group Psychotherapy, Guilford Press, New York.

Piper W.E., Azim H., Joyce A., McCallum M., Nixon G., Segal P., (1991). Quality of object relations vs. interpersonal functioning as predictors of therapeutic alliance and psychotherapy outcome. Journal of Nervous and Mental Disease 179: 432-438.

Piper W.E., Debbane E., Bienvenu J., Garant J., (1979). Pretraining for group psychotherapy. Archives of General Psychiatry 36: 1250-1256.

Piper W.E., McCallum M., Azim H., (1992). Adaptation Through Short-Term Group Psychotherapy. Guilford Press, New York.

Rice L., Greenberg L., (Eds.) (1984). Patterns of Change. Guilford Press, New York.

Roback H., Smith M., (1987). Patient attrition in dynamically oriented treatment groups. American Journal of Psychiatry 144: 426-431.

Rudnitzki G., Körtel B., Tschuschke V., (1996). Wirkfaktoren in Gruppentherapien mit schwergestörten spätadoleszenten Patienten im stationären Rehabilitations-Setting. Vortrag auf der Jahrestagung der Deutschen Gesellschaft für Psychiatrie, Psychotherapie und Neurologie (DGPPN), Heidelberg.

Rüger B., (1994). Kritische Anmerkungen zu den statistischen Methoden in Grawe, Donati und Bernauer: „Psychotherapie im Wandel – Von der Konfession zur Profession“. Zeitschrift für psychosomatische Medizin und Psychoanalyse 40: 368-383.

Rüger B., (1996). Eine Erwiderung auf Grawes Artikel „Psychotherapie im Spannungs-feld zwischen Wissenschaft und Konfession“. Zeitschrift für Klinische Psychologie 25: 61-63.

Salvendy J., (1993). Selection and Preparation of Patients and Organization of the Group. In: Kaplan H. & Sadock B.J. (Eds.) Comprehensive Group Psychotherapy, Williams & Wilkins, Baltimore.

Saravay S., (1978). A psychoanalytic theory of group development. International Journal of Group Psychotherapy 28: 481-507.

Schaffer J., Dreyer S., (1982). Staff and inpatient perceptions of change mechanisms in group psychotherapy. American Journal of Psychiatry 139: 127-128.

Shapiro D.A., (1995). Finding out how psychotherapies help people change. Psychotherapy Research 5: 1-21.

Shapiro D.A., Barkham M., Hardy G., Reynolds S., Rees A., Startup M., (1995). Effects of treatment duration and severity of depression on the effectiveness of cognitive/behavioral and psychodynamic/interpersonal psychotherapy. Journal of Consulting and Clinical Psychology.

Stiles W., Shapiro D.A., Elliott R., (1986). „Are all psychotherapies equivalent?“. American Psychologist 41: 165-180.

Stone W., (1996). Group Psychotherapy for People With Chronic Mental Illness. Guilford Press, New York.

Strauß B., Burgmeier-Lohse M., (1994). Stationäre Langzeitgruppenpsychotherapie. Asanger, Heidelberg.

Strauß B., Eckert J., Tschuschke V., (1996). Methoden der empirischen Gruppenpsycho-therapieforschung – Ein Handbuch. Westdeutscher Verlag, Wiesbaden.

Strupp H.H., (1995). The psychotherapist's skills revisited. Clinical Psychology: Science and Practice V2 N1: 70-74.

Toseland R., Siporin, M., When to recommend group treatment: a review of the clinical and research literature. International Journal of Group Psychotherapy 36: 171-201.

Tschuschke V., (1986). Verlaufsanalyse verbaler Affektstrukturen von Patienten einer ambulanten analytischen Gruppenpsychotherapie – Eine empirische Gruppenfall-Studie mit dem Gottschalk-Gleser-Sprachinhaltsanalyse-Verfahren. Unveröffentlichte Humanbiologische Dissertation, Universität Ulm.

Tschuschke V., (1989). Wirksamkeit und Erfolg in der Gruppenpsychotherapie. Gruppenpsychotherapie und Gruppendynamik 25: 60-78.

Tschuschke V., (1993). Wirkfaktoren stationärer Gruppenpsychotherapie – Prozeß – Ergebnis – Relationen. Vandenhoeck & Ruprecht, Göttingen.

Tschuschke V., Dies, R.R., (1994). Intensive Analysis of Therapeutic Factors and Outcome in Long-Term Inpatient Groups. International Journal of Group Psychotherapy 44: 185-208.

Tschuschke V., (1995). Gruppenentwicklung – unverzichtbar für gruppentherapeutische Effekte? In: Langwalter W., Schiepek G. (Hrsg) Selbstorganisation und Dynamik in Gruppen, LIT-Verlag, Münster.

Tschuschke V., (1996a). Die „Skala zur Einschätzung von Objektbeziehungs-Qualität (QORS)", Unveröff. Manuskript, Universität Ulm.

Tschuschke V., (1996b). Forschungsergebnisse zu Wirkfaktoren und Effektivität von Gruppentherapien bei Jugendlichen. Praxis der Kinderpsychologie und Kinderpsychiatrie 45: 38-47.

Tschuschke V., (1996c). Manual zur ‚Psychological Mindedness Assessment Procedure'. Unveröff. Manuskript, Universität Ulm.

Tschuschke V., Dies, R.R., (1996). The prospective value of feedback on outcome in long-term inpatient groups. Group (im Druck).

Tschuschke V., (1996d). Prozeß-Ergebnis-Zusammenhänge und Wirkfaktorenforschung. In: Strauß B., Eckert J., Tschuschke V. (Hrsg) Methoden der empirischen Gruppenpsychotherapieforschung – Ein Handbuch, Westdeutscher Verlag, Opladen.

Tschuschke V., MacKenzie, K.R., Haaser, B., Janke, G., (1996). Self-Disclosure, Feedback, and Outcome in Long-Term Inpatient Psychotherapy Groups.The Journal of Psychotherapy: Practice and Research 5: 35-44.

Tschuschke V., Dies R.R., (1994). Der Mythos von den zwei Welten – Praxis und Forschung brauchen einander. Gruppenpsychotherapie und Gruppendynamik 30: 227-250.

Tschuschke V., Kächele H., (1996). What Do Psychotherapies Achieve? A Contribution to the Debate Centered Around Differential Effects of Different Treatment Concepts. In: Esser U., Pabst H., Speierer G.-W.,(Eds.): (1996). The Power of the Person-Centered Approach – New Challenges, Perspectives, Answers. GwG, Köln.

Tschuschke V., Kächele H., Hölzer M., (1994). Gibt es unterschiedlich effektive Formen von Psychotherapie? Psychotherapeut 39: 281-297.

Tschuschke V., MacKenzie K.R., Empirical analysis of group development – A methodological report. Small Group Behavior 20: 419-427.

Tuckman B., (1966). Developmental sequence in small groups. Psychological Bulletin 63: 384-399.

Vinogradov S., Yalom I.D., (1990). A Concise Guide to Group Psychotherapy. American Psychiatric Press, Washington, DC.

Woods M., Melnick J., (1979). A review of group therapy selection criteria. Small Group Behavior 10: 155-175.

Yalom I.D., (1985). The Theory and Practice of Group Psychotherapy. Basic Books, New York.

Yalom I.D., (1989). Theorie und Praxis der Gruppenpsychotherapie. Kindler, München.

Yalom I.D., (1995). The Theory and Practice of Group Psychotherapy. 4th ed., Basic Books, New York.

Die Relevanz der Supervisionsforschung für die Praxis der Psychotherapie

Renate Frank

1. Psychotherapie-Supervision: eine willkommene Hilfe für Psychotherapeuten

Für die meisten Psychotherapeutinnen und Psychotherapeuten[1] ist Supervision ein selbstverständlicher Bestandteil ihrer Arbeit. Sie empfinden sie als eine nützliche und unverzichtbare Unterstützung ihres praktisch-therapeutischen Handelns. Dies zeigt eine bundesweite Befragung von 294 Psychotherapeuten mit einer durchschnittlichen Therapieerfahrung von 7 Jahren, bei der zwei Drittel angaben, daß sie sich regelmäßig einer psychotherapeutischen Supervision unterziehen. Die übrigen waren noch im Jahr zuvor in Supervision und nur ein kleiner Rest von 13% der Befragten erhielt gar keine Supervision. Dies zum Teil deshalb nicht, weil es sich um Ausbildungskandidaten handelte, die selbst noch keine Psychotherapien durchführten (vgl. Frank & Vaitl, 1986). Dieser Anteil von Personen ohne Supervisionserfahrung deckt sich mit den Befunden einer Befragung von 480 Diplom-Psychologen von Wittern, Daniels, Kettmann und Nolte (1986). Auch bei ihnen waren lediglich 12% der Befragten supervisionsunerfahren. Insgesamt 99% derjenigen, die in dieser Studie zur Frage der Bedeutung der Supervision Stellung nahmen, bewerteten sie als „Hilfe". Lediglich 1% der Befragten gab an, daß Supervision „nicht effektiv" oder „mit Nachteilen verbunden" sei. Während der Ausbildung erachten 94% der Supervisionserfahrenen eine regelmäßige Supervision für notwendig. Immerhin 74% derjenigen, die persönlich noch keine Supervision kennengelernt haben, schließen sich diesem Urteil an. Bei 50% der Befragten fand die Supervision außerhalb der Arbeitszeit statt, was verdeutlicht, wie viele Psychotherapeuten bereit sind, zur Reflexion ihres psychotherapeutischen Handelns sogar einen Teil ihres Privatlebens zu opfern. Für eine regelmäßige berufsbegleitende Supervision über die Ausbildungszeit hinaus sprachen sich noch 87% der Supervisionserfahrenen und 49% der Supervisionsunerfahrenen aus.

Was Psychotherapie-Supervision für die Praxis der Psychotherapie leisten soll, ist allgemein bekannt: Sie soll die Qualität von Psychotherapien sichern oder zumindest verbessern und Risiken und Schäden für die behandelten Patienten mindern. Dementsprechend war Supervision bisher Bestandteil aller psychotherapeutischen Ausbil-

1 Zu Beginn jedes neuen Kapitels werden immer beide Geschlechter ausdrücklich benannt, um deutlich hervorzuheben, daß es um Therapeutinnen und Therapeuten, Supervisorinnen und Supervisoren, Patientinnen und Patienten geht. Aus Gründen der flüssigeren Lesbarkeit wird dann aber im weiteren Text nur die männliche Form als Rollenbezeichnung verwendet.

dungsrichtlinien (vgl. Auckenthaler & Kleiber, 1992) und bleibt dies auch nach Inkrafttreten des Psychotherapeutengesetzes. Im Verbund mit Seminaren zur theoretischen Vertiefung und ergänzt durch Selbsterfahrung soll sie zur individuellen Entwicklung psychotherapeutischer Kompetenzen beitragen, vor allem aber auch hohe professionelle Standards für psychotherapeutisches Handeln gewährleisten (Reinecker & Schindler, 1996).

Supervision ist eine Lernmethode besonderer Art. Vier Merkmale geben ihr eine besondere Prägung: die Praxisbegleitung, die kooperative Arbeitsbeziehung, der fachliche Dialog und die kontrollierende Funktion. Als Maßnahme zur Qualitätssicherung oder Qualitätssteigerung muß Psychotherapie-Supervision eine angemessene und wirkungsvolle Behandlung von Patienten gewährleisten. Sie kann sich dabei allerdings nur mittelbar, nämlich über eine Beeinflussung der supervidierten Therapeuten, auf die Behandlung von Patienten auswirken. Entscheidendes Ziel ist deshalb die Verbesserung der professionellen Kompetenz der supervidierten Therapeuten, was sich in der jeweils supervidierten Therapie, aber auch generalisierend in künftigen Therapien positiv niederschlagen sollte.

Wird der Nutzen von Supervision betrachtet, dann muß dies folglich mit Blick auf Therapeuten und Patienten geschehen (vgl. Tab. 1).

Tab. 1: Nutzen von Psychotherapie-Supervision

für Therapeuten	für Patienten
gibt Anleitung	verbessert die Behandlungsplanung
gibt Reflexionshilfen	optimiert die Behandlungsdurchführung
gibt Rückmeldung	mindert das Risiko von Kunstfehlern
schafft Entlastung	verhindert Therapieabbrüche
unterstützt die Selbstpräsentation in der Therapeutenrolle	unterstützt die Generalisierung und den Transfer von Therapieeffekten
unterstützt die Entwicklung von therapeutischen Kompetenzen	orientiert sich bei der Behandlung an wissenschaftlichen Standards

Zu klären bleibt, ob Psychotherapie-Supervision ihren Aufgaben auch tatsächlich ausreichend gerecht wird und einen solch breiten Nutzen entfalten kann, der zur Zufriedenheit der Supervidierten ausfällt und auch den Patienten dienlich ist, indem Behandlungseffekte optimiert und stabilisiert werden. Folgt man den Ausführungen von Binder (1993), dann muß bezweifelt werden, ob dies tatsächlich in allen Punkten gelingt (vgl. auch Alberts & Edelstein, 1990; Holloway & Neufeldt, 1995; Lambert & Ogles, 1997).

Zur Klärung werden empirische Studien zur Supervision zu Rate gezogen, die sich mit der Kompetenzentwicklung von Psychotherapeuten und den Auswirkungen von Supervision auf die behandelten Patienten beschäftigen. Dabei soll gezeigt werden, was Psychotherapie-Supervision nachweislich leistet. Um den Einblick in die bisherige Supervisionsforschung zu erleichtern, wird zunächst beschrieben, mit welchen Fragestellungen sie sich auseinandergesetzt hat.

2. Supervisionsforschung im Überblick

2.1 Supervisionsforschung im deutschsprachigen Bereich

Im deutschen Sprachbereich gibt es noch wenige Forschungsarbeiten zur Psychotherapie-Supervision (vgl. Auckenthaler, 1995; Buchheim, Cierpka, Gitzinger, Kächele & Orlinsky, 1992; Frank, 1996; Frank, Rzepka & Vaitl, 1996; Frank & Vaitl, 1986; Frank, Walter & Vaitl, 1992; Rzepka-Meyer, 1997; Rzepka-Meyer, Frank & Vaitl, 1998; Schreyögg, 1992; Wittern et al. 1986; Zimmer, 1996). Sie befassen sich mit unterschiedlichen Fragestellungen: Dem Supervisionsprozeß, den Inhalten, der Bedeutung und der Wirkung von Supervision und Supervisionsausbildung (Schigl, Petzold, 1997).

Konkreten Einblick in die Supervisionspraxis gibt Auckenthaler (1995) mit ihrem interessanten qualitativen Forschungszugang. Sie veranschaulicht, wie Sitzungen organisiert werden und macht kenntlich, welche Ansprüche in welcher Weise in die Supervision eingebracht werden. Direkte Auswirkungen von Supervision auf Patientinnen und Patienten wurden dabei nicht untersucht.

Wittern et al. (1986) ermittelten die zentralen Inhalte von Supervision, die sie in den folgenden fünf Themenbereichen zusammenfaßten:

1. berufliche Qualifikation (Feedback zum eigenen Verhalten)
2. persönliche Unterstützung (Auseinandersetzung mit der eigenen Person, Erkennen von Fähigkeiten und Grenzen)
3. sozial organisatorische Fragen (Vermittlung sachlicher Informationen zum Arbeitsplatz)
4. Fallarbeit (Herausarbeiten der Problematik)
5. Diskussion von Fragen der Zusammenarbeit.

Supervidenden[2] und Supervisoren maßen diesen fünf Bereichen allerdings eine unterschiedliche Bedeutung bei. Während für die Supervidierten die berufliche Qualifikation vorrangig Bedeutung hatte, stand für die Supervisoren die persönliche Unterstützung im Vordergrund. Die Studie zeigt, daß 87% der 480 befragten Psychotherapeuten mit ihrer Supervision zufrieden waren.

Zimmer (1996) klärte mittels einer retrospektiven Befragung von 30 Therapeuten einer dreijährigen Weiterbildung in Verhaltenstherapie, welche Bedeutung eine Supervision für sie hatte. Die Befragten erlebten sie als sicherheitgebend, hilfreich bei der Fallkonzeption und -planung sowie der therapeutischen Beziehungsgestaltung, aber auch bei der Einschätzung eigener Kompetenzen und Grenzen. Sie erleichterte zudem die Ausbildung eines professionellen Rollenverständnisses, wurde für die Anleitung in der Durchführung von therapeutischen Verfahren aber weniger in Anspruch genommen. Auswirkungen der Supervision auf die behandelten Patienten wurden nicht untersucht.

2 Abgeleitet von dem lateinischen Begriff „supervidere" sprechen wir von Supervidend, wenn von einem zu Supervidierenden die Rede ist, auch wenn sich der Begriff „Supervisand" bereits eingebürgert hat.

Schreyögg (1992) belegt mit ihrer Erkundungsstudie die Wirkung des integrativen Supervisionsmodells. Sie konnte zeigen, daß die Supervidierten eine größere subjektive Handlungssicherheit erlangten und sich in ihren Deutungshaltungen und -mustern konzeptentsprechend veränderten (so auch Schigl, Petzold, 1997). Auswirkungen auf Patienten wurden auch in diesen Studien nicht untersucht.

Buchheim et al. (1992) berichten erste Ergebnisse der „International Study of the Development of Psychotherapists (ISDP)". Hier ging es darum, wie Psychotherapeuten ihre psychotherapeutische Entwicklung erleben und wie sich dies in ihrer Tätigkeit manifestiert. Darüberhinaus wurde ermittelt, welche Einflüsse die therapeutische Entwicklung begünstigen oder auch behindern können. Die Befunde beschränken sich zunächst noch auf demografische und berufliche Grunddaten sowie eine erste Einschätzung, aus der hervorgeht, daß aus der Sicht der befragten Therapeuten Übungen und damit, wie die Autoren dies interpretieren, „Selbsterfahrung" der größte Wert für die persönliche Entwicklung zuerkannt wird.

In der Studie von Frank und Vaitl (1986) wurden 169 Psychotherapeuten mit unterschiedlich großer Berufserfahrung mittels eines mehrdimensionalen Fragebogens verglichen. Es handelte sich um den Fragebogen zur Supervision von Psychotherapien (FSPT, vgl. Frank, Eucker & Vaitl, 1988; Frank & Vaitl, 1985, 1987), eine deutsche Adaption des CDQ von Reising und Daniels (1983), der sich an das Hogansche Entwicklungsmodell der Supervision anlehnt. Er erfaßt vier Aspekte der therapeutischen Kompetenz (therapeutische Sicherheit, verhaltenstheoretisch geprägter Arbeitsstil, Lern- und Kritikbereitschaft und reziproke Kritikfähigkeit), sowie fünf Supervisionsbedürfnisse (Bedürfnis nach emotionaler Unterstützung, nach Kompetenzerweiterung, nach emotionalem Freiraum, nach fall- und methodenzentrierter Supervision und allgemeiner Aktivierung durch die Supervision). Psychotherapeuten mit geringer Berufserfahrung unterschieden sich deutlich durch ihre größere Unsicherheit und durch eine stärkere Abhängigkeit von ihrem Supervisor von solchen mit vier- und mehrjähriger Erfahrung. Neben therapeutischer Sicherheit wird mit zunehmender Erfahrung auch eine bessere Kritikfähigkeit erworben, und das Bedürfnis, durch Supervision emotionale Unterstützung zu erfahren, reduziert sich. Wie sich Supervision auf die Arbeit mit Patienten auswirkt, wurde in dieser Studie nicht untersucht.

Rzepka-Meyer et al. (1998) untersuchten den Einfluß von Erfahrung (Lebenserfahrung, Berufs- und Therapieerfahrung sowie tätigkeitsspezifische Erfahrungen) auf die therapeutische Entwicklung. Relevante Auswirkungen haben nur therapiebezogene Praxiserfahrungen, wobei im Rahmen der Supervision der Reflexionsbereitschaft der Therapeuten eine zentrale Rolle zukommt.

Die Befunde von Frank (1996), Frank et al. (1992, 1996) sowie Rzepka-Meyer (1997) entstammen Längsschnittanalysen. Sie werden in Abschnitt 3.5. näher ausgeführt.

2.2 Angloamerikanische Forschungsarbeiten zur Psychotherapie-Supervision

Die Fülle der angloamerikanischen Untersuchungen zur Supervision läßt sich vier Forschungsschwerpunkten zuordnen, die näher ausgeführt werden sollen:

- Studien zur Überprüfung entwicklungspsychologischer Modellvorstellungen

- Studien zur Beeinflussung durch den Supervisor/die Supervisorin und zur Qualität der Supervisionsbeziehung
- Studien, die sich mit Merkmalen der Supervidenden befassen
- Studien, die sich mit den Fähigkeiten von Supervisoren und mit der Supervisorenausbildung beschäftigen.

2.2.1 Supervision als Entwicklungsprozeß

Nach Erscheinen des Überblicksartikels von Russell, Crimmings und Lent (1984) hat sich eine deutliche Wende in der Supervisionsforschung vollzogen. Zurückzuführen ist dies auf einen neuen „Zeitgeist of supervision" (*K* 1987, p. 209), der durch entwicklungspsychologische Modelle der Supervision in Gang gebracht wurde. Supervision wird von nun an als ein eigenständiger, von Psychotherapie und Counseling abgegrenzter Arbeitsbereich verstanden, der sich des Wissens von Psychologie, Soziologie und Pädagogik bedient. Edukative Aufgaben treten verstärkt ins Blickfeld.

Die ersten Impulse zu dieser neuen Sichtweise wurden bereits vor mehr als 30 Jahren durch Hogans Entwurf eines „Differentiellen Entwicklungsmodells der Supervision" (Hogan, 1964) gegeben. Supervision wird nach diesem Modell als mehrstufiger Prozeß verstanden, der in pädagogisch geeigneter, bedürfnisgerechter Weise auf das vielschichtige, komplexe Endziel, nämlich die Ausbildung eines kompetenten Psychotherapeuten/einer kompetenten Psychotherapeutin hingeführt wird. Therapeutische Sicherheit, eine stabile Arbeitsmotivation, Kritikfähigkeit, Autonomie und ein individueller therapeutischer Arbeitsstil charakterisieren nach Auffassung von Hogan kompetente Therapeuten. Diese Aspekte bleiben auch in den konzeptuellen Weiterentwicklungen (vgl. Loganbill, Hardy & Delworth, 1982, Stoltenberg & Delworth, 1987, Skovholt & Ronnestad, 1992a+b) Kernpunkte, auf die sich die Förderung der psychotherapeutischen Entwicklung in der Supervision ausrichtet (zusfd. Frank, 1995).

Die entwicklungspsychologischen Supervisionskonzepte haben eine Fülle von empirischen Studien angeregt. Dabei wird vor allem die fundamentale Annahme untersucht und bestätigt, daß Supervisoren ihre Interventionen auf das Ausbildungsniveau und die damit einhergehenden Bedürfnisse ihrer Supervidenden ausrichten und daß sich mit zunehmender Erfahrung der Supervidierten die Supervisionsbeziehung sowie der Supervisionsstil ändern (Überblick bei Holloway, 1992; Stoltenberg & Delworth, 1987; Stoltenberg, McNeill & Crethar, 1994; Worthington, 1984, 1987). Folgt man dem sehr strikten Urteil von Ellis, Ladany, Krengel und Schult (1996) und Ellis und Ladany (1997), dann weisen allerdings alle Studien so viele konzeptuelle, validitätsbezogene und methodische Schwächen auf, daß sie insgesamt mit der größten Skepsis zu betrachten sind. Ein zentraler Einwand richtet sich darauf, daß Entwicklungsprozesse nur in Längsschnittstudien adäquat abgebildet werden können. Aber nur zwei amerikanische Studien untersuchten die Entwicklung von Psychotherapeuten auf diese Weise (vgl. Hill, Charles & Reed, 1981; Shiffman, 1987). Beide prüften allerdings die Auswirkungen von Trainingssitzungen bei der Ausbildung von Interviewfertigkeiten und können damit keine Supervisionseffekte im eigentlichen Sinn belegen.

2.2.2 Supervision als Beeinflussungsprozeß

Eine weiterer Schwerpunkt der Supervisionsforschung liegt im Bereich der sozialen Beeinflussung. Hier wurden vor allem von Heppner und Mitarbeitern die Attraktivität, Vertrauenswürdigkeit und Expertise von Supervisor/Supervisorin, die Qualität der Supervisionsbeziehung, der Einfluß der theoretischen Orientierung (z.B. Guest & Beutler, 1988) und die Auswirkung spezifischer Supervisionsereignisse („good moments", „critical incidents"; z.B. Allen, Szollos & Williams, 1986; Skovholt & McCarthy, 1988; Worthen & McNeill, 1996) untersucht. Diese Aspekte haben hohe Relevanz für die psychotherapeutische Praxis und werden noch genauer ausgeführt.

2.2.3 Persönliche Merkmale der Supervidierten

Wie gut durch eine Supervision Lernprozesse in Gang gesetzt werden können, hängt auch von persönlichen Merkmalen der Supervidierten ab. Eine Reihe von Studien analysierte deshalb kognitive und sozio-emotionale Merkmale der Supervidierten, die die psychotherapeutische Kompetenzentwicklung beeinflussen können. Untersucht wurden dabei vor allem folgende Merkmale:

- Ichentwicklung (Borders, 1989; Borders & Fong; 1989; Borders, Fong & Cron, 1988; Borders, Fong & Neimeyer, 1986; Carlozzi, Gaa & Lieberman,1983)
- negative, feindselige Introjekte (Henry, Schacht, Strupp, Butler & Binder, 1993a, Henry, Schacht & Strupp, 1986)
- Dogmatismus (Carlozzi, Campbell & Ward, 1982)
- Reaktanz (Tracey, Ellickson & Sherry, 1989)
- Selbstwirksamkeit (Friedlander, Keller, Peca-Baker & Olk, 1986)
- Reflexionsfähigkeit (Skovholt & Ronnestad, 1992a; Ladany, Hill, Corbett & Nutt, 1996; Neufeldt, Karno & Nelson, 1996)
- kognitive Komplexität (Holloway & Wampold, 1986; Holloway & Wolleat, 1980; Winter & Holloway, 1991)
- kognitiver Stil (Holloway & Wolleat, 1981; Swanson & O'Saben, 1993)
- Ausmaß der beruflichen Erfahrung (Überblick bei Holloway, 1992; Russell et al., 1984; Stoltenberg, McNeill & Crethar, 1994)

Außerdem wurden auch geschlechtsspezifische Einflüsse (Überblick bei Munson, 1997) und kulturelle Faktoren überprüft (Überblick bei Lopez, 1997). Insgesamt wird deutlich, welch unterschiedliche Merkmale der supervidierten Therapeuten das Supervisionsgeschehen mitbestimmen und folglich im Arbeitsprozeß angemessen berücksichtigt werden müssen.

2.3 Modell zur Erforschung der Supervision

Supervision ist ein sehr komplexer Gegenstand mit vielfältigen Einflußfaktoren (vgl. Holloway, 1995). Führt man sich vor Augen, daß neben Merkmalen der Supervidenden und persönlichen Merkmalen der Supervisoren all die Variablen zu berücksichtigen sind, die den Supervisionsprozeß kennzeichnen (u.a. die Supervisionsmethodik), außerdem aber auch noch Charakteristika der Patienten und des aktuellen Psychotherapieprozesses hinzukommen, dann wird klar, daß es sich um einen Forschungsgegenstand handelt, dessen Elemente nur ausschnitthaft untersucht werden können. Wie die einzelnen Elemente in ihren Bezügen zueinander in Relation zu setzen sind, skizzieren Wampold und Holloway (1997) in ihrem kausalen Modell, das als Leitlinie für die künftige Forschung herangezogen werden kann. Im Hinblick auf das Ergebnis von Supervision umreißen sie kausale Bezüge, bei denen sie neben der Reaktion der Supervidierten auf ihre Supervision auch deren Performanz als Therapeuten berücksichtigen. Als unmittelbares Resultat einer Supervision betrachten sie die Therapeutenmerkmale, die durch den Supervisionsprozeß zustande kommen (z.B. eine Erhöhung der Reflexionsfähigkeit). Kausal verkettet sind diese Auswirkungen dann mit der therapeutischen Performanz (z.B. Aufbau von Beziehungskompetenzen, Methodenkompetenzen), die schließlich Veränderungen bei den behandelten Patienten bewirken (z.B. Behandlungszufriedenheit, Symptomrückgang, Reduktion der Krankheitstage etc.).

In den folgenden Abschnitten werden wesentliche, empirisch belegte Supervisionsauswirkungen auf Seiten der Therapeuten und Patienten beschrieben. Zunächst wird gezeigt, daß das Lernen durch Supervision von Supervisorenmerkmalen abhängt und es wird erläutert, wie sich Supervision auf die Konfliktfähigkeit der Supervidierten auswirkt. Anschließend werden Ergebnisse zur Übernahme professioneller Werte beschrieben. Es folgen schließlich Befunde zur therapeutischen Performanz (Beziehungsfertigkeiten, professioneller Arbeitsstil) und Studien zu den Auswirkungen auf die behandelten Patienten.

3. Verbessert Psychotherapie-Supervision die Qualität der psychotherapeutischen Arbeit?

3.1 Zur Bedeutung von Attraktivität, Vertrauenswürdigkeit und Expertise von Supervisoren

Aus der Psychotherapieforschung ist bekannt, daß Patienten, die ihre Therapeuten als attraktiv und vertrauenswürdig wahrnehmen und deren Expertise sie hoch einschätzen, deutlich zufriedener mit ihrer psychotherapeutischen Behandlung sind (vgl. Heppner & Heesacker, 1983; McNeill, May & Lee, 1987; Zamosttny, Corrigan & Eggert, 1981). Zudem sorgen diese Therapeutenmerkmale auch dafür, daß Behandlungen nicht abgebrochen werden (McNeill et al. 1987), und sie tragen zu einem positiven Behandlungsergebnis bei (LaCrosse, 1980; Grimes & Murdock, 1989). Haben Psychotherapeuten in ihren Supervisoren diesbezüglich gute Vorbilder?

Eine Reihe von Studien untersuchte die Attraktivität, Vertrauenswürdigkeit und Expertise von Supervisoren. Attraktivität wird dabei definiert durch positive Gefühle gegenüber dem Supervisor (Bewunderung, Wertschätzung und Wunsch, dem Supervisor ähnlich zu sein). Vertrauenswürdigkeit wird definiert durch Aufrichtigkeit, Offenheit und fehlende Motive persönlichen Gewinnstrebens. Wahrgenommene Expertise wird verstanden als Glaube, daß der Supervisor über Informationen verfügt, die es dem Supervidierten erlauben, zu validen Aussagen und Lösungen bei den anstehenden Problemen zu gelangen.

Vor allem die Vertrauenswürdigkeit von Supervisoren, aber auch deren Attraktivität korrelieren mit der Zufriedenheit der Supervidierten (Heppner & Handley, 1981). Diese beiden Supervisorenmerkmale spielen vor allem im Anfangsstadium der Weiterbildung eine wichtige Rolle (Heppner & Roehlke, 1984). Mit zunehmender Erfahrung nehmen die Supervidierten ihre Supervisoren dann fachbezogener wahr (Heppner & Handley, 1982). Offensichtlich ist für sie dann nicht mehr die Quelle der Information, sondern vor allem der Inhalt bedeutsam.

Wenn attraktiv erscheinende Supervisoren leichter Einfluß auf ihre Supervidierten ausüben können, dann liegt das auch daran, daß wechselseitige positive Bezüge dazu beitragen, daß die Supervidierten mehr und besser lernen (Dodenhoff, 1981). Grundsätzlich bietet eine positive Supervisionsbeziehung zwar eine gute Basis für die Zusammenarbeit, wirkt sich aber ohne direkte Hilfen zur Bewältigung der praktisch-therapeutischen Arbeit nicht wirksamkeitssteigernd aus (Rabinowitz, Heppner & Roehlke, 1986).

Cross und Brown (1983) untersuchten drei Gruppen aus unterschiedlichen Ausbildungsstadien (noch ohne fallbezogene Supervision im 2. Trainingsjahr, mit abgeschlossenem Training und einem Jahr Supervision, nach zwei Jahren Supervision). Abhängig vom Ausbildungsstand beurteilten die Supervidierten die Kompetenz ihrer Supervisoren und den Zugewinn durch ihre Supervision unterschiedlich, wobei erfahrene Supervidierte ihre Supervisoren als kompetenter erlebten. Expertise ist vor allem in der Mittelphase der Weiterbildung gefragt. Sie wird mit zunehmender praktisch-therapeutischer Erfahrung und längerer Supervision von den Supervidierten als hilfreich, sicherheitgebend und nützlich für die behandelten Patienten eingeschätzt.

Allen, Szollos und Williams (1986) grenzten die beste und schlechteste Supervisionserfahrung voneinander ab. Am besten eignete sich dabei die wahrgenommene Expertise (definiert als erfahren, kompetent, vorbereitet, technisch versiert) und die Vertrauenswürdigkeit der Supervisoren zur Diskrimination. Zudem spielte auch die Dauer des Trainings und ein auf persönliches Wachstum der Supervidierten ausgerichteter Arbeitsschwerpunkt eine Rolle. Supervisoren wurden dann als besonders hilfreich erlebt, wenn sie in der Lage waren, eine respektvolle und stützende Beziehung herzustellen und ihre Erwartungen und ihr Feedback klar kommunizieren konnten. War die Supervisionsbeziehung sexistisch oder autoritär gefärbt, dann wurde dies als beeinträchtigend erlebt.

Geht es um eine Festlegung, welches Supervisorenverhalten sich auf die Entwicklung psychotherapeutischer Kompetenzen besonders positiv auswirkt und ein effizientes Behandlungsvorgehen unterstützt, dann gehen die Meinungen von Supervisoren und Supervidierten deutlich auseinander. Was Supervisoren für besonders lernförderlich halten, nämlich Feedback, empfinden die Supervidierten keineswegs als so wichtig. Vielmehr sind es aus ihrer Sicht die direkten Hilfen, die Unterstützung in risikobehafteten Therapiesituationen und der gute Rapport (neben einer Reihe von weiteren Aspekten). Supervidierte halten diejenigen Supervisoren für besonders kompetent, die größere Erfahrung haben und Handlungssicherheit erkennen lassen und zudem fähig sind, sie bei der Ausbildung ihres persönlichen Therapiestils zu unterstützen. Bei ihnen profitieren sie dann für ihre psychotherapeutische Entwicklung, wenn sie in ihrem Selbstvertrauen stabilisiert und zu einem individuellen Therapeutenstils ermuntert werden sowie wohlwollendes Verständnis bei therapietechnischen Schwierigkeiten erfahren (vgl. Worthington & Roehlke, 1979).

Zufriedenheit mit der Supervision ist unabhängig vom Ausbildungsstand der Supervidierten immer dann zu erwarten, wenn deren Sicherheit und Selbstvertrauen gestärkt werden (Carey, Williams & Wells, 1988). Die Gießener Längsschnittstudie

(Rzepka-Meyer, 1997) belegt im übrigen, daß eine bedürfnisorientierte Supervision mit großer Zufriedenheit bei den Supervidierten verbunden ist. Die im Verlauf einer dreijährigen Supervision ermittelten Bedürfnisschwerpunkte entsprechen dabei im wesentlichen den entwicklungspsychologischen Modellvorstellungen.

Es kann festgehalten werden, daß sich vor allem die Vertrauenswürdigkeit und Attraktivität von Supervisoren auf die Zufriedenheit der Supervidierten auswirkt. Besonders lernförderlich erweisen sich diese beiden Merkmale bei Anfängern. Sie profitieren davon für ihr Selbstvertrauen und sind besser in der Lage, einen eigenständigen psychotherapeutischen Stil auszubilden. Die fachliche Expertise ihrer Supervisoren können offenbar erst erfahrenere Supervidierte als Hilfe bei ihren Behandlungen effektiv nutzen.

3.2 Konfliktfähigkeit von Psychotherapeuten

Supervision verläuft nicht immer konfliktfrei. Nun haben aber Längsschnittstudien zur Güte therapeutischer Beziehungen gezeigt, daß auch erfolgreiche Therapien keineswegs durch eine ungetrübt positive Zusammenarbeit gekennzeichnet sein müssen, sondern vielmehr eine Folge von positiven Entwicklungen, Beziehungsabbrüchen und wieder aufgebauten, guten Beziehungsphasen darstellen (Safran, Crocker, McMain & Murray, 1990). Wichtig ist allein, daß Brüche in der Beziehung rasch wieder behoben werden. Wie dies gelingen kann, könnten gut gelöste konflikthafte Supervisionsbeziehungen überzeugend verdeutlichen. Dabei könnten aus solchen Supervisionsbeziehungen sehr wichtige modellierende Erfahrungen für die eigene therapeutische Praxis mitgenommen werden.

Es liegen einige Studien zur Supervisionsbeziehung vor, die verdeutlichen, welche problematischen Punkte es hier gibt und wie sie sich auswirken. Ist die supervisorische Allianz nur schwach ausgeprägt, treten eher Rollenkonflikte, nämlich konträre Erwartungen von Supervidenden und Supervisoren und Rollenambiguitäten, Unsicherheit der Supervidierten, welche Erwartungen an ihre Fähigkeiten gestellt werden, auf (Ladany & Friedlander, 1995). Bezüglich der Rollenkonflikte ist vor allem eine vertrauensvolle Bindung zwischen Supervisor und Supervidend bedeutsam. Je größer das Vertrauen ist, umso weniger kommt es zu Rollenkonflikten. Dagegen manifestieren sich Rollenambiguitäten vor allem in Verbindung mit Aufgaben- und Zielaspekten. Klar angesprochene Erwartungen können diese Rollenambiguität mindern. Dieser Befund ist wichtig, weil eine Auflösung der Rollenambiguität bestehende Ängste in der Zusammenarbeit mindert, die Zufriedenheit mit der Supervision erhöht und damit die Lernfähigkeit der Supervidierten verbessert. Es fanden sich auch Hinweise, daß zu viel Supervision zur Erhöhung von Rollenkonflikten beiträgt. Therapeuten werden dadurch entweder zu oft in eine Schülerrolle gezwungen oder es wird ihnen zu oft eine noch nicht leistbare autonome Verantwortung abverlangt. Hier wird deutlich, daß abgewogen werden muß, welche Supervisionsmenge für die Entwicklung eines autonomen therapeutischen Arbeitsstils optimal ist.

Tracey, Ellickson und Sherry (1989) ermittelten, daß durch zu viel Strukturierung in der Supervision bei erfahrenen Supervidierten eher Reaktanz erzeugt wird. Erfahrene erwarten nämlich im allgemeinen Freiraum für ihre eigene Schwerpunktsetzung und bevorzugen nur in kritischen Phasen (z.B. bei Patienten mit Suizidgefährdung) eine strukturierte Supervisionsarbeit. Olk und Friedlander (1992) untersuchten sowohl die Auswirkungen von Rollenambiguität als auch von Rollenkonflikten. Dabei fanden sie heraus, daß mit wachsender Erfahrung der Supervidierten die Rollenambiguität nachläßt, während Rollenkonflikte zunehmen. Doch selbst wenn Konflikte auftreten, werden auch bei Anfängern die therapieplanerischen Fähigkeiten nicht entscheidend beeinträchtigt (Friedlander et al., 1986). Zweifellos stellen aber rollenbedingte Konflikte und Spannungen eine besondere Herausforderung für die Supervisoren dar, zu einer Lösung zu gelangen, unter der die Zufriedenheit und Arbeitsfähigkeit ihrer Supervidierten nicht allzu sehr leidet. Daß jedoch auch bei sinkender Zufriedenheit der Supervidierten eine erfolgreiche Weiterentwicklung ihrer therapeutischen Kompetenzen nicht in Frage gestellt sein muß, zeigen die Ergebnisse der Gießener Längsschnittanalyse (vgl. Frank et al., 1992).

Festzuhalten bleibt, daß gerade auch in supervisorischen Beziehungskrisen Lernmöglichkeiten enthalten sind, die fruchtbar zur therapeutischen Entwicklung genutzt werden können, indem die Konfliktfähigkeit von Therapeuten verbessert wird.

3.3 Übernahme professioneller Werte

Die professionelle Aus- und Weiterbildung geschieht mit Bezug zu bestimmten theoretischen Konzepten und Modellen (z.B. Bootzin & Ruggill, 1988; Greenberg & Goldman, 1988; Strupp, Butler & Rosser, 1988) und mit einer mehr oder weniger klar deklarierten empirisch-wissenschaftlichen Ausrichtung. Wichtige berufsspezifische Einstellungen und Werte sowie berufsethische Verpflichtungen werden hier vermittelt (vgl. Dryden & Thorne, 1991; Gottlieb, 1995; Stone, 1994). Supervision als dialogische Situation mit großem sozialem Einfluß bietet eine besonders gute Gelegenheit, diese professionellen Werte glaubwürdig zu entwickeln. Leistet sie dies auch ausreichend erfolgreich?

Der Einfluß der theoretischen Orientierung von Supervisor oder Supervisorin auf die Supervidierten wurde von Beutler *und* McNabb (1981) und Guest und Beutler (1988) untersucht. Sie belegten, daß die Supervidierten die theoretische Orientierung und Beurteilungsweise wertgeschätzter Supervisoren übernehmen. Auch ein Supervisor mit hohem Prestige prägt die theoretische Orientierung maßgeblich und bleibt in seinem Einfluß längerfristig wirksam. Die Ähnlichkeit in der theoretischen Orientierung zwischen Supervisor und Supervidierten trägt zudem zu einer positiven Einschätzung der Supervision bei (vgl. Kennard, Steward & Gluck, 1987). Im Vergleich zu anderen beruflichen Erfahrungen prägt eine Psychotherapieausbildung offenbar sehr nachhaltig. Denn Psychotherapeuten, die viel Supervision erhalten haben, begegnen neu zu erlernenden Techniken weniger aufgeschlossen (Henry et al., 1993a).

3.4 Beziehungsfertigkeiten von Psychotherapeuten

Psychotherapie-Supervision zielt mit Handlungs- und Reflexionshilfen auf die Entwicklung psychotherapeutischer Fähigkeiten ab. Sie muß sich folglich bei der Beurteilung ihrer Güte auch daran messen lassen, wie gut ihr dies gelingt. Im Kanon der therapeutischen Fertigkeiten kommt guten therapeutischen Beziehungsfähigkeiten ein besonders hoher Stellenwert zu (vgl. Beutler, Machado & Neufeldt, 1994; Lafferty, Beutler & Crago, 1989; Orlinsky, Grawe & Parks, 1994; Patterson, 1984; Schindler, 1991).

Untersucht wurde, ob die Empathie, Wärme und Echtheit, die ein Supervisor oder eine Supervisorin im Umgang mit den Supervidierten ausstrahlt, das Erlernen dieser Beziehungsfertigkeiten erleichtert (Pierce & Schauble, 1970, 1971). Belegt werden konnte, daß bei Supervisoren mit guten Beziehungsfähigkeiten auch die Supervidierten empathisch, respektvoll, warmherzig und echt in ihrer Beziehungsgestaltung waren und daß dies ein zeitstabiler Lerneffekt ist. Ob allerdings ein solches Beziehungsklima, das eher therapeutisch anmutet, unbedingt während einer Supervision notwendig ist, wird beweifelt (vgl. Lambert & Arnold, 1987). Und daß diese Beziehungsmerkmale allein nicht genügen können, wenn letztlich eine patientengerechte Supervision angestrebt wird, zeigt Auckenthaler (1995) auch für den klientenzentrierten Ansatz deutlich auf. Spezifische didaktische Momente müssen hinzukommen, damit die Supervidierten wirkungsvolle methodische Fertigkeiten erlernen können.

Eine Reihe von Studien untersuchte den Effekt spezieller Trainingsbedingungen zum Aufbau basaler Beziehungsfertigkeiten. Hier handelt es sich allerdings noch nicht um Supervision im Sinne einer fallbezogenen Praxisbegleitung, sondern lediglich um eine systematische Anleitung mit Feedback für „graduate students", die selbst noch keine Therapien durchführen. Mit narrativen und metaanalytischen Methoden überprüften Baker, Daniels und Greeley (1990) drei verschiedene systematische Trainingsmethoden dieser Art (Carkhuff's Human Resource Training, Microcounseling, Interpersonal Process Recall). Insbesondere die Microcounseling-Methode erwies sich als wirkungsvoll und übertraf in ihrem Effekt traditionelle didaktische Instruktionsmethoden deutlich. Microteaching ist eine sehr effektive Ausbildungsmethode, wenn es darum geht, spezifische Beziehungsfertigkeiten zu implementieren. Ihr Vorteil liegt in der klar strukturierten, kriterienbezogenen Anleitung. Allerdings sind isoliert trainierte Einzelfertigkeiten wie z.B. Fragenstellen, aufmerksames Zuhören, Reflektieren, die bestenfalls unter simulierten Praxisbedingungen zur Anwendung kommen, noch nicht im eigentlichen Sinne als professionelle Kompetenzen zu betrachten. Hier greifen auch strategische Trainings-Ansätze, bei denen es darum geht, eine passende Gelegenheit für den Einsatz von bestimmten Therapeutenäußerungen zu finden, noch zu kurz (vgl. Cunningham & Steward, 1983). Es bleibt fraglich, ob auf dieser noch sehr basalen Trainingsstufe überhaupt schon ein bemerkenswerter praktischer Nutzwert erzielt werden kann (vgl. auch Bootzin & Ruggill, 1988; Fuqua & Gade, 1982).

Neben den traditionellen beziehungsstiftenden Merkmalen wurden in der letzten Zeit zunehmend Aspekte einer guten therapeutischen Arbeitsbeziehung („helping alliance") untersucht, die sich in Hinblick auf die Aufgaben, die Ziele und das Ausmaß der vertrauenvollen Verbundenheit definieren und erfassen lassen (Bordin, 1979). Eine gute therapeutische Arbeitsbeziehung ist eine notwendige und wirksamkeitssteigernde Bedingung in psychotherapeutischen Behandlungen (Gaston, 1990; Horvath & Luborsky, 1993). Sie ist neben der „Reinheit" der angewandten Methode und Merkmalen auf Seiten der Therapeuten wie Helfermotiv, emotionale Anpassung und therapeutischen Fertigkeiten der beste Prädiktor für einen erfolgreichen Therapieausgang (vgl. Luborsky, McLellan, Woody, O'Brien & Auerbach, 1985). Auf die Entwicklung von Fähigkeiten zur Herstellung einer guten Arbeitsbeziehung müßte sich die Supervision folglich in besonderem Maße konzentrieren.

Eine problematische Arbeitsbeziehung verbessert sich in dem Maße, wie die Therapeuten konflikthafte Aspekte in der therapeutischen Beziehung direkt ansprechen und zu einer Lösung anregen (Gaston, Marmar, Thompson & Gallager, 1991). Durch eine gezielte Reflexion über die therapeutische Arbeitsbeziehung könnte die Supervision rechtzeitig auf kritische Beziehungsverläufe aufmerksam machen und geeignete Lösungsmöglichkeiten anregen. Noch können allerdings die vorliegenden Studien zur Supervision nicht überzeugend belegen, daß der Aufbau einer guten therapeutischen Allianz mithilfe von Supervison merklich besser gelingt (Mallinckrodt & Nelson, 1991; Harkness & Hensley, 1991; Kivlighan, Angelone & Swafford, 1991).

3.5 Professioneller psychotherapeutischer Arbeitsstil

Während sich unerfahrene Psychotherapeuten selbst noch nicht differenziert wahrnehmen können, in starkem Maße von ihrer Supervision abhängig sind und nur über eingeschränktes Wissen und Können verfügen (vgl. McNeill, Stoltenberg & Pierce, 1985; vgl. auch Borders, 1990), ändert sich dies mit zunehmender Erfahrung, wobei Bedürfnisse nach Strukturierung und Feedback zurückgehen, was eine größere Eigenständigkeit der Therapeutinnen und Therapeuten erkennen läßt (Stoltenberg, Pierce und McNeill, 1987).

Überwiegend sind Psychotherapeuten davon überzeugt, infolge ihrer Supervision eine klarere Problemsicht und ein besseres Beziehungsverständnis erlangt zu haben. Sie fühlen sich sicherer und erleben sich als effektiver (vgl. Schreyögg, 1992, Wittern et al., 1986; Zimmer 1996). Immerhin 57% der 480 Befragten in der Studie von Wittern et al. vermerkten auch, daß sie sich „oft bzw. immer" durch eine Supervision persönlich entlastet fühlen und weitere 31% gaben an, daß dies „manchmal" der Fall ist. Nur 12% der Befragten erlebten diesen Entlastungseffekt „nie oder selten". Mit wachsender Supervisionserfahrung können sich die Supervidierten in ihrer psychotherapeutischen Arbeit persönlicher einbringen und erleben sich in ihrem Erleben und Handeln stimmiger.

Die Gießener Längsschnittstudie konnte zeigen, daß sich die Therapeuten im Verlauf ihrer dreijährigen Weiterbildung positiv in ihrem Erleben, Denken und Handeln veränderten. Ihre therapeutische Sicherheit nahm merklich zu und ihre Arbeitsmotivation stabilisierte sich. Die therapeutische Identität der Therapeuten wurde durch die verhaltenstherapeutische Schwerpunktsetzung der Weiterbildung deutlich geprägt (Rzepka-Meyer, 1997). Die Auffassung, daß diese Effekte vor allem auf die erhaltene Supervision zurückgeführt werden können, wird durch den Vergleich mit anderen Therapeuten mit entsprechender Berufserfahrung und anderer Weiterbildung gestützt (Frank et al., 1996). Wichtig für die Supervisionsgestaltung ist das Ergebnis, daß die interpersonalen und verhaltenstherapeutischen Fertigkeiten nach Einschätzung von externen Beobachtern am Ende der dreijährigen Weiterbildung bei jenen Therapeuten besser ausgebildet waren, die bereits zu Beginn eine große Offenheit für eine dialogische Supervisionsarbeit erkennen ließen und sich selbst ein deutliches Bedürfnis nach Denkanstößen durch eine Supervision zuschrieben (Rzepka et al., 1998).

Die Ergebnisse, die sich auf die therapeutische Performanz beziehen, beschränken sich zumeist auf das subjektive Kompetenzerleben der Therapeuten. Verhaltensbeobachtungen zur therapeutischen Kompetenz aus der Sicht der Supervisoren oder anderer externer Beobachter wurden bisher zur Überprüfung von Supervisionseffekten noch kaum durchgeführt. Unterschiedliche Beobachtungssysteme werden derzeit im Rahmen der Weiterbildung an der Universität Frankfurt, Gießen, Mainz und in der Berner Arbeitsgruppe um Klaus Grawe entwickelt und erprobt. Einen verbindlichen Katalog von therapeutischen Performanzkriterien gibt es dabei allerdings bislang noch nicht.

4. Auswirkungen von Supervision auf die behandelten Patienten

Obgleich der Supervision ein zentraler Stellenwert bei der Qualitätssicherung von Psychotherapien zugeschrieben wird, haben sich bislang nur wenige Studien der Frage zugewandt, welche Auswirkungen Supervision nun tatsächlich auf die behandelten Patientinnen und Patienten hat (vgl. Alpher, 1991; Couchon & Bernard, 1981; Dodenhoff, 1981; Friedlander, Siegel & Brennock, 1989; Harkness & Hensley, 1991; Iberg, 1991 a+b; Kivlighan et al., 1991; Mallinckrodt & Nelson, 1991; Sandell, 1985; Steinhelber, Patterson, Cliffe & LeGoullon, 1984). Untersucht wurde u.a. die Frage, ob es von der Art und Menge der erhaltenen Supervision abhängt, ob Verbesserungen bei Patienten erzielt werden. Ein grundsätzliches Problem ist darin zu sehen, daß der „reine" Effekt von Supervision schwer einzugrenzen ist, da die Supervision meist Teil einer umfangreicheren Weiterbildung ist, in der auch noch andere Möglichkeiten der Wissensvermittlung und Handlungsverbesserung ausgeschöpft werden.

Iberg (1991a+b) untersuchte, wie sich Therapeuten in ihren Erstgesprächen durch Supervision verbessern können, wobei er mithilfe statistischer Methoden diejenigen identifizierte, die schlechtere Fähigkeiten aufwiesen als die Kollegen in ihrer Ausbildungsgruppe. Kostensparend konnte die Supervision auf diese Therapeuten begrenzt und eine gezielte Verbesserung der Therapieergebnisse bewirkt werden.

Harkness und Hensley (1991) verglichen die Effekte einer eher administrativen Supervision mit denen einer fallbezogenen Supervision. Letztere erwies sich für die Patienten als wirkungsvoller. Kivlighan et al. (1991) verglichen die Effekte einer Live-Supervision mit einer Supervision anhand von videoaufgezeichneten Therapien und zeigten, daß die Entwicklung interpersonaler Fähigkeiten durch eine Live-Supervision beschleunigt wird. Die betreffenden Therapeuten beherrschten stützende und beziehungsbildende Interventionen besser und konnten eine effektivere Arbeitsbeziehung mit ihren Patienten aufbauen.

Mallinckrodt & Nelson (1991) beschäftigten sich mit der Frage, ob der Ausbildungsstand der Therapeuten den Aufbau einer guten therapeutischen Allianz beeinflußt. Dabei wurden Novizen, Fortgeschrittene und erfahrene Therapeuten bezüglich ihrer allianzbildenden Fähigkeiten untersucht. Aufgaben- und Zielorientierung wurden mit zunehmender Erfahrung besser verwirklicht und die Patienten stuften erfahrene Therapeuten insgesamt positiver ein.

Steinhelber et al. (1984) untersuchten, ob die erzielten Therapierfolge bei intensiver Supervision besser ausfielen. Sie berücksichtigten zudem auch den Einfluß der theoretischen Orientierung der Supervisoren. Während die Menge der Supervision sich nicht auf den Therapieerfolg auswirkte, spielte die Kongruenz bezüglich der theoretischen Orientierung von Therapeuten und Supervisoren eine maßgebliche Rolle.

In einem interessanten Untersuchungsansatz analysierten Couchon und Bernard (1984) die Auswirkungen von Supervision in Abhängigkeit von der zeitlichen Nähe zur nachfolgenden Therapiesitzung. Sie wiesen eine variierende Supervisorenaktivität nach, die sich aber auf die Supervisionszufriedenheit und die Zufriedenheit der Patienten nicht spezifisch auswirkte.

Alpher (1991) analysierte an einem Einzelfall über 25 Sitzungen hinweg den interpersonalen Prozeß mithilfe der Structural Analysis of Social Behavior (SASB) sowie anhand von Exzerpten und Tonbandausschnitten die begleitende, fallbezogene Supervision. Er konnte Parallelen zwischen dem Behandlungs- und Supervisionsprozeß aufzeigen, die sich auf der Unabhängigkeitsdimension abzeichneten. Hinweise auf parallele Prozesse zwischen Supervision und Behandlung geben auch Friedlander et al. (1989). Diese Parallenen verdeutlichen, daß durch eine geeignete Gestaltung des Supervisionsprozesses mittelbar auch der Psychotherapieprozeß positiv beeinflußt werden kann.

Keineswegs muß sich eine Supervision für die Patienten immer günstig auswirken. Sandell (1985) stellte z.B. in seiner Follow-up-Studie fest, daß der Effekt von Supervision gering und eher negativ war.

Wenn es um Auswirkungen der Supervision auf die behandelten Patienten geht, kommen verschiedene Kriterien zur Beurteilung des Behandlungsprozesses und des erzielten Behandlungsergebnisses in Betracht. Aspekte der therapeutischen Allianz, die Drop-Out-Rate oder die Zufriedenheit der Patienten mit ihrer Behandlung können herangezogen werden, darüberhinaus kann das Ausmaß einer Syptomreduktion oder das Erreichen der jeweiligen Therapieziele festgestellt werden oder mittels objektiver Kriterien (z.B. Rückgang der Krankheitstage) ein positiver Behandlungseffekt belegt werden. Schätzen allerdings die Supervisoren die von ihren Supervidierten erzielten Behandlungsergebnisse ein, wie dies in der Studie von Dodenhoff (1981) der Fall war, dann sind die ermittelten Patienteneffekte als wenig überzeugend anzusehen. Denn ob Supervisoren aus dem Blickwinkel, der ihnen geboten wird, den Erfolg einer psychotherapeutischen Behandlung angemessen beurteilen können, ist sehr zu bezweifeln. Sie können die Behandlungen zumeist nicht anhand von Ton- oder Videoaufzeichnungen direkt mitverfolgen, sondern stützen sich in ihren Urteilen lediglich auf die verbalen Angaben ihrer Supervidierten. Verbale Fallberichte unterliegen aber immer sehr spezifischen Auswahlgesichtspunkten. Nur 54% der Themen einer Psychotherapiestunde werden in einer Supervision überhaupt zur Sprache gebracht (vgl. Muslin, Thurnblad & Meschel, 1981). Winter und Holloway (1991) stellten zudem fest, daß Supervidenden in Abhängigkeit von ihrem Entwicklungsstand ganz unterschiedliche Themen und Schwerpunkte für die Supervision auswählten. Erfahrene stellten weniger auf Fragen zur Fallkonzeption ab; sie wollten vielmehr Anregungen zu ihrem eigenen persönlichen Wachstum erfahren und präsentierten deshalb auch weniger günstige Behandlungspassagen in der Supervision. Durch die Art der Selbstpräsentation in der Supervision wird aber die Beurteilung der Kompetenz der Supervidierten deutlich geprägt. Berichteten die Supervidierten, daß sich ein Patient in seinem Verhalten verbessert hat, dann wurden sie von ihren Supervisoren positiver beurteilt als im umgekehrten Fall (Ward, Friedlander, Schoen & Klein, 1985).

Die Einschätzungen von Behandlungserfolgen durch externe Beobachter, die Therapeuten und die Patienten stimmen aufgrund der unterschiedlichen Gewichtung von Behandlungsaspekten oft wenig überein. Dies zeigte sich z.B. auch in einer Studie von Stolk und Perlesz (1990), in der Therapeuten das Vertrauen in ihre eigenen therapeutischen Fähigkeiten eher unterschätzten. Sie gaben nur in 43% der Fälle an, ihre Therapieziele im Rahmen von Familientherapien erreicht zu haben, während die behandelten Familien zu 65,8% mit dem erreichten Behandlungsergebnis zufrieden waren.

Die Zusammenhänge zwischen Supervision und Behandlungserfolgen sind insgesamt noch zu wenig untersucht worden. Die vorliegenden Studien erweisen sich im übrigen bei einer methodenkritischen Prüfung als so wenig aussagekräftig (vgl. Ellis et al., 1996; Ellis & Ladany, 1997), daß bisher keine schlüssigen Aussagen zu den Auswirkungen von Supervision auf die behandelten Patienten gemacht werden können.

5. Wie wirkt sich Berufserfahrung und eine professionelle psychotherapeutische Weiterbildung aus?

Ist eine professionelle Weiterbildung zwingend notwendig oder bilden sich nicht vielleicht auch schon allein durch die Praxistätigkeit als solche in ausreichendem Maße therapeutische Kompetenzen aus? Therapeutinnen und Therapeuten bestätigen selbst, daß sie sich durch die Auseinandersetzung mit praktisch-therapeutischen Aufgaben in all jenen Bereichen verändert haben, die nach der empirischen Therapieforschung erfahrene Therapeuten charakterisieren (Margraf & Baumann, 1986). Welche Einflüsse im komplexen Feld der Berufserfahrung dabei im Einzelnen erfahrungsbildend gewirkt haben, wird in dieser Studie nicht aufgeklärt. Dies wurde von Rzepka et al. (1998) untersucht. Es zeigte sich dabei, daß allein die Dauer der Berufstätigkeit für die therapeutische Entwicklung wenig relevant ist. Wirksam ist vielmehr die Dauer der therapeutischen Tätigkeit, d.h. das Ausmaß der therapiebezogenen Praxis, wobei der Bewältigung von spezifischen Arbeitsanforderungen Bedeutung zukommt. Die Möglichkeit der Reflexion in einer Supervision nutzen diejenigen Therapeuten besonders effektiv, die bereits zu Beginn einer mehrjährigen Weiterbildung Offenheit für eine dialogische Supervisionsarbeit erkennen lassen, die professionelle Rolle gut annehmen können und deutliche Bedürfnisse nach Denkanstößen durch eine Supervision bekunden.

Eine systematische psychotherapeutische Weiterbildung ist mit großem Aufwand und hohen Kosten verbunden. Gefragt werden soll deshalb, ob sich Aufwand und Kosten auch auszahlen, d.h. ob ersichtlich wird, daß professionell ausgebildete Psychotherapeuten tatsächlich bessere Behandlungsergebnisse erzielen als Laien. Nach dem Ergebnis erster Metaanalysen zur Wirksamkeit der Behandlungen von Psychotherapeuten und Laien schien es keineswegs gewährleistet, daß eine professionelle psychotherapeutische Ausbildung effektsteigernd und demzufolge zwingend notwendig ist. Durlak (1979) und Hattie, Sharpley und Rogers (1984) hatten vielmehr sogar ermittelt, daß paraprofessionelle Helfer besser sind als professionelle Psychotherapeuten. Berman und Norton (1985) überprüften dieses provozierende Ergebnis, wobei sie alle Studien ausschlossen, bei denen die behandelnden „Professionellen“ über keine praktische Erfahrung verfügten oder die behandelnden „Paraprofessionellen“ (zumeist Sozialarbeiter und Krankenschwestern) umfangreich trainiert und supervidiert worden waren. Nach ihrer Analyse erwiesen sich nun beide Gruppen generell als gleichermaßen effektiv. Allerdings waren die Professionellen unter bestimmten Behandlungsbedingungen (Kurzzeittherapie) und bei einem bestimmten Klientel (älteren Patienten) etwas erfolgreicher. Ist im wesentlichen soziale Unterstützung gefragt oder geht es um eine Durchführung von stark strukturierten Behandlungsprogrammen unter Supervision, so schlußfolgern Lambert und Bergin (1994), dann stehen Paraprofessonelle in ihrer Leistung im allgemeinen nicht hinter professionellen Psychotherapeuten zurück.

Auch wenn Unterschiede zwischen Behandlern durch eine methodenanleitende Supervision minimiert werden (vgl. Luborsky & DeRubeis, 1984, Dobson & Shaw, 1988), bleibt immer noch ein merklicher Einflußrest, der auf die persönliche interaktive Behandlungsweise der jeweiligen Therapeuten zurück geht (vgl. Crits-Christoph et al., 1991; Rousaville et al., 1988). Dieser spezifische „Rest“ birgt die Gefahr in sich, daß es sich dabei gerade um Verhaltensweisen handeln könnte, die negative Auswirkungen für die behandelten Patienten haben.

Nach den Vanderbilt-II Studien (vgl. Henry et al. 1993a, Henry et al. 1993b) schließt ein Therapietraining mit intensiver Supervision solche kontraproduktiven Effekte auch nicht unbedingt aus. Es wurde ersichtlich, daß die Therapeuten durch ein Training von neuen Therapiestrategien zunächst in ihrem gewohnten psychotherapeutischen Handeln irritiert werden, was negative Auswirkungen auf die behandelten Patienten haben kann. Zwar wenden die Therapeuten die erlernten Methoden an, was aber keineswegs bedeuten muß, daß eine gute Therapie stattfindet. Vielmehr erwiesen sich einige Therapeuten in ihrem Beziehungsverhalten als sehr autoritär und negativistisch. Offenbar bedarf es einer gewissen Zeit, bis neue Erfahrungen integriert sind und gut koordiniert zum Einsatz gelangen können. Ob eine neue Methode schließlich gut beherrscht wird, hängt zudem maßgeblich vom Ausbildungsstil der Trainer ab. Nicht was gelernt wird, sondern wie es vermittelt wird, ist entscheidend (Henry et al., 1993a). Spezifisches, direktes Feedback und eine Fokussierung auf die Denkprozesse der Supervidierten fördern das Lernen in optimaler Weise. Die Aufmerksamkeit muß deshalb künftig verstärkt auf Supervisions-Stile gelenkt werden, die solche positiven Effekte begünstigen können.

Da es keine Studien gibt, in denen die unmittelbaren Auswirkungen von psychotherapeutischer Weiterbildung (Theoriekurse, Supervision, Selbsterfahrung) auf die Praxis der Psychotherapie überprüft werden, führen Stein und Lambert (1995) einen indirekten Nachweis, um den Aufwand einer professionellen Weiterbildung zu rechtfertigen. Sie kommen aufgrund ihrer Metaanalyse von 36 Studien, in denen Psychotherapeuten mit geringer und großer Therapieerfahrung bezüglich ihrer erzielten Behandlungsergebnisse verglichen wurden, zu dem Ergebnis, daß zwischen Therapeutentraining und erzieltem Behandlungsergebnis immerhin eine mäßige positive Beziehung besteht (vgl. dazu Dush, Hirt & Schroeder, 1989; Lyons & Woods, 1991; Weisz, Weiss, Alicke & Klotz, 1987).

6. Resumee

Supervision kann nach bisherigen Befunden in ihrer praxisanleitenden, dialogischen Arbeitsform nicht durch andere Lehr- und Lernmethoden wie z.B. das Lernen anhand von standardisierten Behandlungsmanualen ersetzt werden (vgl. Holloway & Caroll, 1996, Lambert & Ogles, 1997). Mehrfach bestätigt werden konnte, daß Psychotherapeutinnen und Psychotherapeuten im allgemeinen mit ihrer Supervision zufrieden sind und durch diese Weiterbildungsmethode einen deutlichen Vertrauenszuwachs erfahren. Auch in ihrer unterstützenden und entlastenden Funktion ist Supervision als wirksam anzusehen. Für die Therapeuten selbst leistet sie demnach im wesentlichen, was sie leisten soll: Sie gibt Anleitungen, Anregungen und Rückmeldung, entlastet, schafft unterschiedlich nutzbare Selbstdarstellungsmöglichkeiten und unterstützt die psychotherapeutische Entwicklung in positiver Weise. Noch genauer bleibt zu klären, welche Form der Supervision unter welchen Bedingungen (z.B. als Einzel- oder als Gruppensupervision) für die Supervidierten am effektivsten ist und wie der Umfang der Supervision bemessen sein sollte, damit sich Supervidenden zu autonomen Therapeuten entwickeln können.

Der Nutzen der Supervision für Patienten ist noch wenig überprüft worden. Zwei wichtige Hinweise, daß Supervision nützlich sein könnte, gibt es allerdings: Therapieabbrüche lassen sich dadurch eher verhindern, und gerade bei schwierigem Klientel nutzen Therapeuten eine Supervision als Hilfe besonders intensiv. Ob aber durch Supervision die Wirkweise und das Wirkungsspektrum einer Behandlung für Patienten spürbar verbessert wird, ist anhand der bisherigen Forschung noch nicht beantwortbar.

Grundsätzlich kann eine Supervision Therapeuten auch in einer Weise sensibilisieren, die ungünstige Folgen für die behandelten Patienten hat. Ein angemessener Supervisionsstil kann solchen negativen Effekten allerdings entgegenwirken. Wie wichtig deshalb eine gute Ausbildung von Supervisoren ist, wird hier deutlich. Zu den Aufgaben der künftigen Supervisionsforschung muß es gehören, die Auswirkungen einer qualifizierten Supervisorenausbildung zu ermitteln (Neufeldt, Beutler & Banchero, 1997; Schigl, Petzold 1997).

Literatur

Alberts, G. & Edelstein, B. (1990). Therapist training: A critical review of skill training studies. Clinical Psychology Review, 10, 497-512.

Allen, G.J., Szollos, S.J. & Williams, B.E. (1986). Doctoral students'comparative evaluations of best and worst psychotherapy supervision. Professional Psychology: Research and Practice, 17, 91-99.

Alpher, V. S. (1991). Interdependence and parallel processes: A case study to structural analysis of social behavior in supervision and short-term dynamic psychotherapy. Psychotherapy, 28, 218-231.

Auckenthaler, A. (1995). Supervision psychotherapeutischer Praxis. Organisation-Standards-Wirksamkeit. Stuttgart: Kohlhammer.

Auckenthaler, A. & Kleiber, D. (1992). Supervision: Bedarf, Ansätze und Entwicklungen. In A. Auckenthaler & D. Kleiber (Hrsg.) Supervision in Handlungsfeldern der psychosozialen Versorgung (S. 9-28). Tübingen: DGVT-Verlag.

Baker, S.B., Daniels, T.G. & Greeley, A.T. (1990). Systematic training of graduate level counselors: Negative and metaanalytic reviews of three major programs. Counseling Psychologist, 18, 335-421.

Berman, J.S. & Norton, N.C. (1985). Does professional training make a therapist more effective? Psychological Bulletin, 98, 401-407.

Beutler, L.E., Machado, P.P.P. & Neufeldt, S.A. (1994). Therapist variables. In A.E. Bergin & S.L. Garfield (Eds.). Handbook of psychotherapy and behavior change (pp. 229-269). New York: Wiley.

Beutler, L.E. & McNabb, C.E. (1981). Self-evaluation for the psychotherapist. In C.E. Walker (Ed.). Clinical practice of psychology (pp. 397-439). New York: Pergamon Press.

Binder, J.L. (1993). Is it time to improve psychotherapy training? Clinical Psychology Review, 13, 301-318.

Bordin, E.S. (1979). The generalizability of the psychoanalytic concept of the working alliance. Psychotherapy: Theory and Research, 16, 252-260.

Borders, L.D. (1990). Developmental changes during supervisees' first practicum. Clinical Supervisor, 8, 157-167.

Borders, L.D. (1989). A pragmatic agenda for developmental supervision research. Counselor Education and Supervision, 29, 16-24.

Borders, L.D. & Fong, M.L. (1989). Ego development and counseling ability during training. Counselor Education and Supervision, 29, 71-83.

Borders, L.D., Fong, M.L. & Cron, E.A. (1988). In-session cognitions of a counseling student: A case study. Counselor Education and Supervision, 17, 7-12.

Borders, L.D., Fong, M.L. & Neimeyer, G.J. (1986). Counseling students' level of ego development and perception of clients. Counselor Education and Supervision, 26, 37-49.

Bootzin, R.R. & Ruggill, J.S. (1988). Training issues in behavior therapy. Journal of Consulting and Clinical Psychology, 56, 703-709.

Buchheim, P., Cierpka, M., Gitzinger, I., Kächele, H. & Orlinsky, D. (1992). Entwicklung, Weiterbildung und praktische Tätigkeit von Psychotherapeuten. Erfahrungen einer ersten Befragung von Psychotherapeuten mit der deutschen Version des „Common Core Questionnaire"-Fragebogens im Rahmen der 41. Lindauer Psychotherapie-wochen. In P. Buchheim, M. Cierpka & Th. Seifert (Hrsg.). Liebe und Psycho-therapie. Der Körper in der Psychotherapie. Weiterbildungsforschung (S. 251-283). Berlin: Springer.

Carey, J.C., Williams, K.S. & Wells, M. (1988). Relationships between dimensions of supervisors' influence and counselor trainees' performance. Counselor Education and Supervision, 28, 130-139.

Carlozzi, A.F., Campbell, N. J. & Ward, G.R. (1982). Dogmatism and externality in locus of control as related to counselor trainee skill in facilitative responding. Counselor Education and Supervision, 30, 113-116.

Carlozzi, A.F., Gaa, J.P. & Liberman, D.B. (1983). Empathy and ego development. Journal of Counseling Psychology, 30, 113-116.

Crits-Christoph, P., Baranackie, K., Kurcias, J.S., Beck, A.T., Carroll, K., Perry, K., Luborsky, L., McLellan, A.T., Woody, G.E., Thompson, L., Gallapher, D. & Zitrin, C. (1991). Meta-analysis of therapist effects in psychotherapy outcome studies. Psychotherapy Research, 1, 81-91.

Cross, D.G. & Brown D. (1983). Counselor supervision as a function of trainee experience: Analysis of specific behaviors. Counselor Education and Supervision, 22, 333-341.

Cunningham, N.J. & Steward, N.R. (1983). Effects of discrimination training on counselor trainee response choice. Counselor Education and Supervision, 23, 46-61.

Couchon,, W.D. & Bernard, J.M. (1984). Effects of timing of supervision on supervisor and counselor performance. The Clinical Supervisor, 2, 3-20.

Dobson, K.S. & Shaw, B.F. (1988). The use of treatment manuals in cognitive therapy: Experience and issues. Journal of Consulting and Clinical Psychology, 56, 673-680.

Dodenhoff, J.T. (1981). Interpersonal attraction and direct-indirect supervisor influence as predictors of counselor trainee effectiveness. Journal of Counseling Psychology, 28, 47-52.

Dryden, W. & Thorne, B. (Eds.).(1991). Training and supervision for counseling in action. London: Sage.

Durlak, J.A. (1979). Comparative effectiveness of paraprofessional and professional helpers. Psychological Bulletin, 86, 80-92.

Dush, D.M., Hirt, M.L. & Schroeder, H.E. (1989). Self-statement modification in the treatment of child behvaior disorders: A meta analysis. Psychological Bulletin, 106, 97-106.

Ellis, M.V. & Ladany, N. (1997). Inferences concerning supervisees and clients in clinical supervision: An integrative review. In C.E. Jr. Watkins, (Ed.). Handbook of psychotherapy supervision (pp. 447-507). New York: Wiley.

Ellis, M.., Ladany, N., Krengel, M. & Schult, D. (1996). Clinical supervision research from 1981-1993: A methodological critique. Journal of Counseling Psychology, 43, 35-50.

Frank, R. (1998). Qualitätssicherung durch Psychotherapie-Supervision. In A.-R. Laireiter & H. Vogel (Hrsg.). Qualitätssicherung in der Psychotherapie und der psychosozialen Versorgung – Ein Werkstattbuch (S. 55-90). Tübingen: DGVT-Verlag.

Frank, R. (1996). Das Gießener Weiterbildungsmodell in Klinischer Psychologie/Verhaltenstherapie: Konzepte und Ergebnisse. In H.S. Reinecker & D. Schmelzer (Hrsg.), Verhaltenstherapie, Selbstregulation, Selbstmanagement (S. 457-475). Göttingen: Hogrefe.

Frank, R. (1995). Psychotherapie-Supervision. Report Psychologie, 20, 33-46.

Frank, R., Eucker, S. & Vaitl, D. (1988). Faktorenstruktur des Fragebogens zur Supervision von Psychotherapien (FSPT): Eine Replikationsstudie. Diagnostica, 34, 340-350.

Frank, R., Rzepka, U., & Vaitl, D. (1996). Auswirkungen von Psychotherapie-Supervison auf die Entwicklung von Psychotherapeutinnen und Psychotherapeuten. In H. Bents, R. Frank & E.-R. Rey (Hrsg.). Erfolg und Mißerfolg in der Psychotherapie (S. 218-239). Regensburg: Roderer.

Frank, R. & Vaitl, D. (1987). Entwicklung eines mehrdimensionalen Fragebogens zur Erfassung von Supervisionsaspekten. Diagnostica, 33, 30-42.

Frank, R. & Vaitl, D. (1986). Empirische Analysen zur Supervision von Psychotherapien. Zeitschrift für personenzentrierte Psychologie und Psychotherapie, 5, 255-269.

Frank, R. & Vaitl, D. (1985): Supervision von Psychotherapien. Kurzbericht über einen Fragebogen (FSPT). Zeitschrift für Klinische Psychologie, 14, 325-330.

Frank, R., Walter, B. & Vaitl, D. (1992). Spannungsfeld Supervision: Eine Verlaufsstudie zur Beziehung zwischen Supervisoren und Supervidierten während einer verhaltenstherapeutischen Supervision. In J. Margraf & J.C. Brengelmann (Hrsg.). Die Therapeut-Patient-Beziehung in der Verhaltenstherapie (S. 265-294). München: Röttger.

Friedlander, M.L., Keller, K.E., Peca-Baker, T.A. & Olk, M.E. (1986). Effects of role conflict on counselor trainees' self-statements, anxiety level, and performance. Journal of Counseling Psychology, 33, 1-5.

Friedlander, M.L., Siegel, S.M. & Brenock, K. (1989). Parallel process in counseling and supervision: A case study. Journal of Counseling Psychology, 36, 149-157.

Fuqua, D.R. & Gade, E M. (1982). A critical reexamination of the practice component in counselor education. Counselor Education and Supervision, 21, 282-294.

Gaston, L. (1990). The concept of alliance and its role in psychotherapy: Theoretical and empirical considerations. Psychotherapy, 27, 143-153.

Gaston, L., Marmar, C.R., Thompson, L.W. & Gallager, D. (1991). Alliance prediction of outcome beyond in-treatment symptomatic change as psychotherapy progresses. Psychotherapy Research, 1, 104-112.

Gottlieb, M.C. (1995). Ethical dilemmas in change of format and live supervision. In R.H. Mikesell, D.-D. Lusterman & S.H. McDaniels (Eds.) Integrating family therapy: Handbook of family psychology and systems theory (pp. 561-169). Washington: APA.

Greenberg, L.S. & Goldman, R.L. (1988). Training in experiential therapy. Journal of Consulting and Clinical Psychology, 56, 696-702.

Grimes, W.R. & Murdock, N.L. (1989). Social influence revisited: Effects of counselor influence on outcome variables. Psychotherapy, 26, 469-474.

Guest, P.D. & Beutler, L.E. (1988). Impact of psychotherapy supervision on therapist orientation and value. Journal of Consulting and Clinical Psychology, 56, 653-658.

Harkness, D. & Hensley, H. (1991). Changing the focus of social work supervision: Effects on clinet satisfaction and generalized contentment. Social Work, 36, 5606-512.

Hattie, J.A., Sharpley, C.F. & Rogers, H.F. (1984). Comparative effectiveness of professional and paraprofessional helpers. Psychological Bulletin, 95, 534-541.

Heppner, P.P. & Handley, P.G. (1982). The relationship between supervisory behaviors and perceived supervisor expertness, attractiveness, or trustworthiness. Counselor Education and Supervision, 22, 37-46.

Heppner, P.P. & Handley, P.G. (1981). A study of the interpersonal influence process in supervision. Journal of Counseling Psychology, 28, 437-444.

Heppner, P.P. & Heesacker, M. (1983). Perceived counselor characteristics, client expectations, and client satisfaction with counseling. Journal of Counseling Psychology, 30, 31-39.

Heppner, P.P. & Roehlke, H.J. (1984). Differences among supervisees at different levels of training: Implications for a developmental model of supervision. Journal of Counseling Psychology, 31, 76-90.

Henry, W.P., Schacht, T.E., Strupp, H.H., Butler, S.F. & Binder, J.L. (1993a). Effects of training in time-limited dynamic psychotherapy: Mediators of therapists' responses to training. Journal of Consulting and Clinical Psychology, 61, 441-417.

Henry, W.P., Strupp, H.H., Butler, S.F. Schacht, T.E., & Binder, J.L. (1993b). Effects of training in time-limited dynamic psychotherapy: Changes in therapist behavior. Journal of Consulting and Clinical Psychology, 61, 434-440.

Henry, W.P., Schacht, T.E. & Strupp, H.H. (1986). Structural analysis of social behavior: Application to a study of interpersonal process of differential psychotherapeutic outcome. Journal of Consulting and Clinical Psychology, 54, 27-31.

Hill, C.E., Charles, D. & Reed, K.G. (1981). A longitudinal analysis in counseling skills during doctoral training in counseling psychology. Journal of Counseling Psychology, 28, 428-436.

Hogan, R. A. (1964). Issues and approaches in supervision. Psychotherapy: Theory, Research and Practice, 1, 139-141.

Holloway, E.L. (1995). Clinical supervision: A systems approach. Thousand Oaks: Sage.

Holloway, E.L. (1992). Supervision: A way of teaching and learning. In S.D. Brown & R.W. Lent (Eds.). Handbook of Counseling Psychology (pp. 177-214). New York:Wiley.

Holloway, E.L. (1987). Developmental models of supervision: Is it development? Professional Psychology: Research and Practice, 18, 209-216.

Holloway, E.L. & Carrol, M. (1996). Reaction to the special section on supervision research: Comment on Ellis et al. (1996), Ladany et al. (1996), Neufeldt et al. (1996) and Worthen and McNeill (1996). Journal of Consulting Psychology, 43, 51-55.

Holloway, E.L. & Neufeldt, S.A. (1995). Supervision: Its contributions to treatment efficacy. Journal of Consulting and Clinical Psychology, 63, 207-213.

Holloway, E.L. & Wampold, B.E. (1986). Relation between conceptual level and counseling-related tasks: A meta-analysis. Journal of Counseling Psychology, 33, 310-319.

Holloway, E.L. & Wolleat, P.L. (1981). Style differences of beginning supervisors: An interactional analysis. Journal of Counseling Psychology, 28, 373-376.

Holloway, E.L. & Wolleat, P.L. (1980). Relationship of counselor conceptual level to clinical hypothesis formation. Journal of Counseling Psychology, 27, 539-545.

Horvath, A.O. & Luborsky, L. (1993). The role of the therapeutic alliance in psychotherapy. Journal of Consulting and Clinical Psychology, 61, 561-573.

Iberg, J.R. (1991a). Applying statistical control theory to bring together clinical supervision and psychotherapy research. Journal of Consulting and Clinical Psychology, 59, 573-588.

Iberg, J.R. (1991b). „Applying statistical control theory to bring together clinical supervision and psychotherapy research": Correction. Journal of Consulting and Clinical Psychology, 59, 776.

Kennard, B.D., Stewart, S.M. & Gluck, M.R. (1987). The supervision relationship: Variables contributing to positive and negative experiences. Professional Psychology: Research and Practice, 18, 172-175

Kivlighan, D.M. Jr., Angelone, E.O. & Swafford, K.G. (1991), Live supervision in individual psychotherapy: Effects in therapists' intention use and client's evaluation of session effect and working alliance. Professional Psychologie: Research and Practice, 22, 489-495.

LaCrosse, M.B. (1980. Perceived counselor social influence and counseling outcome. Journal of Counseling Psychology, 27, 320-327.

Ladany, N. & Friedlander, M.L. (1995). The relationship between the supervisory working alliance and trainee's experience of role conflict and role ambiguity. Counselor Education and Supervision, 34, 220-231.

Ladany, N., Hill, C.E., Corbett, M.M. & Nutt, E.A. (1996). Nature, extent, and importance of what psychotherapy trainees do not disclose to their supervisors. Journal of Counseling Psychology, 43, 10-24.

Lafferty, R., Beutler, L.E. & Crago, M. (1991). Differences between more and less effective psychotherapists. A study of select therapist variables. Journal of Consulting and Clinical Psychology, 57, 76-80.

Lambert, M.J. (1980). Research and the supervisory process. In A.K. Hess (Ed.). Psychotherapy Supervision: Theory, Research and Practice (pp. 423-452). New York: Wiley.

Lambert, M.J. & Arnold, R.C. (1987). Research and the supervisory process. Professional Psychology: Research and Practice, 18, 217-224.

Lambert, M.J. & Bergin, A.E. (1994). The effectiveness of psychotherapy. In A.E. Bergin & S.L. Garfield (Eds.). Handbook of Psychotherapy and Behavior Change (4th. ed., pp. 143-189). New York: Wiley.

Lambert, M. J. & Ogles, B. M. (1997). The effectiveness of psychotherapy supervision. In C. E. Jr. Watkins (Ed.). Handbook of psychotherapy supervision (pp. 421-446). New York: Wiley.

Loganbill, C., Hardy, E. & Delworth, U. (1982). A conceptual model for supervision. The Counseling Psychologist, 10, 3-43.

López, S. R. (1997). Cultural competence in psychotherapy: A guide for clinicians and their supervisors. In C. E. Jr. Watkins (Ed.). Handbook of psychotherapy supervision (pp. 570-588). New York: Wiley.

Luborsky, L. & DeRubeis, R. J. (1984). The use of psychotherapy treatment manuals: A small revolution in psychotherapy research style. Clinical Psychology Review, 4, 5-14.

Luborsky, L., McLellan, A. T., Woody, G. E., O'Brien, C. P. & Auerbach, A. (1985). Therapist success and its determinants. Archieves of General Psychiatry, 32, 995-1008.

Lyons L. C. & Woods P. J. (1991). The efficacy of rational-emotive therapy: A quantitative review of the outcome research. Clinical Psychology Review, 11, 357-369.

Mallinckrodt, B. & Nelson, M. (1991). Counselor training level and the formation of the psychotherapeutic working alliance. Journal of Counseling Psychology, 38, 133-138.

Margraf, J. & Baumann, U. (1986). Welche Bedeutung schreiben Psychotherapeuten der Erfahrung zu? Zeitschrift für Klinische Psychologie, 3, 248-253.

McNeill, B. W., May, R. J. & Lee, V. E. (1987). Perceptions of counselor source characteristics by premature and successful terminators. Journal of Counseling Psychology, 34, 86-89.

McNeill, B. W., Stoltenberg, C. D. & Pierce, R. A. (1985). Supervisees' perceptions to their development: A test of the counselor complexity model. Journal of Counseling Psychology, 32, 630-633.

Munson, C. E. (1997). Gender and psychotherapy supervision: The partnership model. In C. E. Jr. Watkins (Ed.). Handbook of psychotherapy supervision (pp. 549- 569). New York: Wiley.

Muslin, H. L., Thurnblad, R. J. & Meschel, G. (1981). The fate of the clinical interview: An observational study. American Journal of Psychiatry, 138, 825-833.

Neufeldt, S. A., Beutler, L. E. & Banchero, R. (1997). Research on supervisor variables in psychotherapy supervision. In C. E. Jr. Watkins (Ed.). Handbook of psychotherapy supervision (pp. 508-524). New York: Wiley.

Neufeldt, S. A., Karno, M. P. & Nelson, M.L. (1996). A qualitative study of experts' conceptualization of supervisee reflectivity. Journal of Counseling Psychology, 43, 3-9.

Olk, M. E. & Friedlander, M. L. (1992). Trainees' experiences of role conflict and role ambiguity in supervisory relationships. Journal of Counseling Psychology, 39, 389-397.

Orlinsky, D. E., Grawe, K. & Parks, B. K. (1994). Process and outcome in psychotherapy- noch einmal. In A. E. Bergin & S. L. Garfield (Eds.). Handbook of Psychotherapy and Behavior Change (4rd. ed., pp. 270-376). New York: Wiley.

Patterson, C. H. (1984). Empathy, warmth, and genuiness in psychotherapy: A review of reviews. Psychotherapy, 21, 431-438.

Pierce, R. M. & Schauble, P. G. (1971). Study on the effects of individual supervision in graduate school training. Journal of Counseling Psychology, 18, 186-187.

Pierce, R. M. & Schauble, P. G. (1970). Graduate training of facilitative counselors: The effects of individual supervision. Journal of Counseling Psychology, 17, 210-217.

Rabinowitz, F. E., Heppner, P.P. & Roehlke, H. J. (1986). Descriptive study of process and outcome variables of supervision over time. Journal of Counseling Psychology, 33, 292-300.

Reinecker, H. & Schindler, L. (1996). Aus- und Weiterbildung. In J. Margraf (Hrsg.). Lehrbuch der Verhaltenstherapie (Bd. 1, S. 491-498). Berlin: Springer.

Reising, G. N., & Daniels, M. H. (1983). A study of Hogan's model of counselor development and supervision. Journal of Counseling Psychology, 30, 235-244.

Rounsaville, B. J., O'Malley, S., Foley, S. & Weissman, M. W. (1988). Role of manual-guided training in the conduct and efficacy of interpersonal psychotherapy for depression. Journal of Consulting and Clinical Psychology, 56, 681-188.

Russell, R. K., Crimmings, A. M. & Lent, R. W. (1984). Counselor trainings and supervision: Theory and research. In S. D. Brown & R. W. Lent (Eds.), Handbook of Counseling Psychology (pp. 625-681). New York: Wiley.

Rzepka-Meyer, U. (1997). Supervision von Verhaltenstherapien. Wiesbaden: Deutscher Universitäts Verlag.

Rzepka-Meyer, U., Frank, R. & Vaitl, D. (im Druck). Entwicklung therapeutischer Kompetenzen: Zur Rolle von Therapieerfahrung und Reflexionsbereitschaft. Verhaltenstherapie.

Safran, J. D., Crocker, P., McMain, S. & Murray, P. (1990). Therapeutic alliance rupture as a therapy event for empirical investigation. Psychotherapy, 27, 154-165.

Sandell, R. (1985). Influence of supervision, therapist's competence and patient's ego level on the effects of time-limited psychotherapy. Psychotherapy and Psychsomatics, 44, 103-109.

Schigl, P., Petzold, H.G. (1997). Evaluation einer Ausbildung in Integrativer Supervision mit Vertiefungsschwerpunkt für den klinisch-geriatrischen Bereich – ein begleitendes Forschungsprojekt. Integrative Therapie 1/2, 85-145.

Schindler, L. (1991). Die empirische Analyse der therapeutischen Beziehung. Berlin: Springer.

Schreyögg, A. (1992). Evaluationsstudien zur Supervision. Integrative Therapie, 4, 387-401.

Shiffman, S. (1987). Clinical psychology training and psychotherapy interview performance. Psychotherapy, 24, 71-84.

Skovholt, T. M. & McCarthy, P. R. (1988). Critical incidents: Catalysts for counselor development. Journal of Counseling and Development, 67, 69-72.

Skovholt, T. M. & Ronnestad, M. H. (1992a). The evolving professional self: Stages and themes in the therapist and counselor development. Chichester: Wiley.

Skovholt, T. M. & Ronnestad, M. H. (1992b). Themes in therapist and counselor development. Journal of Counseling and Development, 70, 505-515.

Stein, D. M. & Lambert, M. J. (1995). Graduate training in psychotherapy: Are therapy outcomes enhanced? Journal of Consulting and Clinical Psychology, 63, 182-196.

Steinhelber, J., Patterson, V., Cliffe, K. & LeGoullon, M. (1984). An investigation of some relationships between psychotherapy supervision and patient change. Journal of Clinical Psychology, 40, 1346-1353.

Stolk, Y. & Perlesz, A. J. (1990). Do better trainees make worse family therapists? A follow up study of client families. Family Process, 29, 45-58.

Stoltenberg, C. D., & Delworth, U. (1987). Supervising counselors and therapists: A developmental approach. San Francisco. London: Jossey-Bass.

Stoltenberg, C. D., McNeill, B. W. & Crethar, H. C. (1994). Changes in supervision as counselors and therapists gain experience: A review. Professional Psychology: Research and Practice, 25, 416-449.

Stoltenberg, C. D., Pierce, R. A. & McNeill, B. W. (1987). Effects of experience on counselor trainee's needs. The Clinical Supervisor, 5, 23-32.

Stone, A. A. (1994). Ethical and legal issues in psychotherapy supervision. In S. E. Greben & R. Ruskin (Eds.). Clinical perspectives on psychotherapy supervision (pp.11-40). Washington: APA.

Strupp, H. H.; Butler, S. F. & Rosser, C. L. (1988). Training in psychodynamic therapy. Journal of Consulting and Clinical Psychology, 56, 689-695.

Swanson J. L. & O'Saben, C. L. (1993). Differences in supervisory needs and expectations by trainee experience, cognitive style, and program membership. Journal of Counseling and Development, 71, 457-464.

Tracey, T. J., Ellickson, J. L. & Sherry, P. (1989). Reactance in relation to different supervisory environments and counselor development. Journal of Counseling Psychology, 36, 336-344.

Wampold, B. E. & Holloway, E.-L. (1997). Methodology, design and evaluation in psychotherapy supervision research. In C. E. Jr. Watkins (Ed.). Handbook of Psychotherapy (pp. 11-27). New York: Wiley.

Ward, L. G., Friedlander, M. L., Schoen, L. G. & Klein, J. G. (1985). Strategic self-presentation in supervision. Journal of Counseling Psychology, 32, 111-118.

Weisz, J. R., Weiss, B., Alicke, M. D. & Klotz, M. L. (1987). Effectiveness of psychotherapy with children and adolescents. Journal of Consulting and Clinical Psychology, 55, 542-549.

Winter, M. & Holloway, E. L. (1991). Relation of trainee experience, conceptual level, and supervisor approach to selection of audiotaped counseling passages. The Clinical Supervisor, 9, 87-103.

Wittern, J. O., Daniels, J., Kettmann, U. & Nolte, K. (1986). Supervision im Rahmen der Psychologie – Ausgewählte Ergebnisse einer schriftlichen Befragung von Diplom-Psychologen in der BRD. Vortrag auf dem Kongreß für Klinische Psychologie und Psychotherapie, Berlin.

Worthen, V. & McNeill, B. W. (1996). A phenomenological investigation of „good" supervision events. Journal of Counseling Psychology, 43, 25-34.

Worthington, E. L. Jr. (1987). Changes in supervision as counselors and supervisors gain experience: A review. Professional Psychology: Research and Practice, 18, 189-208.

Worthington, E. L. Jr. (1984) Empirical investigation of supervision of counselors as they gain experience. Journal of Counseling Psychology, 31, 63-75.

Worthington, E. L. Jr. & Roehlke, H. J. (1979). Effective supervision as perceived by beginning counselors-in-training. Journal of Counseling Psychology, 26, 64-73.

Zamosttny, K. P., Corrigan, J. D. & Eggert, M. A. (1981). Replication and extension of social influence process in counseling: A field study. Journal of Counseling Psychology, 28, 481-189.

Zimmer, D. (1996). Supervision in Verhaltenstherapie. In J. Margraf (Hrsg.). Lehrbuch der Verhaltenstherapie, Bd. 1 (S. 525-542). Berlin: Springer.

Evaluation in der Psychotherapieausbildung: Ein Beitrag zur Ausbildungsforschung und Qualitätssicherung am Beispiel der Integrativen Therapie*

Hilarion Petzold, Wolfgang Hass, Silvia Jakob, Michael Märtens, Peter Merten

1. Ausbildungsevaluation – konzeptuelle Vorüberlegungen

Gute Psychotherapieausbildungen sind eine wesentliche Voraussetzung für effektive, qualitätsvolle und patientengerechte Psychotherapien. Dennoch hat die Evaluation von Psychotherapieausbildungen im professionellen Feld in der Psychotherapie bislang keine Tradition. Eine Durchsicht der internationalen Literatur und eine Suche in den Datenbanken *psychinfo, psychindex, somed, medline* ergab, daß bislang in diesem Bereich Evaluationen von *Gesamtausbildungen* und der sie anbietenden und durchführenden *Ausbildungsinstitution* offenbar nicht erfolgt sind oder zumindest nicht publiziert wurden. Es wird damit ein noch unvorbereitetes Terrain betreten, und so stellt dieses Evaluationsprojekt eine gewisse Pionierarbeit dar, mit allen Problemen und Einschränkungen, die sich mit einem solchen Unterfangen verbinden, zumal ein sehr komplexes Ausbildungssystem, differenzierte, langlaufende Curricula (3 bis 5jährig), ein recht großer Lehrkörper (240 Personen), sämtliche Ausbildungsgruppen und damit eine große Zahl von Ausbildungskandidaten (ca. 1.200, Rücklauf n=455) in den Blick genommen werden. Andere Untersuchungen haben z.B. nur ein bis zwei Ausbildungsgruppen (Pawlik 1991) untersucht oder kurzzeitige Weiterbildungen (Cierpka et al. 1993; Buchheim et al. 1992), oder es wurde spezifischen Wirkungszusammenhängen – Trainerverhalten, Trainingserfolgen (Creutzburg 1986), Empathieförderung (Gunkel 1989), Selbsterfahrung (Goerlitz, Hippler 1992, Laireiter 1999), Diagnostikkompetenz (Zimprich 1992) etc. nachgegangen. Dies alles sind wichtige Aspekte aus einer kaum zu überschauenden Fülle von Fragestellungen in der Ausbildung von Psychotherapeuten, die nur über Evaluationsstudien geklärt werden können. Wenn Psychotherapieausbildungen keine „Initiationsriten" (Kraft 1990) sein (bleiben) wollen, müssen sie sich der Evaluationsfrage stellen, und das ist auch die Frage, ob und wie therapeutische Kompetenz gelehrt werden kann (Finke 1990; Wittern 1990; Frohburg 1988). Für die Psychotherapieausbildung steht die Situation nicht anders als für einige angrenzende Bereiche. In der Ausbildung von Supervisoren, Familientherapeuten und Beratungslehrern gab es einige kleinere und wenige umfangreiche Untersuchungen (Petzold, Schigl 1996).

Warum fand das Thema „Evaluation", das seit einigen Jahren „Hochkonjunktur" hat und z.B. unlängst zur Gründung einer neuen internationalen Fachzeitschrift „Evaluation. The International Journal of Theory Research and Practice" (Sage Publ.

1995ff) führte, im Bereich der Psychotherapieausbildung so lange kaum Resonanz (Laireiter 1995; Ringler 1995; vgl. jetzt aber Laireiter, Vogel 1998)), obgleich von seiten der Kosten- und Leistungsträger die Forderung nach *Qualitätssicherung* immer nachhaltiger erhoben wird und der Nachweis der Effizienz psychotherapeutischer Verfahren in der berufspolitischen Anerkennungsdiskussion eine zentrale Rolle spielt. Psychotherapeutische Qualität und die Wirksamkeit therapeutischer Interventionen ist wesentlich von der Güte psychotherapeutischer Ausbildung abhängig (Schneider, Buchkremer 1995). Es ist also keineswegs nur eine Frage der gelehrten Methode, sondern auch eine Frage, wie gut diese Methode vermittelt wird, d. h. wie gut die Therapeuten sind, die eine Ausbildung durchlaufen haben und in Effizienzuntersuchungen einbezogen werden. Diese Fragen sind natürlich schwierig und nur mit einer sehr breiten Evaluationsperspektive anzugehen. Einerseits werden *Curriculumsevaluationen* notwendig, um zu sehen, daß die Ziele, Inhalte und Methoden, die in einem Curriculum festgelegt sind, auch tatsächlich erreicht wurden, zum anderen müßte überprüft werden, ob die „interventive Kompetenz und Performanz" (Petzold, Lemke, Rodriguez-Petzold 1994), die in einer Aus- oder Weiterbildung vermittelt wurde, tatsächlich im Hinblick auf die jeweiligen Klienten- oder Patientenpopulation ausreicht (vgl. 2.). Diese letztgenannte Dimension der *„Effizienz auf der Klientenebene"* kann eigentlich nur wirklich erfaßt werden, wenn „interventive Kompetenz und Performanz" vor Beginn der Ausbildung und nach Abschluß der Ausbildung im Vergleich erfaßt würden, und dies im Kontrollgruppendesign, um zu sehen, wie die Situation bei Angehörigen psychosozialer Berufe, die keine Weiterbildung erhalten haben, liegt. Eine Untersuchung der Wirksamkeit von Psychotherapeuten lange nach Durchlaufen der Ausbildung besagt nur wenig über die Effektivität der Ausbildung selbst, da die Einflüsse des Praxisfeldes, weiterbildende Maßnahmen (Supervision, Intervision) und das Lernen durch die Erfahrung mit Patienten in der Praxis eine wesentliche Dimension der Veränderung von *Performanz* darstellen.

Über „bloße Curriculumsevaluation" hinausgehende, evaluative Weiterbildungsforschung steht damit vor großen Problemen, einmal was die Breite des erforderlichen Ansatzes anbelangt und zum anderen, was forschungsmethodische Fragen betrifft. Komplexe *„sophisticated designs"*, in denen quantitative und qualitative Forschungsansätze verbunden werden (Cook, Reichardt 1979), sind hier erforderlich. Erschwert wird die Situation noch dadurch, daß in der Psychotherapie keine „Tradition des Evaluierens" besteht und durch die normative Orientierung des psychotherapeutischen Feldes am Konzept des „geschützten therapeutischen Raumes" hohe Barrieren bei Psychotherapeuten bestehen, therapeutische Prozesse zu untersuchen und extern evaluieren zu lassen. Die Situation der Wirkungsforschung (Grawe et al. 1994) und die sich daran anschließende Debatte (Mertens 1994; Märtens 1995) machen dies nur allzu deutlich. Es scheint sich dieses „Schwellenproblem" auch für die Ausbildungsforschung in der Psychotherapie auszuwirken, da sich in der Mehrzahl psychotherapeutischer Ausbildungen starke Anteile mit Selbsterfahrungscharakter (Lehranalyse, Ausbildungs-/Selbsterfahrungsgruppe, Selbstmodifikation) finden, Elemente, die einen „quasi therapeutischen Charakter" haben (Frühmann, Petzold 1993). Ausbildungskandidaten kommen in Evaluationsprojekten in die Situation, ihre „Lehrtherapeuten/Lehrtherapeutinnen" zu bewerten, da diese die vorliegenden Curricula umsetzen und in der praktischen Lehre von Theoriekonzepten, Methoden und Behandlungstechniken konkretisieren. Psychotherapie wird von den Lehrtherapeuten/Lehrtherapeutinnen in der Arbeit mit WeiterbildungskandidatInnen „gezeigt". Eine Bewertung in dieser „Leistung" bringt den Lehrtherapeuten in die Situation, daß das habituelle Dependenzmuster „AusbilderIn – AusbildungskandidatIn", „LehrtherapeutIn – LehranalysandIn" durchbrochen wird und für eine Zeit lang – zumindest für den Vorgang der Evaluation – umgekehrt wird. Damit werden *strukturelle* Machtkonstellationen, die sich in psychotherapeutischen Settings und auch in Ausbildungssettings finden (Petzold, Orth, 1999) perforiert. Verständlicherweise löst dies Widerstände und Ängste aus, es werden Schwellen aufgerichtet, und hier mag einer der gewichtigsten Gründe dafür liegen, daß sich kaum Evaluationsstudien im Bereich der Psychotherapieausbildung finden. Daß die Situation im Feld der Supervision bzw. Supervisorenausbildung etwas anders liegt (Schigl, Petzold 1997), mag darin begründet sein, daß Supervisoren von ihrem Ansatz und Selbstverständnis her selbst eine evaluierende Funktion haben und sie in ihrer Ausbildung durch die Lehrsupervision beständig in einer kritischen Selbstbewertung ihrer Arbeit stehen. Weiterhin sind – nicht zuletzt durch die universitären Studiengänge zum Supervisor (z.B. an der FU Amsterdam und der Universität Kassel) – auch differenzierte, *ausformulierte* Weiterbildungscurricula vorhanden, die die Grundvoraussetzung für eine Ausbildungsevaluation als Curriculumsevaluation bieten. Im Felde der Psychotherapie fehlt diese Voraussetzung bei vielen Therapieschulen und Ausbildungsinstitutionen noch weitgehend. Hier sind Curricula relativ vage formuliert. Es handelt sich in der Regel – gerade bei den tiefenpsychologisch orientierten Verfahren – eher um *Ausbildungsordnungen* als um *Curricula.* Auf dieser Basis sind evaluative Bemühungen kaum möglich. Curriculumsevaluation erfordert deshalb als Vorbedingung Arbeit an Curricula, die dem Standard moderner berufsbezogener Erwachsenenbildung entsprechen (Petzold, Steffan 1999).

Für *psychotherapeutische Aus- bzw. Weiterbildungen,* die in standardisierten Curricula angeboten werden, ergibt sich die unbedingte Forderung nach Evaluation, weil nur diese Maßnahme sicherstellt, daß die hohe Qualität, die man von derartigen Ausbildungsangeboten verlangen muß, gewährleistet wird. Immerhin geht es um Ausbildungen für einen Beruf, in dem „Fachleute" Ärzte, Psychologen, Absolventen humanwissenschaftlicher Studiengänge, die schon im Berufsleben stehen, *berufsbegleitend* für den fachlichen Umgang mit Menschen weitergebildet werden, die schwere psychische- und psychosomatische Probleme haben, mit Menschen, die nicht nur als Einzelpersonen behandelt werden sollen, sondern auch das Einbeziehen einer „social network perspective" verlangen (Röhrle 1994; Laireiter 1993; Hass, Petzold dieses Buch). Psychotherapieausbilder sind demnach „Ausbilder von Fachleuten." Die durch diese Situation *strukturell vorgegebenen Maßstäbe sind deshalb sehr hoch.* Schon Eingangsvoraussetzungen für die Zulassung zu Psychotherapieausbildungen sind bei den meisten Verfahren hochschwellig, und die Anforderungen an Lehrtherapeuten und Lehrtherapeutinnen sind folglich entsprechend (nach Abschluß der eigenen 4- bis 5jährigen Psychotherapieausbildung, 3 bis 5 Jahre praktischer Tätigkeit und Durchlaufen von weiterbildenden Maßnahmen, um den Status bzw. die Funktion eines Ausbilders, d. h. Lehrtherapeuten zu erhalten). Dieses in der „professional community" der Psychotherapeuten offenbar in der Grobstruktur konsensfähige Anforderungsprofil für LehrtherapeutInnen (Frühmann, Petzold 1993) bleibt aber, was die detaillierte Ausarbeitung und die Umsetzung anbelangt, weitgehend unbekannt. Nur wenige Ausbildungsinstitute haben ihre Lehrtherapeutenausbildungen bzw. -weiterbildungen in curricularer Form vorgelegt (für das FPI vgl. Petzold, Frühmann 1993; Petzold, Orth 1993a). In einem *search* konnten wir ansonsten keine publizierten Lehrtherapeutencurricula finden (und nur einen Bericht über eine solche Ausbildung, vgl. Dahmen et al. 1990). Aus all diesem ergibt sich, daß man auf vielfältigen Ebenen in der Evaluation von Psychotherapieausbildungen noch sehr in den Anfängen steht.

1.1 Ausbildungsevaluation an EAG/FPI

Das „Fritz Perls Institut" und die von ihm getragene „Europäische Akademie für psychosoziale Gesundheit" haben schon relativ früh begonnen, die angebotenen psychotherapeutischen Ausbildungen curricular auszuformulieren (Petzold, Sieper 1972b, 1976, 1993) und Evaluationen der durchgeführten Ausbildungen vorzunehmen. Derartige Untersuchungen wurden zum Teil als Graduierungsarbeiten von AusbildungskandidatInnen durchgeführt (Schubert 1983; Buhl, Jaspersen 1982; Weller, Meier-Räder 1990). Wenngleich diese Untersuchungen von der wissenschaftlichen Leitung des Instituts angeregt wurden, war es doch ein Anliegen, AusbildungskandidatInnen an diesen Projekten zu beteiligen bzw. diese von ihnen durchführen zu lassen, weil damit auch eine kritische Sicht auf die eigene Ausbildung möglich wird.

Es handelt sich dabei um Untersuchungen mit allgemeineren Fragestellungen zum Berufsprofil, zu den Tätigkeitsfeldern und zur Einstellung von Psychotherapeuten, die die Ausbildung an FPI/EAG durchlaufen hatten. Fragen zur Bewertung der Ausbildung machten nur einen Teil der Untersuchungen aus. Immerhin waren die Ergebnisse nützlich und aufschlußreich und haben im Sinne eines „korrektiven Feedbacks" dazu geführt, daß Veränderungen im Ausbildungsprogramm und in der Didaktik der Ausbildung vorgenommen werden konnten. Die Untersuchungen hatten also *Konsequenzen*. Rückmeldungen über Schwächen im Theorieprogramm führten, z.B. zur Einrichtung eines zentralen Arbeitskreises für Theorie (ZAK-Theo), in dem Studienmaterialien erarbeitet werden. Zu einzelnen Curriculumssegmenten (Diagnostik, Anamneseerhebung) wurden Weiterbildungen für den Lehrkörper eingerichtet (vgl. Petzold, Orth, dieses Heft). In spezifischen Didaktikseminaren wurde aufgrund der Untersuchung von Weller, Meier-Räder (1990) die spezifische Didaktik der „Verschränkung von Selbsterfahrung, Theorie und Methodik" (Sieper, Petzold 1993) weiterentwickelt und vertieft oder ein kollegialer Diskurs über die Methodik von Kontrollanalysen in Gang gesetzt (Petzold 1993m; Schreyögg 1987). Aufgrund der Untersuchung von Schubert (1983) und einer internen Befragung zur Ausbildungszufriedenheit von Absolventen 1984 wurde dann ein zweijähriges „Curriculum zur Ausbildung von Lehrtherapeuten und Lehrtherapeutinnen" erarbeitet, curricular ausformuliert und seit 1986 umgesetzt (Petzold, Orth 1993; Petzold, Frühmann 1993), um die Qualität in der Ausbildung zu sichern und sogar zu verbessern. Inzwischen wurden 6 Weiterbildungskohorten (à 16 Teilnehmer) von LehrtherapeutInnen nach diesem Curriculum geschult.

Auf diesem Hintergrund wurde in den zentralen Gremien des Instituts (Ausbildungsausschüsse) seit 1990 die Frage der Evaluation der Gesamtausbildung an EAG/FPI aufgeworfen und beschlossen, diese in Angriff zu nehmen. Der Sinn einer solchen Maßnahme wurde allerseits gesehen und befürwortet. Dennoch muß festgestellt werden, daß fünf Jahre nach schleppenden Diskussionen zu diesem Thema ein konkretes

Evaluationsprojekt nicht zustande gekommen war. Die Hintergründe hierfür mögen vielfältig sein. Sie sind aber sicherlich in dem zu Eingang skizzierten „Schwellenproblem" zu sehen, denn hier hatten Psychotherapeuten darüber zu beschließen, ihre eigene Tätigkeit evaluieren zu lassen. Im Jahre 1994 wurde dann eine Evaluation der Gesamtausbildung von der wissenschaftlichen Leitung vorbereitet, die an der „Europäischen Akademie für psychosoziale Gesundheit" (staatlich anerkannte Einrichtung der beruflichen Weiterbildung) für die Förderung der Ausbildungsqualität und Qualitätssicherung die Letztverantwortung hat (vgl. Mustersatzung nach §4 Abs.4 des Ersten Gesetzes zur Ordnung und Förderung der Weiterbildung im Land Nordrhein Westfalen § 1.2 und § 4.1 im Ministerialblatt für das Land Nordrhein-Westfalen 89, 1976, 1628ff; Akademiesatzung vom 13.12.1982 § 3, Neufassung in Petzold 1998h).

Neben den prinzipiellen qualitätssichernden Erwägungen gibt es – wie so oft bei Evaluationstudien – auch externale Anlässe: Für Ende 1995 stand die Neufassung des Runderlasses zum HPG für psychologische und nichtpsychologische Psychotherapeuten in NRW an, bei der die Frage der anerkannten Ausbildungsinstitute (zu denen FPI-/EAG gehören) erneut aufgeworfen werden sollte, weiterhin stand die Frage der Anerkennung von Ausbildungsstätten im Rahmen des kommenden PTG im Raum. Hierfür werden Evaluationen wie die vorliegende von Bedeutung sein, und so entschied sich die wissenschaftliche Leitung mit Blick auf sich „abzeichnende Zukunftsprobleme quasi ‚Evaluation auf Vorrat' zu betreiben" (Lösel, Nowack 1987, 80; Rossi, Freeman 1982).

Diese Konzeption wurde mit Evaluationsspezialisten der FU Amsterdam diskutiert. Mit Blick auf die vorhandenen Möglichkeiten und die gegebenen Ziele der Qualitätssicherung wurde als Evaluationsansatz eine „qualifizierende Bewertung" der von FPI/EAG angebotenen Curricula und ihrer Umsetzung gewählt. Diese Entscheidung fiel jenseits der Kontroversen in der Evaluationsforschung über den Primat quantitativer oder qualitativer Methodologie (Scriven1972,60ff; Sieber 1984, 83ff) aus rein pragmatischen Gründen. Es ging darum, einen Gesamteindruck von Ausbildungen zu erhalten, die langjährig und sehr komplex sind und unter Beteiligung zahlreicher Mitarbeiter überregional durchgeführt werden. In Teilbereichen, z.B. der Supervision (Schreyögg 1993) oder der Gruppenarbeit (Frühmann 1987) liegen qualitative Untersuchungen vor, und es ist klar, daß für jeden Teilbereich der Ausbildung – insbesondere für die Lehranalysen und Kontrollanalysen – qualitative Evaluationsprojekte notwendig sind und in Angriff genommen werden sollten. Evaluation als „*assessment*" eines Bildungsinstituts und seiner Arbeit hat natürlich eine institutspolitische Dimension. Sie soll die Grundlage für notwendige Veränderungen bereitstellen, *Entscheidungshilfen* für Gremien bieten (Thierau, Wottawa 1990), dient also durchaus einem „policy making" (Weiss 1984, 541ff). Da es sich um die Bewertung sehr komplexer, strukturell gleichartiger, aber in verschiedenen Zweigen (Integrative Psychotherapie, Integrative Kinder- und Jugendlichenpsychotherapie, Kreative Psychotherapieformen) *dezentral* durchgeführter Curricula handelte, in denen durch die Selbsterfahrungsanteile (Petzold, Steffan 1999) *strukturelle Abhängigkeitsverhältnisse* gegeben sind, wurde in der Wahl des Evaluationsansatzes der Weg der „dokumentierten bewertenden Erhebung" favorisiert, von der anzunehmen ist, daß sie nur geringe Streueffekte in den „Raum therapeutischer Beziehung" – etwa der Lehranalyse – hat. Partizipative Evaluationsansätze (Stake 1972), die eigentlich dem Korespondenzmodell des Integrativen Ansatzes besonders entsprechen und alle beteiligten Gruppen, die „stakeholding audiences“ (ibid.) einbeziehen, schienen uns nach dem komplizierten Vorlauf des Evaluationsvorhabens und bei der vorhandenen Dezentralität (Ausbildungskohorten und Lehrtherapeuten im gesamten deutschen Sprachraum) zum gegenwärtigen Zeitpunkt nicht realisierbar. Akzeptanzseminare, wie sie z.B. Braune et al. (1983) zur Annahme der Evaluation von Trainingsmaßnahmen durchgeführt haben, erschienen nicht als sinnvolle und durchführbare Maßnahme. Das Modell der „responsiven Evaluation“ (Beywl 1988) als rekursiver Prozeß vielfacher Rückkopplungsschleifen zwischen „Beobachtung/Weiterkonzipierung/Bewertung einerseits, Berichterstattung/Aushandlung/-Weiterkonzipierung andererseits“ (ibid. 155), wie wir es in der Evaluation einzelner Ausbildungsgruppen oder Seminarsequenzen für nützlich erachten und praktikabel fanden (Petzold, Schigl 1996), kommt indes durch die beständige Interferenz mit den Prozessen in therapeutischen bzw. quasitherapeutischen Settings an Grenzen. Für Lehranalysen oder Ausbildungsgruppen ist das Postulat beständiger Rekursivität im Evaluationsprozeß schwer umsetzbar. „Während des gesamten Evaluationsprozesses werden die Ziele, Themen und Fragestellungen, Interpretationen und Empfehlungen im Gespräch mit den Beteiligtengruppen bestimmt, überprüft, revidiert“ (Beywl 1988, 145). Für Evaluationen im pädagogischen und andragogischen Bereich ist dies ein sehr sinnvolles Modell. Seine Umsetzung und Übertragbarkeit für den Bereich der Evaluation von Therapieausbildungen wirft indes derzeit noch erhebliche Probleme auf.

Auf dem Hintergrund der Entscheidung für eine „dokumentierende, bewertende Erhebung“ wurde das Evaluationsraster im Sinne einer *Expertenbefragung* mit einigen langjährig erfahrenen Lehrtherapeuten (nicht nur der eigenen Schule) diskutiert (Lösel, Nowack 1987, 80) und nicht im Vorfeld an alle 40 Lehrtherapeuten gegeben. Die Evaluation wurde Ende Dezember 1994 und im Mai 1995 sechs Wochen vor Versendung der Evaluationsbögen den Lehrtherapeuten jeweils per Brief angekündigt. Es gingen daraufhin einige wenige Vorschläge zu Fragestellungen ein, die im Frageraster berücksichtigt wurden. Nach Versendung der Fragebögen an die AusbildungskandidatInnen fand sich bei einigen LehrtherapeutInnen eine Reaktion der Befremdung, zum Teil des Ärgers. Prinzipiell wurde die Notwendigkeit und der Sinn einer Evaluation affimiert, aber gegen die „Form“ und den Zeitpunkt wurden Bedenken angemeldet. Es wurden auch Stimmen laut, die ganze Aktion zurückzunehmen und zu verschieben, u.a. mit dem Argument, im Hinblick auf die „kleineren“ Ausbildungszweige sei die Gewährleistung der Anonymität nicht gegeben. Viele hatten die zweimalige Ankündigung nicht oder nicht ausreichend zur Kenntnis genommen und auch nicht das Faktum, daß sich mit der Frage der Evaluation Gremien schon über Jahre befaßt hatten. Eine nochmalige „Vertagung“ hätte eine weitere Hinausschiebung der Maßnahme um weitere 2-3 Jahre zur Folge gehabt. All diese „Phänomene“ sind in dem zu Eingang geschilderten Zusammenhang der psychotherapeutischen „social world“ (Strauss 1978; Moscovici 1961, 1984) durchaus verstehbar. Es wurde in Briefen argumentiert, daß die Evaluation „das Vertrauensverhältnis der therapeutischen Beziehung“ stören könnte, daß die Teilnehmer im ersten Ausbildungsjahr „doch nicht zu befragen seien, weil hier noch zu intensive regressive Prozesse hereinspielen könnten“, daß, wo „Übertragungen im Spiel seien, Evaluationen unsinnig seien“. Es wurden Argumente gegen den „quantifizierenden Ansatz“ gebracht, man befürchtete „Einschränkungen in der freien Lehre“, und grundsätzlich wurde vermerkt, „Evaluationen bewirken ohnehin nichts“ oder seien nur eine

Form „manipulativer institutspolitischer Machtausübung". Bei solchen Argumentationen wird natürlich nicht berücksichtigt, daß „eine Evaluationsstudie nur einer von vielen Faktoren in einem komplexen Prozeß des Aushandelns von Entscheidungen ist" (Lösel, Nowack 1987, 82). Wenn man aber eine weite Perspektive der *Nutzung* zugrunde legt (Cronbach et al. 1981), können *instrumentelle Nutzungen* für direkte Entscheidungen herangezogen werden, *konzeptuelle Nutzungen* (Leviton, Hughes 1981) – und das ist die *primäre Intention* der vorliegenden Studie – sollen Diskurse anregen und zu einem *veränderten Denken* über vermittlungstheoretische und didaktische Probleme führen. Bei den Rückmeldungen aus dem Lehrkörper gab es aber auch Zustimmung: „es sei gut, daß so ein Projekt jetzt in Angriff genommen würde", „man hätte das schon lange machen sollen", der „Bogen sei genau auf die Ausbildung zugeschnitten", er „hätte noch viel differenzierter sein müssen", „man hoffe auf gute Resonanz" etc. Vor allen Dingen von seiten der AusbildungskandidatInnen auf den Rücklaufbögen bzw. in Begleitbriefen kam ein positives Feedback.

Aus all diesem wird deutlich, daß eine Evaluation eine *Intervention* in einem Ausbildungsprozeß darstellt, eine durchaus konflikthafte *Intervention auch in die Gruppendynamik eines Ausbildungsinstitutes.* Dies war vorauszusehen, war bei einer so großen Dozentenschaft antizipierbar und wohl auch nicht zu vermeiden. Da die Evaluationsbemühungen prinzipiell nicht in Frage gestellt wurden (oder von der Sachlage her werden konnten), waren es insbesondere Fragen der Form, der Information und des Designs, die kritisch aufgeworfen wurden. Es kam insgesamt also die ganze Palette der Befürchtungen zur Sprache, die sich in der Fachliteratur findet (Posavac, Carey 1980, 44ff): Die Evaluation könne Innovation und Experimentierfreude verhindern, die Informationen könnten zur individuellen Mitarbeiterbeurteilung mißbraucht werden, Einwände gegen quantitative Methoden etc. Es wäre sicherlich von Interesse gewesen, eine Vorbefragung auf seiten des Lehrkörpers im Sinne von Kiresuk und Lund (1979) zur „Organizational Readiness to Accept Program Evaluation" durchzuführen, da man – anders als beim Rücklauf der befragten AusbildungskandidatInnen, der ja eine Resonanz darstellt – nur so etwas über die „readiness" hätte erfahren können, denn die zitierten Negativ- und Positivstimmen waren ja nur wenige Einzelstatements von 240 Lehrbeauftragten.

Es werden diese Zusammenhänge deshalb so ausführlich erwähnt, weil sie ein Licht auf prinzipielle Schwierigkeiten der Evaluation in der Psychotherapie und Psychotherapieausbildung werfen und auf die Notwendigkeit verweisen, in psychotherapeutischen Ausbildungsinstituten eine „evaluationsfreundliche" und „forschungsfreundliche" Kultur aufzubauen, ein Unterfangen, das sicher eine Implementierung über mehrere Jahre und eine „konzeptuelle Nutzung" (Leviton, Hughes 1981) der vorliegenden Evaluationen (dieser, Petzold, Schigl 1996, Petzold, Steffan 1999) erforderlich macht. Nur auf dem Hintergrund einer solchen „Kultur" wird es möglich, komplexere Evaluationsdesigns als das vorliegende auf den Weg zu bringen. Evaluation von Einzelseminaren mit unmittelbarem *Feedback* an die Dozenten – sie teilen die Evaluationsbögen bei Ende eines Seminares aus, sammeln sie wieder ein, werten sie auch selbst aus (mit oder ohne Mitteilung an die Institutionsleitung, die Möglichkeiten und ihre Akzeptanz variieren hier) sind offenbar leichter zu implementieren als große, anonymisierte Gesamtauswertungen. Untersuchungen, in denen eine unmittelbare Ansprache und ein Einbeziehen der Untersuchten möglich ist, etwa bei qualitativer Forschung mit standardisierten Leitfadeninterviews bzw. freien Interviews, wie sie in unserem Institut z.B. zum Verständnis von Gruppenprozessen in Ausbildungsgruppen und Gruppenprozeßanalysen vorgenommen wurden (Frühmann 1987) mit Lehrtherapeuten, die sich für Interviews zur Verfügung stellten, haben keine Schwierigkeiten aufgeworfen. Die Evaluationsform, ihre Anonymität und ihre quantifizierende Auswertung scheinen dem „psychotherapeutischen Paradigma der Intimität" entgegenzulaufen. Dieses Problem muß auf vielfältigen Ebenen diskutiert werden (Orth et al. 1995, Petzold, Orth 1999).

Auch bei einem anderen Evaluationsprojekt des Instituts, das im Hinblick auf die Ausbildung von SupervisorInnen durchgeführt wurde (Schigl, Petzold 1997), stellte sich die Situation leichter dar. Hier handelte es sich um die über vier Jahre gehende Evaluation einer fortlaufenden Supervisorensausbildungsgruppe, bei der die Dozenten der Gruppe durch intensive Vorinformation und persönliche Gespräche für das Projekt gewonnen werden konnten (wenngleich die Situation mit Leitern von Einzelseminaren, die nicht so intensiv vorinformiert werden konnten, auch nicht immer einfach war). Außerdem handelt es sich hier um ein *„sophisticated design"*. Eine Forscherin hat den gesamten Prozeß als „teilnehmende Beobachterin" begleitet. Es wurden quantifizierende (Fragebögen, Tests) und qualitative Verfahren (Interviews, Berichte etc.) eingesetzt. Damit das zu Eingang erwähnte Kriterium der „Effizienz auf der Klientenebene" berücksichtigt werden konnte, wurden vor der Ausbildung Beratungssituationen der angehenden SupervisandInnen auf Video aufgezeichnet und nach der Ausbildung eine solche Situation erneut gefilmt, so daß aufgrund einer Auswertung durch *rating* die „faktische Performanz" untersucht werden konnte. Der Vergleich mit einer Kontrollgruppe, die keine Weiterbildung erhielt, lieferte zusätzliches Material (Petzold, Schigl 1996). Die Ergebnisse zeigen die Effizienz der Weiterbildung nicht nur im Erfüllen curricularer Lernziele, sondern auch im Hinblick auf die „klientenbezogene Relevanz".

Im Bereich der Psychotherapieforschung an FPI/EAG sind wir bestrebt, komplexe Untersuchungen, wie sie für den Supervisionszweig vorgenommen werden konnten, natürlich auch für die psychotherapeutischen Ausbildungszweige in Angriff zu nehmen. Die vorgelegte Gesamtevaluation der Ausbildungen an FPI/EAG wird hierzu als ein wesentlicher Schritt angesehen.

Diese Curriculumsevaluation hatte von Anfang an eine strategische Zielsetzung: es sollte versucht werden, ein differenziertes Bild des Gesamtcurriculums und der einzelnen Curriculumselemente *aus der Sicht der Ausbildungskandidaten* zu erhalten, eine Einschätzung der „perceived quality", um Informationen über Stärken, Schwächen und „Mittellagen" zu bekommen, als Grundlage für Maßnahmen der Qualitätssicherung, z.B. der Weiterbildung des Lehrkörpers, ihre Planung und ihre curriculare Ausarbeitung. Evaluation wird nur fruchtbar und mehr als nur „l'art pour l'art", wenn ihre Ergebnisse konsequent zur Qualitätssicherung, Qualitätsentwicklung und damit gegebenenfalls zur Curriculumsrevision eingesetzt werden, nicht zuletzt aber für die gezielte Weiterbildung des Lehrkörpers (Laireiter 1995). Weiterbildung von LehrtherapeutInnen und LehrsupervisorInnen ist ohnehin ein noch sehr offener Bereich. Sie muß „theoriegeleitet sein", auf der Grundlage einer elaborierten Didaktik stehen (Sieper, Petzold 1993), sie bedarf aber auch des *Feedbacks* durch die Evaluationsforschung. Das wird von der vorliegenden Untersuchung deutlich gemacht. Die intensiven Bemühungen an EAG/FPI zur Entwicklung einer solchen Didaktik und eines stringenten konzeptuellen Angebotes zur Weiterbildung von Lehrtherapeuten (Petzold, Orth 1995;

Petzold, Sieper, Orth 1995) erhalten durch die vorliegende Evaluation und ihre Vorläufer- und Nachfolgeuntersuchungen (Petzold, Steffan 1999) einen entsprechenden Boden.

2. Nutzen von Evaluation und die Entwicklung der Therapeutenpersönlichkeit

Die vielfältigen Bemühungen um Evaluation und Qualitätssicherung (Koch, Wittmann 1990) fallen in eine Zeit der schwindenden Ressourcen im psychosozialen Bereich, so daß auf der einen Seite immer mehr Energie in den Bereich der Evaluation, also der Überprüfung psychosozialer Interventionen fließt, während auf der anderen Seite weniger psychosoziale Dienstleistungen stehen, die überhaupt unter diesen Prämissen geprüft werden können (z.B. Eggemann-Dann 1995; Welter 1995). „Erfolgte der erste Aufschwung zur Evaluation in der Bundesrepublik im Zeichen der Reform des Bildungswesens ..., so scheint sich ein zweiter Aufschwung im Zeichen der Einführung von mehr Marktwirtschaft in das Bildungswesen anzubahnen. Die Forderung nach stärkerer marktwirtschaftlicher Steuerung im Bildungsbereich läuft in der Regel auf die Forderung nach effizientem Mitteleinsatz hinaus. So berechtigt diese Forderung auch ist, gilt es dennoch, ihre einseitige Dominanz zu verhindern. Weil Bildung sich nicht im Zweck-Mittel-Kalkül erschöpft“ (Bollmann et al. 1994).

Rost und ten Thoren (1995) untersuchten die Studienpläne von über 20 Psychologischen Instituten, davon 3 in den Neuen Bundesländern, bei denen als Prüfungsfach jetzt „Evaluation und Forschungsmethoden“ in die Prüfungsordnungen aufgenommen ist, also eine Erweiterung und Spezifizierung im Bereich Methodik erfolgt ist. Sie kommen zu der Schlußfolgerung, daß trotz einer Änderung im Label anhand der Lehrangebote nur schwer zu ermitteln ist, wieweit eine tatsächliche Vermittlung spezifischer Inhalte und Methoden erfolgt. Gleichzeitig hat sich die Lehrevaluation an den Hochschulen (z.B. Richter 1994) mit dem Ziel, Lehrangebote zu verbessern, durchgesetzt, die in einem fragilen Spannungsverhältnis zur „Freiheit der Lehre“ steht, weshalb Hufen in seinem Rechtsgutachten im Auftrag des „Deutschen Hochschulverbandes“ ausdrücklich betont, daß gerade zum jetzigen Zeitpunkt Anlaß besteht, „diesen traditionellen Kern wissenschaftlicher Lehrfreiheit zu betonen. ... Auch in einem Massenfach mit oder ohne staatliche Prüfungsordnung ist diese Freiheit daher nicht weniger geschützt als die Forschung, sie wird in einem Vorgang der Eigenreflexion und der höchstpersönlichen Auseinandersetzung mit ihrem jeweiligen Gegenstand an die Studenten weitergegeben“ (Hufen 1995, 3).

Die Ausführungen von Hufen treffen natürlich auch einen wesentlichen Aspekt der Evaluation von Ausbildungsmaßnahmen im Rahmen psychotherapeutischer und beraterischer Fort und Weiterbildungsmaßnahmen. Mit einer Evaluation sind immer Bewertungen verbunden, da gerade in der wertenden Intention der entscheidende Unterschied zu anderen, auf den ersten Blick eher nichtwertenden Forschungsansätzen gesehen wird (z.B. Franklin, Trasher 1976, 20; Scriven 1980; Wottawa 1990, 9ff; Schwarz 1992, 9). Hier fragen sich die durch die Evaluation betroffenen AusbilderInnen, in welchem Ausmaß ihre Interessen möglicherweise eingeschränkt oder übergangen werden könnten, da mit einer Bewertung der Ausbildungsangebote und ihrer Umsetzung ja auch mehr oder weniger implizit eine Bewertung ihrer Leistungen verbunden sein kann, so daß hieraus eine differenzierte Rückmeldung der Ergebnisse für die Bewerteten (Ringelband, Birkhan 1995) sowie auch für den Auftraggeber (Fisseni 1995) wünschenswert ist, die die Informationsbedürfnisse beider Seiten stillen. Wenn es um bewertende Aussagen geht, stellt sich die von Hufen aufgeworfene Frage besonders, inwiefern Einschränkungen der „Lehrfreiheit" entstehen, die gerade in einem Verfahren, wie es die IT darstellt, besondere Aufmerksamkeit verdienen, da hier insbesondere kreative und erlebnisaktivierende Methoden (Petzold 1988f; Petzold, Sieper 1993a) Verwendung finden, bei denen die persönliche Interaktion mit den Aus und WeiterbildungsteilnehmerInnen eine große Rolle spielt und in der Lehranalyse (z.B. Frühmann 1993) das Moment personaler Begegnung eine zentrale Stelle einnimmt. Trotzdem besteht die notwendige Forderung einer gewissen Standardisierung, die sicherstellt, daß bestimmte Ziele erreicht und spezifische Inhalte und Methoden (Petzold, Orth 1993; Petzold, Frühmann 1993) vermittelt werden. Es soll die Didaktik ein befriedigendes, kreatives und lustvolles Lernen ermöglichen. Das läßt erwarten, daß damit zufriedene KursteilnehmerInnen die Bildungsangebote positiv bewerten.

Genauso wie im Bereich der Psychotherapie tauchen natürlich auch in psychotherapeutischen Aus- und Weiterbildungen mit großen, selbsterfahrungsorientierten Anteilen Zeiten der intensiven Auseinandersetzung, der Unzufriedenheit, ja zuweilen des Leidens auf, die wesentliche Bestandteile personaler und intersubjektiver Lernprozesse sind, so daß einige, auf den ersten Blick negativ anmutende Rückmeldungen ebenso mit einer gewissen Skepsis zu betrachten sind wie solche, die auf den ersten Blick vielleicht sehr positiv wirken.

Bewerten die KursteilnehmerInnen die Ausbildung aus einer „Konsumentenperspektive", so stellt dies erst einmal eine Stellungnahme zur Ausbildung als Dienstleistung dar. Dabei können die ambivalenten Reaktionen auf einen Trend mobilisiert werden, der mit dem Schlagwort „Dienstleistungsgesellschaft" zu charakterisieren ist, wie er von Häußermann und Siebel (1995) beschrieben wird. Die Autoren vergleichen die Bundesrepublik mit Schweden und den USA und kommen zu der Einschätzung, daß Deutschland in wesentlichen Aspekten als „rückständige Dienstleistungsgesellschaft" (1995, 55ff) zu betrachten ist, was der Feststellung von Koch und Wittmann (1990, 307) entspricht, die die Bundesrepublik im Hinblick auf Evaluationsstudien als „Entwicklungsland" sehen. Dem kann man ohne Schwierigkeiten zustimmen, wenn man die „Kundenorientierung" z.B. in den USA mit der Situation in Deutschland vergleicht, wo der Kunde noch sehr weit vom König-Sein entfernt ist. Wenn es darum geht, Aus- und Weiterbildungen im Bereich Beratung und Therapie zu untersuchen, setzt sich dieser Trend sicherlich fort, da Bewertungen der Anbieterseite sehr leicht im Sinne einer Beschneidung der „Freiheit der Lehre" abgewehrt werden können.

Aber letztendlich bleibt natürlich auch eine konsumentenorientierte – also diesen Aspekt der Sicht der AusbildungskandidatInnen in den Mittelpunkt stellende – Perspektive nur *ein* wesentlicher Ansatz, der noch durch weitere Dimensionen ergänzt werden kann. So forderten Kniskern und Gurmann schon vor fast 30 Jahren (Gurmann, Kniskern 1979), daß eigentlich nur dann Aussagen über die Effektivität von Ausbildungsprogrammen gemacht werden können, wenn deren *tatsächlichen Effekte* auf der *Seite der Klienten* untersucht werden, also gezeigt wird, in welchem Ausmaß eine

Maßnahme oder eine Ausbildung in der Lage ist, hier einerseits mehr positive und andererseits auch weniger negative Effekte hervorzurufen.

Stolk und Perlesz (1990) untersuchten diese Frage im Verlaufe einer Familientherapieausbildung. Es stellte sich heraus, daß die Zufriedenheit der behandelten Familien nicht mit dem Ausbildungsstand der Therapeuten zunahm, sondern eher abnahm, so daß die größere Sicherheit in der Anwendung der schulenspezifischen Interventionsformen durch die Behandler mit einer größeren Unzufriedenheit auf seiten einiger Klienten beantwortet wurde. Da dieser Zusammenhang allerdings besonders gravierend im Bereich der Behandlungszufriedenheit bestand und weniger ausgeprägt im Bereich der Verbesserungen der Eingangssymptomatik zu finden war, scheint ein Teil dieses Phänomens unter Umständen auf die Anwendung strategischer Vorgehensweisen, wie sie für bestimmte Formen der Familientherapie charakeristisch sind, zurückzuführen zu sein, die zwar die Symptomatik verbesserten, aber von den Klienten nicht als direkte Wirkungen der Behandlung eingeschätzt wurden.

Insgesamt verweisen die Befunde auf die Schwierigkeit, „Expertenperspektiven" und „Klientenperspektiven" zur Deckung zu bringen (z.B. Rudolf 1991), eine Schwierigkeit, die auch in einigen Forschungsergebnissen im Bereich psychoanalytisch orientierter Vorgehensweisen zu finden ist, zumal man die Differenzierung einer „doppelten Expertenschaft" (Petzold 1990i) – die der Patienten und die der Therapeuten – nicht wertet und nutzt. In die gleiche Richtung weisen die von Svartberg und Stiles (1994, 29-30) ermittelten Befunde, die für die Autoren überraschend waren. Sie mußten ebenfalls feststellen, daß die therapeutische Kompetenz, operationalisiert über die *STAPP Competence Rating Form* für *shortterm anxiety-provoking psychotherapy*, die die Kompetenz im Sinne der differenzierten Umsetzung der Konzeption von *Sifneos* operationalisiert, negativ mit der Patientenbesserung verbunden war. Aufschlußreich und gleichzeitig beunruhigend ist hier wiederum, daß in einer völlig anderen Therapieform als der familientherapeutischen, nämlich der psychoanalytischen Kurzzeittherapie, ebenfalls eine Kluft zwischen der Experten- und der Klientenperspektive zu finden ist. Da diese Unterschiede außerdem nicht in einem Mehrpersonensetting auftraten, können sie nicht darauf zurückgeführt werden, daß verschiedene Systemmitglieder selbstverständlich aufgrund ihrer unterschiedlichen Positionen auch keine gleichen Einschätzungen haben können. Was aus therapieschulenspezifischer Sicht als therapeutische Kunstfertigkeit erscheint (aber genau diese Einschätzungen müssen auch kritisch in Frage gestellt werden!), wird auf Patientenseite erstens nicht entsprechend gewürdigt und zweitens auch nicht mit entsprechenden Erfolgen belohnt. Henry, Strupp und Binder (1992, in: Svartberg, Stiles 1994, 30) fanden in der „VanderbiltII-Studie" im Rahmen ihrer Evaluation ähnliche Relationen und erklären diese damit, daß sich hinter der operationalisierten technischen Präzision häufig *rigides Therapeutenverhalten* verbirgt, was möglicherweise die negativen Auswirkungen erklären könnte. Trotzdem bleibt auch dann die Notwendigkeit bestehen, die zentralen Techniken, ihre Implikationen (z.B. verdeckte Machtstrukturen, vgl. Orth et al. 1995) und/oder die Art der Vermittlung kritisch zu hinterfragen und vielleicht andere Formen der Intervention zu entwickeln. Die Befunde verlangen unter allen Umständen nach weiteren Forschungen und machen deutlich, daß bei der Bewertung und letztendlichen Beurteilung dieser komplexen Zusammenhänge viele Perspektiven notwendig sind und die „Konsumentenperspektive" der AusbildungsteilnehmerInnen ein Mosaikstein in einem großen Gebilde ist. Vor allen Dingen – es sei nochmals betont – darf nicht vergessen werden, daß die Evaluation von Therapieausbildungen nicht losgelöst von der Wirksamkeitsforschung bei Patienten gesehen werden darf. Ausbildung von Therapeuten ist darauf gerichtet, professionelle Kompetenz und Performanz für die *Behandlung* von Menschen in Krankheit und Problemen zu vermitteln und nicht nur *Techniken* weiterzugeben, die im schlechtesten Fall einen Selbstzweck darstellen, ohne eine „heilende Wirkung" zu zeigen. Ausbildungsevaluation würde dann nur den Erwerb solcher Techniken und die Qualität ihrer Vermittlung erfassen. Und das kann letztlich nicht das Ziel umfassender Evaluationsbemühungen in der Psychotherapie sein. Wenn man die Wahrnehmung eines Ausbildungsangebotes aus der Perspektive der AusbildungskandidatInnen zu erfassen versucht, dann darf man nicht vergessen, daß diese im Rahmen eines Entwicklungsverlaufs von Professionalisierung gesehen werden muß.

Die Therapeutenpersönlichkeit und ihre Entwicklung hat in den letzten Jahren erhebliche Forschungsinteressen stimuliert, nachdem man sich verstärkt dem Therapeuten als „Initiator von Veränderungen" zugewandt hatte. Von Fleming (1953) wurde eine dreistufige Entwicklung beschrieben, in der nach einer Phase des Imitationslernens, gefolgt vom korrigierenden Lernen, eine Phase der Kreativität anschließt, die das Ende der Entwicklung beschreibt. Demgegenüber werden im Modell von Hill, Charles und Reed (1981) und Hogan (1964) vier Phasen unterschieden, welches wiederum von Stoltenberg und Delworth (1987) elaborierter ausformuliert wurde. Es unterscheidet einen Zustand des alltäglichen Handels (common sense), eine Übergangsphase, die Nachahmung von Experten und schließlich eine Qualität, die durch eigene Autonomie gekennzeichnet ist. Skovholt und Ronnestad (1992) differenzieren in ihrem letzten Modell letztendlich zwischen 8 Phasen (Konventionelle, Übergang zum Professionellen, Imitation, bedingte Autonomie, Exploration, Integration, Individuation, Integrität), wobei einige als Übergangsphasen zwischen Phasen betrachtet werden und die erste Phase noch ein Zustand „therapeutischer Unschuld" ist, während die letzte Phase eine Vorbereitung auf das „nachtherapeutische Dasein" darstellt. Diese differenzierten Modelle der Entwicklung von TherapeutInnen machen deutlich, daß eine Ausbildung mehr oder weniger ein Bestandteil eines komplexen persönlichen und professionellen Werdegangs ist (Vaillant 1980). Dabei erschöpft sich seine Bedeutung sicherlich nicht nur im Erreichen einer beruflichen Zukunftsperspektive, sondern er leistet auch einen Beitrag in der Persönlichkeitsentwicklung. Dieser Beitrag wird wahrscheinlich um so größer einzuschätzen sein, je umfangreicher und tiefer AusbildungskandidatInnen während dieser Prozesse mit sich selbst konfrontiert werden und Möglichkeiten haben, ihre eigene Persönlichkeit zu entwickeln.

3. Aufbau und Inhalt der Curriculums- und Institutionsevaluation

Curriculumsevaluationen haben sich an den Vorgaben der vorliegenden Curricula auszurichten, sind auf die Formen ihrer Umsetzung und auf die durchführende *Institution* zentriert, wobei der Grad der Elaboration der Curricula und die Leistungsfähigkeit der Institution entscheidende Faktoren sind. In der vorliegenden Studie soll keine Lernzielevaluation auf das Erreichen von „Feinzielen" vorgenommen werden, was bei dem Gegenstand „Psychotherapieausbildung" ohnehin eine Mischform von qualitativen und quantitativen Erhebungsinstrumenten erforderlich gemacht hätte (Lösel 1985). Es geht um bewertende Teilnehmereinschätzungen einer Gesamtausbildung und ihrer Teilsegmente sowie der durchführenden Institution, ihrer Lehrtherapeuten und Lehrbeauftragten, um die Verifizierung der Vermittlung wichtiger Richtziele mit Bezug auf die *personale, soziale und professionelle Kompetenz und Performanz* sowie das *„soziale Engagement*“, wie sie seit mehr als 25 Jahren (Petzold, Sieper 1972b) in den Curricula des FPIs stehen (vgl. Curriculum I, 1., Petzold 1988n, 602, jetzt revid. Curriculum, Petzold, Orth, Sieper 1999). Weiterhin geht es um die Bewertung der „methodischen Schwerpunkte“ die „Selbsterfahrung“, „Theorie“ und „Methodik“ in reiner Form und in differentiell zugepaßter *Verschränkung* umfassen (Curriculum III, 1. und 2., loc. cit. supr., 611), eine FPI-spezifische Didaktik (Petzold, Sieper 1972b; Sieper, Petzold 1993; idem 1983i; Frühmann 1993), die inzwischen im Feld der Therapieausbildung Anklang gefunden hat (Gutberlet 1991). Da die Ausbildung in Grundstufe (1.-2. Jahr), Mittelstufe (2.-3. Jahr) und Oberstufe/Behandlungsstufe (4.-5. Jahr) gegliedert ist (Curriculum III, 3., loc. cit. supr. 613-616), muß die Evaluation auch diese Stufen erfassen. Schließlich finden sich spezifische „Elemente der Weiterbildung“ (616), die „Fortlaufende Selbsterfahrungs und Weiterbildungsgruppe“ (Curriculum IV, 1., 617), die methodischpraktischen Seminare (IV, 2., 620), das Theorieprogramm (IV, 3., 623ff), die Lehranalyse/Lehrtherapie (IV, 5., 627ff), Supervision (IV, 6., 628ff) und Kontrollanalyse (IV, 7., 630), schließlich das Abschlußkolloquium (V, 4., 634). Zu all diesen Bereichen enthält das Evaluationsraster Fragen, die von der allgemeinen Theorie der Integrativen Therapie und von der spezifischen Didaktik der Integrativen Agogik (Petzold, Sieper 1977; Sieper, Petzold 1993) begründet sind. Weitere Fragen betreffen die Institution, Organisation, Verwaltung, Unterrichts- bzw. Seminarräume etc.

Der Eingangsteil des Fragebogens erhebt allgemeine, personenbezogene und ausbildungsbezogenen Daten. Dann wird um eine „globale Auswertung der Ausbildung als Gesamtmaßnahme“ und der Institution gebeten, danach werden differentielle Bewertungen abgefragt. Wesentlich sind Informationen zur Bewertung der *Kompetenz* und *Performanz* der Ausbilder (zur Differenzierung der Begriffe vgl. Petzold et al. 1994b) in theoretischer, didaktischer und klinischer Hinsicht, ihre Verwendung von didaktischen Mitteln (Minilectures, Kreative Medien, Processing, Gruppenprozeßanalyse etc.). Neben der Bewertung der Qualität wird nach der Einschätzung der Ausbildungselemente im Hinblick auf die Förderung von Persönlichkeitsentwicklung und Professionalität gefragt sowie nach der Vermittlung der hierzu erforderlichen Kenntnisse und Skills. Der Praxistransfer für die Patientenarbeit ist ein weiterer Gesichtspunkt. Ein Anhang mit „Fragen für Absolventen“ soll die Qualität des Abschlußkolloquiums und seine Modalitäten erfassen, ein wichtiges Thema und ein schwieriger Bereich (Prüfungsstreß, Beurteilung). Von besonderem Interesse für jede Ausbildung ist natürlich ihre Bewertung durch Absolventen aus der Retrospektive, nicht zuletzt mit Blick auf ihre Nützlichkeit und Relevanz für die berufliche Praxis. Damit schließt der Evaluationsbogen.

4. Ergebnisse

Da es sich um eine institutsinterne Auswertung im Rahmen der Verpflichtung von Weiterbildungsinstitutionen zur Qualitätssicherung (Wolff 1996) handelt, sind natürlich auch die Probleme der Auswertung und Interpretation der Daten gegeben. Für die erwähnten vorangegangenen Studien (z.B. Schubert 1983; Weller, Meier-Räder 1990) waren die Auswerter Psychologen, die die Ausbildung am FPI durchlaufen hatten, was Vor- und Nachteile hatte.

Bei der vorliegenden Evaluation ergab sich die günstige Situation, daß in der Forschungsstelle der EAG zum Herbst 1995 drei neue wissenschaftliche MitarbeiterInnen (S. Jakob, W. Hass, P. Merten) für ein Therapieforschungsprojekt begonnen hatten, also unvoreingenommen an das Material herangehen konnten und die bisher mit der Institution FPI nichts zu tun hatten, und die als ihre erste Aufgabe die Auswertung der Fragebögen und statistischen Verarbeitung der Daten vornahmen. Das gesamte Material (Fragebögen und Auswertung) wurde darüber hinaus an einen externalen Gutachter[1] zur Überprüfung gegeben. Die Textversion insgesamt wurde vom Forschungsteam gemeinsam erstellt unter Mitarbeit der beiden Hochschullehrer (H. Petzold, M. Märtens), die die einleitenden theoretisch-konzeptuellen Teile und den den Kontext der Evaluation betreffenden Abschnitt schrieben. Bewertungen und Empfehlungen wurden sparsam vorgenommen, um der Diskussion über Umsetzung und Konsequenzen der Evaluation in den zuständigen Gremien nicht vorzugreifen, die später – wesentlich auch bedingt duch die neue Ausbildungsverordnung des PTG vom 18.12.1998 – auf der Grundlage dieser Evaluation und der Ergebnisse der EAG-Therapieforschungsstudie (Petzold et al. 1999) eine Curriculumsrevision vornahmen (Petzold, Orth, Sieper 1999).

4.1 Fragebogen und Rücklaufquote

Gegenstand der Befragung war die Bewertung verschiedener, von EAG/FPI angebotener Ausbildungszweige durch die TeilnehmerInnen. Die Befragung erfolgte mittels eines 4seitigen, an den Curricula der Institution ausgerichteten und nach verschiedenen Kriterien gegliederten, detaillierten Fragebogens. Diejenigen, die die Ausbildung bereits abgeschlossen hatten, erhielten auf einer angefügten fünften Seite die Möglichkeit der Bewertung ihres Abschlusses. Die Befragten konnten bei größtenteils geschlossenen Fragen auf vorgegebenen RatingSkalen in Anlehnung an das Schulnotensystem ihr persönliches Urteil von sehr gut (=1) bis mangelhaft (=5) abgeben resp. Ja/Nein-Vorgaben ankreuzen. Eine Bewertung in Anlehnung an das Schulnotensystem wurde gewählt, da bei den meisten der Ausbildungskandidaten davon ausgegangen werden kann, daß sie noch mit dem traditionellen Notensystem großgeworden sind und das Bewerten als „kognitive Strategie“ im Ausbildungskontext bei Anwendung dieser Methode verhältnismäßig leichtfällt. Von den im Juni bis September 1995 angeschriebenen ca. 1200 TeilnehmerInnen an den von EAG/FPI angebotenen Aus- und Weiterbildungen schickten 456 den Fragebogen bis zum 30.11.95 ausgefüllt an die wissenschaftliche Abteilung der EAG in Düsseldorf zurück, was einer *Response*-Rate von ca. 38% entspricht, womit der Rücklauf um 13% höher liegt, als bei der vorausgegangenen

1 Das Fragebogenmaterial und die statistische Auswertung wurden, weil es sich um eine institutsinterne Evaluation handelt, die von der wissenschaftlichen Abteilung der EAG durchgeführt wurde, durch einen externen Gutachter, Herrn Jörg Mutke, Abteilung Allgemeine Psychologie, Psychologisches Institut, an der Universität Bonn, geprüft. Die Erhebungsbögen sind archiviert.

Untersuchung aus dem Jahre 1987 von Weller, Meier-Räder (1990, 91), bei der von 1200 Fragebögen 304 Bögen (25%) zurückgesandt wurden. Die Bögen wurden mit Eingangsstempel versehen und numeriert. Nicht gezählt wurden leer zurückgesandte Bögen (2). In die Auswertung einbezogen wurden alle Personen, die nicht älter als 60 Jahre alt sind (n=455)[2]. Die Ergebnisse der EAG/FPI-Ausbildungsevaluation sind im folgenden wiedergegeben.

4.2 TeilnehmerInnenprofil

Ausbildungsstatus: Bei den Befragten handelt es sich zu 70,5% um Personen, die noch in der Ausbildung sind (durchschnittlich im 3,7. Jahr), 29,5% hatten die Ausbildung bereits abgeschlossen. Etwa 10% der erstgenannten Gruppe befinden sich im 1. Ausbildungsjahr und weitere 22% im 2., während das Schwergewicht mit ca. 56% im 3.-5. Ausbildungsjahr liegt. Zum Zeitpunkt der Erhebung sind die TeilnehmerInnen durchschnittlich in ihrem 4,4. Ausbildungsjahr an EAG/FPI. Das TeilnehmerInnenprofil ist *Abbildung 1* zu entnehmen[3].

Alter: Nur 3,2% der TeilnehmerInnen (14) sind bis zu 30 Jahre alt, der Schwerpunkt liegt mit 31,5% (136 Personen) in der Gruppe der 36- bis 40jährigen. Der Anteil der Männer ist mit ca. 40% in der Altersgruppe der 36- bis 40jährigen am höchsten (Altersdurchschnitt: 40 Jahre). Der Frauenanteil liegt, für psychotherapeutische Ausbildungen typisch, mit ca. 71% recht hoch.

Ausbildungszweig/Orientierung: Die therapeutische Ausbildung an EAG/FPI umfaßt insgesamt 13 verschiedene Schwerpunkte. Zusätzlich wird ein Ausbildungszweig „Supervision“ angeboten. Ausbildungszweige mit unter 10% Nennungen wurden zu einer Kategorie „sonstige“ zusammengefaßt[4], Angaben zu einer zweiten Ausbildung (dies betrifft 5,3% der TeilnehmerInnen resp. 23 Personen) wurden nicht berücksichtigt. Der größte Teil der Befragten (ca. 29% resp. 131 Personen) hatte sich für den Ausbildungszweig „Psychotherapie“ entschieden, während „Kunsttherapie“ und „Supervision“ (6,4% resp. 6,9%) vergleichsweise kleine Gruppen bilden. Geschlechtsunterschiede fallen nur in der Kinder- und Jugendlichenpsychotherapie auf: Diesen Zweig hatten ca. 16% der befragten Frauen gewählt, knapp doppelt soviel wie der entsprechende Anteil der Männer.

Beruf[5]: Die PsychologInnen und SozialarbeiterInnen bilden mit ca. 25% resp. 23% die beiden Hauptgruppen, dicht gefolgt von den PädagogInnen/LehrerInnen mit ca. 19%. Weibliche Domänen zeigen sich bei den (angegebenen) Berufsfeldern „Sozialarbeit“, „Kunsttherapie“ und „Pädagogik“, während nicht überraschend ca. 10% der

2 Eine Person ist älter als 60 Jahre und wurde daher nicht mit einbezogen.

3 Angaben in absoluten Zahlen, so daß der/die interessierte Leser/in je nach Interesse selbst waagerecht oder senkrecht prozentuieren kann.

4 Hierzu zählen (in abnehmender Reihenfolge) Musiktherapie (IMT) (2,8%), Tanztherapie (ITT) (2,5%), Gestaltpädagogik (1,4%), Gestaltseelsorge (1,2%) Paartherapie (0,7%), Suchttherapie (0.5%), Poesie- (IPB) (0,2%) und Dramatherapie (IDT) (0,2%).

5 Die Frage nach dem Beruf als auch nach der Institution, in der gearbeitet wird, war „offen", also ohne Vorgaben gestellt, was einen beträchtlichen Aufwand der nachträglichen Zusammenfassung bedingte. Die in Tabelle 1 wiedergegebenen Klassifizierungen sind das Ergebnis des Diskussionsprozesses in der Gruppe der AuswerterInnen.

Männer „Theologie“ angegeben haben, mehr als 6 mal soviel wie der korrespondierende Anteil der Frauen.

Institution: Die größte Gruppe stellen die 26,5% freiberuflich resp. in eigener Praxis Tätigen, ca. 14% arbeiten in einer Klinik, gut 11% in einer Beratungsstelle; schulische Institutionen erreichen knapp 10% der Angaben. Die übrigen 38,5% der Nennungen verteilen sich auf Institutionen und Dienste verschiedener Art, wie es *Abbildung 1* zu entnehmen ist.

Arbeitsstatus: 94% der Befragten sind berufstätig, jeweils nur ca. 3% arbeitslos oder studierend.

4.3 Bewertung der Ausbildung durch die TeilnehmerInnen

Die Bewertung der Ausbildung durch die TeilnehmerInnen ist auf ein hochkomplexes Ausbildungs*system* gerichtet, das, um es „als Ganzes“ zu erfassen, eine gewisse Erfahrung mit diesem System erfordert, wodurch die Zugehörigkeit zum Ausbildungssystem eine wichtige Einflußgröße ist. Weiterhin wird ein breites Angebot bewertet – z.B. Theorie, Methodik, Praxis, Selbsterfahrung –, dem bei den Bewertenden durchaus unterschiedliche Vorerfahrungen, Vorlieben oder Abneigungen gegenüberstehen. Die Zahlen geben deshalb Trends wieder, vielfache Motive und Interessen, über die mehr zu erfahren weitere Untersuchungen erforderlich machen würde und lohnend erscheinen läßt.

4.3.1 Bewertung nach zusammenfassenden Aspekten der Ausbildung und Globalbewertung

Die im Fragebogen zu beantwortenden einzelnen *items* lassen sich insgesamt zwölf verschiedenen Bewertungsaspekten der Ausbildung zuordnen[6]. Gleich zu Beginn der insgesamt recht umfangreichen Benotungsprozedur wurde eine Globalbewertung der Ausbildung erbeten. Mit einer glatten „2“ als Ergebnis ist hier ein gutes Niveau der curricular angebotenen Aus- und Weiterbildung an EAG/FPI dokumentiert. Die zusammenfassenden Bewertungen der einzelnen Aspekte sowie die Globalbewertung sind *Abbildung 2* zu entnehmen[7].

---

6 Diese Aspekte konnten, in Abhängigkeit der jeweiligen Fragestellung, nur zum Teil explizit global beurteilt werden. Bei den Aspekten, bei denen keine entsprechende Gesamteinschätzung erbeten wurde, wurden Indices gebildet, indem die einzelnen, dem jeweiligen Bewertungsaspekt zugehörigen Fragen addiert und der sich ergebende Summenwert durch die jeweilige Anzahl der Fragen geteilt wurde, so daß die ursprüngliche 5er Skalierung der Einzel-*items* im Index beibehalten wird. Um eine hohe und einheitliche Fallzahl zu erhalten, wurden fehlende Werte jeweils durch den Mittelwert des betreffenden *items* ersetzt. Auf insgesamt 16 Fragen gaben vereinzelt TeilnehmerInnen der Ausbildung eine „6”. Diese Benotungen bezogen sich etwa zur Hälfte auf Einzelbeurteilungen des Aspekts „Selbsterfahrungs- und Ausbildungsgruppe” (1.-3. Jahr) und zur Hälfte auf solche des Aspekts „Ausbilderkompetenz”. „Ungenügend” fand sich gelegentlich bei der regionalen Theoriebetreuung (Bewertungsaspekt „Theorieprogramm”) sowie beim Informations- und Kommunikationsfluß. Da diese Benotungen außerhalb der vorgegebenen Skala (1-5) liegen, wurden sie, um sie für die Auswertung berücksichtigen zu können, auf den schlechtmöglichsten zulässigen Wert rekodiert.

7 Vom angegebenen n Abweichendes bei: Lehranalyse (n=357), Kontrollanalyse (n=127), fortlaufende Supervision (n=237), Supervision (n=200), Theorieprogramm (n= 388).

Danach steht die Lehranalyse mit der Durchschnittsnote von 1,8 in der Gunst der Befragten ganz oben, wie schon in der Untersuchung von Weller, Meier-Räder (1990, 103), wo 56% die Lehranalyse und 78% die Selbsterfahrung als besondere Stärken der Ausbildung ansahen, Ergebnisse, die neuerlich repliziert wurden (Petzold, Steffan 1999) und der hohen Bedeutung entsprechen, die Teilnehmer in unterschiedlichen Schulen den *Selbsterfahrungsanteilen* bei Evaluationen beimessen (Goerlitz, Hippler 1992; Buchheim et al. 1992; Cierpka et al. 1993) und auch der Bedeutung, die Therapeuten der verschiedensten Richtungen der Selbsterfahrung zuschreiben (vgl. z.B. für die GT Frohburg 1989, für die VT Goerlitz, Hippler 1992, für die IT Petzold, Steffan 1999, für weitere Schulen Frühmann, Petzold 1993, Lairaiter 1999), so daß hier auch das Gewicht von wechselseitigen Erwartungsstrukturen (Rosenthal 1972) und Attributionsprozessen berücksichtigt werden muß. Es wird hier die *Qualität integrativer Lehranalyse* (lt. Curriculum ca. 250 Std.) bewertet, was dieses Ergebnis interessant macht, da der Wert von Lehranalysen für die Psychotherapieausbildung ja durchaus strittig diskutiert wird, wie von Grawe (et al. 1994) oder Lange (1994), der sich nach Auswertung der Forschungsliteratur, gegen psychoanalytische Lehranalysen, in denen das Moment des „Lehrens“ im Sinne der gezielten Vermittlung von Skills und spezifischen Qualitäten zu kurzkomme, als Form der Qualifizierung ausspricht. Gerade im didaktischen Anliegen aber, werden in integrativen Lehranalysen Schwerpunkte gesetzt (Frühmann 1993), für die Evaluationsergebnisse aufschlußreich sind: Der eigentherapeutische Wert rangiert sehr hoch, auch die Konzeptvermittlung liegt im Wert gut, die Methodikvermittlung fällt indes leicht ab in Richtung „befriedigend“. Letztlich muß jedes dieser Ergebnisse detailliert betrachtet und mit den Lehrtherapeuten diskutiert werden, um zu etwaigen ausbildungsdidaktischen Konsequenzen zu kommen.

Hoch bewertet sind auch die „Kontrollanalyse“, die „fortlaufende Supervision“ und das „Supervisionsprogramm“ (jeweils Note 2,1). Aber auch hier ist eine detaillierte Betrachtung notwendig. Diese sehr guten Gesamtbewertungen setzen sich fort in der positiven Beurteilung für die Förderung der klinischen *Kompetenz* und auch der klinischen *Performanz* sowie im Hinblick auf den Nutzen für die Behandlung von Patienten. Bei der Theorie/Praxisverschränkung und der Vermittlung integrativtherapeutischer Konzepte in der Kontrollanalyse findet sich ein sehr deutliches Abfallen (53% bzw. 51% befriedigend und schlechter). Für die Supervision findet sich das gleiche Bild mit leicht abfallender Tendenz. Das schmälert das ansonsten gute Ergebnis und wird Überlegungen und Maßnahmen zur Qualitätsverbesserung notwendig machen, besonders mit Blick auf die Auswertungsergebnisse der Absolventen „aus der Retrospektive“, die die Ausbildung für die Arbeit in multidisziplinären Teams und für den fachlichen Diskurs mit KollegInnen eher schwach bewerten (vgl. 4.5). Kontrollanalyse und Supervisionsgruppe sind aber der Ort, wo diese Kompetenzen gefördert werden sollten. Gegenüber der Weller/Meier-Räder-Studie (1990, 103) hat sich die Bewertung der Kontrollanalyse (21% sahen sie als Stärke, 9,5% als Schwäche der Ausbildung) deutlich verbessert, was auf die als Konsequenz aus dieser Evaluation erfolgte systematische Schulung der Kontrollanalytiker und kollegiale Intervision zurückzuführen sein dürfte sowie auf die theoretische Weiterentwicklung im Bereich von Kontrollanalyse und Supervision im Integrativen Ansatz (Schreyögg 1991; Petzold 1990o, 1998a). Die Bewertung der Supervision (37% Stärke, 6% Schwäche 1990, 103) ist gleichfalls positiv gestiegen. Von weiteren hervorstechenden Benotungen seien genannt: die sehr hohe Bewertung der Ausbildungsstätte „Beversee“ (2,0) und der Verwaltung (1,9). Am schlechtesten schneidet dagegen mit der Note 3,0 der Aspekt „Kommunikations- und Informationsfluß“, spezifisch der mit den zuständigen Fachbereichsausschüssen und den (nebenamtlichen) Fachbereichsleitern (3,6) ab, wobei Differenzierungen nach Ausschüssen möglich wären.

Ein Vergleich der Bewertung sowohl der Ausbildung insgesamt als auch der verschiedenen Bewertungskomplexe nach Geschlecht erbringt keine nennenswerten Unterschiede. Betrachtet man dabei lediglich die Personen, die noch in der Ausbildung sind, so werden die Blöcke „Supervison“ und „fortlaufende Supervison“ von den Frauen etwas besser bewertet als von den Männern. Im Vergleich zwischen Personen, die die Ausbildung bereits abgeschlossen haben und denjenigen, die noch dabei sind, ergibt sich bei den komplexen Bewertungen „Selbsterfahrungs- und Ausbildungsgruppe im 3. Ausbildungsjahr“, „Ausbilderkompetenz“ und „Methodik bzw. Theorie-/Praxisseminare“ eine Höherbewertung durch die letztgenannte Gruppe. Die Unterschiede sind aber nicht signifikant, wohl aber die *einzelner items*: So werden die Vermittlung von Theoriekonzepten und die Theorie-/Praxisverschränkung (Bewertungsaspekt Selbsterfahrungs- und Ausbildungsgruppe 3. Ausbildungsjahr) ebenso signifikant besser benotet von den „fertigen“ TeilnehmerInnen wie auch die Seminarinhalte und die Didaktik (Aspekt „Methodik bzw. Theorie/- Praxisseminare“). Bei den Methodik- bzw. Theorie-/Praxisseminaren gibt es nach Teilnehmerbemerkungen sehr große Unterschiede je nach Seminar und durchführendem Lehrtherapeuten. Hier könnten nur seminarspezifische Evaluationen weiteren Aufschluß bringen. Die Didaktik (51,5% sehr gut und gut, aber 48,5% befriedigend und schlechter) müßte in diesem Bereich sicherlich verbessert werden. Ähnlich steht es mit „Theoriestand“ und „Praxistransfer“, wobei wiederum auf die große Unterschiedlichkeit der DozentInnen hinzuweisen ist, was auf die Notwendigkeit von Qualitätskontrollen, inhaltlichen Leitlinien, Seminartypspezifische DozentInnenfortbildung bzw. kollegiale DozentInnen-Intervision verweist. *Keine nennenswerten Unterschiede* bei den verschiedenen Bewertungsaspekten ergeben sich bei einer *Differenzierung nach dem Ausbildungszweig*. Bei einer nach Ausbildungszweig differenzierten Betrachtung der Bewertungskomplexe ergeben sich nur wenige signifikante Unterschiede (Mittelwertvergleiche). So bewerten Personen des Supervisionszweiges die „Selbsterfahrungs- und Ausbildungsgruppe im 1. Jahr“ (weniger selbsterfahrungszentriert) besser als die (sehr selbsterfahrungszentrierte) des Ausbildungszweiges „Psychotherapie“ (Notenmittelwerte 2,7 vs. 3,13), und die Bewertung der AusbilderInnenkompetenz fällt bei den „Kinder- und Jugendpsychotherapeuten“ positiver aus als bei den Erwachsenenpsychotherapeuten (2,12 vs. 2,35). Insgesamt neigen Befragte des Supervisionszweiges zu einer geringfügig besseren Bewertung der Ausbildung als die der anderen Ausbildungszweige. So erzielen sie in 6 der 12 gebildeten Bewertungskomplexe die höchsten Notenmittelwerte, bei der Bewertung der „Methodik“ bzw. „Theorie-/Praxisseminare“ erweisen sich die Mittelwertunterschiede als signifikant[8].

4.3.2 Einzelergebnisse der Ausbildungsbewertung

Vergleich 1./2. und 3. Ausbildungsjahr: Selbsterfahrungs- und Ausbildungsgruppe: Die Ergebnisse des Vergleichs der Selbsterfahrungs- und Ausbildungsgruppe im ersten/

8 alpha = 0,05, F-Wert: 3,09, einfache Varianzanalyse.

zweiten resp. im dritten Ausbildungsjahr sind der *Abbildung 3* zu entnehmen. Offensichtlich fallen – mit Ausnahme der Selbsterfahrungsanteile – alle Benotungen im dritten Jahr deutlich besser aus als im ersten Jahr. Mit einer Verbesserung um ca. 25% (Mittelwertanstieg von 3,55 auf 2,66) sind die Unterschiede in der Benotung bei der Vermittlung von Theoriekonzepten am größten, gefolgt mit ca. 22% bei der Theorie-/-Praxisverschränkung (Mittelwertanstieg von 3,46 auf 2,69). Während somit die Notendurchschnitte bei den fünf erstabgebildeten Fragen auf ein vergleichsweise gutes Niveau (zwischen „2,1" und „2,7") gelangen, verbleiben die „berufspolitischen Informationen" und die „Förderung gesundheitspolitischen Engagements" trotz einer prozentualen Verbesserung von jeweils ca. 9% auch im dritten Jahr auf einem relativ schlechtbewerteten Niveau. Mit Ausnahme des *items* „Zusammenarbeit mit Lehrtherapeut und Co." erweisen sich alle Unterschiede zwischen der Bewertung des ersten/zweiten und des dritten Jahres als sehr signifikant[9].

AusbilderInnenkompetenz: Die didaktische Kompetenz der AusbilderInnen wird im dritten Jahr der Ausbildung durchweg positiver bewertet als im ersten und zweiten (siehe *Abb. 4*). Auch hier sind fast alle Unterschiede sehr signifikant (Ausnahme: Klinische Performanz). Für diese Zunahme an Positivbewertungen können folgende Gründe angenommen werden: Die Teilnehmer haben „Erfahrung" mit der Ausbildung und dem Ausbildungssystem gewonnen und sind deshalb in ihrem Urteil sicherer geworden. Die Selbsterfahrungsanteile im 3. Jahr haben nicht mehr ein so großes Gewicht bzw. haben die Qualität professionaler Selbsterfahrung (sie sind auf das Erleben von Methoden und Behandlungstechniken im praktischen Umgang mit diesen zentriert). Auch das Faktum, daß im 3. Ausbildungsjahr in der Didaktik des Vermittelns „theoretisch reflektierter Anwendung von Methoden" besonders erfahrene Lehrtherapeuten arbeiten, mag für die Höherbewertung zum Tragen kommen. Schließlich wird auch die hohe Bewertung der Bedeutung von Selbsterfahrung in den ersten beiden Ausbildungsjahren und die *Nachordnung der Vermittlung theoretischer Inhalte* in diesem Ausbildungsabschnitt durch viele Ausbilder (LehrtherapeutInnen) selbst ein nicht zu unterschätzender Faktor sein, ein Zusammenhang, der sicherlich kritischer Reflexion bedarf.

4.3.3 Einzelergebnisse nach verschiedenen Beurteilungsaspekten

In *Abbildung 5* sind zunächst die Ergebnisse der Bewertung der AusbilderInnenkompetenz, ausgedrückt als prozentualer Anteil der „Ja"-Antworten, zu entnehmen.[10] Da bei diesen Fragen die Zustimmungen gegenläufige Wertbekundungen ausdrücken, sollen die Ergebnisse kurz erläutert werden: Eine *stärkere Themenzentrierung* wünschen 35% der Befragten im 1./2. Jahr der Ausbildung. Bei der hohen Bewertung der Selbsterfahrung und des „emotionalen Lernens" sowohl auf seiten der TeilnehmerInnen (siehe *Abb. 2*) als auch in der Interpretation der curricularen Ausrichtung durch die Mehrzahl der Ausbilder muß dieser Wunsch von mehr als einem Drittel der Teilnehmer als ein wichtiges *Feedback* für die inhaltliche Strukturierung der Ausbildungsziele und ihrer didaktischen Umsetzung angesehen werden. Im dritten Jahr dagegen wird

---

9 alpha = 0,001%, zweiseitiger Test.

10 Vom angegebenen n Abweichendes bei: „Stärkere Themenzentrierung im 3. Jahr gewünscht?" (n= 355).

von 56% eine stärkere Themenzentrierung gewünscht. Somit sollte der thematischen Arbeit im 3. Jahr von seiten der Ausbildung ein höherer Stellenwert beigemessen werden, wenn man den Bedürfnissen der Teilnehmer entsprechen will. 61% votieren für eine Vorbereitung von Wochenenden durch ausgewählte Literatur, jedoch nur knapp die Hälfte (49%) mag hierfür eine eigene Theoriesitzung anberaumt wissen. Die Gruppenprotokolle finden mit ca. 80% große Bestätigung, ebenso wird das Ausmaß der Arbeit mit kreativen Medien mit großer Mehrheit bestätigt (72%). Für zwei Drittel findet genügend „*processing* von Einzelarbeit" statt, von einem Drittel der Befragten wird also eine *Intensivierung* dieses methodisch-didaktischen Elements gewünscht. Noch prägnanter: Es kritisieren 73% der Befragten, daß zu wenig Mini-Lectures und ca. 65%, daß zu wenig Gruppenprozeßanalysen stattfinden (vgl. jetzt Orth, Petzold 1995b). Auch werden Fragen zur Verbesserung der Ausbildungsdidaktik aufgeworfen. Da die Ergebnisse einer Evaluation von Ausbildungsangeboten in der Psychotherapie sich in erster Linie an Leute „vom Fach" richten, *kann es nicht genügen, lediglich informationsreduzierende Kennzahlen wie Mittelwerte oder nur die Anteile positiver Angaben („gut"- oder „sehr gut"-Antworten) zu einer Frage mitzuteilen. Eine Qualitätssicherung, die sich ernst nimmt, muß auch bereits einer Benotung, welche „befriedigend" lautet, skeptisch gegenüberstehen*, denn es geht ja nicht um die Bewertung einer Schüler- oder Studentenpopulation, sondern um *die Bewertung von Dozenten*. Hier wären also Maßnahmen zur Qualitätsverbesserung zu ergreifen. Es ist deshalb unverzichtbar, alle Ergebnisse der Befragung nach den verschiedenen Bewertungsaspekten geordnet in ihrem ganzen Spektrum einzeln darzustellen (siehe *Abb. 6.1-6.11*), um differentielle Möglichkeiten der Qualitätssicherung zu planen und in Angriff zu nehmen.

4.4 Ergebnisse der offenen Fragen

Der Fragebogen zur Evaluierung der Psychotherapieausbildung gab den Befragten die Möglichkeit, in freier Form eine abschließende Stellungnahme abzugeben. Dabei konnten die Teilnehmer Statements zu jenen Themen abgeben, die ihnen besonders wichtig erschienen oder aber im standardisierten Fragebogenteil unberücksichtigt geblieben waren. Auf die Frage „Was möchten Sie noch ergänzen, was positiv oder negativ für Sie wichtig ist", haben 50% aller Befragten mit mindestens einem, höchstens aber fünf Statements geantwortet. Jede weitere, über die Menge von fünf hinausgehende Antwort mußte aus erfassungstechnischen Gründen unberücksichtigt bleiben, da von Anfang an nur eine Menge von eins bis fünf freier Antworten zugelassen war. Die Möglichkeit, sich frei und ohne Vorgaben äußern zu können, wurde hier gut genutzt, was die insgesamt 484 Einzelstatements deutlich belegen. Die Bandbreite der Antworten umfaßt alle Themen des Fragebogens und geht zuweilen auch darüber hinaus. So wurden neue, interessante Themen aufgegriffen, die nicht im standardisierten Teil der Erhebung vorgesehen waren, wie z.B.: Transparenz, Umgang mit Kritik u. a. Wie aber nun die vielen freien Antworten bewerten? Sicher ist, daß jede Stellungnahme ihre eigene Bedeutung hat. Allein die Menge der freien Statements würde aber den Rahmen dieser Arbeit sprengen. Um die freien Antworten bewerten zu können, wurden sie in ein Raster eingegliedert, das – unterteilt nach positiven und negativen Antworten – insgesamt 35 Kategorien enthält. Aus diesem Raster haben wir im folgenden eine Auswahl einiger Kategorien und zu diesen exemplarisch prägnante Antworten zusammengestellt. Es muß betont werden, daß es sich zum großen Teil bei den aufgelisteten Statements um Einzelaussagen im Gesamtrücklauf von 465 Fragebögen handelt, so daß ihnen keine repräsentative Bedeutung zukommt. Dennoch haben wir uns entschieden, im Sinne von „bedenkenswerten Schlaglichtern" die nachstehende Zusammenstellung aufzuführen.

Information und Transparenz – Einzelstatements

negativ

- Fortgang der Ausbildung nicht transparent
- Kaum Informationen über Möglichkeiten und Berufsperspektiven
- Es gibt zu wenig bis keine Infos, die die Arbeitsmöglichkeiten und das Arbeitsfeld betreffen

Atmosphäre – Einzelstatements

positiv

- Ich fühle mich als Person ernst genommen
- Verantwortlicher und behutsamer Umgang mit den Menschen am EAG/FPI
- Erlebe viel Sorgsamkeit und Integrität
- Stück Heimat gefunden

Kontrolle und Betreuung – Einzelstatements

negativ

- Bessere Kontrolle und Supervision der Lehrtherapeuten und Ausbildungsgruppenleiter/Innen
- Ärzte werden scheinbar bevorzugt behandelt
- Mehr Tutorien zur Ausbildung
- Bessere Betreuung der Theoriegruppen
- Keine klare Kompetenzen und Ansprechpartner
- Mit gesamtem Feld der eigenen praktischen Arbeit war ich alleingelassen
- Es fehlt ein „Begleiter" durch die Ausbildung
- Die Umsetzung der erlernten Methoden müßte noch sorgfältiger begleitet werden

Didaktik – Einzelstatements

positiv	negativ
• Gute praktische Vermittlung	• Theorievermittlung nicht überzeugend
• Gute Übereinstimmung zwischen ethischen Zielen und praktischer Vermittlung	• Mangelnde Prägnanz der theoretischen Grundlage durch viel Redundanz
• Besonders gut im IT-Konzept ist das reiche, kreative Instrumentarium	• Sprache in der Theorie ist eine Zumutung
• gute Vermittlung des basalen Therapieverständnisses	• Thema: Teamsupervision, Fallsupervision nicht ausreichend dargestellt bzw. geübt
	• Gruppenprozeßanalyse mangelhaft
	• Mehr theoretische Seminarvorbereitung
	• Unnötig viel Fachjargon

Theorie-/Praxisverschränkung – Einzelstatements

positiv	negativ
• Praktisch sehr viel gelernt, was ich täglich anwenden kann	• Zu wenig praktisches Handwerkszeug für die Arbeit mit Patienten
• Theorie in der IT vielfältig und fundiert	• Mehr Theorie-/Praxisseminare und dort mehr Theorie-/Praxisverschränkung
• Theorievermittlung sehr gut	• Es fehlte Praxisvermittlung durch Mentoren

• Gute Vermittlung des basalen Therapieverständnisses	• Größere Möglichkeit der Integration im theoretischen und praktischen Austausch • Fehlende Möglichkeit realistischer Settings für die Vermittlung von Theorie und Praxis

Kritik an den AusbilderInnen – Einzelstatements

positiv	negativ
• Kompetenz der Lehrtherapeuten hat ein hohes Niveau	• Theoriebücher sind schwer lesbar
• Kompetente und engagierte Dozenten	• Bei einigen Therapeuten besteht eine erhebliche Diskrepanz zwischen Selbstbild und geleisteter Arbeit
• AusbilderInnen menschlich integre Persönlichkeiten	• Klarere Vorgaben an Trainer bezüglich Theorievermittlung nötig
• Ausbilder überzeugten	• Ausbildungskriterien für Lehranalyse sind zu sehr von persönlichen Vorlieben abhängig
• Gute Therapeutenpersönlichkeiten an EAG/FPI	• Konflikt- und Streit*kultur* der Integrativen Therapeuten fehlt
• LeiterInnen der fortlaufenden Gruppe waren sehr gut	• Gleichrangiges Lehrtherapeutenpaar gewünscht

4.5 Bewertung des Abschlußkolloquiums und Einschätzung der Ausbildung aus der Retrospektive

Prüfungen, besonders Abschlußprüfungen sind ein sensibler Bereich in Ausbildungen, weil Bewertungen, Prüfungsstreß, „Prüfungsnarrative“ (Geschichte mit Prüfungen) ins Spiel kommen. Die Prüfung von Erwachsenen, fertigen Therapeuten, die das „Studium lange hinter sich haben“ und fest „in der Praxis“ stehen, wirft besondere Fragen der Prüfungsdidaktik auf. Deshalb wurde das Abschlußkolloquium mit in die Evaluation einbezogen.

Bei den bewertenden Personen liegt der Ausbildungsabschluß durchschnittlich 2 Jahre zurück, bei jeweils etwas über einem Drittel bis zu einem Jahr resp. 2 Jahre, bei einem Viertel der Befragten waren 3-5 Jahre vergangen. Die Prüfungen, über die dieser Teil des Fragebogens informiert, wurden überwiegend vom wissenschaftlichen Leiter mit der für Prüfung erforderlichen Beisitzerin bzw. dem Beisitzer abgenommen. Im Unterschied zu den übrigen Bewertungen in dieser Evaluation, die eine Identifizierung der einzelnen Lehrtherapeuten und Lehrbeauftragten nicht zuläßt, ist hier eine Anonymisierung nicht möglich. Mit jeweils ca. 95% Zustimmung wurde das Anspruchsniveau des Abschlußkolloquiums im Rückblick als höchst angemessen bewertet. 79% beurteilten das Klima des Kolloquiums und den Umgang der Prüfer mit Prüfungsstreß jeweils als gut oder sehr gut, 4% geben sogar (außerhalb der vorgegebenen Notenbandbreite) an, überhaupt keinen Prüfungsstreß erlebt zu haben. Die Öffentlichkeit des Kolloquiums wird von 84% befürwortet.

Hat die Ausbildung Nachwirkungen, hat sie gehalten, was sie verspricht? Das sind wichtige Fragen, die nur aus der Retrospektive beantwortet werden können, also durch eine Nachbefragung. Im allgemeinen Frageteil unterscheiden sich die fortgeschrittenen KandidatInnen und die AbsolventInnen nicht wesentlich (s.o.). Ihre Fragebögen konnten also zusammengefaßt werden. Im Anhang für die Absolventen finden sich dann spezifische und relevante Informationen.

Die Ergebnisse zur sogenannten „externen Funktionalität" der Ausbildung, also inwieweit die Ausbildung am FPI hinsichtlich der späteren beruflichen Tätigkeit als hilfreich eingeschätzt wird (Zabeck, Zimmermann, 1995, siehe *Abbildung* 7), ergeben ein widersprüchliches Bild: Während die Förderung der professionellen Kompetenz und Performanz sowie die der Vorbereitung für die praktische Arbeit von knapp 3/4 der Befragten gute und sehr gute Noten erhält (A-C) – bei der Förderung der professionellen Kompetenz sind es sogar 83% –, fällt die Beurteilung der Vorbereitung auf den Transfer (D) in die Patientenarbeit mit 44,7% sehr gut und gut, aber 47,8% befriedigend und ausreichend, die Arbeit in Teams (E) mit 45,6% sehr gut und 45,6% befriedigend und ausreichend und auf den fachlichen Diskurs (F) mit KollegInnen anderer Schulen vergleichsweise zurückhaltend aus. Die eingangs (vgl. 1. und 2.) aufgeworfenen Fragen nach der „*Effizienz auf der Klientenebene*" kommt hier ins Spiel. Sie wird durch diese Zahlen nicht beantwortet. Sie besagen lediglich, die Ausbildung hätte für die Hälfte der Befragten ihrer Einschätzung nach auf den Praxistransfer mit Patienten besser vorbereiten können. Gleichzeitig aber wird die „professionelle Performanz" sehr hoch bewertet sowie die allgemeine Vorbereitung auf die therapeutische Arbeit (69,9%).

Hier sind verschiedene Probleme verborgen: Psychotherapieausbildungen sind „generalistisch". Sie decken ein bestimmtes Spektrum an Krankheitsbildern ab, für dessen Behandlung methodisches Rüstzeug und vertieftes konzeptuelles Wissen vermittelt wird und vermittelt werden kann. Viele Spezialgebiete bleiben am Rande (z.B. Suchtkrankentherapie) bzw. erfordern Spezialisierungen. Therapie erfolgt in sehr unterschiedlichen Settings (Praxis, Ambulanz, Reha-Einrichtung etc.). Therapieausbildungen bereiten nur für wenige Settings vor (vgl. aber das Spektrum der Einrichtungen, in denen die Absolventen arbeiten, *Abb. 1*). Der „Praxisschock" und das „Lernen in spezifischen Settings" werden nicht zu umgehen sein. Nur das Fortführen von Supervision in Gruppen (sie vermitteln „klinische Vielfalt") und/oder Kontrollanalysen (sie vermitteln „klinische Feinarbeit in Kontinuität", vgl. Petzold 1993m) kann hier Lösungen bieten. Dennoch bleiben Fragen an Supervision und Kontrollanalyse in der Ausbildung offen, und es muß über differentielle Lösungen (z.B. ein Verzeichnis von Spezialisierungen der einzelnen Supervisoren) nachgedacht werden, um die gute Gesamtbewertung „aus der Retrospektive" in verschiedenen spezifischen Bereichen noch zu verbessern.

Die Zeit, wie lange der Abschluß zurückliegt, spielt bei den genannten Bewertungen, mit Ausnahme der Benotung der Förderung der eigenen professionellen Performanz[11], praktisch keine Rolle.

---

11 Je mehr Zeit seit dem Abschluß vergangen ist, desto ungünstiger fällt die Bewertung der Förderung der eigenen professionellen Performanz aus. Der Zusammenhang ist allerdings schwach (Pearson's r= 0.10)

5. Diskussion, Überlegungen, Empfehlungen

Die Diskussion der Ergebnisse dieser Evaluationsstudie soll in den Gremien erfolgen, die an EAG/FPI mit der Qualitätssicherung und der theoretischen und didaktischen Gestaltung der Ausbildung befaßt sind. Die Untersuchung stellt Daten und Materialien bereit, die in *Qualitätszirkeln*, d.h. mit allen Beteiligten und auf verschiedenen Ebenen diskutiert und ausgewertet werden müssen (vgl. Petzold, Orth 1995, dieses Heft) – zwischen Lehrtherapeuten bzw. Lehrbeauftragten in Intervisionen, der Institutsleitung und Dozenten, zwischen Dozenten und Ausbildungskandidaten auf der Gremienebene (AusbildungskandidatInnenvertreter, Gruppensprechertreffen), aber auch in der unmittelbaren Ausbildungssituation. Die verschiedenen Aspekte der „Evaluationsnutzung" (Solomon, Shortell 1981) können nur zum Tragen kommen, wenn das Moment von *„joint competence"*, des Zusammenführens aller Kompetenzen, optimal genutzt wird. Die Empfehlung, die aufgrund der vorliegenden Untersuchung und ihrer insgesamt sehr erfreulichen Ergebnisse zu geben ist, geht dahin, der Schwachstellenanalyse (Theorie-/Praxisverschränkung, Konzeptspezifität, Transfer auf multiple Settings) besondere Aufmerksamkeit zu schenken und hier spezifische Weiterbildungsangebote zu entwickeln und umzusetzen, da solche Maßnahmen offenbar greifen. Die Qualitätsverbesserung im Bereich Kontrollanalyse und Supervision gegenüber den Ergebnissen der 1987 durchgeführten Weller/-Meier-Räder-Studie (1990) durch spezifische Weiterbildung legt dies nahe (vgl. das Protokoll über die von H. Petzold durchgeführte und mehrfach wiederholte Lehrtherapeutenweiterbildung zum Thema Kontrollanalyse, Schreyögg 1987).

Das hohe Niveau der Ausbildung, das die Ausbildungszufriedenheit mit Blick auf die sehr differenzierten Fragestellungen dieser Evaluation zeigt, ist offenbar das Resultat eines guten Zusammenwirkens unterschiedlicher Faktoren: einer gut ausgebildeten und arbeitenden Dozentenschaft, der offenbar bei der doch sehr komplexen Ausbildung eine hohe Synchronisation der verschiedenen Ausbildungselemente gelingt, gute Organisation und sehr gute Verwaltung (mit 81% sehr gut und gut). Dieser Bereich hat sich gegenüber der Evaluation von 1987, in dem er sehr schwach bewertet wurde – nur 5% positiv (Weller, Meier-Räder 1990, 103) –, ganz grundsätzlich verbessert. Eine Rolle spielt auch die Qualität des Ausbildungszentrums (über 70% bzw. 90% sehr gut und gut). Es ist offenbar die *Kohärenz der Gesamtkonzeption*, die in 25 Jahren der Arbeit dieser Institution entwickelt werden konnte, die hier zu Buche schlägt. Die Untersuchung, ihr Zustandekommen und ihre Durchführung zeigt auf, daß den Themen Forschung, Evaluation und der Entwicklung einer forschungs- und evaluationsfreundlichen „Kultur" besondere Aufmerksamkeit geschenkt werden sollte. Damit verbunden ist die Empfehlung, die Nutzung dieser Evaluation (empirisch) zu evaluieren (Solomon, Shortell 1981) und auf verschiedenen Ebenen *kurzlaufende*, d.h. unmittelbar in die Praxis wirkende, *„evaluative Feedback-Schleifen"* in den verschiedenen Bereichen von FPI/EAG zu installieren.

Als Konsequenz aus dieser Studie wurden folgende Maßnahmen realisiert:

- Ein differenziertes Evaluations- und Qualitätssicherungssystem für alle Veranstaltungen und Einzelseminare wurde eingeführt (Petzold, 1998h, 550-570).
- Die Weiterbildung des Lehrkörpers wurde intensiviert und curricular konzipiert (Petzold, Orth, 1996).

- Die Rolle der Selbsterfahrung wurde vertieft untersucht (Petzold, Steffan, 1999a).
- die Mitwirkungsmöglichkeiten von AusbildungskandidatInnen und die Gremienarbeit wurden, was die Optimierung vo Ausbildungsprozessen anbelangt, durch eine Reform der Akademiesatzung der EAG funktionaler gestaltet (Petzold, 1998h, 538-549).
- Das Christentum wurde revidiert (Petzold, Orth, Sieper 1999b) und in den klinischen Inhalten und der Vermittlung von Ergebnissen der Therapieforschung weiter vertieft.
- Die Gruppenprozeßanalysen wurden systematisiert (Orth, Petzold, 1995).
- die Ergebnisse von FPI/EAG-ausgebildeten Therapeuten aus einer Evaluationsstudie über ihre Psychotherapien mit Patienten (Petzold, Hass, Märtens, Steffan, 1999) wurde mit den Ergebnissen unserer Ausbildungsforschung (Petzold, Hass, Märtens 1998; Petzold, Steffan 1999b) zu einem Modell „integrierter Qualitätssicherung" verbunden (vgl. Abb. 12).

Das Modell *integrierter Qualitätssicherung* ist dadurch ausgezeichnet, daß es theoretische Modellbildung, didaktische Konzeptarbeit und methodische Entwicklungen in der Psychotherapie mit curricular organisierten Formen des Lehrens und Lernens verbindet. Die vorliegende Ausbildungsevaluation zeigt Stärken und Schwachstellen auf, was die Vermittlung von Inhalten und Methoden sowie den Praxistransfer anbelangt. Dieses Feedback floß und fließt in die Verbesserung des Curriculums und seine didaktische Umsetzung ein, wobei die Schulung der Dozenten (Petzold, Orth 1996) eine große Rolle spielt. Gleichzeitig wurden und werden von der Forschungsabteilung der EAG TherapeutInnen, die die Ausbildung durchlaufen haben, in ihrer Arbeit mit PatientInnen und KlientInnen mit einem differenzierten Untersuchungsdesign beforscht bzw. evaluiert (Petzold, Hass, Märtens, Steffan 1999). Die in derartigen Untersuchungen deutlich werdenden Schwachstellen und Stärken führen ihrerseits wiederum zur Entwicklung von neuen Konzepten und Methoden oder zur Rezeption von neuen Ansätzen, die in anderen Feldern der Klinischen Psychologie und Psychotherapie entwikkelt wurden (z.B. neue Methodologien in der Behandlung von Angststörungen, vgl. Margraf, Schneider 1997). Curriculumsrevisionen und Nachschulungen von Dozenten oder Einladung von Gastdozenten führen dazu, daß dieses neue Wissen wieder in die Ausbildung einfließt. Es entsteht dadurch die außergewöhnliche Situation eines permanenten *übergreifenden Qualitätszirkels* innerhalb eines Weiterbildungsinstitutes, in dem Psychotherapieforschung und Ausbildungsforschung zur Optimierung von Dozentenqualität und Ausbildungsqualität, von Therapeutenqualität und Qualität der Hilfeleistung für die Patienten und ihre Angehörigen (erfaßt durch die Patienten- und Angehörigenfragebögen der Therapiestudie) verschränkt werden. Ein solches integriertes Modell der Qualitätssicherung findet sich bislang in Bereich der deutschsprachigen Psychotherapie noch kaum. Es sollte Standard werden.

Abb. 1: TeilnehmerInnen-Statistik (absolute Zahlen, gültige Fälle)

	Frauen	Männer	gesamt
Alter			
bis 30 Jahre	11	3	14
31-35 Jahre	75	25	100
36-40 Jahre	86	50	136
41-45 Jahre	74	28	102
über 45 Jahre	60	20	80
insgesamt	306	126	432
Ausbildungszweig			
Psychotherapie	89	42	131
Kinder- u. Jugendpt.	53	11	64
Soziotherapie	62	30	92
Supervision	20	11	31
Bewegung (IBT)	42	16	58
Kunst (IKT)	24	5	29
sonstige	33	14	47
insgesamt	323	129	452
Beruf			
SozialarbeiterIn	77	20	97
PsychotherapeutIn	16	8	24
Pädagoge/in/LehrerIn	65	14	79
Psychologe/in	75	30	105
KunsttherapeutIn	11	1	12
Theologe/in	5	12	17
medizin. Heilberufe	19	11	30
Heilpädagoge/in	4	1	5
wiss. Angestellte/r	6	8	14
SupervisorIn	2	2	4
Bewegung/Musik/Tanz	17	6	23
sonstige	7	3	10
insgesamt	304	116	420
Institut			
freiberufl./Praxis	78	31	109
Beratungsstelle	30	16	46
Sucht/Drogen	15	8	23
Psychiatrie	22	7	29
Verbände/Vereine	12	5	17
Schule	28	12	40
Kirchliche Einrichtung	15	8	23
Klinik	41	17	58
Einricht. f. Kinder/Jugendl.	12	4	16
Bildung/Forschung/Lehre	11	6	17
Verwaltung/Behörde	15	2	17
sonstige	10	7	17
insgesamt	289	123	412
Status			
berufstätig	290	117	407
studierend	11	2	13
arbeitslos	10	4	14

Abb. 2: Globalbewertung der Ausbildung und Bewertung nach verschiedenen Kriterien (n=455, gültige Fälle)

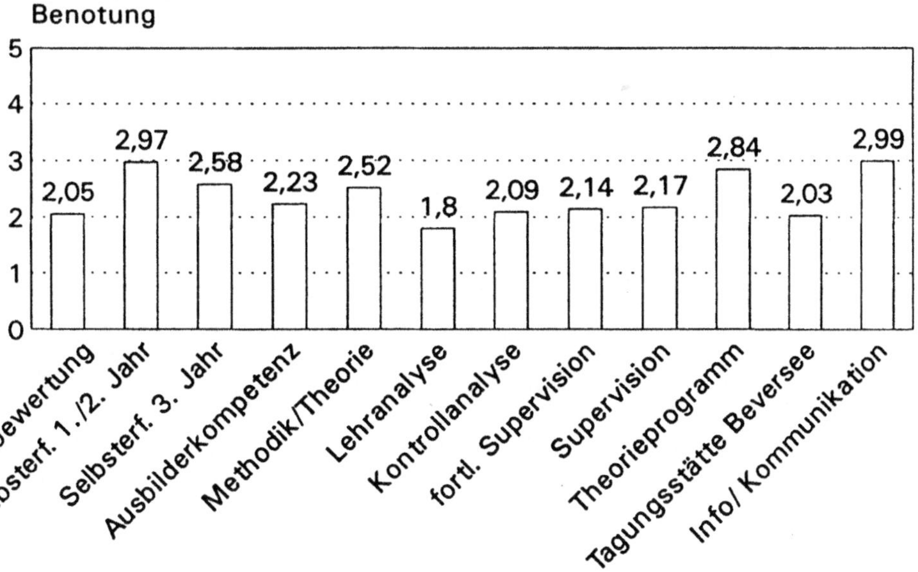

Abb. 3. Bewertung der Selbsterfahrungs- und Ausbildungsgruppe im 1., 2. und 3. Jahr (n=337, gültige Fälle)

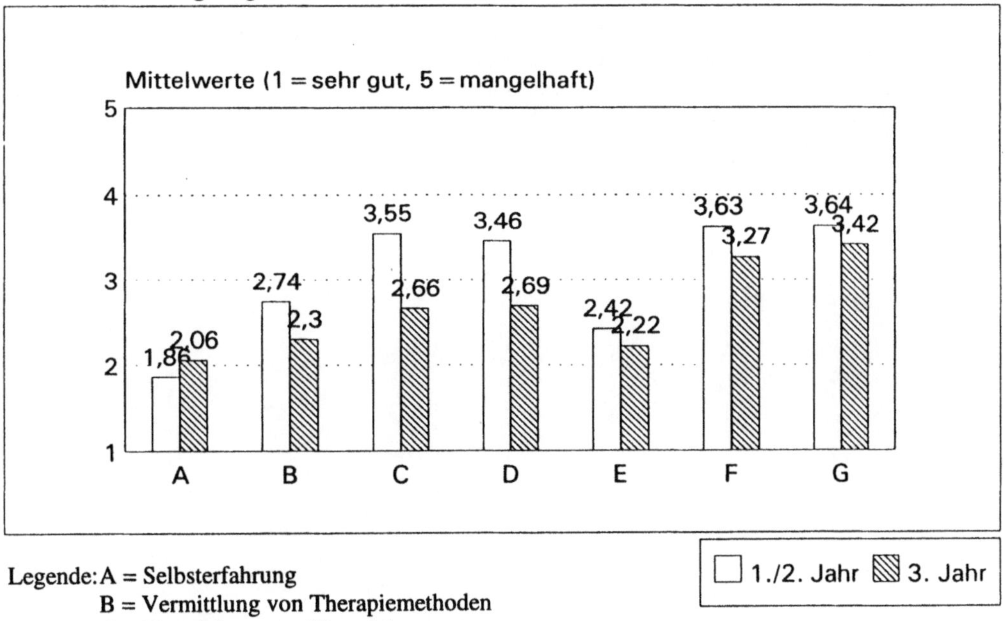

Legende: A = Selbsterfahrung
B = Vermittlung von Therapiemethoden
C = Vermittlung von Theoriekonzepten
D = Theorie-Praxisverschränkung
E = Zusammenarbeit zwischen LehrtherapeutIn und Co.
F = Berufspolitische Informationen
G = Förderung gesundheitspolitischen Engagements

Abb. 4: Bewertung der AusbilderInnenkompetenz im 1., 2. und 3. Jahr (n=305, gültige Fälle)

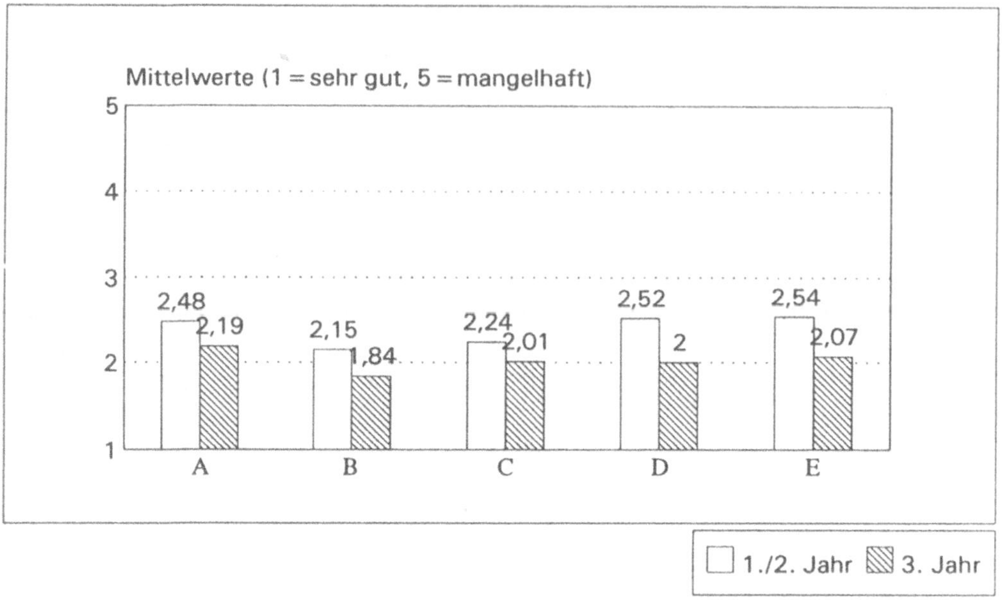

Legende: A Betreuung des Ausbildungsprozesses durch die Lehrbeauftragten
B Klinische Kompetenz der Lehrbeauftragten
C Klinische Performanz der Lehrbeauftragten
D Didaktische Kompetenz
E Didaktische Performanz

Abb. 5: Bewertung der AusbilderInnenkompetenz – Anteile positiver Antworten (n=441, gültige Fälle)

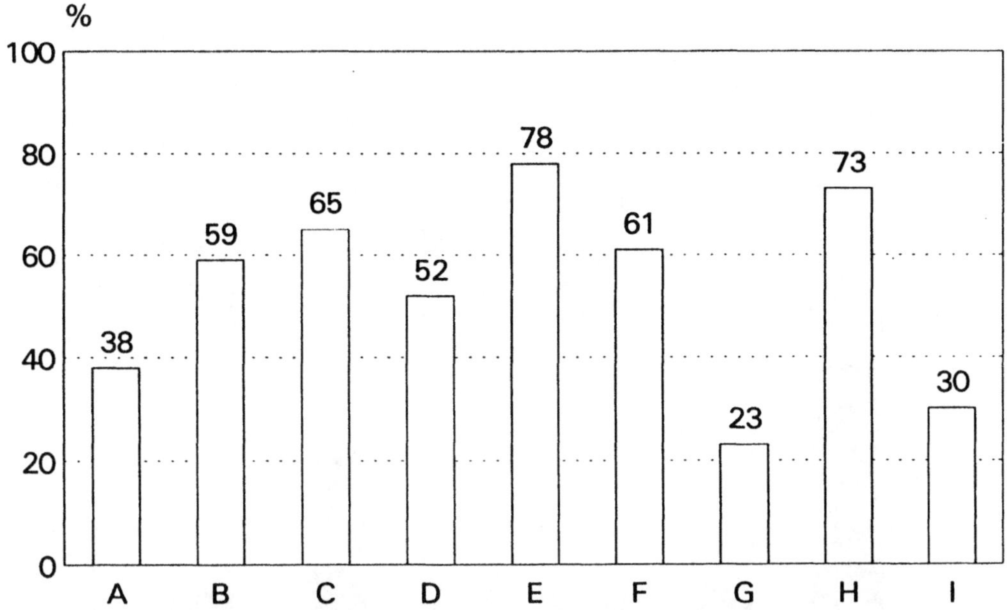

Legende:
A Würden Sie eine stärkere Themenzentrierung im ersten/zweiten Jahr wünschen?
B Würden Sie eine stärkere Thmenzentrierung im dritten Jahr wünschen?
C Sollten die Wochenenden durch ausgewählte Literatur vorbereitet werden?
D Sollten die Vorbereitungen in einer gesonderten Theoriesitzung bearbeitet werden?
E Halten Sie die Gruppenprotokolle für sinnvoll?
F Findet genügend Processing von Einzelarbeit statt?
G Finden genügend Mini-Lectures statt?
H Wird genügend mit kreativen Medien gearbeitet?
I Werden genügend Gruppenprozeßanalysen durchgeführt?

Abb. 6.1: Benotungen der Selbsterfahrungs- und Ausbildungsgruppe im 1./2. Jahr (n=445, gemittelte Fallzahlen A-G, gültige Fälle)

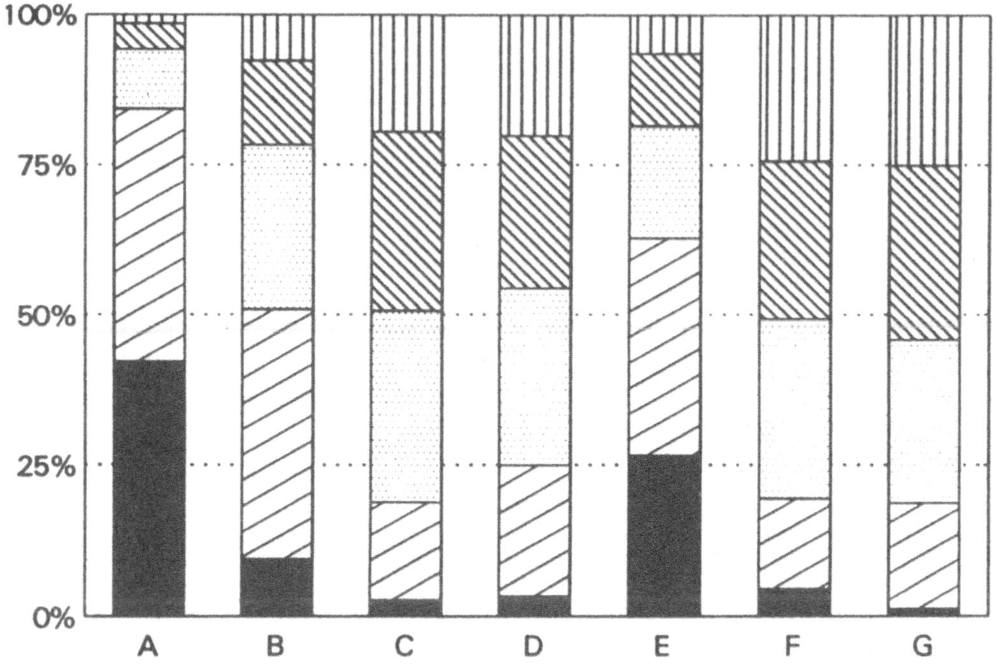

Legende: A Selbsterfahrung
B Vermittlung von Therapiemethoden
C Vermittlung von Theoriekonzepten
D Theorie-Praxisverschränkung
E Zusammenarbeit zwischen LehrtherapeutIn und Co.
F Berufspolitische Informationen
G Förderung gesundheitspolitischen Engagements

Abb. 6.2: Benotungen der Selbsterfahrungs- und Ausbildungsgruppe im 3. Jahr (n=338, gemittelte Fallzahlen A-J, gültige Fälle)

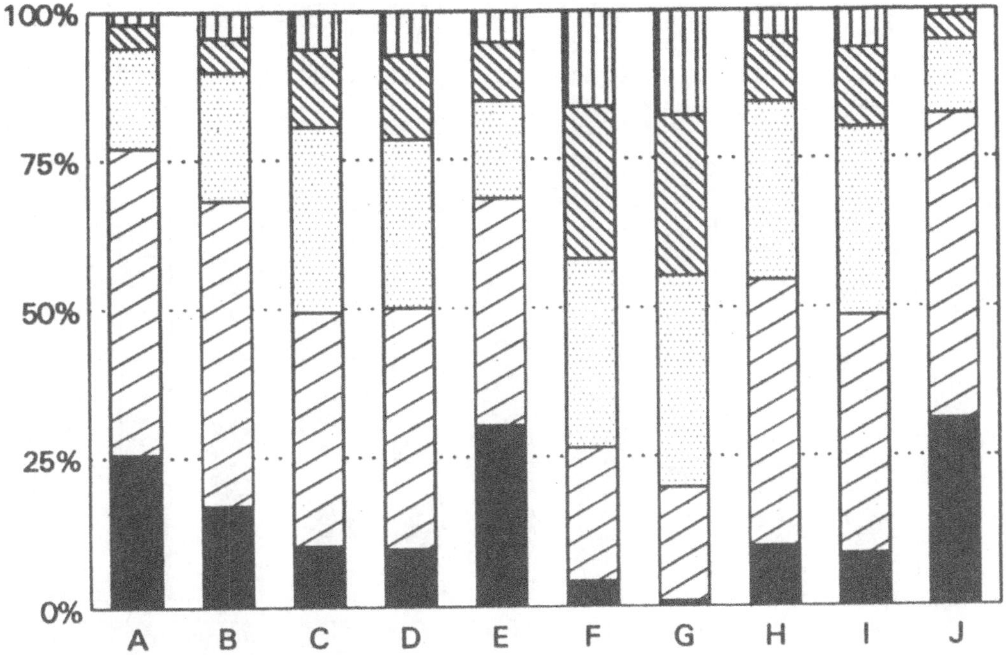

Legende: A Selbsterfahrung
B Vermittlung von Therapiemethoden
C Vermittlung von Therapiekonzepten
D Theorie-/Praxisverschränkung
E Zusammenarbeit zwischen LehrtherapeutIn und Co.
F Berufspolitische Informationen
G Förderung gesundheitspolitischen Engagements
H Vermittlung professioneller *skills*
I Transfertauglichkeit in Ihr Praxisfeld
J Möglichkeiten für persönliches Wachstum

Abb. 6.3: Benotungen der AusbilderInnenkompetenz im 1., 2. und 3. Jahr (1./2. Jahr: n=328, jeweils gemittelte Fallzahlen, gültige Fälle)

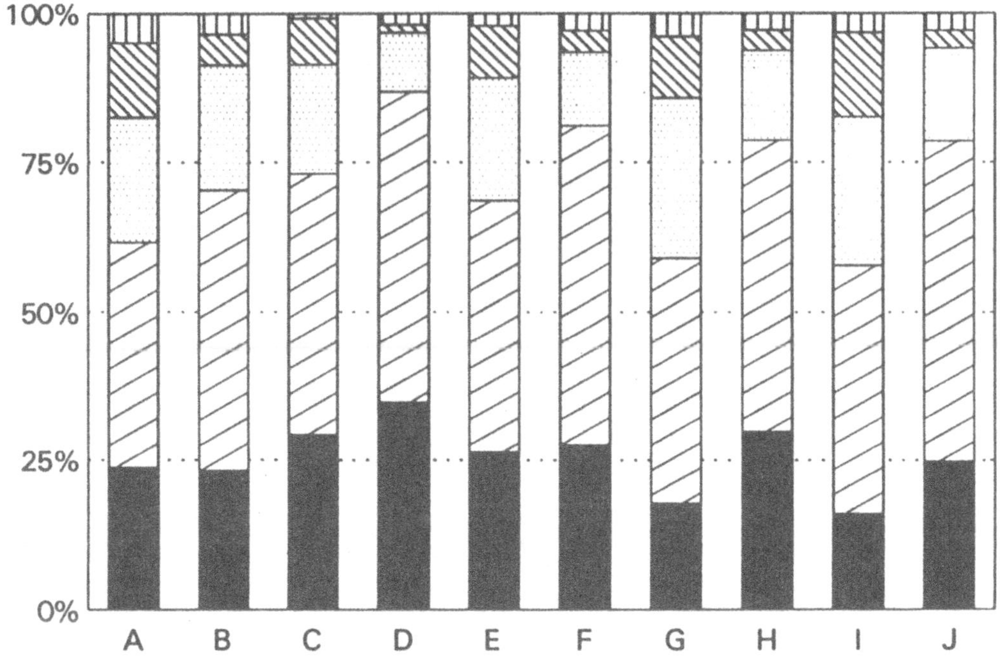

Legende:
A Betreuung Ihres Ausbildungsprozesses durch die Lehrbeauftragten im 1.-2. Jahr
B Betreuung Ihres Ausbildungsprozesses durch die Lehrbeauftragten im 3. Jahr
C Klinische Kompetenz der Lehrbeauftragten im 1.-2. Jahr
D Klinische Kompetenz der Lehrbeauftragten im 3. Jahr
E Klinische Performanz der Lehrbeauftragten im 1.-2. Jahr
F Klinische Performanz der Lehrbeauftragten im 3. Jahr
G Didaktische Kompetenz im 1.-2. Jahr
H Didaktische Kompetenz im 3. Jahr
I Didaktische Performanz im 1.-2. Jahr
J Didaktische Performanz im 3. Jahr

Abb. 6.4: Benotungen der Methodik bzw. Theorie-/Praxisseminare
(n=402, gemittelte Fallzahlen A-F, gültige Fälle)

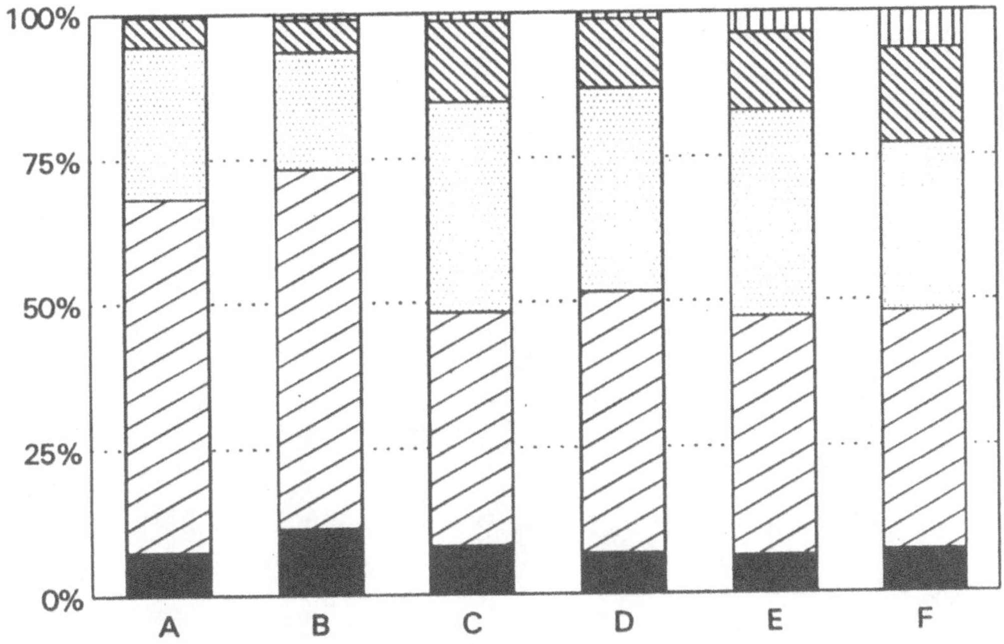

Legende: A Programmstruktur
B Wie bewerten Sie die Seminare inhaltlich?
C Theoriestand
D Didaktik
E Übertragbarkeit in die Praxis
F Übungsmöglichkeiten

Abb. 6.5: Benotungen der Lehranalyse (n=361, gemittelte Fallzahlen A-H, gültige Fälle)

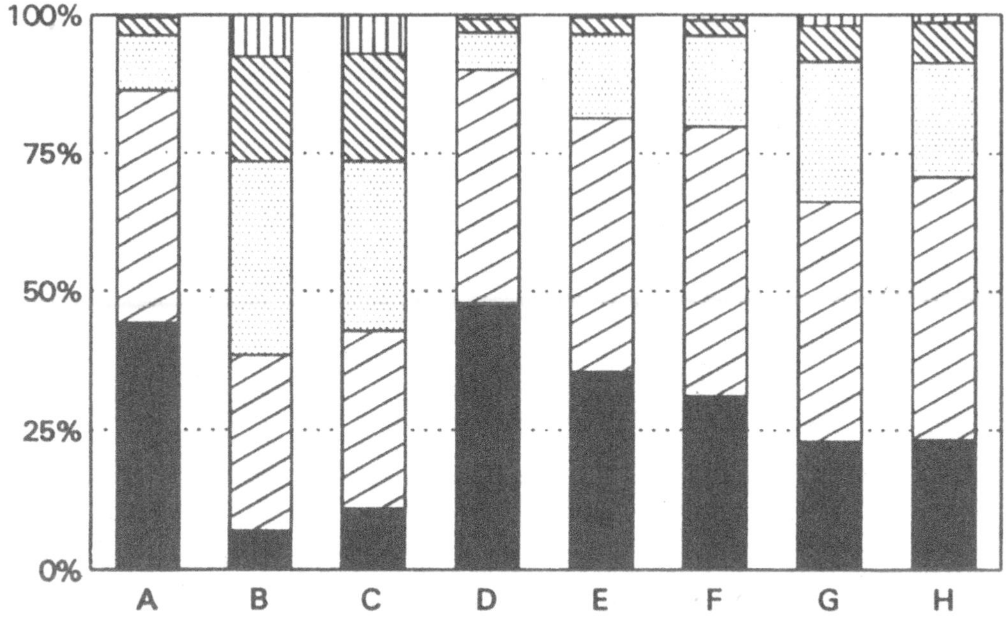

Legende: A Erfahrungen in der eigentherapeutischen Dimension
B Erfahrungen in der Methodikvermittlung (kreative Medien, Leiharbeit)
C Erfahrungen in der Konzeptvermittlung (Processing und theoretische Reflexion)
D Personale Kompetenz der LehrtherapeutInnen
E Klinische Kompetenz
F Klinische Performanz
G Didaktische Kompetenz
H Didaktische Performanz

Abb. 6.6: Benotungen der Kontrollanalyse (n=128, gemittelte Fallzahlen A-H, gültige Fälle)

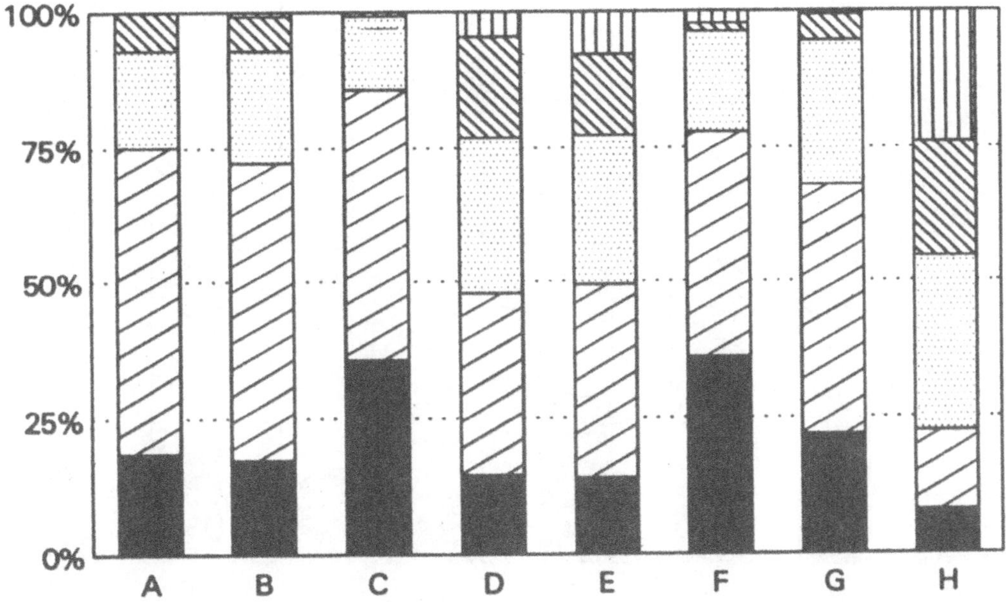

Legende: A Wie beurteilen Sie Ihre Erfahrungen im Hinblick auf die Entwicklung Ihrer klinischen Kompetenz?

B ... im Hinblick auf die Entwicklung Ihrer klinischen Performanz?

C Wie förderlich war die Kontrollanalyse für die Behandlung Ihrer Patienten?

D Wie war die Theorie-/Praxisverschränkung?

E Wie prägnant war die Vermittlung integrativ-therapeutischer Konzepte in der Fallarbeit?

F Wie beurteilen Sie die klinische Kompetenz Ihres Kontrollanalytikers?

G ... die didaktische Kompetenz Ihres Kontrollanalytikers?

H ... die Vermittlung von Psychotherapieforschungsergebnissen?

Abb. 6.7: Benotungen der fortlaufenden Supervisionsgruppe n=237, gemittelte Fallzahlen A-G, gültige Fälle)

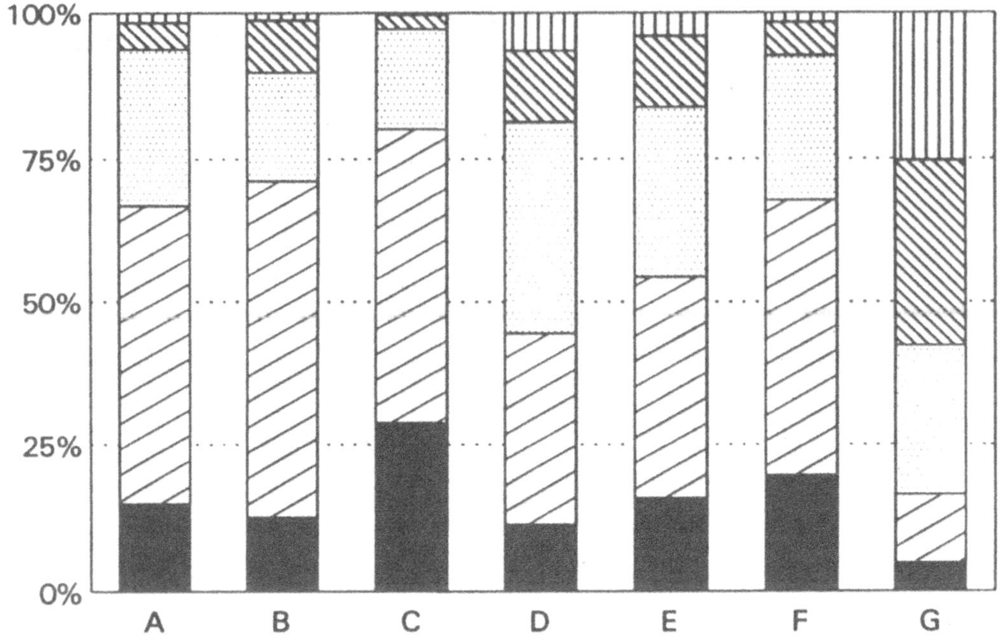

Legende: A Wie beurteilen Sie die Förderung Ihrer klinischen Kompetenz?
B ... die Förderung Ihrer klinischen Performanz?
C ... die Hilfe für die praktische Arbeit mit Ihren Klienten?
D ... die Aneignung der theoretischen Konzepte der IT im Praxisbezug?
E ... die Vermittlung diagnostischer Kenntnisse und Fähigkeiten?
F ... die Vermittlung therapeutischer Strategien?
G ... die Vermittlung von Psychotherapieforschungsergebnissen?

Abb. 6.8: Benotungen der Supervision (n=204, gemittelte Fallzahlen A-E, gültige Fälle)

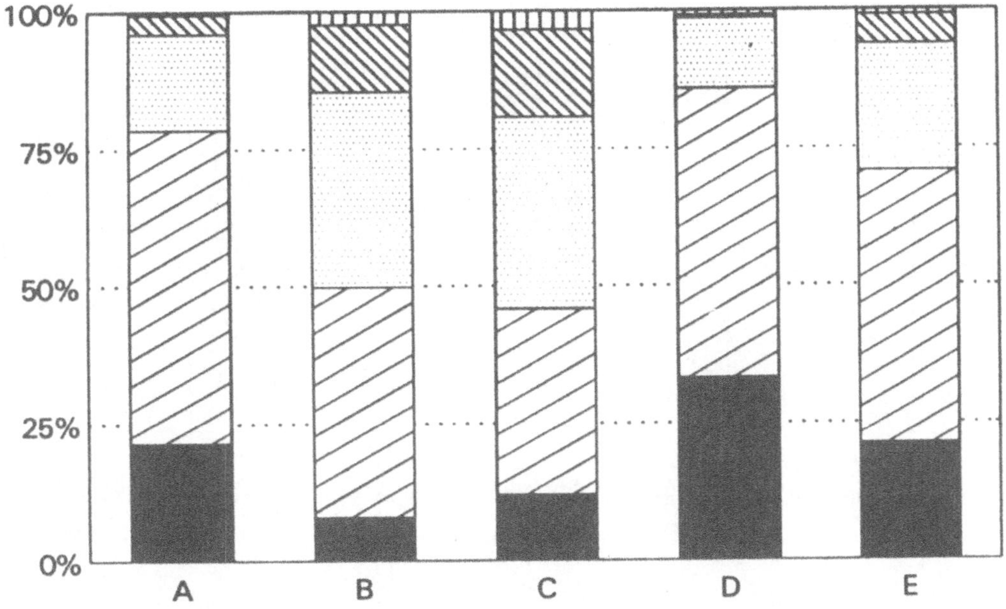

Legende: A Wie förderlich war die Kontrollanalyse für die Behandlung Ihrer Patienten?
B Wie war die Theorie-/Praxisverschränkung?
C Wie prägnant war die Vermittlung integrativ-therapeutischer Konzepte?
D Wie beurteilen Sie die klinische Kompetenz Ihres Supervisors?
E Wie beurteilen Sie die didaktische Kompetenz Ihres Supervisors?

Abb. 6.9: Benotungen des Theorieprogramms (n=369, gemittelte Fallzahlen A-F, gültige Fälle)

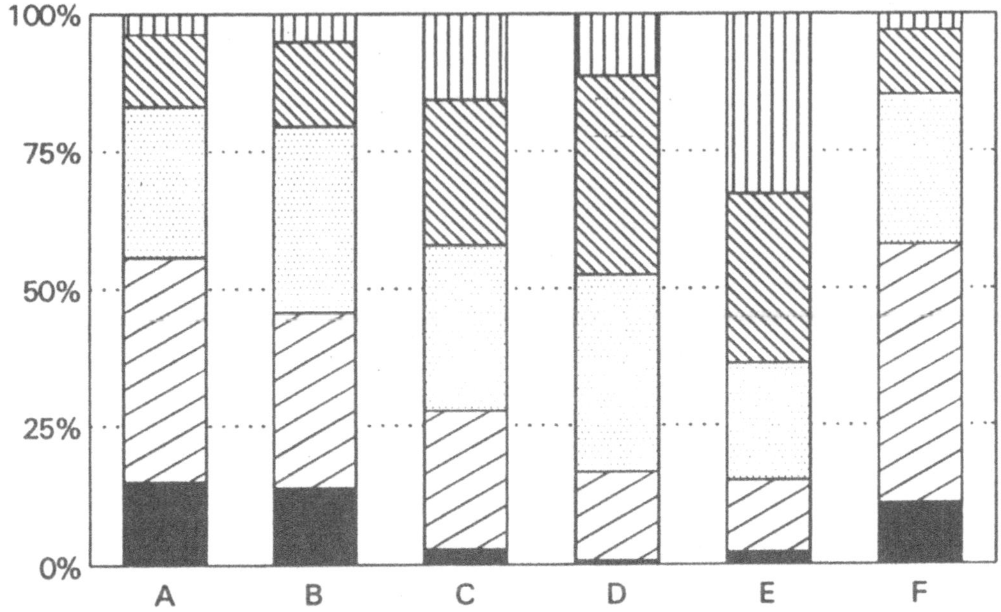

Legende: A Wie beurteilen Sie das Lernen in den fortlaufenden Theoriegruppen?
B ... die Theorievermittlung in den Kompaktseminaren 1 und 2?
C ... die Theorie in den Theorie-/Praxisseminaren?
D ... die Theorien in der fortlaufenden Ausbildungsgruppe?
E ... die Möglichkeiten der regionalen Theoriebetreuung?
F ... die Materialien des Zak-Theo?

Abb. 6.10: Benotungen der Tagungsstätte Beversee (n=425, gemittelte Fallzahlen, gültige Fälle)

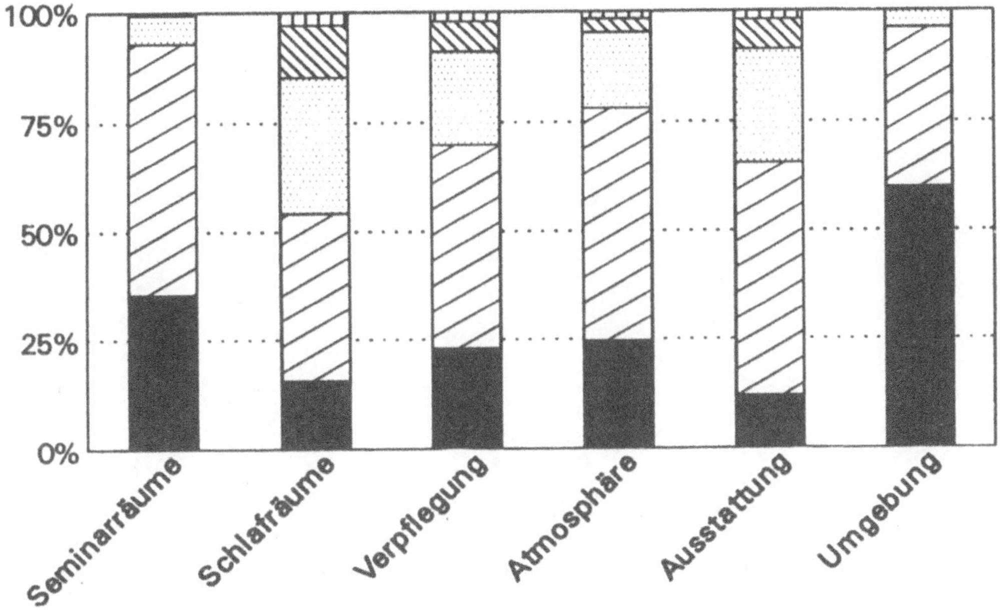

Abb. 6.11: Benotungen der Information u. Kommunikation (n=383, gemittelte Fallzahlen A-D, gültige Fälle)

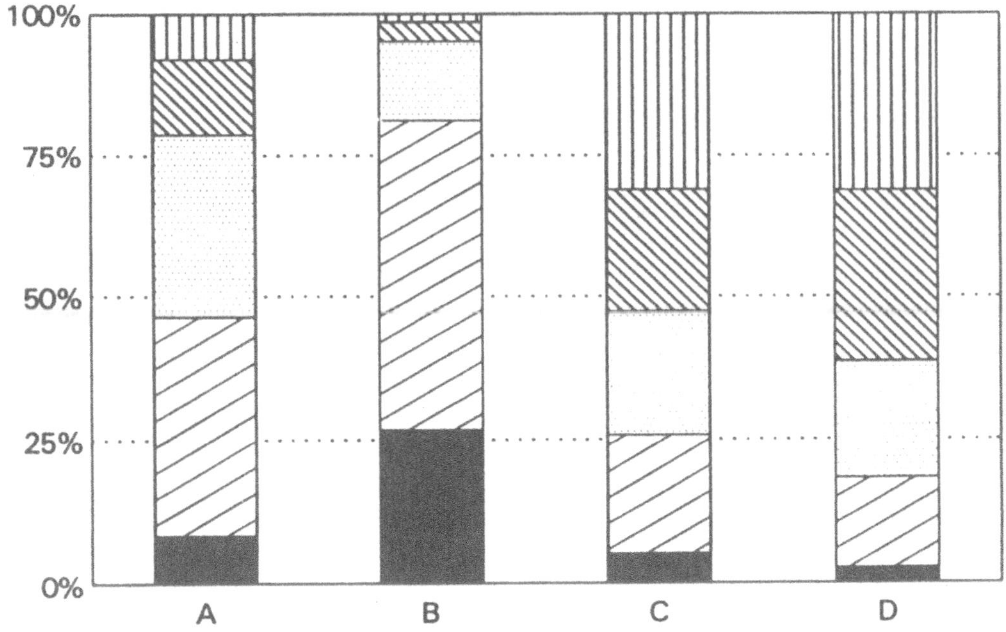

Legende: A Mitteilungen
B Wie verläuft die Kommunikation mit den Mitarbeitern der Verwaltung (Anfragen und Infos)?
C Wie ist der Kommunikations- und Informationsfluß mit dem für Sie zuständigen Fachbereichsleiter?
D Wie ist der Kommunkations- und Informationsfluß mit dem für Sie zuständigen Weiterbildungsausschuß?

Abb. 7: Bewertung der Ausbildung durchschnittlich ca. 2 Jahre nach Abschluß durch die Graduierten (n=131, gemittelte Fallzahl A-F, gültige Fälle)

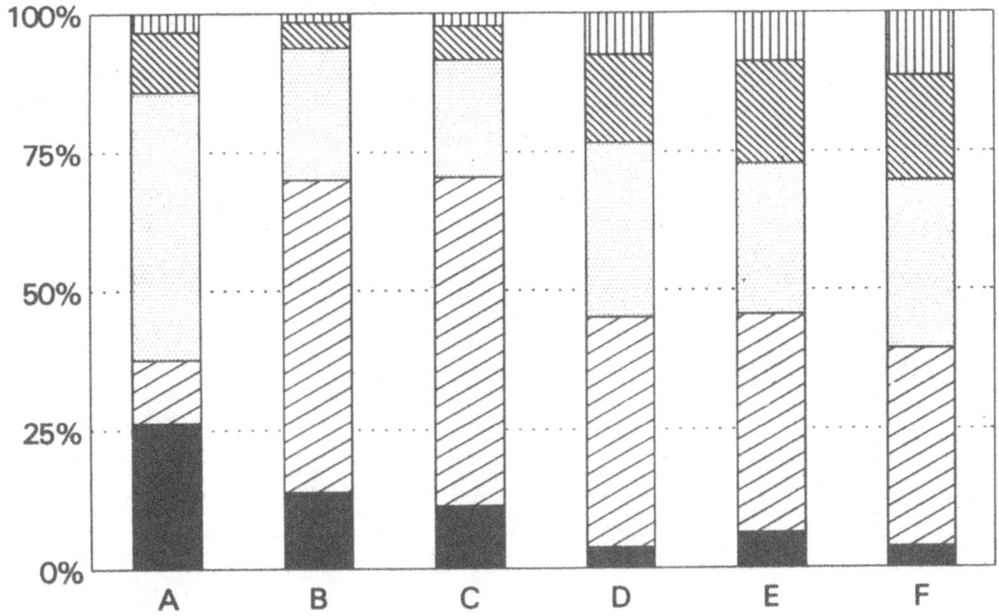

Legende: A Wie beurteile ich die Ausbildung im Hinblick auf die Förderung meiner professionellen Kompetenz

B ... im Hinblick auf die Förderung meiner professionellen Performanz?

C Wie gut fühle ich mich durch die Ausbildung für die praktische psychotherapeutische, soziotherapeutische, kreativtherapeutische, supervisorische, gestaltpädagogische Arbeit ausgerüstet?

D Wie gut bereitet die Ausbildung auf den Transfer in die Arbeit mit Patienten vor?

E Wie gut hat mich die Ausbildung auf die Arbeit in Teams im Praxisfeld vorbereitet?

F Wie gut hat mich die Ausbildung auf den fachlichen Diskurs mit VertreterInnen anderer Therapieschulen vorbereitet?

Abb. 8: Klima des Kolloquiums und Umgang der PrüferInnen mit Prüfungsstreß vom Kandidaten (n=132, gültige Fälle)

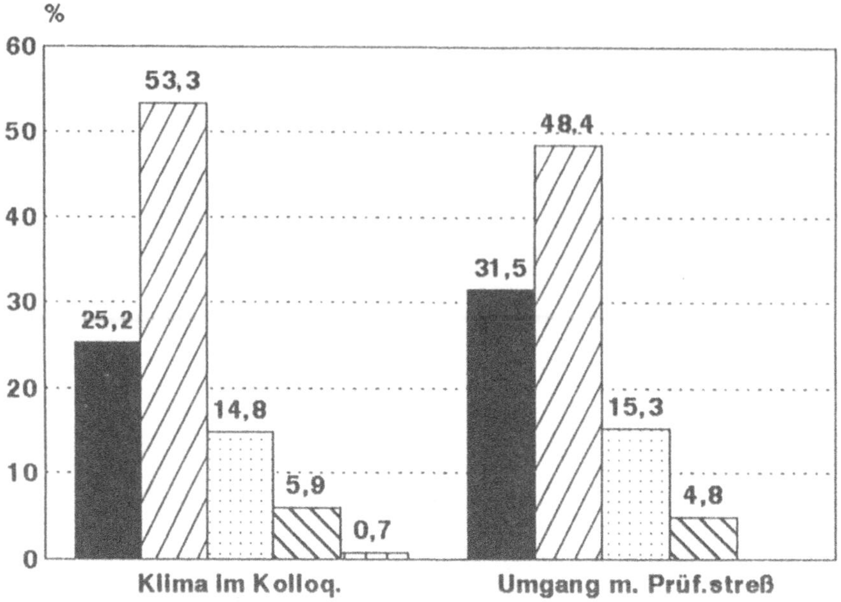

„Wie war das Klima im Kolloquium?“
„Falls Prüfungsstreß auftrat, wie wurde von den PrüferInnen mit Prüfungsstreß vom Kandidaten umgegangen?“

Abb. 9: Beurteilung des Anspruchsniveaus des Abschlußkolloquiums (n=133, gültige Fälle)

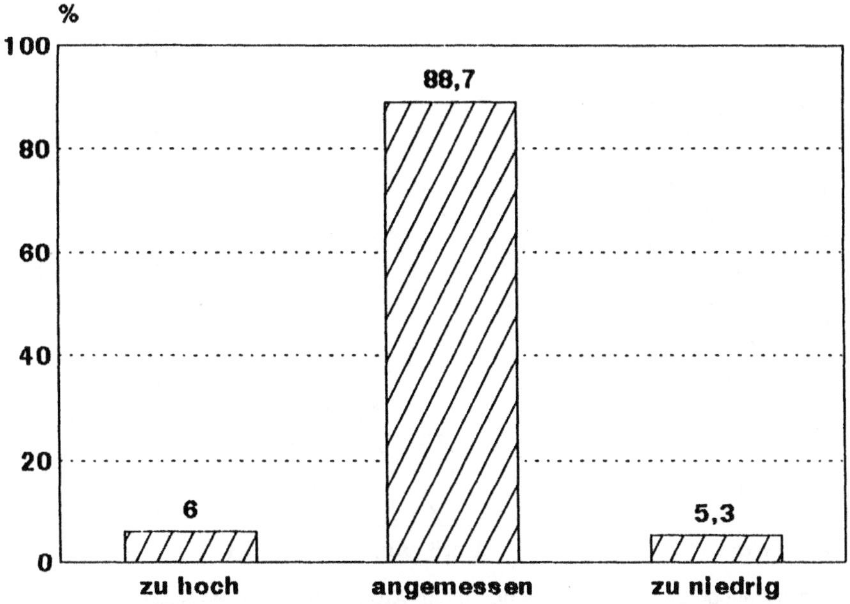

„Wie war das Anspruchsniveau des Abschlußkolloquiums?"

Abb. 10: Beurteilung der Bewertung der Prüfungsleistung (n=134, gültige Fälle)

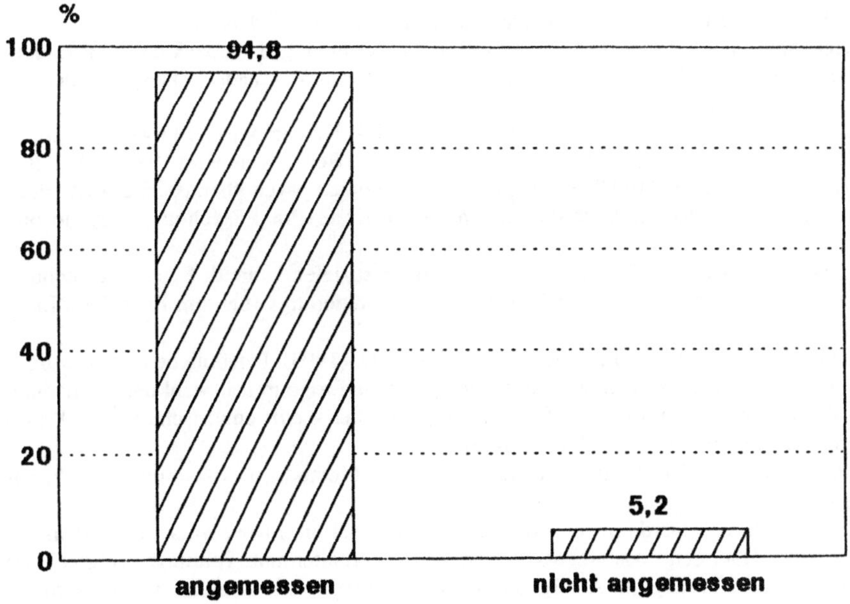

„Die Bewertung der Prüfungsleistung fand ich..."

Abb. 11: Beurteilung der Öffentlichkeit des Kolloquiums (n=135, gültige Fälle)

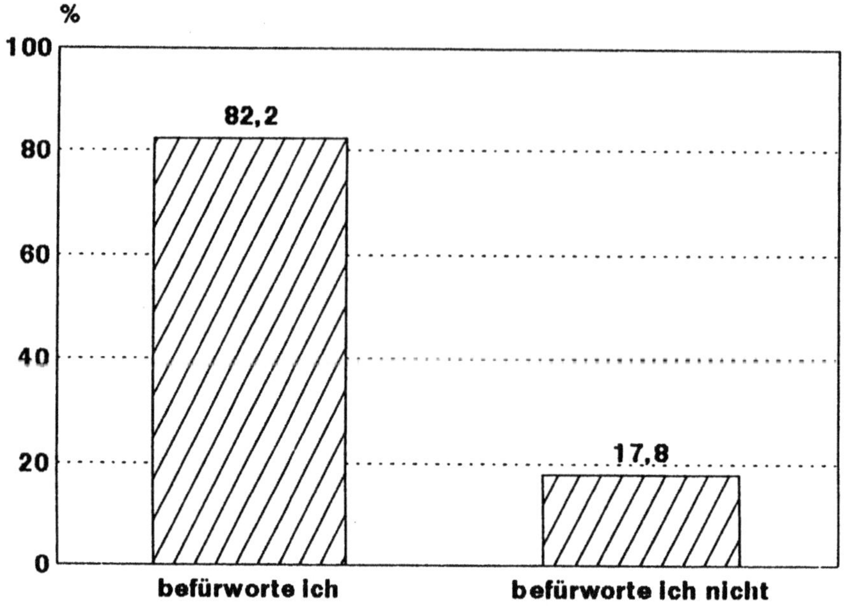

„Die Öffentlichkeit des Kolloquiums (Präsenz von bis zu fünf AusbildungskandidatInnen)..."

Literatur

Beywl, W. (1988). Zur Weiterentwicklung der Evaluationsmethodologie, Frankfurt.

Bollmann, U., von Dietrich, W., Wack, O.G. (1994). Eine Weiterbildungsdatenbank entsteht. Endbericht zum Modellversuch „Weiterbildungsdatenbank Nordrhein-Westfalen – Daysy", Landesinstitut für Schule und Weiterbildung, Soest.

Braune, P., Klapprott, J., Linz, P., Lösel, F., Runkel, T. (1983). Psychologische Organisationsentwicklung im Strafvollzug, in: Lösel, F., Kriminalpsychologie, Beltz, Weinheim 1983, 228-238.

Buchheim, P., Triebel, A., Sell, R. (1992). Konzept einer curricularen psychotherapeutischen Weiterbildung und deren Einschätzung durch die teilnehmenden Ärzte, Prax. Psychother. Psychosom. 37, 69-80.

Buhl, E., Jaspersen, G. (1982). Der Gestalttherapeut in seinem sozialen Umfeld. Eine Untersuchung zu „sozialer Kompetenz" und „sozialem Engagement", Graduierungsarbeit am Fritz Perls Institut, Düsseldorf.

Cierpka, M., Buchheim, P., Gitzinger, J., Seifert, T., Golinsky, D. (1993). Persönliche und berufliche Entwicklungen von Psychotherapeuten. Die Einflüsse auf die Programmauswahl der Teilnehmerinnen und Teilnehmer bei den Lindauer Psychotherapiewochen – eine empirische Studie, Praxis der Psychotherapie und Psychosomatik 6, 336-351.

Cook, T.D., Reichardt, C.S. (1979). Qualitative und quantitative Methods in evaluation research, Sage, Beverly Hills.

Cornbach, L.J. et al., (1981). Toward reform and programme evaluation, Jossey Bass, San Francisco.

Creutzburg, M. 81968). Über den Zusammenhang von Trainerverhalten und Trainingserfolgen beim Training der Gesprächsführung, in: Alberg, T., Handt, S., Struktur und Funktion von Persönlichkeitsmerkmalen und Möglichkeiten ihrer Veränderung. Tagungsbericht Leipzig 10.-14.12.1984 Referate der Symposia „Handlungstheorie in ihrer Bedeutung für Persönlichkeitsforschung

(Symposion 1) und „Verhaltensmöglichkeiten der Persönlichkeit" (Symposium 4), in: Probleme und Ergebnisse psychologischer Forschung, Karl-Marx-Universität, Sektion Psychologie, Leipzig 1986., in: Probleme und Ergebnisse psychologischer Forschung 7 (1986), Heft 1.

Dahmen, A., Cesser, U., Sander, K., Terjung, B. (1990). Ausbilderausbildung: Fördern und Bewerten – ein lösbarer Widerspruch auch hier? GwG Zeitschrift 79 (1990) 124-128.

Eggemann-Dann, H.-W. (1995). Heikle Geschäfte: Entwicklung einer Beratungsstelle im Zuge allgemeiner Sparmaßnahmen, System Familie 2, 75-85.

Finke, J. (1990). Can psychotherapeutic competence be taught?, Psychotherapy and Psychosomatics 1-4 (1990) 64-67.

Fisseni, H.-J. (1995). Rückmeldung der Kandidatenbeurteilung an den Auftraggeber, in: Sarges, W. (Hrsg.) Management-Diagnostik, Hogrefe, Göttingen, 802-810.

Fleming, J. (1953) The role of supervision in psychiatric training, Bulletin of the Menninger Clinic, 17, (1953) 157-159.

Franklin, J.L., Trasher; J.H. (1976). An introduction to program evaluation, Wiley, New York.

Frohburg, J. (1988). Psychotherapie-Ausbildung. Beitrag zur wissenschaftlichen Begründung von Zielstellungen, Inhalten und Methoden, Zeitschrift für Psychologie, Supplement 10.

Frohburg, J. (1989). „Selbsterfahrung" in der Gesprächspsychotherapie-Ausbildung, Psychologie für die Praxis 2, 107-112.

Frühmann, R. (1987). Die Bedeutung der Gruppe in der Integrativen Therapie, Diss. Phil. Fak. Univ. Salzburg, Salzburg.

Frühmann, R. (1993). Die Vermittlung therapeutischer Grundqualitäten im Prozeß der Lehranalyse aus der Sicht der Integrativen Therapie, in: Frühmann, R., Petzold, H. (Hrsg.) Lehrjahre der Seele, Lehranalyse, Selbsterfahrung, Eigentherapie in den psychotherapeutischen Schulen, Junfermann, Paderborn 331-363.

Goerlitz G., Hippler, B. (1992). Selbsterfahrung in der Ausbildung zum Verhaltenstherapeuten – Erfahrungsbericht, Verhaltenstherapie 2 (1992) 151-158.

Grawe, K., Donati, R., Bernauer, P. (1994). Psychotherapie im Wandel. Von der Konfession zur Profession, Hogrefe, Göttingen.

Gunkel, S. (1989). Empathie im Psychodramatischen Rollenspiel: Training der Perspektivenübernahme, Integrative Therapie 2 (1989) 141-169.

Gurman, A.S., Kniskern, D.P. (1978). Research on marital and family therapy: Progess, perspective, and prospect,in: Garfield, S.L., Bergin, A.E. (Eds) Handbook of psychotherapy & behavior change, John Wiley & Sons, New York, 242-281.

Gutberlet, M. (1993). Die integrative Ausbildung in Gruppen im Rahmen der PsychotherapeutInnen-Ausbildung der SGGT, Brennpunkt 55 (1993) 3-10.

Häußermann, H., Siebel, W. (1984). Dienstleistungsgesellschaften, Suhrkamp, Frankfurt 1995.

Hellstern, G.-M., Wollmann, H. (1984). Handbuch der Evaluierungsforschung, Bd. 1, Opladen.

Henry, W.P., Strupp, H.H., Binder, J.L. (1992). Treatment manuals what they can and cannot do: Lessons from the Vanderbilt II study, Panel presentation at the Annual Meeting of the Society for Psychotherapy Research, Berkeley, CA.

Hill, C.E., Charles, D., Reed, K.G. (1981). A longitudinal analysis of counseling skills during doctoral training in counseling psychology, Journal of Counseling Psychology 28 (1981) 428-436.

Hogan, R.A. (1964). Issues and approaches in supervision, Psychotherapy: Theory, Research and Practice 1 (1964) 139-141.

Hufen, F. (1995). Rechtsgutachten im Auftrag des Deutschen Hochschulverbandes, Deutscher Hochschulverband, Bonn, o.J. im Druck.

Kiresuk, T.J., Lund, S.H. (1979). Goal attainment scaling: Research, evaluation and utilization, in: Schulberg.

Koch, G. (Hrsg.) (1995). Auge und Affekt. Wahrnehmung und Interaktion, Fischer, Frankfurt.

Baker, F. (1979). Programme evaluation in the health fields, Vol. 2, Human Sciences Press, New York, 214-237.

Klann, N., Hahlweg, K. (1995). Erhebung über die Wirksamkeit von Eheberatung (Erfahrungen und Hindernisse), System Familie 2 (1995) 66-77.

Kniskern, D.P., Gurman, A.S. (1979). Research on training in marital and family therapy. Status, issues, and directions. Journal of Marital and Family Therapy 3 (1979) 83-94.

Koch, U., Wittmann W. (1990). Evaluationsforschung, Berlin.

Kraft, H. (1990). Die Rituale der Initiation in Schamanismus und Psychotherapie/Psychoanalyse, Praxis der Psychotherapie und Psychosomatik 5 (1990) 254-262.

Laireiter, A.R. (1995). Auf dem Weg zur Professionalität:Qualität und Qualitätssicherungen für die Psychotherapie, Psychotherapieforum 3 (1995) 175-185.

Laireiter, A. (Hrsg.) (1993). Soziales Netzwerk und soziale Unterstützung, Huber, Bern.

Laireiter, A. (1995). Auf dem Weg zur Professionalität: Qualität und Qualitätssicherung, Psychotherapie Forum 4 (1995) 175-185.

Lange, A. (1994). Zwischenmenschliche Fähigkeiten fordern Zweifel am Nutzen der Lehrtherapie, Psychoscope 1 (1994) 8-11.

Leviton, L.C., Hughes, E.F. (1981). Research on thc utilization of evaluations: A review synthesis, Evaluation Review 5 (1981) 525-548.

Lösel, F. (1985). Zur Kontroverse um eine gegenstandsangemessene psychologische Forschung. Bemerkungen aus der Sicht der Forschungspraxis, in: Kungemann, W.F., Preiser, S., Schneewind, K.A., Psychologie und komplexe Lebenswirklichkeit, Hogrefe, Göttingen, 65-91.

Lösel, F., Nowack, W. (1987). Evaluationsforschung, in: Schulz-Grambard, J., Angewandte Sozialpsychologie, Psychologie Verlags Union, München, 57-90.

Märtens, M. (1995). Buchbesprechung: Grawe et al., Psychotherapie im Wandel, Integrative Therapie1 (1995) 90-96.

Mertens, W. (1994). Psychoanalyse auf dem Prüfstand, Quintessenz, Berlin.

Mertens, W. (1995). Welche Wissenschaft braucht die Psychotherapie? Psychotherapieforum Supplement 4 (1995) 180-186.

Moscovici, S. (1967²). La psychanalyse, son image et son public, Presse Universitaire, Paris.

Moscovici, S. (1984). The phenomenon of social representations, in: Farr, R.M., Moscovici, S. (eds.), Social representations, Cambridge University Press, Cambridge.

Orth, I., Petzold, H.G. (1995). Gruppenprozeßanalyse – ein heuristisches Modell für Integrative Arbeit in und mit Gruppen, Integrative Therapie 3/4 (1995) 197-212.

Orth, I., Petzold, H.G., Sieper, J. (1996). Ideologeme der Macht in der Psychotherapie – Reflexionen zu Problemen und Anregungen für alternative Formen der Praxis, Gestalt und Integration 1 (1996) 119-179.

Pawlik, M. (1991). Systemische Familientherapie und berufliche Praxis. Eine Evaluation der Ausbildung systemischer Familienberater, Systeme 2 (1991) 153-158.

Petzold, H.G., (Hrsg.) (1983i). Zur Ausbildung von dynamisch orientierten Leib- und Bewegungstherapeuten, Schwerpunktheft Körpertherapie, Gruppendynamik 1, 1-84.

Petzold, H.G. (1988). „Multiple Stimulierung" und „Erlebnisaktivierung", 1988f, in: Petzold, Stöckler (Hrsg.) 65-86.

Petzold, H.G. (1995)³. Integrative Bewegungs- und Leibtherapie. Ausgewählte Werke, Bd. I/1 und I/2, Junfermann, Paderborn.

Petzold, HG. (1990i). Selbsthilfe und Professionelle – Gesundheit und Krankheit, Überlegungen zu einem „erweiterten Gesundheitsbegriff", Vortrag auf der Arbeitstagung „Zukunftsperspektiven der Selbsthilfe", 8.-10.6.1990, Dokumentation, Düsseldorf.

Petzold, H.G. (1990o). Konzept und Praxis von Mehrperspektivität in der Integrativen Supervision, dargestellt an Fallbeispielen für Einzel- und Teambegleitung, Gestalt und Integration 2, 7-37.

Petzold, H.G. (1993m). Kontrollanalyse und Supervisionsgruppe – zwei unverzichtbare, aber unterschiedliche Methoden in der Weiterbildung von Psychotherapeuten, in: Petzold, Frühmann (1993a).

Petzold, H. G., Frühmann, R. (1993). Die Weiterbildung von Lehrtherapeuten, in: Frühmann, Petzold (1993) 617-628.

Hetzold, H.G., Frühmann, R. (1993). Die Weiterbildung von Lehrtherapeuten, in: Frühmann, Petzold (1993) 617-628.

Petzold, H.G., Hass, W., Märtens, M. (1998). Akzeptanzstudie zur Einführung eines Qualitätssicherheitssystems in der ambulanten Integrativen Psychotherapie aus Therapeutensicht. In: A.-R. Laireiter, H. Vogel (Hrsg.), Qualitätssicherung in Psychotherapie und psychosozialen Versorgung (S. 157-178). Tübingen: dgvt-Verlag.

Petzold, H.G Hass, W., Märtens, M., Steffan, A. (1999). Therapeutische Wirksamkeit der Integrativen Therapie. Ergebnisse einer Psychotherapie-Evaluationsstudie im ambulanten Setting. In H.G. Petzold, Integrative Therapie (2. erw. Auflage). Junfermann. Paderborn.

Petzold, H.G., Lemke, J., Rodriguez-Petzold, F. (1994). Die Ausbildung von Lehrsupervisoren. Überlegungen zur Feldentwicklung, Zielsetzung und didaktischen Konzeption aus Integrativer Perspektive, 1994b, Gestalt und Integration 2, 298-345.

Petzold, H.G. , Orth, I. (1993a). Curriculum für die Ausbildung von Lehrtherapeuten und Lehrbeauftragten an EAG und FPI, in: Frühmann, Petzold (1993) 629-646.

Petzold, H.G., Orth, I., Weiterbildung von Lehrtherapeuten – ein Muß für die Qualitätssicherung in der Ausbildung von Psychotherapeuten. Konzepte für die Mitarbeiterfortbildung an FPI und EAG, Gestalt und Integration 1(1996) 30-66.

Petzold, H.G., Orth, I. (1999a). Mythen in der Psychotherapie. Psychotherapie – Ideologie – Macht, Junfermann, Paderborn.

Petzold, H.G., Orth, I., Sieper, J. (1999). Ausbildungscurriculum in Integrativer Therapie, Möglichkeiten mit Vertiefungsschwerpunkten in Gestaltpsychotherapie, Integrative körperorientierte Psychotherapie, Psychodrama. Hückeswagen: Europäische Akademie für psychosoziale Gesundheit.

Petzold, H.G., Schigl, B. (1996). Evaluation einer Supervisorenausbildung für den sozialgerontologischen und Krankenhausbereich, Forschungsbericht, Karl Kummer Institut, Wien.

Petzold, H.G., Sieper, J. (1972b). Ausbildungsrichtlinien des Fritz Perls Instituts, Basel, Würzburg, Düsseldorf.

Petzold, H.G., Sieper, J. (1977). Quellen und Konzepte der Integrativen Pädagogik. In: Petzold, Brown (1977) 14-36.

Petzold, H.G, Sieper, J. (Hrsg.) (1993a). Integration und Kreation, Junfermann, Paderborn, 2. Aufl. 1996.

Petzold, H.G., Steffan, A. (1999a). Selbsterfahrung in der Ausbildung von Psychotherapeutinnen – emprische Perspektiven aus der Sicht der Integrativen Therapie. In: Laireiter, A. (Hrsg.) (1999). Selbsterfahrung in Verhaltenstherapie, Tübingen: dgvt-Verlag.

Petzold, H.G., Steffan, A. (1999b). Ausbildung, Selbsterfahrung und Selbstmodelle in der Integrativen Therapie – Hintergründe, Konzepte und Forschungsergebnisse. In: H.G. Petzold, Integrative Therapie (2. erw. Auflage). Junfermann. Paderborn.

Petzold, H.G, Stöckler, M. (Hrsg.) (1988). Aktivierung und Lebenshilfen für alte Menschen. Aufgaben und Möglichkeiten des Helfers, Integrative Therapie, Beiheft 13, Junfermann, Paderborn.

Posavac, E.J., Carey, R.G. (1980). Program evaluation. Methods and case studies, Englewood Cliff.

Richter, R. (1994). Qualitätssorge in der Lehre: Leitfaden für die studentische Lehrevaluation, Luchterhand, Neuwied.

Ringelband, O. J., Birkhan, G. (1995). Rückmeldung der Eignungsbeurteilung an den Kandidaten und diskursive Abstimmung, in: Sarges, W. (Hrsg.) Management-Diagnostik, Hogrefe, Göttingen, 796-801.

Ringler, M. (1995). Qualitätsmanagment in der Psychotherapie: Umsetzungsmöglichkeiten und Probleme, Psychotherapie Forum 3 (1995) 207-213.

Röhrle, B. (1994). Soziale Netzwerke und soziale Unterstützung, Beltz, Weinheim.

Rosenthal, R. (1972). On the social psychology of the self-fulfilling prophecy, Further evidence for Pygmalion effects and their mediating mechanisms, MS, Harward University, Dep. Soc. Psychol., Boston.

Rossi, P.H., Freeman, H.E. (1982^2). Evaluation. A systematic approach, Sage, Beverly Hills.

Rost, J., ten Thoren, C. (1995). Newsletter der Fachgruppe Methoden in der Deutschen Gesellschaft für Psychologie e.V. 3 (1995) 8-11.

Rudolf, G. (1991). PSKB-Se – ein psychoanalytisch fundiertes Instrument zur Patienten-Selbsteinschätzung. Zsch. psychosom. Med. 37 (1991), 350-360.

Schigl, B., Petzold, H.G. (1997). Evaluation einer Ausbildung in Integrativer Supervision mit Vertiefungsschwerpunkt für den klinisch-geriatrischen Bereich – ein begleitendes Forschungsprojekt. Integrative Therapie, ½, 85-145.

Schmelzer, D. (1993). Zur Bedeutung von „Selbsterfahrung“, „Selbstreflexion“ und „Selbstmodifikation“ in der Ausbildung von Verhaltenstherapeuten, in: Frühmann, Petzold (1993) 257-302.

Schneider, F., Buchkremer, G. (1995). Weiterbildung in Psychotherapie: Ein Aspekt von Qualitätssicherung, Psyche 5 (1995) 220-228.

Schreyögg, A. (1986). Integrative Gestaltsupervision, Gruppendynamik 3 (1986) 301-317.

Schreyögg, A. (1987). Kontrollanalyse – Protokoll einer Lehrtherapeutenfortbildung, Gestalt-Bulletin 1 (1987) 114-119.

Schreyögg, A. (1991). Integrative Supervision, Junfermann, Paderborn.

Schreyögg, A. (1993). Supervision – Didaktik und Evaluation, Junfermann, Paderborn.

Schubert, K. (1983). Überblick über den Anwendungsbereich und die Indikation der Gestalttherapie, Integrative Therapie 2/3 (1983) 239-247.

Schwartz, F.W. (1992). Schwerpunkt einer Evaluation im Gesundheitswesen, in: Brennecke, R. (Hrsg), Spezialmedizinische Ansätze der Evaluation im Gesundheitswesen, Springer, Berlin, Heidelberg.

Scriven, M. (1972). Die Methodologie der Evaluation, in: Wulf 60ff.

Scriven, M. (1972). The logic of evaluation, in: Weiss (1972) 123-136.

Sieber, P. (1984). Aspekte qualitativer Evaluationsforschung, Bildungsforschung und Bildungspraxis, (1984) 84ff.

Sieper, J., Petzold, H.G. (1993a). Integrative Agogik – ein kreativer Weg des Lehrens und Lernens, 1993c, in: Petzold, Sieper (Hrsg.) 359-370.

Skovholt, T. M., Ronnestad, M.H. (1992). The evolving professional self: stages and themes in therapist and counselor development, Wiley, New York.

Solomon, M.A. Shortell, S.M. (1981). Designing health research for utilization, Health Policy Quaterly 1.

Stolk, Y., Perlesz, A.Y. (1990). Do better trainees make worse family therapists? A follow up study of client-families, Family Process 1 (1990) 45-58.

Stoltenberg, C., Delworth, U. (1987). Supervising counselors and therapists: A developmental approach, Jossey-Bass, San Francisco.

Strauss, A.L. (1978). A social world perspective, in: Denzin, M.K., Studies in symbolic interaction, Vo.l. I, JAI Press, Greenwich, 119-128.

Svartberg, M., Stiles, T.C. (1994). Therapeutic alliance, therapist competence, and client change in short-term anxiety-provoking psychotherapy, Psychotherapy Research 1 (1994) 20-33.

Thierau, H., Wottawa, H. (1990). Evaluationsprojekte: Wissensbasis oder Entscheidungshilfe, Zeitschrift für Pädagogische Psychologie 4 (1990) 229ff.

Vaillant, G.E. (1980). Werdegänge. Erkenntnisse der Lebenslauf-Forschung, Rowohlt, Reinbek.

Weiss, C.H. (1972). Evaluation action programs, Allyn Bacon, Bosten.

Weiss, C.H. (1984). Forschung zum Nutzen der Politik, in: Hellstern, Wollmann (hrsg.) 541ff.

Weller, W., Meier-Räder, D. (1990). Arbeits- und Tätigkeitsfeld von Gestalttherapeuten in der Bundesrepublik Deutschland. Ergebnis einer Umfrage 1986/87, Gestalt und Integration 1 (1990) 91-105.

Welter, R. (1995). Schlanke, aber nicht magere Beratung, System Familie 8 (1995) 86-94.

Wittern, J. (1980). Ausbildung in humanistischer Psychologie am Beispiel der Arbeitsgruppe Persönlichkeitsförderung in Gruppen, Zeitschrift für Humanistische Psychologie 3 (1980) 56-63.

Wolff, D. (1996). Total Quality Management (TQM) in der Weiterbildung und Zertifizierung nach DIN EN ISO 9000ff. – mit exemplarischen Überlegungen für die Umsetzbarkeit in einer Psychotherapie-Weiterbildungseinrichtung, Gestalt und Integration 1 (1996) 67-78.

Wottawa, H. (1981). Die Kunst der manipulativen Berichtlegung in der Evaluationsforschung, Zeitschrift f. Entwicklungspsychol. und Päd. Psychol. 1(1981) 453-460.
Wottawa, H., Thierau, H. (1990). Evaluation, Huber, Bern.
Wulf, C.H. (1972). Evaluation, München.
Zabeck, J., Zimmermann, M. (1985). Anspruch und Wirklichkeit der Berufsakademie. Eine Evaluationsstudie, Baden Württemberg.
Zimprich V. (1992). Untersuchung des Erstinterviews von praktischen Ärzten mit und ohne psychotherapeutische Ausbildung, Grund- und Integrativwissenschafliche Fakultät, Universität Wien.

Familientherapie – Zum Stand der Evaluationsforschung

Hans-Peter Heekerens

1. Einleitung

Der ursprüngliche Auftrag, einen Beitrag für das vorliegende Sammelwerk zu liefern, bestand darin, einen Artikel unter der Überschrift „Konsequenzen der Psychotherapieforschung für die Familientherapie" zu verfassen. Das sich mit einem solchen Titel verbundene Vorhaben wurde in einem längeren Reflektions- und Diskussionsprozeß aufgegeben. Und das aus zwei ganz unterschiedlichen Motiven.

Zum einen wurde das thematische Feld eingeschränkt auf denjenigen Bereich der Psychotherapieforschung im Feld der Familientherapie, in dem man sich mit der Evaluation beschäftigt. Ausgangspunkt für diese Beschränkung waren zwei Fragen. Was könnte es sein, was für die Praxis der Familientherapie aus der Forschung über die Familientherapie interessant ist? Und auf welche Fragen, die für die Praxis von Interesse sein könnten, hätte die Forschung derzeit schon Antworten, die geeignet sind, innerhalb der Forschung selbst Unsicherheit reduzieren (statt sie zu erhöhen)?

Ich habe mich dafür entschieden, Ergebnisse über die Wirksamkeit der Familientherapie darzustellen. Dies aus zwei Gründen. Zum einen erregt das Thema hierzulande im Kontext der Diskussion um das Psychotherapeutengesetz wie im Zusammenhang der Überlegungen zur Qualitätssicherung beraterischer und therapeutischer Leistung reges Interesse auch bei Praktikern. Zum anderen sind die Ergebnisse aus dem Bereich der Familiendiagnostik noch immer widersprüchlich (vgl. zusammenf. Heekerens 1989a, 1990a, 1994, 1997a) und aus dem Bereich der Prozeßforschung noch zu wenig konsistent (vgl. zusammenf. Heekerens 1989a, 1991a, 1994).

Zum anderen fand eine Abwendung von einer Denkweise, die mit dem Begriff „Konsequenzen" verbunden ist, statt. Das Wort „Konsequenzen" hat etwas Schulmeisterliches an sich, einen Beigeschmack von Drohung gar. Verständlich ist daher, wenn Praktiker Titel und Geist von Forschungsberichten, die explizit oder implizit von „Konsequenzen" sprechen, als imperialistischen Machtanspruch erleben. Dies zumal in Zeiten, in denen – wie in der derzeitigen bundesrepublikanischen Gemengelage von Psychotherapieforschung und Gesetzgebung im Psychotherapiebereich – Evaluationsforschung und Politik eine Verbindung eingehen, wie sie sich etwa im *Forschungsgutachten zu Fragen eines Psychotherapeutengesetzes* (Meyer, Richter, Grawe, Schulenburg & Schulte 1991) zeigt.

Aber auch unter verändertem Titel und und gewandelter Gesinnung berührt der nachfolgende Beitrag das Verhältnis von Forschern und Praktikern, von Praxis und

Forschung im Feld der Psychotherapie. Die Literatur ist, vorgetragen von beiden Seiten, voll von Klagen und Anklagen über dieses Verhältnis (vgl. die Zusammenfassungen bei Heekerens 1989a; Märtens & Petzold 1995). Ich glaube, das hat zu tun mit einem tiefliegenden Mißverständnis des Verhältnisses von Forschung und Praxis und einem damit zusammenhängenden Mangel an (An-)Erkenntnis, daß es sich bei Forschung und Praxis um zwei unterschiedliche Systeme handelt, deren Einwirkung aufeinander ich mir im besten Falle in Form wechselseitiger signifikanter Verstörungen vorstellen kann.

Es stellt nach meiner Erfahrung keine Lösung dar, der wiederholten Forderung nachzukommen, Forschung und Praxis in einer Person zu vereinen, also das Praktiker-Wissenschaftler- oder Wissensschaftler-Praktiker-Ideal zu realsieren. Das führt nur dazu, daß man dann – metaphorisch gesprochen – zwei Seelen in seiner Brust hat. In dieser Skepsis bestärkt werde ich durch die in den USA gesammelten Erfahrungen (Eifert & Lauterbach 1995).

Die Redeweise von zwei verschiedenen Systemen ist selbst auch nur eine Metapher, die in irgendeiner Form konkretisiert werden muß, will man sich nicht dem Vorwurf aussetzen, man wolle nur dem Zeitgeist liebdienern. Ich unternehme deshalb einige Konkretisierungsversuche. Man betrachte beispielsweise wie unterschiedlich in beiden Systemen Rekrutierung, Qualifizierung und Prämierung erfolgt – das sind zwei verschiedene Welten.

Abb. 1: Charakteristika der technisch-kaufmännischen und der sozialen Kultur nach verschiedenen Aspekten

	technisch-kaufmännische Kultur	soziale Kultur
Schichtzugehörigkeit	neue Mittelschicht	neue Mittelschicht
typische Berufsgruppen	Chemiker, Genetiker, Ingenieure, Manager, Finanz- und Kaufleute	Lehrer, Erzieher, Animateure, Seelsorger, Therapeuten, Pflegeberufe, mehrheitlich auch „Kulturberufler“
prototypischer Vertreter	Ingenieur	Sozialarbeiter
Weltbild	technikzentriert, expertokratisch, karriere- und statusbewußt, ökologisch sensibilisiert im Sinne utilaristischen Denkens	technikkritisch, Produktivitätsfrage nachrangig, solidaristisch, bezüglich ökologischer Fragen eher eine fundamentalistische Einstellung
Verteilung nach Geschlecht	vorwiegend Männer	Frauen- Männer-Verhältnis ausgewogener
parteipolitische Präferenz	CDU/CSU, FDP	SPD, Die Grünen
Verteilungspolitik	Markt-Modernisten	Sozialstaats-Solidaristen
Niveau des Abschlusses	hoher Fachhochschulanteil geringer Akademikeranteil	hoher Akademikeranteil geringer Fachhochschulanteil
hauptsächlich tätig in	Privatwirtschaft	öffentlicher Dienst

(nach Angaben von Huber, 1988)

Seit dem Erstarken der Naturwissenschaften im 19. Jahrhundert spricht man immer wieder davon, daß es im Bereich der Intelligenzberufe zwei verschiedene Gruppierungen mit je eigenen subkulturellen Eigenschaften gebe: mal stehen sich die Geistes- und Naturwissenschaftler gegenüber, mal die literarische Intelligenz der technischen, und neuerdings hat Huber (1988) unter dem zumindest zweideutigen Titel „Mondraketen gegen Mütterzentren“ in einem kurzen feuilletonistischen Beitrag zwischen einer Sozialen und einer Kaufmännisch-Technischen Kultur unterschieden. Die unterschiedlichen Charakteristika dieser zwei Kulturen sind übersichtsartig in Abbildung 1 dargestellt.

Natürlich haben solche Idealtypisierungen nur Augenscheinvalidität, und es bedürfte zur Absicherung sicher vieler und umfangreicher empirischer Studien. Aber als heuristisch fruchtbar kann man das Modell schon heute ansehen. Und als heuristisch fruchtbar halte ich es, indem ich die These aufstelle, daß der Forscher der Kaufmännisch-Technischen Kultur angehört und der Praktiker der Sozialen.

Zwei Zitate mögen das illustrieren. Im Rahmen einer Diskussion über Erfolg und Mißerfolg in der systemischen Arbeit, die 1987 in *der Zeitschrift für systemische Therapie* ausgetragen wurde, fielen folgende Worte:

> Das Gewinner-Verlierer-Spiel, das Machtspiel der psychotherapeutischen Schulen, durchzieht auch die Psychotherapie-Forschung. Wenn Psychotherapie-Evaluation unter dem Gesichtspunkt betrieben wird: wirkt nicht oder wirkt, oder wirkt besser oder schlechter, dann setzt sich auch hier nichts anderes durch als gesellschaftlicher Konsensus über Erfolg und Mißerfolg, über Wettbewerb und Konkurrenz. Wer hier gewinnt ist klar: der Wettbewerb. (Reichardt 1987, 238)

Und auf der anderen Seite konstatierte Grawe 1992 in *Psychologie Heute*:

> Die Tatsache, daß der Ergebnisstand der Psychotherapieforschung nicht zur Kenntnis genommen wird, hat in weiten Teilen der Psychotherapieszene gegenwärtig noch nicht einmal den Charakter eines Kavaliersdelikts. (Grawe 1992, 25)

Das hat es nicht und kann es nicht haben, weil Effektivität und Effizienz nicht zu den vorrangigen Werten der Sozialen Kultur gehören.

Man kann die vorstehenen Ausführungen nicht ohne eine kleine Nachbemerkung abschließen. Es ist wohl so, daß das Verhältnis von Forschung und Praxis bei verschiedenen psychotherapeutischen Schulen und Ansätzen unterschiedliche Akzente trägt. Mit gutem Grund darf man hierbei Differenzen zwischen etwa der Verhaltenstherapie und der Familientherapie vermuten. Dies nicht zuletzt deshalb, weil sich die Familientherapie, wenn sie als Wissenschaft auftritt, anders gebärdet als die „Normalwissenschaft“:

> Lebendigkeit, Einfallsreichtum und eine Vorliebe für sprunghaften Wechsel ersetzen philologische Strenge, normalwisenschaftliche Aufräumarbeit und Kanonisierung des Wissens. Insofern eine wahrhaft postmoderne Schöpfung lädt Familientherapie zur Karnevalisierung der Wissenschaften ein“ (Wirsching 1992, 27).

2. Wirksamkeitsanalyse als Forschungs-Output

Heißt all das, jeglichen Versuch des Gesprächs zwischen Forschung und Praxis auf dem Feld der Psychotherapie im allgemeinen und jenem der Familientherapie im besonderen als von vornherein für sinnlos zu halten? Mitnichten. Die systemische Therapie, welche über die (wechselseitige) Einflußnahme von problemdefinierendem und therapeutischem System in grundsätzlicher Weise nachdenkt, hat mich jedenfalls nicht Pessimismus und Resignation, sondern Bescheidenheit und Augenmaß für das Machbare – oder besser: das Herstellbare – gelehrt.

Die Frage der Effektivität von Psychotherapie ist inzwischen weltweit von Interesse. Davon legt die 1993 vorgelegte WHO-*Publikation Treatment of mental disorders: A review of effectiveness* (Sartorius, Girolamo, Andrews, German & Eisenberg 1993) Zeugnis ab. Zur Notwendigkeit einer systematischen Evaluation von Psychotherapie lassen sich zumindest drei Begründungen anführen: eine ethische, eine sozial- und gesundheitspolitische und sowie wissenschaftliche (Baumann & Reineker-Hecht 1986).

Was zunächst die wissenschaftliche Begründung anbelangt: Wenn wir verstehen wollen, wie verschiedene Formen der Psychotherapie bei unterschiedlichen Klienten und Patienten in diversen Problemlagen hilfreich sein können, besteht Aussicht auf Erfolg nur dann, wenn die systematische Wirkungsanalyse eine Komponente dieses Forschungsprozesses bildet.

Die sozial- und gesundheitspolitische Begründung – hier werden die sich überschneidenden, aber nicht deckungsgleichen Aspekte des Sozialrechts und des Berufsrechts berücksichtigt – liest sich etwa so:

> Nur Therapiemethoden, deren Wirksamkeit unter wissenschaftlich kontrollierten Bedingungen in einer genügenden Anzahl voneinander unabhängiger Untersuchungen geprüft und erwiesen wurde, können zum Spektrum der bewährten psychotherapeutischen Methoden gezählt und als Bestandteil einer Psychotherapieausbildung für die Berufszulassung (der sozialrechtliche Regelungen folgen; Anm. d. Verf.) anerkannt werden. (Meyer, Richter, Grawe, Schulenburg & Schulte 1991, 72)

Die ethische Begründung schließlich ergibt sich unmittelbar aus der Verantwortung gegenüber Klienten und Patienten. Die minimalste Forderung besteht darin, solche Behandlungsverfahren nicht anzuwenden, die in mehr oder minder großem Umfang schaden. Die Maximalforderung zielt darauf ab, die Behandlungsverfahren zur Anwendung kommen zu lassen, die höchste Effektivität mit geringster Gefahr und niedrigstem Aufwand verbinden.

Es ist dieser letzte Aspekt, der ethische, über den in Sachen Psychotherapieevaluation so etwas stattfinden könnte wie eine Koppelung zwischen den Systemen klinische Praxis und klinische Forschung, weil es hier eine Wertüberschneidung zwischen den beiden Kulturen gibt. Im Punkt „Ethik" treffen sich eine an Produktivität und eine an Solidarität orientierte Sichtweise.

Fraglich erscheint, ob es im Falle der Familientherapie auch über den sozial- und gesundheitspolitischen Aspekt zu einer Koppelung kommen wird. Ob die (systemische) Familientherapie sich überhaupt ernsthaft um die Anerkennung bemühen will, namhafte Vertreter raten davon ab (Retzer 1999). Generell aber gilt: Auf die Breite und Länge gesehen, wird die Effektivität und die Effizienz von Beratung und Psychotherapie nicht mehr von der Tagesordnung der Gesundheitspolitik verschwinden, sondern im Gegenteil an Bedeutung gewinnen.

Auch außerhalb des Geltungsbereichs der Krankenversicherung erbrachte Beratung und Psychotherapie, etwa die in Erziehungsberatungsstellen angebotene Familientherapie, wird sich zunehmend mehr der Frage nach ihrer Effektivität und Effizienz ausgesetzt sehen (Heekerens 1997b, 1998). Die *Kommunale Gemeinschaftsstelle* hat mit ihrem Bericht „Outputorientierte Steuerung der Jugendhilfe" die Geister aufgeschreckt und die Gemüter erhitzt. Sie setzt auf „Qualitätsmanagement" (Bericht Nr. 6/1995), und dieser Trend ist angesichts der sattsam bekannten weltwirtschaftlichen Veränderungen unumkehrbar.

Die soziale Kultur reagiert darauf bislang überwiegend defensiv; das war nicht anders zu erwarten. Umso überraschender sind Diskussionsbeiträge aus der Sozialen Kultur selbst, die dazu auffordern, die neue Situation als Herausforderung zu begreifen und mit ihr offensiv umzugehen. Ein Beitrag aus dem Evangelischen Zentralinstitut für Familienberatung unter dem Titel „Qualitätsmanagement als Leitungsaufgabe – Zukunftssicherung psychologischer Beratungsarbeit und sozialpolitische Verantwortung" (Haid-Loh 1996) ist dafür ein Beispiel.

Wenn man von „Qualität" spricht, kann man drei Dimensionen unterscheiden: die technische oder Strukturqualität, die Beziehungs- oder Prozeßqualität und die funktionelle oder Ergebnisqualität. Zwei Aspekte der Ergebnisqualität sind der Grad der Zielerreichung, die Effektivität, und das Verhältnis von Aufwand und Ergebnis, die Effizienz. Diese beiden Aspekte der Ergebnisqualität sind nicht die einzigen; andere, wie etwa die Zufriedenheit von Therapeuten und Klienten oder die Sozialverträglichkeit der beraterisch-therapeutischen Maßnahme kommen hinzu. Aber Effektivität und Effizienz sind unverzichtbare Aspekte bei der Beurteilung von Ergebnisqualität.

3. Einige Takte Methodik

Von den vielfältigen forschungsmethodischen Aspekten im Zusammenhang mit der Familientherapie (ausf. Sprenkle & Moon 1996) werden hier nur wenige skizziert. Es gibt unterschiedliche Strategien, die bei der Evaluation psychotherapeutischer Verfahren eingeschlagen werden können. Zwei davon vermitteln grundlegende Einsichten über den Wirkungsgrad eines Verfahrens und dominieren daher naturgemäß in der Anfangsphase der Evaluation: Man kann im Vergleich mit einer (näher zu bestimmenden) Nicht-Behandlung prüfen, ob ein Verfahren überhaupt (absolut) wirksam ist, oder aber es wird, diesmal eine konkurrierende (psycho-)therapeutische Behandlung zum Vergleich heranziehend, festgestellt, wie (relativ) wirksam es im Vergleich ist.

Es sind die Ergebnisse dieser beiden Evaluationsstrategien, die im vorliegenden Zusammenhang näher interessieren. Über mehr könnte auch nicht Auskunft gegeben werden, besteht die Evaluation der Familientherapie – und darin zeigt sich, daß man noch am Anfang steht – doch nahezu ausschließlich in der Verfolgung der genannten zwei Strategien. Untersuchungen, die anderen Strategien folgen, sind noch so selten, daß man zum jetzigen Zeitpunkt klugerweise nur konstatieren kann: Verbindliche Aussagen können angesichts des dürftigen Forschungsstandes noch nicht getroffen werden (Heekerens 1994).

Dabei sind die Fragen, die bei diesen anderen Strategien aufgeworfen werden, ebenfalls von großer Bedeutung. So bedürfte es aus sachlichen Gründen sicherlich der Klärung, ob ein bestimmtes Verfahren differentiell wirksam ist bei verschiedenen Therapeuten, unterschiedlichen Klienten bzw. unter differierenden Settings (wie Arbeit mit der ganzen Familie vs. Arbeit mit dem Indexpatient oder Anwesenheit eines einzelnen Therapeuten vs. Ko-Therapie vs. Reflecting-Team-Methode). Von theoretischem wie praktischem Interesse wäre auch die Beantwortung der Frage, ob Variationen in der Zusammensetzung eines Behandlungspaketes – denn darum handelt es sich ja auch dann, wenn wir nur von einem einzigen familientherapeutischen Ansatz sprechen – Unterschiede im Effekt zeitigen.

All diese Fragen können, wie gesagt, derzeit noch nicht einmal ansatzweise beantwortet werden. Wohl aber kann Auskunft gegeben werden zum Punkt, wie (absolut oder relativ) wirksam die Familientherapie bzw. einzelne familientherapeutische Ansätze sind. Untersuchungen, die sich in Verfolgung der ersten und/oder zweiten oben genannten Evaluationsstrategie dieser Frage widmen, schlagen dabei unterschiedliche methodische Vorgehensweisen ein (zum weiteren vgl. Bretz, Heekerens & Schmitz 1994). Das Ausmaß, in dem ein bestimmtes methodisches Vorgehen zur Prüfung der Kausalhypothese vom Typ „Methode x hat die Wirkung y" geeignet ist, wird Validität genannt.

Früher lediglich zwischen interner und externer Validität unterscheidend, differenziert man heute stärker; etwa in interne Validität, Variablenvalidität, Situations- und Populationsvalidität sowie statistische Validität. Im vorliegenden Zusammenhang am bedeutsamsten ist der Blick auf die interne Validität. Von ihr wird gesprochen, wenn man sich fragt, ob ein bestimmter Effekt mit aller Wahrscheinlichkeit nur der interessierenden Behandlung zuzuschreiben ist oder aber ganz oder teilweise ganz anderen, mitunter nicht einmal bekannten Faktoren.

Dasjenige Vorgehen, das die interne Validität am ehesten garantiert, ist in den Augen der Normalwissenschaft das Experiment. Seine wichtigsten Kennzeichen sind in aller Kürze: mindestens zwei Gruppen (die Experimentalgruppe und eine Kontrastgruppe, die je nach Fragestellung eine Nicht-Behandlung oder eine alternative Behandlung erfährt), Messungen geeigneter Effektkriterien vor und nach der Behandlung (wobei „nachher" unmittelbar nach Behandlungsende und/oder zu einem späteren Zeitpunkt sein kann) sowie die Zufallszuteilung von Personen zu den verschiedenen Gruppen.

Das letzte Merkmal fehlt notwendigerweise, wenn Gruppen verglichen werden, die sich im Feld „natürlicherweise" finden; etwa Gruppen mit verschiedenen Behandlungen in einer Erziehungsberatungsstelle. Man spricht dann üblicherweise von Quasi-Experimenten. Es ist unmittelbar einsichtig, daß Quasi-Experimente die interne Validität weniger garantieren als Experimente, da die Zuteilung zu Gruppen von Größen beeinflußt sein kann, die auch auf das Ergebnis Einfluß haben können. Daß dem auf dem Feld der Wirksamkeit von Familientherapie tatsächlich so ist, hat unlängst die Arbeitsgruppe um Shadish nachgewiesen: Quasi-Experimente unterschätzen die Wirksamkeit von Familientherapie (Shadish, Ragsdale, Glaser & Montgomery 1995; Shadish & Ragsdale 1996).

Die Arbeitsgruppe hat festgestellt, daß sich nach der Behandlung Experimente und Quasi-Experimente bei der Evaluation von Paar- und Familientherapie dramatisch in der durch die Effektstärke (näheres dazu gleich noch) ausgewiesenen Wirksamkeit unterscheiden, obwohl sie beide vor der Behandlung keine von 0 signifikant abweichende Effektstärke hatten. Wie dramatisch der Unterschied ist, zeigen die Zahlen: Nach den Resultaten aus Experimenten darf die Wirksamkeit von Paar- und Familientherapie im Mittelbereich angesiedelt werden (Effektstärke: .60; 64 Studien), nach den Ergebnissen der Quasi-Experimente wäre sie als praktisch unwirksam anzusehen (Effektstärke: .08; 36 Studien).

Die Gruppe um Shadish (Shadish, Montgomery, Wilson, Bright & Okwumabua 1993; Shadish, Ragsdale, Glaser & Montgomery 1995; deutsch 1997) hat deshalb bei ihrer Gesamtbewertung der Wirksamkeit von Familientherapie nur Studien mit einem experimentellem Design herangezogen. Das ist nicht der einzige Grund, gerade dieser zusammenfassenden Sekundäranalyse zur Wirksamkeit der Familientherapie den Vorzug zu geben. Der zweite liegt darin, daß sie die jüngste meta-analytische Gesamtbewertung der Familientherapie darstellt, wenngleich auch hier nur Studien, die bis 1988 vorlagen, berücksichtigt wurden. Hinzu kommt drittens, daß die Analyse hier am differenziertesten erfolgt.

Die Gruppe um Shadish (Shadish, Montgomery, Wilson, Bright & Okwumabua 1993; Shadish, Ragsdale, Glaser & Montgomery 1995, deutsch 1997) hat wie schon zuvor Hazelrigg, Cooper und Borduin (1987) bzw. Markus, Lange und Pettigrew (1990) ihre Sekundäranalyse zur Einschätzung der Wirksamkeit von Familientherapie nach einem bestimmten methodischen Verfahren durchgeführt, für das der Begriff „Meta-Analyse" geprägt wurde und das eine zentrale Vergleichsgröße mit dem Namen „Effektstärke" hervorbringt. Die Meta-Analyse als besondere Form der Sekundäranalyse hat sich bei aller Kritik inzwischen auch und gerade im Bereich der Psychotherapie-Evaluation als Methode der Datenintegration etabliert.

Die Methode der Meta-Analyse in Form der Berechnung von sogenannten Effektstärken ist noch immer wenig bekannt. Sie soll deshalb erklärt und veranschaulicht werden. Shadish, Montgomery, Wilson, Wilson, Bright und Okwumabua (1993) haben für den Bereich der Evaluation der Familientherapie 101 Experimente analysiert und für jeden Vergleich eines jeden Effektkriteriums eine Effektstärke berechnet. Die Effektstärkenberechnung erfolgte, indem jeweils Mittelwert und Standardabweichung der Familientherapie- und Kontrastgruppe(n) ermittelt, danach der Mittelwert der Familientherapiegruppe um den der Kontrastgruppe gemindert und diese Differenz durch die gemittelte Standardabweichung der verglichenen Gruppe gewichtet wurde. Solche Einzeleffektstärken – und das macht den großen Vorteil der Meta-Analyse aus – kann man anschließend beliebig rechnerisch weiterverarbeiten.

Die Shadish-Gruppe hat unter anderem die Gesamteffektstärke von Paar- und Familientherapie beim Vergleich nur mit nicht-behandelten Kontrollgruppen zum Behandlungsende vorgenommen und dabei – bei konservativer Schätzung – eine Effektstärke von .51 (Basis: 71 Studien) ermittelt. Was eine Effektstärke von .51 bedeutet, kann man sich folgendermaßen verdeutlichen:

- Nach der Behandlung steht der mittlere Klient besser da als 70 Prozent der Menschen aus Kontrollgruppen.
- Nach der Behandlung steht mit einer Wahrscheinlichkeit von 64 Prozent ein zufällig herausgegriffener Klient besser da als ein ebenfalls willkürlich in Augenschein genommenes Mitglied einer Kontrollgruppe.
- Die Erfolgsquote liegt beim Klienten mit 62 Prozent höher als mit 38 Prozent bei jemandem aus der Kontrollgruppe.
- Einem Vorschlag von Cohen (1977) folgend kann man Effektstärken, so sie denn überhaupt signifikant sind, grob folgendermaßen klassifizieren: groß (.80 und mehr), mittel (.50 – 0.79) und gering (0.20 – 0.49). Ein Wert von .51 liegt danach am unteren Rand des Mittelbereichs.

4. Die Wirksamkeit von Familientherapie

Bei Einschränkung nur auf Familientherapie fand die Shadish-Gruppe unter Beibehaltung der schon genannten Kriterien eine Effektstärke von .47 (Basis: 44 Studien). Damit ist die Hauptfrage beantwortet: Familientherapie ist wirksam – und zwar bewegt sich ihr Wirksamkeitsgrad nach den Cohenschen Maßstäben auf der Grenze vom geringen zum mittleren Bereich. Die zweite Frage, die sich sogleich aufdrängt, lautet: Wie wirksam ist sie im Vergleich mit anderen Verfahren?

Ein solcher Vergleich ist in einem methodisch-strengen Sinne nur zulässig, wenn die Vergleiche aus derselben Meta-Analyse stammen. Davon wurden in der Shadish-Studie von 1993 drei hier interessierende durchgeführt.

- Die entsprechende Gesamteffektstärke für Paartherapie ist mit .60 (Basis: 27 Studien) nur wenig und nicht-signifikant höher.
- Vergleicht man Familientherapie mit Individualtherapie ohne Berücksichtigung des Alters des Index-Patienten findet sich kein signifikanter Unterschied.
- Vergleicht man aber Familientherapie mit individueller Kinder- und Jugendlichen-Psychotherapie, schneidet die Familientherapie deutlich und signifikant schlechter ab.

Das letztgenannte Resultat steht in Übereinstimmung mit Ergebnissen über die Wirksamkeit von Kinder- und Jugendlichen-Psychotherapie wie sie in zwei diesbezüglichen Meta-Analysen ermittelt wurde (Casey & Berman 1985; Weisz, Weiss, Alicke & Klotz 1987; vgl. zusammenf. Heekerens 1989a, 1989b, 1992, 1996). Ein solcher Vergleich von Effektstärken über verschiedene Meta-Analysen hinweg, wie ich ihn selbst auch schon angestellt habe (z.B. Heekerens 1989a, 1989b, 1992, 1996) ist, wie gesagt, streng genommen nicht zulässig, da Unterschiede zwischen den einzelnen Meta-Analysen, von der Auswahl der Originalstudien bis zur Berechnung der Effektstärke, bei einem solchen Vergleich zur Vorsicht mahnen (Hartmann & Herzog, 1995).

Andererseits gibt es gute Gründe, Vergleiche über einzelne Meta-Analysen hinweg zur groben Orientierung anzustellen; daß das geht, haben wir am Beispiel der Kinder- und Jugendlichen-Psychotherapie gerade gesehen. Zulässig scheint ein weiterer Vergleich über Meta-Analysen hinweg: Familientherapie ist offensichtlich wirksamer als das GORDON-Elterntraining (Cedar & Levant 1990, Heekerens 1986, 1993a).

Was den Vergleich mit den Elterntrainings aus der behavioralen (verhaltenstherapeutischen) Tradition anbelangt, so ist dies für die Shadish-Gruppe überhaupt kein externer Vergleich, weil sie diese als Spielart der Familientherapie auffaßt. Und damit sind wir bei einer (und nicht nur in dieser Sekundäranalyse zu findenden) Eigenschaft der Shadish-Studie, die geeignet ist, Verwirrung zu stiften: Sie hat einen sehr breiten Begriff von Familientherapie.

Das freilich beruht nicht auf einem wie auch immer gearteten Fehler, sondern auf einem Common Sense in den USA, wonach „Familientherapie" sehr viel breiter gefaßt ist als bei uns:

> Familientherapie ist ein psychotherapeutischer Ansatz mit dem Ziel, Interaktionen zwischen einem Paar, in einer Kernfamilie, in einer erweiterten Familie und anderen interpersonalen Systemen zu verändern und dadurch Probleme einzelner Familienmitglieder, Probleme von Familien-Subsystemen oder der Gesamtfamilie zu lindern. (Wynne 1988, 7)

Daher tauchen in aus den USA stammenden Gesamteinschätzungen der Wirksamkeit von Familientherapie unter „Familientherapie" nicht nur hierzulande weitgehend unbekannte Formen der Familientherapie wie die Funktionale Familientherapie (Functional Family Therapy) der Alexandergruppe (ausf. Heekerens 1988, 1993b, 1993c, 1993d, 1994, 1999) auf, sondern auch solche Ansätze der Arbeit mit Familien wie der von Patterson (zusammenf. Heekerens 1989a, 1997c), die wir hierzulande als Elterntraining bezeichnen. Und nicht nur bezeichnen, sondern auch mit der Bezeichnung als unterschiedlich ansehen von dem, was wir hier im allgemeinen als „Familientherapie" bezeichnen.

In Deutschland verstehen wir unter Familientherapie im wesentlichen vier Spielarten der Arbeit mit Familie (ausf. Heekerens 1989a, 1989c, 1990b, 1991b, 1994): die affektiv-experientielle (aus psychodynamischer Tradion wie der ursprüngliche Heidelberger Ansatz oder aus humanistischen Wurzeln wie der von Satir), die strukturelle, die strategische und die systemische im engeren Sinne des Mailänder Vorgehens. Das alles sind nicht-behaviorale, also nicht aus der Tradition der Verhaltenstheorie und -therapie stammende Formen der Arbeit mit Familien.

Die genannten Unterschiede in der Begrifflichkeit von Familientherapie sorgen bei der Frage der Effektivität schon seit langem für Verwirrung, und ich habe dem schon früher zu begegnen versucht (Heekerens 1989a, 1989c, 1990b, 1991b, 1994). Um zu mehr Klarheit zu kommen, ist es unerläßlich, sehr genau zu differenzieren (so auch Sandberg, Johnson, Dermer, Gfeller-Strouts, Seibold, Stringer-Seibold, Hutchins, Andrews & Miller 1997). Die Shadish-Studie erlaubt eine solche Differenzierung zumindest teilweise.

Sie unterscheidet, was die theoretische Orientierung betrifft, folgende: behavioral/psychoedukativ, systemisch, humanistisch und psychodynamisch. Daneben führt sie die eklektische Orientierung an und benennt weitere Studien als nicht klassifizierbar, was die theoretische Orientierung anbelangt. Damit sind, was „Familientherapie" anbelangt, die Abweichungen im Sprachgebrauch bei der Shadish-Gruppe von dem hier üblichen näher bestimmbar. Es sind zwei, und zwar zwei bedeutsame.

Zum einen schließt die Shadish-Gruppe auch traditionelle behaviorale Formen der Arbeit mit Familien wie das verhaltenstherapeutische Elterntraining (Parent Management Training) ein. Zum anderen hat sie einen sehr breiten Begriff von „systemisch". In dieser Untergruppe zusammengefaßt sind folgende (hierzulande teils unbekannte) Einzelansätze: der Mailänder, der triadische, der strategische, der strukturelle und der strukturell-strategische, die Funktionale Familientherapie und das Vorgehen nach dem McMaster-Modell.

Man ahnt, schon bevor man irgendwelche Einzelergebnisse zur Kenntnis nimmt, welch großen Fehler man begehen kann (und faktisch begeht), wenn man das, was die Shadish-Gruppe als Gesamteffektstärke von Familientherapie in jenem weiten Sinne ermittelt hat, einfach als Wirksamkeitsausweis für für Familientherapie in dem hierzulande üblichen engeren Sinne nimmt.

Betrachten wir zunächst die von der Shadish-Gruppe ermittelten Effektstärken nach den sechs genannten Grundorientierungen. Dazu liegen Angaben vor für das Gesamteinsatzfeld der Familientherapie (50 Studien) und gesondert für dasjenige Feld, auf dem die Familientherapie bislang am häufigsten erprobt wurde, nämlich bei Störungen des Sozialverhaltens von Kindern und Jugendlichen (31 Studien). Tabelle 1 gibt einen Überblick über die Ergebnisse.

Tab. 1: Effektstärken von Familientherapie nach theoretischer Grundorientierung und Geltungsbereich

Orientierung	insgesamt (50 Studien)	bei Störungen des Sozialverhaltens von Kindern/Jugendlichen (31 Studien)
behavioral	.44 (21)	.55 (13)
systemisch	.25 (12)	.26 (8)
humanistisch	.29 (6; n.s.)	-.15 (1; n.s.)
psychodynamisch	keine Studie	keine Studie
eklektisch	.55 (8)	.57 (7)
unklassifizierbar	1.10 (3)	1.01 (2)

Anmerkung: Nach der Effektstärke ist in Klammern jeweils die Anzahl der Studien angegegen. Ist eine Effektstärke nicht signifikant verschieden von 0, ist zusätzlich „n.s.“ für „nicht signifikant“ in der Klammer angegeben.

(nach Angaben von Shadish, Montgomery, Wilson, Wilson, Bright & Okwumabua, 1993, S. 994-995)

Man sieht zunächst einmal, daß Familientherapien aus der psychodynamischen Tradition bislang überhaupt nicht auf den Prüfstand gestellt wurden (vgl. ergänzend Heekerens 1989a, 1990b, 1991b, 1994). Was die Familientherapien aus der humanistischen Tradition anbelangt, so kann man sagen, daß sie ihren Wirksamkeitsnachweis bislang nicht überzeugend erbringen konnten (vgl. ergänzend Heekerens 1985, 1989a, 1990b, 1991b, 1994).

Dazu eine methodische Anmerkung. Ob eine Effektstärke signifikant ist, hängt von zwei Faktoren ab: von deren Höhe und von der Anzahl der zugrundeliegenden Studien. Ist, wie im Falle der unklassifizierbaren Familientherapie, die Effektstärke (hier: 1.10) sehr hoch, so überschreitet sie trotz geringer Studienzahl (hier: 3) die Signifikanzgrenze. Überschreitet, wie dies bei den humanistischen Familientherapien der Fall ist, eine Effektstärke (hier: .29) trotz namhafter Studienzahl (hier: 6) die Signifikanzgrenze nicht, so muß man allen Zeifel an der Wirksamkeit haben.

Die bislang getroffenen Aussagen zur Wirksamkeit der psychodynamischen und humanistischen Familientherapie können aufrechterhalten werden auch angesichts der differenzierten Nachanalysen zu Wirkungsunterschieden zwischen einzelnen Grundorientierungen, wie sie von der Shadish-Gruppe in den Publikationen von 1993 und 1995 vorgenommen wurden. Zurechtgerückt werden muß das Bild, das Tabelle 1 vermittelt, aber in den anderen Punkten. Differenzierte Nachanalysen zeigen, daß die in Tabelle 1 ja so hervorstechende behaviorale Familientherapie nicht nur die humanistische übertrifft, sondern auch die eklektischen und unklassifizierbaren Ansätze, andererseits aber der systemische Ansatz ihr gleichkommt (Shadish, Ragsdale, Glaser & Montgomery 1995, 349). Das letzte wird durch drei Studien bestätigt, in denen es zum direkten Vergleich zwischen behavioralen Elterntrainings und der strukturellen, strategischen und strukturell-strategischen Familientherapie kommt (Barkley, Guevremont, Anastopoulos & Fletcher 1992; Brunk, Henggeler & Whelan 1987; Szykula, Morris, Sayger & Sudweeks 1987; zusammenf. Heekerens 1989c, 1994, 1997c).

Es wäre nun aber falsch, wollte man diese Aussage über die systemische Therapie einfach übertragen auf den Mailänder Ansatz im einzelnen oder auch auf die Gruppe der strukturellen, strategischen und Mailänder Ansätze insgesamt. Es sei hier noch einmal in Erinnerung gerufen, welche einzelnen Ansätze die Shadish-Gruppe unter „systemisch“ faßt: den Mailänder, den triadischen, den strategischen, den strukturellen und den strukturell-strategischen, die Funktionale Familientherapie und das Vorgehen nach dem McMaster-Modell.

Tab. 2: Effektstärken von systemisch orientierter Familientherapie nach einzelnen Ansätzen

Orientierung	Studien	Effektstärke	signifikant
Mailänder 1	1	.11	nein
triadisch	1	.26	nein
strategisch	3	.61	ja
strukturell	1	-.16	nein
strukturell-strategisch	1	-.08	nein
Funktionale Fth	1	.76	nein
McMaster-Modell	1	.66	nein

(nach Angaben von Shadish, Montgomery, Wilson, Wilson, Bright & Okwumabua, 1993, S. 995)

Eine Einschätzung der Wirksamkeit dieser einzelnen Ansätze kann man Tabelle 2 entnehmen. In dieser Tabelle, dies sei eigens hervorgehoben, befinden sich wie in der Originaltabelle, aus der die Angaben übernommen wurden, nur Studien, die die Wirksamkeit im Vergleich mit einer unbehandelten Kontrollgruppe ermittelt hatten. Was die Frage der Signifikanz anbelangt, so sei erinnert an die obigen Ausführungen, wonach das Überschreiten der Signifikanzgrenze sowohl von der Höhe der Effektstärke als auch von der Anzahl der Studien abhängig ist.

Dies im Bewußtsein wird man die Ergebnisse in Tabelle 2 wohl so kommentieren dürfen: Lediglich vom strategischen Ansatz können wir mit Sicherheit sagen, daß er den Effektivitätsnachweis erbracht hat. Mit Blick auf die Höhe der Effektstärke darf vermuten, daß auch ein Vorgehen nach dem McMaster-Modell von Erfolg gekrönt ist. Was den Mailänder, den triadischen, den strukturellen und den integriert strukturell-strategischen Ansatz anbelangt, so geben die Ergebnisse in Tabelle 2 wenig Grund zu einer vergleichbar optimistischen Einschätzung. Wozu die in Tabelle 2 zu findende Effektstärke für die Funktionale Familientherapie Analß zur Mutmaßung ist, zeigt der Gesamtblick auf der Evaluation: ihre hohe Wirksamkeit ist gut dokumentiert (Heekerens 1988, 1989a, 1993b, 1993c, 1993d, 1994, 1999).

Die dargestellten Effekstärken beziehen sich auf Messungen der Therapieeffekte binnen drei Wochen nach Behandlungsende. Während solche Posttest-Messungen bei allen Originalstudien vorgenommen wurden, fanden sich zusätzliche Messungen zu einem späteren Zeitpunkt (Follow-up) nur vereinzelt. In der Praxis wie in der Forschung wird immer wieder betont, daß es wichtig sei, vornehmlich die langfristigen Effekte von Psychotherapie in Augenschein zu nehmen. Dies aus mindestens zwei Gründen: Zum einen kann man von Behandlungserfolg sinnvollerweise ja nur sprechen, wenn er nachhaltig ist, und zum anderen könnten sich verschiedene therapeutische Ansätze ja gerade darin unterscheiden, daß sie überhaupt erst auf lange Sicht Effekte zeigen und/oder (im Unterschied zu anderen) gerade lang anhaltende Effekte hervorbringen.

Die Shadish-Gruppe hat bei ihrer Analyse festgestellt, daß die ermittelten Effektstärken zum Posttest- bzw. Follow-up-Zeitpunkt (im Mittel 20 Wochen nach Behandlungsende) in den Studien, in denen zwei Meßzeitpunkte betrachtet wurden, nicht signifikant verschieden sind. Das deckt sich mit Befunden, wie wir sie auch aus anderen Meta-Analysen über ganz unterschiedliche Bereiche der Psychotherapie kennen (vgl.

zusammenf. Bretz, Heekerens & Schmitz 1994). Im vorliegenden Zusammenhang bedeutet dies zunächst einmal: Die angegebenen Effektstärken können als Maß für die kurz- und mittelfristige Wirksamkeit angesehen werden.

Über die langfristige Wirksamkeit indessen wissen wir überhaupt nichts. Der längste Follow-up-Zeitraum in der Shadish-Analyse betrug neun Monate. Es gibt aber mehrere Hinweise dafür, daß aus dem kurz- und mittelfristigen Effekt der langfristige nicht immer und unbedingt vorherzusagen ist. Es kann, wenn man Zeiträume von mehr als einem Jahr nach Behandlungsende ins Auge faßt, bei Psychotherapien zu Verschlechterungen (vgl. zusammenf. Shadish, Montgomery, Wilson, Wilson, Bright & Okwumabua 1993, 1000) oder aber zu besonderen Effekten unterschiedlicher therapeutischer Maßnahmen (vgl. zusammenf. Haid-Loh, Lindemann & Märtens, 1995, 12-13) kommen.

Die Frage, bei welchen Problemlagen die Familientherapie ihre Wirksamkeit bewiesen hat, wird in der Shadish-Studie von 1995 (Shadish, Ragsdale, Glaser & Montgomery 1995, deutsch 1997) beantwortet. Zwei Umstände schränken die Aussagekraft ein: Zum einen wird nicht nach einzelnen familientherapeutischen Ansätzen differenziert, und zum anderen basieren die Ergebnisse mitunter auf bloß einer Studie. Mit diesen zwei Vorbemerkungen als Warnungen vor allzu schneller und unsachgemäßer Generalisierung vorweg, seien die Problemlagen benannt, bei denen sich die Familientherapie bewährt hat: bei allgemeinen Störungen des Sozialverhaltens von Kindern, bei kindlicher Aggressivität, bei globalen Familienproblemen, bei Einschränkungen der Kommunikations- und Problemlösefähigkeit, bei Phobien, schizophrenen Symptomen sowie allgemeinen psychiatrischen Symptomen.

Die Ausführungen der Shadish-Gruppe sind, was den Forschungsstand bis Ende 1988 anbelangt, nicht das einzige Wort zur Sache. Es gibt neben zusammenfassenden deutschsprachigen Darstellungen zur Effektivität von Familientherapie von Grawe (Grawe, Donati & Bernauer 1994; Meyer, Richter, Grawe, Schulenburg & Schulte 1991) und Heekerens (1989a, 1990b, 1991b, 1994) aus den USA gleich mehrere Übersichten: zwei frühere Meta-Analysen (Hazelrigg, Cooper & Borduin 1987; Markus, Lange & Pettigrew 1990), Zusammenfassungen im 13. (Kazdin 1994) und 14. Kapitel (Alexander, Holtzworth-Munroe & Jameson 1994), Einzeldarstellungen zu bestimmten Problembereichen im Themenheft über die Effektivität von Paar- und Familientherapie des Journal of Marital and Family Therapy vom Oktober 1995 sowie drei neuere Übersichtsarbeiten mit unterschiedlicher Schwerpunktsetzung (Baucom, Shoham, Mueser, Daiuto & Stickle 1998; Sandberg, Johnson, Dermer, Gfeller-Strouts, Seibold, Stringer-Seibold, Hutchins, Andrews & Miller 1997; Waldron 1997). Bei allen Unterschieden im einzelnen überwiegt doch die Übereinstimmung mit den Ergebnissen der Shadish-Gruppe. Deren generelle Aussagen zum Forschungsstand Ende der Achtziger werden durch Ergebnisse aus anderen Sekundäranalysen nicht erschüttert, sondern durch Resultate, die anderswo gewonnen wurden, vielfach unterstrichen.

Da die Bestandsaufnahme der Shadish-Gruppe, wie erwähnt, schon mit dem Jahr 1988 endet, wurde der Suchzeitraum für die vorliegende Arbeit um die Jahre 1989 bis Anfang 1999 erweitert. Dies geschah in Fortführung meiner Forschungstätigkeit auf dem Feld der Evaluation der Familientherapie, die ich Mitte der Achtziger begonnen hatte. Meine Kriterien bei der Selektion der Originalstudien waren und sind: Experimentelles oder quasi-experimentelles Design der Studie, Familientherapie als Hilfe bei

Problemlagen von Kindern und Jugendlichen, Zuordenbarkeit des jeweiligen familientherapeutischen Vorgehens entweder zu den behavioral-systemischen Ansätzen (zusammenf. Heekerens 1988, 1989a, 1993b, 1993c, 1993d, 1994, 1999) oder zu einer der vier Hauptgruppen der nicht-behavioralen Familientherapie (affektiv-experientiell, strukturell, strategisch oder systemisch i.S. des Mailänder Ansatzes und dessen Fortentwicklungen) bzw. deren Mischformen (ausf. Heekerens 1989a, 1989c, 1990b, 1991b, 1994).

Die Literaturrecherche erfolgte über konventionelle Wege (z.B. Literaturverweise in früheren Sekundäranalysen, Durchsicht einschlägiger Zeitschriften und anderes mehr) sowie über die Datenbanken Psyndex und Psycinfo/Psyclit. Zur Gegenkontrolle herangezogen wurden die drei schon genannten neusten Übersichtsarbeiten zur Wirksamkeit von Familientherapie (Baucom, Shoham, Mueser, Daiuto & Stickle 1998; Sandberg, Johnson, Dermer, Gfeller-Strouts, Seibold, Stringer-Seibold, Hutchins, Andrews & Miller 1997; Waldron 1997).

Als erstes Ergebnis der Recherche ist festzuhalten, daß das Selektionskriterium „Familientherapie als Hilfe bei Problemlagen von Kindern und Jugendlichen" nur eine einzige Studie ausschließt: die quasi-experimentell angelegte Prüfung der Wirksamkeit einer nicht zuordenbaren Familientherapie als Bewältigungshilfe für Teilnehmer des Golfkrieges (Ford, Chandler, Thacker, Greaves, Shaw, Sennhauer & Schwartz 1998). An mangelnder Zuordenbarkeit des Treatments, dies das zweite Ergebnis, leidet die Studie von Meezan & O'Keefe (1998a, 1998b); hier hilft, wie schon im ersten Fall, auch die sehr differenzierte Typologie von Sandberg, Johnson, Dermer, Gfeller-Strouts, Seibold, Stringer-Seibold, Hutchins, Andrews und Miller (1997) nicht weiter.

Was, drittens, die behavioral-systemischen Ansätze anbelangt, so wurde zur Wirksamkeit des bestuntersuchten Verfahrens, der Funktionalen Familientherapie, das Nötige schon gesagt. Die Wirksamkeit einer Erweiterung dieses Ansatz um ein behaviorales Problemlösetraining ist ebenfalls dokumentiert (Brent, Holder, Kolko, Birmaher, Baugher, Roth, Iyengar & Johnson 1997; Brent, Kolko, Birmaher, Baugher & Bridge 1999; Brent, Kolko, Birmaher, Baugher, Bridge, Roth & Holder 1998; Brent, Roth, Holder, Kolko, Birmaher, Johnson & Schweers 1996). Angemessene und mit positivem Resultat ausfallende Wirksamkeitsprüfungen für weitere behavioral-systemische Ansätze liegen für den Berichtszeitraum vor einmal für *die Purdue Brief Family Therapy* (Lewis, Piercy, Sprenkle & Trepper 1990) sowie eine andere namenlose Vorgehensweise (Luk, Staiger, Mathai, Field & Adler 1998). Das *Family Anxiety Management*, dessen Wirksamkeit dokumentiert ist (Barret 1988; Barret, Dadds & Rapee 1996) ist nach dem hierzulande üblichen Sprachgebrauch eher als (behaviorales) Elterntraining denn als Familientherapie anzusprechen (vgl. Heekerens 1997c).

Wendet man sich in einem vierten Schritt den Ergebnissen zu den genannten vier Grundformen der nicht-behavioralen Familientherapie zu, so ist zunächst festzuhalten, daß keine einzige Studie gefunden werden konnte, die der affektiv-experientiellen Gruppe (psychodynamisch oder humanistisch, etwa der ursprüngliche Heidelberger Ansatz oder der von Satir) zuzuordnen ist; die schon zu früheren Zeiten festgestellte Dürftigkeit kontrollierter Evaluationsstudien zu diesen Ansätzen dauert demnach an. Ansonsten verteilen sich die Wirksamkeitsprüfungen wie folgt: strategisch 4, Mailänder 1, strategisch 1, strukturell-strategisch 2 und strukturell-strategisch-Mailänder 2. Unter Einbeziehung der Ergebnisse der Shadish-Gruppe kann man damit sagen, daß die Wirksamkeitsprüfung des strukturellen wie des strategischen Ansatzes auf vergleichbar solidem Fundament steht, während die des Mailänder Ansatzes und seiner Weiterentwicklungen nach wie vor auf zu schmaler Basis beruht.

Eine Vorbemerkung noch, bevor einzelne Erläuterungen folgen. Die in Tabelle 3 dargestellten Ergebnisse spiegeln die Situation unmittelbar zum Behandlungsende (Posttest) wider. Zusätzlich war in den Studien 1 (a,b), 2, 3 und 4 (a,b) zu einem späteren Zeitpunkt (Follow-up) der Behandlungseffekt geprüft worden. Die Unterschiede zwischen den beiden Meßzeitpunkten sind jedoch so minimal, daß sie nicht erwähnenswert wird; offensichtlich – und das deckt sich mit den oben gemachten Ausführungen zu Follow-up-Messungen – steht auch hier der mittelfristige Behandlungseffekt schon unmittelbar nach Therapieende fest.

Fassen wir zunächst einmal ohne jegliche weitere Differenzierung die Ergebnisse insgesamt ins Auge, so ist festzuhalten, daß der strukturelle, strategische und Mailänder Ansatz bzw. unterschiedliche Mischformen derselben Wirkung zeigen. Das Ausmaß dieser Wirksamkeit, beurteilt nach den Kategorien „Überlegenheit: ja, überwiegend nein, nein“ – zu anderen Kategorien gaben die Ergebnisse keinen Anlaß -, ist aber recht gering. Die Zahlenverhältnisse sehen noch ungünstiger aus, wenn man – was in Tabelle 3 nicht dargestellt ist, um die Übersichtlichkeit zu wahren – die Verteilung nicht nach Untersuchungseinheiten, sondern nach Einzelmessungen, von denen es bei den Untereinheiten mehrere gibt, in Rechnung stellt.

Betrachten wir jetzt über alle Studien hinweg nur die Ergebnisse, die sich nicht auf den Indexpatienten selbst beziehen: Dort zeitigen der strukturelle, strategische und Mailänder Ansatz bzw. unterschiedliche Mischformen derselben in aller Regel keinen Effekt – und damit auch keinen für die Familientherapie spezifischen Effekt. Das deckt sich mit der von Gurman und Kniskern (1981) schon recht früh getroffenen, aber wenig beachteten Feststellung, daß die von vielen Familientherapeuten geteilte Grundüberzeugung - empirisch keinen Anhalt findet, wonach Systemänderung(en) notwendig sei(en) für (eine) Änderung(en) beim Indexpatienten und Änderung(en) beim Indexpatienten ein ausreichender Hinweis sei(en) für (eine) Änderung(en) auf der Systemebene.

Mit Konzentration auf Effekte beim Indexpatienten selbst, ist eine zwiefache Unterscheidung sinnvoll: einerseits zwischen der Präsentierproblematik des Indexpatienten und anderen Merkmalen des Indexpatienten (z.B. psychische Struktur allgemein), andererseits zwischen Studien zur Feststellung der absoluten Wirksamkeit (Vergleich mit Nichtbehandlung) und der relativen Wirksamkeit (Vergleich mit Alternativbehandlung). Der Vergleich mit Nichtbehandlung – weitgefaßt als „keine alternative psychotherapeutische Behandlung“ (Studien 1a, 2, 5, 6b) – weist den strukturellen, strategischen und Mailänder Ansatz (und zwar in dieser Reihenfolge) als wirksam aus, während der Vergleich mit psychotherapeutischer Alternativbehandlung zu der Feststellung führt, die Familientherapie erweise sich nicht als effektiver.

Was die ausgewiesenen Effekte der Familientherapie anbelangt, so zeigen sie sich bei Einschränkung des Blickes auf den Indexpatienten selbst ganz überwiegend bei dessen Präsentiersymptomatik, meist – wie nach Ergebnissen der Shadish-Studie – Störungen des Sozialverhaltens. Neben ihrem Wirksamkeitsgrad ähnelt die Familientherapie im Gegensatz zu ihrem Anspruch auch in der Wirkungsbreite den individuumzentrierten Ansätzen. Eine Beurteilung der Wirksamkeit nach verschiedenen Problemlagen verbietet sich angesichts der geringen Anzahl aufgefundener Effekte.

5. Weitere Bewertungsgesichtspunkte

Bei der Wirksamkeitsprüfung von Familientherapie wurden, wie dies in der Psychotherapie(evaluations)forschung üblich ist, solche Kriterien in den Blick genommen, die den Indexpatienten – oder spezieller noch sein Präsentierproblem – sowie den näheren und weiteren Kontext von der innerfamiliären Dyade bis zur Beziehung der Familie mit ihrer sozialen Umwelt in Augenschein nehmen. Auf einen solchen Set von Evaluationskriterien können sich die verschiedenen psychotherapeutischen Schulen recht schnell einigen. Solche Effekte, die man als „Haupteffekte" bezeichnen kann, wurden in der bisherigen Darstellung betrachtet.

Schwieriger wird es bei anderen Bewertungsgesichtspunkten. Wenn etwa für eine therapeutische Schule die Frage nach der Geschwindigkeit des Heilungsprozesses als geradezu obszön erscheint, wird sie die Frage der Zeitökonomie nicht gerade in den Vordergrund ihres Interesses rücken, während eine andere therapeutische Richtung, ihren Marktvorteil witternd, neben ihrer Effektivität auch ihre Effizienz hervorhebt. Konsumentenzufriedenheit, ein anderer (Seiten-)Aspekt der Wirksamkeitsprüfung einer (psycho-)therapeutischen Maßnahme gehört in den USA schon routinemäßig zur Evaluation und von der Bedeutung her zu den wichtigen, sprich hauptsächlichen Aspekten. Hierzulande wird es noch einige Zeit dauern, bis sich der Dienstleistungsgedanke im Psychotherapiesektor nicht nur herumgesprochen, sondern gar durchgesetzt hat.

Für familientherapeutische Interventionen bei Problemlagen von Kindern und Jugendlichen gibt es elf zwischen 1975 und 1992 erschienene Publikationen (ausf. Heekerens 1991b, 1994), in denen Wirkungen, die hier als „Nebeneffekte" bezeichnet werden, nicht nur erwähnt, sondern eigens und systematisch betrachtet und ausgewertet werden. In allen Fällen handelt es sich um Studien, in denen die Effekte einer familientherapeutischen Maßnahme verglichen werden mit denen anderer psychotherapeutischer Interventionen. Bezüglich der Wirksamkeit der Familientherapie, wie sie schon dargestellt wurde, gibt es auch hier keine (bedeutsamen) Unterschiede. In die Betrachtung einbezogen wurden nur solche Nebeneffekte, die in mindestens zwei Studien unabhängig voneinander analysiert werden. Das sind folgende vier: Erfolgszuschreibung, Zufriedenheit, Klientenausfall und Zeitökonomie. Tabelle 4 bietet einen Gesamtüberblick.

Die Ergebnisse fallen im einzelnen wie folgt aus. Während in Studie 1 gefunden wurde, daß nur in der Familientherapiegruppe der Therapieerfolg eher der Familie selbst als den Therapeuten/der Behandlung zugeschrieben wird, fand sich in Untersuchung 10 kein Unterschied im Punkt „Erfolgszuschreibung". Was die erfragte Klientenzufriedenheit anbelangt, so stehen sechs Studien (5, 6, 7, 8, 10, 11), in denen kein Unterschied gefunden wurde, der Untersuchung 2 gegenüber, in der im Falle des familientherapeutischen Vorgehens die Zufriedenheit größer ist.

Bei fünf Arbeiten, die sich der Frage des Klientenausfalls widmen, fand sich in dreien (9, 10, 11) kein Unterschied; betrachtet worden war der Behandlungszeitraum. Diese Zeitspanne im Blick zeigte sich in Studie 2 aber sehr wohl eine Differenz zugunsten der Familientherapie. Dem zur Seite geht, daß in Untersuchung 8 das gleiche Ergebnis für den Zeitraum zwischen Anmeldung und Behandlungsbeginn gefunden wurde.

In insgesamt sechs Untersuchungen wurden verschiedene Aspekte der Zeitökonomie betrachtet. Auf der Grenze zwischen „Klientenausfall“ und „Zeitökonomie“ liegt der in Studie 10 gewonnene Befund, daß es im Fall des familientherapeutischen Vorgehens weniger Terminabsagen gibt; ergänzt wird das durch die Angaben, die Behandlungsdauer sei gleich lang, die Anzahl der Therapieeinheiten bei der Familientherapie aber geringer. Es ist wohl der in diesem Falle äußerst geringen Anzahl der Therapieeinheiten (drei vs. fünf) und/oder dem speziellen Typ des Verfahrens (Mailänder Ansatz) zuzuschreiben, daß eine geringere Zahl an Therapiestunden/-einheiten nicht (auch) mit kürzerer Behandlungsdauer daherkommt. In Studie 2 geht beides Hand in Hand: Das familientherapeutische Vorgehen erstreckt sich insgesamt über einen kürzeren Zeitraum und es kommt mit weniger Therapiestunden/-einheiten aus; die Unterschiede sind beträchtlich und reichen bis Faktor 10 bei Einheiten/Stunden (3.6 vs. 36.5) bzw. Faktor 6 bei der Dauer (6.4 vs. 38.9 Wochen). Die übrigen Untersuchungen haben entweder nur die Behandlungsdauer oder die Anzahl der Therapie einheiten betrachtet; sie weisen dabei entweder eine kürzere Behandlungsdauer (Studie 2) oder eine geringe Anzahl an Behandlungseinheiten (Studien 3, 4, 7) aus.

Zusammenfassend läßt sich also sagen: Während es noch ungeklärt ist, ob die punktuelle Überlegenheit der Familientherapie bei „Erfolgszuschreibung“ und „Klientenzufriedenheit“ nicht auf bloßem Zufall beruht, gibt es guten Grund zur Annahme, Familientherapie ginge teilweise mit geringerem Klientenausfall und regelhaft mit geringerem Zeiteinsatz daher. Damit zeigt sich die Familientherapie als das sozialverträglichere und ökonomischere Vorgehen. Ökonomie-Gesichtspunkte, die ja von unmittelbar praktischer Bedeutung sind, gewinnen auch bei der Bewertung von Familientherapie an wissenschaftlichem Interesse (Pike-Urlacher, Mackinnon & Piercy 1996).

6. Unterschiedliche Arten von Effektivität

Die 1995 im *Journal of Marital and Family Therapy* publizierte Meta-Analyse zur Wirksamkeit von Paartherapie hat den Titel „The efficacy and effectiveness of marital and family therapy: A perspective from meta-analysis“ (Shadish, Rangsdale, Glaser & Montgomery 1995). In der deutschen Übersetzung in *Familiendynamik* lautet die Überschrift „Effektivität und Effizienz von Paar- und Familientherapie“ (Shadish, Rangsdale, Glaser & Montgomery 1997). Ich halte die Wiedergabe von *efficacy* durch „Effizienz“ in dieser deutschen Übersetzung für irreführend, wenn nicht falsch.

Wenn wir im Deutschen von „Effizienz“ sprechen, ist ein ökonomischer Aspekt immer mitgedacht; im letzten Abschnitt haben wir das beleuchtet. Mit der Unterscheidung von *efficacy* und *effectiveness* ist aber ein ganz anderer Unterschied gemeint; nämlich der, ob die Wirksamkeit, vereinfacht ausgedrückt, unter Labor- oder unter Feldbedingungen ermittelt wurde. Das ergibt sich sowohl mittelbar aus den Kontexten, in denen Shadish, Rangsdale, Glaser und Montgomery (1995 / 1997) die Begriffe verwenden, als auch unmittelbar aus der zugrundegelegten Begriffsunterscheidung nach Starfield (1977, 71).

Es gibt allen Grund zur Vermutung, unser Wissen über die Wirksamkeit von Psychotherapie, wie es in den zahlreichen Sekundäranalysen der letzten Jahrzehnte dokumentiert wurde, sei vornehmlich Wissen über deren *efficacy*. Für einige Teilbereiche können wir das mit Sicherheit sagen. Für die Kinder- und Jugendlichen-Psychotherapie haben es Weisz, Weiss und Donenberg (1992) und für die Paar- und Familientherapie Shadish, Ragsdale, Glaser und Montgomery (1995 / 1997) nachgewiesen.

In Ihrer Einleitung zum Themenheft über die Effektivität von Paar- und Familientherapie des *Journal of Marital and Family Therapy* (JMFT) weisen die Gastherausgeber ausdrücklich darauf hin, daß die dort repräsentierten Evaluationsstudien vor allem Effektivität im Sinne von *efficacy* betrachten (Pinsof & Wynne 1995a). Mit Pinsof und Wynne (1995a) weiß ich mich denn auch eins darin, worum es geht, wenn man nach *efficacy* bzw. *effectiveness* fragt. Bei *efficacy* lautet die Frage, „whether a treatment works under controlled, close to ideal, ‚research therapy' conditions" (Pinsof & Wynne 1995a 342), bei *effectiveness* aber, „whether a treatment works under ‚normal therapy' field conditions" (Pinsof & Wynne 1995a 342). Konsequenterweise setzen sie über ihren zusammenfassenden Schlußbeitrag zum genannten Themenheft den Titel „The efficacy of marital and family therapy: An empirical overview, conclusions, and recommendations" (Pinsof & Wynne 1995b).

Wenn wir über die *effectiveness* von Familientherapie mehr und genaueres erfahren wollen, müssen verstärkt experimentelle Feldstudien durchgeführt werden; ich habe dazu andererorts Anregungen vorgelegt (Heekerens 1998).

7. Schlußbemerkung

In und mit der vorliegenden differenzierten und differenzierenden Einschätzung der Wirksamkeit von Familientherapie unterscheide ich mich von anderen deutschsprachigen Beobachtern der Szene, wie etwa v. Schlippe und Schweitzer (1996) oder Ochs, v. Schlippe und Schweitzer-Rothers (1997), deren Beiträge zur Diskussion um die Gesamtthematik ich gleichwohl so sehr schätze, daß ich sie zur weiteren Meinungsbildung der aufmerksamen Lektüre empfehle.

Tab. 3: Neuere Evaluationsstudien zur nicht-behavioralen Familientherapie bei Problemlagen von Kindern und Jugendlichen

Nr.	Studie	Design	Familientherapie	Vergleichsgruppe	Problemlage	Familientherapie überlegen bei Betrachtung folgender Untersuchungseinheit:					
						Präsentierproblem des IP	Sonstiges bei IP	Mutter	Ehe der Eltern	Familiäre Dyade	Familiensystem
1a	Szapocnik, Rio, Murray, Cohen, Scopetta, Rivas-Vazques, Hervis, Posada & Kurtines (1989)	Experiment	strukturell	nicht-therapeutische Spielgruppe mit Indexpatient	Verhaltensauffälligkeiten, emotionale Störungen	nein	überwiegend nein	–	–	–	nein
1b	Szapocnik, Rio, Murray, Cohen, Scopetta, Rivas-Vazques, Hervis, Posada & Kurtines (1989)	Experiment	strukturell	psychodynamische Einzeltherapie mit Indexpatient	Verhaltensauffälligkeiten, emotionale Störungen	überwiegend nein	nein	–	–	–	nein
2	Szapocnik, Sansebastian, Rio, Perez-Vidal, Sansebastian & Kurtines (1989)	Experiment	Family Effectiveness Training: strukturell-strategisch	Minimalkontakt	Verhaltensauffälligkeiten, emotionale Störungen, Drogengefährdung	ja	ja				überwiegend nein
3	Simpson (1991)	Experiment	Mailänder Ansatz	meist psychodynamische und behaviorale Einzeltherapie mit Indexpatient; teils auch andere Formen der Familientherapie	kinderpsychiatrische Klientel	nein	nein	–	–	–	überwiegend nein

4a	Barkley, Guevremont, Anastopoulos & Flechter (1992)	Experiment	strukturell	behaviorales Elterntraining	Hyperaktivität, negativ-oppositionelles Verhalten	nein	nein	nein	nein	nein	nein
4b	Barkley, Guevremont, Anastopoulos & Flechter (1992)	Experiment	strukturell	Problemlöse und Kommunikationstraining mit Indexpatient und Mutter	Hyperaktivität, negativ-oppositionelles Verhalten	nein	nein	nein	nein	nein	nein
5	Henggeler, Melton & Smith (1992)	Experiment	Multisystemic Therapy: strukturell-strategisch	übliche Bewährungshilfe	Delinquenz	ja	überwiegend nein	nein	–	–	–
6a	Joanning, Quinn, Thomas & Mullen (1992)	Experiment	Family Systems Therapy: strukturell-strategisch-Mailänder	kognitiv-behaviorale Gruppentherapie mit Indexpatient	Drogenmißbrauch	ja	–	–	nein	nein	nein
6b	Joanning, Quinn, Thomas & Mullen (1992)	Experiment	Family Systems Therapy: strukturell-strateisch-Maländer	pädagogische (Auf-)Klärungsarbeit mit Eltern	Drogenmißbrauch	ja	–	–	nein	nein	nein

Tab. 4: Nebeneffekte von Familientherapie in 11 Evaluationsstudien

Nr. Studie	Behandlungsform	Zeitökonomie	Klientenausfall	Zufriedenheit	Erfolgszuschreibung
1 Ewing (1975)	A: familientherapeutische Kriseninterventionohne nähere Benennung B: traditionelle Erziehungsberatung	Therapieeinheiten: A=3.6, 36.5; Behandlungsdauer: A=6.4, B=38.9 (in Wochen)			bei A eher als bei B wird der Erfolg der Familie zugeschrieben
2 Trankina (1975)	A: familientherapeutische Krisenintervention ohne nähere Benennung B: traditionelle Erziehungsberatung	Behandlungsdauer: A=8 Wochen, B=9 Monate	A: 28 (Mütter)/34 (Väter) B: 40 (Mütter)/52 (Väter) (in % während Behandlung)	bei A sind die Mütter mit der Behandlung zufriedener als bei B	
3 Nicholson & Vivekananda (1985)	A: Familientherapie ohne Spezifikation B: Individualtherapie	innterhalb von 6 Einheiten abgeschlossene Behandlungen: A=71 %, B=54 %			
4 Sakofski & Kämmerer (1986)	A: struktureller Ansatz B: Gestalttherapie C: analytische orientierte Therapie	Therapiestunden: A=9, B=18, C=33			
5 Bennun (1986)	A: Mailänder Ansatz B: Problemlöse-Vorgehen			Zufriedenheit mit Behandlung: kein Unterschied	
6 Szykula u.a. (1987)	A: strategischer Ansatz B: Behaviorales Elterntraining			Zufriedenheit mit Behandlung: kein Unterschied	
7 Nicholson (1989)	A: Familientherapie ohne Spezifikation B: Individualtherapie	innerhalb von 6 Einheiten abgeschlossene Behandlungen: A=78 %, B=69 %		Zufriedenheit mit Therapeuten: kein Unterschied	
8 Friedmann (1989)	A: Funktionale Familientherapie B: Elterntraining		A: 7 (Väter/Eltern) B: 23 (Väter/Eltern) (in % zwischen Anmeldung und Behandlungsbeginn)	Zufriedenheit mit Behandlung: kein Unterschied	

9 Szapocnik u.a. (1989)	A: struktureller Ansatz B: psychodynamische Individualtherapie		kein Unterschied (in % während Behandlung)		
10 Simpson (1991)	A: Mailänder Ansatz B: andere Psychotherapien	Behandlungsdauer: gleich Therapieeinheiten: A=3, B=5 Terminabsagen durch Familie: A=24 %, B = 45 %	kein Unterschied (in % während Behandlung)	Zufriedenheit mit Behandlung: kein Unterschied	kein Unterschied
11 Barkley u.a. (1992)	A: struktureller Ansatz B: (kognitiv-)behavioraler Ansatz		kein Unterschied (in % während Behandlung)	Zufriedenheit mit Behandlung: kein Unterschied	

Literatur

Alexander, J.F., Holtzworth-Munroe, A. & Jameson, P. (1994). The process and outcome of marital and family therapy: Research review and evaluation. In A.E. Bergin & S.L. Garfield (Eds.). Handbook of psychotherapy and behavior change (4th ed., pp. 595-630). New York u.a.: Wiley.

Barkley, R.A., Guevremont, D.C., Anastopoulos, A.D. & Fletcher, K.E. (1992). A comparision of three family therapy programs for treating family conflicts in adolescents with attention-deficit hyperactivity disorder. Journal of Consulting and Clinical Psychology, 60, 450-462.

Baumann, U. & Reinecker-Hecht, C. (1986). Psychotherapie-Evaluation. In K.P. Kisker, H. Lauter, J.-E. Mayer, C. Müller & E. Strömgren (Hrsg.), Psychiatrie der Gegenwart Bd. 1 (3. Aufl., S. 353-372). Berlin: Springer.

Bennun, I. (1986). Evaluating family therapy: A comparision of the Milan and problem solving approaches. Journal of Family Therapy, 8, 225-242.

Bergin, A.E. & Garfield, S.L. (Eds.) (1994). Handbook of psychotherapy and behavior change (4th ed.). New York u.a.: Wiley.

Bretz, H.J., Heekerens, H.-P. & Schmitz, B. (1994). Eine Metaanalyse der Wirksamkeit von Gestalttherapie. Zeitschrift für Klinische Psychologie, Psychopathologie und Psychotherapie, 42, 241-260.

Brunk, M., Henggeler, S.W. & Whelan, J.P. (1987). Comparision of multisystemic therapy and parent training in the brief treatment of child abuse and neglect. Clinical Psychology Review, 7, 1-23.

Casey, R.J. & Berman, J.S. (1985). The outcome of psychotherapy with children. Psychological Bulletin, 98, 388-400.

Cedar, B. & Levant, R.F. (1990). A meta-analysis of the effects of Parent Effectiveness Training. American Journal of Family Therapy, 18, 373-384.

Cohen, J. (1977). Statistical power analysis for the behavioral sciences (rev. ed.). New York: Academic Press.

Eifert, G.H. & Lauterbach, W. (1995). Das Wissenschaftler-Praktiker Modell zur Ausbildung von Klinischen Psychologen/Psychotherapeuten. Erfahrungen und Vorschläge aus amerikanischer Sicht. Zeitschrift für Klinische Psychologie, 24, 209-215.

Ewing, C.P. (1975). Family crisis intervention and traditional child guidance. Unveröff. Diss., Cornell University, Ithaca.

Friedman, A.S. (1989). Family therapy vs. parent groups: Effects of adolescent drug abusers. American Journal of Family Therapy, 17, 335-347.

Grawe, K. (1992). Therapeuten: Unprofessionelle Psychospieler? Psychologie heute, 19(6), 22-28.

Grawe, K., Donati, R. & Bernauer, F. (1994). Psychotherapie im Wandel – von der Konfession zur Profession. Göttingen u.a.: Hogrefe – Verlag für Psychologie.

Gurman, A.S. & Kniskern, D.P. (1981). Family therapy outcome research: Knowns and unknowns. In A.S. Gurman & D.P. Kniskern (Eds.), Handbook of family therapy (pp. 742-775). New York: Brunner & Mazel.

Haid-Loh, A. (1996). Qualitätsmanagement als Leitungsaufgabe. ezi-Korrespondenz (Evangelisches Zentralinstitut für Familienberatung), H. 14, 4-11.

Haid-Loh, A., Lindemann, F.-W. & Märtens, M. (1995). Familienberatung im Spiegel der Forschung (Untersuchungen aus dem Evangelischen Zentralinstitut für Familienberatung 17). Berlin: Evangelisches Zentralinstitut für Familienberatung.

Hartmann, A. & Herzog, T. (1995). Varianten der Effektstärkenberechnung in Meta-Analysen: Kommt es zu variablen Ergebnissen? Zeitschrift für Klinische Psychologie, 24, 337-343.

Hazelrigg, M.D., Cooper, H.M. & Borduin, C.M. (1987). Evaluating the effectiveness of family therapies. Psychological Bulletin, 101, 428-442.

Heekerens, H.-P. (1985). Effektivität Klientenzentrierter Familientherapie. Zeitschrift für Personenzentrierte Psychologie und Psychotherapie, 4, 53-70.

Heekerens, H.-P. (1986). Effektivität des GORDON-Elterntrainings – eine Sekundäranalyse. Gruppendynamik, 17, 399-420.

Heekerens, H.-P. (1988). Systemische Familientherapie auf dem Prüfstand. Zeitschrift für Klinische Psychologie, 17, 93-105.

Heekerens, H.-P. (1989a). Familientherapie und Erziehungsberatung. Heidelberg: Asanger.

Heekerens, H.-P. (1989b). Effektivität von Kinder- und Jugendlichenpsychotherapie im Spiegel von Meta-Analysen. Zeitschrift für Kinder- und Jugendpsychiatrie, 17, 150-157.

Heekerens, H.-P. (1989c). Behaviorales Elterntraining und nichtbehaviorale Familientherapie – Ein Effektivitätsvergleich. Verhaltensmodifikation und Verhaltensmedizin, 10, 197-212.

Heekerens, H.-P. (1990a). Familiendiagnostik und Evaluationsforschung. Praxis der Kinderpsychologie und Kinderpsychiatrie, 39, 2-5.

Heekerens, H.-P. (1990b). Familientherapie bei Problemen von Kindern und Jugendlichen: Eine Sekundäranalyse der Effektivitätsstudien. System Familie, 3, 1-10.

Heekerens, H.-P. (1991a). Was bestimmt den Ausgang familientherapeutischer Arbeit? – Input- und Prozeßvariablen im Spiegel empirischer Forschung. Familiendynamik, 16, 274-287.

Heekerens, H.-P. (1991b). Familientherapie auf dem Prüfstand – Was taugt der neue Behandlungsansatz bei Problemen des Kindes- und Jugendalters?. Acta Paedopsychiatrica, 54, 56-67.

Heekerens, H.-P. (1992). Zur Zukunft der Kinder- und Jugendlichen-Psychotherapie. Report Psychologie, 46(4), 8-18.

Heekerens, H.-P. (1993a). Die Wirksamkeit des Gordon-Elterntraining. Praxis der Kinderpsychologie und Kinderpsychiatrie, 42, 20-25.

Heekerens, H.-P. (1993b). Verhaltensorientierte Familientherapie. In H.-C. Steinhausen & M. v.Aster (Hrsg.), Handbuch Verhaltenstherapie und Verhaltensmedizin bei Kindern und Jugendlichen (S. 601-625). Weinheim: Beltz, Psychologie-Verlags-Union.

Heekerens, H.-P. (1993c). Behavioral-systemische Ansätze bei der Behandlung von Verhaltensstörungen. Kindheit und Entwicklung, 2, 17-23.

Heekerens, H.-P. (1993d). Behavioral-systemische Ansätze bei der Behandlung von Verhaltensstörungen. In F. Petermann & U. Petermann (Hrsg.), Angst und Aggression bei Kindern und Jugendlichen (Kindheit und Entwicklung Bd.1, S. 77-89). München: Quintessenz.

Heekerens, H.-P. (1994). Familientherapie in der Erziehungsberatung. Unveröff. Habilitationsschrift, Universität Bremen.

Heekerens, H.-P. (1996). Wirksamkeit der personenzentrierten Kinder- und Jugendlichen-Psychotherapie. In C. Boeck-Singelmann, B. Ehlers, T. Hensel, F. Kemper & C. Monden-Engelhardt (Hrsg.), Personenzentrierte Psychotherapie mit Kindern und Jugendlichen – Bd. 1: Grundlagen und Konzepte (S. 141-151). Göttingen u.a.: Hogrefe – Verlag für Psychologie.

Heekerens, H.-P. (im Druck). Familiendiagnostik ungeklärt – Diagnose unklar. Praxis der Kinderpsychologie und Kinderpsychiatrie (im Druck).

Henggeler, S.W., Melton, G.B. & Smith, L.A. (1992). Family preservation using multisystemic therapy: An effective aletrnative to incarcerating serious juvenile offenders. Journal of Consulting and Clinical Psychology, 60, 953-961.

Huber, J. (1988, 14. Oktober). Mondraketen gegen Mütterzentren. Die Zeit, 46.

Joanning, H., Quinn, W., Thomas, F. & Mullen, R. (1992). Treating adolescent drug abuse: A comparision of family systems therapy, group therapy, and family drug education. Journal of Marital and Family Therapy, 18, 345-356.

Kazdin, A.E. (1991). Effectiveness of psychotherapy with children and adolescents. Journal of Consulting and Clinical Psychology, 59, 785-798.

Kazdin, A.E. (1994). Psychotherapy for children and adolescents. In A.E. Bergin & S.L. Garfield (Eds.). Handbook of psychotherapy and behavior change (4th ed., pp. 543-594). New York u.a.: Wiley.

Kommunale Gemeinschaftstelle (1994). Outputorientierte Steuerung der Jugendhilfe (KGSt-Bericht 4/1995). Köln: Eigendruck.

Kommunale Gemeinschaftstelle (1995). Qualitätsmanagement (KGSt-Bericht 6/1995). Köln: Eigendruck.

Märtens, M. & Petzold, H. (1995). Psychotherapieforschung und kinderpsychotherapeutische Praxis. Praxis der Kinderpsychologie und Kinderpsychiatrie, 44, 302-321.

Markus, E., Lange, A. & Pettigraw, T.F. (1990). Effectiveness of family therapy: a meta-analysis. Journal of Family Therapy, 12, 205-221.

Meyer, A.-E., Richter, R., Grawe, K., Schulenburg, J.-M.v. & Schulte, B. (1991). Forschungsgutachten zu Fragen eines Psychotherapeutengesetzes. Hamburg: Universitätskrankenhaus Hamburg-Eppendorf.

Nicholson, S. (1989). Outcome evaluation of therapeutic effectiveness. Australian and New Zealand Journal of Family Therapy, 10, 77-83.

Nicholson, S. & Vivekananda K. (1985). Client evaluation of therapy in an outpatient adolesscent service. Australian and New Zealand Journal of Family Therapy, 6, 137-143.

Reichardt, D. (1987). Aus der Sicht der Trainees. Zeitschrift für systemische Therapie, 5, 237-239.

Satorius, N., Girolamo, G.d., Andrews, G., German, G.A. & Eisenberg, L. (Eds.) (1993). Treatment of mental disorders: A review of effectiveness. Washington: WHO/American Psychiatric Press.

Shadish, W.R., Montgomery, L.M., Wilson P., Wilson, M.R., Bright, I. & Okwumabua, T. (1993). Effects of family and marital psychotherapies: A meta-analysis. Journal of Consulting and Clinical Psychology Review, 61, 992-1002.

Shadish, W.R., Ragsdale, K., Glaser, R.R. & Montgomery, L.M. (1995). The efficacy and effectiveness of marital and family therapy: A perspective from meta-analysis. Journal of Marital and Family Therapy, 21, 345-360.

Simpson, L. (1991). The comparative efficacy of Milan family therapy for disturbed children and their families. Journal of Family Therapy, 13, 267-284.

Szapocnik, J., Rio, A., Murray, E., Cohen, R., Scopetta, M., Rivas-Vazques, A., Hervis, O., Posada, V. & Kurtines, W. (1989). Structural family versus psychodynamic child therapy for problematic Hispanic Boys. Journal of Consulting and Clinical Psychology, 57, 571-578.

Szapocnik, J., Sansebastian, D., Rio, A., Perez-Vidal, A., Sansebastian, D. & Kurtines, W.M. (1989). Family Effectiveness Training: An intervention to prevent drug abuse and problem behaviors in hispanic adolescents. Hispanic Journal of Behavioral Sciences, 11, 4-27.

Szykula, S.A., Morris, S.B., Sayger, T.V. & Sudweeks, C. (1987). Child-focused behavior and strategic therapies. Psychotherapy, 24, 546-551.

Trankina, F.J. (1975). Aggressive and withdrawn children as related to family perception and outcome of different treatment methods. Unveröff. Diss., University of Arizona, Tuscon.

Weisz, J.R., Weiss, B., Alicke, M.D. & Klotz, M.L. (1987). Effectiveness of psychotherapy with children and adolescents: A meta-analysis for clinicians. Journal of Consulting and Clinical Psychology, 55, 542-549.

Wirschung, M. (1995). Braucht die Familientherapie einen neuen Kontext? Kontext, H. 21/22, 27-36.

Wynne, L.C. (1988). Zum Stand der Forschung in der Familientherapie: Probleme und Trend. Sytem Familie, 1, 4-22.

Personenregister

Sachregister

GPSR Compliance

The European Union's (EU) General Product Safety Regulation (GPSR) is a set of rules that requires consumer products to be safe and our obligations to ensure this.

If you have any concerns about our products, you can contact us on ProductSafety@springernature.com

In case Publisher is established outside the EU, the EU authorized representative is:

Springer Nature Customer Service Center GmbH
Europaplatz 3
69115 Heidelberg, Germany

Batch number: 10809636

Printed by Printforce, the Netherlands